吉林2014统计年鉴

JILIN STATISTICAL YEARBOOK 2014

吉林2014统计年鉴

JILIN

STATISTICAL YEARBOOK 2014

吉林省统计局 国家统计局吉林调查总队 编

COMPILED BY JILIN STATISTICAL BUREAU

SURVEY OFFICE OF THE NATIONAL BUREAU OF STATISTICS IN JILIN

（总第28期 No.28）

中国统计出版社

China Statistics Press

（京）新登字041号

图书在版编目（CIP）数据

吉林统计年鉴.2014：汉英对照 / 吉林省统计局、国家统计局吉林调查总队编. -北京：中国统计出版社，2014.10

ISBN 978-7-5037-7323-5

Ⅰ. ①吉…

Ⅱ. ①吉… ②国…

Ⅲ. ①统计资料-吉林省-2014-年鉴-汉、英

Ⅳ. ①C832.34-54

中国版本图书馆CIP数据核字(2014)第232721号

吉林统计年鉴－2014

作　　者 / 吉林省统计局、国家统计局吉林调查总队

责任编辑 / 佘竞雄

责任校对 / 孙　臻

装帧设计 / 刘伟祥

出版发行 / 中国统计出版社

地　　址 / 北京市丰台区西三环南路甲6号 邮政编码/100073

邮政编码 / 100073

电　　话 / 邮购（010）63376909　书店（010）68783171

网　　址 / http://csp.stats.gov.cn

印　　刷 / 长春科普快速印刷有限公司

经　　销 / 新华书店

开　　本 / 890mm×1240mm　1/16

字　　数 / 1300千字

印　　张 / 41

印　　数 / 1-850册

版　　别 / 2014年10月第1版

版　　次 / 2014年10月第1次印刷

书　　号 / ISBN 978-7-5037-7323-5

定　　价 / 350.00元

本书附同版本CD-ROM一张，光盘内容以书面文字为准。

如有印装差错，由本社发行部调换。

#《吉林统计年鉴2014》 JILIN STATISTICAL YEARBOOK 2014

编委会和编辑部 EDITORIAL BOARD AND EDITORIAL STAFF

编者说明 *PREFACE*

一、《吉林统计年鉴—2014》(中英文对照)是一部全面反映吉林省经济和社会发展情况的资料性年刊。本书收录了全省、各市(州)和县(市)2013年经济和社会各方面大量的统计数据。

二、全书内容分为19个部分，即1.综合；2.国民经济核算；3.人口；4.就业人员和工资；5.固定资产投资；6.对外经济贸易和旅游业；7.能源生产和消费；8.财政、金融和保险；9.价格指数；10.人民生活；11.城市公用事业和环境保护；12.农业；13.工业；14.建筑业；15.运输和邮电；16.批发零售贸易和餐饮业；17.教育、科技和文化事业；18.体育、卫生和其他事业；19.市（州）和县（市）概况。附录：1.东北三省一区国民经济主要指标（2013）；2.企业“一套表”；3.主要统计指标解释。

三、资料中所使用的度量衡单位均采用国际统一标准计量单位。

四、本年鉴中部分数据合计数或相对数由于单位取舍不同而产生计算误差,均未作机械调整。

五、本年鉴中所使用的价值量指标，除已注明外，均按当年价格计算，发展速度按可比价格计算。

六、本年鉴中的符号使用说明：“空格”表示该项指标数据不详或无该项数据；“#”表示其中的主要项。

七、本书的编辑出版，得到省直有关部门的大力支持，我们对此表示诚挚的谢意！

《吉林统计年鉴》编辑部

二○一四年十月七日

I. Jilin statistical yearbook 2014 is annual statistics publication, which cover very comprehensive data series for 2013 and some selected data series for historically important years in whole province, cities (pretecture) and counties and therefore, reflects various aspects of social and economic development.

II. The Contentis Divided into 19 parts, i. e. 1. Synthesis; 2. National Economic Accounting; 3. Population; 4. Employment and Wage; 5. Investment in Fixed Assets; 6. Foreign Economy Trade and Tourism; 7. Production and Consumption of Energy. 8. Public Finance, Banking and Insurance; 9. Price Indices; 10. People's Livelihood; 11. Urban public utilities and Environment; 12. Agriculture; 13. Industry; 14. Construction; 15. Transportation and Postal ; 16. Wholesale, Retail trade and Catering services; 17. Education, Technology and Culture; 18. Sports, Public Health and others; 19. General survey of city (State) and county (City) . In the appendices listed: 1. Main indicators of National economy of three province in the Northeast Area (2013) ; 2. The Companies “A Table”; 3. Explanatory notes on Main statistical indicators.

Ⅲ. The units of measurement used in this book are internationally standard measurement units.

IV. In year-book some data total numbers or relative number because of units choosen differential Causing generating calculation error, no mechanical adjust.

V. The value indicators used in this book are at current price except notes have made and growth rate is calculated by constant price.

VI. Explanatory notes for notations used in this book: “blank” indicated that the index data not available or no dale. “# ”of which: major item.

VII. The publication and editor of yearbook got strong support of the department of province, total cities, prefectures, counties (district) government and some enterprises and related institutions, We make sincerely appreciation !

Editorial department of《Jilin statistical Yearbook》

October 07, 2014

地区生产总值和人均生产总值

Gross Regional Product and Per capita GDP

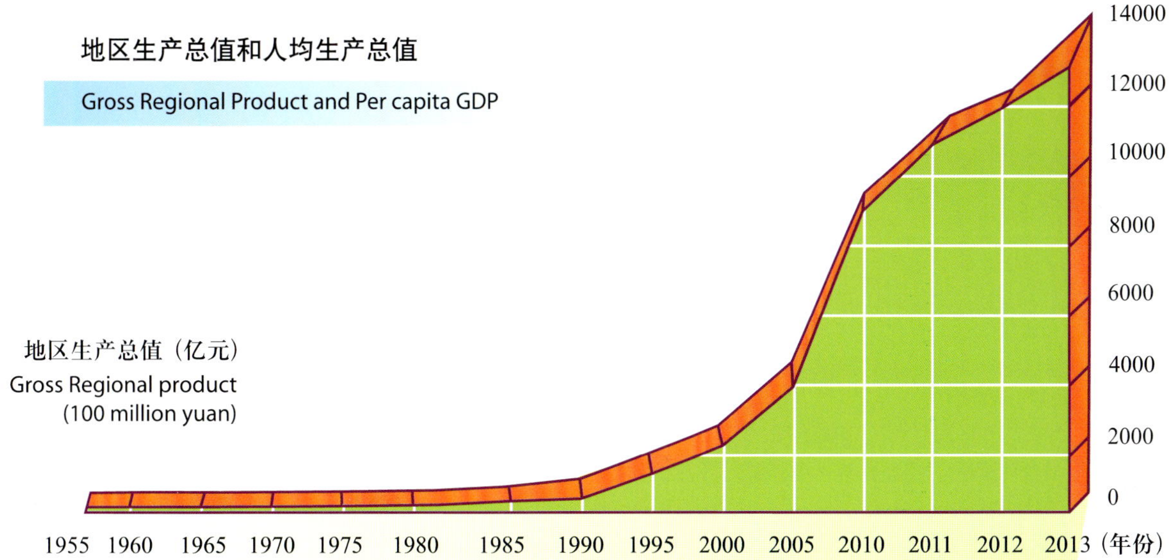

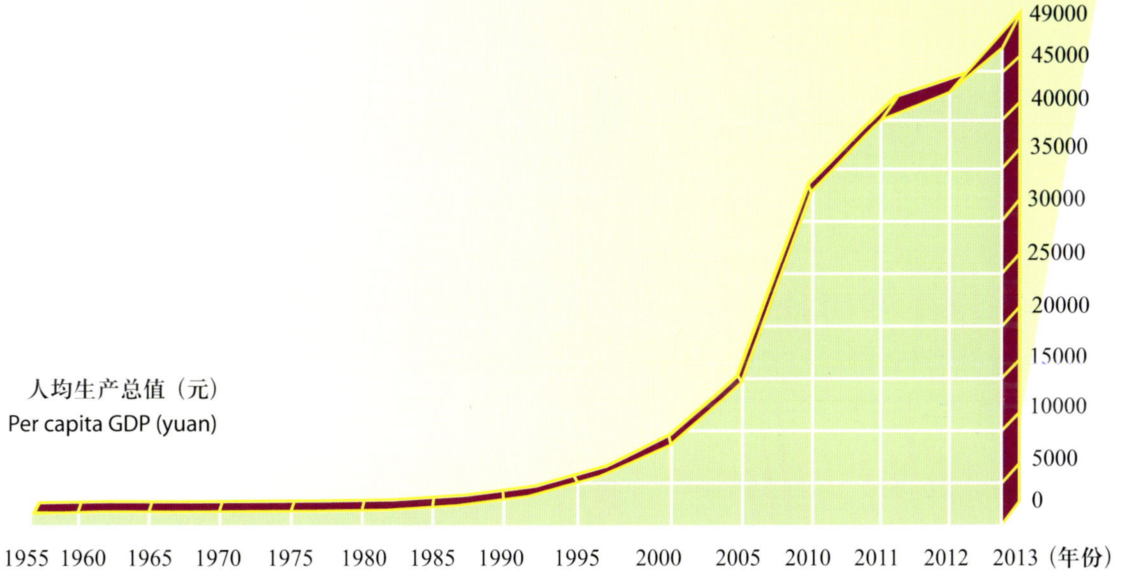

地区生产总值三次产业构成（%）

Gross Regional Product Constitutes by Three Industries (%)

人口总数按性别分（万人）

Papulation by Sex (10000 persons)

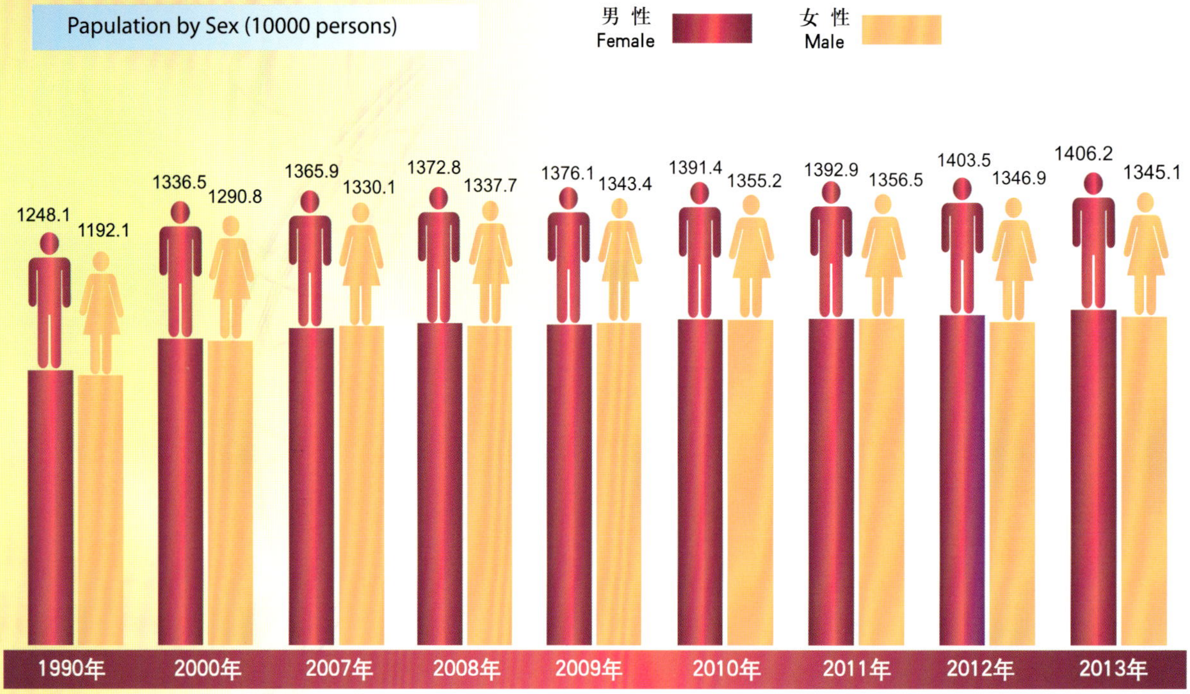

自然增长人口及人口自然增长率

Natural Growth Population and Natural Growth Rate

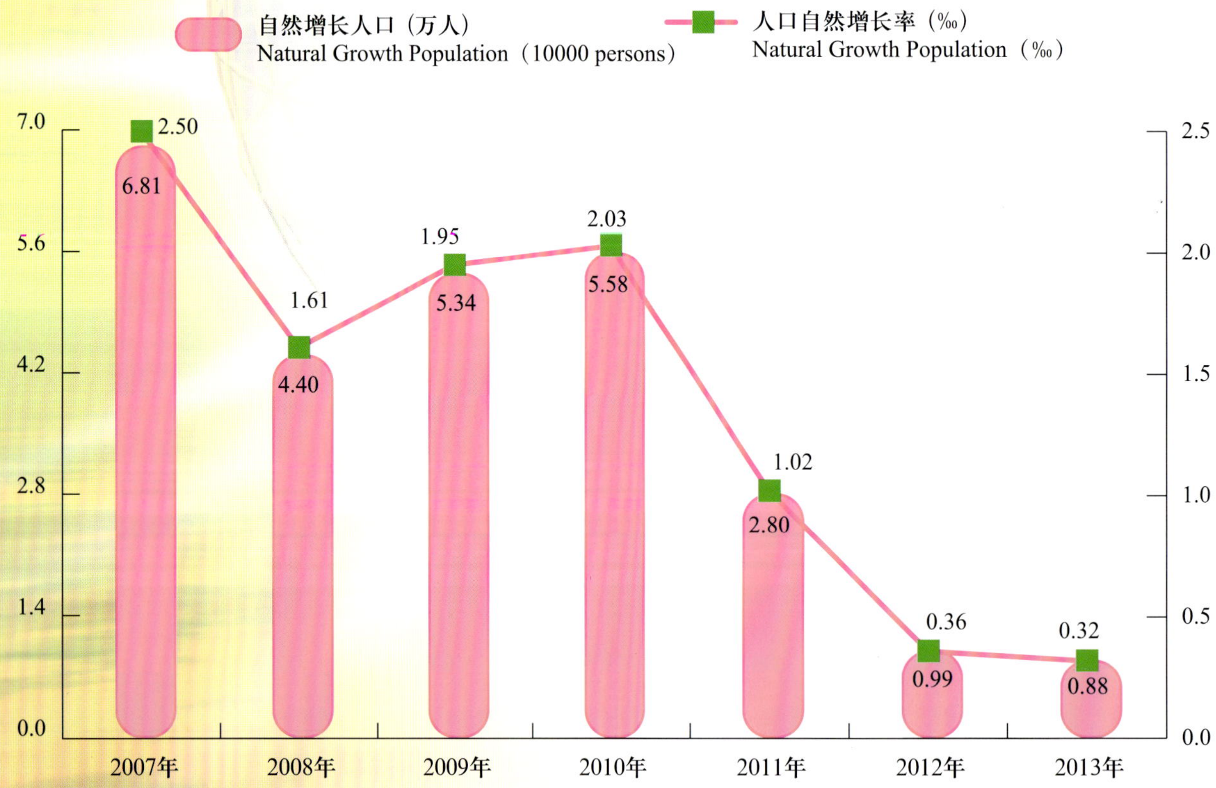

全部就业人员数及按三次产业分就业人员数（万人）

Total Number of Employed Persons and Number of Employed Persons by Three Industries (10000 persons)

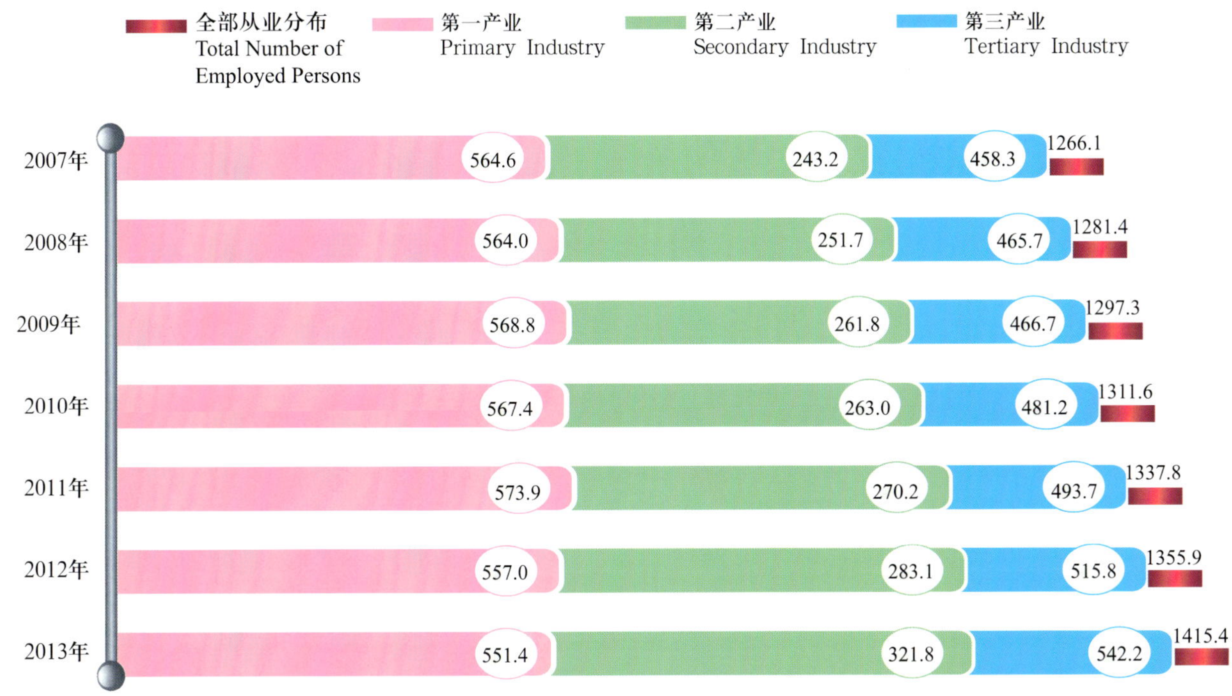

从业人员平均工资（元）

Average Wage of Staff (yuan)

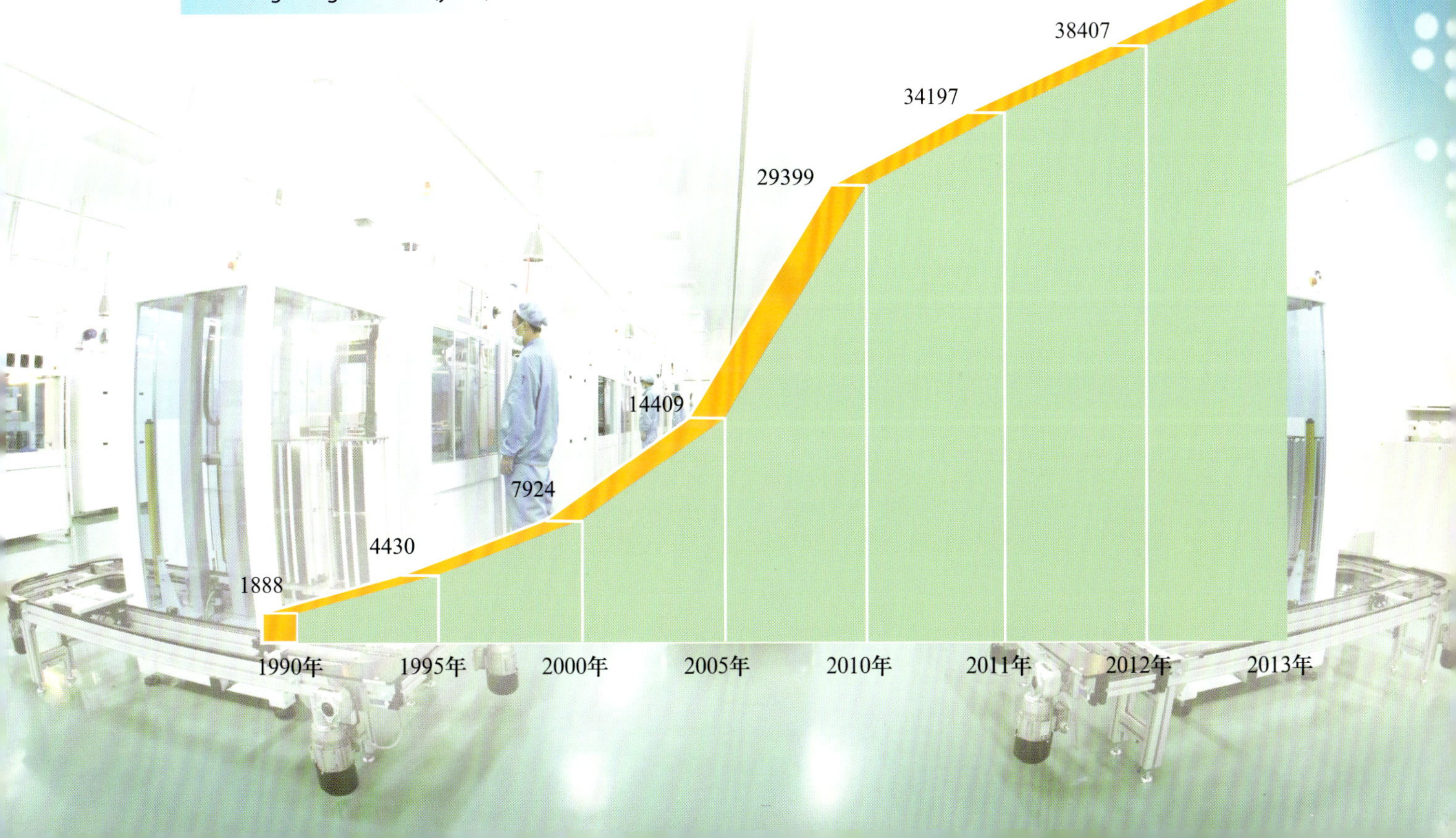

全社会固定资产投资(亿元)

Total Investment in Fixed Assets in the Whole Country (100 million yuan)

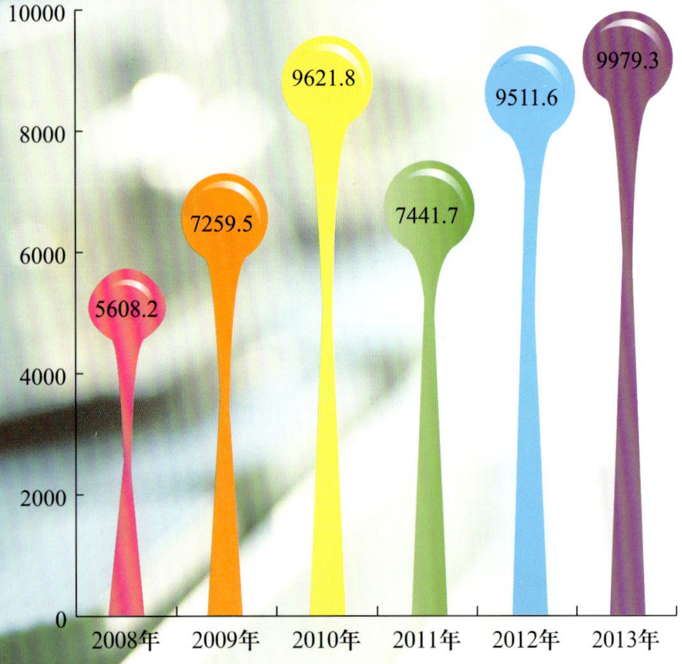

实际销售商品房面积(万平方米)

Areas of Commercial Buildings Actually Sold (10000 Sq.m)

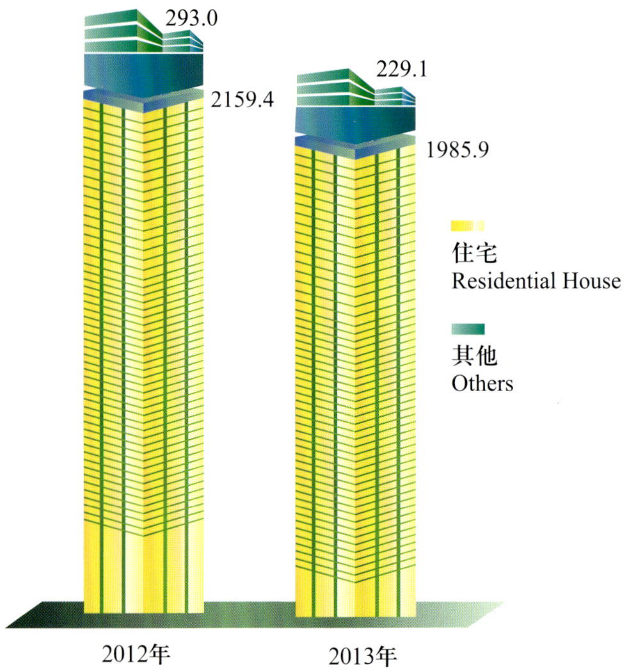

国有经济固定资产投资额（亿元）

Total Investment in Fixed Assest of Stateowned Units (100 million yuan)

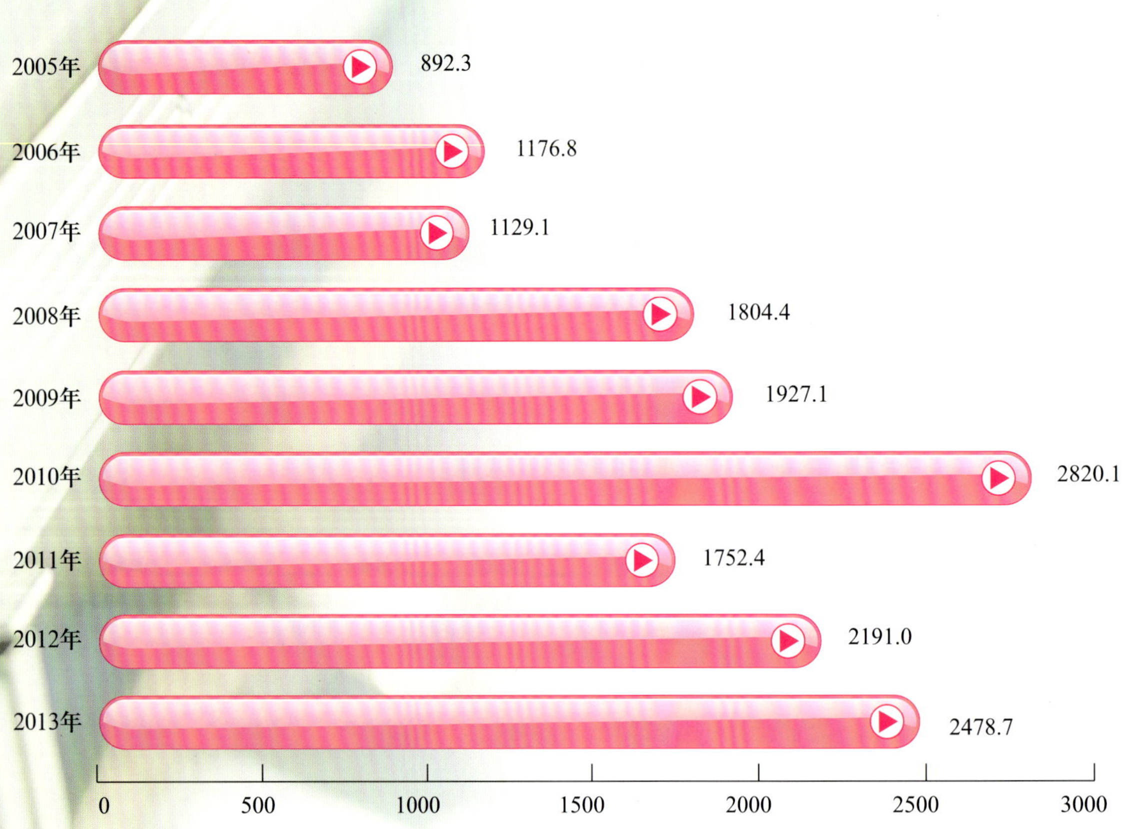

占能源生产总量的比重（%）

As Percentage of Total Energy Production (%)

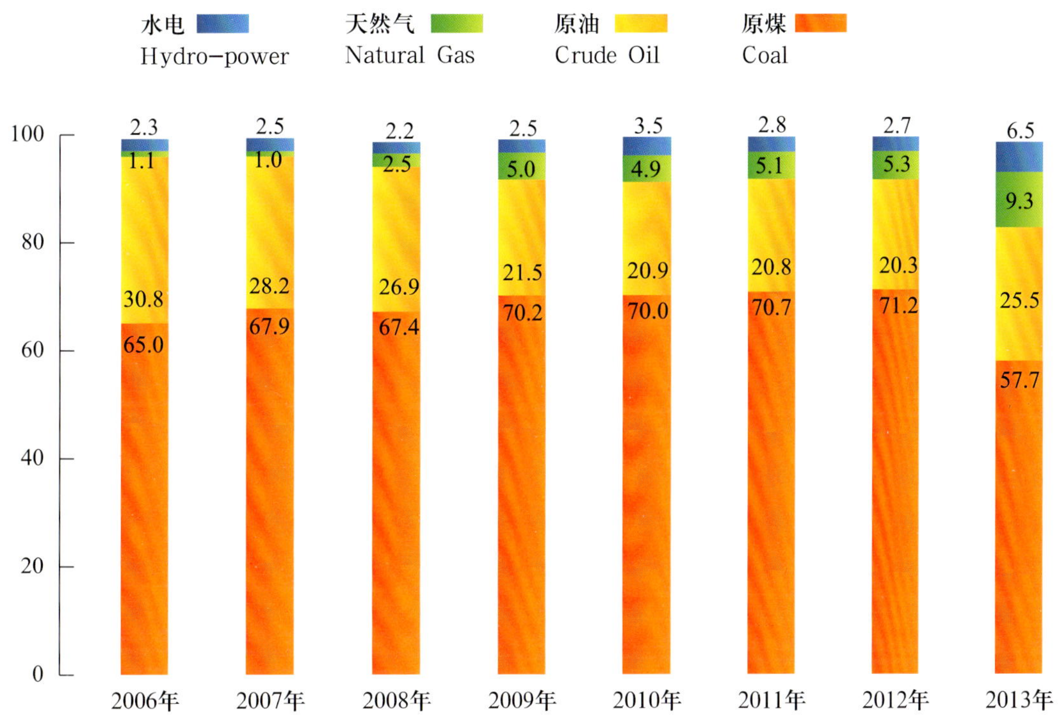

占能源消费总量的比重（%）

As Percentage of Total Energy Consumption (%)

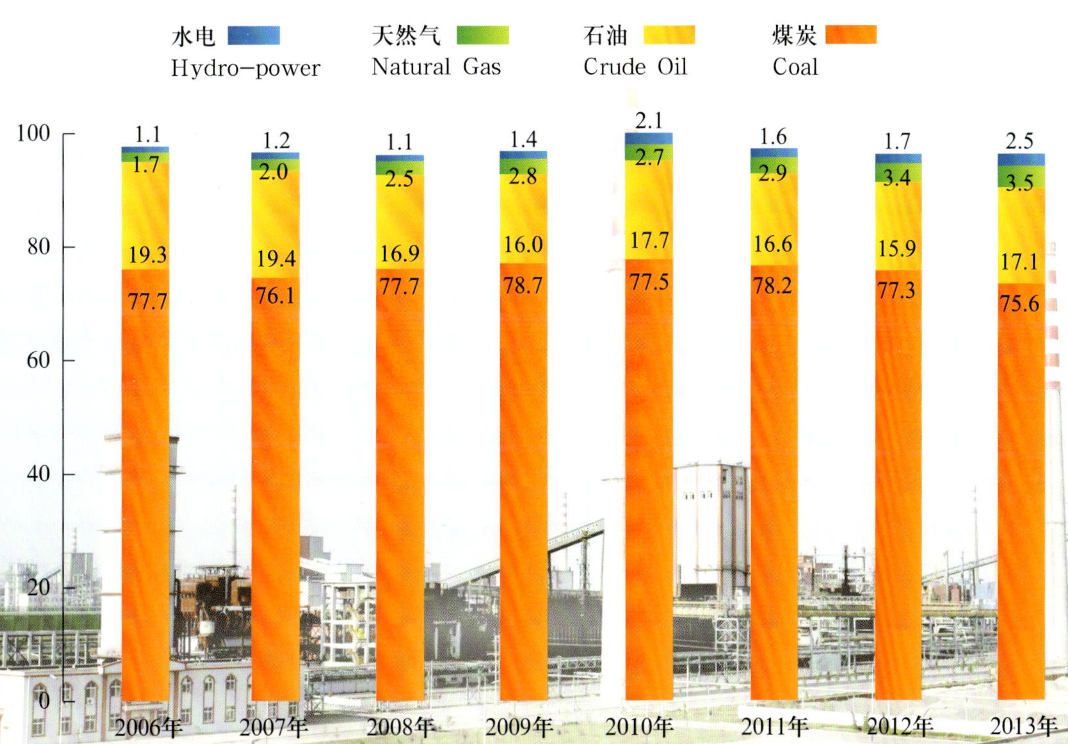

地方财政收入(亿元)

Local Revenue（100 million yuan）

教育支出占地方财政支出的比重（%）

Expenditure for Education Proportion of Financial Expenditure (%)

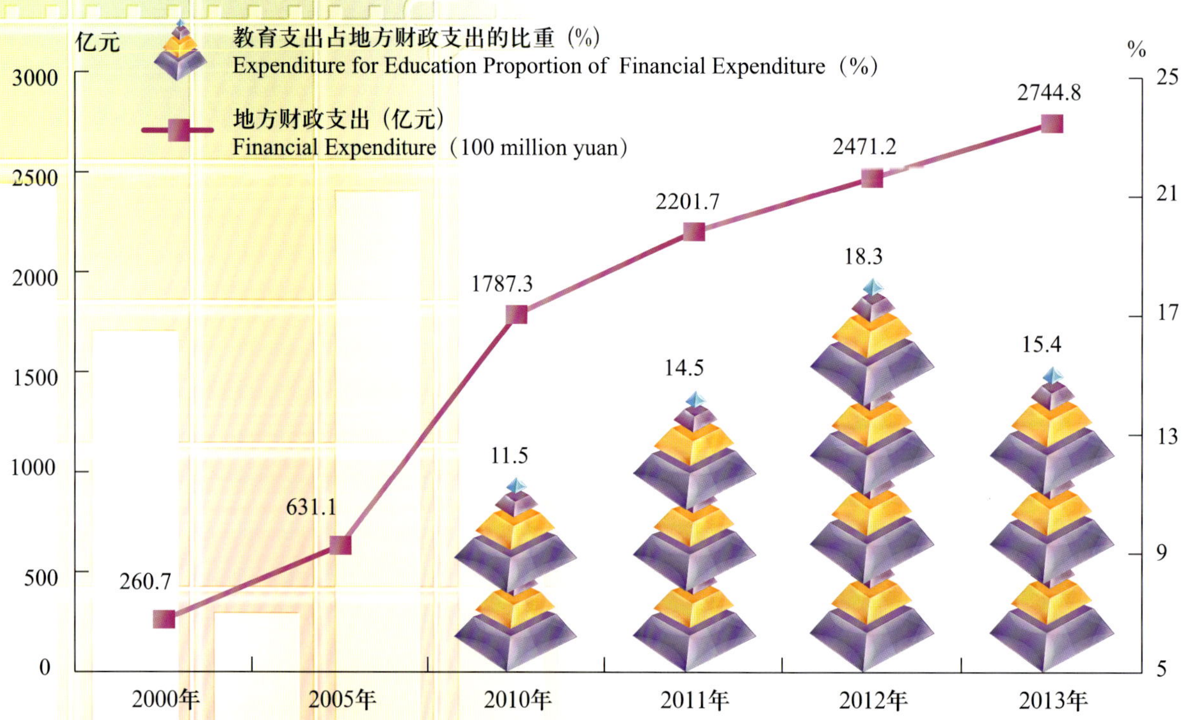

城镇居民家庭人均消费结构（%）

Per Capita Consumption Structure of Urban Households (%)

农村居民家庭人均生活消费结构（%）

Per Capita Consumption of Rural Households Living Structure (%)

城镇居民人均可支配收入（元）

Annual Per Capita Disposable Income of Urban Households (yuan)

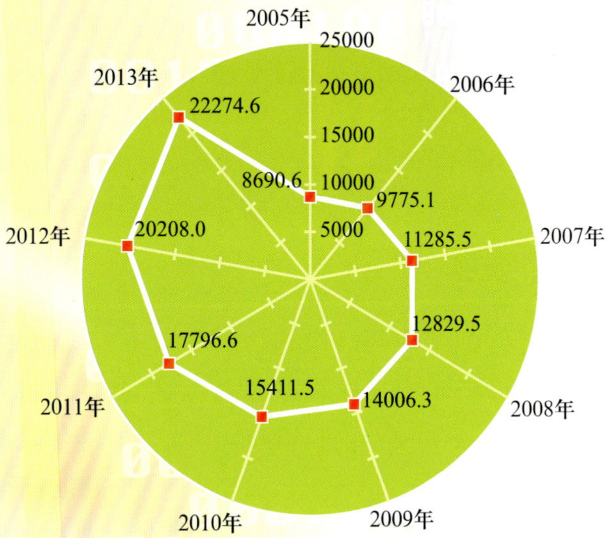

农村居民人均纯收入（元）

Annual Per Capital Disposable Income of Rural Households (yuan)

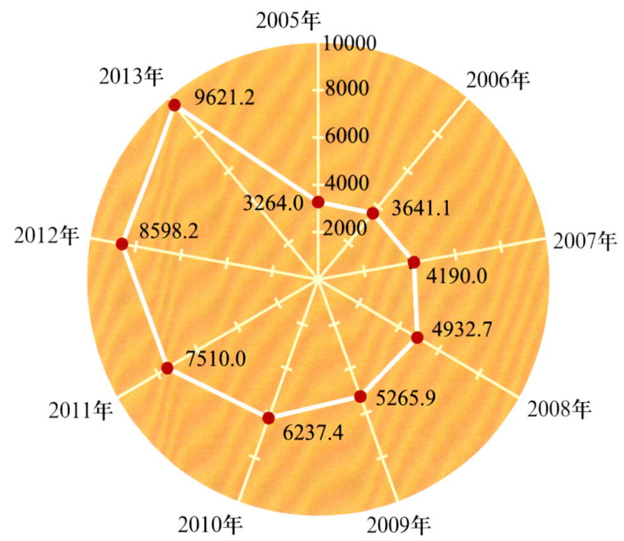

农村居民恩格尔系数（%）

Engel's Coefficient of Rural Households (%)

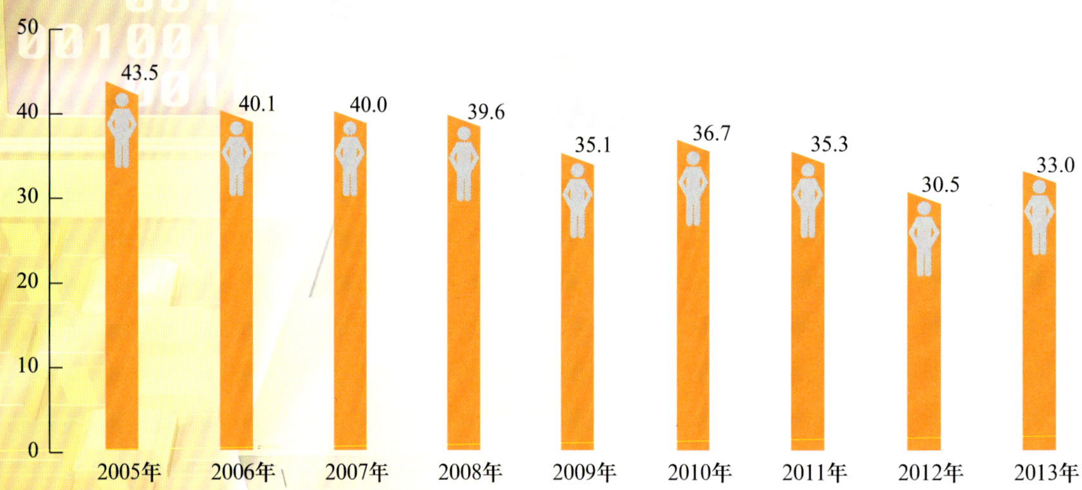

城镇居民恩格尔系数（%）

Engel's Coefficient of Urban Households (%)

城镇居民人均居住面积（平方米）

Per Capita Living Space of Urban Horseholds (Sq.m)

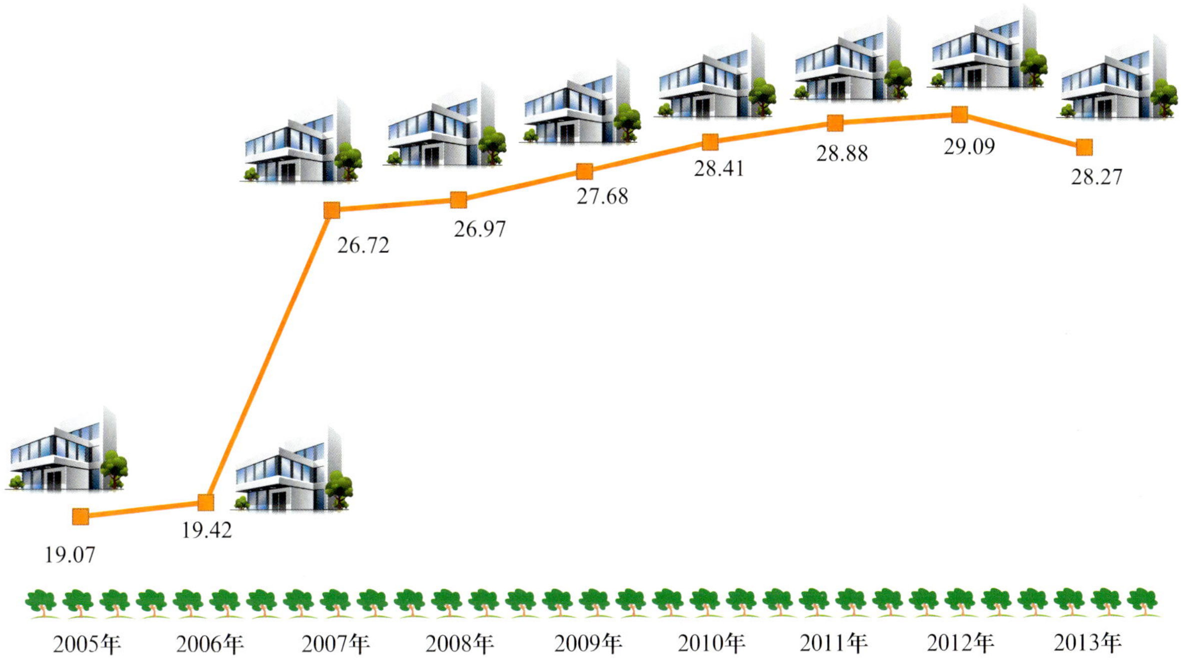

注：2007年以后为总建筑面积。 Note: After 2007 the total building area.

农村居民人均居住面积（平方米）

Per Capita Living Space of Rural Households (Sq.m)

规模以上工业企业个数（个）

Number of Industrial Enterprises above Designated Size (unit)

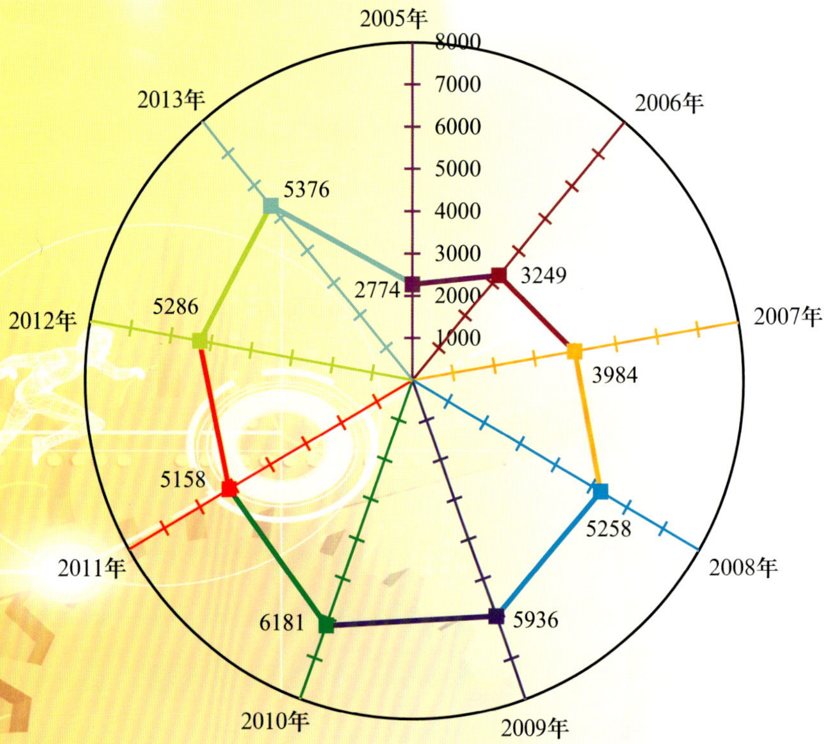

规模以上工业企业产值（亿元）

Output Value of Industrial Enterprises above Designated Size (100 million yuan)

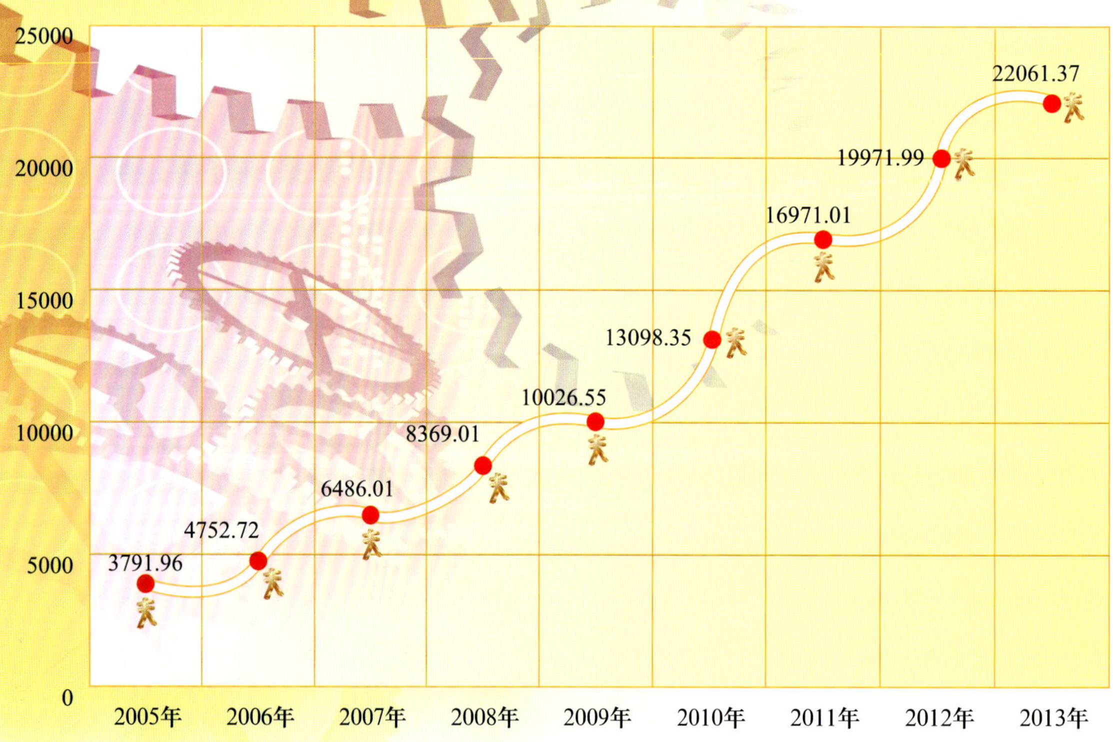

城市园林绿化覆盖面积（公顷）

Park and Green Areas Covered in City (ha)

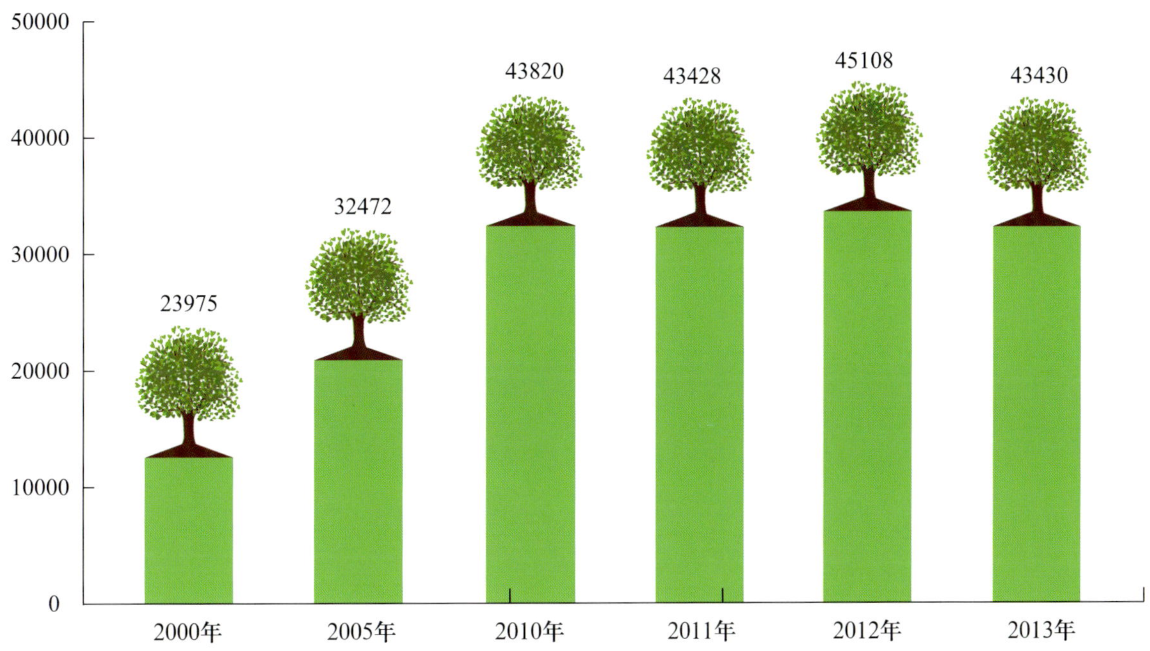

城市自来水普及率（%）

Percentage of Population with Acces to Tap Water in City (%)

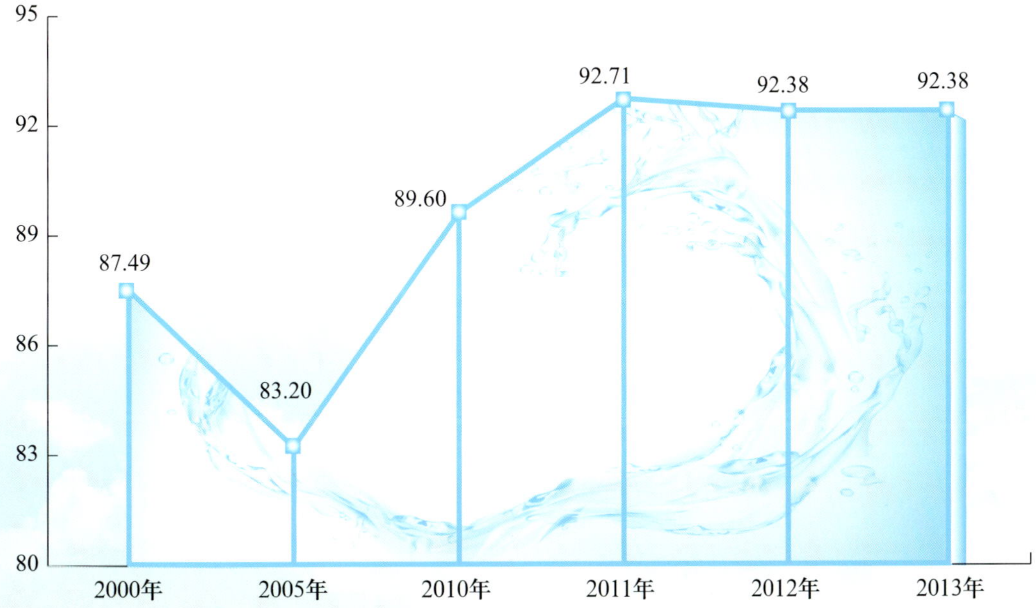

主要农作物产量（万吨）

Output of Major Farm Crops（Output 10000 tons）

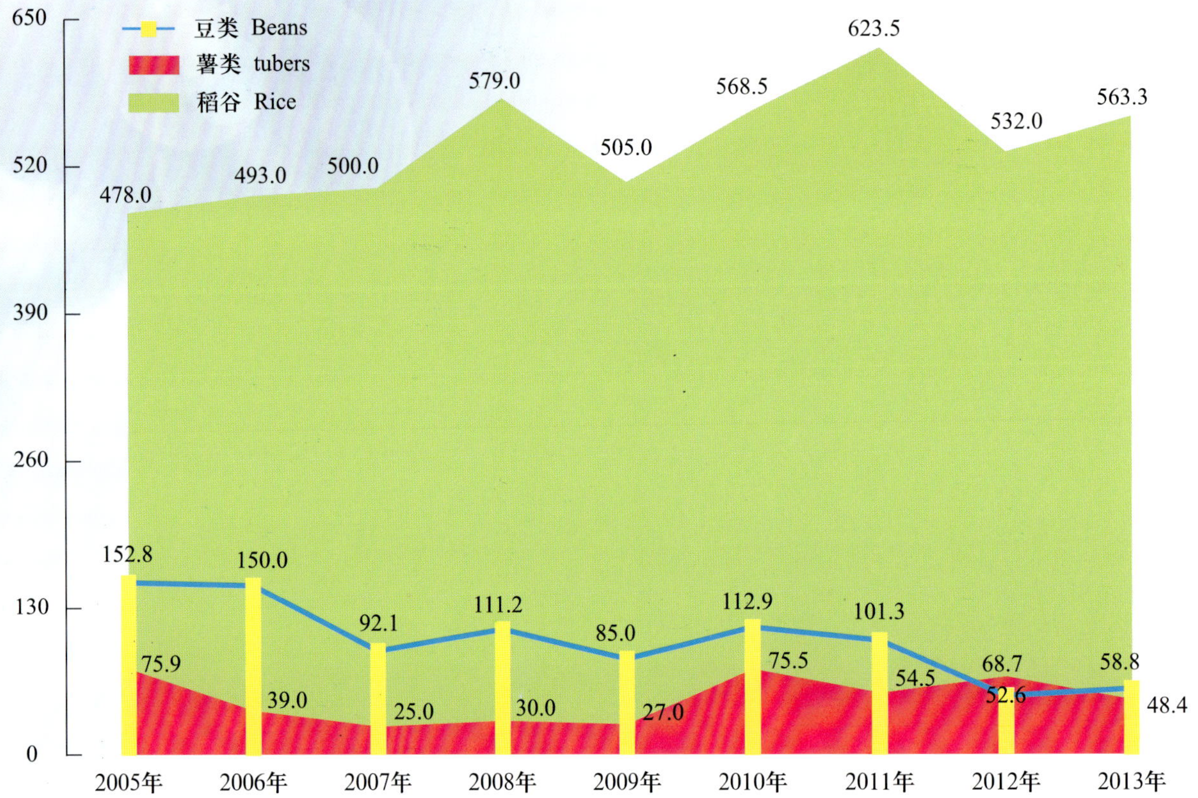

主要畜产品产量（万吨）

Output of Major Livestock Production（Output 10000 tons）

畜牧业产值占农、林、牧、渔业的比重（%）

Output Value of Animal Husbandry and its Proportion of Agriculture, Forestry, Animal Husbandry and Fishery (%)

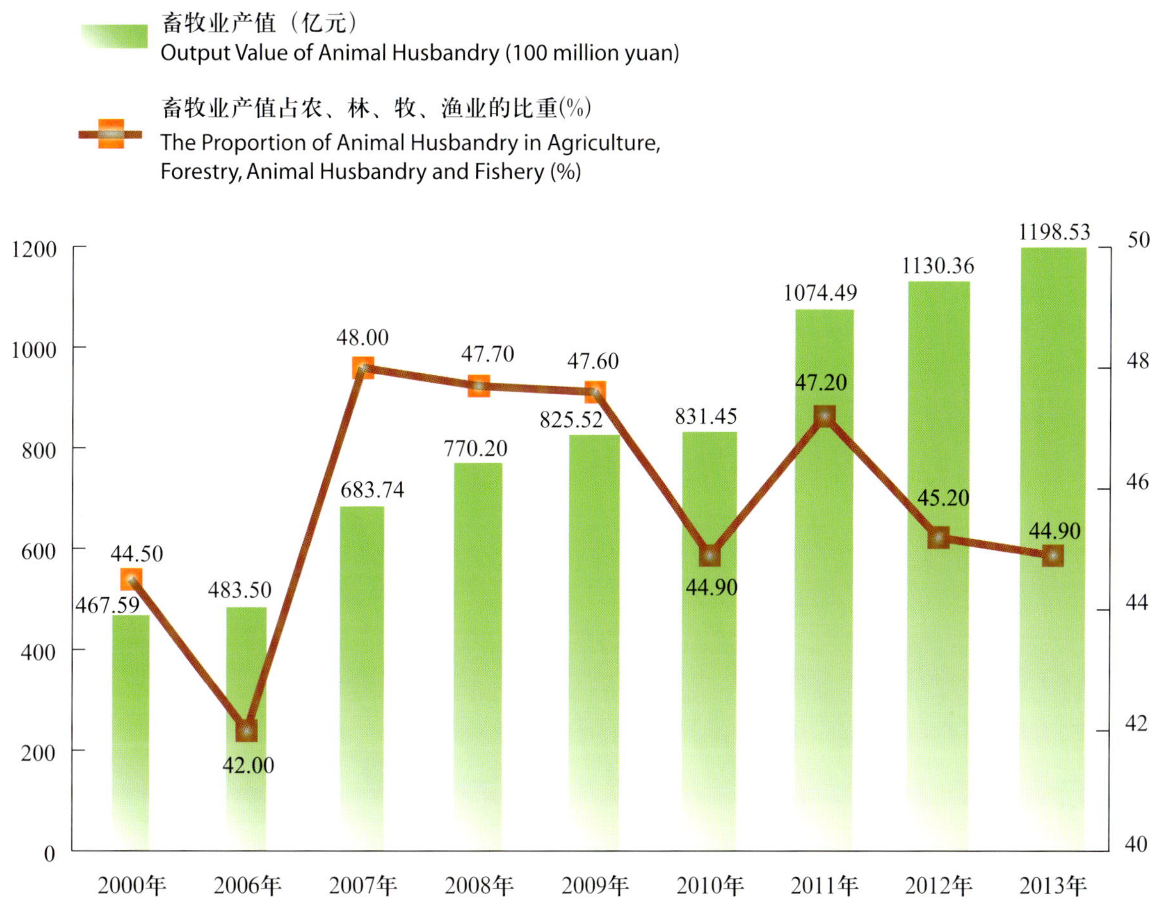

粮食产量（万吨）

Output of Grain (10000 tons)

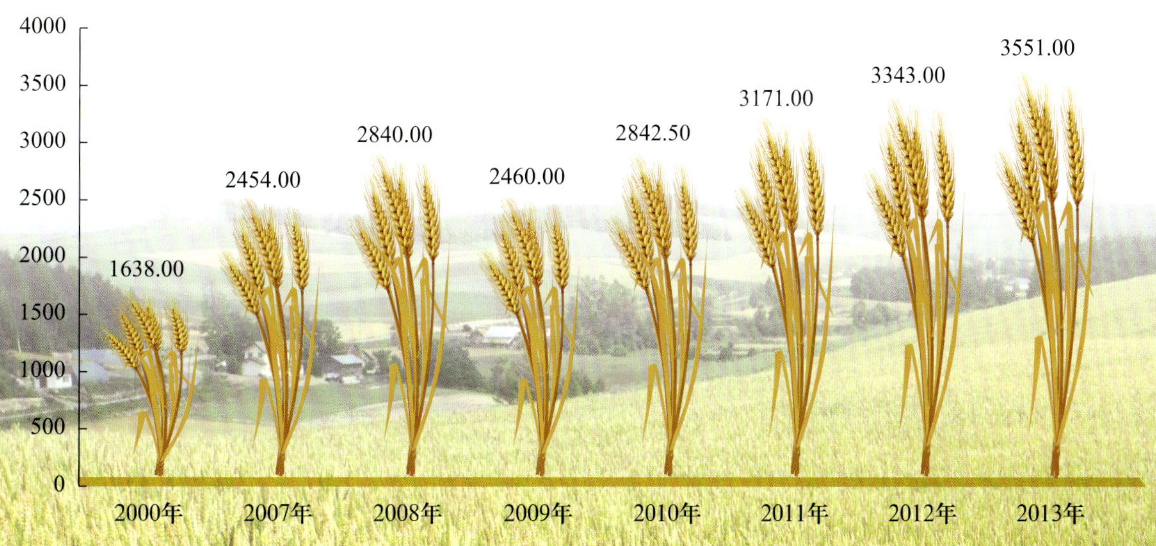

客运量和货运量

Passenger Traffic and Freight Traffic

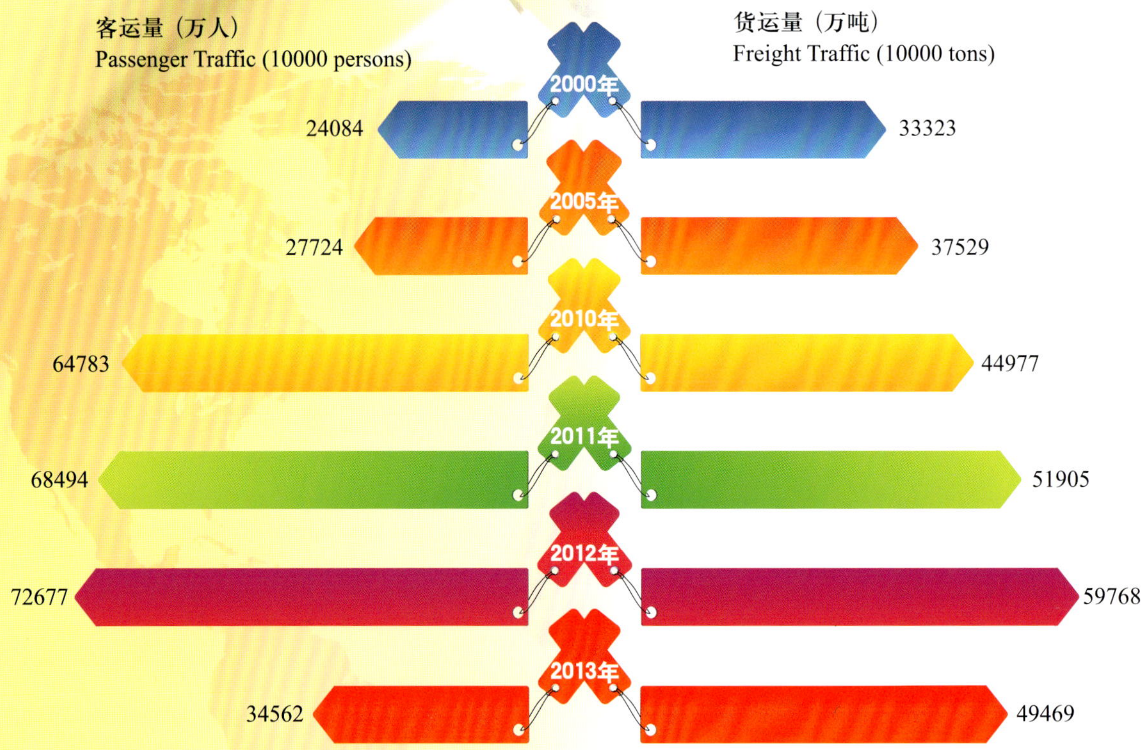

邮电业务总量（亿元）

Business Volume of Post and Telecommunications (100 million yuan)

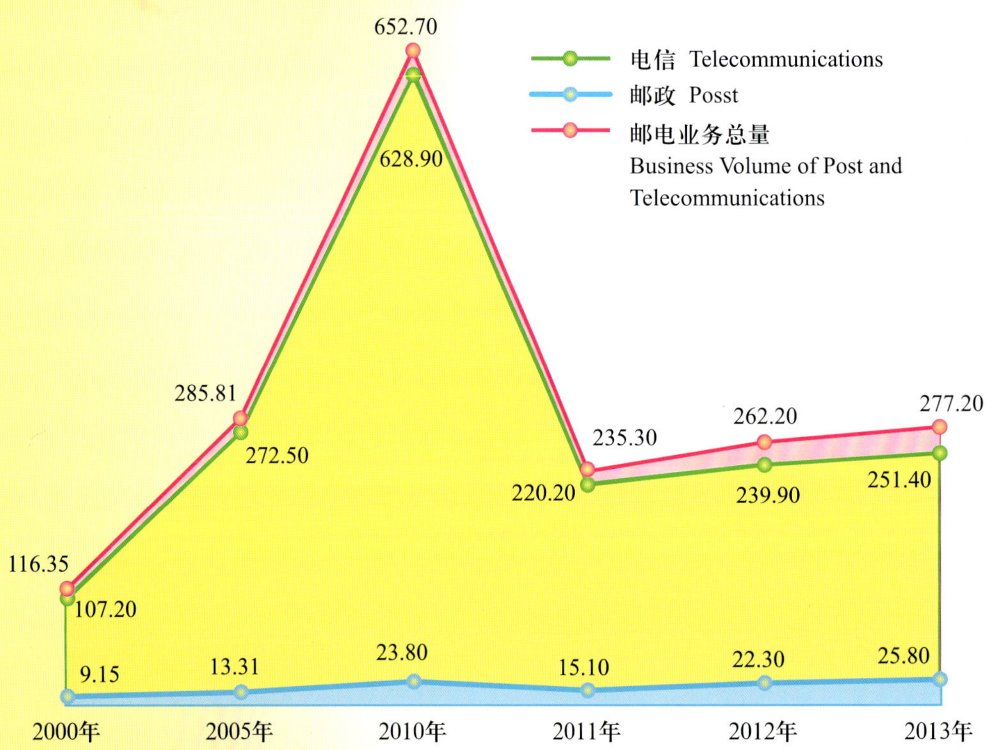

建筑业企业增加值（亿元）

Total Valueadded of Construction Enterprises （100 million yuan）

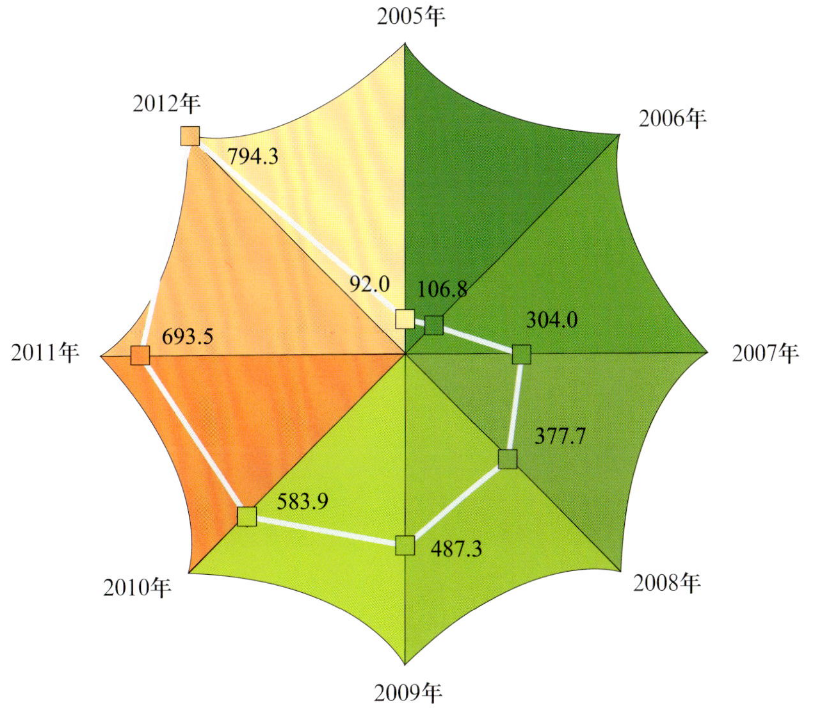

建筑业企业房屋竣工价值（亿元）

The Cost of Building Construction (100 million yuan)

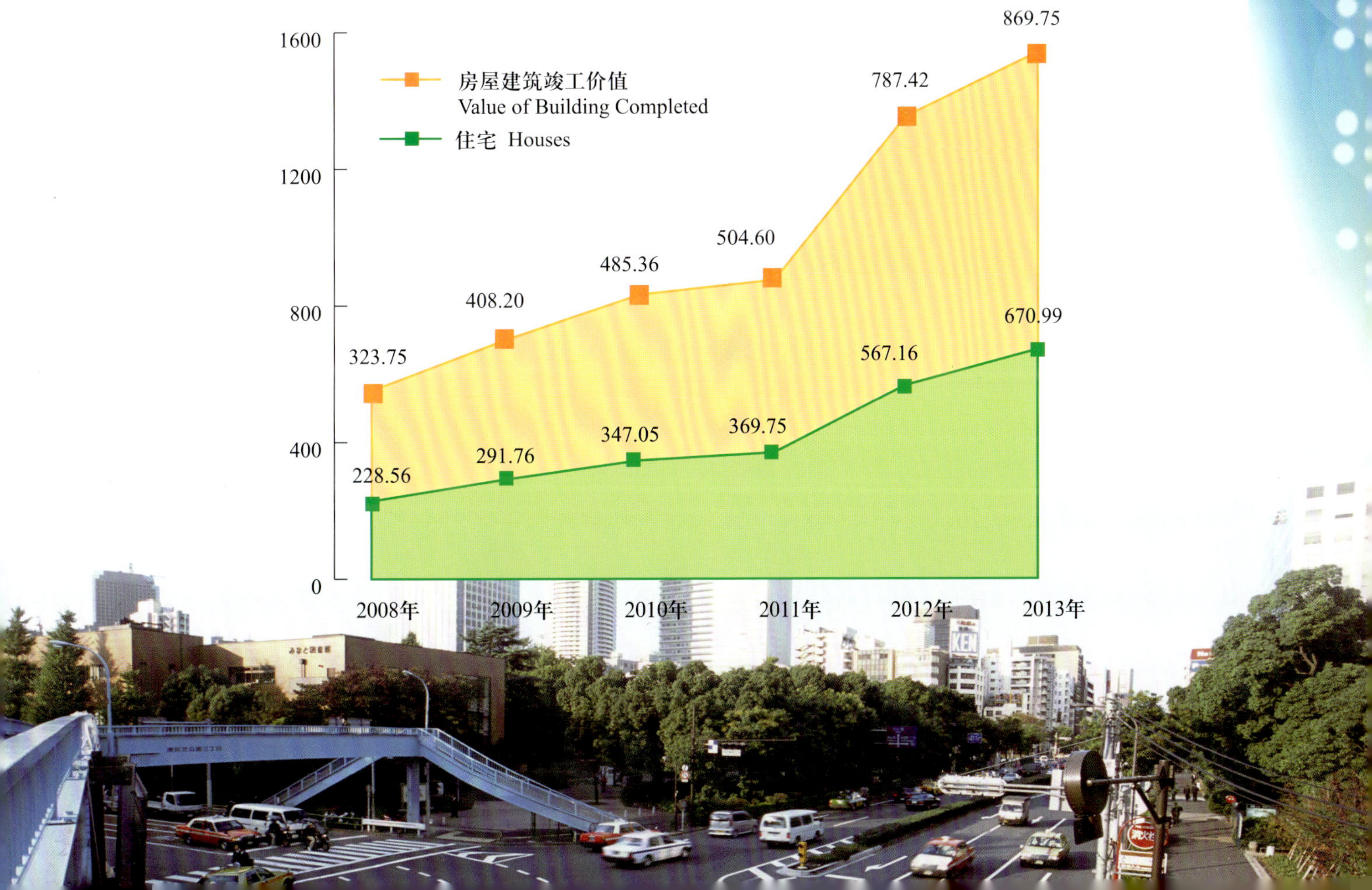

社会消费品零售总额（亿元）

Retail Sales of Social Consumer Goods (100 million yuan)

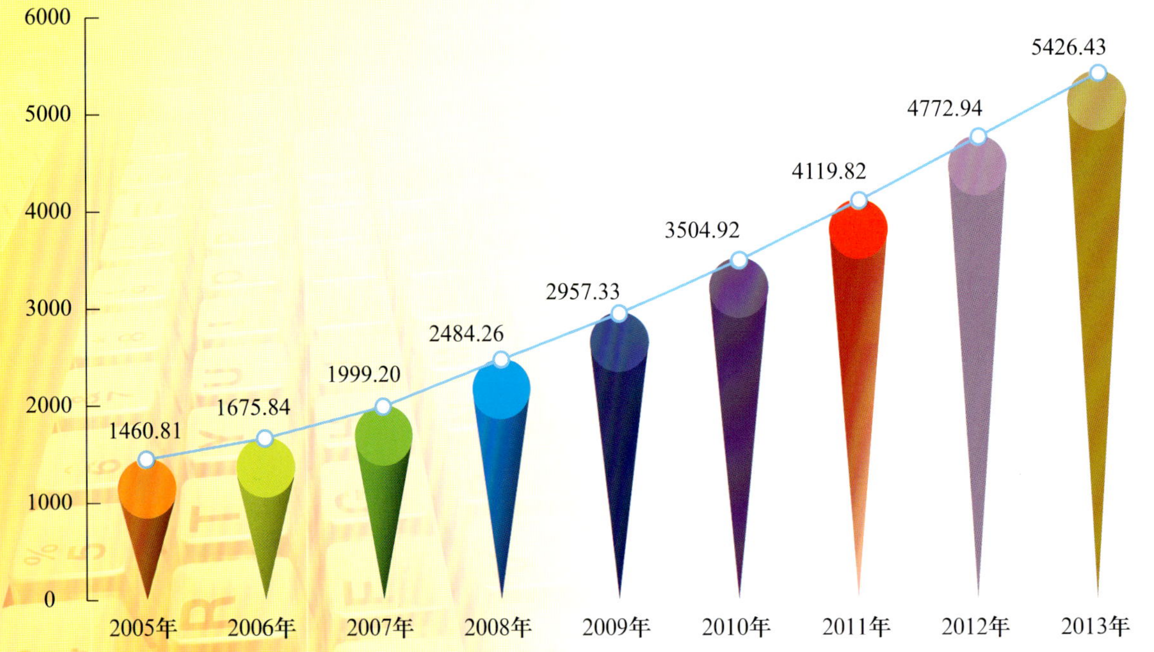

乡村和城镇社会消费品零售总额（亿元）

Rural and Urban Retail Sales of Social Consumer Goods (100 million yuan)

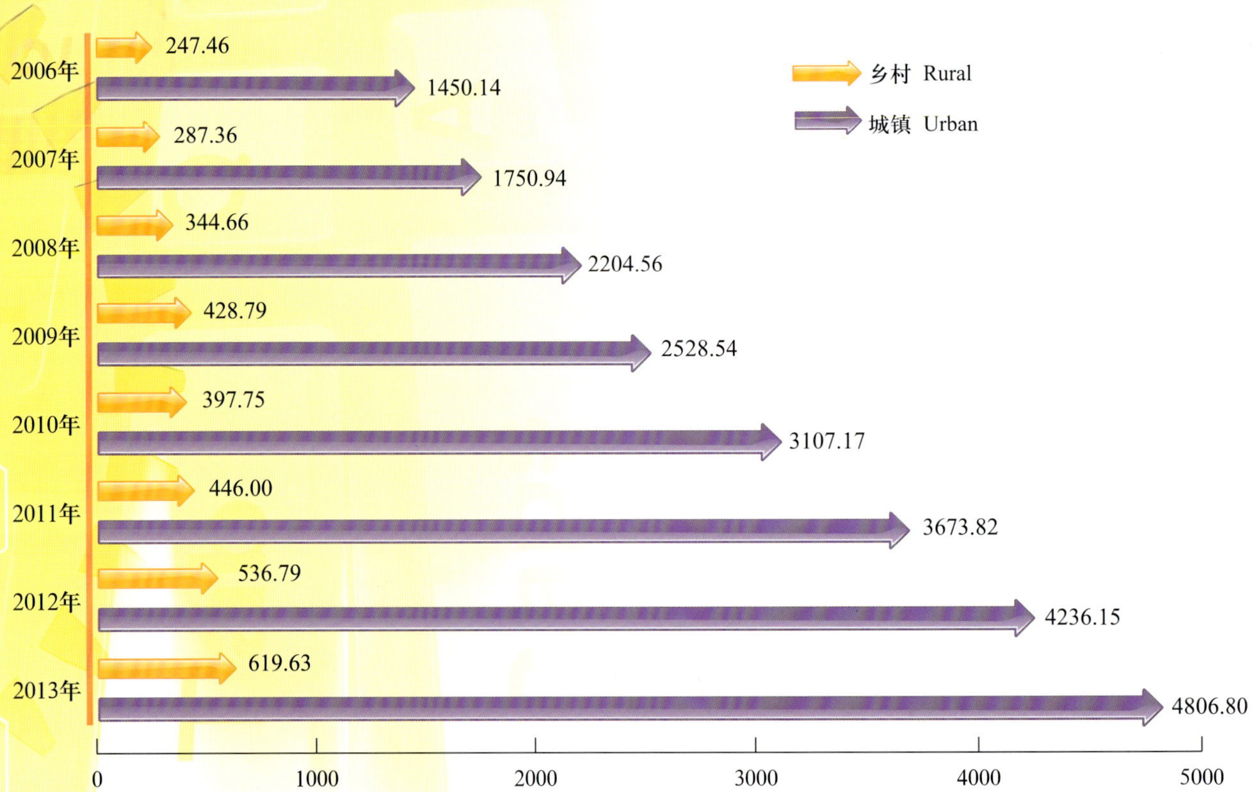

进出口总额（亿美元）

Total Value of Imports and Exports (100 million Dollars)

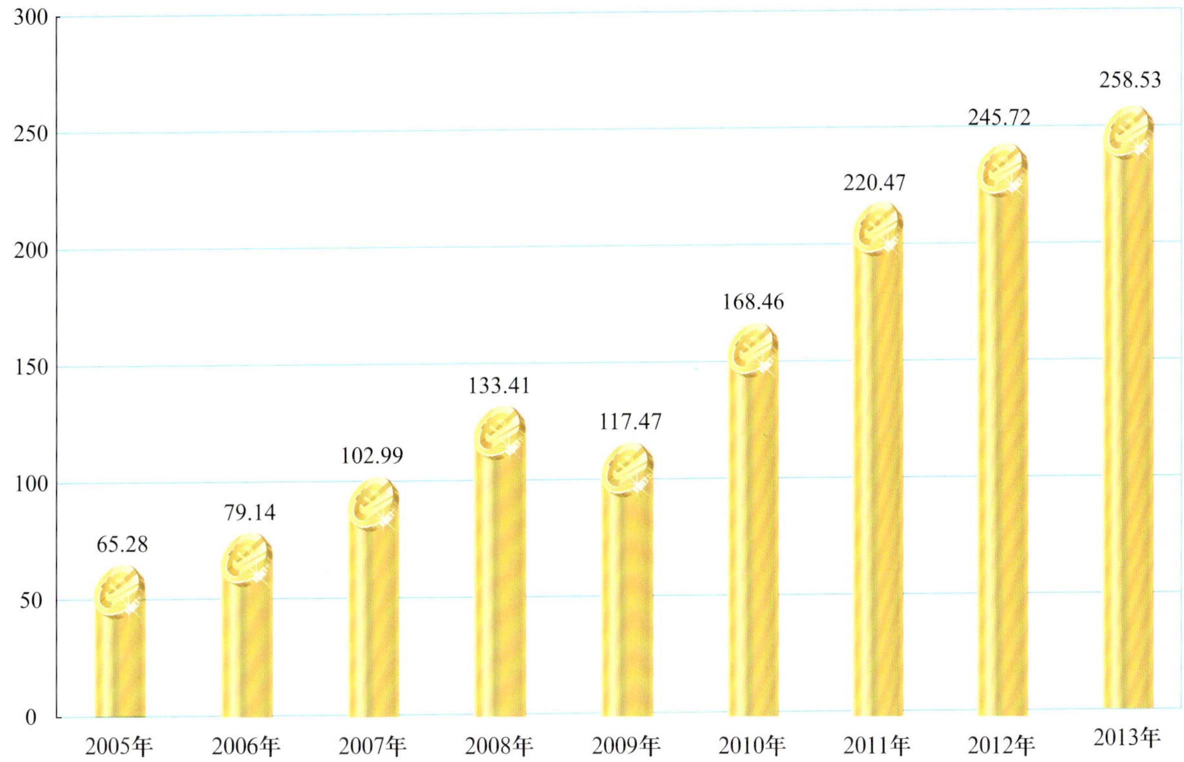

进出口总额构成（%）

Compositions of Total Value of Imports and Exports (%)

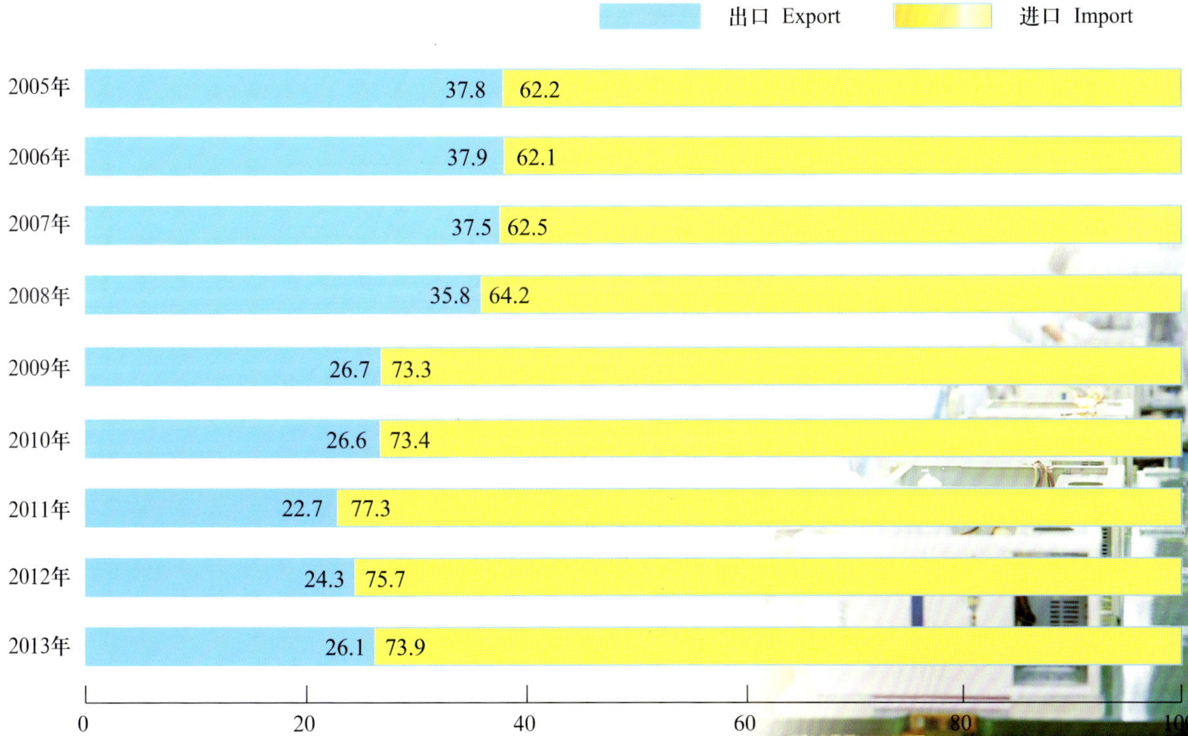

国内旅游人数（万人次）

Number of Domestic Tourists（10000 person - times）

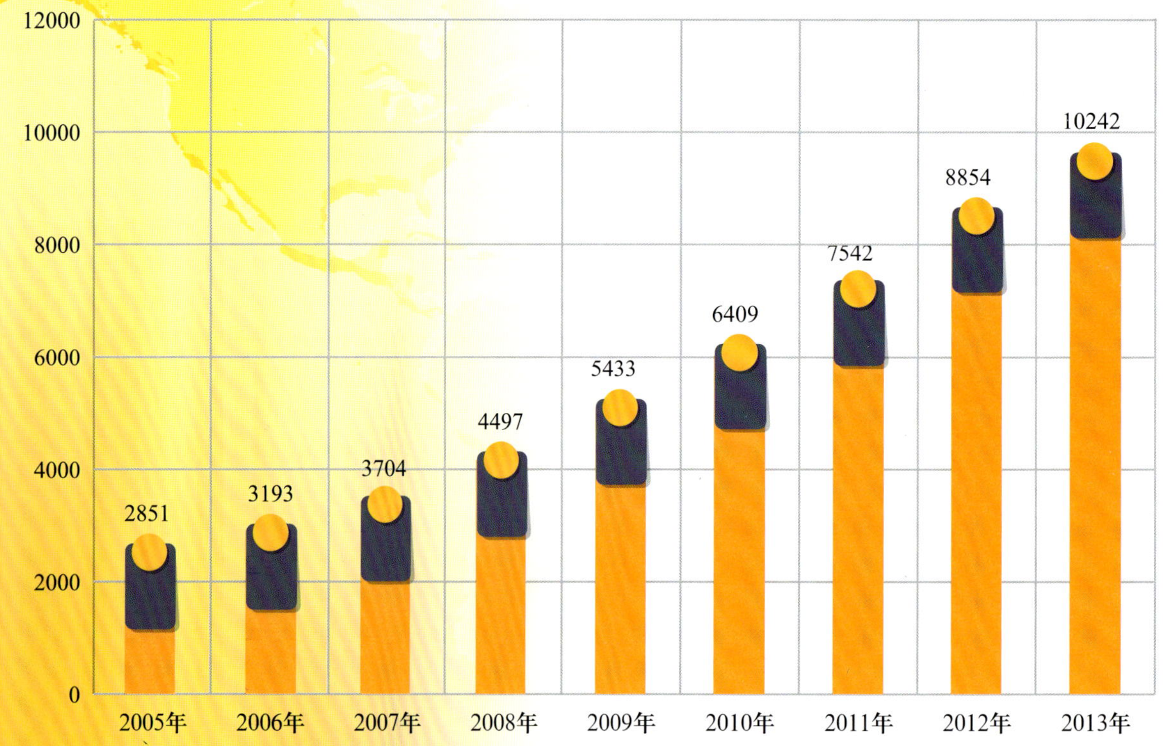

国内旅游收入（亿元）

Income from Domestic Tourism（100 million yuan）

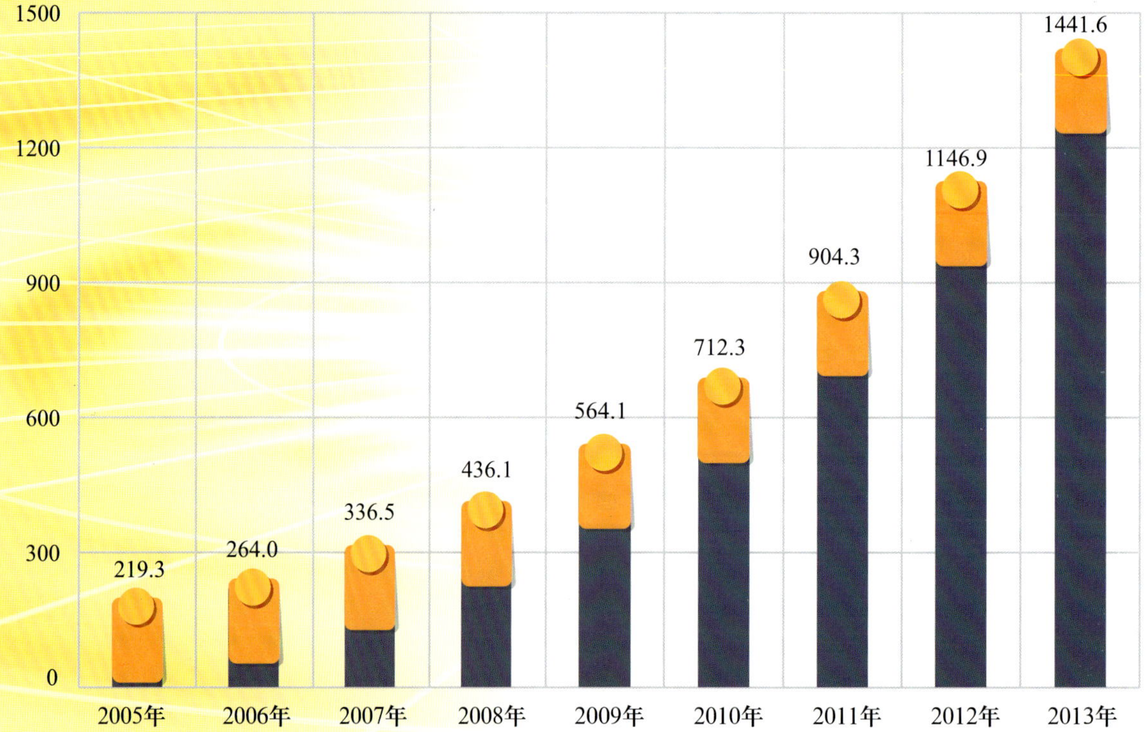

高等教育毕业生数（人）

Postgraduate of Higher Education (person)

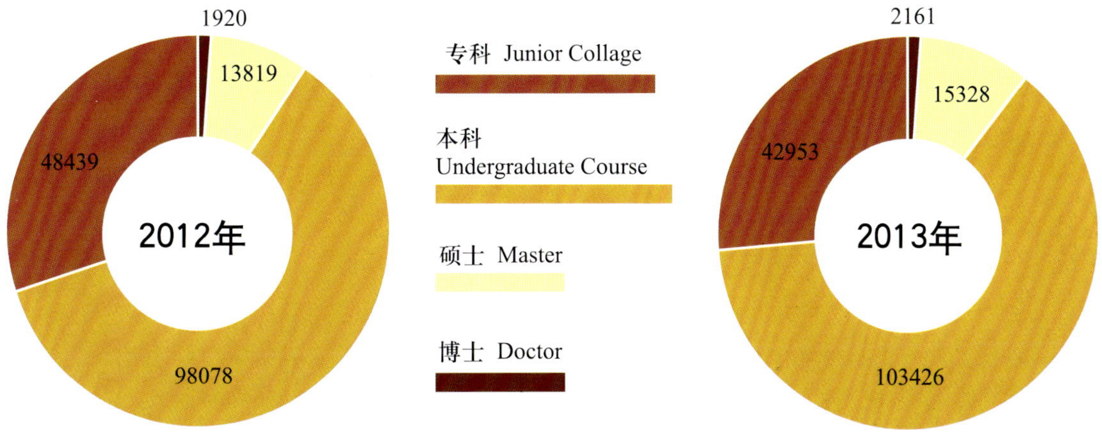

小学学龄儿童入学率（%）

Percentage of School-age Children Enrolled (%)

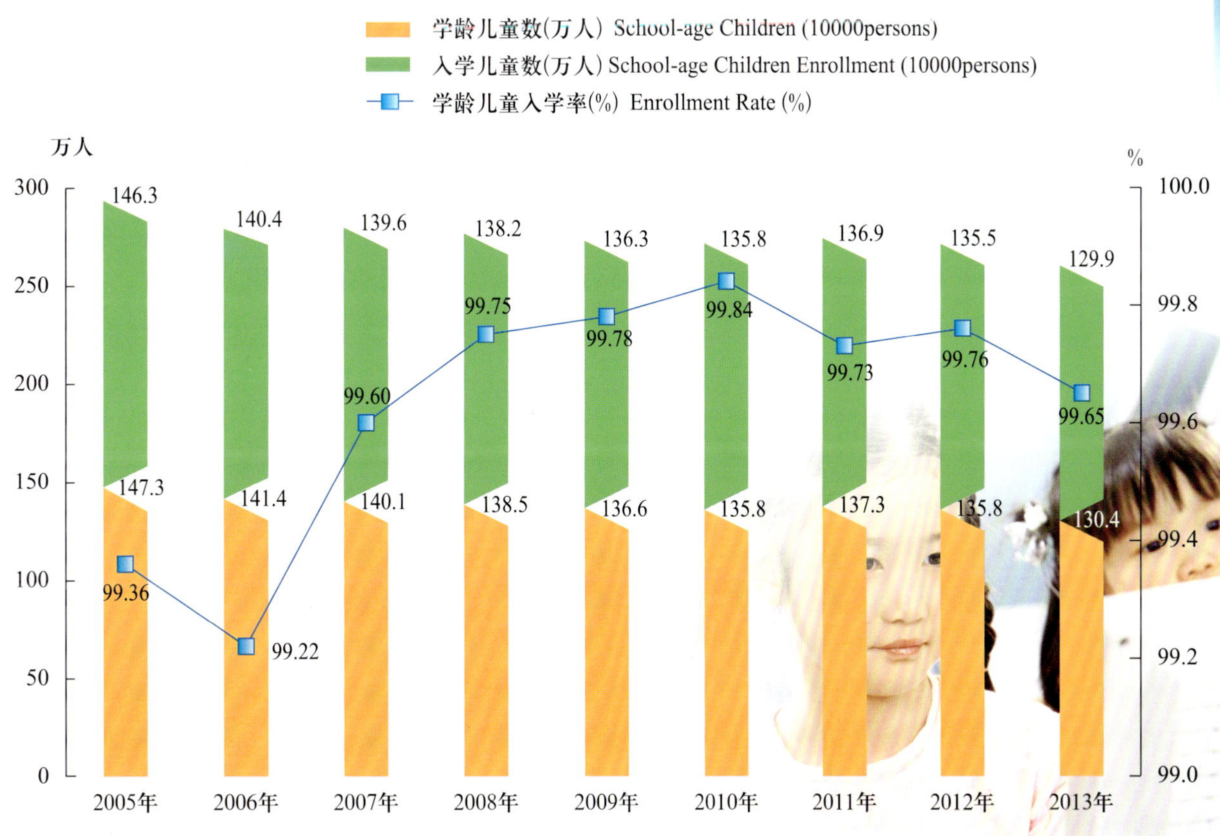

四平市政府

四平市人民

四平市委书记刘喜杰

四平市委副书记、市长石国祥

四平市99个亿元以上项目集中开工仪式

2013年，四平市在市委、市政府的正确领导下，大力弘扬“攻坚克难，求富图强”的四平精神，围绕“六增力一改观”目标，深入实施“一核三带”富民优先战略，抢抓机遇，奋力拼搏，经济发展取得丰硕成果，经济总量突破千亿元关口，国民经济步入加快发展的新阶段。

一、总体实力显著增强，三次产业协同发展。2013年，全市实现地区生产总值1210.3亿元，比上年增长9.1%。其中，第一产业增加值完成293.7亿元，增长3.9%；第二产业增加值完成562.7亿元，增长11.2%；第三产业增加值完成353.9亿元，增长9.8%。经济增长由主要依靠工业带动向三次产业协同发展转变。从三次产业结构看，三次产业占GDP比重为24.3：46.5：29.2，第二产业增加值占GDP比重远高于一、三产业，全市经济开始进入工业化加速发展阶段，已基本形成了以农业为基础，以工业为主导、第三产业占重要地位的产业结构。

二、农业基础地位不断稳固，现代农业扎实推进。四平市加快推进农业结构调整，培育和发展循环农业、绿色农业，扎实推进社会主义新农村建设。2013年，全市实现农林牧渔业总产值521.4亿元，比上年增长

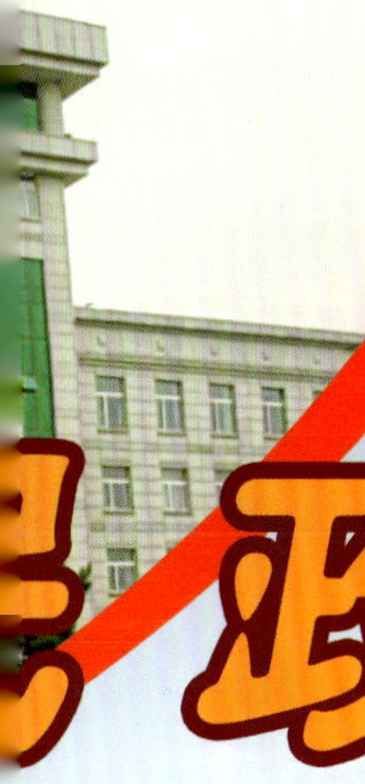

政府

4.9%。粮食总产量大获丰收达801.3万吨，实现十连增。新建粮食高产示范区100个。畜牧业保持稳步发展态势，规模化养殖水平居全省前列。猪、牛、羊分别发展到711.6万头、181.6万头、129.0万只。农业机械化水平稳步提高，农业机械总动力279.9万千瓦，比上年增长7.2%。

三、工业经济实力增强，效益提升。工业结构在总量扩大、规模扩张中逐步优化。2013年，全部工业实现增加值529.9亿元，增长10.7%。民营工业不断壮大，全市规模以上民营工业企业439家，实现工业增加值458.6亿元，比上年增长13.3%。全市规模以上工业企业实现利润总额58.9亿元，比上年增长11.1%；实现利税总额83.8亿元，比上年增长8.3%。

四、投资消费稳定增长，发展后劲更加强劲。在连续几年的招商引资和扩大固定资产投资规模中，一批重点工程项目的引进和项目建设的不断推进，为四平市经济发展打下了坚实的基础。2013年，全市实现固定资产投资674.4亿元，比上年增长20.2%。建设亿元以上项目305个，完成投资440亿元。10亿元以上目达23个，完成投资91.2亿元。

在消费方面，通过提高居民收入水平，积极实施扩大内需促进消费政策，扎实推进万村千乡市场工程，大力规范市场秩序，改善消费环境，使市场消费需求旺盛。2013年，全市实现社会消费品零售总额450亿元，比上年增长14%。旅游服务业加快发展，全年实现旅游收入24.7亿元，比上年增长25.8%。

五、经济发展成果显著，运行质量稳步提升

综合财力增加。2013年，全市全口径财政收入95.2亿元，比上年增长2.2%。其中地方财政收入完成60.6亿元，增长7.0%。其中，市本级地方财政收入52.5亿元，增长5.8%。

经济持续较快发展带动了城乡居民收入的提高。2013年，城镇居民人均可支配收入25530元，比上年增长8.3%；农村居民人均纯收入9960元，比上年增长13.7%。全市居民储蓄存款余额613.4亿元，比上年增长13.9%。

金融存贷款总量平稳增长。截至2013年末，全市金融机构各项存款余额836.4亿元，比年初增加97.9亿元。信贷投放结构不断优化，金融机构各项贷款余额551.8亿元，比年初增加102.6亿元。

物价涨势逐步回落。2013年末，全市物价水平温和上涨，居民消费价格总指数上涨2.5%，涨幅与上年持平，且低于全国0.1个百分点。

伊通油田

六、社会各项事业和谐稳定发展

基础设施投入加大，城乡面貌焕然一新。建设东南生态新城精品工程，紫气大路、旭日立交桥竣工通车、四平综合客运枢纽站投入试运营。稳步改善城乡居民居住条件，改造棚户区50万平方米、7150套，新建廉租住房6.3万平方米、1530套，完成“暖房子”工程改造110万平方米、惠及居民1.2万户。大力推进农村人居环境建设，245个村被命名为国家级“美丽乡村”。

进一步健全社会保障，改善民生。稳定并扩大就业，增加公益性岗位数量，城镇登记失业率控制在3.7%。覆盖城乡居民的社会保障体系建设取得突破性进展，社会保障框架日益健全。城镇居民养老、医疗等各项保障都有所加强，农村居民的各项保障也逐步纳入了社会保障体系中。2013年末，全市养老保险覆盖总人数为53.7万人，比上年增加了2.4万人。全市失业保险参保人数为22.8万人，比上年增加0.4万人。

草原红牛

教育、文化事业繁荣发展。全面推进素质教育，义务教育均衡发展，普通高中名校建设实践探索，职业教育资源整合积极推进。2013年完成市区20所标准化幼儿园建设，深入实施文化惠民工程，公共文化场馆全部免费开放。积极开展群众性文化活动，不断提升文化服务水平。成功举办第12届中国国际儿童电影节、全国公路自行车公开赛、赴台湾火花展、第七届社区体育大赛、第四届元宵节灯会和焰火晚会等活动。

四平经济开发区

四平经济开发区党工委书记、管委会主任贾六宁

四平经济开发区是在国务院实施振兴东北老工业基地的战略中成长壮大起来的省级开发区。开发区座落在广袤富饶的松辽平原腹地、东北地区重要交通枢纽和物流节点城市四平市，沿长平、长沈高速公路连接线两侧开发建设，规划面积5.1平方公里，拓展面积25.5平方公里。自1998年建区以来，累计实现GDP110亿元，实现工业总产值316亿元，工业增加值105亿元，全社会固定资产投资210亿元，财政收入15亿元，年均增幅都在30%以上。开发区依托城市资源、产业优势及发展实际，规划并建设了专用汽车、制药、机械制造、电子信息、热电能源等五个主导产业，形成了一正药业、庆达数码、正虹饲料、奋进汽车改装、吉泰换热器等为代表的规模骨干企业，这些企业在开发区乃至四平市整个经济中都占有重要地位。

党的十八大报告提出了“实施创新驱动发展战略”和“坚持走中国特色新型工业化道路”的要求，为四平经济开发区实施二次创业指明了方向。作为四平市创新发展的有效载体，就要抢抓机遇，开创新局，打造开发区发展新优势，提高开发区综合竞争力，着力建设创新型工业区。经党工委、管委会研究，将新工业区定位在：打造四平特色工业聚集区、新兴产业先导区、创新型企业示范区，建设以“低碳、节能、环保、绿色”为主题、在吉林省具有标志性的现代新工业区，全面提升四平经济开发区在省、市经济和社会发展中的战略地位。积极构筑六大园区，即：中欧专用汽车产业园、吉林省医药特色产业园、吉林大学国家大学科技园四平分园、东北亚物流港、高端装备制造园、食品工业园。

中欧专用车园区。规划建设全国最大的欧洲专用车展销中心，形成世界专用车展销网。建成国内一流、国际知名的集科研、生产、检测于一体的吉林省专用车生产基地。吉林省医药特色产业园区。规划建设以中药、化学和生物制药、原料药和鹿保健品为主导产品的产业基地，成为四平经济增长最快速的工业园。吉大科技园四平分园。规划建设产、学、研一体化的产业化基地。东北亚物流港。规划集中发展5—10个大型专业市场和

开发区标志性建筑彩虹门

四平经济开发区开发大路标志

四平经济开发区正在进行防震减灾演练

专业物流集团，打造以第三方物流为主导，集交易、仓储、配送、运输及配套服务功能于一体的具有国际水平、功能完备、实现物流的社会化、专业化、信息化、规模化的现代物流港。建设成为国家物流示范基地和陆港保税仓。高端装备制造园。按照四平市做为吉林省装备制造业基地发展的重点方向，提升四平产业核心竞争力，转变四平经济发展方式。食品工业园。按照市政府烟、酒、食、糖的发展方向，坚持差异化发展，重点发展酒、食产业。

创新工作机制，强化新工业区建设的措施。举全区之力，全程推进项目生成落户。重点抓好招商引资和项目建设，抓好项目储备库，强攻项目生成落户。理顺管理体制，进一步提高服务质量。建立工业区联席会议制度，定期对全区招商工作及园区建设、企业发展情况进行通报，实现信息沟通和共享。健全机制，全面优化发展环境。建立重大项目领导责任制，建设责任制、监督责任制、调度责任制，确保项目建设顺利实施。超前谋划，适度抓好新工业区的基础设施建设。充分考虑新工业区的发展后劲，适度超前抓好新工业区的基础设施建设，特别是道路、供电、供水、通信、排污等配套设施建设，发挥基础设施的先导效应，增强吸引力和聚集力。以价值链为基础，建立完善的专业分工协作机制。坚持分工协作，力求多样化。特别是根据六大园区特征，建立和培育以新型零部件为中心与大企业共同发展的网络状小企业集群。建立以市场选择主导产业为主的产业集群发展体系。大力培育主导产业，进行合理布局，突出产业特色，引导关联企业集聚集群发展。遵循市场优选法则，避免新工业区成为政策区。加强公共服务平台建设，重视人力资源开发。引进和发展社会中介服务机构，完善新工业区的服务功能。坚持以人为本，实施人才强区战略中，让高端人才在技术源头上提供支持，让领袖型科技企业家作为园区产业的领航人。

四平经济开发区商机无限、生机盎然，是您成就梦想的天空，投资兴业的乐土，真诚地期待和诚挚地欢迎各位有识之士观光考察、投资发展。

吉林益民堂药业生产线

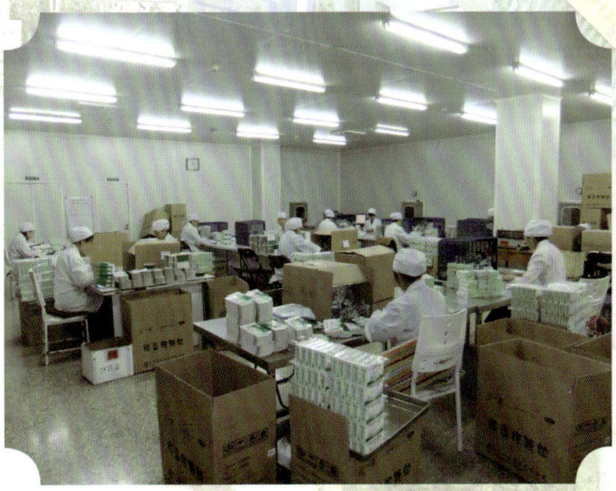

四平市神农制药包装车间

吉林一正药业

体育事业

Sports undertakings

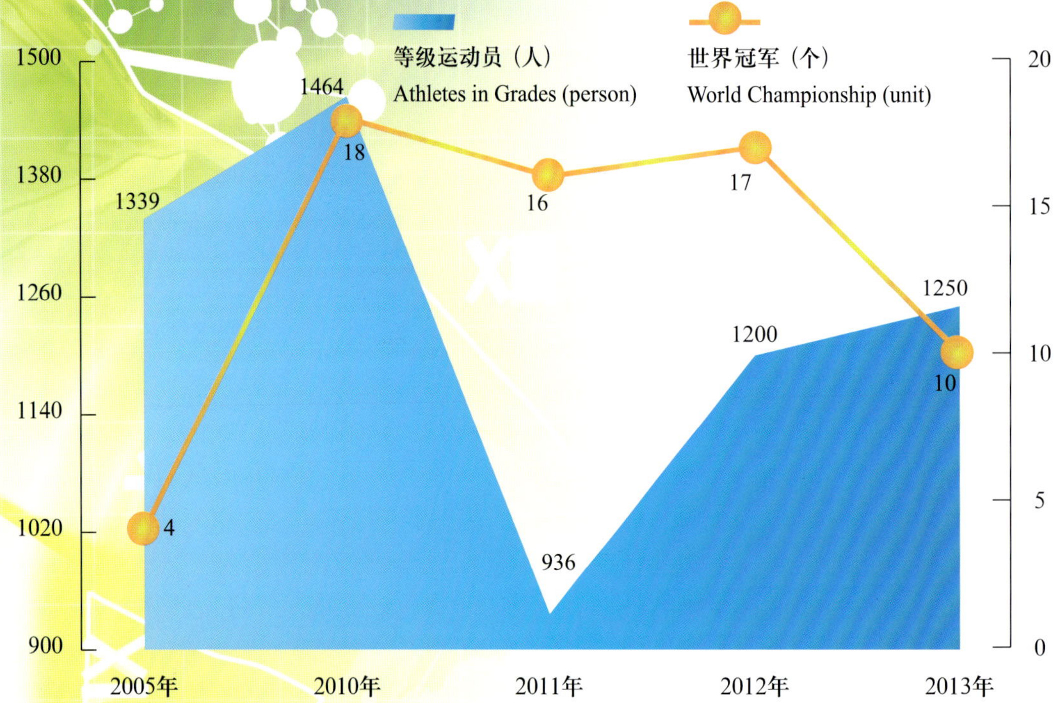

医院、卫生院和执业医师

Hospital and Health Centers and Certified Doctors

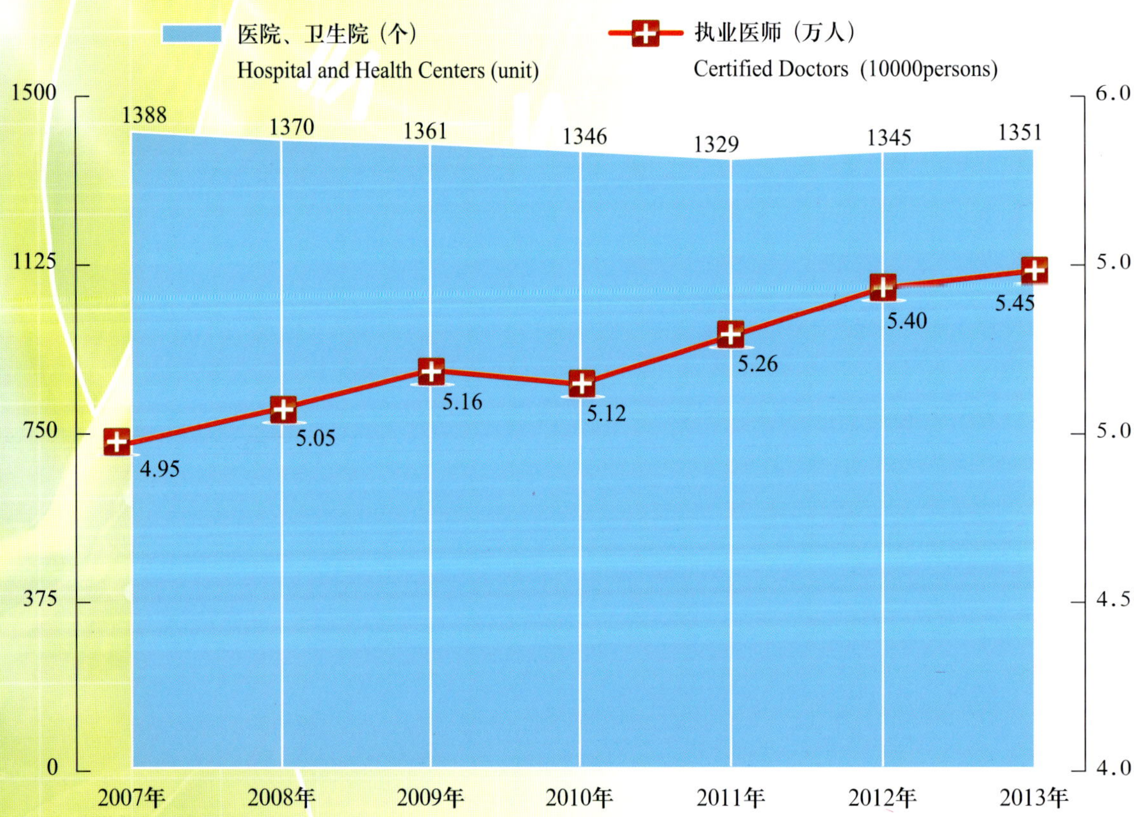

CONTENTS
目录 >>>

统计资料
STATISTICAL DATA

【第一篇】综合 SYNTHESIS

【第二篇】国民经济核算 NATIONAL ECONOMIC ACCOUNTING

【第三篇】人口 POPULATION

【第四篇】从业人员和职工工资 EMPLOYMENT AND WAGE

【第五篇】固定资产投资 INVESTMENT IN FIXED ASSETS

【第六篇】对外经济贸易和旅游业 FOREIGN ECONOMY TRADE AND INTERNATIONAL TOURISM

【第七篇】能源生产和消费 PRODUCTION AND CONSUMPTION OF ENERGY

【第八篇】 财政、金融和保险 PUBLIC FINANCE BANKING AND INSURANCE

【第九篇】 物价 PRICE

【第十篇】人民生活 PEOPLE' S LIVELIHOOD

【第十一篇】 市政公用事业和环境保护 URBAN PUBLIC UTILITIES AND ENVIRONMENT

【第十二篇】 农业 AGRICULTURE

【第十三篇】工业 INDUSTRY

【第十四篇】 建筑业 CONSTRUCTION

【第十五篇】 交通运输和邮电通信业 TRANSPORTATION POSTAL AND TELECOMMUNICATIONS SERVICES

【第十六篇】 批发零售贸易和餐饮业 WHOLESALE, RETAIL TRADE AND CATERING SERVICES

【第十七篇】 教育、科技和文化事业 EDUCATION AND CULTURE

【第十八篇】体育、卫生和其他事业 SPORTS、PUBLIC HEALTH AND OTHERS

【第十九篇】 市（州）和县（市）情况 GENERAL SURVEY OF CITY（STATE）AND COUNTY（CITY）

TONGJIZILIAO ▶

统计资料

STATISTICAL DATA

CHAPTER ▶ 01

第一篇

综　合

SYNTHESIS

1-1 行政区划（2013年末）
Divisions of Administrative Areas（end of 2013）

单位:个 （unit）

地　区	Region	县（市）合计 Total Counties (Cities)	县级市 Cities at County Level	县 Counties	自治县 Autonomous Counties	市辖区 Districts under the Jurisdiction of Cities
全　省	**Total**	**40**	**21**	**16**	**3**	**20**
长　春	Changchun	4	3	1		6
吉　林	Jilin	5	4	1		4
四　平	Siping	4	2	1	1	2
辽　源	Liaoyuan	2		2		2
通　化	Tonghua	5	2	3		2
白　山	Baishan	4	1	2	1	2
松　原	Songyuan	4	1	2	1	1
白　城	Baicheng	4	2	2		1
延　边	Yanbian	8	6	2		

地　区	Region	乡镇级区划数 Number of Regions at Townships Level	街道办事处 Subdistrict Office	镇 Towns	乡 Township	村民委员会 Village Committees
全　省	**Total**	**900**	**282**	**431**	**187**	**9313**
长　春	Changchun	165	68	67	30	1677
吉　林	Jilin	142	66	56	20	1383
四　平	Siping	102	29	56	17	1160
辽　源	Liaoyuan	44	14	23	7	518
通　化	Tonghua	97	19	57	21	988
白　山	Baishan	65	18	40	7	503
松　原	Songyuan	100	22	43	35	1124
白　城	Baicheng	97	24	38	35	909
延　边	Yanbian	88	22	51	15	1051

注：乡镇、村民委员会数据为省统计局数据，其他数据为省民政厅提供。
Note:Township,Village Committee data for provincial statistical data,other data for home office supplying.

1-2 自然资源状况（2013）

Natural Resources and Conditions（2013）

项　　目	Item	单位 Unit	实际数 Actual Number
一、自然状况	**Natural Conditions**		
1.土地面积	Land Area	万平方公里 10000sq.km	18.7
各类土地所占比重	Composition of all Type Land		
山 地	Mountains	%	36.0
丘 陵	Hills	%	5.8
平 原	Plains	%	30.0
台地及其他	Mesa and Others	%	28.2
2.气候	Climate		
全年平均气温	Annual Average Temperature	摄氏度 ℃	5.1
年降水量	Annual Precipitation	毫米 mm	763.3
二、自然资源	**Natural Resources**		
1.林地	Forest Area		
林业用地面积	Area of Afforested Land	万公顷 10000hectares	929.9
森林面积	Forest Area	万公顷 10000hectares	827.0
灌木林地面积	Shrub Land	万公顷 10000hectares	18.2
活立木总蓄积量	Standiny Stock Volume	亿立方米 100 million cu.m	9.7
森林覆盖率	Forest－coverage Rate	%	43.9
2.水利	Water Resources		
水资源总量	Total Water Resource Volume	亿立方米 100 million cu.m	607.41
人均水资源量	Per Capita Water Resources	立方米/人 Ca.m / Person	2207.96
地表水资源量	Surface Water Volume	亿立方米 100 million cu.m	535.20
地下水资源量	Ground Water Volume	亿立方米 100 million cu.m	160.20
松花江流域	Songhua River Basin	亿立方米 100 million cu.m	497.81
辽河流域	Liao River Basin	亿立方米 100 million cu.m	109.60

1－3 主要城市平均气温（2013）

Average Temperature of Major Cities（2013）

单位: 摄氏度 （℃）

月份 Month		长春市 Changchun	吉林市 Jilin	四平市 Siping	辽源市 Liaoyuan	通化市 Tonghua	白山市 Baishan	松原市 Songyuan	白城市 Baicheng	延吉市 Yanji
1月	Jan.	-17.4	-16.0	-16.1	-16.8	-13.8	-15.6	-19.5	-20.1	-13.5
2月	Feb.	-13.5	-12.9	-11.4	-13.2	-10.5	-12.9	-14.9	-15.1	-11.1
3月	Mar.	-4.3	-4.5	-2.6	-3.3	-2.1	-4.1	-5.1	-4.8	-2.4
4月	Apr.	4.1	3.9	4.8	4.1	4.6	3.1	5.1	5.2	4.4
5月	May	17.9	17.4	18.4	17.7	16.4	14.9	18.3	18.4	13.8
6月	June	21.3	21.0	21.7	21.3	20.1	19.2	22.1	21.4	19.1
7月	July	23.7	22.9	24.0	23.2	22.5	21.7	24.2	23.9	22.0
8月	Aug.	22.6	22.1	23.0	22.3	21.9	21.0	23.1	22.2	21.6
9月	Sept.	16.4	16.1	17.0	15.6	15.2	14.2	16.7	15.4	15.1
10月	Oct.	8.3	8.3	8.6	7.4	7.8	7.0	8.0	7.0	7.6
11月	Nov.	-0.8	-0.8	0.3	-0.9	-1.2	-2.4	-1.1	-1.5	-0.7
12月	Dec.	-11.2	-10.9	-10.0	-11.9	-11.1	-11.8	-10.7	-10.1	-9.5

1-4 主要城市降水量（2013）
Precipitation of Major Cities（2013）

单位：毫米　　　　unit:（Millimeters）

月份 Month		长春市 Changchun	吉林市 Jilin	四平市 Siping	辽源市 Liaoyuan	通化市 Tonghua	白山市 Baishan	松原市 Songyuan	白城市 Baicheng	延吉市 Yanji
1月	Jan.	8.5	8.5	7.8	6.4	5.0	8.6	2.2	2.4	0.3
2月	Feb.	31.2	14.9	29.5	24.7	13.4	30.0	14.9	16.0	7.3
3月	Mar.	14.7	17.5	17.7	26.4	27.6	30.7	7.6	7.6	13.5
4月	Apr.	57.5	51.5	50.6	30.1	62.6	65.2	19.8	24.2	34.1
5月	May	36.6	56.3	22.9	23.0	56.2	65.0	27.3	48.6	55.8
6月	June	191.0	151.1	80.9	81.4	118.3	122.3	59.6	95.3	68.4
7月	July	153.1	183.4	137.1	245.8	371.8	386.6	186.0	227.7	189.6
8月	Aug.	121.7	173.7	273.2	300.5	204.7	216.6	112.4	52.7	125.2
9月	Sept.	32.7	55.2	39.8	68.3	40.3	43.1	31.0	50.1	45.4
10月	Oct.	51.5	54.5	72.7	59.3	87.1	64.9	29.6	22.2	25.2
11月	Nov.	30.9	53.0	24.5	30.3	86.8	74.1	9.5	0.9	48.0
12月	Dec.	7.1	12.0	7.4	7.8	10.0	12.0	3.8	1.8	4.9

1－5 按国民经济行业大类分组的法人单位、产业活动单位及就业人数（2013）

According to the National Elonomic Industry Category of Group Corporation and Industrial Activity Units（2013）

指　　标	Item	法人单位数（个）Number of Corporative Units(unit)			产业活动单位数（个）Number of Economic Active Units(unit)	法人单位就业人数（人）Legal person units employment（person）
		合计 Total	单产业法人单位 Single Units	多产业法人单位 Multiple Units		
总　计	**Total**	**132686**	**129062**	**3624**	**159693**	**5136451**
农、林、牧、渔业	**Agriculture、Forestry、Animal Husbandry and Fishery**	**6729**	**6670**	**59**	**7420**	**147057**
农业	Farming	2364	2358	6	2448	45548
林业	Forestry	662	635	27	966	50127
畜牧业	Animal Husbandry	2191	2185	6	2202	29611
渔业	Fishery	174	173	1	173	3307
农、林、牧、渔服务业	Agriculture,Forestry,Animal Husbandry and Fishery Services	1338	1319	19	1631	18464
采矿业	**Mining**	**1445**	**1430**	**15**	**1502**	**255092**
煤炭开采和洗选业	Mining and Washing of Coal	256	251	5	266	117399
石油和天然气开采业	Extraction of Petroleum and Natural Gas	141	138	3	175	68273
黑色金属矿采选业	Mining and Processing of Ferrous Metal Ores	206	202	4	212	23168
有色金属矿采选业	Mining and Processing of Non-ferrous Metal Ores	166	163	3	166	21798
非金属矿采选业	Mining and Processing of Nonmetal Ores	632	632		639	22122
其他采矿业	Mining of Other Ores	44	44		44	2332
制造业	**Manufacturing**	**22946**	**22807**	**139**	**23181**	**1638027**
农副食品加工业	Processing of Food from Agricultural Products	3070	3056	14	3085	189571
食品制造业	Manufacture of Foods	868	857	11	878	48656
饮料制造业	Manufacture of Beverages	944	939	5	953	61523
烟草制品业	Manufacture of Tobacco	17	16	1	17	5123
纺织业	Manufacture of Textile	255	254	1	260	38518
纺织服装、鞋、帽制造业	Manufacture of Textile Wearing Apparel,Footwear and Caps	326	319	7	333	25229
皮革、毛皮、羽毛(绒)及其制品业	Manufacture of Leather,Fur,Feather and Related Products	120	120		121	4261
木材加工及木、竹、藤、棕、草制品业	Processing of Timber,Manfacture of Wood, Bamboo,Rattan,Palm and Straw Products	1629	1612	17	1667	115145
家具制造业	Manufacture of Furniture	417	416	1	420	17177
造纸及纸制品业	Manufacture of Paper and Paper Produts	349	347	2	349	24562
印刷业和记录媒介的复制	Prnting Peproduction of Recording Meida	1022	1017	5	1037	23366
文教体育用品制造业	Manufacture of Articles for Culture, Education and Sport Activities	70	69	1	71	3543
石油加工、炼焦及核燃料加工业	Processing of Petroleum,Coking, Processing of Nuclear Fuel	105	104	1	105	11797
化学原料及化学制品制造业	Manufacture of Raw Chemical Materials and Chemical Products	1269	1260	9	1281	120075
医药制造业	Manufacture of Medicines	817	811	6	825	149108
化学纤维制造业	Manufacture of Chemical Fibers	27	26	1	28	11094
橡胶制品业	Manufacture of Rubber	174	174		175	6813
塑料制品业	Manufacture of Plastics	838	836	2	841	35498
非金属矿物制品业	Manufacture of Non-metallic Mineral Products	2746	2740	6	2761	168654
黑色金属冶炼及压延加工业	Simelting and Pressing of Ferrous Metals	150	150		150	49182
有色金属冶炼及压延加工业	Smelting and Pressing of Non-ferrous Metals	131	129	2	133	15115
金属制品业	Manufacture of Metal Products	1160	1157	3	1167	43061

注：此表数据为非普查数据。（以下同）
Note：Data in this table for the non census data.(The same as below)

1－5 续表 1 continued

指　　标	Item	法人单位数（个）Number of Corporative Units(unit)			产业活动单位数（个）Number of Economic Active Units(unit)	法人单位就业人数（人）Legal person units employment (person)
		合计 Total	单产业法人单位 Single Units	多产业法人单位 Multiple Units		
通用设备制造业	Manufacure of General PurPose Machinery	1613	1603	10	1636	81516
专用设备制造业	Manufacture of Special Purpose Machinery	1239	1232	7	1251	65937
交通运输设备制造业	Manufacture of Transport Equipment	1902	1883	19	1931	239939
电气机械及器材制造业	Manufacture of Electrical Machinery and Equipment	758	754	4	765	42453
通信设备、计算机及其他电子设备制造业	Manufacture of Communitcation Equipment,Computers and Other Electronic Equipment	181	180	1	186	16219
仪器仪表及文化、办公用机械制造业	Manufacture of Measuning Instnments and Machirery for Cultural Activity and Office Wrok	230	228	2	231	9040
工艺品及其他制造业	Manufacture of Artwork and Other Manufacturing	397	396	1	402	11173
废弃资源和废旧材料回收加工业	Recycling and Disposal of Waste	122	122		122	4679
电力、燃气及水的生产和供应业	**Production and Supply of Electricity,Gas and Water**	**1254**	**1192**	**62**	**2094**	**128599**
电力、热力的生产和供应业	Production and Supply of Electric Power and Heat Power	921	862	59	1731	100513
燃气生产和供应业	Production and Supply of Gas	138	137	1	142	8237
水的生产和供应业	Production and Supply of Water	195	193	2	221	19849
建筑业	**Construction**	**5636**	**5585**	**51**	**5788**	**663960**
房屋和土木工程建筑业	Construction of Building and Civil Engineering	2576	2543	33	2672	512987
建筑安装业	Construction Installation	1217	1202	15	1254	84301
建筑装饰业	Construction Decoration	1243	1240	3	1251	39582
其他建筑业	Other Construction	600	600		611	27090
交通运输、仓储和邮政业	**Transport,Storage and Post**	**2980**	**2916**	**64**	**4113**	**144107**
铁路运输业	Railway Transport	32	32		34	496
道路运输业	Road Transport	1508	1475	33	1676	61136
城市公共交通业	Urban Public Transport	188	183	5	198	30189
水上运输业	Water Transport	15	15		16	286
航空运输业	Air Transport	34	33	1	36	2733
管道运输业	Transport Via Pipeline	4	4		4	82
装卸搬运和其他运输服务业	Loading,Unloading and Other Transport Servies	328	320	8	366	9021
仓储业	Storage	721	719	2	740	20570
邮政业	Post	150	135	15	1043	19594
信息传输、计算机服务和软件业	**Information Transmission,Computer Services and Software**	**2282**	**2215**	**67**	**3264**	**59919**
电信和其他信息传输服务业	Telecommunications and Other Information Transmission Services	621	565	56	1507	40426
计算机服务业	Computer Services	1031	1023	8	1106	9192
软件业	Software	630	627	3	651	10301
批发和零售业	**Wholesale and Retail Trades**	**29549**	**29215**	**334**	**32649**	**417395**
批发业	Wholesale Trade	14253	14121	132	14987	189737
零售业	Retail Trade	15296	15094	202	17662	227658
住宿和餐饮业	**Hotels and Catering Services**	**1695**	**1668**	**27**	**1877**	**62944**
住宿业	Hotels	738	731	7	791	33903
餐饮业	Catering Services	957	937	20	1086	29041
金融业	**Financial Intermediation**	**1102**	**839**	**263**	**5980**	**126302**

1－5 续表 2 continued

指标	Item	法人单位数（个）Number of Corporative Units(unit) 合计 Total	单产业法人单位 Single Units	多产业法人单位 Multiple Units	产业活动单位数（个）Number of Economic Active Units(unit)	法人单位就业人数（人）Legal person units employment（person）
银行业	Bank	288	149	139	3742	77262
证券业	Security Activities	70	65	5	158	2364
保险业	Insurance	254	143	111	1287	40465
其他金融活动	Other Financial Activities	490	482	8	793	6211
房地产业	**Real Estate**	**4610**	**4578**	**32**	**4734**	**105687**
租赁和商务服务业	**Leasing and Business Services**	**7746**	**7683**	**63**	**8317**	**110000**
租赁业	Leasing	483	483		490	5243
商务服务业	Business Services	7263	7200	63	7827	104757
科学研究、技术服务和地质勘查业	**Scientific Research,Technical Service and Geologic Prospecting**	**4977**	**4932**	**45**	**5619**	**100617**
研究与试验发展	Research and Experimental Development	587	583	4	603	14986
专业技术服务业	Professional Technical Services	2571	2552	19	2739	56444
科技交流和推广服务业	Services of Science and Technology Exchanges and Promotion	1711	1691	20	2163	22141
地质勘查业	Geological Prospecting	108	106	2	114	7046
水利、环境和公共设施管理业	**Management of Water Conservany, Environment and Public Facilities**	**1332**	**1309**	**23**	**1657**	**57524**
水利管理业	Management of Water Conservancy	572	562	10	810	13570
环境管理业	Management of Evironment	266	257	9	316	26162
公共设施管理业	Managment of Public Facilities	494	490	4	531	17792
居民服务和其他服务业	**Services to Households and Other Services**	**2194**	**2184**	**10**	**2273**	**32880**
居民服务业	Services to Households	984	975	9	1041	15558
其他服务业	Others Services	1210	1209	1	1232	17322
教育	**Education**	**5123**	**4485**	**638**	**9381**	**395518**
卫生、社会保障和社会福利业	**Health,Social Security and Social Welfare**	**3226**	**3102**	**124**	**4266**	**160447**
卫生	Health	2180	2057	123	3062	148185
社会保障业	Social Security	172	172		282	3328
社会福利业	Social Welfare	874	873	1	922	8934
文化、体育和娱乐业	**Culture,Sports and Entertainment**	**1836**	**1804**	**32**	**2392**	**48203**
新闻出版业	Journalism and Publishing Activities	184	183	1	195	11620
广播、电视、电影和音像业	Broadcasting,Televisions,Movies and Audiovisual Activities	372	354	18	591	13061
文化艺术业	Culture and Art Activities	874	865	9	1182	16324
体育	Sports Activites	140	139	1	147	2945
娱乐业	Entertainments	266	263	3	277	4253
公共管理和社会组织	**Public Management and Social Organization**	**26024**	**24448**	**1576**	**33186**	**482173**
中国共产党机关	Organs of Communist Party of China	715	662	53	765	13859
国家机构	Government Agencies	10162	8825	1337	16978	343936
人民政协和民主党派	People' s Political Consultative Conference and Democratic Parties	134	131	3	141	2109
群众团体、社会团体和宗教组织	Non-govenmental Organizations,Social Orga-nizations and Religion Organizations	3850	3818	32	4056	48846
基层群众自治组织	Grass Roots Self-governing Organizations	11163	11012	151	11246	73423

1-6 按地区、机构类型分组的全部法人单位数（2013）

Number of Corparations by Region and Type （2013）

单位: 个 （unit）

地 区	Region	总计 Total	企业 Enterprises	事业 Institutions	机关 Agencies and Organizations	社会团体 Social Group	民办非企业 Privately-run Nonbusiness	其他 Others
总 计	**Total**	**132686**	**91083**	**16811**	**5595**	**3420**	**1719**	**14058**
长春市	**Changchun**	**49630**	**40427**	**3783**	**1061**	**1098**	**421**	**2840**
南关区	Nanguan	9639	8449	518	175	163	75	259
宽城区	Kuancheng	5474	4893	243	114	33	29	162
朝阳区	Chaoyang	8058	6956	544	114	187	85	172
二道区	Erdao	5972	5349	212	69	64	35	243
绿园区	Lvyuan	6233	5584	275	79	59	113	123
双阳区	Shuangyang	2445	1865	278	70	49	11	172
农安县	Nong' an	2697	1795	218	71	197	19	397
九台市	Jiutai	2246	1205	375	99	106	7	454
榆树市	Yushu	4349	2695	772	173	216	14	479
德惠市	Dehui	2517	1636	348	97	24	33	379
吉林市	**Jilin**	**17927**	**11909**	**2249**	**756**	**330**	**388**	**2295**
昌邑区	Changyi	2899	2234	244	90	43	34	254
龙潭区	Longtan	1211	737	120	68	19	48	219
船营区	Chuanying	3180	2349	344	149	84	90	164
丰满区	Fengman	2022	1645	139	72	34	19	113
永吉县	Yongji	1500	806	215	63	42	76	298
蛟河市	Jiaohe	1589	914	216	71	14	8	366
桦甸市	Huadian	1710	1107	246	79	42	15	221
舒兰市	Shulan	1959	1042	408	92	26	66	325
磐石市	Panshi	1857	1075	317	72	26	32	335
四平市	**Siping**	**12007**	**7103**	**2256**	**632**	**282**	**69**	**1665**
铁西区	Tiexi	2016	1317	356	136	93	25	89
铁东区	Tiedong	1390	1044	138	79	17	3	109
梨树县	Lishu	2641	1405	645	114	27	16	434
伊通满族自治县	Yitong	1406	789	297	86	18	2	214
公主岭市	Gongzhuling	3210	1783	589	148	114	16	560
双辽市	Shuangliao	1344	765	231	69	13	7	259
辽源市	**Liaoyuan**	**4686**	**2343**	**1008**	**370**	**133**	**46**	**786**
龙山区	Longshan	1719	1018	356	164	38	33	110
西安区	Xi' an	523	236	138	53	42	2	52
东丰县	Dongfeng	1298	673	205	89	22	9	300
东辽县	Dongliao	1146	416	309	64	31	2	324

单位: 个

1－6 续表 continued

（unit）

地　　区	Region	总计 Total	企业 Enterprises	事业 Institutions	机关 Agencies and Organizations	社会团体 Social Group	民办非企业 Privately-run Nonbusiness	其他 Others
通化市	**Tonghua**	**13524**	**8497**	**2014**	**578**	**695**	**246**	**1494**
东昌区	Dongchang	2917	1986	441	143	221	30	96
二道江区	Erdaojiang	793	542	82	51	53	2	63
通化县	Tonghua	1752	1073	229	66	72	58	254
辉南县	Huinan	1816	1150	276	54	96	42	198
柳河县	Liuhe	1955	1124	357	90	88	27	269
梅河口市	Meihekou	2635	1680	301	81	64	67	442
集安市	Ji' an	1656	942	328	93	101	20	172
白山市	**Baishan**	**6367**	**3461**	**1107**	**501**	**375**	**53**	**870**
八道江区	Badaojiang	1402	698	327	135	119	9	114
江源区	Jiangyuan	647	390	75	64	11	8	99
抚松县	Fusong	1485	1016	117	70	81	3	198
靖宇县	Jingyu	1096	644	155	72	82	7	136
长白朝鲜族自治县	Changbai	646	291	129	71	12	2	141
临江市	Linjiang	1091	422	304	89	70	24	182
松原市	**Songyuan**	**8272**	**4681**	**1539**	**502**	**130**	**111**	**1309**
宁江区	Ningjiang	2025	1429	223	166	39	15	153
前郭尔罗斯蒙古族自治县	Qianguo	1894	1088	405	104	25	7	265
长岭县	Changling	1639	848	335	90	28	52	286
乾安县	Qian' an	1116	601	246	63	22	6	178
扶余市	Fuyun	1598	715	330	79	16	31	427
白城市	**Baicheng**	**7494**	**4318**	**1387**	**485**	**151**	**59**	**1094**
洮北区	Taobei	2955	2147	308	166	52	47	235
镇赉县	Zhenlai	1173	660	248	78	23	4	160
通榆县	Tongyu	1007	398	302	77	23	3	204
洮南市	Taonan	1045	487	222	77	12	2	245
大安市	Da' an	1314	626	307	87	41	3	250
延边朝鲜族自治州	**Yanbian**	**12779**	**8344**	**1468**	**710**	**226**	**326**	**1705**
延吉市	Yanji	4330	3501	315	159	55	98	202
图们市	Tumen	712	378	94	70	27	22	121
敦化市	Dunhua	1961	1269	190	74	13	31	384
珲春市	Hunchun	1666	1140	128	91	24	97	186
龙井市	Longjing	981	533	161	81	32	8	166
和龙市	Helong	890	441	154	66	16	37	176
汪清县	Wangqing	995	496	179	57	16	20	227
安图县	Antu	1244	586	247	112	43	13	243

1－7 按登记注册类型分组的法人、产业活动单位及就业人数（2013）
Corporative Units Corporations and Industrial Active Units Grouped by Type of Registration（2013）

指　标	Item	法人单位数（个）Number of Corporative Units(unit)			产业活动单位数（个）Number of Economic Active Units (unit)	法人单位就业人数（人）Legal person units employment（person）
		合计 Total	单产业法人单位 Single Units	多产业法人单位 Multiple Units		
总　计	**Total**	**132686**	**129062**	**3624**	**159693**	**5136451**
内资企业	**Domestic Investment Enterprises**	**131757**	**128174**	**3583**	**158237**	**4944550**
国有企业	State-owned Enterprises	26085	23564	2521	44234	1423871
集体企业	Collective -owned Enterprises	2640	2528	112	3992	106467
股份合作企业	Share Holding	506	482	24	1068	31996
联营企业	Joint Ownership Enterprises	234	229	5	258	5964
国有联营企业	State Joint Ownership Enterprises	42	40	2	51	1598
集体联营企业	Collective Joint Ownership Enterpises	68	65	3	78	1674
国有与集体联营企业	Joint State-collective Enterprises	17	17		18	374
其他联营企业	Other Joint Owned Enterprises	107	107		111	2318
有限责任公司	Limited Liability Corporations	17470	17241	229	18790	988280
国有独资公司	State Sole Funded Corporations	245	214	31	489	129887
其他有限责任公司	Other Limited Liability Corporations	17225	17027	198	18301	858393
股份有限公司	Share-holding Corporations Limited	2317	2141	176	5585	443341
私营企业	Private Enterprises	59026	58685	341	60237	1605532
私营独资企业	Private Funded Enterprises	22002	21913	89	22370	483997
私营合伙企业	Private Partnership Enterprises	1529	1523	6	1554	29598
私营有限责任公司	Private Limited Liability Corporations	31219	30997	222	31921	1010016
私营股份有限公司	Private State-holding Corportations Ltd	4276	4252	24	4392	81921
其他内资	Other Domestic	23479	23304	175	24073	339099
港、澳、台商投资企业	**Enterprises with Funds from Hongkong, Maocao and Taiwan**	**203**	**196**	**7**	**372**	**52248**
合资经营企业（港或澳、台资）	Jointventure Enterprises	104	101	3	125	22834
合作经营企业（港或澳、台资）	Cooperative Enterprises	10	10		10	3271
港、澳、台商独资经营企业	Hongkong, Maocao and Taiwan Funded Enterprise	77	73	4	217	25271
港、澳、台商投资股份有限公司	Hongkong, Maocao and Taiwan Funded Share-holding Corporations Ltd	12	12		20	872
其他港、澳、台商投资	Other Hongkong,Macao and Taiwan Investment					
外商投资企业	**Foreign Funded Enterprises**	**726**	**692**	**34**	**1084**	**139653**
中外合资经营企业	Jointventure Enterprises	272	262	10	318	75433
中外合作经营企业	Cooperation Enterprises	45	44	1	50	9596
外资企业	Foreign Funded Enterprises	374	358	16	670	46710
外商投资股份有限公司	Share-holding Corporations Ltd with Foreign Investment	32	25	7	42	7766
其他外商投资	Other Foreign Investment	3	3		4	148

1－8 按三次产业、行业分组的全部法人单位数

According to the three Industry,Industry grouping in all the Number of Corporate Units

单位: 个 （unit）

指　标	Item	2012	2013
总 计	**Total**	**131940**	**132686**
第一产业	**Primary Industry**	**4903**	**5391**
农、林、牧、渔业	Agriculture,Forestry,Animal Husbandry and Fisher	4903	5391
第二产业	**Secondary Industry**	**31406**	**31281**
采矿业	Mining	1485	1445
制造业	Manufacturing	23451	22946
电力、燃气及水的生产和供应业	Production and Supply of Electricity,Gas and Water	1252	1254
建筑业	Construction	5218	5636
第三产业	**Tertiary Industry**	**95631**	**96014**
农、林、牧、渔服务业	Agriculture, Forestry, Animal Husbardry and Fisher Services	1193	1338
开采辅助活动	Mining Auxiliary Activities	46	
金属制品、机械和设备修理业	Metal Products,Machinery and Equipment Repair	127	
交通运输、仓储和邮政业	Transport,Storage and Post	2959	2980
信息传输、计算机服务和软件业	Information Transmission,Computer Services and Software	2206	2282
批发和零售业	Wholesale Sale and Retail Trades	29291	29549
住宿和餐饮业	Hotels and Catering Services	1714	1695
金融业	Financial Intermediation	1007	1102
房地产业	Real Estate	4498	4610
租赁和商务服务业	Leasing and Business Services	7393	7746
科学研究、技术服务和地质勘查业	Scientific Research,Technical Services and Geologic Prospecting	5116	4977
水利、环境和公共设施管理业	Management of Water Conservancy,Enviroment and Public Facilities	1342	1332
居民服务和其他服务业	Services to Households and Other Services	2157	2194
教育	Education	5251	5123
卫生、社会保障和社会福利业	Health,Social Security and Social Welfare	3271	3226
文化、体育和娱乐业	Culture,Sports and Entertainment	1844	1836
公共管理和社会组织	Public Management and Social Organization	26216	26024

1-9 国民经济和社会发展总量与速度指标

指　　标	Item	总量指标 Aggregate Data		
		1995	2000	2005
人口与就业（万人）	**Population and Employment(10000persons)**			
年底总人口	Population at Year-end	2550.90	2681.70	2716.00
从业人员数	Employment	1270.77	1164.02	1238.90
# 职工人数	Staffs and Workers	520.38	329.91	257.94
城镇失业人数	Unemployment in Urban Areas	7.76	23.00	27.60
宏观经济	**Macroeconomic Indicator**			
国民核算（亿元）	National Accounting(100 million yuan)			
地区生产总值	Gross Domestic Product	1137.23	1951.51	3620.27
第一产业	Primary Industry	303.99	398.73	625.61
第二产业	Secondary Industry	475.22	768.89	1580.83
第三产业	Tertiary Industry	358.02	783.89	1413.83
固定资产投资（亿元）	**Investment in Fixed Assets(100 million yuan)**			
全社会固定资产投资	Total Investment in Fixed Assets(Excluding Famers)	341.85	586.86	1802.41
# 固定资产投资（不含农户）	Investment in Fixed Assets	311.55	554.11	1699.33
# 房地产开发投资	Investment in Real Estate Development	35.64	63.52	195.73
# 住宅投资	Residential Investment	21.36	39.98	145.49
财政（亿元）	**Public Finance(100 million yuan)**			
一般预算全口径财政收入	Total Government Revenue	117.50	184.00	418.60
其中：地方财政收入	Local Government Revenue	63.28	103.83	207.10
财政支出	Government Expenditure	120.90	260.67	631.10
物价总指数（上年=100）	**Price Indices(Preceding year=100)**			
商品零售价格总指数	General Retail Price Index	114.2	98.0	101.1
居民消费价格总指数	General Consumer Price Index	115.2	98.6	101.5
利用外资（亿美元）	**Utilization of Foreign Capital(100 million USD)**			
签订利用外资协议额	Amount of Signed Contracts	17.58	8.54	9.42
实际利用外资额	Amount of Actually Utilization	9.02	4.94	11.51
产业	**Industry**			
农业	**Agriculture**			
耕地面积（万公顷）	Cultivated Areas(10000hectares)	395.32	399.40	491.30
乡村劳动力（万人）	Rural Labor(10000 persons)	631.11	641.00	685.20
农林牧渔业总产值（亿元）	Gross Output Value of Agriculture,Forestry,Animal Husbandry and Fishery(100 million yuan)	490.28	609.40	1050.50
主要农产品产量	Output of Major Farm Products			
粮食（万吨）	Grain(10000tons)	1992.40	1638.00	2581.20
油料（万吨）	Oil-bearing Crops(1000tons)	25.55	38.96	54.45

注：1. 1995年底总人口为公安部门数字，其他年份为抽样调查人口数。
2. 1998年以后从业人员和职工人数不包括离开本单位仍保留劳动关系的职工。

Note：1.Data ni 1995were from the reports of public security department,Data in other years were from the sample surveys on population.
2.Data since 1998 on workers and ataff refer to fully employed workers and staff.

Principal Aggregate Indicators on National Economic and Social Development and Growth Rates

2010	2012	2013	速度指标（%）Indices and Growth Rates（%）								
			指数（2013年以下列各年为100）Index（2013 as percentage of the following years=100）					平均增长速度 Average Annual Growth Rate			
			1995	2000	2005	2010	2012	1996–2000	2001–2005	2006–2010	2011–2013
2746.60	2750.40	2751.28	107.9	102.6	101.3	100.2	100.3	1.0	0.3	0.2	0.06
1311.60	1355.90	1415.41	111.4	121.6	114.2	107.9	104.4	−1.7	1.2	1.1	2.6
259.51	274.33	320.63	61.6	97.2	124.3	123.6	116.9	−8.7	−4.8	0.1	7.3
22.65	22.30	22.60	291.2	98.3	81.9	99.8	101.3	24.3	3.7	−3.9	−0.07
8667.58	11939.24	12981.46	731.0	458.4	276.3	138.0	108.3	9.8	10.7	14.9	11.3
1050.15	1412.11	1466.74	256.0	198.0	141.7	115.1	104.0	5.3	6.9	4.2	4.8
4506.31	6376.77	6856.09	1184.8	614.0	341.0	146.0	108.8	14.0	12.5	18.5	13.4
3111.12	4150.36	4658.63	755.9	437.8	264.9	134.4	108.8	11.5	10.6	14.5	10.4
9621.77	9511.40	9979.26	2919.2	1700.4	553.7	103.7	104.9				
9447.00	9262.28	9725.76	3121.7	1755.2	572.3	103.0	105.0				
921.01	1310.03	1252.43	3514.1	1971.7	639.9	136.0	95.6				
731.73	987.74	911.45	4267.1	2279.8	626.5	124.6	92.3				
1206.03	1910.07	2086.60	1775.8	1134.0	498.5	173.0	109.2	9.4	17.9	23.6	20.0
602.41	1041.25	1156.96	1828.3	1114.3	558.7	192.1	111.1	10.4	14.8	23.8	24.3
1787.25	2471.20	2744.81	2270.3	1052.9	434.9	153.6	111.1	16.6	19.3	23.1	15.4
104.1	101.7	101.6	89.0	103.7	100.5	97.6	99.9				
103.7	102.5	102.9	89.3	104.4	101.4	99.2	100.4				
14.06	13.90	7.34	41.8	85.9	77.9	52.2	52.8	−13.4	2.0	8.3	−19.4
41.65	58.16	67.64	749.9	1369.2	587.7	162.4	116.3	−11.5	18.4	29.3	17.5
557.84	647.69	665.07	168.2	166.5	135.4	119.2	102.7	0.2	4.2	2.6	6.0
733.80	751.41	756.33	119.8	118.0	110.4	103.1	100.7	−0.1	−0.6	−8.4	1.0
1850.28	2502.02	2670.60		262.2	157.2	115.9	104.0	5.4	10.7	6.3	5.0
2842.50	3343.00	3551.02	178.2	216.8	137.6	124.9	106.2	−3.8	9.5	1.9	7.7
70.44	80.72	84.01	328.9	215.6	154.3	119.3	104.1	8.8	6.9	5.3	6.0

1－9 续表 1

指　　标	Item	总量指标 Aggregate Data		
		1995	2000	2005
水果（万吨）	Fruits(10000 tons)	27.97	48.62	66.20
肉类总产量（万吨）	Meat(10000 tons)	134.54	247.94	310.00
水产品（万吨）	Aquatic Products(10000 tons)	11.06	14.01	11.89
工业	**Industry**			
主要工业产品产量	Output of Major Industrial Products			
布（亿米）	Cloth(100 million m)	1.35	1.26	0.91
机制纸及纸板（万吨）	Machine-made Paper and Paperboards(10000 tons)	59.44	40.75	39.18
汽车（万辆）	Vehicles(10000 units)	18.92	32.52	52.24
原煤（万吨）	Coal(10000 tons)	2644.31	1636.71	2487.23
原油（万吨）	Crude Oil(10000 tons)	342.73	348.46	522.52
发电量（亿千瓦小时）	Electricity(100 million kwh)	284.60	313.50	412.08
钢（万吨）	Steel(10000 tons)	115.93	159.31	459.97
成品钢材（万吨）	Steel Products(10000 tons)	88.21	141.70	478.62
水泥（万吨）	Cement(10000 tons)	678.46	758.90	1598.50
2000万元以上工业企业财务指标	Financial Indicators of Enterprises about 5 Million Yuan			
利税总额（亿元）	Profits and Tax(100 million yuan)	79.50	205.46	346.65
交通运输	**Transportation**			
货物周转量（亿吨公里）	Freight Ton-kilometers(100 millionton-km)	497.31	612.04	708.25
# 铁路	Railways	420.23	406.21	506.68
公路	Highways	76.00	85.64	98.75
旅客周转量（亿人公里）	Passenger-kilometers(100 million passerger.km)	177.11	206.67	266.02
# 铁路	Railways	125.52	129.82	151.85
公路	Highways	51.48	76.79	92.79
邮电通信业	**Post and Telecommunication Services**			
邮电业务总量（亿元）	Total Business Volume of Postal and Telecommunication Services (100 million yuan)	21.22	116.35	285.81
报刊期发数（万份）	Number of Newspapers and Magazines Distributed(10000copies)	473.00	443.00	190.00
移动电话用户（万户）	Number of Mobile Telephone Subscribers (10000subscribers)	8.00	203.00	916.00
国内贸易	**Domestic Trade**			
社会消费品零售总额（亿元）	Total Retail Sales of Consumer Goods(100 million yuan)	494.82	833.52	1470.26
对外经济贸易和旅游	**Foreign Economy Trade and Tourism**			
进出口总额（亿美元）	Total Value of Exports and Imports(USD100 million)	27.14	25.54	65.28
进口额	Total Imports	12.96	13.12	40.61
出口额	Total Exports	14.19	12.42	24.67
接待入境旅游人数（万人次）	Number of Tourists(10000person-times)	15.61	27.27	37.32

continued

			速度指标（%）Indices and Growth Rates（%）								
			指数（2013年以下列各年为100）Index（2013 as percentage of the following years=100）					平均增长速度 Average Annual Growth Rate			
2010	2012	2013	1995	2000	2005	2010	2012	1996–2000	2001–2005	2006–2010	2011–2013
65.08	59.75	61.24	218.9	126.0	92.5	94.1	102.5	11.7	6.4	–0.3	–2.0
238.90	260.00	262.60	195.2	105.9	84.7	109.9	101.0	13.0	4.6	–5.1	3.2
16.60	18.21	18.58	168.0	132.6	156.3	111.9	102.0	4.8	–3.2	6.9	3.8
0.42	0.42	0.45	33.3	35.7	49.5	107.1	107.1	–1.4	–6.3	–14.3	2.3
82.53	66.65	34.76	58.5	85.3	88.7	42.1	52.2	–7.3	–0.8	16.1	–25.0
167.42	197.56	234.23	1238.0	720.3	448.4	139.9	118.6	11.4	9.9	26.2	11.8
5190.02	6310.45	3156.70	119.4	192.9	126.9	60.8	50.0	–9.1	8.7	15.8	–15.3
702.33	810.37	620.29	181.0	178.0	118.7	88.3	76.5	0.3	8.4	6.1	–4.1
594.40	684.36	751.31	264.0	239.7	182.3	126.4	109.8	2.0	5.6	7.6	8.1
827.17	1174.19	1285.26	1108.7	806.8	279.4	155.4	109.5	6.6	23.6	12.5	15.8
875.80	1229.52	1510.11	1711.9	1065.7	315.5	172.4	122.8	9.9	27.6	12.8	19.9
3974.60	4157.97	4502.92	663.7	593.3	281.7	113.3	108.3	2.3	16.1	20.0	4.2
1565.65	2218.86	2408.09	3029.0	1172.0	694.7	153.8	108.5	20.9	11.0	35.2	15.4
1391.94	1731.29	1813.56	364.7	296.3	256.1	130.3	104.8	4.2	3.0	14.5	9.2
595.90	621.06	577.30	137.4	142.1	113.9	96.9	93.0	–0.7	4.5	3.3	–1.1
683.14	974.06	1100.00	1447.4	1284.4	1113.9	161.0	112.9	2.4	2.9	47.2	17.2
511.31	572.32	455.16	257.0	220.2	171.1	89.0	79.5	3.1	5.2	14.0	–3.8
205.93	229.14	244.76	195.0	188.5	161.2	118.9	106.8	0.7	3.2	6.3	5.9
269.58	306.76	168.69	327.7	219.7	181.8	62.6	55.0	8.3	3.9	23.8	–14.5
652.70	262.20	277.20	1306.3	238.2	97.0	42.5	105.7	40.5	19.7	18.0	–24.8
186.00	203.00	202.00	42.7	45.6	106.3	108.6	99.5	–1.3	–15.6	–0.4	2.8
1805.00	2257.00	2372.00	29650.0	1168.5	259.0	131.4	105.1	90.9	35.2	14.5	9.5
3504.92	4772.94	5426.43	1096.6	651.0	369.1	154.8	113.7	11.0	11.9	19.0	15.7
168.46	245.72	258.53	952.5	1012.3	396.0	153.5	105.2	–1.2	20.6	20.9	15.3
123.7	185.89	190.96	1473.5	1455.5	470.2	154.4	102.7	0.2	25.4	25.0	15.6
44.76	59.83	67.57	476.2	544.0	273.9	151.0	112.9	–2.6	14.7	12.7	14.7
82.01	118.27	127.36	815.9	467.0	341.3	155.3	107.7	11.8	6.5	17.1	15.8

1－9 续表 2

指　　标	Item	总量指标 Aggregate Data		
		1995	2000	2005
教育、文化	**Education and Culture**			
教育	Education			
专任教师数（万人）	Full-time Teachers(10000 persons)			
普通高等学校	Institutions of Higher Education	1.50	1.75	2.81
高中阶段	High School			2.43
初中阶段	Junior			7.14
小学	Primary Schools	15.27	15.03	13.77
在校学生数（万人）	Students Enrollment(10000 persons)			
普通高等学校	Institutions of Higher Education	10.08	17.53	40.73
高中阶段	High School			67.23
初中阶段	Junior			109.20
小学	Primary Schools	269.03	241.59	162.52
文化	Culture			
出版数量	Publications			
图书（亿册）	Number of Books Published(100 million copies)	1.16	0.81	1.28
杂志（亿册）	Number of Magazines Issued(100 million copies)	0.52	0.55	0.69
报纸（亿份）	Number of Newspapers Issued(100 million copies)	4.79	5.53	9.73
家庭、生活、卫生	**Family,People' s Livelihood and Health**			
城镇居民家庭平均每户人口（人）	Average Household Size in Urban Area(person)	3.21	3.12	2.94
农村居民家庭平均每户人口（人）	Average Household Size in Rural Area(person)	4.02	3.90	3.68
居住	Housing			
城镇人均居住面积（平方米）	Per Capita Floor Space of Urban Residents(sq.m)	8.92	11.24	19.07
农村人均居住面积（平方米）	Per Capita Floor Space of Rural Residents(Sq.m)	16.07	17.72	20.10
生活	People' s Livelihold			
城镇居民人均可支配收入（元）	Per Capita Annual Disposable Income of Urban Household(yuan)	3174.84	4810.00	8690.62
农民人均纯收入（元）	Per Capita Net Income of Rural Residents(yuan)	1609.60	2022.50	3263.99
城乡居民储蓄存款余额（亿元）	Outstanding Amount of Saving Deposits in Urban and Rural Areas(100 million yuan)	726.28	1515.85	2798.06
职工工资总额（亿元）	Total Wages(100 million yuan)	221	265	377
从业人员平均工资（元）	Average Wages of Staff and Workers(yuan)	4430	7924	14409
卫生	Health Care			
医院与卫生院（个）	Number of Hospitals(unit)	1415	1392	1380
卫生技术人员（万人）	Medical and Technical Personnel(10000persons)	13.42	13.20	12.57
# 医生	Doctors	5.61	5.97	5.64
医疗床位数（万张）	Number of Hospital and Clinic Beds(10000units)	9.66	8.93	8.77
# 医院	Number of Hospital Beds	8.77	8.34	6.99
环境、灾害	**Environment and Disasters**			
火灾发生数（起）	Number of Fire Disasters(unit)	3216	13420	17164
火灾损失（万元）	Fire Loss(10000yuan)	2332	4519	4042
交通事故发生数（起）	Number of Traffic Accidents(unit)	5117	14091	9659
交通事故损失（万元）	Loss of Traffic Accidents(10000yuan)	1947	4548	4468
农业受灾面积（万公顷）	Area of Agricultural Disaster(10000hectares)	233.0	366.2	176.5

continued

			速度指标（%）Indices and Growth Rates（%）								
			指数（2013年以下列各年为100）Index（2013 as percentage of the following years=100）					平均增长速度 Average Annual Growth Rate			
2010	2012	2013	1995	2000	2005	2010	2012	1996–2000	2001–2005	2006–2010	2011–2013
3.40	3.70	3.80	253.3	217.1	135.2	111.8	102.7	3.1	9.9	3.9	3.8
4.70	5.10	5.04			207.4	107.2	98.8			14.1	2.4
6.77	7.35	7.41			103.8	109.5	100.8			-1.1	3.1
12.45	10.80	10.30	67.5	68.5	74.8	82.7	95.4	-0.3	-1.7	-2.0	-6.1
54.43	57.90	59.95	594.7	342.0	147.2	110.1	103.5	11.7	18.4	6.0	3.3
76.53	70.56	64.58			96.1	84.4	91.5			2.6	-5.5
82.50	69.66	64.50			59.1	78.2	92.6			-5.5	-7.9
144.46	142.37	136.19	50.6	56.4	83.8	94.3	95.7	-2.1	-7.6	-2.3	-1.9
2.26	4.03	4.13	356.0	509.9	322.7	182.7	102.5	-6.9	9.6	12.0	22.3
1.11	3.80	3.81	732.7	692.7	552.2	343.2	100.3	1.1	4.6	10.0	50.8
9.91	18.00	18.00	375.8	325.5	185.0	181.6	100.0	2.9	12.0	-0.4	22.0
2.82	2.72	2.62	81.6	84.0	89.1	92.9	96.3	-0.6	-1.2	-0.8	-2.4
3.46	3.44	3.34	83.1	85.6	90.8	96.5	97.1	-0.6	-1.2	-1.2	-1.2
28.41	29.09	28.27	316.9	251.5	148.2	99.5	97.2	5.8	16.3	8.3	-0.2
22.88	24.71	23.47	146.0	132.4	116.8	102.6	95.0	2.0	2.6	2.6	0.9
15411.47	20208.04	22274.60	701.6	463.1	256.3	144.5	110.2	8.7	12.6	12.1	13.1
6237.44	8598.17	9621.21	597.7	475.7	294.8	154.2	111.9	4.7	10.0	13.8	15.5
5147.26	6875.10	7803.80	1074.5	514.8	278.9	151.6	113.5	15.9	13.0	13.0	14.9
763	1107	1477	668.3	557.4	391.8	193.6	133.4	3.7	7.3	15.1	24.6
29399	38407	42846	967.2	540.7	297.4	145.7	111.6	12.3	12.7	15.3	13.4
1346	1345	1351	95.5	97.1	97.9	100.4	100.4	-0.3	-0.2	-0.5	0.2
13.84	14.41	14.60	108.8	110.6	116.1	105.5	101.3	-0.3	-1.0	1.9	1.8
6.21	6.15	6.20	110.5	163.9	109.9	99.8	100.8	1.3	-1.1	1.9	-0.05
11.51	12.81	13.32	137.9	149.2	151.9	115.7	104.0	-1.6	-0.4	5.6	5.0
8.93	10.05	10.63	121.2	127.5	152.1	119.0	105.8	-1.0	-3.5	5.0	6.0
7862	5657	12489	388.3	93.1	72.8	158.9	220.8	33.0	5.0	-14.5	16.7
7129	2725	24355	1044.4	538.9	602.5	341.6	893.8	14.1	-2.2	12.0	50.6
4438	2817	2456	48.0	17.4	25.4	55.3	87.2	22.5	-7.3	-14.4	-17.9
2666	3117	3118	160.1	68.6	69.8	117.0	100.0	18.5	-0.4	-9.8	5.4
85.2	63.3	66.1	28.4	18.1	37.5	77.6	104.4	9.5	-13.6	-13.6	-8.1

1-10 吉林的一天
A Day of Jilin

指　　标	Item	2000	2005	2010	2012	2013
每天创造的财富	**Daily Production**					
全省生产总值（亿元）	Gross Domestic Product（100 million yuan）	5.35	9.92	23.75	32.71	35.57
第一产业	Primary Industry	1.09	1.71	2.88	3.87	4.02
第二产业	Secondary Industry	2.11	4.33	12.35	17.47	18.78
#工业	#Industry	1.80	3.74	10.77	15.29	16.60
建筑业	Construction	0.31	0.59	1.58	2.18	2.26
第三产业	Tertiary Industry	2.15	3.87	8.52	11.37	12.76
地方财政收入（亿元）	Government Revenue（100 million yuan）	0.28	0.57	1.65	2.85	3.17
财政支出（亿元）	Government Expenditure（100 million yuan）	0.71	1.73	4.90	6.77	7.52
粮豆薯	Grain（10000 tons）					
水稻（万吨）	#Rice（10000 tons）	1.03	1.31	1.56	1.46	1.54
玉米（万吨）	Corn（10000 tons）	2.72	4.97	5.49	7.07	7.60
大豆（万吨）	Soybean（10000 tons）	0.33	0.36	0.24	0.11	0.12
高粱（万吨）	Durra（10000 tons）	0.13	0.18	0.18	0.23	0.23
油料（万吨）	Oil-bearing Crops（10000 tons）	0.11	0.15	0.19	0.22	0.23
园参（吨）	Garden Ginseng（ton）	45.21	87.67	77.26	89.86	87.94
肉类（万吨）	Meat（10000 tons）	0.68	0.85	0.65	0.71	0.72
牛奶（万吨）	Milk（10000 tons）	0.04	0.08	0.12	0.13	0.13
水产品（万吨）	Aquatic Products（10000 tons）	0.04	0.03	0.05	0.05	0.05
原煤（万吨）	Coal（10000 tons）	4.48	6.81	14.22	17.29	8.65
原油（万吨）	Crude Oil（10000 tons）	0.95	1.43	1.92	2.22	1.70
水泥（万吨）	Cement（10000 tons）	2.08	4.38	10.89	11.39	12.34
钢（万吨）	Steel（10000 tons）	0.44	1.26	2.27	3.22	3.52
成品钢材（万吨）	Steel Products（10000 tons）	0.39	1.31	2.40	3.37	4.14
汽车（辆）	Motor Vehicles（set）	891.02	1431.23	4586.85	5412.49	6417.26
发电量（亿千瓦时）	Electricity（100 million kwh）	0.86	1.13	1.63	1.87	2.06
每天消费量	**Daily National Consumption**					
最终消费（亿元）	Final Consumption Expenditure（100 million yuan）	3.13	5.26	10.29	13.54	15.07
居民消费	Resident Consumption	2.32	3.86	6.88	9.25	10.31

1－10 续表 continued

指　　标	Item	2000	2005	2010	2012	2013
政府消费	Government Consumption Expenditure	0.81	1.41	3.41	4.29	4.76
社会消费品零售总额（亿元）	Total Retail Sales of Consumer Goods（100 million yuan）	2.28	4.00	9.60	13.08	14.87
每天其他经济活动	**Other Daily Economic Activities**					
全社会固定资产投资总额（亿元）	Total Investment in Fixed Assets of the of Society(100 million yuan)	1.61	4.94	26.36	26.6	27.3
房地产开发投资（亿元）	Investment in Real Estate Development(100 million yuan)	0.17	0.54	2.52	3.59	3.43
#住宅（亿元）	Residential(100 million yuan)	0.11	0.40	2.00	2.71	2.50
能源生产总量（万吨标准煤）	Total Energy Production（10000 tons of SCE）	5.17	7.05	13.13	15.64	9.51
客运量（万人）	Passenger Traffic （10000 persons）	65.98	75.96	177.49	199.12	94.69
货运量（万吨）	Freight Traffic （10000 persons）	91.30	102.82	123.22	163.75	135.53
邮电业务总量（万元）	Postal and Telecommunication Services(10000 yuan)	3187.67	7830.41	17882.19	7183.56	7594.52
进出口额（万美元）	Total Value of Imports and Exports （USD 10000）	700	1789	4615	6732	7083
出口	Total Exports	340	676	1226	1639	1851
进口	Total Imports	360	1113	3389	5093	5232
实际利用外资额（万美元）	Foreign Capital Actually Used （USD 10000）	135	315	1141	1593	1853
国内旅游收入（亿元）	Income from Domestic Tourism（100 million yuan）	0.14	0.60	1.95	3.14	3.95
国际旅游外汇收入（万美元）	Foreign Exchange Earnings（USD 10000）	15.90	32.75	83.54	135.55	156.31
人口和社会活动	**Population and Social Activities**					
出生人口（人）	Birth Population （person）	699	586	595	432	404
死亡人口（人）	Death Population（person）	395	395	442	405	380
结婚（对）	Marriages （couple）	500	461	611	630	696
离婚（对）	Divorces （couple）	70	142	211	253	296
公共图书馆流通人次（万人次）	Circulation of Public Libraries （10000 person-times）	1.12	1.38	1.38	1.89	1.48
印刷图书（万册）	Printed Copies of Books （10000 copies）	22.16	35.01	61.97	110.39	113.17
印刷杂志（万册）	Printed Copies of Magazines （10000 copies）	15.17	18.88	30.41	104.12	104.38
印刷报纸（万份）	Printed Copies of Newspapers （10000 copies）	151.57	266.45	271.43	493.15	493.16
工业废水排放量（万吨）	Volume of Industry Waste Water Discharged（10000 tons）	102.43	112.85	105.91	122.86	116.87
废气排放量（亿标立方米）	Total Volume of Waste Gas Emission（100 million cu.m）	8.44	13.53	22.53	28.26	26.86
工业固体废物产生量（万吨）	Volume of Industrial Solid Wastes Product（1000 tons）	4.4	6.73	12.72	12.96	12.58

1－11 国民经济主要比例关系
Proportions of National Economic Indicators

指　标	Item	2012		2013	
		绝对数 AbsoluteFigures	构成(%) Composition (%)	绝对数 Value	构成(%) Composition (%)
全部从业人员（万人）	Employment（10000 persons）	1355.90	100.0	1415.30	100.0
第一产业	Primary Industry	557.00	41.1	551.40	39.0
第二产业	Secondary Industry	283.10	20.9	321.80	22.7
第三产业	Tertiary Industry	515.80	38.0	542.10	38.3
地区生产总值（亿元）	Gross Domestic Products （100 million yuan）	11939.24	100.0	12981.46	100.0
第一产业	Primary Industry	1412.11	11.8	1466.74	11.3
第二产业	Secondary Industry	6376.77	53.4	6856.09	52.8
第三产业	Tertiary Industry	4150.36	34.8	4658.63	35.9
全社会固定资产投资（亿元）	Investment in Fixed Assets （100 million yuan）	9511.59	100.0	9979.26	100.0
建筑安装工程	Constructin and Installation	5426.50	57.1	5914.11	59.3
设备、工器具购置	Purchase Equipment and Tools	3081.20	32.4	3251.79	32.6
其他费用	Others	1003.89	10.5	813.36	8.1
工业总产值（亿元）	Gross Industrial Output Value （100 million yuan）	19971.99	100.0	22061.37	100.0
轻工业	Light Industry	5719.70	28.6	6566.08	29.8
重工业	Heavy Industry	14252.29	71.4	15495.29	70.2
农林牧渔业总产值（亿元）	Gross Output Value of Agricultre, Forestry,Animal Husbandry and Fishery （100 million yuan）	2502.02	100.0	2670.60	100.0
#农业	Farming	1166.58	46.6	1261.68	47.0
林业	Forestry	98.10	3.9	98.12	3.7
牧业	Animal Husbandry	1130.36	45.2	1198.53	44.9
渔业	Fishery	34.14	1.4	36.74	1.4
货运量（万吨）	Freight Transportation（10000 tons）	59768	100.0	49469	100.0
#铁路	Railways	7355	12.3	6202	12.5
公路	Highways	47130	78.9	38063	76.9
水运	Waterways	331	0.6	232	0.5
客运量（万人）	Passenger Traffic（10000 persons）	73037	100.0	34562	100.0
#铁路	Railways	6261	8.6	6628	19.2
公路	Highways	66175	90.6	27403	79.3
民航	Civil Aviation	360	0.5	415	1.2
水运	Waterways	241	0.3	116	0.3
社会消费品零售总额（亿元）	Total Retail Sales of Consumer Goods （100 million yuan）	4772.94	100.0	5426.43	100.0
城镇	Urban	4236.15	88.8	4806.80	88.6
乡村	Rural	536.79	11.2	619.63	11.4
地方财政收入占地区生产总值的比重（%）	Proportion of Local Government Revenue to GDP（%）		8.7		8.9
全社会固定资产投资占地区生产总值的比重（%）	Proportion of Investment in Fixed Assets to GDP（%）		79.7		76.9

1 － 12 民营经济主要指标

Civilian Battalion Economy Main Index Historical Account

地区	Region	主营业务收入（亿元）Main Business Income （100 million yuan）						
		2007	2008	2009	2010	2011	2012	2013
全 省	**Total**	**6091**	**8135**	**10269**	**13956**	**18860**	**23012**	**26728**
长 春	Changchun	2913	3605	4525	6031	7716	9148	10466
吉 林	Jilin	1030	1461	1831	2447	3326	4061	4718
四 平	Siping	397	574	735	1030	1428	1735	2040
辽 源	Liaoyuan	219	302	381	525	837	1107	1378
通 化	Tonghua	410	579	737	1049	1477	1863	2224
白 山	Baishan	221	299	390	567	832	1033	1174
松 原	Songyuan	294	488	630	884	1280	1569	1788
白 城	Baicheng	190	261	335	480	661	818	980
延 边	Yanbian	417	565	704	951	1303	1619	1924
长白山管委会	Changbai Mountain Management Committee				20	25	31	36

地 区	Region	“三上”企业户数（户）"Three Top" Number of Enterprises						
		2007	2008	2009	2010	2011	2012	2013
全 省	**Total**	**5302**	**6447**	**8039**	**10334**	**10354**	**11542**	**12408**
长 春	Changchun	1499	1841	2240	2575	2178	2702	2993
吉 林	Jilin	866	1162	1578	1879	2049	2446	2670
四 平	Siping	456	504	685	1032	1030	974	1009
辽 源	Liaoyuan	328	400	470	517	568	638	606
通 化	Tonghua	548	671	808	1099	1013	1089	1193
白 山	Baishan	319	385	468	656	689	728	807
松 原	Songyuan	379	479	684	1235	1249	1235	1319
白 城	Baicheng	229	281	320	410	594	605	627
延 边	Yanbian	682	730	791	936	990	1119	1168
长白山管委会	Changbai Mountain Management Committee				56	32	29	37

注：2011年“三上”企业中，规上工业统计口径从年主营业务收入500万元提高到2000万元，因此2011年数据与以前年度数据不可比。
Note: Year 2011 Within "Three Top"enterprises,Scale above Industry Statistic Caliber from the main basiness income 5 million yuan increase to 20 million yuan,thus year 2011 data is not comparable with the Previous Year data.

1－12 续表 continued

地 区	Region	个体经营户数（万户）The Self-employed Households（1000 Subscribers）						
		2007	2008	2009	2010	2011	2012	2013
全 省	**Total**	**87.4**	**97.6**	**108.8**	**122.8**	**130.9**	**135.4**	**146.1**
长 春	Changchun	29.3	31.5	35.5	40.6	42.6	38.9	41.9
吉 林	Jilin	15.9	17.1	19.1	20.1	22.4	24.0	25.1
四 平	Siping	7.2	8.8	10.2	11.0	12.6	13.9	14.3
辽 源	Liaoyuan	3.3	3.6	3.8	3.7	4.3	4.8	5.5
通 化	Tonghua	8.6	9.3	10.5	12.2	13.9	14.5	15.2
白 山	Baishan	3.3	4.0	4.3	4.6	5.0	5.8	6.2
松 原	Songyuan	6.0	8.4	9.3	13.5	11.7	13.9	16.9
白 城	Baicheng	5.4	5.9	6.3	6.3	6.9	7.5	8.2
延 边	Yanbian	8.4	9.3	9.9	10.6	11.5	11.8	12.5
长白山管委会	Changbai Mountain Management Committee				0.5	0.6	0.6	0.6

地 区	Region	全部从业人员（万人）All Practitioners（10000 Persons）						
		2007	2008	2009	2010	2011	2012	2013
全 省	**Total**	**328.1**	**404.1**	**443.9**	**505.5**	**552.7**	**602.6**	**646.2**
长 春	Changchun	133.1	142.4	154.1	172.2	182.0	191.9	199.3
吉 林	Jilin	52.0	71.1	78.4	85.7	96.4	103.6	110.5
四 平	Siping	20.3	33.1	37.9	44.3	47.6	51.0	54.5
辽 源	Liaoyuan	13.9	16.9	18.2	19.9	23.3	26.8	30.8
通 化	Tonghua	24.8	31.8	35.1	42.7	48.8	56.7	61.9
白 山	Baishan	18.0	21.3	24.2	26.1	28.5	31.3	33.3
松 原	Songyuan	21.1	32.0	36.0	48.5	53.7	59.5	68.5
白 城	Baicheng	17.4	18.6	20.0	19.6	22.5	24.2	27.2
延 边	Yanbian	27.5	36.9	40.0	46.7	50.2	55.7	58.2
长白山管委会	Changbai Mountain Management Committee				1.6	1.8	1.9	2.0

地 区	Region	民营经济增加值（亿元）Civilian Battalion Economic increased Value(100 million yuan)		民营经济增加值占GDP比重(%) Proportion of GDP for Civilian Battalion Economy Increased(%)		主营业务收入亿元以上企业户数（个）Basiness Number of Main Business Income above 100 million Yuan(unit)	
		2012	2013	2012	2013	2012	2013
全 省	**Total**	**6064.4**	**6607.6**	**50.8**	**50.9**	**3051**	**3579**
长 春	Changchun	1867.3	2066.3	41.9	41.3	659	767
吉 林	Jilin	1132.4	1230.0	46.6	47.0	706	751
四 平	Siping	587.1	645.0	52.3	53.3	245	319
辽 源	Liaoyuan	365.7	402.6	60.4	57.5	202	221
通 化	Tonghua	474.1	531.8	53.8	53.0	287	342
白 山	Baishan	312.9	350.3	52.1	52.0	212	259
松 原	Songyuan	738.5	775.7	46.0	47.0	385	475
白 城	Baicheng	255.4	288.0	41.5	41.6	147	189
延 边	Yanbian	392.5	431.1	51.3	50.7	208	255
长白山管委会	Changbai Mountain Management Committee	14.7	16.5	60.6	58.9		

CHAPTER ▶ 02

第二篇

国民经济核算

NATIONAL ECONOMIC ACCOUNTING

2-1 历年地区生产总值

Gross Domestic Products

(按当年价格计算 Calculated at the current prices)

单位: 亿元　　　　unit: 100 million yuan

年份 Year	地区生产总值 Gross Domestic Product	第一产业 Primary Industry	第二产业 Secondary Industry			第三产业 Tertiary Industry	人均生产总值（元） Per Capita GDP (yuan)
				工业 Industry	建筑业 Construction		
1952	16.55	9.19	4.54	4.19	0.35	2.82	153
1953	18.97	8.94	6.00	5.19	0.81	4.03	165
1954	20.43	9.10	6.96	5.89	1.07	4.37	176
1955	21.13	9.87	6.48	5.54	0.94	4.78	177
1956	24.58	10.56	8.20	6.62	1.58	5.82	200
1957	25.22	8.81	10.08	8.91	1.17	6.33	202
1958	31.18	9.30	15.00	13.08	1.92	6.88	243
1959	37.15	9.91	19.67	17.78	1.89	7.57	280
1960	41.83	8.26	24.64	22.17	2.47	8.93	289
1961	31.89	10.34	13.22	11.87	1.35	8.33	213
1962	31.35	9.92	12.89	11.47	1.42	8.54	210
1963	35.94	11.68	15.67	14.06	1.61	8.59	235
1964	38.45	11.72	17.95	16.12	1.83	8.78	246
1965	42.93	13.19	20.68	19.11	1.57	9.06	262
1966	46.67	16.26	20.96	19.63	1.33	9.45	277
1967	44.25	17.66	17.48	16.42	1.06	9.11	257
1968	42.49	17.16	16.16	15.31	0.85	9.17	240
1969	45.18	14.30	21.12	19.99	1.13	9.76	250
1970	56.07	18.73	26.57	25.29	1.28	10.77	303
1971	60.90	19.56	29.86	28.41	1.45	11.48	319
1972	56.02	15.53	29.26	27.66	1.60	11.23	286
1973	63.33	21.28	30.27	28.45	1.82	11.78	316
1974	65.11	22.11	30.88	28.94	1.94	12.12	319
1975	72.31	21.24	38.49	36.37	2.12	12.58	350
1976	67.32	16.81	37.47	35.34	2.13	13.04	321
1977	72.91	19.76	39.20	36.98	2.22	13.95	343
1978	81.98	23.98	42.96	40.34	2.62	15.04	381
1979	91.12	25.34	49.22	44.56	4.66	16.56	417
1980	98.59	27.24	52.24	47.42	4.82	19.11	445
1981	111.16	34.31	56.53	51.29	5.24	20.32	496
1982	121.67	38.40	60.36	54.21	6.15	22.91	538
1983	150.14	56.74	65.38	58.75	6.63	28.02	658
1984	174.39	60.04	80.46	72.10	8.36	33.89	760
1985	200.44	55.74	97.21	85.29	11.92	47.49	868
1986	227.15	64.35	104.30	91.28	13.02	58.50	977
1987	297.49	80.57	139.36	123.49	15.87	77.56	1269
1988	368.67	92.59	173.57	155.12	18.45	102.51	1559
1989	391.65	80.53	181.02	164.09	16.93	130.10	1636
1990	425.28	124.99	182.15	163.82	18.33	118.14	1746
1991	463.47	120.47	203.02	181.71	21.31	139.98	1878
1992	558.06	130.82	257.01	227.17	29.84	170.23	2246
1993	718.58	156.05	351.03	308.10	42.93	211.50	2826
1994	937.73	259.40	396.91	354.70	42.21	281.42	3657
1995	1137.23	303.99	475.22	413.85	61.37	358.02	4402
1996	1346.79	376.01	537.05	471.34	65.71	433.73	5178
1997	1464.34	368.16	566.97	495.10	71.87	529.21	5591
1998	1577.05	429.50	585.65	504.12	81.53	561.90	5983
1999	1682.07	423.48	654.52	552.34	102.18	604.07	6382
2000	1951.51	398.73	768.89	655.68	113.21	783.89	7351
2001	2120.35	409.10	852.51	724.73	127.78	858.74	7893
2002	2348.54	446.17	943.49	803.53	139.96	958.88	8714
2003	2662.08	488.15	1098.44	930.81	167.63	1075.49	9854
2004	3122.01	568.69	1329.68	1143.95	185.73	1223.64	11537
2005	3620.27	625.61	1580.83	1363.94	216.89	1413.83	13348
2006	4275.12	672.76	1915.29	1659.29	256.00	1687.07	15720
2007	5284.69	783.80	2475.45	2170.74	304.71	2025.44	19383
2008	6426.10	916.72	3097.12	2688.37	408.75	2412.26	23521
2009	7278.75	980.57	3541.92	3054.60	487.32	2756.26	26595
2010	8667.58	1050.15	4506.31	3929.31	577.00	3111.12	31599
2011	10568.83	1277.44	5611.48	4917.95	693.53	3679.91	38460
2012	11939.24	1412.11	6376.77	5582.48	794.29	4150.36	43415
2013	12981.46	1466.74	6856.09	6059.28	824.88	4658.63	47192

注：自2013年起，三次产业分类执行《三次产业划分规定2012》。产业分类和行业分类的关系：第一产业是指农、林、牧、渔业（不含农、林、牧、渔服务业）；第二产业是指采矿业（不含开采辅助活动），制造业（不含金属制品、机械和设备修理业），电力、热力、燃气及水生产和供应业，建筑业；第三产业是指除第一产业、第二产业以外的其他行业。

Note: since 2013, three industry classification implementation "three industrial classification regulation 2012". The relationship between industry and occupation Classification: the first industry refers to agriculture, forestry, animal husbandry, fishery (not including agriculture, forestry, animal husbandry, fishery services); the second industry refers to mining industry (excluding mining auxiliary activities), manufacturing (excluding metal products, machinery and equipment repair industry), electric power, thermal, gas and water production and supply industry, construction industry; third industry refers to the other industries except the first industry and the second industry.

2-2 历年地区生产总值指数

Indices of Gross Domestic Product

(按可比价格计算，以1952年为100 Calculated at price,1952 = 100)

年份 Year	地区生产总值 Gross Domestic Product	第一产业 Primary Industry	第二产业 Secondary Industry	工业 Industry	建筑业 Construction	第三产业 Tertiary Industry	人均生产总值（元）Per Capita GDP (yuan)
1952	100.0	100.0	100.0	100.0	100.0	100.0	100.0
1953	108.5	91.2	129.5	121.2	231.4	137.6	102.4
1954	115.4	91.9	149.4	135.8	317.1	146.5	106.6
1955	119.8	97.3	146.4	134.4	294.3	158.9	107.8
1956	138.7	95.9	201.1	176.4	505.7	194.3	121.6
1957	140.2	78.8	238.0	226.6	380.0	206.0	120.4
1958	180.0	92.4	356.1	334.3	630.1	221.3	150.8
1959	213.0	97.1	459.6	444.8	636.6	248.0	172.6
1960	232.7	74.1	569.3	549.1	812.0	281.2	172.6
1961	160.0	83.3	294.9	287.5	380.0	223.9	114.9
1962	155.4	80.7	283.7	274.1	399.5	222.0	111.2
1963	180.5	93.3	347.5	336.5	477.4	233.7	127.0
1964	192.0	94.0	385.8	373.3	535.9	242.8	131.9
1965	217.6	104.2	460.1	459.0	454.7	250.3	142.9
1966	235.7	110.0	509.2	517.0	383.2	265.3	150.8
1967	218.3	119.5	424.2	432.1	302.1	254.9	136.2
1968	212.8	116.1	408.5	419.8	240.3	256.5	129.5
1969	203.6	96.8	512.8	525.9	318.3	274.4	136.8
1970	292.6	126.7	647.9	665.2	389.7	339.5	169.6
1971	317.9	131.3	732.2	754.9	405.0	361.9	178.6
1972	289.1	100.0	716.6	734.1	450.6	354.0	158.4
1973	326.7	136.6	746.6	760.4	520.7	371.3	174.6
1974	334.2	138.9	765.1	777.5	554.2	382.0	175.2
1975	376.9	136.1	963.6	986.1	618.1	396.5	195.3
1976	352.3	106.2	945.3	966.4	618.1	411.0	180.2
1977	377.4	123.7	978.7	1000.9	636.4	437.8	190.3
1978	425.6	148.1	1091.9	1110.0	785.6	469.3	212.1
1979	449.3	136.2	1207.9	1182.6	1394.6	517.6	220.5
1980	478.3	134.5	1305.7	1283.1	1446.3	574.3	231.7
1981	506.1	154.3	1330.1	1309.8	1440.3	598.5	242.7
1982	544.8	172.5	1389.9	1356.7	1649.0	658.7	258.7
1983	663.0	254.2	1487.2	1450.7	1776.1	786.4	312.1
1984	745.8	265.1	1748.9	1697.8	2187.6	917.4	349.1
1985	796.7	232.2	1972.2	1880.0	2880.5	1163.8	370.6
1986	854.7	242.2	2049.1	1962.7	2880.5	1376.5	394.5
1987	1015.6	279.2	2434.4	2349.2	3213.4	1688.9	465.5
1988	1177.4	288.5	2947.2	2910.3	3095.4	2016.5	534.9
1989	1147.9	238.8	2829.5	2845.8	2351.0	2285.9	514.9
1990	1187.5	326.3	2769.5	2775.4	2420.6	2073.2	523.4
1991	1258.1	326.3	2931.3	2929.2	2627.6	2342.0	547.3
1992	1411.2	332.2	3465.7	3440.1	3286.8	2669.6	609.7
1993	1590.4	357.8	4065.3	4024.9	3934.3	2944.6	680.9
1994	1744.7	393.6	4292.9	4318.7	3717.9	3403.9	740.6
1995	1913.9	413.2	4790.9	4824.0	4112.0	3774.9	806.7
1996	2172.3	481.4	5418.5	5513.9	4264.2	4220.4	909.2
1997	2367.8	479.5	5895.3	6103.8	3965.7	4925.2	984.4
1998	2583.3	543.3	6349.3	6531.1	4548.6	5324.1	1067.0
1999	2795.1	550.9	7035.0	7164.6	5494.7	5835.3	1154.7
2000	3052.3	534.3	9244.0	8081.7	6527.7	6518.0	1251.9
2001	3336.1	558.9	10270.1	9059.6	6867.2	7163.3	1352.2
2002	3653.1	594.1	11348.4	9992.7	7663.8	7886.8	1475.8
2003	4025.7	629.2	12948.6	11311.8	9173.5	8541.4	1622.5
2004	4516.8	679.5	14916.7	13234.8	9623.0	9480.9	1817.4
2005	5063.3	746.8	16647.1	14730.3	10960.6	10770.3	2033.7
2006	5822.8	778.2	19477.1	17293.4	12560.8	12644.3	2332.7
2007	6760.3	787.5	23606.2	21167.1	14206.3	14718.0	2701.3
2008	7841.9	862.3	27949.7	24998.3	17203.8	16969.9	3125.4
2009	8908.4	886.4	32729.1	29173.0	20592.9	19176.0	3544.2
2010	10137.8	919.2	38882.2	34861.7	23620.1	21227.8	4026.2
2011	11536.8	966.1	45764.3	41380.8	26194.7	23562.9	4569.7
2012	12918.1	1017.3	52171.3	47215.5	29704.8	26225.6	5113.5
2013	13990.3	1058.0	56762.4	51701.0	30714.8	28533.5	5541.5

2－3 地区生产总值（2013）
Gross Domestic Product（2013）

单位: 亿元　　　　unit: 100 million yuan

指　　标	Item	2013	2013年为2012年的%(按可比价计算) 2013 as precentage of 2012 (calculated at constant price)
地区生产总值（当年价格）	**Gross Domestic Products(Current Price)**	**12981.46**	**108.3**
农、林、牧、渔业	Agriculture、Forestry、Animal Husbandry and Fishery	1509.34	104.0
农业	Farming	835.10	106.0
林业	Forestry	61.39	106.3
畜牧业	Animal Husbandry and Fishery	547.73	100.8
渔业	Fishery	22.52	103.0
农、林、牧、渔业服务业	Agriculture、Forestry、Animal Husbandry and Fishery Services	42.60	102.6
工业	Industry	6059.28	109.5
建筑业	Construction	824.88	103.4
批发和零售业	Wholesale and Retail Trade	1072.78	107.9
交通运输、仓储和邮政业	Transport,Storage and Post	498.52	106.2
住宿和餐饮业	Hotels and Catering Services	268.88	107.0
金融业	Financial Intermediation	287.37	118.6
房地产业	Real Estate	274.11	108.7
营利性服务业	Profitable Services	963.96	112.3
非营利性服务业	Unprofitable Services	1293.01	106.5
第一产业	**Primary Industry**	**1466.74**	**104.0**
第二产业	**Secondary Industry**	**6856.09**	**108.8**
第三产业	**Tertiary Industry**	**4658.63**	**108.8**
人均生产总值(元)	**Per Captia GDP(yuan)**	**47192**	**108.3**

2－4 三次产业贡献率

Share of the Contributions of the Three Strata of Industries to the Increase of the GDP

单位: % unit: (%)

年 份 Year	地区生产总值 Cross Domestic Product	第一产业 Primary Industry	第二产业 Secondary Industry	# 工业 Industry	第三产业 Tertiary Industry
1990	100.0	214.0	−30.1	−32.8	−83.9
1991	100.0		41.1	35.0	58.9
1992	100.0	3.4	56.1	42.2	40.5
1993	100.0	15.7	59.6	51.0	24.7
1994	100.0	25.7	26.4	29.8	47.9
1995	100.0	12.8	52.2	46.6	35.0
1996	100.0	29.1	43.2	41.7	27.7
1997	100.0	−1.1	43.4	47.1	57.7
1998	100.0	32.7	37.5	31.0	29.8
1999	100.0	3.9	57.4	46.7	38.7
2000	100.0	21.7	44.8	40.0	33.5
2001	100.0	10.1	47.0	43.7	42.9
2002	100.0	12.9	44.3	37.5	42.8
2003	100.0	11.0	55.9	44.9	33.1
2004	100.0	12.0	52.2	49.7	35.8
2005	100.0	14.5	41.4	34.7	44.1
2006	100.0	4.9	49.6	43.8	45.5
2007	100.0	1.2	58.3	53.5	40.5
2008	100.0	8.1	53.6	45.9	38.3
2009	100.0	2.7	59.4	50.7	37.9
2010	100.0	3.1	66.4	59.6	30.5
2011	100.0	4.5	66.8	61.6	28.7
2012	100.0	5.6	61.9	54.7	32.5
2013	100.0	4.9	57.7	55.1	37.4

注：本表按可比价格计算。产业贡献率是各产业增加值增量与地区生产总值增量之比。

Note: Data in this table are calculated at constant prices.share of the three industries refers to the proportion of the increment of every industrial value added to the increment of GDP.

2－5 三次产业拉动率

Pull Rate of the Three Strata of Industry to GDP Growth

单位: % unit: (%)

年 份 Year	地区生产总值 Cross Domestic Product	第一产业 Primary Industry	第二产业 Secondary Industry	# 工业 Industry	第三产业 Tertiary Industry
1990	3.4	7.3	−1.0	−1.1	−2.9
1991	5.9		2.4	2.1	3.5
1992	12.2	0.4	6.9	5.1	4.9
1993	12.7	2.0	7.6	6.5	3.1
1994	9.7	2.5	2.6	2.9	4.6
1995	9.7	1.2	5.1	4.5	3.4
1996	13.5	3.9	5.8	5.6	3.8
1997	9.0	−0.1	3.9	4.2	5.2
1998	9.1	3.0	3.4	2.8	2.7
1999	8.2	0.3	4.7	3.8	3.2
2000	9.2	2.0	4.1	3.7	3.1
2001	9.3	0.9	4.4	4.1	4.0
2002	9.5	1.2	4.2	3.6	4.1
2003	10.2	1.1	5.7	4.6	3.4
2004	12.2	1.5	6.3	6.1	4.4
2005	12.1	1.8	5.0	4.2	5.3
2006	15.0	0.7	7.4	6.6	6.9
2007	16.1	0.2	9.4	8.6	6.5
2008	16.0	1.3	8.6	7.3	6.1
2009	13.6	0.4	8.1	6.9	5.1
2010	13.8	0.4	9.2	8.2	4.2
2011	13.8	0.6	9.2	8.5	4.0
2012	12.0	0.7	7.4	6.6	3.9
2013	8.3	0.4	4.8	4.6	3.1

注：本表按可比价格计算。产业拉动率指地区生产总值增长速度与各产业贡献率之乘积。

Note: Data in this table are calculated at constant prices.Contribution of the three industries to GDP growth refers to the growth rate of GDP multiplying the industrial shares.

2-6 各市县生产总值（2013）

单位:万元

市、县 City, County		各市县生产总值 Gross Domestic Product by City and County	第一产业 Primary Industry	第二产业 Secondary Industry	工业 Industry	建筑业 Construction	第三产业 Tertiary Industry	交通运输仓储及邮政业 Transport, Storage and Post	信息传输、计算机服务、和软件业 Information Transmission, Computer Services and Software	批发和零售业 Wholesale and Retail Trades
长 春 市	**Changchun**	**50031808**	**3320499**	**26586503**	**22221393**	**4365110**	**20124806**	**2451433**	**1420573**	**4743528**
九 台 市	Jiutai	3642246	394239	1922747	1282406	640341	1325260	281037	41736	337780
榆 树 市	Yushu	3670160	1008673	1007943	693415	314528	1653544	545169	21287	278688
德 惠 市	Dehui	3596988	681217	1477813	1095139	382674	1437958	227326	19316	259015
农 安 县	Nong' an	3526450	927858	1080314	758040	322274	1518278	275560	23947	258210
吉 林 市	**Jilin**	**26174061**	**2524010**	**12798566**	**11157801**	**1640765**	**10851485**	**2111900**	**634687**	**2042130**
桦 甸 市	Huadian	3033852	429908	1798084	1596920	201164	805860	146178	48525	156491
蛟 河 市	Jiaohe	2120505	357809	1060163	895833	164330	702533	164429	25333	129824
磐 石 市	Panshi	2933445	470289	1381169	1164519	216650	1081987	373061	26517	173095
舒 兰 市	Shulan	2007092	544440	632132	508275	123857	830520	169798	29392	212932
永 吉 县	Yongji	1087333	202838	460331	331047	129284	424164	107781	9316	80678
四 平 市	**Siping**	**12103434**	**2937093**	**5627386**	**5298764**	**328622**	**3538955**	**440699**	**221693**	**624522**
公主岭市	Gongzhuling	3850512	1014920	1519558	1364055	155503	1316034	254727	78643	207592
梨 树 县	Lishu	3518885	940451	1254974	1236012	18962	1323460	313615	83795	204929
伊通满族自治县	Yitong	1548181	420044	474168	455269	18899	653969	95168	23148	129356
双 辽 市	Shuangliao	1920921	373563	1036500	1014110	22390	510858	129157	22628	114701
辽 源 市	**Liaoyuan**	**7003010**	**581799**	**4142071**	**3655158**	**486913**	**2279140**	**255186**	**123986**	**504901**
东 丰 县	Dongfeng	1574581	312320	871217	785552	85665	391044	66250	7036	97924
东 辽 县	Dongliao	1378093	220910	865359	719849	145510	291824	59983	47616	28789
通 化 市	**Tonghua**	**10034500**	**942070**	**5438146**	**4683448**	**754698**	**3654284**	**591652**	**191788**	**1034025**
梅河口市	Meihekou	2900003	265904	1416020	1195590	220430	1218079	226643	40186	321395
集 安 市	Ji' an	917389	93507	388982	268308	120674	434900	156917	22715	107689
通 化 县	Tonghua	1263751	94651	687540	577327	110213	481560	38953	26331	49041
辉 南 县	Huinan	886050	190600	382560	240955	141605	312890	48080	12885	85515
柳 河 县	Liuhe	975561	201952	447019	405621	41398	326590	44994	7744	46480

注：各市县相加不等于地区数。
Note: The sum of data by city and county is not equal to the region.

Gross Domestic Product by City and County (2013)

unit:10000 yuan

住宿和餐饮业 Hotels and Catering Services	金融业 Financial Intermediation	房地产业 Real Estate	租赁和商务服务业 Leasing and Business Services	科学研究、技术服务和地质勘查业 Scientific Research Technical Services and Geological Prospecting	水利、环境和公共设施管理业 Management of Water Conservancy、Environment and Public Facilities	居民服务和其他服务业 Resident Services and Other Services	教育 Education	卫生、社会保障和社会福利业 Health Care、Social、Security and Social Welfare	文化、体育和娱乐业 Culture, Sports and Entertainment	公共管理和社会组织 Public Management and Social Organizations	人均生产总值（元） Per Capita CDP(yuan)
886967	**1756709**	**1186233**	**1802715**	**766135**	**160488**	**945403**	**1584123**	**632383**	**622964**	**1165152**	**66286**
55357	133377	60884	6067	7116	48985	56863	131162	58127	11158	95611	44052
67946	45167	63964	29070	16627	24716	46371	126762	108930	140026	138821	31585
29339	19654	55916	1991	2973	2172	749331	29952	8740	12223	20010	38372
76905	165823	67524	946	3940	8667	298057	140519	109525	16401	72254	30419
622653	**677607**	**1124752**	**572467**	**282599**	**88360**	**399858**	**805288**	**656999**	**135935**	**696250**	**60877**
47942	20434	64657	40405	7686	5834	53061	58321	45036	40510	70780	67753
57996	33809	68538	6852	4406	9371	46832	52223	31484	16148	55288	47460
63959	66319	101021	29927	6881	4727	34741	84821	24775	9088	83055	54933
28263	56431	78359	17087	5841	9177	61426	57285	40021	10876	53632	30708
19812	15359	40266	2574	4599	11364	36238	32089	27021	3983	33084	31896
348854	**226808**	**339016**	**88582**	**77013**	**62229**	**146814**	**298127**	**286125**	**83081**	**295392**	**36292**
22874	57202	186143	53339	24083	22412	106138	103793	64254	61624	73210	36010
102020	16605	136175	14986	24098	31856	88499	99998	99987	22898	83999	48550
20290	28110	120788	27023	14553	10717	60172	52893	25802	8453	37496	33287
40211	5521	30839	12004	9670	7506	29968	41460	23640	4021	39532	49254
142966	**109271**	**249296**	**12369**	**8975**	**7579**	**354574**	**119662**	**64218**	**45352**	**280805**	**57421**
51435	63580	36900	1023	1434	1609	8725	18265	8805	7006	21052	39445
13825	40870	17215	710	1328	1980	3230	27825	15679	3514	29260	39703
183465	**198220**	**324425**	**231347**	**44248**	**19966**	**127299**	**189477**	**104515**	**50781**	**363076**	**44909**
56177	76806	56747	13891	9134	16193	118572	130587	51686	10740	89322	47440
26987	18264	29565	2491	1312	2295	10259	19508	9562	8263	19073	41986
58786	41453	26499	35882	22793	23526	24814	41522	39798	29725	22437	51963
25780	19172	48566	6448	3237	2215	10080	12703	11534	6052	20623	25460
28921	49211	44800	6966	307	2226	14896	19085	22813	10640	27507	26310

单位: 万元

2－6 续表

市、县 City, County		各市县生产总值 Gross Domestic Product by City and County	第一产业 Primary Industry	第二产业 Secondary Industry			第三产业 Tertiary Industry			
					工业 Industry	建筑业 Construction		交通运输仓储及邮政业 Transport, Storage and Post	信息传输、计算机服务、和软件业 Information Transmission, Computer Services and Software	批发和零售业 Wholesale and Retail Trades
白山市	**Baishan**	**6736447**	**591396**	**4005055**	**3773755**	**231300**	**2139996**	**248417**	**85166**	**439119**
临江市	Linjiang	951428	77716	528994	497393	31601	344718	43589	5925	29367
抚松县	Fusong	1703155	216475	904935	872478	32457	581745	66952	14625	124142
靖宇县	Jingyu	654833	67660	384214	375124	9090	202959	23894	2536	31963
长白朝鲜族自治县	Changbai	380279	57442	168087	159495	8592	154750	18210	10481	14452
松原市	**Songyuan**	**16504848**	**2650333**	**7842316**	**6915128**	**927188**	**6012199**	**1025299**	**256077**	**1563846**
长岭县	Changling	2800537	745020	1174811	1075799	99012	880706	192085	35253	181230
前郭尔罗斯蒙古族自治县	Qianguo	4300206	730000	1998620	1813173	185447	1571586	319192	49706	422903
乾安县	Qian' an	1905882	230000	1168725	1117691	51034	507157	95659	34059	93561
扶余市	Fuyu	3481587	780169	1320038	1244480	75558	1381380	436571	54654	363895
白城市	**Baicheng**	**6923486**	**1156001**	**3279800**	**3137266**	**142534**	**2487685**	**263508**	**124263**	**504995**
洮南市	Taonan	1271100	269488	534235	427498	106737	467377	66372	33795	91022
大安市	Da' an	1319005	187364	755293	736783	18510	376348	40021	23684	45088
镇赉县	Zhenlai	1277960	266028	603248	588968	14280	408684	21683	24230	54744
通榆县	Tongyu	1132059	217236	434000	385479	48521	480823	39495	31564	59261
延边朝鲜族自治州	**Yanbian**	**8490003**	**728028**	**4366271**	**3975209**	**391062**	**3395704**	**375748**	**117097**	**852362**
延吉市	Yanji	3039359	55929	1343635	1214910	128725	1639795	232583	118731	375002
图们市	Tumen	430752	17872	252934	218214	34720	159946	17030	6674	29710
敦化市	Dunhua	1708240	300687	831465	765882	65583	576088	43957	15000	193608
龙井市	Longjing	385785	47460	156247	119731	36516	182078	16483	8112	19888
珲春市	Hunchun	1372938	55990	977027	932220	44807	339921	60749	12727	55410
和龙市	Helong	541738	60699	343296	321521	21775	137743	21526	5648	9024
汪清县	Wangqing	640470	113148	329786	295877	33909	197536	13747	8727	32160
安图县	Antu	650967	76243	229772	193515	36257	344952	36367	8548	36688

continued

unit: 10000 yuan

住宿和餐饮业 Hotels and Catering Services	金融业 Financial Intermediation	房地产业 Real Estate	租赁和商务服务业 Leasing and Business Services	科学研究、技术服务和地质勘查业 Scientific Research Technical Services and Geological Prospecting	水利、环境和公共设施管理业 Management of Water Conservancy、Environment and Public Facilities	居民服务和其他服务业 Resident Services and Other Services	教育 Education	卫生、社会保障和社会福利业 Health Care、Social、Security and Social Welfare	文化、体育和娱乐业 Culture, Sports and Entertainment	公共管理和社会组织 Public Management and Social Organizations	人均生产总值（元） Per Capita CDP(yuan)
196983	**186293**	**164182**	**117943**	**12788**	**17020**	**57024**	**138247**	**119675**	**41642**	**315497**	**52831**
27928	9443	22936	810	6687	4945	110110	39597	23357	9205	10819	56565
97873	42357	85701	4861	3304	3049	43400	28021	13720	8828	44912	56527
19767	3078	13298	1546	4811	1776	10367	22395	14319	2061	51148	46774
12534	8090	12471	3401	2143	3109	3456	15174	7355	5027	38847	45542
493006	**271365**	**449034**	**127055**	**43703**	**67334**	**417486**	**398492**	**218317**	**44404**	**636781**	**57639**
103899	20540	70802	3562	3411	1332	66663	38348	31035	12107	120439	44041
255752	33089	43237	28268	14202	19600	60312	71982	36541	54736	162066	74943
34379	7347	29356	31012	2161	6216	23676	48032	31196	11488	59015	62427
144554	37181	80337	7819	10273	4399	42848	47526	37672	3538	110113	45828
147501	**169729**	**334369**	**95892**	**20444**	**235451**	**102461**	**101147**	**96767**	**81456**	**209702**	**34411**
19463	32463	51722	22391	1864	4109	27287	32075	22324	3906	58584	29254
9777	20010	30193	67835	1350	2416	32005	26093	20336	11020	46520	32520
33228	27457	48277	27719	6410	4587	30985	41151	18990	4713	64510	44841
42053	18269	46389	34455	1730	14708	32761	50184	19901	12104	77949	30846
158635	**368955**	**304976**	**158875**	**68730**	**28203**	**97041**	**269576**	**148035**	**58741**	**388730**	**39199**
146805	79745	130109	85228	49423	13893	42402	113831	79075	48850	124118	57684
9203	23430	17282	1011	770	1577	11206	11612	7261	1768	21412	35078
45649	42490	51858	4575	4224	5819	12693	55590	29670	9152	61803	36431
9388	19436	16040	5302	3923	2088	3390	28705	20044	3225	26054	22547
25507	13323	46358	5311	4822	5497	18185	24675	7647	4394	55316	60749
5950	20101	13081	2124	1418	2867	3250	18404	7550	1976	24824	29331
11303	24770	20893	6284	1614	2614	2243	25079	12960	10184	24958	27500
16451	14545	42382	80089	2805	4811	2697	22796	12200	1890	62683	31147

2-7 各市县生产总值指数（2013）

单位: %

市、县 City, County		各市县生产总值 Gross Domestic Product by City and County	第一产业 Primary Industry	第二产业 Secondary Industry	工业 Industry	建筑业 Construction	第三产业 Tertiary Industry	交通运输仓储及邮政业 Transport, Storage and Post	信息传输、计算机服务、和软件业 Information Transmission, Computer Services and Software	批发和零售业 Wholesale and Retail Trades
长春市	**Changchun**	**108.3**	**103.5**	**109.4**	**110.0**	**106.0**	**107.8**	**108.4**	**107.9**	**107.6**
九台市	Jiutai	109.3	103.6	112.6	115.8	106.3	105.9	104.4	106.2	112.3
榆树市	Yushu	106.0	103.9	111.8	111.9	111.6	103.9	105.0	107.4	113.5
德惠市	Dehiu	103.7	101.6	108.4	106.7	113.8	100.0	105.6	107.4	110.5
农安县	Nong' an	109.5	103.2	113.6	113.9	112.8	110.1	105.5	107.4	113.9
吉林市	**Jilin**	**108.3**	**104.1**	**108.7**	**108.2**	**111.2**	**108.7**	**110.0**	**103.5**	**109.4**
桦甸市	Huadian	112.8	104.5	115.3	116.4	107.7	112.0	108.9	103.5	113.9
蛟河市	Jiaohe	109.5	104.3	110.9	112.0	107.0	110.0	108.9	103.5	110.3
磐石市	Panshi	103.3	101.5	102.4	101.4	106.4	105.6	107.2	103.6	105.8
舒兰市	Shulan	109.1	104.5	114.7	115.9	111.1	107.4	109.5	103.5	108.2
永吉县	Yongji	111.2	106.1	117.2	117.2	117.1	106.5	109.6	103.5	105.2
四平市	**Siping**	**109.1**	**103.9**	**111.2**	**110.7**	**120.7**	**109.8**	**108.5**	**109.4**	**113.1**
公主岭市	Gongzhuling	110.8	101.0	117.8	111.0	271.9	110.6	120.9	127.7	106.9
梨树县	Lishu	107.8	101.4	111.5	111.7	100.8	109.0	109.8	127.7	99.6
伊通满族自治县	Yitong	107.5	103.9	112.1	111.6	124.6	106.7	112.6	97.6	103.7
双辽市	Shuangliao	106.0	103.8	108.8	109.0	100.3	100.6	119.4	127.5	72.0
辽源市	**Liaoyuan**	**109.5**	**104.5**	**110.0**	**109.5**	**114.8**	**110.1**	**111.7**	**113.1**	**111.1**
东丰县	Dongfeng	111.6	104.8	112.4	112.2	114.4	116.1	117.2	108.4	117.6
东辽县	Dongliao	111.5	104.9	113.2	114.2	108.2	112.7	114.7	114.6	111.4
通化市	**Tonghua**	**112.4**	**104.0**	**115.6**	**114.2**	**126.6**	**109.6**	**104.2**	**109.1**	**108.7**
梅河口市	Meihekou	112.6	104.8	116.0	114.3	127.6	110.0	112.8	104.2	112.1
集安市	Ji' an	111.2	103.0	117.9	118.4	116.7	107.1	105.4	116.0	110.0
通化县	Tonghua	111.3	108.3	115.2	116.2	109.5	105.6	103.5	105.1	105.2
辉南县	Huinan	110.1	104.5	118.3	111.8	131.6	104.4	102.0	105.0	106.9
柳河县	Liuhe	111.3	106.1	115.7	116.3	109.2	108.3	109.5	109.0	114.8

Gross Domestic Product and Indices by City and County (2013)

unit: %

住宿和餐饮业 Hotels and Catering Services	金融业 Financial Intermediation	房地产业 Real Estate	租赁和商务服务业 Leasing and Business Services	科学研究、技术服务和地质勘查业 Scientific Research Technical Services and Geological Prospecting	水利、环境和公共设施管理业 Management of Water Conservancy、Environment and Public Facilities	居民服务和其他服务业 Resident Services and Other Services	教育 Education	卫生、社会保障和社会福利业 Health Care、Social、Security and Social Welfare	文化、体育和娱乐业 Culture, Sports and Entertainment	公共管理和社会组织 Public Management and Social Organizations	人均生产总值 Per Capita
108.1	**113.7**	**103.4**	**108.1**	**107.8**	**106.8**	**108.2**	**107.1**	**106.8**	**105.7**	**104.7**	**109.0**
114.4	109.2	102.7	93.2	102.9	103.7	89.7	103.7	103.6	91.3	102.2	110.2
114.7	113.3	104.6	102.0	114.0	108.3	98.4	105.9	110.6	74.8	108.1	105.9
112.8	111.2	102.7	93.7	105.7	108.3	94.6	99.0	100.4	75.2	104.6	104.1
115.8	95.3	104.9	107.5	109.9	107.8	132.4	104.0	101.6	143.7	100.2	111.1
106.3	**113.8**	**107.2**	**115.4**	**113.4**	**109.6**	**95.5**	**99.7**	**123.9**	**116.6**	**106.1**	**108.8**
116.8	107.6	106.8	128.1	107.8	102.3	127.9	111.8	104.8	121.0	106.6	113.5
106.3	113.3	106.6	123.5	109.6	109.6	123.5	109.6	109.6	123.5	108.7	109.7
105.9	106.3	107.2	109.1	107.4	106.8	89.6	98.9	100.0	109.1	108.5	103.7
107.2	121.2	104.3	104.3	108.8	101.7	107.7	101.6	100.5	105.2	104.9	110.0
107.6	115.2	103.6	109.9	92.1	116.0	105.5	102.2	111.2	88.0	103.8	111.2
113.5	**109.7**	**103.2**	**111.3**	**110.3**	**108.5**	**108.7**	**109.9**	**111.3**	**108.8**	**107.6**	**110.8**
107.1	117.1	106.8	109.9	101.8	108.5	109.5	102.5	106.5	107.8	101.5	112.1
106.5	117.6	113.2	116.6	100.5	102.3	111.8	109.0	109.8	109.5	109.3	111.9
105.9	115.6	109.1	109.6	101.9	101.9	109.6	101.9	101.9	109.6	104.3	110.0
100.8	119.6	104.3	95.1	104.5	104.4	96.0	106.0	101.0	100.2	101.5	106.9
104.7	**111.7**	**109.1**	**133.5**	**111.6**	**104.5**	**105.7**	**111.5**	**121.8**	**101.5**	**109.8**	**109.9**
113.6	113.7	113.8	120.1	127.0	161.0	123.8	121.1	106.5	118.4	122.8	112.6
112.9	112.8	109.2	114.4	113.5	121.2	112.3	113.8	116.9	109.4	106.1	113.2
108.6	**111.4**	**109.9**	**126.1**	**108.1**	**108.6**	**134.5**	**108.5**	**108.7**	**120.0**	**104.9**	**113.3**
107.4	108.9	108.8	116.1	115.0	123.7	109.4	105.8	112.6	109.1	103.6	113.8
106.9	115.5	99.9	113.7	102.8	105.1	113.5	101.1	105.8	107.5	104.3	112.2
103.9	108.2	96.7	107.1	113.4	120.6	108.9	107.5	103.0	100.3	108.1	111.2
106.2	108.0	102.9	100.3	103.5	100.3	102.3	103.9	100.1	95.9	106.7	111.7
84.6	119.6	115.1	106.5	103.9	103.5	106.5	103.5	103.5	106.6	107.8	111.9

2－7 续表

单位: %

市、县 City，County		各市县生产总值 Gross Domestic Product by City and County	第一产业 Primary Industry	第二产业 Secondary Industry	工业 Industry	建筑业 Construction	第三产业 Tertiary Industry	交通运输仓储及邮政业 Transport，Storage and Post	信息传输、计算机服务、和软件业 Information Transmission, Computer Services and Software	批发和零售业 Wholesale and Retail Trades
白 山 市	**Baishan**	**106.4**	**104.5**	**105.5**	**105.5**	**105.1**	**109.2**	**111.3**	**107.4**	**110.8**
临 江 市	Linjiang	106.9	105.2	106.2	106.5	100.4	108.2	105.5	108.4	110.5
抚 松 县	Fusong	108.0	104.4	106.6	106.1	119.1	111.7	111.4	112.1	111.9
靖 宇 县	Jingyu	108.4	104.0	108.0	108.0	109.3	111.0	108.9	105.6	112.3
长白朝鲜族自治县	Changbai	107.0	104.5	107.3	107.2	110.6	107.6	108.6	108.5	109.4
松 原 市	**Songyuan**	**108.2**	**104.1**	**106.6**	**107.2**	**102.1**	**112.9**	**113.3**	**127.7**	**113.1**
长 岭 县	Changling	107.7	105.5	105.4	110.4	75.1	112.8	118.9	104.8	127.3
前郭尔罗斯蒙古族自治县	Qianguo	92.4	101.1	85.3	85.4	83.9	101.4	106.9	104.2	100.8
乾 安 县	Qian' an	102.7	106.1	101.0	100.1	121.5	105.7	105.6	101.1	111.7
扶 余 市	Fuyu	106.0	105.5	109.1	108.4	123.8	102.9	102.9	103.9	102.0
白 城 市	**Baicheng**	**112.1**	**104.4**	**114.2**	**113.5**	**121.4**	**112.7**	**112.8**	**104.6**	**113.7**
洮 南 市	Taonan	111.0	100.5	114.9	118.3	101.3	112.5	111.4	112.5	115.2
大 安 市	Da' an	112.1	105.9	112.2	112.0	119.0	114.4	106.7	109.8	117.3
镇 赉 县	Zhenlai	112.3	106.3	113.3	111.6	346.6	114.2	106.5	103.0	110.8
通 榆 县	Tongyu	111.0	104.2	114.2	115.4	105.0	111.3	105.0	106.0	109.8
延边朝鲜族自治州	**Yanbian**	**110.4**	**104.1**	**111.9**	**111.8**	**113.1**	**109.8**	**107.9**	**105.9**	**109.8**
延 吉 市	Yanji	107.1	103.6	105.2	105.2	105.4	108.9	107.4	105.1	106.2
图 们 市	Tumen	109.7	103.6	110.1	113.8	91.6	109.9	111.4	95.8	117.2
敦 化 市	Dunhua	109.3	104.3	111.1	114.4	83.5	109.3	106.8	97.3	106.9
龙 井 市	Longjing	109.0	104.3	112.3	114.8	104.4	107.2	114.9	91.8	112.3
珲 春 市	Hunchun	110.2	105.3	111.1	111.1	111.5	108.6	106.6	99.7	111.1
和 龙 市	Helong	102.7	103.8	107.7	108.0	103.2	94.0	129.2	103.2	30.5
汪 清 县	Wangqing	109.4	104.1	114.4	115.2	107.0	104.5	105.7	94.3	113.0
安 图 县	Antu	111.2	103.5	113.7	115.4	104.7	111.2	112.5	92.2	113.5

continued

unit: %

住宿和餐饮业 Hotels and Catering Services	金融业 Financial Intermediation	房地产业 Real Estate	租赁和商务服务业 Leasing and Business Services	科学研究、技术服务和地质勘查业 Scientific Research Technical Services and Geological Prospecting	水利、环境和公共设施管理业 Management of Water Conservancy、Environment and Public Facilities	居民服务和其他服务业 Resident Services and Other Services	教育 Education	卫生、社会保障和社会福利业 Health Care、Social、Security and Social Welfare	文化、体育和娱乐业 Culture, Sports and Entertainment	公共管理和社会组织 Public Management and Social Organizations	人均生产总值 Per Capita
114.6	**110.9**	**111.8**	**112.8**	**114.9**	**114.3**	**110.7**	**104.7**	**106.2**	**109.7**	**104.2**	**107.0**
106.7	115.2	105.3	116.2	107.2	117.2	107.9	110.0	105.7	120.3	103.1	106.4
112.0	116.6	108.1	121.9	106.8	111.0	118.2	106.5	111.0	127.3	107.6	102.9
110.2	108.5	108.6	116.0	116.0	116.1	116.0	116.0	116.0	116.2	107.6	108.4
108.8	110.4	107.6	111.6	112.2	112.3	114.2	105.5	106.1	111.1	105.0	109.1
110.8	**119.9**	**116.0**	**111.2**	**104.3**	**107.0**	**114.0**	**107.3**	**103.9**	**117.2**	**112.0**	**110.0**
103.4	112.2	109.6	128.9	117.4	112.5	116.8	101.8	102.5	103.9	102.1	108.5
89.8	129.4	105.9	105.7	93.5	106.5	111.3	96.5	105.9	111.7	100.1	96.0
102.0	113.2	104.9	110.6	102.6	102.6	110.6	102.6	102.6	110.7	100.5	104.3
101.9	119.5	105.1	102.9	105.1	102.1	101.5	102.3	102.7	103.2	101.2	107.1
106.2	**124.1**	**117.0**	**118.7**	**115.0**	**116.2**	**107.3**	**107.1**	**112.3**	**116.4**	**105.5**	**112.2**
112.5	116.8	107.4	112.5	111.6	117.3	114.9	113.8	112.8	114.4	111.3	111.4
120.6	122.7	107.5	121.5	108.8	112.4	121.2	103.4	121.6	135.1	105.1	113.0
111.3	121.2	120.4	110.0	124.4	124.4	110.0	124.4	124.4	110.3	114.3	114.0
108.8	121.6	109.1	122.6	112.5	112.5	122.6	112.5	112.5	122.6	106.1	111.0
111.2	**117.7**	**104.2**	**110.6**	**103.3**	**108.5**	**108.9**	**109.6**	**108.8**	**110.1**	**111.7**	**111.3**
110.1	119.4	116.2	121.2	101.5	102.0	103.1	102.0	120.0	100.3	111.0	106.1
108.9	114.7	108.3	106.1	110.8	104.9	107.8	107.7	107.3	108.0	104.9	111.7
108.4	108.9	103.2	99.7	114.7	114.7	105.6	116.8	119.9	107.5	118.7	111.6
118.5	112.6	106.4	115.6	101.0	104.5	134.5	102.8	103.4	104.9	102.2	111.5
116.8	121.0	106.3	121.9	105.5	104.3	118.9	101.3	121.8	119.0	103.2	109.2
110.4	136.3	115.5	77.2	116.9	72.2	68.7	106.6	90.8	113.6	101.5	105.6
107.4	118.4	102.2	82.2	108.0	100.1	81.8	97.9	98.9	107.1	101.0	112.0
106.1	114.4	102.2	129.1	107.6	100.1	111.1	101.3	115.6	110.6	103.3	112.8

2－8 地区生产总值项目构成（2013）
Components of Gross Domestic Product（2013）

单位: 亿元　　　　unit: 100 million yuan

项目	Item	增加值 Value -added	劳动者报酬 Compensation of Employees	生产税净额 Net Taxes on Production	固定资产折旧 Depreciation of Fixed Assets	营业盈余 Orerating Surplus
地区生产总值	**Gross Domestic Products by Region**	**12981.46**	**4595.49**	**2172.22**	**2136.64**	**4077.11**
农、林、牧、渔业	**Agriculture、Forestry、Animal Husbandry and Fishery**	**1509.34**	**1013.87**	**72.15**	**163.74**	**259.58**
农业	Farming	835.10	569.40	32.00	86.08	147.62
林业	Forestry	61.39	43.72	1.10	7.01	9.56
畜牧业	Animal Husbandry	547.73	354.55	37.54	63.44	92.20
渔业	Fishery	22.52	15.34	0.84	2.47	3.87
农、林、牧、渔服务业	Agriculture、Forestry、Animal Husbandry and Fishery Services	42.60	30.86	0.67	4.74	6.33
工业	**Industry**	**6059.28**	**1415.74**	**1368.25**	**1167.71**	**2107.58**
采矿业	Mining	740.43	146.78	96.11	171.27	326.27
#开采辅助活动	Mining Auxiliary Activities	24.26	4.58	3.03	5.80	10.85
制造业	Manufacturing	5057.98	1196.74	1207.13	907.00	1747.11
#金属制品、机械和设备修理业	Metal Products,Machinery and Equipment Repair	3.81	0.91	0.90	0.69	1.31
电力、燃气及水的生产和供应业	Production and Supply of Electricity Gas and Water	260.87	72.22	65.01	89.44	34.20
建筑业	**Construction**	**824.88**	**369.63**	**109.83**	**63.40**	**282.02**
房屋建筑业	Construction of Buliding	352.94	176.25	49.53	22.51	104.65
土木工程建筑业	Construction of Civil Engineering	165.15	83.14	23.19	10.78	48.04
建筑安装业	Installation	211.24	72.01	25.07	21.80	92.36
建筑装饰和其他建筑业	Construction Decoration and other Constraction	95.55	38.23	12.04	8.31	36.97
批发和零售业	**Wholesale and Retail Trades**	**1072.78**	**216.20**	**304.28**	**85.44**	**466.86**
批发业	Wholesale Trade	418.74	115.23	224.85	48.01	30.65
零售业	Retail Trade	654.04	100.97	79.43	37.43	436.21
交通运输、仓储和邮政业	**Transport, Storage, and Post**	**498.52**	**123.75**	**72.74**	**84.88**	**217.15**
铁路运输业	Railway Transport	82.44	32.45	10.96	12.64	26.39
道路运输业	Highway Transport	360.67	63.82	56.14	59.37	181.34
水上运输业	Waterway Transport	3.12	0.38	0.11	2.24	0.39
航空运输业	Air Transport	6.09	2.09	1.36	0.59	2.05
管道运输业	Pipeling Transport					
装卸搬运和运输代理业	Handing and Other Transport Services	12.03	2.74	1.75	0.83	6.71
仓储业	Storage	15.50	9.19	0.83	5.35	0.13
邮政业	Post	18.67	13.08	1.59	3.86	0.14
住宿和餐饮业	**Hotels and Catering Services**	**268.88**	**54.82**	**21.96**	**26.64**	**165.46**
住宿业	Hotels	30.04	10.09	3.75	13.14	3.06
餐饮业	Catering Services	238.84	44.73	18.21	13.50	162.40
信息传输、软件和信息技术服务业	**Information Transrission,Software and Information Technologh Services**	**258.91**	**45.10**	**30.03**	**122.56**	**61.22**
电信、广播电视和卫星传输服务	Telecommuricutions,Broadcasting Television and Satelite Transmission Services	219.71	36.50	26.81	118.53	37.87
互联网和相关服务	Internet and Relatsd Services	8.08	1.66	0.72	0.92	4.78
软件和信息技术服务业	Software and Infomation Technology Services	31.12	6.94	2.50	3.11	18.57
金融业	**Financial Intermediation**	**287.37**	**112.54**	**58.52**	**16.82**	**99.49**
货币金融服务	Monetary and Financial Services	218.45	86.12	33.22	13.34	85.77
资本市场服务	Capital Market Services	38.17	6.16	21.86	1.10	9.05
保险业	Insurance	28.64	19.71	3.35	1.83	3.75
其他金融业	Other Financial Activities	2.11	0.55	0.09	0.55	0.92
房地产业	**Real Estate**	**274.11**	**59.15**	**66.14**	**136.63**	**12.19**
房地产开发经营业	Development and Managment of Real Estate	114.22	34.56	60.10	13.90	5.66

2-8 续表 continued

单位: 亿元　　unit: 100 million yuan

项目	Item	增加值 Value-added	劳动者报酬 Compensation of Employees	生产税净额 Net Taxes on Production	固定资产折旧 Depreciation of Fixed Assets	营业盈余 Orerating Surplus
物业管理业	Realty Management	30.12	16.75	4.33	5.97	3.07
房地产中介服务业	Intermediary Service for Real Estate	8.72	2.77	0.80	1.36	3.79
自有房地产经营活动	Theirown real estate Business Activities	112.76			112.76	
其他房地产业	Others	8.29	5.07	0.91	2.64	-0.33
租赁和商务服务业	**Leasing and Business Services**	**275.92**	**88.44**	**26.40**	**42.18**	**118.90**
租赁业	Leasing	9.92	3.89	0.75	3.64	1.64
商务服务业	Business Services	266.00	84.55	25.65	38.54	117.26
科学研究和技术服务业	**Scientific Research and Technical Service**	**90.07**	**66.83**	**5.32**	**8.13**	**9.79**
研究和试验发展	Research and Experiment	25.14	28.15	0.26	2.14	-5.41
专业技术服务业	Special Technological Services	49.24	30.70	3.96	4.34	10.24
科技推广和应用服务业	Services of Science and Technology Exchanges and Promotion	15.69	7.98	1.10	1.65	4.96
水利、环境和公共设施管理业	**Water Conservancy、Environment and Public Facilities Management**	**41.46**	**22.64**	**0.65**	**9.46**	**8.71**
水利管理业	Water Conservancy	9.84	4.19	0.16	3.75	1.74
生态保护和环境治理业	Ecological Protection and Environmentel Treatment Services	16.55	11.41	0.11	1.14	3.89
公共设施管理业	Public Utilities Management	15.07	7.04	0.38	4.57	3.08
居民服务、修理和其他服务业	**Resident Services and Other Services**	**327.17**	**81.43**	**22.07**	**17.99**	**205.68**
居民服务业	Resdent Services	223.18	55.96	14.48	11.66	141.08
机动车、电子产品和日用产品修理业	Motor Vehicle,Electronic Products and Household Products Repair Services	32.77	10.43	1.97	2.31	18.06
其他服务业	Other Services	71.22	15.04	5.62	4.02	46.54
教育	**Education**	**409.47**	**320.02**	**1.47**	**69.31**	**18.67**
卫生和社会工作	**Health Care and Social Work**	**175.56**	**111.05**	**3.75**	**15.38**	**45.38**
卫生	Health Care	166.53	105.41	3.57	13.76	43.79
社会工作	Social Work	9.03	5.64	0.18	1.62	1.59
文化、体育和娱乐业	**Culture、Sports and Entertainment**	**73.89**	**34.10**	**6.46**	**8.54**	**24.79**
新闻和出版业	Journalism and Publishing Activities	9.88	6.14	1.66	1.89	0.19
广播、电视、电影和影视录音制作业	Broadcast、TV、Movies and Audiovisual Activities	15.73	11.02	1.37	2.43	0.91
文化艺术业	Culture and Art Activities	10.75	9.19	0.11	1.30	0.15
体育	Sports	3.13	2.69	0.08	0.53	-0.17
娱乐业	Entertainment	34.40	5.06	3.24	2.39	23.71
公共管理、社会保障和社会组织	**Public management and Social Organizations**	**533.85**	**460.18**	**2.20**	**97.83**	**-26.36**
第一产业	**Primary Industry**	**1466.74**	**983.01**	**71.48**	**159.00**	**253.25**
第二产业	**Secordary Industry**	**6856.09**	**1779.88**	**1474.15**	**1224.62**	**2377.44**
第三产业	**Tertiary Industry**	**4658.63**	**1832.60**	**626.59**	**753.02**	**1446.42**

2-9 历年支出法生产总值

Gross Domestic Products by Expenditure Approach over the Years

单位：亿元 unit:（100 million yuan）

年份 Year	支出法地区生产总值 Gross Domestic Product by Expenditure Approach	最终消费支出 Final Consumption Expenditure	居民消费支出 Household Consumption Expenditures	农村居民 Rural Households	城镇居民 Urban Households	政府消费支出 Government Consumption Expenditures	资本形成总额 Gross Capital Formation	固定资本形成 Fixed Capital	存货增加 Changes in Inventories	货物和服务净出口 Net Export of Goods and Services
1952	16.6	11.8	11.3			0.5	3.9	1.9	2.0	0.9
1953	19.0	14.5	14.0			0.6	5.1	3.2	1.9	−0.7
1954	20.4	14.7	14.1			0.6	8.6	5.4	3.2	−2.9
1955	21.1	15.1	14.5			0.6	7.1	5.6	1.5	−1.0
1956	24.6	17.0	16.4			0.7	6.5	6.5	0.1	1.0
1957	25.2	16.2	15.4			0.8	6.4	4.3	2.1	2.6
1958	31.2	17.1	16.2			0.9	10.7	8.4	2.3	3.4
1959	37.2	19.7	18.8			1.0	13.7	10.7	2.9	3.8
1960	41.8	20.9	19.8			1.1	11.9	11.1	0.9	9.0
1961	31.9	22.5	21.6			0.8	7.8	5.1	2.7	1.6
1962	31.4	22.9	22.2			0.8	3.8	3.9	−0.2	4.7
1963	35.9	26.2	25.2			1.0	7.4	5.2	2.2	2.4
1964	38.5	27.2	26.0			1.2	7.3	7.0	0.3	3.9
1965	42.9	28.9	27.9			1.0	9.8	7.5	2.3	4.2
1966	46.7	31.0	29.7			1.2	9.6	6.9	2.7	6.1
1967	44.3	32.4	30.9			1.5	8.4	5.4	3.0	3.4
1968	42.5	32.1	30.3			1.8	8.7	5.3	3.5	1.7
1969	45.2	35.4	33.3			2.1	10.4	6.5	4.0	−0.7
1970	56.1	39.9	37.4			2.5	13.4	8.9	4.5	2.8
1971	60.9	40.5	37.8			2.6	16.5	11.6	4.8	4.0
1972	56.0	40.1	37.2			2.9	17.2	11.6	5.6	−1.2
1973	63.3	41.8	38.9			2.8	19.3	13.4	6.0	2.2
1974	65.1	43.6	39.7			3.8	20.4	13.7	6.7	1.2
1975	72.3	47.4	43.0			4.4	24.9	15.4	9.4	0.1
1976	67.3	50.7	45.9			4.8	17.5	12.4	5.1	−0.9
1977	72.9	54.5	49.5			5.0	19.0	11.7	7.3	−0.6
1978	82.0	57.9	53.0	24.47	28.55	4.9	32.8	18.2	14.6	−8.7
1979	91.1	69.5	61.9	29.85	32.01	7.7	26.7	19.5	7.1	−5.1
1980	98.6	76.9	67.8	31.84	35.92	9.2	29.0	20.8	8.2	−7.3
1981	111.2	85.1	75.1	36.41	38.72	10.0	28.0	21.0	7.0	−2.0
1982	121.7	94.8	83.5	39.76	43.73	11.3	35.7	27.7	8.0	−8.8
1983	150.1	112.2	96.7	49.28	47.38	15.6	38.6	29.3	9.3	−0.7
1984	174.4	131.6	111.8	55.81	55.95	19.9	57.2	40.9	16.2	−14.4
1985	200.4	145.0	120.5	56.42	64.11	24.5	81.2	62.4	18.8	−25.7
1986	227.2	165.3	137.9	61.35	76.51	27.4	86.8	63.4	23.4	−25.0
1987	297.5	196.2	161.5	69.36	92.13	34.7	111.9	76.7	35.2	−10.6
1988	368.7	242.4	203.5	83.21	120.26	38.9	134.6	92.9	41.8	−8.3
1989	391.7	266.9	223.3	91.47	131.82	43.7	148.3	81.7	66.5	−23.6
1990	425.3	279.7	232.7	95.86	136.87	47.0	182.7	94.0	88.7	−37.1
1991	463.5	308.4	255.9	101.03	154.82	52.6	193.1	117.4	75.6	−38.0
1992	558.1	364.6	306.3	111.67	194.65	58.2	213.1	152.6	60.2	−19.6
1993	718.0	436.1	364.9	125.93	238.98	71.2	287.1	252.9	34.1	−5.2
1994	944.4	577.6	473.6	156.13	317.50	104.0	389.9	320.5	69.5	−1.6
1995	1139.4	703.4	586.2	191.08	395.09	117.2	474.3	358.1	116.2	−38.3
1996	1340.1	811.4	684.5	220.07	464.43	126.9	600.8	412.8	187.9	−72.2
1997	1468.3	928.4	772.8	238.80	534.00	155.5	552.3	386.4	165.9	−12.4
1998	1553.9	951.9	777.1	234.50	542.60	174.8	613.9	442.3	171.6	−11.9
1999	1638.3	988.7	783.0	225.50	557.70	205.7	658.7	525.0	133.7	−9.1
2000	1820.4	1140.7	845.1	253.40	591.70	295.6	686.6	627.8	58.8	−6.9
2001	2023.4	1266.8	906.7	268.50	638.20	360.1	791.0	699.7	91.3	−34.4
2002	2252.4	1379.4	977.5	269.90	707.60	401.9	898.5	824.2	74.3	−25.5
2003	2570.1	1539.9	1115.7	256.30	859.40	424.2	1062.9	998.1	64.8	−182.7
2004	3012.3	1693.3	1244.8	277.60	967.20	448.5	1347.9	1291.9	56.0	−28.9
2005	3761.6	1921.6	1407.9	323.21	1084.66	513.8	1872.1	1802.4	69.7	−32.2
2006	4964.9	2137.6	1552.9	381.48	1171.42	584.7	2874.3	2804.3	70.0	−47.0
2007	5601.1	2588.4	1819.8	431.12	1388.68	768.6	3880.0	4003.2	−123.1	−867.3
2008	6783.4	3049.2	2075.7	493.10	1582.55	973.5	5415.3	5608.3	−193.0	−1681.1
2009	7633.1	3384.3	2304.0	562.77	1761.82	1080.3	6074.5	6280.5	−206.0	−1825.7
2010	9128.6	3754.5	2510.6	595.58	1915.02	1243.9	7192.1	7618.1	−426.0	−1818.0
2011	11162.2	4423.7	2970.8	799.28	2171.53	1452.9	8206.9	8355.5	−148.7	−1468.3
2012	12688.4	4942.0	3375.9	891.16	2484.70	1566.2	9136.2	9235.0	−98.8	−1389.9
2013	13946.8	5500.5	3762.0	984.66	2777.33	1738.5	9708.1	9751.5	−43.4	−1261.8

注：本表按当年价格计算。支出法地区生产总值不等于地区生产总值是由于计算误差的影响。

Note: Data in this table are calculated at current prices.The gross regional production by expenditure approach is not equal to gross regional product due to statistical discrepancies.

2－10 1978－2013年支出法生产总值构成

1978－2013 Componests of Gross Domestic Product by Expenditure Approach

单位：%　　　　unit: %

年 份 Year	全 省 生产总值 Gross Domestic Product by Expenditure Approach	#最终消费 Final Consumption Expenditure	居民消费 Household Consumption Expenditure	农村居民 Rural Households	城镇居民 Urban Households	政府消费 Government Consumption Expenditure	#资本形成总额 Gross Capital Formation	固定资本形成总额 Gross Fixed Capital Formation	存货增加 Changes in Inventories
1978	100.0	70.6	64.7	29.8	34.8	6.0	40.0	22.2	17.8
1979	100.0	76.3	67.9	32.8	35.1	8.4	29.3	21.4	7.8
1980	100.0	78.0	68.7	32.3	36.4	9.3	29.4	21.1	8.3
1981	100.0	76.6	67.6	32.8	34.8	9.0	25.2	18.9	6.3
1982	100.0	77.9	68.6	32.7	35.9	9.3	29.3	22.7	6.6
1983	100.0	74.7	64.4	32.8	31.6	10.4	25.7	19.5	6.2
1984	100.0	75.5	64.1	32.0	32.1	11.4	32.8	23.5	9.3
1985	100.0	72.4	60.1	28.1	32.0	12.2	40.5	31.1	9.4
1986	100.0	72.8	60.7	27.0	33.7	12.1	38.2	27.9	10.3
1987	100.0	65.9	54.3	23.3	31.0	11.7	37.6	25.8	11.8
1988	100.0	65.7	55.2	22.6	32.6	10.6	36.5	25.2	11.3
1989	100.0	68.2	57.0	23.4	33.7	11.1	37.9	20.9	17.0
1990	100.0	65.8	54.7	22.5	32.2	11.1	43.0	22.1	20.9
1991	100.0	66.5	55.2	21.8	33.4	11.3	41.7	25.3	16.3
1992	100.0	65.3	54.9	20.0	34.9	10.4	38.2	27.3	10.8
1993	100.0	60.7	50.8	17.5	33.3	9.9	40.0	35.2	4.8
1994	100.0	61.2	50.1	16.5	33.6	11.0	41.3	33.9	7.4
1995	100.0	61.7	51.4	16.8	34.7	10.3	41.6	31.4	10.2
1996	100.0	60.6	51.1	16.4	34.7	9.5	44.8	30.8	14.0
1997	100.0	63.2	52.6	16.3	36.4	10.6	37.6	26.3	11.3
1998	100.0	61.3	50.0	15.1	34.9	11.2	39.5	28.5	11.0
1999	100.0	60.3	47.8	13.8	34.0	12.6	40.2	32.0	8.2
2000	100.0	62.7	46.4	13.9	32.5	16.2	37.7	34.5	3.2
2001	100.0	62.6	44.8	13.3	31.5	17.8	39.1	34.6	4.5
2002	100.0	61.2	43.4	12.0	31.4	17.8	39.9	36.6	3.3
2003	100.0	59.9	43.4	10.0	33.4	16.5	41.4	38.8	2.5
2004	100.0	56.2	41.3	9.2	32.1	14.9	44.7	42.9	1.9
2005	100.0	51.1	37.4	8.6	28.8	13.7	49.8	47.9	1.8
2006	100.0	43.0	31.3	7.7	23.6	11.8	57.9	56.5	1.4
2007	100.0	46.2	32.5	7.7	24.8	13.7	69.3	71.5	−2.2
2008	100.0	45.5	31.0	7.4	23.6	14.5	79.6	82.4	−2.9
2009	100.0	44.3	30.2	7.1	23.1	14.2	79.6	82.3	−2.7
2010	100.0	41.1	27.5	6.5	21.0	13.6	78.8	83.5	−4.7
2011	100.0	39.6	26.6	7.2	19.4	13.0	73.5	74.8	−1.3
2012	100.0	39.0	26.6	7.0	19.6	12.4	72.0	72.8	−0.8
2013	100.0	39.4	27.0	7.1	19.9	12.5	69.6	69.9	−0.3

2-11 支出法地区生产总值及构成

Gross Domestic Product by Expenditure Approach and Its Components

项目	Item	2012	2013
支出法地区生产总值(亿元)	**Gross Domestic Product by Expenditure Approach(100 million yuan)**	**12688.4**	**13945.8**
最终消费	Final Consumption Expenditure	4942.0	5500.5
居民消费	Household Consumption Expenditure	3375.9	3762.0
政府消费	Government Consumption Expenditure	1566.2	1738.5
资本形成总额	Gross Capital Formation	9136.2	9708.1
固定资本形成总额	Gross Fixed Capital Formation	9235.0	9751.5
存货增加	Changes in Inventories	-98.8	-43.4
货物和服务净出口	Net Export of Goods and Services	-1389.9	-1261.8
资本形成率(投资率)(%)	Capital Formation Rate(%)	72.0	69.6
最终消费率(消费率)(%)	Final Consumption Rate(%)	39.0	39.4
支出法国内生产总值构成(%)	Components of GDP by Expenditure Approach(%)	100.0	100.0
最终消费	Final Consumption Expenditure	39.0	39.4
居民消费	Household Consumption Expenditure	26.6	27.0
政府消费	Government Consumption Expenditure	12.4	12.5
资本形成总额	Gross Capital Formation	72.0	69.6
固定资本形成总额	Gross Fixed Capital Formation	72.8	69.9
存货增加	Changes in Inventories	-0.8	-0.3
货物和服务净出口	Net Export of Goods and Services	-11.0	-9.0

2-12 1978-2013年最终消费和资本形成总额指数（上年=100）

1978-2013 Indices of Final Consumption Expenditure and Gross Capital Formation（preceding year = 100）

年份 Year	最终消费 Final Consumption Expenditure	居民消费 Household Consumption Expenditure	农村居民 Rural Households	城镇居民 Urban Households	政府消费 Government Consumption Expenditure	#资本形成总额 Gross Capital Formation	固定资本形成总额 Gross Fixed Capital Formation
1978	106.8	107.9	110.0	106.2	94.0	167.6	154.5
1979	111.1	109.3	110.7	108.1	135.8	86.5	106.7
1980	109.5	109.4	106.1	112.0	109.4	107.8	106.4
1981	107.9	107.4	107.6	107.2	91.9	92.0	94.3
1982	110.8	109.6	110.0	109.4	122.2	122.3	129.0
1983	112.6	110.0	119.6	101.3	106.2	106.0	104.7
1984	85.9	78.8	112.9	113.2	140.0	139.6	127.0
1985	140.6	147.5	96.7	109.5	132.5	132.8	142.1
1986	107.6	105.9	100.8	110.6	101.9	101.6	96.3
1987	110.0	109.3	108.8	109.5	110.9	125.0	117.8
1988	106.6	104.7	101.2	107.8	110.9	111.0	110.1
1989	94.4	93.9	91.3	96.0	95.4	97.0	74.8
1990	101.3	100.9	98.4	102.8	121.6	122.1	113.1
1991	104.3	104.1	99.4	107.4	105.3	104.7	123.6
1992	106.4	106.8	103.0	109.3	104.3	100.3	115.2
1993	107.2	106.5	103.1	108.6	110.7	116.2	144.0
1994	120.0	118.8	107.4	115.9	125.5	120.7	104.3
1995	107.9	109.1	107.6	109.9	102.2	113.0	104.4
1996	108.3	109.4	108.9	109.7	103.0	119.5	109.1
1997	111.3	110.6	104.8	113.4	115.1	93.8	92.6
1998	106.7	105.0	100.4	107.1	115.0	112.2	114.1
1999	108.8	106.1	98.9	109.1	121.2	106.8	116.2
2000	112.4	106.7	99.2	109.5	135.3	100.2	116.2
2001	106.3	101.3	100.7	101.6	120.6	113.9	110.2
2002	107.6	106.6	103.8	107.8	109.8	112.9	117.1
2003	112.7	116.3	94.9	125.0	104.4	117.1	119.8
2004	106.4	108.2	102.6	109.9	101.7	119.7	122.6
2005	110.5	110.3	112.8	109.6	111.0	130.5	130.9
2006	109.7	108.8	115.7	106.7	112.2	147.1	148.9
2007	115.0	111.1	106.5	112.6	125.4	129.9	137.4
2008	111.7	108.5	108.6	108.4	119.3	130.0	130.8
2009	112.5	110.9	109.2	111.4	116.0	113.5	113.6
2010	106.4	104.2	102.1	104.8	111.0	113.5	115.0
2011	111.0	111.0	121.0	107.8	111.0	106.7	105.1
2012	108.9	110.7	108.8	111.5	105.1	110.7	110.1
2013	111.9	112.6	115.9	111.4	110.4	110.9	110.4

CHAPTER ▶ 03

第三篇

人口

POPULATION

3-1 历年全省人口数及构成

Over the Years the Population and Composition of Jilin

单位：万人　　　　unit: 10000 persons

年　份 Year	年底总人口 Population	按性别分 By Sex		按农业、非农业分 By Agriculture and Non-agriculture		占总人口的比重（%） Percentage to Total Population(%)	
		男 Male	女 Female	农业人口 Agriculture	非农业人口 Non-agriculture	男性人口 Male Population	非农业人口 Non-agriculture
1949	1008.5	536.6	471.9	828.2	180.3	53.2	17.9
1950	1029.5	546.9	482.6	836.6	192.9	53.1	18.7
1951	1039.8	550.5	489.3	824.4	215.4	52.9	20.7
1952	1064.6	561.1	503.5	831.6	233.0	52.7	21.9
1953	1133.2	602.1	531.1	821.2	312.0	53.1	27.5
1954	1164.7	614.7	550.0	837.0	327.7	52.8	28.1
1955	1202.1	634.5	567.6	851.2	350.9	52.9	29.2
1956	1224.5	641.7	582.8	905.9	318.6	52.4	26.0
1957	1248.1	656.0	592.1	885.6	365.5	52.6	29.3
1958	1280.9	674.0	606.9	880.2	400.7	52.6	31.3
1959	1313.0	692.4	620.6	844.3	468.7	52.7	35.7
1960	1397.1	740.7	656.4	847.9	549.2	53.0	39.3
1961	1414.3	743.0	671.3	891.2	523.1	52.5	37.0
1962	1476.4	768.9	707.5	995.9	480.5	52.1	32.5
1963	1537.1	800.7	736.4	1043.1	494.0	52.1	32.1
1964	1595.1	831.3	763.8	1091.4	503.7	52.1	31.6
1965	1639.1	850.1	789.0	1118.9	520.2	51.9	31.7
1966	1679.3	869.4	809.9	1152.9	526.4	51.8	31.3
1967	1722.1	891.7	830.4	1179.9	542.2	51.8	31.5
1968	1766.3	910.4	855.9	1210.6	555.7	51.5	31.5
1969	1808.2	932.0	876.2	1265.6	542.6	51.5	30.0
1970	1860.4	959.0	901.4	1305.3	555.1	51.5	29.8
1971	1915.2	983.8	931.4	1336.3	578.9	51.4	30.2
1972	1962.7	1008.3	951.4	1366.2	596.5	51.4	30.4
1973	2007.9	1032.1	975.8	1396.4	611.5	51.4	30.5
1974	2034.5	1045.5	989.0	1419.8	614.7	51.4	30.2
1975	2063.9	1060.5	1003.4	1443.4	620.5	51.4	30.1
1976	2092.6	1075.1	1017.5	1460.0	632.6	51.4	30.2
1977	2117.9	1087.8	1030.1	1481.6	636.3	51.4	30.0
1978	2149.3	1102.3	1047.0	1489.8	659.5	51.3	30.7
1979	2184.6	1119.0	1065.6	1483.4	701.2	51.2	32.1
1980	2210.7	1132.1	1078.6	1487.4	723.3	51.2	32.7
1981	2230.9	1141.4	1089.5	1485.2	745.7	51.2	33.4
1982	2257.6	1155.1	1102.5	1493.9	763.7	51.2	33.8
1983	2269.5	1162.3	1107.2	1487.4	782.1	51.2	34.5
1984	2284.5	1170.7	1113.8	1481.9	802.6	51.2	35.1
1985	2298.0	1177.4	1120.6	1461.0	837.0	51.2	36.4
1986	2315.3	1186.4	1128.9	1458.3	857.0	51.2	37.0
1987	2336.4	1196.9	1139.5	1452.9	883.5	51.2	37.8
1988	2357.4	1208.3	1149.1	1448.7	908.7	51.3	38.5
1989	2395.4	1228.2	1167.2	1464.6	930.8	51.3	38.9
1990	2440.2	1248.1	1192.1	1488.3	951.9	51.1	39.0
1991	2459.7	1258.5	1201.2	1493.5	966.2	51.2	39.3
1992	2474.0	1265.3	1208.7	1488.6	985.4	51.1	39.8
1993	2496.1	1276.0	1220.1	1474.9	1021.2	51.1	40.9
1994	2515.6	1285.9	1229.7	1465.2	1050.4	51.1	41.8
1995	2550.9	1302.8	1248.1	1473.1	1077.8	51.1	42.3
1996	2579.1	1315.5	1263.6	1484.6	1094.5	51.0	42.4
1997	2600.1	1324.6	1275.5	1484.2	1115.9	50.9	42.9
1998	2603.2	1325.6	1277.6	1480.3	1122.9	50.9	43.1
1999	2616.1	1331.6	1284.5	1484.2	1131.9	50.9	43.3
2000	2627.3	1336.5	1290.8	1484.3	1143.0	50.9	43.5
2001	2637.1	1340.8	1296.3	1482.4	1154.7	50.8	43.8
2002	2649.4	1346.9	1302.5	1471.6	1177.8	50.8	44.5
2003	2658.6	1350.5	1308.1	1463.2	1195.4	50.8	45.0
2004	2661.9	1352.0	1309.9	1459.5	1202.4	50.8	45.2
2005	2669.4	1355.0	1314.4	1463.1	1206.3	50.8	45.2
2006	2679.5	1359.1	1320.4	1470.7	1208.8	50.7	45.1
2007	2696.1	1366.0	1330.1	1480.2	1215.9	50.7	45.1
2008	2710.5	1372.8	1337.7	1485.7	1224.8	50.6	45.2
2009	2719.5	1376.1	1343.4	1492.7	1226.8	50.6	45.1
2010	2723.8	1377.7	1346.1	1481.7	1242.1	50.6	45.6
2011	2726.5	1377.9	1348.6	1417.4	1309.1	50.5	48.0
2012	2701.5	1363.4	1338.1	1434.8	1266.7	50.5	46.9
2013	2678.5	1352.2	1326.3	1420.1	1258.4	50.5	47.0

注：本表是公安部门年报数字。

Note:There are annual numbers from police departments in this chart.

3-2 全省人口情况

Basic Statistics on Population of Jilin

指标	Item	单位 Unit	2000	2005	2010	2011	2012	2013
总户数	Total Households	万户 10000 households	795.80	851.00	900.16	944.81	958.33	989.68
户均人口	Average Population	人/户 person/ household	3.32	3.16	2.94	2.91	2.87	2.78
总人口	Total Population	万人 10000 Persons	2681.70	2716.00	2746.60	2749.41	2750.40	2751.28
男	Male	万人 10000 persons	1372.80	1386.90	1391.39	1392.88	1403.53	1406.18
女	Female	万人 10000 persons	1308.90	1329.10	1355.21	1356.53	1346.87	1345.10
性别比	Sex Ratio	女=100 female=100	104.90	104.35	102.67	102.68	104.19	104.55
城镇人口	Urban Population	万人 10000 persons	1331.80	1426.50	1465.58	1468.19	1476.96	1491.20
占总人口比重	Percentage of the Total Population	%	49.66	52.52	53.36	53.36	53.70	54.20
乡村人口	Rural Population	万人 10000 persons	1349.90	1289.50	1281.02	1281.22	1273.44	1260.08
占总人口比重	Percentage of the Total Popu lation	%	50.34	47.48	46.64	46.64	46.30	45.80
出生人口	Birth Population	万人 10000 persons	25.50	21.40	21.73	17.95	15.76	14.75
人口出生率	Birth Rate	‰	9.53	7.89	7.91	6.53	5.73	5.36
死亡人口	Death Population	万人 10000 persons	14.40	15.20	16.15	15.15	14.77	13.87
人口死亡率	Death Rate	‰	5.38	5.32	5.88	5.51	5.37	5.04
自然增长人口	Natural Growth Population	万人 10000 persons	11.10	7.00	5.58	2.80	0.99	0.88
人口自然增长率	Natural Growth Rate	‰	4.15	2.57	2.03	1.02	0.36	0.32

注：表内数据为年度人口变动情况抽样调查推算数据。2010年末常住人口为吉林省第六次全国人口普查初步机器汇总推算数据。
Note:Data were calculated from the annual sample surveys on population changes.At the end of 2010 The Resident Population of Jilin Provinle for the sixth natioral Population census aggregated by preliminary machine.

3-3 各市县户数和人口数（2013年末）
Households and Population by City and County（end of 2013）

市、县	City, County	总户数（万户）Total Households (10000 households)	按农业非农业分(万人) By Agriculture and Non-agriculture (10000 persons)		总人口（万人）Population (10000 persons)	按性别分(万人) Grouped by Sex（10000 Persons）	
			农业人口 Agriculture	非农业人口 Non-agriculture		男 Male	女 Female
全　省	**Total**	**997.74**	**1420.09**	**1258.46**	**2678.55**	**1352.23**	**1326.32**
长春市	**Changchun**	**266.13**	**417.62**	**335.05**	**752.67**	**378.85**	**373.82**
市辖区	City	134.68	103.87	259.94	363.82	180.15	183.67
南关区	Nanguan	23.42	9.85	56.14	65.99	32.08	33.91
宽城区	Kuancheng	25.97	25.67	41.30	66.98	33.27	33.71
朝阳区	Chaoyang	25.80	8.52	64.32	72.84	35.63	37.21
二道区	Erdao	21.52	21.15	34.84	55.98	27.79	28.19
绿园区	Lvyuan	24.07	10.73	53.40	64.14	32.10	32.04
双阳区	Shuangyang	13.91	27.95	9.94	37.89	19.28	18.60
农安县	Nong' an	35.53	86.22	22.17	108.39	55.59	52.80
九台市	Jiutai	24.96	52.26	17.49	69.75	35.65	34.10
榆树市	Yushu	44.11	107.03	20.57	127.60	65.24	62.35
德惠市	Dehui	26.85	68.23	14.89	83.12	42.22	40.90
吉林市	**Jilin**	**155.38**	**220.36**	**208.75**	**429.11**	**216.32**	**212.79**
市辖区	City	66.88	54.22	127.60	181.82	90.29	91.54
昌邑区	Changyi	23.17	14.95	47.20	62.16	30.72	31.43
龙潭区	Longtan	17.21	18.60	28.04	46.65	23.29	23.35
船营区	Chuanying	16.66	11.20	35.02	46.22	23.00	23.22
丰满区	Fengman	9.84	9.46	17.33	26.80	13.27	13.53
永吉县	Yongji	13.71	30.50	8.90	39.39	20.05	19.34
蛟河市	Jiaohe	14.70	27.70	16.86	44.57	22.67	21.89
桦甸市	Huadian	16.98	25.84	18.94	44.78	22.81	21.97
舒兰市	Shulan	24.72	45.88	19.25	65.13	33.16	31.97
磐石市	Panshi	18.39	36.22	17.20	53.42	27.34	26.08
四平市	**Siping**	**123.43**	**184.99**	**143.41**	**328.40**	**166.63**	**161.77**
市辖区	City	26.21	5.64	53.30	58.94	29.19	29.75
铁西区	Tiexi	11.25	0.00	25.85	25.85	12.63	13.23
铁东区	Tiedong	14.97	5.64	27.45	33.09	16.57	16.53
梨树县	Lishu	27.74	62.16	14.85	77.01	39.59	37.43
伊通满族自治县	Yitong	16.48	37.78	8.03	45.81	23.56	22.24
公主岭市	Gongzhuling	37.00	52.40	54.54	106.94	54.08	52.86
双辽市	Shuangliao	15.99	27.01	12.69	39.70	20.21	19.49
辽源市	**Liaoyuan**	**45.10**	**66.36**	**55.55**	**121.92**	**61.96**	**59.96**
市辖区	City	19.32	9.19	38.16	47.35	23.53	23.82
龙山区	Longshan	11.56	6.28	23.69	29.96	14.77	15.19
西安区	Xi' an	7.75	2.91	14.48	17.39	8.76	8.63
东丰县	Dongfeng	13.35	29.49	10.43	39.92	20.47	19.45
东辽县	Dongliao	12.44	27.69	6.96	34.65	17.95	16.70
通化市	**Tonghua**	**84.40**	**105.66**	**116.63**	**222.30**	**112.85**	**109.44**
市辖区	City	17.01	5.72	38.62	44.34	21.94	22.40

注：表内数据为公安部门户籍人口数。表内数据四舍五入。
Note:Data were obtained from the annual reports of the public security department.Data were rounded.

3－3 续表 continued

市、县	City, County	总户数（万户）Total Households (10000 households)	按农业非农业分(万人) By Agriculture and Non-agriculture (10000 persons) 农业人口 Agriculture	非农业人口 Non-agriculture	总人口（万人）Population (10000 persons)	按性别分(万人) Grouped by Sex（10000 Persons）男 Male	女 Female
东昌区	Dongchang	11.64	3.43	28.03	31.46	15.49	15.98
二道江区	Erdaojiang	5.37	2.29	10.59	12.87	6.45	6.42
通化县	Tonghua	9.86	15.61	8.72	24.33	12.46	11.87
辉南县	Huinan	13.03	18.52	15.83	34.35	17.53	16.82
柳河县	Liuhe	12.96	20.66	16.23	36.90	19.00	17.89
梅河口	Meihekou	23.02	35.55	24.97	60.52	30.80	29.72
集安市	Ji' an	8.52	9.61	12.26	21.86	11.12	10.74
白山市	**Baishan**	**58.27**	**37.74**	**89.39**	**127.13**	**64.23**	**62.90**
市辖区	City	26.45	11.64	46.04	57.68	29.11	28.57
浑江区	Badaojiang	15.04	6.06	27.89	33.96	17.03	16.93
江源区	Jiangyuan	11.41	5.58	18.14	23.72	12.08	11.64
抚松县	Fusong	13.40	9.56	20.58	30.14	15.21	14.93
靖宇县	Jingyu	6.91	6.95	7.28	14.23	7.26	6.97
长白朝鲜族自治县	Changbai	3.92	3.48	4.78	8.26	4.15	4.11
临江市	Linjiang	7.59	6.11	10.71	16.82	8.50	8.33
松原市	**Songyuan**	**99.86**	**199.01**	**83.94**	**282.96**	**143.93**	**139.03**
市辖区	City	23.47	21.93	34.89	56.82	28.33	28.48
宁江区	Ningjiang	23.47	21.93	34.89	56.82	28.33	28.48
前郭尔罗斯蒙古族自治县	Qianguo	20.89	42.62	14.76	57.38	29.15	28.23
长岭县	Changling	20.48	52.79	10.32	63.11	32.43	30.68
乾安县	Qian' an	12.01	21.23	8.97	30.20	15.54	14.66
扶余市	Fuyu	23.00	60.45	15.00	75.45	38.47	36.98
白城市	**Baicheng**	**85.44**	**119.43**	**79.66**	**199.10**	**100.38**	**98.72**
市辖区	City	21.84	21.71	28.09	49.80	24.80	25.00
洮北区	Taobei	21.84	21.71	28.09	49.80	24.80	25.00
镇赉县	Zhenlai	12.77	18.04	10.48	28.52	14.44	14.09
通榆县	Tongyu	15.12	25.05	11.72	36.77	18.55	18.22
洮南市	Taonan	18.83	28.41	15.04	43.45	21.96	21.48
大安市	Da' an	16.89	26.23	14.33	40.56	20.62	19.94
延边朝鲜族自治州	**Yanbian**	**79.73**	**68.91**	**146.06**	**214.97**	**107.09**	**107.88**
延吉市	Yanji	19.29	6.93	46.08	53.01	25.69	27.32
图们市	Tumen	4.66	2.53	9.70	12.23	6.03	6.20
敦化市	Dunhua	17.39	21.25	26.18	47.43	23.90	23.52
珲春市	Hunchun	7.13	5.92	16.66	22.59	11.35	11.23
龙井市	Longjing	6.47	6.51	10.46	16.97	8.41	8.56
和龙市	Helong	7.19	6.85	11.62	18.47	9.33	9.14
汪清县	Wangqing	9.91	9.03	14.30	23.33	11.76	11.57
安图县	Antu	7.70	9.89	11.06	20.94	10.62	10.33

3－4 各市县分年龄人口情况（2013年末）

Age Composition of Population by City and County（end of 2013）

单位：万人 unit:10000 persons

市、县	City, County	总人口 Total Population	18岁以下 Age0-17	18-34岁 Age18-34	35-60岁 Age35-60	60岁以上 Age Over 60
全　省	**Total**	**2678.55**	**404.57**	**666.04**	**1164.42**	**443.52**
长春市	**Changchun**	**752.67**	**112.78**	**198.93**	**318.42**	**122.54**
市辖区	City	363.82	51.87	98.76	153.19	59.98
南关区	Nanguan	65.99	8.88	19.94	26.85	10.33
宽城区	Kuancheng	66.98	9.74	17.39	28.91	10.93
朝阳区	Chaoyang	72.84	9.83	20.50	30.18	12.34
二道区	Erdao	55.98	8.45	14.38	24.26	8.89
绿园区	Lvyuan	64.14	9.10	17.19	26.73	11.12
双阳区	Shuangyang	37.89	5.88	9.36	16.26	6.38
农安县	Nong ' an	108.39	16.61	29.52	44.89	17.37
九台市	Jiutai	69.75	10.38	17.01	30.52	11.84
榆树市	Yushu	127.60	20.44	31.38	55.66	20.11
德惠市	Dehui	83.12	13.48	22.26	34.14	13.23
吉林市	**Jilin**	**429.11**	**55.87**	**99.65**	**195.43**	**78.17**
市辖区	City	181.82	21.57	40.82	84.07	35.37
昌邑区	Changyi	62.16	7.10	13.74	28.91	12.40
龙潭区	Longtan	46.65	5.33	10.42	21.77	9.12
船营区	Chuanying	46.22	5.62	10.43	21.30	8.88
丰满区	Fengman	26.80	3.52	6.23	12.09	4.96
永吉县	Yongji	39.39	5.15	9.56	17.70	6.97
蛟河市	Jiaohe	44.57	5.97	10.27	20.07	8.26
桦甸市	Huadian	44.78	6.75	11.12	19.91	7.00
舒兰市	Shulan	65.13	9.10	14.65	30.08	11.31
磐石市	Panshi	53.42	7.34	13.23	23.59	9.26
四平市	**Siping**	**328.40**	**51.94**	**78.97**	**142.16**	**55.33**
市辖区	City	58.94	8.11	13.26	26.98	10.59
铁西区	Tiexi	25.85	3.61	5.97	11.76	4.51
铁东区	Tiedong	33.09	4.50	7.29	15.23	6.08
梨树县	Lishu	77.01	13.25	18.25	32.92	12.59
伊通满族自治县	Yitong	45.81	7.55	10.11	20.46	7.69
公主岭市	Gongzhuling	106.94	16.17	28.57	43.78	18.41
双辽市	Shuangliao	39.70	6.86	8.77	18.01	6.05
辽源市	**Liaoyuan**	**121.92**	**16.45**	**26.82**	**57.26**	**21.39**
市辖区	City	47.35	5.52	10.05	22.66	9.12
龙山区	Longshan	29.96	3.91	6.33	14.18	5.54
西安区	Xi' an	17.39	1.61	3.72	8.48	3.58

注：表内数据为公安部门户籍人口数。表内数据四舍五入。
Note:Data were obtained from the annual reports of the public security department.Data were rounded.

3－4 续表 continued

市、县	City, County	总人口 Total Population	18岁以下 Age0-17	18-34岁 Age18-34	35-60岁 Age35-60	60岁以上 Age Over 60
东丰县	Dongfeng	39.92	5.93	8.91	18.28	6.80
东辽县	Dongliao	34.65	4.99	7.86	16.33	5.47
通化市	**Tonghua**	**222.30**	**30.75**	**52.17**	**102.22**	**37.15**
市辖区	City	44.34	5.30	9.23	21.48	8.33
东昌区	Dongchang	31.46	3.85	6.67	15.22	5.72
二道江区	Erdaojiang	12.87	1.45	2.56	6.25	2.61
通化县	Tonghua	24.33	3.25	5.78	11.25	4.05
辉南县	Huinan	34.35	5.26	7.76	15.60	5.73
柳河县	Liuhe	36.90	5.41	9.63	16.15	5.71
梅河口	Meihekou	60.52	8.70	15.09	27.20	9.53
集安市	Ji' an	21.86	2.84	4.68	10.55	3.80
白山市	**Baishan**	**127.13**	**23.34**	**33.05**	**52.14**	**18.59**
市辖区	City	57.68	11.50	15.95	22.34	7.89
浑江区	Badaojiang	33.96	6.73	9.87	12.91	4.45
江源区	Jiangyuan	23.72	4.77	6.08	9.43	3.45
抚松县	Fusong	30.14	6.36	7.55	12.01	4.22
靖宇县	Jingyu	14.23	2.14	3.78	6.10	2.21
长白朝鲜族自治县	Changbai	8.26	1.28	2.11	3.73	1.13
临江市	Linjiang	16.82	2.05	3.66	7.96	3.14
松原市	**Songyuan**	**282.96**	**58.95**	**78.53**	**104.92**	**40.55**
市辖区	City	56.82	9.24	14.15	25.49	7.93
宁江区	Ningjiang	56.82	9.24	14.15	25.49	7.93
前郭尔罗斯蒙古族自治县	Qianguo	57.38	10.08	15.63	24.36	7.31
长岭县	Changling	63.11	13.37	18.87	21.98	8.89
乾安县	Qian' an	30.20	5.55	8.25	9.20	7.20
扶余市	Fuyu	75.45	20.70	21.64	23.89	9.23
白城市	**Baicheng**	**199.10**	**28.60**	**45.56**	**92.87**	**32.06**
市辖区	City	49.80	7.10	11.50	22.99	8.21
洮北区	Taobei	49.80	7.10	11.50	22.99	8.21
镇赉县	Zhenlai	28.52	3.94	6.23	13.46	4.89
通榆县	Tongyu	36.77	5.89	8.60	17.02	5.26
洮南市	Taonan	43.45	6.42	10.27	19.94	6.83
大安市	Da' an	40.56	5.25	8.96	19.47	6.88
延边朝鲜族自治州	**Yanbian**	**214.97**	**25.88**	**52.35**	**98.99**	**37.75**
延吉市	Yanji	53.01	6.95	13.63	24.17	8.26
图们市	Tumen	12.23	1.06	2.85	5.86	2.47
敦化市	Dunhua	47.43	6.40	11.11	21.74	8.18
珲春市	Hunchun	22.59	2.59	5.61	10.57	3.82
龙井市	Longjing	16.97	1.48	3.97	7.85	3.67
和龙市	Helong	18.47	1.88	4.33	8.68	3.58
汪清县	Wangqing	23.33	2.71	5.55	10.85	4.23
安图县	Antu	20.94	2.82	5.30	9.28	3.54

3-5 各市县人口自然变动情况（2013年末）

Basic Statistics on Natural Population Changes by City and County（end of 2013）

单位: 人　　　　unit:persons

市、县	City, County	年平均人口 Annual Average Population	出生 Birth		死亡 Death		自然增长 Natural Growth	
			人数 Number of Birth	出生率（‰）Birth Rate（‰）	人数 Number of Death	死亡率（‰）Death Rate（‰）	人数 Numberof Natural Growth	自然增长率（‰）Natural Growth Rate(‰)
全　省	**Total**	**26900256**	**225913**	**8.40**	**149879**	**5.57**	**76034**	**2.83**
长春市	**Changchun**	**7547873**	**69230**	**9.17**	**30727**	**4.07**	**38503**	**5.10**
市辖区	City	3633954	35134	9.67	19654	5.41	15480	4.26
南关区	Nanguan	659752	6529	9.90	3795	5.75	2734	4.14
宽城区	Kuancheng	666629	6681	10.02	3674	5.51	3007	4.51
朝阳区	Chaoyang	730525	6527	8.93	3969	5.43	2558	3.50
二道区	Erdao	557196	5633	10.11	3452	6.20	2181	3.91
绿园区	Lvyuan	638808	6542	10.24	3580	5.60	2962	4.64
双阳区	Shuangyang	381045	3222	8.46	1184	3.11	2038	5.35
农安县	Nong' an	1094117	9427	8.62	2406	2.20	7021	6.42
九台市	Jiutai	698969	5933	8.49	2481	3.55	3452	4.94
榆树市	Yushu	1291856	10727	8.30	4272	3.31	6455	5.00
德惠市	Dehui	828977	8009	9.66	1914	2.31	6095	7.35
吉林市	**Jilin**	**4299527**	**33770**	**7.85**	**38080**	**8.86**	**-4310**	**-1.00**
市辖区	City	1820756	13573	7.45	16229	8.91	-2656	-1.46
昌邑区	Changyi	622178	4517	7.26	4890	7.86	-373	-0.60
龙潭区	Longtan	469609	3182	6.78	6374	13.57	-3192	-6.80
船营区	Chuanying	462806	3625	7.83	3782	8.17	-157	-0.34
丰满区	Fengman	266164	2249	8.45	1183	4.44	1066	4.01
永吉县	Yongji	394085	3247	8.24	2931	7.44	316	0.80
蛟河市	Jiaohe	446763	3811	8.53	4039	9.04	-228	-0.51
桦甸市	Huadian	449125	3604	8.02	3937	8.77	-333	-0.74
舒兰市	Shulan	653582	5062	7.75	6382	9.76	-1320	-2.02
磐石市	Panshi	535217	4473	8.36	4562	8.52	-89	-0.17
四平市	**Siping**	**3323566**	**28161**	**8.47**	**16239**	**4.89**	**11922**	**3.59**
市辖区	City	596074	4313	7.24	3959	6.64	354	0.59
铁西区	Tiexi	262942	1858	7.07	1355	5.15	503	1.91
铁东区	Tiedong	333132	2455	7.37	2604	7.82	-149	-0.45
梨树县	Lishu	781199	7822	10.01	4308	5.51	3514	4.50
伊通满族自治县	Yitong	465136	3784	8.14	1413	3.04	2371	5.10
公主岭市	Gongzhuling	1075811	8463	7.87	5324	4.95	3139	2.92
双辽市	Shuangliao	405347	3779	9.32	1235	3.05	2544	6.28
辽源市	**Liaoyuan**	**1219617**	**9273**	**7.60**	**6778**	**5.56**	**2495**	**2.05**
市辖区	City	473389	3237	6.84	3351	7.08	-114	-0.24
龙山区	Longshan	298313	2301	7.71	1941	6.51	360	1.21
西安区	Xi' an	175076	936	5.35	1410	8.05	-474	-2.71
东丰县	Dongfeng	399104	3394	8.50	1324	3.32	2070	5.19
东辽县	Dongliao	347125	2642	7.61	2103	6.06	539	1.55
通化市	**Tonghua**	**2234379**	**18710**	**8.37**	**16865**	**7.55**	**1845**	**0.83**

注：表内数据为公安部门户籍人口数。表内数据四舍五入。
Note:Data were obtained from the annual reports of the public security department.Data were rounded.

3－5 续表 continued

单位: 人 unit:person

市、县	City, County	年平均人口 Annual Average Population	出生 Birth 人数 Number of Birth	出生率(‰) Birth Rate(‰)	死亡 Death 人数 Number of Death	死亡率(‰) Death Rate(‰)	自然增长 Natural Growth 人数 Numberof Natural Growth	自然增长率(‰) Natural Growth Rate(‰)
市辖区	City	442540	2935	6.63	2677	6.05	258	0.58
东昌区	Dongchang	313998	2220	7.07	1789	5.70	431	1.37
二道江区	Erdaojiang	128542	715	5.56	888	6.91	-173	-1.35
通化县	Tonghua	243223	2049	8.42	1112	4.57	937	3.85
辉南县	Huinan	348022	2821	8.11	2983	8.57	-162	-0.47
柳河县	Liuhe	370773	3719	10.03	3362	9.07	357	0.96
梅河口	Meihekou	611278	5494	8.99	5533	9.05	-39	-0.06
集安市	Ji' an	218544	1692	7.74	1198	5.48	494	2.26
白山市	**Baishan**	**1275095**	**10376**	**8.14**	**7281**	**5.71**	**3095**	**2.43**
市辖区	City	584541	4472	7.65	3481	5.96	991	1.70
浑江区	Badaojiang	344228	2687	7.81	1959	5.69	728	2.11
江源区	Jiangyuan	240314	1785	7.43	1522	6.33	263	1.09
抚松县	Fusong	294299	2667	9.06	1771	6.02	896	3.04
靖宇县	Jingyu	144636	1339	9.26	498	3.44	841	5.81
长白朝鲜族自治县	Changbai	83831	660	7.87	465	5.55	195	2.33
临江市	Linjiang	167789	1238	7.38	1066	6.35	172	1.03
松原市	**Songyuan**	**2863667**	**25568**	**8.93**	**11070**	**3.87**	**14498**	**5.06**
市辖区	City	580117	4712	8.12	1712	2.95	3000	5.17
宁江区	Ningjiang	580117	4712	8.12	1712	2.95	3000	5.17
前郭尔罗斯蒙古族自治县	Qianguo	583692	5931	10.16	1351	2.31	4580	7.85
长岭县	Changling	634869	6487	10.22	3043	4.79	3444	5.42
乾安县	Qian' an	305307	2068	6.77	1274	4.17	794	2.60
扶余市	Fuyu	759683	6370	8.39	3690	4.86	2680	3.53
白城市	**Baicheng**	**1995567**	**13910**	**6.97**	**8151**	**4.08**	**5759**	**2.89**
市辖区	City	501699	3329	6.64	2247	4.48	1082	2.16
洮北区	Taobei	501699	3329	6.64	2247	4.48	1082	2.16
镇赉县	Zhenlai	285151	1804	6.33	1186	4.16	618	2.17
通榆县	Tongyu	366990	2969	8.09	1081	2.95	1888	5.14
洮南市	Taonan	434437	3427	7.89	2104	4.84	1323	3.05
大安市	Da' an	407291	2381	5.85	1533	3.76	848	2.08
延边朝鲜族自治州	**Yanbian**	**2140966**	**16915**	**7.90**	**14688**	**6.86**	**2227**	**1.04**
延吉市	Yanji	526932	4642	8.81	3099	5.88	1543	2.93
图们市	Tumen	122827	686	5.59	1044	8.50	-358	-2.91
敦化市	Dunhua	468948	3812	8.13	2662	5.68	1150	2.45
珲春市	Hunchun	223457	1971	8.82	1276	5.71	695	3.11
龙井市	Longjing	171106	1045	6.11	1790	10.46	-745	-4.35
和龙市	Helong	184672	1287	6.97	1773	9.60	-486	-2.63
汪清县	Wangqing	233977	1654	7.07	1840	7.86	-186	-0.79
安图县	Antu	209048	1818	8.70	1204	5.76	614	2.94

CHAPTER ▶ 04

第四篇

从业人员和职工工资

EMPLOYMENT AND WAGE

4-1 历年全部从业人员数
Number of Employed Persons

单位: 万人　　　　unit:10000 persons

年份 Year	全部从业人员数 Total	按经济类型分 Grouped By Ownership 职工人数 Staff and Workers	国有单位 State-owned Units	集体单位 Collective-owned Units	城镇个体劳动者 Self-employed Individual in Urban	乡村劳动者 Rural Employed Persons	按三次产业分 By Three Industries 第一产业 Primary Industry	第二产业 Secondary Industry	第三产业 Tertiary Industry	城镇登记失业人员 Number of Registered Unemployed Persons in Urban Areas	城镇登记失业率(%) Registered Unemployment Rate in Urban Areas(%)
1949	263.89	38.73	23.38	15.35		225.16	223.7	18.8	21.4		
1950	270.37	45.96	30.08	15.88		224.41					
1951	280.51	54.88	39.48	15.40		225.63					
1952	301.73	63.90	48.38	15.52		237.83	236.1	31.0	34.6		
1953	321.39	77.06	59.68	17.38		244.33					
1954	318.25	75.54	60.56	14.98		242.71					
1955	321.56	72.05	57.38	14.67		249.51					
1956	327.67	84.60	71.66	12.94		243.07					
1957	327.22	93.25	74.41	18.84		233.97	231.1	43.8	52.3		
1958	383.48	139.21	123.55	15.66		244.27					
1959	384.58	147.66	135.33	12.33		236.92					
1960	417.80	182.88	167.09	15.79		234.92					
1961	407.59	170.48	147.18	23.30		237.11					
1962	414.98	146.05	119.19	26.86		268.93	278.4	69.7	66.9		
1963	433.95	148.34	120.56	27.78		285.61					
1964	428.75	149.36	123.38	25.98		279.39					
1965	437.79	152.25	124.50	27.75		285.54	293.1	73.3	71.4		
1966	431.05	150.30	130.77	19.53		280.75					
1967	455.96	152.17	132.19	19.98		303.79					
1968	470.15	155.64	135.15	20.49		314.51					
1969	484.00	160.34	139.67	20.67		323.66					
1970	532.13	187.60	159.73	27.87		344.53	337.3	100.0	94.8		
1971	568.25	215.71	183.74	31.97		352.54	344.1	118.1	106.1		
1972	559.43	223.09	189.55	33.54		336.34	325.3	130.7	103.4		
1973	562.10	222.58	184.81	37.77		339.52	325.6	133.9	102.6		
1974	568.58	232.98	188.44	44.54		335.60	322.5	144.8	101.3		
1975	590.51	256.78	196.41	60.37		333.73	326.1	160.8	103.6		
1976	595.80	273.03	204.09	68.94		322.77	308.2	180.3	107.3		
1977	620.54	299.36	211.33	88.03		321.18	307.7	200.0	112.8		
1978	645.38	324.92	250.02	74.90		320.46	318.1	205.0	122.3		
1979	671.29	348.59	257.50	91.09	0.81	321.89	318.4	216.3	136.6	33.9	8.8
1980	715.30	373.88	270.50	103.38	3.37	338.05	329.3	231.7	154.3	22.0	5.5
1981	754.52	396.48	282.81	113.67	5.57	352.47	349.8	242.0	162.7	21.3	5.0
1982	849.62	411.24	292.30	118.94	7.58	430.80	413.8	248.0	187.8	24.4	5.5
1983	847.50	421.88	296.87	125.01	10.60	415.02	410.8	256.9	179.8	19.7	4.4
1984	867.25	431.34	293.07	138.18	15.91	410.99	401.1	258.6	207.6	11.5	2.5
1985	930.20	449.51	304.43	144.91	21.37	450.01	421.9	286.2	222.1	10.5	2.2
1986	987.95	470.90	320.78	149.95	21.17	486.50	432.5	302.6	252.9	10.7	2.1
1987	1032.75	486.11	331.87	154.03	22.96	541.75	465.8	313.9	253.0	8.7	1.7
1988	1106.22	497.48	343.69	153.54	28.53	571.55	511.6	324.9	269.7	8.8	1.6
1989	1142.19	509.45	352.74	156.19	29.25	594.92	549.0	329.7	263.5	9.4	1.8
1990	1169.41	517.31	361.98	154.44	29.50	614.43	564.8	334.4	270.2	10.5	2.3
1991	1194.69	533.44	371.80	160.03	31.52	620.94	572.4	339.2	283.2	10.3	1.8
1992	1235.02	541.53	379.27	157.83	38.51	646.63	590.2	352.6	292.2	9.1	2.3
1993	1237.67	542.99	379.86	152.44	46.68	638.82	572.5	352.5	312.7	7.7	2.3
1994	1250.24	530.13	384.60	130.19	67.70	643.56	570.7	343.3	336.2	7.5	2.5
1995	1270.77	520.38	386.65	115.71	94.12	647.99	572.1	339.2	359.4	7.8	2.3
1996	1257.14	513.31	385.81	107.97	107.99	629.05	562.3	329.3	365.5	9.3	2.3
1997	1237.73	500.89	375.88	100.19	113.52	616.17	551.0	315.5	371.2	8.8	2.8
1998	1130.85	374.12	286.44	56.45	134.08	616.28	545.1	229.9	355.8	18.3	3.1
1999	1120.00	352.61	265.75	48.37	134.70	627.38	551.1	224.0	344.9	21.5	3.3
2000	1164.02	329.91	247.04	42.26	188.60	640.97	584.3	222.3	357.4	23.0	3.7
2001	1167.41	313.26	230.24	38.41	209.92	640.03	585.8	216.0	365.6	20.2	3.2
2002	1186.60	298.26	216.40	31.49	227.84	656.00	587.3	219.0	380.3	23.8	3.6
2003	1202.50	286.80	204.40	27.62	241.63	669.02	592.2	209.5	400.8	28.4	4.3
2004	1222.00	279.38	195.40	25.08	266.30	670.94	563.3	227.3	431.4	28.2	4.2
2005	1238.90	257.94	176.34	20.44	291.81	685.16	565.8	231.7	441.4	27.6	4.2
2006	1250.50	259.94	171.14	19.18	292.70	691.90	565.2	237.6	447.7	26.3	4.2
2007	1266.10	256.52	165.94	15.86	303.10	700.86	564.6	243.2	458.3	23.9	3.9
2008	1281.40	255.83	164.94	14.34	307.86	711.52	564.0	251.7	465.7	24.3	4.0
2009	1297.30	257.90	160.19	13.85	308.82	723.15	568.8	261.8	466.7	23.5	4.0
2010	1311.60	259.51	161.25	13.36	310.20	733.78	567.4	263.0	481.2	22.7	3.8
2011	1337.78	267.57	163.45	9.09	311.42	748.50	573.9	270.2	493.7	22.2	3.7
2012	1355.90	274.33	163.30	8.59	319.02	751.40	557.0	283.1	515.8	22.3	3.7
2013	1415.43	320.63	166.60	6.90	320.10	756.90	551.4	321.8	542.2	22.6	3.7

注：1998年以后不包括离岗职工。
Note:Data since 1998 were not included workers laid-off.

4-2 单位从业人员（2013年末）

单位：人

指 标	Item	单位从业人员 Number of Employed Persons
全 省	**Total**	**3384417**
按经济类型分	Grouped by Ownership	
国有经济	State-owned Units	1739627
集体经济	Collective-owned Units	74054
其他经济	Others	1570736
内资	Domestic Investment	1404884
股份合作	Stock Cooperative	11234
联营	Joint Operation	1024
有限责任公司	Limited Liability Corprations	929551
股份有限公司	Joint Stock Corporations	388793
其他	Others	74282
港澳台投资	Investment Hongkong,Macao and Taiwan	53716
外商投资	Foreign Investment	112136
按企业、事业、机关分	Grouped by Enterprises,Institutions and Agencies	
企业	Enterprises	2266293
事业	Institutions	822584
机关	Agencies and Organizations	283097
按国民经济行业分	Grouped by Sector	
农、林、牧、渔业	Agriculture,Forestry,Animal Husbandry and Fishery	136648
采矿业	Mining	153963
制造业	Manufacturing	884034
电力、热力、燃气及水的生产和供应业	Production and Supply of Power,Heat, Gas and Water	140322
建筑业	Construction	338694
批发和零售业	Wholesale and Retail Trades	128701
交通运输、仓储和邮政业	Transport,Storage and Post	171587
住宿和餐饮业	Hotels and Catering Services	32884
信息传输、软件和信息技术服务业	Information Transmission,Computer Services and Software	67365
金融业	Financial Intermediation	110171
房地产业	Real Estate	57257
租赁和商务服务业	Leasing and Business Services	54646
科学研究、技术服务业	Scientific Research and Technical Services	80272
水利、环境和公共设施管理业	Management of Water Conservancy,Environment and Public Facilities	83034
居民服务、修理和其他服务业	Deighborhood Services,Repair and other Services	13236
教育	Education	370820
卫生和社会工作	Health and Social Work	174007
文化、体育和娱乐业	Culture,Sports and Entertainment	35956
公共管理、社会保障和社会组织	Public Management,Social Secarities and Social Organizations	350820
按产业分	Grouped by Industries	
第一产业	Primary Industry	136648
第二产业	Secondary Industry	1517013
第三产业	Tertiary Industry	1730756

Number of Employed Persons of Units (end of 2013)

unit:person

#女性 Female	在岗职工 Staff and Workers	其他从业人员 Other Type of Employed Persons
1159172	**3206266**	**178151**
654356	1666572	73055
28788	68911	5143
476028	1470783	99953
423449	1311188	93696
5135	10194	1040
218	999	25
253122	857057	72494
135425	370954	17839
29549	71984	2298
14298	52429	1287
38281	107166	4970
649898	2146384	119909
417834	781681	40903
84576	266294	16803
44049	128840	7808
30565	153364	599
262980	862869	21165
31872	137075	3247
40090	279062	59632
62183	124316	4385
36758	167582	4005
17696	31870	1014
27895	65211	2154
56343	101475	8696
19834	54106	3151
16435	50380	4266
25803	77545	2727
33000	69179	13855
5289	12934	302
215735	363466	7354
108717	168319	5688
15883	34919	1037
108045	323754	27066
44049	128840	7808
365507	1432370	84643
749616	1645056	85700

4-3 各市县单位从业人员（2013）

单位: 人

市、县	City, County	单位从业人员合计 Employment Persons	国有经济 State-owned	集体经济 Collective-owned
全　　省	**Total**	**3384417**	**1739627**	**74054**
长 春 市	**Changchun**	**1262016**	**579794**	**20762**
市　　区	District	1091982	465147	14926
农 安 县	Nong' an	38938	29956	1611
九 台 市	Jiutai	41528	26678	2350
榆 树 市	Yushu	45873	32247	711
德 惠 市	Dehui	43695	25766	1164
吉 林 市	**Jilin**	**443113**	**223118**	**12215**
市　　区	District	292083	133356	7593
永 吉 县	Yongji	17441	10932	817
蛟 河 市	Jiaohe	25119	19952	685
桦 甸 市	Huadian	42811	20703	1736
舒 兰 市	Shulan	33740	20536	793
磐 石 市	Panshi	31919	17639	591
四 平 市	**Siping**	**218174**	**132418**	**5414**
市　　区	District	86066	53919	617
梨 树 县	Lishu	30634	21834	974
伊通满族自 治 县	Yitong	19964	13108	1002
公 主 岭 市	Gongzhuling	59078	25810	2053
双 辽 市	Shuangliao	22432	17747	768
辽 源 市	**Liaoyuan**	**136729**	**52108**	**2553**
市　　区	District	95988	26342	815
东 丰 县	Dongfeng	18655	15222	1180
东 辽 县	Dongliao	22086	10544	558
通 化 市	**Tonghua**	**297999**	**114603**	**11038**
市　　区	District	163326	43234	6152
通 化 县	Tonghua	19927	10338	789
辉 南 县	Huinan	22079	14656	1205
柳 河 县	Liuhe	18644	11043	65
梅 河 口 市	Meihekou	54466	24880	1825
集 安 市	Ji' an	19557	10452	1002

注：各地区相加不等于全省总计。
Note:The sum of data by every city is not equal to the total.

Number of Employed Persons by City and County (2013)

unit:person

其他单位合计 Others	内资 Domestic Funds	港澳台投资经济 Funds from Hongkong Macao and Taiwan	外商投资经济 Foreign Funded
1570736	**1404884**	**53716**	**112136**
661460	**550065**	**32043**	**79352**
611909	510619	31756	69534
7371	6757		614
12500	9072		3428
12915	11383	287	1245
16765	12234		4531
207780	**192208**	**6791**	**8781**
151134	141669	5880	3585
5692	5692		
4482	4366	116	
20372	20292		80
12411	11441	496	474
13689	8748	299	4642
80342	**73014**	**5193**	**2135**
31530	27316	3671	543
7826	7826		
5854	5854		
31215	28101	1522	1592
3917	3917		
82068	**79080**	**1311**	**1677**
68831	66364	790	1677
2253	1732	521	
10984	10984		
172358	**166150**	**2819**	**3389**
113940	111090	2147	703
8800	8409		391
6218	6142		76
7536	7536		
27761	25009	594	2158
8103	7964	78	61

4－3 续表

单位: 人

市、县	City, County	单位从业人员合计 Total Employment Persons	国有经济 State-owned	集体经济 Collective-owned
白山市	**Baishan**	**189856**	**115369**	**3471**
市区	District	106815	59495	1847
抚松县	Fusong	34134	22635	335
靖宇县	Jingyu	11704	9893	289
长白朝鲜族自治县	Changbai	11461	8083	205
临江市	Linjiang	25742	15263	795
松原市	**Songyuan**	**273590**	**134251**	**6802**
市区	District	119001	37608	2651
前郭尔罗斯蒙古族自治县	Qianguo	60145	42043	2108
长岭县	Changling	29357	22030	1134
乾安县	Qian' an	25333	15604	241
扶余市	Fuyu	39754	16966	668
白城市	**Baicheng**	**215526**	**152176**	**6593**
市区	District	102174	64021	3299
镇赉县	Zhenlai	27134	22279	639
通榆县	Tongyu	24662	19040	1468
洮南市	Taonan	31776	24108	498
大安市	Da' an	29780	22728	689
延边朝鲜族自治州	**Yanbian**	**270357**	**158733**	**5206**
延吉市	Yanji	80487	42599	662
图们市	Tumen	9565	5191	1444
敦化市	Dunhua	53991	30915	665
珲春市	Hunchun	41460	20794	455
龙井市	Longjing	10257	8044	55
和龙市	Helong	19936	13669	725
汪清县	Wangqing	25751	20273	721
安图县	Antu	28910	17248	479

continued

unit:person

其他单位合计 Others	内资 Domestic Funds	港澳台投资经济 Funds from Hongkong Macao and Taiwan	外商投资经济 Foreign Funded
71016	**67084**	**2378**	**1554**
45473	44506	467	500
11164	8434	1880	850
1522	1522		
3173	3073	31	69
9684	9549		135
132537	**130397**	**662**	**1478**
78742	76640	624	1478
15994	15994		
6193	6193		
9488	9450	38	
22120	22120		
56757	**53701**	**329**	**2727**
34854	32863	127	1864
4216	4216		
4154	4039		115
7170	7000		170
6363	5583	202	578
106418	**93185**	**2190**	**11043**
37226	31025	1130	5071
2930	2531		399
22411	20297	972	1142
20211	16832		3379
2158	2012		146
5542	5311		231
4757	4692		65
11183	10485	88	610

4－4　分细行业从业人员人数（2013）

Number of Staff and Workers by Sector in Detail （2013）

单位: 人　　　　unit:person

项　　目	Iten	合　计 Total	国　有 单　位 State-owned Units	城镇集体 单位 Urban Collective-owned Units	其他类型 单　位 Units of Other Types of Ownership
总　计	**Total**	**3384417**	**1739627**	**74054**	**1570736**
一、企业、事业、机关分组	**Grouped by Enterprises, Institutions and Agencies**				
企业	Enterprises	2266293	650578	58108	1557607
事业	Institutions	822584	802855	15717	4012
机关	Agencies and Organizations	283097	282621	200	276
二、按国民经济行业分组	**Grouped by Sector**				
(一)农、林、牧、渔业	**Agriculture,Forestry,Animal Husbandry and Fishery**	136648	134607	459	1582
农　业	Farming	29984	29372	17	595
林　业	Forestry	75339	75221	72	46
畜牧业	Animal Husbandry	7253	6801		452
渔　业	Fishery	2365	2220	60	85
农、林、牧、渔服务业	Agriculture,Forestry,Animal Husbandry and Fishery	21707	20993	310	404
(二)采　矿　业	**Mining**	**153963**	**27501**	**2088**	**124374**
煤炭开采和洗选业	Mining and Washing of Coal	78456	23781	1130	53545
石油和天然气开采业	Petroleum and Natural Gas Extraction	33559	473		33086
黑色金属矿采选业	Mining of Ferrous Metal Ores	8545		127	8418
有色金属矿采选业	Mining of Non-ferrous Metal Ores	9123	3158		5965
非金属矿采选业	Mining Processing of Non-metal Ores	1521	89	109	1323
开采辅助活动	Mining Auxiliary Activities	22759		722	22037
其他采矿业	Mining of Others Ores				
(三)制　造　业	**Manufacturing**	**884034**	**190467**	**14073**	**679494**
农副食品加工业	Processing of Food from Agricultural Products	61074	787	529	59758
食品制造业	Manufacture of Foods	15143	447	43	14653
酒、饮料	Liquor,Soft Drink	20149	19	5	20125
烟草制品业	Manufacture of Tobacco	4146	1456		2690
纺织业	Manufacture of Textile	27679	74	136	27469
纺织服装、服饰业	Textile and Clothing Apparel Industry	8862	81	325	8456
皮革、毛皮、羽毛及其制品和制鞋业	Leather,Fur,Feathers and its Products and Footwear	1074	33	82	959
木材加工和木、竹、藤、棕、草制品	Processing of Timber,Manufacture of Wood Bamboo Rattan,Palm and Straw Products	55852	5508	1252	49092
家具制造业	Manufacture of Furniture	2930	17	201	2712
造纸和纸制品业	Manufacture of Paper and Paper Products	8315		341	7974
印刷和记录媒介复制业	Printing and Reproduction of Recording Media	7532	419	1245	5868

单位: 人

4－4 续表1 continued

unit:person

项　　目	Iten	合　计 Total	国有单位 State-owned Units	城镇单位 Urban Collective-owned Units	其他类型单位 Units of Other Types of Ownership
文教、工美、体育和娱乐用品制造业	Culture,Art,Sportsand Entertainment Goods Manufacturing	2028		112	1916
石油加工、炼焦和核燃料加工业	Petroleum Processing and Coking ,Processing of Nuclear Fuel	3624			3624
化学原料和化学制品制造业	Chemical Raw Material and Chemical Products	74979	18383	2112	54484
医药制造业	Manufacture of Medicines	119392	608	108	118676
化学纤维制造业	Manufacture of Chemical Fiber	8088			8088
橡胶和塑料制品业	Manufacture of Rubber and Plastic	13747	490	824	12433
非金属矿物制品业	Manufacture of Non-metallic Mineral Products	43462	1637	2741	39084
黑色金属冶炼和压延加工业	Smelting and Pressing of Ferrous Metals	26677	152	614	25911
有色金属冶炼和压延加工业	Smelting and Pressing of Non-ferrous Metals	9880		28	9852
金属制品业	Manufacture of Metal Products	12559	524	237	11798
通用设备制造业	Manufacture of General Purpose Machinery	19888	1791	806	17291
专用设备制造业	Manufacture of Special Purpose Machinery	21383	6116	276	14991
汽车制造业	Auto Vehicle manufacturing	262809	150795	707	111307
铁路、船舶、航空航天和其他运输设	Railroads,Ships,Aerospase and other Transportation Facities	23613	403	429	22781
电气机械和器材制造业	Manufacture of Electrical Machinery and Equipment	10514	126	783	9605
计算机、通信和其他电子设备制造业	Manufacture of Communication Equipment, Computer and Other Electronic Equipment	7735	546	4	7185
仪器仪表制造业	Instrument Manufacting Industry	7769	20	24	7725
其他制造业	Other Manufacting Industry	264	19		245
废弃资源综合利用业	Compre Hensive Utilization of Waste Resources	1683	16	54	1613
金属制品、机械和设备修理业	Metal Products,Machinery and Equipment Repair	1184		55	1129
(四)电力、热力、燃气及水生产和供应业	**Production and Supply of Power Heat,Gas and Water**	**140322**	**50062**	**266**	**89994**
电力、热力生产和供应业	Production and Supply of Electricity and Heat Power	116779	35406	95	81278
燃气生产和供应业	Production and Supply of Gas	5575	1467	56	4052
水的生产和供应业	Production and Supply of Water	17968	13189	115	4664
(五) 建筑业	**Construction**	338694	37700	14451	286543
房屋建筑业	Construction of Buliding	197197	18286	9717	169194
土木工程建筑业	Construction of Civil Engineering	85110	12659	2966	69485
建筑安装业	Construction Installation	32991	5879	1553	25559
建筑装饰和其他建筑业	Construction Decoration and other Constraction	23396	876	215	22305
(六)批发和零售业	**Wholesale and Retail Trades**	**128701**	**26021**	**2511**	**100169**
批发业	Wholesale Trade	45962	22869	1116	21977
零售业	Retail Trade	82739	3152	1395	78192

4－4 续表 2 continued

单位: 人 unit:person

项目	Iten	合计 Total	国有单位 State-owned Units	城镇单位 Urban Collective-owned Units	其他类型单位 Units of Other Types of Ownership
(七) 交通运输、仓储和邮政业	**Transport, Storage and Post**	**171587**	**127653**	**1000**	**42934**
铁路运输业	Railway Transport	68771	68130	73	568
道路运输业	Road Transport	60989	28493	825	31671
水上运输业	Water Transport	831	151		680
航空运输业	Air Transport	5379	5252		127
管道运输业	Transport Via Pipeline	1117	32		1085
装卸搬运和运输代理业	Loading, Unlooding, Portage and Other Transport Services	1384	532	46	806
仓储业	Storage	12215	8335	56	3824
邮政业	Post	20901	16728		4173
(八)住宿和餐饮业	**Hotels and Catering Serrvices**	**32884**	**10956**	**842**	**21086**
住宿业	Hotels	22285	9708	472	12105
餐饮业	Catering Services	10599	1248	370	8981
(九)信息传输、软件和信息技术服务业	**Information Transmission,Software and Information Technologh Services**	**67365**	**21828**	**57**	**45480**
电信、广播电视和卫星传输服务	Telecommunications,Broadcasting Television and Satelite Transmission Services	59772	21045	23	38704
互联网和相关服务	Internet and Relatsd Services	979	442		537
软件和信息技术服务业	Software and Infomation Technology Services	6614	341	34	6239
(十)金融业	**Financial Intermediation**	**110171**	**47249**	**16809**	**46113**
货币金融服务业	Monetary and Financial Services	88800	40632	16563	31605
资本市场服务业	Capital Market Services	3243	986		2257
保险业	Insurance	17645	5483	195	11967
其他金融业	Other Financial Activities	483	148	51	284
(十一)房地产业	**Real Estate**	**57257**	**9633**	**195**	**47429**
其中：房地产开发经营	Development and Managment of Real Estate	27456	841	11	26604
物业管理	Property Management	22463	3241	179	19043
房地产中介服务	Agency Services for Real Estate	2625	1375	5	1245
(十二)租赁和商务服务业	**Leasing and Business Services**	**54646**	**24517**	**1946**	**28183**
租赁业	Leasing	938	321		617
商务服务业	Business Services	53708	24196	1946	27566
(十三) 科学研究、技术服务业	**Scientific Research and Technical Service**	**80272**	**58568**	**476**	**21228**
研究和试验发展	Research and Experimental Development	13576	12722	15	839
专业技术服务业	Professional Technical Services	56541	36825	461	19255

4－4 续表3 continued

单位: 人 unit:person

项　目	Iten	合计 Total	国有单位 State-owned Units	城镇单位 Urban Collective-owned Units	其他类型单位 Units of Other Types of Ownership
科技推广和应用服务业	Services of Science and Technology Exchangs and Promotion	10155	9021		1134
(十四)水利、环境和公共设施管理业	**Water Conservancy, Environment and Public Facilities Management**	**83034**	**69180**	**8517**	**5337**
水利管理业	Water Conservancy Management	18768	18210	214	344
生态保护和环境治理业	Ecological Protection and Environmentel Treatment Services	2882	2735	5	142
公共设施管理业	Puplic Facility Mangagement	61384	48235	8298	4851
(十五)居民服务、修理和其他服务业	**Household Services,Repairing and other Services**	**13236**	**4144**	**1616**	**7476**
居民服务业	Service to Households	6433	2863	503	3067
机动车、电子产品和日用产品修理业	Motor Vehicle,Electronic Products and Household Products Repair Services	1551	378	125	1048
其他服务业	Other Services	5252	903	988	3361
(十六)教育	**Education**	**370820**	**360773**	**384**	**9663**
其中:初等教育	Primary Education	135979	134640	314	1025
中等教育	Secondary Education	151661	148451	18	3192
高等教育	Higher Senion Education	61719	58103		3616
(十七)卫生和社会工作	**Health Care and Social Work**	**174007**	**158106**	**8044**	**7857**
卫生	Health Care	168657	153540	7587	7530
社会工作	Social Work	5350	4566	457	327
(十八)文化、体育和娱乐业	**Culture,Sports and Entertainment**	**35956**	**30112**	**108**	**5736**
新闻和出版业	Journmalism and Publishing Activities	10174	6461	50	3663
广播、电视、电影和影视录音制作业	Broad Casting、TV, Movies and Audiovisual Activities	9944	9176	6	762
文化艺术业	Culture and Activities	12362	11837	29	496
体育	Sports	2218	1973		245
娱乐业	Entertainment	1258	665	23	570
(十九)公共管理、社会保障和社会组织	**Public Management,Social Securities and Social Organization**	**350820**	**350550**	**212**	**58**
其中：中国共产党机关	Organs of Communist Party of China	12692	12692		
国家机构	Government Agencies	325545	325303	212	30
人民政协、民主党派	People' s Political Consultative and Confer-ence and Democratic Parties	2209	2209		
社会保障	Social Securities	4024	4024		
群众社团、社会团体和其他成	Non-goverment Multitude Organization,Social Organizations and other	6283	6255		28

4－5 单位从业人员劳动报酬和生活费（2013）

项　　目	Iten	单位从业人员工资总额(万元) Earning of Employed Persons (10000 yuan)
总计	**Total**	**14766085**
按经济类型分	Grouped by Ownership	
国有经济	State-owned Units	7900621
城镇集体经济	Urban Collective-owned Units	252572
其他经济	Others	6612892
内资	Domestic Investment	5838056
股份合作	Stock Cooperative	36373
联营	Joint Operation	3306
有限责任公司	Limited Liability Corporations	3568329
股份有限公司	Joint Stock Corporations	1878015
其他	Others	352034
港澳台商投资	Investment HongKong,Macao and Taiwan	228084
外商投资	Foreign Investment	546753
按企业、事业、机关分	Grouped by Enterprises,Institutions and Agencies	
企业	Enterprises	10297042
事业	Instiutions	3299810
机关	Agencies and Organizations	1117417
按国民经济行业分	Grouped by Sector	
农、林、牧、渔业	Agrculture,Forestry,Animal Husbandry and Fishery	316844
采矿业	Mining	779029
制造业	Manufacturing	4093292
电力、热力、燃气及水的生产和供应业	Production and Supply of Electricity,Heat,Gas and Water	742571
建筑业	Construction	1458250
批发和零售业	Wholesale and Retail Trades	443828
交通运输、仓储和邮政业	Transportation,Storage and Post	829195
住宿和餐饮业	Hotels and Catering Services	91567
信息传输、软件和信息技术服务业	Information Transmission,Software and Information Technology Services	334944
金融业	Financial Intermediation	727363
房地产业	Real Estate	221998
租赁和商务服务业	Leasing and Business Services	185629
科学研究、技术服务业	Scientific Research,Techrical Services	398004
水利、环境和公共设施管理业	Management of Water Conservancy,Environment and Public Facilities	203447
居民服务、修理和其他服务业	Household Services Repairing and other Services	36948
教育	Education	1668138
卫生和社会工作	Health Care and Social Work	763144
文化、体育和娱乐业	Culture,Sports and Entertainment	136110
公共管理、社会保障和社会组织	Public maragement,Social Security and Social Organization	1335785

Earning of Employed Persons and Living Expenses in Units (2013)

在岗职工工资总额 Total Wages of Staff and Workers	其他从业人员工资总额 Others	单位从业人员平均工资(元) Average Earning of Employed Persons (yuan)	#在岗职工平均工资 Average Wages of Staff and Workers
14290491	**475594**	**42846**	**43821**
7752356	148265	45618	46726
238706	13866	34570	35181
6299429	313463	40289	41061
5542712	295344	39588	40368
34734	1639	32418	33973
3148	158	32093	31382
3363087	205242	36730	37557
1800079	77936	45133	45676
341665	10369	47034	47277
223818	4266	41882	42093
532899	13854	48718	49380
9916939	380103	44240	45070
3227266	72544	40194	41357
1097733	19684	39403	41155
306300	10544	23249	23835
776805	2224	49884	49994
4004776	88516	46613	46763
737317	5255	53553	54188
1263018	195232	35730	37038
433937	9891	34569	34951
822645	6550	48587	49366
88913	2654	27189	27247
327034	7911	49288	49635
699149	28214	66938	69581
213194	8804	38598	39426
174511	11118	33392	33993
390599	7405	49805	50648
182969	20478	24552	26463
36374	574	28343	28527
1649146	18992	44988	45397
747948	15196	44311	44909
133694	2416	37367	37853
1302162	33622	38028	40142

4-6 历年职工工资总额、平均工资和指数

Total Wages and Average Wages of Staff and Workers and Related Indices

年 份 Year	工资总额 (万元) Total Wages (10000yuan)	#国有单位 State-owned Unis	#城镇集体单位 Urban Collective -owned Units	平均工资 (元) Average Wages (yuan)	#国有单位 State-owned Units	#城镇集体单位 Urban Collective -owned Units	平均实际工资指数 (以上年100) Average Real Wages Index (perceeding year=100)	#国有单位 State-owned Units
1952	21456	21456		480	480		100.0	100.0
1953	34406	34406		573	573		112.7	112.7
1954	37207	37207		588	588		99.1	99.1
1955	36284	36284		600	600		101.5	101.5
1956	46209	46209		671	671		114.1	114.1
1957	53424	53424		699	699		101.6	101.6
1958	59552	59552		647	647		93.8	93.8
1959	80860	80860		615	615		95.4	95.4
1960	94761	94716		611	611		91.6	91.6
1961	92024	92024		602	602		86.9	86.9
1962	83614	83614		661	661		106.5	106.5
1963	85589	85589		721	721		100.3	110.3
1964	91337	91337		744	744		104.9	104.9
1965	90881	90881		740	740		99.0	99.0
1966	94388	94388		718	718			
1967	91533	91533		685	685		94.6	94.6
1968	96172	96172		670	670		97.6	97.6
1969	102119	102119		744	744		111.8	111.8
1970	105069	105069		698	698		94.6	94.6
1971	118161	118161		677	677		96.7	96.7
1972	139101	139101		736	736		108.4	108.4
1973	149429	129729	19700	638	690	553	86.4	93.5
1974	154505	132327	22178	671	700	539	105.1	101.3
1975	163236	135328	27908	657	690	534	97.8	98.5
1976	172629	140669	31960	636	680	496	96.1	97.9
1977		144867			680			99.8
1978	214393	176392	38001	651	712	467		104.6
1979	234639	189914	44725	700	753	539	105.7	104.0
1980	275684	219028	56656	763	827	588	103.2	104.0
1981	298349	232138	66211	770	840	611	99.3	100.0
1982	323142	250121	73021	799	863	637	99.6	98.6
1983	340615	259049	81566	823	881	680	98.6	97.7
1984	393211	292467	100635	927	1008	751	108.8	110.5
1985	474432	352057	122217	1081	1175	880	105.7	105.7
1986	556845	417486	139173	1221	1333	974	106.6	107.0
1987	644136	484259	159616	1366	1491	1088	104.0	104.0
1988	789012	595701	192919	1630	1771	1311	99.2	98.7
1989	870776	662084	207837	1755	1914	1388	91.9	99.2
1990	951989	734882	215591	1888	2068	1456	102.6	103.0
1991	1063309	816534	243947	2045	2233	1596	101.4	101.1
1992	1220550	945410	264870	2308	2526	1759	104.2	105.7
1993	1423561	1109906	281071	2701	2974	1952	103.4	104.0
1994	1887916	1509813	314723	3666	3997	2568	110.2	109.1
1995	2210027	1809128	318902	4430	4803	3032	104.9	104.3
1996	2636962	2164775	364074	5370	5765	3752	112.6	111.9
1997	2745277	2214025	353209	5664	6017	3813	101.7	100.6
1998	2465545	1967822	268404	6551	6814	4778	116.6	114.1
1999	2532839	1969551	242057	7158	7368	5000	111.5	110.3
2000	2649607	2037696	234537	7924	8121	5501	112.2	111.8
2001	2775443	2102269	222532	8771	9043	5765	109.3	109.9
2002	3005549	2251039	209872	9990	10369	6411	114.5	115.2
2003	3215531	2298500	224936	11081	11124	8018	109.6	106.0
2004	3500716	2460166	192450	12431	12540	7504	107.8	108.3
2005	3774008	2597306	183772	14409	14566	8735	114.2	114.4
2006	4310888	2916500	192231	16583	17118	9787	113.5	115.9
2007	5287046	3612104	178673	20513	21688	11135	118.0	120.9
2008	6014107	4067347	186024	23486	24754	12761	108.9	108.6
2009	6781647	4406877	204827	26230	27523	14443	111.6	111.1
2010	7626800	4922713	228316	29399	30661	17060	108.1	107.4
2011	9190240	5721524	236846	34197	35216	25718	110.6	109.2
2012	11072962	6686141	273291	38407	39335	29506	109.6	109.0
2013	14766085	7900621	252572	42846	45618	34570	108.4	112.7

注：①1998年以后为在岗职工情况。

②从2012年以后在岗职工平均工资调整为单位从业人员平均工资。

Note:①Data on total wages since 1998 refers to wages of fully employed staff and workers.

②Since 2012 the average wage of workers,the average wage for Personnel Unit adjustment.

4-7 各市县单位从业人员工资(2013)

Earning of Employed Persons LivingExpenses by City and County(2013)

市、县	City, County	单位从业人员工资总额(万元) Earning of Employed Persons (10000 yuan)	在岗职工工资 Wages of Staff and Workers	其他从业人员工资总额 Others	单位从业人员平均工资(元) Average Earning of Employed Persons (yuan)	#在岗职工平均工资 Average Wages of Staff and Workers
全省	**Total**	**14766085**	**14290491**	**475594**	**42846**	**43821**
长春市	**Changchun**	**6600041**	**6423079**	**176962**	**51564**	**52351**
市区	District	5995864	5832238	163626	54420	55286
农安县	Nong' an	139229	136119	3110	35230	35664
九台市	Jiutai	179916	178571	1345	36278	36443
榆树市	Yushu	148938	144885	4053	32950	33597
德惠市	Dehui	136094	131266	4828	31014	31478
吉林市	**Jilin**	**1887273**	**1816288**	**70985**	**41248**	**42992**
市区	District	1342738	1290526	52212	44367	45365
永吉县	Yongji	65244	63735	1509	37635	38546
蛟河市	Jiaohe	87013	86587	426	32111	32167
桦甸市	Huadian	164250	150529	13721	37014	38118
舒兰市	Shulan	118360	115680	2680	34922	35959
磐石市	Panshi	109668	109231	437	34061	34122
四平市	**Siping**	**746105**	**717651**	**28454**	**33893**	**34972**
市区	District	313625	297892	15733	36197	37751
梨树县	Lishu	89220	87672	1548	29487	29828
伊通满族自治县	Yitong	65945	61719	4226	33105	34804
公主岭市	Gongzhuling	203868	198179	5689	33501	34262
双辽市	Shuangliao	73447	72189	1258	32701	33937
辽源市	**Liaoyuan**	**507782**	**491077**	**16705**	**36081**	**36552**
市区	District	367172	352382	14790	36582	37187
东丰县	Dongfeng	70215	69107	1108	38394	37717
东辽县	Dongliao	70395	69588	807	31888	32169
通化市	**Tonghua**	**1096631**	**1067253**	**29378**	**35595**	**360740**
市区	District	604877	594004	10873	36750	37053
通化县	Tonghua	86249	86027	222	35631	35635
辉南县	Huinan	73185	67059	6126	32959	32875
柳河县	Liuhe	59050	54579	4471	32204	34057
梅河口市	Meihekou	190103	182510	7593	36588	37842
集安市	Ji' an	83167	83074	93	31049	31060

4－7 续表 continued

市、县	City, County	单位从业人员工资总额（万元）Earning of Employed Persons (10000 yuan)	在岗职工工资 Wages of Staff and Workers	其他从业人员工资总额 Others	单位从业人员平均工资(元) Average Earning of Employed Persons (yuan)	#在岗职工平均工资 Average Wages of Staff and Workers
白山市	**Baishan**	**681714**	**645093**	**36621**	**34063**	**35605**
市区	District	395741	378497	17244	33840	34947
抚松县	Fusong	125575	118903	6672	36661	38922
靖宇县	Jingyu	40648	37992	2656	34817	38160
长白朝鲜族自治县	Changbai	36613	34491	2122	33986	37433
临江市	Linjiang	83137	75210	7927	31389	32478
松原市	**Songyuan**	**1171645**	**1132397**	**39248**	**43035**	**43308**
市区	District	623012	615694	7318	51486	51962
前郭尔罗斯蒙古族自治县	Qianguo	241930	224803	17127	41041	40058
长岭县	Changling	100897	100074	823	34440	34811
乾安县	Qian' an	85584	82742	2842	33958	34533
扶余市	Fuyu	120222	109084	11138	31804	31938
白城市	**Baicheng**	**600417**	**581231**	**19186**	**27705**	**29043**
市区	District	326464	321247	5217	31639	31805
镇赉县	Zhenglai	64733	64353	380	23707	23721
通榆县	Tongyu	65951	63859	2092	26766	28603
洮南市	Taonan	68660	64390	4270	21817	25585
大安市	Da' an	74609	67382	7227	24776	27503
延边朝鲜族自治州	**Yanbian**	**967253**	**909463**	**57790**	**35224**	**37316**
延吉市	Yanji	355773	335723	20050	42156	45682
图们市	Tumen	30368	29786	581	31852	32625
敦化市	Dunhua	171245	165408	5837	32070	32813
珲春市	Hunchun	159359	146463	12896	37961	39231
龙井市	Longjing	31515	30658	856	30626	31303
和龙市	Helong	62550	56467	6083	30042	33233
汪清县	Wangqing	78964	72448	6516	30398	33943
安图县	Antu	77480	72510	4970	27471	28743

4-8 分行业从业人员工资总额（2013）

Total Wages of Employees in the Sorted Industry （2013）

单位: 万元 unit:10000 yuan

行业	Iten	合计 Total	国有单位 State-owned Units	集体单位 Collective-owned Units	其他单位 Others
总计	**Total**	**14766085**	**7900621**	**252572**	**6612892**
农、林、牧、渔业	Agriculture,Forestry,Animal Husbandry and Fishery	316844	310247	1298	5299
采矿业	Mining	779029	116781	7283	654966
制造业	Manufacturing	4093292	1401465	39735	2652092
电力、热力、燃气及水的生产和供应业	Production and Supply of Electricity,Heat,Gas and Water	742571	269920	494	472157
建筑业	Construction	1458250	153738	45500	1259011
批发和零售业	Wholesale and Retail Trades	443828	119711	5167	318949
交通运输、仓储和邮政业	Transport,Storage and Post	829195	695515	2018	131662
住宿和餐饮业	Hotels and Catering Services	91567	30532	2284	58750
信息传输、软件和信息技术服务业	Information Transmission,Software and Information Technology Services	334944	100811	154	233979
金融业	Financial Intermediation	727363	312263	88537	326563
房地产业	Real Estate	221998	30676	440	190883
租赁和商务服务业	Leasing and Business Services	185629	76641	6039	102950
科学研究、技术服务业	Scientific Research,Techrical Services	398004	298342	2979	96682
水利、环境和公共设施管理业	Management of Water Conservancy, Environment Protection and Public Facilities	203447	173209	17447	12791
居民服务、修理和其他服务业	Household Services Repairing and other Services	36948	16144	3734	17071
教育	Education	1668138	1631153	1352	35633
卫生和社会工作	Health Care and Social Work	763144	711435	26705	25005
文化、体育和娱乐业	Culture, Sports and Entertainment	136110	117598	206	18306
公共管理、社会保障和社会组织	Public marageme nt,Social Security and Social Organization	1335785	1334442	1201	142

4－9 分行业从业人员平均工资（2013）

Average Wages Employees of Industry Practitioners （2013）

单位: 元　　unit：yuan

行　业	Iten	合计 Total	国有 State-owned Units	集体 Collective-owned Units	其他 Others
总　计	**Total**	**42846**	**45618**	**34570**	**40289**
农、林、牧、渔业	Agriculture,Forestry,Animal Husbandry and Fishery	23249	23107	28281	33904
采矿业	Mining	49884	41012	35302	52135
制造业	Manufacturing	46613	76477	26754	38999
电力、燃气及水生产和供应	Production and Supply of Electricity Gas and Water	53553	54307	18783	53234
建筑业	Construction	35730	39601	35100	35331
交通运输、仓储和邮政业	Transport,Storage and Post	34569	45606	22360	31950
信息传输、计算机服务和软件业	Information Transmission, Computer Services and Software	48587	54967	20195	30528
批发和零售业	Wholesale and Retail Trades	27189	26941	24249	27450
住宿和餐饮业	Hotels and Catering Services	49288	45750	27035	51016
金融业	Financial Intermediation	66938	66319	52943	72806
房地产业	Real Estate	38598	32158	24836	39934
租赁和商务服务业	Leasig and Business Services	33392	31002	30498	35635
科学研究、技术服务和地质勘查业	Scientific Research,Technical Services and Geologic Prospecting	49805	51291	63385	45444
水利、环保和公共设施管理业	Water Conservancy, Environment and Public Facilities Management	24552	25070	20669	23990
居民服务和其他服务业	Services to Households and Other Services	28343	39070	22724	23511
教育	Education	44988	45193	35683	37588
卫生、社会保障和社会福利业	Heaith ,Social Securitiy and Social Welfare	44311	45523	33290	31559
文化、体育和娱乐业	Culture,Sports and Entertainment	37367	38820	19224	30384
公共管理和社会组织	Public Management and Social Organization	38028	38018	56905	28340

4-10 各地区年底从业人员人数（2013）
Number of Employees at the Year-end by Region（2013）

单位：人　　unit:person

地区	Region	合计 Total	国有单位 State-owned Units	城镇集体单位 Urban Collective-owned Units	其他单位合计 Units of Other Types of Ownership
全省	**Total**	**3384417**	**1739627**	**74054**	**1570736**
长春	Changchun	1262016	579794	20762	661460
吉林	Jilin	443113	223118	12215	207780
四平	Siping	218174	132418	5414	80342
辽源	Liaoyuan	136729	52108	2553	82068
通化	Tonghua	297999	114603	11038	172358
白山	Baishan	189856	115369	3471	71016
松原	Songyuan	273590	134251	6802	132537
白城	Baicheng	215526	152176	6593	56757
延边	Yanbian	270357	158733	5206	106418

注：各地区相加不等于全省总计。
Note:The Sum of the data by region is not equal to the total.

4-11 城镇登记失业人员情况
Registered Unemployment Persons in Urban

单位：人　　unit:person

指标	Item	2012	2013
本期新登记的失业人数	Registered Unemployed Persons This Year	342070	372434
# 女性	Female	169209	175706
# 由就业转失业人数	Unemployed Persons from Employment	112009	128523
本期登记失业人员就业人数	Reemployed Persons This Year	335059	354000
期末实有登记失业人数	Actual Number of Registered Unemployed Persons	222986	226133
# 女性	Female	100408	103115
# 长期失业者	Unemployed Persons in Long－term	35613	8909
登记失业率（%）	Registered Unemployment Rate(%)	3.7	3.7

4-12 分细行业在岗职工平均工资（2013）

Average Wages of Employees in the Sorted Industry（2013）

单位: 元 unit:yuan

项　　目	Iten	从业人员 Employees	国有单位 State-owned Units	城镇单位 Urban Collective-owned Units	其他类型单位 Units of Other Types of Ownership
总 计	**Total**	**43821**	**46726**	**35181**	**41061**
一、企业、事业、机关分组	**Grouped by Enterprises, Institutions and Agencies**				
企业	Enterprises	45070	55410	36443	41125
事业	Institutions	41357	41580	29969	35162
机关	Agencies and Organizations	41155	41179	32990	22462
二、按国民经济行业分组	**Grouped by Sector**				
(一)农、林、牧、渔业	**Agriculture,Forestry,Animal Husbandry and Fishery**	23835	23691	29244	34102
农 业	Farming	20609	20259	26059	36692
林 业	Forestry	23061	23055	26167	28897
畜牧业	Animal Husbandry	17370	16600		28930
渔 业	Fishery	21466	21138	20100	31083
农、林、牧、渔服务业	Agriculture,Forestry,Animal Husbandry and Fishery	33038	32970	32167	37477
(二)采 矿 业	**Mining**	**49994**	**41015**	**36029**	**52228**
煤炭开采和洗选业	Mining and Washing of Coal	42450	41841	37805	42825
石油和天然气开采业	Petroleum and Natural Gas Extraction	69708	35489		70206
黑色金属矿采选业	Mining of Ferrous Metal Ores	39876		14394	40259
有色金属矿采选业	Mining of Non-ferrous Metal Ores	38927	35642		40715
非金属矿采选业	Mining Processing of Non-metal Ores	25338	38187	37189	23701
开采辅助活动	Mining Auxiliary Activities	57398		37703	57745
其他采矿业	Mining of Others Ores				
(三)制 造 业	**Manufacturing**	**46763**	**75801**	**26645**	**39279**
农副食品加工业	Processing of Food from Agricultural Products	33216	42756	15956	33246
食品制造业	Manufacture of Foods	29990	19694	24844	30319
酒、饮料和	Liquor,Soft Drink	33002	5579	47600	33024
烟草制品业	Manufacture of Tobacco	117684	94686		130873
纺织业	Manufacture of Textile	27553	19851	24191	27590
纺织服装、服饰业	Textile and Clothing Apparel Industry	23898	32363	19640	23988
皮革、毛皮、羽毛及其制品和制鞋业	Leather,Fur,Feathers and its Products and Footwear	23631	30273	20585	23663
木材加工和木、竹、藤、棕、草制品	Processing of Timber,Manufacture of Wood Bamboo Rattan,Palm and Straw Products	26603	23912	22762	27048
家具制造业	Manufacture of Furniture	24922	17647	27075	24806
造纸和纸制品业	Manufacture of Paper and Paper Products	29898		22344	30229
印刷和记录媒介复制业	Printing and Reproduction of Recording Media	29435	25998	31756	29206

4－12 续表1 continued

项目	Iten	从业人员 Employees	国有单位 State-owned Units	城镇单位 Urban Collective-Owned Units	其他类型单位 Units of Other Types of Ownership
文教、工美、体育和娱乐用品制造业	Culture,Art,Sportsand Entertainment Goods Manufacturing	31811		25192	32319
石油加工、炼焦和核燃料加工业	Petroleum Processing and Coking ,Processing of Nuclear Fuel	39589			39589
化学原料和化学制品制造业	Chemical Raw Material and Chemical Products	55618	45122	43869	59557
医药制造业	Manufacture of Medicines	34602	36088	27568	34600
化学纤维制造业	Manufacture of Chemical Fiber	30576			30576
橡胶和塑料制品业	Manufacture of Rubber and Plastic	31664	30623	20128	32528
非金属矿物制品业	Manufacture of Non-metallic Mineral Products	30722	36090	17552	31550
黑色金属冶炼和压延加工业	Smelting and Pressing of Ferrous Metals	35619	16774	23317	36014
有色金属冶炼和压延加工业	Smelting and Pressing of Non-ferrous Metals	35624		11964	35691
金属制品业	Manufacture of Metal Products	38212	35993	23378	38673
通用设备制造业	Manufacture of General Purpose Machinery	36394	35624	27150	36903
专用设备制造业	Manufacture of Special Purpose Machinery	31578	34308	19658	30653
汽车制造业	Auto Vehicle manufacturing	70281	85327	25670	50373
铁路、船舶、航空航天和其他运输设	Railroads,Ships,Aerospase and other Transportation Facities	66659	46275	44330	67375
电气机械和器材制造业	Manufacture of Electrical Machinery and Equipment	38064	28477	31404	38802
计算机、通信和其他电子设备制造业	Manufacture of Communication Equipment, Computer and Other Electronic Equipment	40784	68177	18000	38704
仪器仪表制造业	Instrument Manufacting Industry	44269	32200	26250	44359
其他制造业	Other Manufacting Industry	22690	39619		21152
废弃资源综合利用业	Compre Hensive Utilization of Waste Resources	28118	35800	24661	28176
金属制品、机械和设备修理业	Metal Products,Machinery and Equipment Repair	25376		20727	25608
(四)电力、热力、燃气及水生产和供应业	**Production and Supply of Power Heat,Gas and Water**	**54188**	**55150**	**18783**	**53758**
电力、热力生产和供应业	Production and Supply of Electricity and Heat Power	58801	65809	36758	55787
燃气生产和供应业	Production and Supply of Gas	37247	28124		41183
水的生产和供应业	Production and Sypply of Water	29574	30047	12929	28606
(五)建筑业	**Construction**	**37038**	**40537**	**34173**	**36706**
房屋建筑业	Construction of Buliding	37972	40875	38803	37643
土木工程建筑业	Construction of Civil Engineering	33365	32457	18477	34204
建筑安装业	Construction Installation	38568	57475	42849	33510
建筑装饰和其他建筑业	Construction Decoration and other Constraction	39069	29828	25518	39604
(六)批发和零售业	**Wholesale and Retail Trades**	**34951**	**46566**	**22984**	**32210**
批发业	Wholesale Trade	42146	47800	26099	37166
零售业	Retail Trade	30932	37845	19739	30801

4－12 续表 2 continued

项 目	Iten	从业人员 Employees	国有单位 State-owned Units	城镇单位 Urban Collective-owned Units	其他类型单位 Units of Other Types of Ownership
（七）交通运输、仓储和邮政业	**Transport, Storage and Post**	**49366**	**55480**	**19322**	**31412**
铁路运输业	Railway Transport	67308	67785	41384	29261
道路运输业	Road Transport	31207	33513	16343	29389
水上运输业	Water Transport	26969	44634		22457
航空运输业	Air Transport	87237	88587		31627
管道运输业	Transport Via Pipeline	61822	37588		62441
装卸搬运和运输代理业	Loading, Unlooding, Portage and Other Transport Services	40931	49787	23319	36485
仓储业	Storage	31300	30147	23500	33899
邮政业	Post	42646	44600		34681
（八）住宿和餐饮业	**Hotels and Catering Serrvices**	**27247**	**27225**	**23974**	**27401**
住宿业	Hotels	27943	26864	21685	29003
餐饮业	Catering Services	25741	30099	24364	25187
（九）信息传输、软件和信息技术服务业	**Information Transrission,Software and Information Technologh Services**	**49635**	**45946**	**27035**	**51498**
电信、广播电视和卫星传输服务	Telecommuricutions,Broadcasting Television and Satelite Transmission Services	50193	46056	8348	52540
互联网和相关服务	Internet and Relatsd Services	40618	45849		36396
软件和信息技术服务业	Software and Infomation Technology Services	45881	39259	39676	46300
（十）金融业	**Financial Intermediation**	**69581**	**67690**	**53538**	**78573**
货币金融服务业	Monetary and Financial Services	72697	71125	53680	85187
资本市场服务业	Capital Market Services	76563	48371		87848
保险业	Insurance	41709	36445	24000	45441
其他金融业	Other Financial Activities	101461	116264	124082	90623
（十一）房地产业	**Real Estate**	**39426**	**32240**	**25325**	**41007**
其中：房地产开发经营	Development and Managment of Real Estate	47809	28095		48427
物业管理	Property Management	29764	30406	25196	29693
房地产中介服务	Agency Services for Real Estate	35599	27006	29400	45701
（十二）租赁和商务服务业	**Leasing and Business Services**	**33993**	**32559**	**29652**	**35356**
租赁业	Leasing	45841	69136		30193
商务服务业	Business Services	33760	31892	29652	35470
（十三）科学研究、技术服务业	**Scientific Research and Technical Service**	**50648**	**51807**	**69297**	**46930**
研究和试验发展	Research and Experimental Development	59216	60951	18417	33649
专业技术服务业	Professional Technical Services	51187	52674	70827	47855

4－12 续表3 continued

项 目	Iten	从业人员 Employees	国有单位 State-owned Units	城镇单位 Urban Collective-owned Units	其他类型单位 Units of Other Types of Ownership
科技推广和应用服务业	Services of Science and Technology Exchangs and Promotion	36078	35723		39952
(十四)水利、环境和公共设施管理业	**Water Conservancy, Environment and Public Facilities Management**	**26463**	**27233**	**21616**	**23879**
水利管理业	Water Conservancy Management	30558	30744	20713	27966
生态保护和环境治理业	Ecological Protection and Environmentel Treatment Services	30839	30413	29200	36820
公共设施管理业	Puplic Facility Mangagement	24949	25669	21641	23216
(十五)居民服务、修理和其他服务业	**Household Services,Repairing and other Services**	**28527**	**40381**	**27937**	**23499**
居民服务业	Service to Households	33140	42132	39294	24236
机动车、电子产品和日用产品修理业	Motor Vehicle,Electronic Products and Household Products Repair Services	29562	32723	19359	29689
其他服务业	Other Services	22496	38066	22728	20836
(十六)教育	**Education**	**45397**	**45626**	**35683**	**36141**
其中:初等教育	Primary Education	40906	40938	36178	38316
中等教育	Secondary Education	43640	43749	30389	38418
高等教育	Higher Senion Education	61334	62407		38062
(十七)卫生和社会工作	**Health Care and Social Work**	**44909**	**46118**	**33086**	**31782**
卫生	Health Care	45225	46375	33945	32219
社会工作	Social Work	35157	37655	17534	23723
(十八)文化、体育和娱乐业	**Culture,Sports and Entertainment**	**37853**	**39077**	**19224**	**31503**
新闻和出版业	Journmalism and Publishing Activities	37320	43475	19551	27317
广播、电视、电影和影视录音制作业	Broad Casting、TV, Movies and Audiovisual Activities	37072	36076	4000	57784
文化艺术业	Culture and Activities	38306	38577	10793	33233
体育	Sports	40738	42412		26931
娱乐业	Entertainment	38905	37543	33130	40987
(十九)公共管理、社会保障和社会组织	**Public Management,Social Securities and Social Organization**	**40142**	**40133**	**57033**	**28340**
其中：中国共产党机关	Organs of Communist Party of China	44716	44716		
国家机构	Government Agencies	39830	39819	57033	25714
人民政协、民主党派	People' s Political Consultative and Conference and Democratic Parties	48264	48264		
社会保障	Social Securities	39058	39058		
群众社团、社会团体和其他成	Non-goverment Multitude Organization,Social Organizations and other	43872	43916		31682

CHAPTER ▶ 05

第五篇

固定资产投资

INVESTMENT IN FIXED ASSETS

5-1 历年全社会固定资产投资额

Total Investment in Fixed Assets in the Whole Country

单位: 亿元　　　　　　　　　　　　　　　　　　　　unit:100 million yuan

年份 Year	投资总额 Total Investment	国有经济 State-owned Units	集体经济 Collective-owned Units	个体经济 Self-employed Individual Units	其他经济 Others	#城镇投资 Urban Investment	#房地产投资 Real Estate Investment	#农村投资 Rural Investment
1949	0.2	0.2				0.2		0.04
1950	0.6	0.6				0.6		0.1
1951	0.7	0.7				0.7		0.1
1952	1.9	1.8				1.8		0.1
1953	3.2	3.0	0.1			3.1		0.2
1954	5.4	5.2	0.1			5.2		0.2
1955	5.6	5.4	0.1			5.4		0.2
1956	6.5	6.2	0.2			6.3		0.2
1957	4.2	3.8	0.4			3.9		0.3
1958	8.4	7.5	0.8			7.7		0.7
1959	10.7	9.6	1.1			9.7		1.1
1960	11.1	10.5	0.5			10.6		0.5
1961	5.1	4.4	0.7			4.5		0.7
1962	3.9	2.7	1.1	0.1		2.8		1.1
1963	5.2	4.5	0.4	0.3		4.6		0.7
1964	6.9	6.1	0.5	0.4		6.2		0.7
1965	6.8	5.9	0.5	0.4		6.0		0.8
1966	5.9	4.8	0.7	0.5		4.9		1.1
1967	4.4	3.1	0.8	0.4		3.3		1.1
1968	4.2	2.8	0.9	0.5		3.0		1.2
1969	6.4	4.9	0.7	0.8		5.1		1.4
1970	8.8	7.1	1.1	0.6		7.3		1.5
1971	11.6	9.7	1.1	0.7		10.0		1.6
1972	11.6	10.1	0.8	0.7		10.3		1.3
1973	13.4	11.1	1.5	0.8		11.4		2.0
1974	13.7	11.6	1.4	0.7		11.9		1.8
1975	15.4	12.7	2.0	0.8		13.2		2.2
1976	12.4	10.3	1.5	0.7		10.9		1.6
1977	11.7	9.2	1.7	0.8		9.9		1.8
1978	18.2	15.6	1.9	0.7		16.2		2.0
1979	19.5	17.2	1.6	0.8		17.9		1.7
1980	20.9	17.7	2.0	1.3		18.6		2.2
1981	21.0	17.1	2.3	1.7		18.4		2.6
1982	27.5	22.1	2.4	3.1		23.7		3.8
1983	29.3	22.0	3.4	4.0		24.2		5.1
1984	40.9	25.5	2.2	13.3		28.3		12.7
1985	62.2	37.4	4.4	20.4		41.5		20.7
1986	63.4	42.1	4.4	16.9		47.2		16.2
1987	77.0	54.0	6.4	16.7		59.8		17.2
1988	93.0	67.8	7.3	18.0		76.3		16.8
1989	80.1	58.1	4.3	17.7		65.1		15.0
1990	93.5	66.9	2.8	23.8		72.8	6.5	20.7
1991	114.0	85.6	6.0	22.4		92.0	7.7	21.9
1992	151.1	121.7	12.2	17.2		129.1	14.3	22.0
1993	253.6	207.7	23.4	22.6		223.8	29.6	29.8
1994	302.5	249.5	25.7	27.3		268.8	42.5	33.7
1995	341.9	279.8	21.2	40.9		294.9	35.6	46.9
1996	394.6	321.8	24.6	48.1		338.4	30.2	56.2
1997	364.5	295.1	32.9	36.5		311.4	25.3	53.2
1998	420.9	350.3	38.6	32.0		369.2	36.4	51.7
1999	498.8	414.6	42.5	41.7		437.9	53.0	60.9
2000	586.9	308.4	43.5	52.1	182.9	514.4	63.5	72.5
2001	679.7	373.5	26.2	70.8	209.2	606.7	93.0	73.0
2002	808.0	349.8	25.8	79.2	353.2	724.5	116.8	83.5
2003	969.0	416.4	32.1	87.4	433.1	872.9	139.2	96.1
2004	1171.6	452.3	51.8	87.4	579.9	1061.9	162.5	109.7
2005	1802.4	892.3	85.4	117.8	706.9	1642.6	195.7	159.8
2006	2804.3	1176.8	28.5	113.5	1485.5	2366.1	310.2	438.2
2007	4003.2	1129.1	70.2	153.4	2650.5	3340.2	490.1	663.0
2008	5608.2	1804.4	88.7	184.7	3530.4	4592.5	640.8	1015.7
2009	7259.5	1927.1	100.5	212.2	5019.7	5959.0	756.7	1300.5
2010	9621.8	2820.1	141.8	252.8	6407.1	7925.7	921.0	1696.1
2011	7441.7	1752.4	62.2	1263.2	4363.9	6507.3	1195.4	934.4
2012	9511.6	2191.0	82.2	367.0	6871.4	8354.4	1310.0	1157.2
2013	9979.3	2478.7	59.9	382.4	7058.3	8607.4	1252.4	1371.8

注：从2011年开始，固定资产投资统计的起点标准，从计划总投资50万元提高到500万元，因此，2011年全社会固定资产投资额与以前年度不可比。

Note: From the beginning of 2011,Fixed assets investment statistics starting from the standard plans,Which from total investment of fifty thousand yuan to 5 million yuan.Therefore,in 2011 there is not comparable with other years on the total social fixed assets investment over the absolute number.

5-2 历年全社会住宅投资和房屋建筑面积

Society as a Whole Calendar Year of Residential Building Investment and Construction Area

年 份 Year	全社会住宅投资(万元) Total Investment in Residential Buildings(10000yuan)				房屋建筑面积(万平方米) Floor Space of Buildings(10000sq.m)		
	总计 Total	国有、其他类型 State-owned, Others	集体经济 Collective -owned Units	个体经济 Self-employed Individual Units	施工面积 Floor Spoce under Construcion	竣工面积 Floor Space Completed	#住宅 Residential Buildings
1949	548	50		498		58.5	52.3
1950	749	150		599		77.0	66.2
1951	966	413		553		85.7	66.5
1952	2708	2170		538		116.7	89.8
1953	5003	4567		436		145.3	82.7
1954	6235	5139	10	1086		251.2	173.9
1955	1957	1234		723		192.0	100.8
1956	4176	3603	36	537		204.7	112.7
1957	4203	3602	63	538		271.7	134.5
1958	3132	2466	74	592		310.0	116.4
1959	5260	4532	102	626		421.0	149.3
1960	7011	6367	52	592		426.4	168.9
1961	5105	4413	60	632		223.7	107.0
1962	2525	1391	28	1106		193.8	109.3
1963	6950	3530	53	3367		412.1	344.1
1964	9460	5702	65	3693		486.7	388.7
1965	7594	3338	79	4177		395.6	266.9
1966	6347	1347	89	4911		415.1	275.0
1967	5149	870	83	4196		328.1	225.9
1968	5832	963	110	4759		366.2	258.2
1969	9882	1923	95	7864		547.4	421.0
1970	8554	2148	152	6254		478.7	311.6
1971	11440	4064	124	7252		475.1	288.3
1972	13331	6008	90	7233		470.1	300.1
1973	15630	7746	183	7701		482.7	310.3
1974	14360	7398	189	6773		457.7	279.4
1975	15059	7144	261	7654		489.5	274.1
1976	13703	6689	181	6833		403.1	232.3
1977	15452	7082	117	8253		429.0	266.6
1978	19754	12147	440	7167		864.0	248.5
1979	34264	26298	292	7674		664.5	326.0
1980	49115	36152	202	12761		773.9	505.0
1981	57153	39003	1467	16683		1135.0	623.1
1982	82136	50244	1383	30509		1495.4	1203.0
1983	74796	37531	4201	33064		1671.6	1131.8
1984	118432	40699	5369	72364		1862.5	1484.8
1985	172342	70802	8078	93462		2007.7	1476.6
1986	182512	64113	4139	114260		2352.8	1973.6
1987	220034	49538	16019	154477		1933.3	1536.1
1988	203785	92348	5090	106347		1463.5	1059.4
1989	190408	69363	2867	118178	1512.4	1356.3	930.2
1990	241290	88078	8579	144633	1462.6	1096.1	917.2
1991	275610	136689	4809	134112	1824.8	1074.2	761.6
1992	368529	220075	7006	141448	1956.6	1380.0	834.4
1993	740171	503732	75582	160857	2583.1	1833.6	1183.9
1994	797648	508561	53914	235173	2867.8	2011.7	1162.9
1995	842257	426009	39362	376886	2013.3	2007.6	1423.1
1996	808848	443593	43689	321566	2004.9	1923.0	1505.5
1997	820149	372063	83113	364973	1843.3	1798.8	1370.0
1998	870310	518165	32037	320108	2427.1	1954.4	1112.3
1999	1119595	685868	27135	406592	2744.8	1928.6	1300.3
2000	1584539	811784	298644	474111	3500.4	2616.9	1720.4
2001	1867332	1169351	243141	454840	4449.5	3106.5	1997.3
2002	1608617	1197583	138363	272671	4856.6	3349.0	1988.8
2003	1728015	1452431	85458	191126	4913.1	3367.3	1990.1
2004	1608043	1430143	44073	133827	3967.5	2017.5	957.8
2005	2175201	1891700	56609	226892	5110.6	2633.2	946.3
2006	3520595	3191143	25225	304227	6888.4	3409.4	1192.7
2007	5293696	4907428	25130	361138	9487.9	4302.4	1629.5
2008	6415919	5983445	54707	377767	11594.0	5655.2	2521.9
2009	7915956	7261667	14402	639887	13286.9	5906.3	2626.8
2010	9046137	8384024	12027	650086	16322.2	6316.0	3228.8
2011	10593873	9899094	14455	680324	15645.3	4876.9	2978.6
2012	11097180	10425862	195865	475453	16960.0	4573.9	2173.5
2013	10404829	9787259	45471	572099	19551.1	5458.8	2451.0

5-3 全社会固定资产投资主要指标

Main Indicators of Total Investment in Fixed Assets in the Whole Country

指 标	Item	2012	2013
投资额（亿元）	**Total Investment(100 million yuan)**	**9511.59**	**9979.26**
按种类分	Grouped by Type of Construction		
城镇投资	Urban Investment	8354.41	8607.43
# 房地产	There in:Real Estate	1310.03	1252.43
农村投资	Rural Investment	1157.18	1371.83
按隶属关系分	Grouped by Jurisdiction of Management		
中央项目	Central Investment	594.04	726.17
地方项目	Local Investment	8917.55	9253.09
按资金来源分	Grouped by Source of Funds		
国家预算内投资	State Budget Appropriation	256.46	298.40
国内贷款	Domestic Loans	436.86	587.19
利用外资	Foreign Investment	55.39	27.90
自筹及其他投资	Self-raising Funds and Others	8762.88	9065.77
按构成分	Grouped by Structure		
建筑安装工程	Construcion and Installtion	5426.50	5914.11
设备、工器具购置	Purchase of Equipment and Instruments	3081.20	3251.79
其他费用	Others	1003.89	813.36
按产业分	Grouped by Industy		
# 住宅	Residential Buildings	1109.72	1040.48
第一产业	Primary Industry	379.84	472.45
第二产业	Secondary Industry	5161.23	5390.23
第三产业	Tertiary Industry	3970.52	4116.58
房屋建筑面积（万平方米）	**Floor Space of Buildings(10000 sq.m)**		
施工面积	Floor Space under Construction	16960.02	19551.08
# 住宅	Residential Buildings	9085.70	10442.99
竣工面积	Floor Space Completed	4573.94	5458.82
# 住宅	Residential Buildings	2173.52	2451.03
商品房销售面积	Floor Space of Buildings Sold Commercial	2452.42	2214.96

注：自筹投资中含发行债券部分（下同）。
Note:Fund raising includes bond publishing(so did follows).

5-4 固定资产投资（不含农户）（2013）

Investment in Fixed Assets（Not Induding the Farmer Investment）（2013）

单位：亿元　　　　unit：100 million yuan

指　　标	Item	合　计 Total	固定资产项目投资 Investment in Projects	房地产开发 Real Estate Development
建设项目个数（个）	**Number of Construction Projects(unit)**			
施工项目	Number of Projects under Construction	10062	10062	
全部建成投产项目	Total Projects Completed and Put into Use	8146	8146	
建成项目投产率（%）	Rate of Construction Projects Completed and Put into Use(%)	81.0	81.0	
本年资金来源合计	Total Funds This Year	9725.76	8473.33	1252.43
国家预算内资金	State Budget Appropriation	298.40	298.40	
国内贷款	Domestic Loans	583.54	456.97	126.57
利用外资	Foreign Investment	27.90	22.75	5.15
自筹资金	Self-raising Funds	8427.19	7622.60	804.59
其他资金	Others	388.73	72.61	316.12
按构成分	Grouped by Structure			
# 建筑工程	Construction Projects	5208.96	4285.08	923.88
安装工程	Installation Projects	631.92	557.57	74.35
设备、工具、器具购置	Purchase of Equipment,Tools and Instruments	3097.64	3085.49	12.15
按产业分	Grouped by Industry			
第一产业	Primary Industry	285.75	285.75	
第二产业	Secondary Industry	5389.87	5389.87	
第三产业	Tertiary Industry	4050.14	2797.71	1252.43
按建设性质分	Grouped by Type of Construction			
# 新建	New Construction	3502.93	3502.93	
扩建	Expansion	1449.78	1449.78	
改建	Reconstruction	3013.62	3013.62	
房屋建筑面积（万平方米）	Floor Space of Buildings(10000 sq.m)			
施工面积	Floor Space under Construction	18948.48	6767.2	12181.28
# 住宅	Residential Housing	9920.79	603.02	9317.77
竣工面积	Floor Space Completed	4877.62	2623.97	2253.65
# 住宅	Residential Housing	1946.83	176.88	1769.95

5-5 固定资产投资主要指标（不含农户）

Main Indicators of Investment in Fixed Assets (Not Induding the Farmer Investment)

指　　标	Item	2012	2013
施工建设项目个数（个）	**Number of Construction Projects(unit)**	**10498**	**10062**
全部建成投产项目	Total Projects Completed and Put into Use	7753	8146
投资完成额（亿元）	**Total Value of Investment Completed(100 million yuan)**	**9262.28**	**9725.76**
按隶属关系分	Grouped by Jurisdiction of Management		
中央项目	Central Investment	594.04	726.17
地方项目	Local Investment	8668.24	8999.59
按构成分	Grouped by Structure		
建筑安装工程	Construction and Installation	5373.63	5840.89
设备、工具、器具购置	Purchase of Equipment,Tools and Instruments	2988.99	3097.65
其他费用	Others	899.66	787.23
按建设性质分	Grouped by Type of Construction		
# 新建	New Construction	2575.42	3502.93
扩建	Expansion	1734.59	1449.78
改建	Reconstruction	3148.96	3013.62
按资金来源分	Grouped by Sources of Funds		
国家预算内资金	State Budget Appropriation	256.46	298.40
国内贷款	Domestic Loans	436.24	583.54
利用外资	Foreign Investment	55.39	27.90
自筹资金	Self-raising Funds	7956.13	8427.19
其他投资	Others	558.06	388.73
新增固定资产（亿元）	Newly Increased Fixed Assets(100 million yuan)	6781.41	7433.10

5-6 分行业固定资产项目投资额（2013）

Investment in Fixed Assets Projects by Sector（2013）

单位: 万元　　unit:10000 yuan

行　业	Sector	投资额 Invest-ment	#新建 New Construc-tion	#扩建 Expan-sion	#改建 Reconst-ruction
全省总计	**National Total**	**84733326**	**35029327**	**14497810**	**30136235**
(一)农、林、牧、渔业	**Agriculture,Forestry,Animal Husbandry and Fishery**	**2857462**	**1692983**	**692314**	**280324**
农业	Farming	562300	364654	124062	43889
林业	Forestry	184905	86130	73245	25530
畜牧业	Animal Husbandry	1246166	809801	216515	111680
渔业	Fishery	27659	7500	11930	8229
农、林、牧、渔业	Agriculture, Forestry, Animal Husbandry and Fishery Services	836432	424898	266562	90996
(二)采矿业	**Mining**	**4144786**	**916171**	**714596**	**2440057**
煤炭开采和洗选业	Mining and Washing Coal	563118	83585	29086	450447
石油和天然气开采业	Extraction of Petroleum Natural Gas	1778972	506825	431540	840607
黑色金属矿采选业	Mining and Processing Ferrous Metal Ores	506802	103850	42905	360047
有色金属矿采选业	Mining and Processing of Non-ferrous Metal Ores	469326	48460	16200	404666
非金属矿采选业	Mining and Processing of Nonmetal Ores	564943	43186	109490	349841
开采辅助活动	Mining Auxiliary Activities	247796	130265	81475	24520
其他采矿业	Mining of Other Ores	13829		3900	9929
(三)制造业	**Manufacturing**	**44101489**	**12706580**	**6334496**	**22082710**
农副食品加工业	Processing of Food from Agricultural Products	4093889	1317292	971854	1588490
食品制造业	Manufacture of Foods	1448256	517149	221911	651492
酒、饮料和精制茶制造业	Liquor,Soft Drinle and Refined Tea Manufacturing	1570538	644411	141925	726473
烟草制造业	Manufacture of Tobacco	94140		1800	79273
纺织业	Manufacture of Textile	461102	154820	58800	244182
纺织服装、服饰业	Textile and Clothing Apparel Industry	219456	74770	29143	87626
皮革、毛皮、羽毛(绒)及其制品业	Manufacture of Leather,Fur,Feather and Related Products	117932	64597	6442	36733
木材加工及木、竹、藤、棕、草制品业	Processing of Timber,Manfacture of Wood,Bamboo,Rattan, Palm and Straw Products	1618796	455204	224276	887826
家具制造业	Manufacture of Furniture	474675	144827	68069	243818
造纸及纸制品业	Manufacture of Paper and Paper Produts	914058	287284	107402	216482
印刷业和记录媒介的复制	Prnting Peproduction of Recording Meida	319623	56904	79856	159426
文教、工美、体育和娱乐用品制造业	Culture,Art,Sports and Entertainment Goods Manufacturing	205495	75963	62560	58812
石油加工、炼焦及核燃料加工业	Processing of Petroleum,Coking,Processing of Nuclear Fuel	205732	34310	73250	58432
化学原料及化学制品制造业	Manufacture of Raw Chemical Materials and Chemical Products	3327352	783053	278354	1552662
医药制造业	Manufacture of Medicines	3186857	1003285	540946	1585277
化学纤维制造业	Manufacture of Chemical Fibers	62525		6000	56525
橡胶和塑料制品业	Manufacture of Rubber and Plastic	1394755	480858	227868	593286
非金属矿物制品业	Manufacture of Non-metallic Mineral Products	4721094	1309895	724923	2428772
黑色金属冶炼及压延加工业	Simelting and Pressing of Ferrous Metals	434401	30647	29280	346852
有色金属冶炼及压延加工业	Smelting and Pressing of Non-ferrous Metals	926733	148427	106040	611086
金属制品业	Manufacture of Metal Products	1107058	282989	187140	515024
通用设备制造业	Manufacure of General PurPose Machinery	1918210	479908	243460	1060149
专用设备制造业	Manufacture of Special Purpose Machinery	2420300	605045	474238	1213433
汽车制造业	Auto Vehide Manufacturing	9687987	2716071	1025590	5612680
铁路、船舶、航空航天和其他运输设备制造业	Railroads,Ships,Aerospase and other Transportation Facities	535127	261659	28698	215039
电气机械及器材制造业	Manufacture of Electrical Machinery and Equipment	1351464	387818	213275	679752
计算机、通信和其他电子设备制造业	Manufacture of Communication Equipment, Computer and Other Electronic Equipment	502039	131642	103181	206835
仪器仪表制造业	Instrument Manufacting Industry	232322	44788	14170	128154

注：本表不含房地产开发投资和农户投资。

Note:Real estate development investment and farmer investment is not included in the table.

5－6 续表1 continued

单位：万元 unit:10000 yuan

行业	Sector	投资额 Invest-ment	#新建 New Construc-tion	#扩建 Expan-sion	#改建 Reconst-ruction
其他制造业	Other Manufacting Industry	301673	73620	49200	167808
废弃资源综合利用业	Compre Hensive Utilization of Waste Resources	215352	127064	34845	53443
金属制品、机械和设备修理业	Metal Products,Machinery and Equipment Repair	32548	12280		16868
（四）电力、燃气及水的生产和供应业	**Production and Supply of Power,Gas and Water**	**4476275**	**2168541**	**847280**	**1215398**
电力、热力的生产和供应业	Production and Supply of Power and Heat	3484549	1595323	613491	1054114
燃气生产和供应业	Prduction and Supply of Gas	594728	398022	118856	57400
水的生产和供应业	Prduction and Supply of Water	396998	175196	114933	103884
（五）建筑业	**Construction**	**1176149**	**614121**	**92799**	**293697**
房屋建筑业	Construction of Buliding	259114	131474	22861	82185
土木工程建筑业	Construction of Civil Engineering	627102	320297	56590	172025
建筑安装业	Construction Installation	83969	26787	10000	26721
建筑装饰业和其他建筑业	Construction Decoration and other Constraction	205964	135563	3348	12766
（六）批发和零售业	**Wholesale and Retail Trades**	**4203414**	**2201493**	**720864**	**708223**
批发业	Wholesale Trade	2102550	1260382	357928	222939
零售业	Retail Trade	2100864	941111	362936	485284
（七）交通运输、仓储和邮政业	**Transport,Storage and Post**	**5848165**	**3533452**	**1181374**	**708987**
铁路运输业	Railway Transport	1518596	1405920	81106	25570
道路运输业	Road Transport	2632501	1346779	446376	451174
水上运输业	Water Transport	22800	22800		
航空运输业	Air Transport	21187	10987	10200	
管道运输业	Transport Via Pipeline	81528	73228	5000	
装卸搬运和运输代理业	Loading, Unlooding, Portage and Other Transport Services	243060	144240	50870	36950
仓储业	Storage	1321693	524498	587822	193493
邮政业	Post	6800	5000		1800
（八）住宿和餐饮业	**Hotels and Catering Services**	**823905**	**414528**	**235983**	**160744**
住宿业	Hotels	558616	311930	162814	74072
餐饮业	Catering Services	265289	102598	73169	86672
（九）信息传输、软件和信息技术服务业	**Information Transmission,Software and Information Technologh Services**	**601953**	**350002**	**100394**	**136657**
电信、广播电视和卫星传输服务	Telecommuricafions,Broadcasting Television and Satelite Transmission	201203	114302	30544	54837
互联网和相关服务	Internet and Relatsd Services	47145	6700	9860	30585
软件和信息技术服务业	Software and Infomation Technology Services	353605	229000	59990	51235
（十）金融业	**Finacial Intermediation**	**208524**	**139995**	**42020**	**19369**
货币金融服务	Monetary and Financial Services	163584	108595	42020	12969
资本市场服务	Capital Market Services	35440	25300		3000
保险业	Insurance	2800			2800
其他金融活动	Other Financial Activities	6700	6100		600
（十一）房地产业	**Real Estate**	**1949533**	**1564657**	**218380**	**162496**

单位: 万元 unit:10000 yuan

行业	Sector	投资额 Invest-ment	#新建 New Construc-tion	#扩建 Expan-sion	#改建 Reconst-ruction
(十二)租赁和商务服务业	**Leasing and Business Services**	**698085**	**386040**	**190267**	**109778**
租赁业	Leasing	28840			26240
商务服务业	Business Services	669245	386040	190267	83538
(十三)科学研究和技术服务业	**Scientific Research and Technical Service**	**804119**	**504112**	**120342**	**115480**
研究与试验发展	Research and Experimental Development	286104	167840	69624	38865
专业技术服务业	Professional Technical Services	335690	253295	14840	58255
科技推广和应用服务业	Services of Science and Technology Exchangs and Promotion	182325	82977	35878	18360
(十四)水利、环境和公共设施管理业	**Water Conservancy,Environment and Public Facilities Management**	**8259777**	**4890915**	**2172088**	**1103917**
水利管理业	Water Conservancy Management	944341	528741	248612	136988
生态保护和环境治理业	Ecological Protection and Environmentel Treatment Services	233262	129172	80496	13744
公共设施管理业	Managment of Public Facilities	7082174	4233002	1842980	953185
(十五)居民服务和其他服务业	**Services to Households and Other Services**	**546022**	**280365**	**121427**	**127660**
居民服务业	Services to Households	350493	172136	95922	82435
机动车、电子产品和日用产品修理业	Motor Vehicle,Electronic Products and Household Products Repair Services	119240	43649	22805	41016
其他服务业	Other Services	76289	64580	2700	4209
(十六)教育	**Education**	**759952**	**382372**	**272798**	**76952**
教育	Education	759952	382372	272798	76952
(十七)卫生、社会保障和社会福利业	**Health,Social Security and Social Welfare**	**716523**	**331060**	**188335**	**86942**
卫生	Health	574042	291529	110585	64542
社会工作	Social Work	142481	39531	77750	22400
(十八)文化、体育和娱乐业	**Culture,Sports and Entertainment**	**928144**	**737006**	**67011**	**123512**
新闻出版业	Journalism and Publishing Activities	9600	9600		
广播、电视、电影和音像业	Broadcasting,TV,Movies and Audiovisual Activities	66608	35830	22978	7800
文化艺术业	Culture and Art Activities	172759	121245	27033	24481
体育	Sports Activities	498378	438309	12020	48049
娱乐业	Entertainments	180799	132022	4980	43182
(十九)公共管理、社会保障和社会组织	**Public Management,Social Securities and Social Organization**	**1629049**	**1214934**	**185042**	**183332**
中国共产党机关	Organs of Communist Party of China				
国家机构	Government Agencies	1154067	802171	145301	164774
人民政协和民主党派	People' s Political Consultative Conference and Democratic Parties				
社会保障	Social Securities				
群众团体、社会团体和宗教组织	Non-governmental Organizations Social Organizations and Religious Organizations	419359	375891	34560	4988
基层群众自治组织	Grass Roots Self-governing Organizations	55623	36872	5181	13570

5-7 分行业固定资产投资施工投产项目个数（2013）

Number of Investment in Fixed Assets Projects Under Construction and Put into Use by Sector (2013)

行业	Sector	施工项目(个) Number of Projects under Construction (unit)	#新开工 Started this Year	本年投产项目个数(个) Number of Projects Completed and Put into Use (unit)	项目建成投产率(%) Rate of Projects Completed and Put into Use (%)
全省总计	**National Total**	**10062**	**8170**	**8146**	**81.0**
(一)农、林、牧、渔业	**Agriculture,Forestry,Animal Husbandry and Fishery**	**512**	**461**	**457**	**89.3**
农业	Farming	116	101	101	87.1
林业	Forestry	47	41	42	89.4
畜牧业	Animal Husbandry	197	178	175	88.8
渔业	Fishery	9	9	9	100.0
农、林、牧、渔业	Agriculture, Forestry, Animal Husbandry and Fishery Services	143	132	130	90.9
(二)采矿业	**Mining**	**451**	**348**	**364**	**80.7**
煤炭开采和洗选业	Mining and Washing Coal	82	71	67	81.7
石油和天然气开采业	Extraction of Petroleum Natural Gas	108	80	92	85.2
黑色金属矿采选业	Mining and Processing Ferrous Metal Ores	60	39	45	75.0
有色金属矿采选业	Mining and Processing of Non-ferrous Metal Ores	66	40	41	62.1
非金属矿采选业	Mining and Processing of Nonmetal Ores	101	88	90	89.1
开采辅助活动	Mining Auxiliary Activities	30	28	27	90.0
其他采矿业	Mining of Other Ores	4	2	2	50.0
(三)制造业	**Manufacturing**	**5302**	**4340**	**4412**	**83.2**
农副食品加工业	Processing of Food from Agricultural Products	626	501	521	83.2
食品制造业	Manufacture of Foods	188	157	148	78.7
酒、饮料和精制茶制造业	Liquor,Soft Drinle and Refined Tea Manufacturing	238	200	211	88.7
烟草制造业	Manufacture of Tobacco	6	5	4	66.7
纺织业	Manufacture of Textile	48	39	40	83.3
纺织服装、服饰业	Textile and Clothing Apparel Industry	38	35	34	89.5
皮革、毛皮、羽毛(绒)及其制品业	Manufacture of Leather,Fur,Feather and Related Products	22	19	17	77.3
木材加工及木、竹、藤、棕、草制品业	Processing of Timber,Manfacture of Wood,Bamboo,Rattan, Palm and Straw Products	287	239	259	90.2
家具制造业	Manufacture of Furniture	77	57	67	87.0
造纸及纸制品业	Manufacture of Paper and Paper Produts	74	54	52	70.3
印刷业和记录媒介的复制	Prnting Peproduction of Recording Meida	51	44	46	90.2
文教、工美、体育和娱乐用品制造业	Culture,Art,Sports and Entertainment Goods Manufacturing	30	24	24	80.0
石油加工、炼焦及核燃料加工业	Processing of Petroleum,Coking,Processing of Nuclear Fuel	23	19	18	78.3
化学原料及化学制品制造业	Manufacture of Raw Chemical Materials and Chemical Products	404	339	343	84.9
医药制造业	Manufacture of Medicines	292	203	197	67.5
化学纤维制造业	Manufacture of Chemical Fibers	12	7	8	66.7
橡胶和塑料制品业	Manufacture of Rubber and Plastic	180	148	152	84.4
非金属矿物制品业	Manufacture of Non-metallic Mineral Products	712	598	600	84.3
黑色金属冶炼及压延加工业	Simelting and Pressing of Ferrous Metals	35	27	29	82.9
有色金属冶炼及压延加工业	Smelting and Pressing of Non-ferrous Metals	46	26	26	56.5
金属制品业	Manufacture of Metal Products	190	153	162	85.3
通用设备制造业	Manufacure of General PurPose Machinery	261	230	230	88.1
专用设备制造业	Manufacture of Special Purpose Machinery	344	278	274	79.7
汽车制造业	Auto Vehide Manufacturing	732	631	641	87.6
铁路、船舶、航空航天和其他运输设备制造业	Railroads,Ships,Aerospase and other Transportation Facities	48	45	43	89.6
电气机械及器材制造业	Manufacture of Electrical Machinery and Equipment	169	126	134	79.3
计算机、通信和其他电子设备制造业	Manufacture of Communication Equipment, Computer and Other Electronic Equipment	59	40	40	67.8

注：本表不含房地产开发投资和农户投资。
Note:Real estate development investment and farmer investment is not included in the table.

5－7 续表 1 continued

行　　业	Sector	施工项目(个) Number of Projects under Construction (unit)	#新开工 Started this Year	本年投产项目个数(个) Number of Projects completedand Put into use (unit)	项目建成投产率(%) Rate of Projects Completed and Put into use (%)
仪器仪表制造业	Instrument Manufacting Industry	40	35	31	77.5
其他制造业	Other Manufacturing Industry	39	36	35	89.7
废弃资源综合利用业	Compre Hensive Utilization of Waste Resouras	24	18	20	83.3
金属制品、机械和设备修理业	Metal Products,Machinery and Equipment Repair	7	7	6	85.7
(四)电力、燃气及水的生产和供应业	**Production and Supply of Electricity,Gas and Water**	**394**	**279**	**274**	**69.5**
电力、热力的生产和供应业	Production and Supply of Eletric Power and Heat Power	263	180	183	69.6
燃气生产和供应业	Prduction and Supply of Gas	68	59	54	79.4
水的生产和供应业	Prduction and Supply of Water	63	40	37	58.7
(五)建筑业	**Construction**	**160**	**143**	**104**	**65.0**
房屋建筑业	Constraction of Buliding	39	34	24	61.5
土木工程建筑业	Constraction of Civil Engineering	80	69	46	57.5
建筑安装业	Construction Installation	15	15	14	93.3
建筑装饰业和其他建筑业	Constraction Decoration and other Constraction	26	25	20	76.9
(六)批发和零售业	**Wholesale and Retail Trades**	**621**	**528**	**535**	**86.2**
批发业	Wholesale Trade	302	284	260	86.1
零售业	Retail Trade	319	244	275	86.2
(七)交通运输、仓储和邮政业	**Transport,Storage and Post**	**467**	**368**	**334**	**71.5**
铁路运输业	Railway Transport	25	9	9	36.0
道路运输业	Road Transport	235	186	166	70.6
水上运输业	Water Transport	2	1		
航空运输业	Air Transport	2	1	1	50.0
管道运输业	Transport Via Pipeline	9	8	7	77.8
装卸搬运和运输代理业	Loading, Unlooding, Portage and Other Transport Services	29	22	20	69.0
仓储业	Storage	162	138	130	80.2
邮政业	Post	3	3	1	33.3
(八)住宿和餐饮业	**Hotels and Catering Services**	**143**	**112**	**114**	**79.7**
住宿业	Hotels	80	52	57	71.3
餐饮业	Catering Services	63	60	57	90.5
(九)信息传输、软件和信息技术服务业	**Information Transmission,Software and Information Technologh Services**	**87**	**75**	**71**	**81.6**
电信、广播电视和卫星传输服务	Telecommurications,Broadcasting Television and Satelite Transmission	44	36	35	79.5
互联网和相关服务	Internet and Relatsd Services	7	7	7	100.0
软件和信息技术服务业	Software and Infomation Technology Services	36	32	29	80.6
(十)金融业	**Finacial Intermediation**	**33**	**26**	**26**	**78.8**
货币金融服务	Monetary and Financial Services	25	20	18	72.0
资本市场服务	Capital Market Services	5	4	5	100.0
保险业	Insurance	1	1	1	100.0
其他金融活动	Other Financial Activities	2	1	2	100.0
(十一)房地产业	**Real Estate**	**191**	**148**	**143**	**74.9**

5－7 续表 2 continued

行　　业	Sector	施工项目(个) Number of Projects under Construction (unit)	#新开工 Started this Year	本年投产项目个数(个) Number of Projects completed and Put into Use (unit)	项目建成投产率(%) Rate of Projects Completed and Put into Use (%)
(十二)租赁和商务服务业	**Leasing and Business Services**	**77**	**66**	**61**	**79.2**
租赁业	Leasing	5	4	5	100.0
商务服务业	Business Services	72	62	56	77.8
(十三)科学研究和技术服务业	**Scientific Research and Technical Services**	**86**	**75**	**77**	**89.5**
研究与试验发展	Research and Experimental Development	30	29	29	96.7
专业技术服务业	Professional Technical Services	33	26	25	75.8
科技推广和应用服务业	Services of Science and Technology Exchangs and Promotion	23	20	23	100.0
(十四)水利、环境和公共设施管理业	**Water Conservancy,Environment and Public Facilities Management**	**869**	**694**	**663**	**76.3**
水利管理业	Water Conservancy Management	186	149	137	73.7
生态保护和环境治理业	Ecological Protection and Environmentel Treatment Services	53	40	37	69.8
公共设施管理业	Managment of Public Facilities	630	505	489	77.6
(十五)居民服务和其他服务业	**Services to Households and Other Services**	**95**	**77**	**73**	**76.8**
居民服务业	Services to Households	48	38	35	72.9
机动车、电子产品和日用产品修理业	Motor Vehicle,Electronic Products and Household Products Repair Services	31	26	26	83.9
其他服务业	Other Services	16	13	12	75.0
(十六)教育	**Education**	**116**	**92**	**91**	**78.4**
教育	Education	116	92	91	78.4
(十七)卫生、社会保障和社会福利业	**Health,Social Security and Social Welfare**	**107**	**82**	**83**	**77.6**
卫生	Health	75	58	61	81.3
社会工作	Social Work	32	24	22	68.8
(十八)文化、体育和娱乐业	**Culture,Sports and Entertainment**	**98**	**63**	**70**	**71.4**
新闻出版业	Journalism and Publishing Activities	1	1	1	100.0
广播、电视、电影和音像业	Broadcasting,TV,Movies and Audiovisual Activities	9	7	6	66.7
文化艺术业	Culture and Art Activities	36	20	20	55.6
体育	Sports Activities	23	14	18	78.3
娱乐业	Entertainments	29	21	25	86.2
(十九)公共管理、社会保障和社会组织	**Public Management,Social Securities and Social Organization**	**253**	**193**	**194**	**76.7**
中国共产党机关	Organs of Communist Party of China				
国家机构	Government Agencies	195	143	145	74.4
人民政协和民主党派	People' s Political Consultative Conference and Democratic Parties				
社会保障	Social Securities				
群众团体、社会团体和宗教组织	Non-governmental Organizations Social Organizations and Religious Organizations	45	39	37	82.2
基层群众自治组织	Grass Roots Self-governing Organizations	13	11	12	92.3

5-8 房地产开发投资主要指标
Main Indicators of Investment for Real Estate Development

指　标	Item	2012	2013
企业个数（个）	**Number of Enterprises(unit)**	**1709**	**1700**
内资	Domestic Investment Enterprises	1677	1671
# 国有	State-owned Enterprises	22	6
集体	Collective-owned Enterprises	5	1
股份有限公司	Joint Stock Corporations	94	96
港澳台投资	Investment Hong Kong,Macao and Taiwan	23	21
外商投资	Foreign Investment	9	9
投资完成额（亿元）	**Total Value of Investment Completed(100 million yuan)**	**1310.03**	**1252.43**
按构成分	Grouped by Use of Funds		
# 建筑安装工程	Construction and Installation	925.06	998.24
设备工器具购置	Purchase of Equipment and Instruments	10.73	12.15
按工程用途分	Grouped by Use of Projects		
# 住宅	Residential Buildings	987.74	911.45
本年资金来源	Sources of Fund in This Year		
国内贷款	Domestic Loans	109.70	126.57
利用外资	Foreign Investment	1.89	5.15
自筹资金	Self-raising Funds	878.38	804.59
其他投资	Others	320.06	316.12
土地开发及购置（万平方米）	**Land Development and Purchase(10000 sq.m)**		
本年购置土地面积	Land Space Purchased This Year	1539.01	1143.95
商品房销售情况	**Selling of Commercial Houses**		
房屋销售面积（万平方米）	Floor Space Commercial Buildings Sold(10000 sq.m)	2452.42	2214.96
# 住宅	Residential Buildings	2159.43	1985.95
商品房销售额（亿元）	Total Sales of Commercial Buildings(100 million yuan)	1016.95	993.04

5-9 房地产开发企业从业人员数

Numer of Employed Persons in Enterprises for Real Estate Development

单位:人　　unit:Person

年份 Year	合计 Total	国有 State-owned Enterprises	集体 Collective-owned Enterprises	股份有限公司 Share-holding Corporations Ltd	港澳台商投资 Funds from Hong Kong, Macao and Taiwan	外商投资 Foreign Funded Enterprises	其他 Others
2001	14465	4263	659	7565	367	128	1483
2002	14392	2263	390	1454	342	265	9678
2003	15331	2191	82	1748	389	372	10549
2004	24708	6034	55	2732	600	785	14502
2005	22332	1865	77	2202	643	714	16831
2006	27223	1689	84	2174	762	702	21812
2007	30527	1338	153	2249	834	636	25317
2008	30590	1554	194	2109	700	412	25621
2009	29080	652	178	2237	633	257	25123
2010	29837	477	187	1793	651	265	26464
2011	39452	1087	256	18207	1157	297	18448
2012	39288	1003	117	20353	1249	286	16280
2013	38831	2453	322	20825	1263	306	13662

5-10 房地产开发完成投资额

Actually Completed Investment for Real Estate Development

单位:万元　　unit:10000 yuan

年份 Year	本年完成投资额 Investment Completed This Year	按构成分 By Use of Funds			
		建筑安装工程 Construction and Installation	设备、工器具购置 Purchase of Equipment and Instruments	其他费用 Others	#土地购置 Land Purchase
1999	529843	437197	2549	90097	
2000	635194	495420	2956	136818	
2001	929705	772558	8363	148784	31445
2002	1167724	953827	8810	205087	79155
2003	1392394	1056394	15690	320310	188938
2004	1624782	1191700	16900	416182	246472
2005	1957345	1468893	14843	473609	243325
2006	3101571	2336393	8446	756732	386437
2007	4900844	3741480	18736	1140628	587676
2008	6408364	5141808	63314	1203242	608292
2009	7566737	6179246	36572	1350919	712958
2010	9210117	7434156	14156	1761805	1252993
2011	11953911	9245197	40122	2668592	1868331
2012	13100259	9942288	107268	3050703	2255877
2013	12524257	9982382	121506	2420369	1735697

5-11 房地产开发建设按工程用途分的投资额和新增固定资产

Actually Completed Investment for Real Estate Development by Use and Newly Increased Fixed Assets

单位: 万元　　unit:10000 yuan

年 份 Year	按工程用途分的投资额 By Use of Projects				新增固定资产 Newly Increased Fixed Assets
	住宅 Residential Buildings	办公楼 Office Buildings	商品营业用房 Houses for Business Use	其他 Others	
1999	326646	19196	103114	80887	421856
2000	399799	19680	124702	91013	478281
2001	678293	29180	167848	54384	803155
2002	798763	36066	249163	83732	943180
2003	977740	60698	291525	62431	967027
2004	1139836	63859	308426	112661	966120
2005	1454869	70410	330340	101726	834971
2006	2414788	90449	406237	190097	1462109
2007	3980067	72409	623715	224653	2147816
2008	5343926	93880	717163	253395	2783928
2009	6052327	153008	962807	398595	3220217
2010	7317269	138718	1160245	593885	5865131
2011	9208055	201628	1600637	943591	5907332
2012	9877438	313270	1789054	1120497	5655047
2013	9114450	418277	1935594	1055936	7635088

5-12 房地产开发建设房屋施工面积

Floor Space of Buildings under Construction for Real Estate Development

单位: 平方米　　unit:sq.m

年 份 Year	施工房屋建筑面积 Floor Space of Buildings under Construction	#新开工 Started This Year	住宅 Residential Buidings	办公楼 Office Buildings	商业营业用房 Houses for Business Use	其他 Others
1999	7513773	4035149	5466956	255447	1487725	303645
2000	7811364	6163948	5826814	255693	1539684	189173
2001	12572972	9952115	10047457	338612	1902865	284038
2002	14638817	10087551	10965950	403507	2845360	424000
2003	14377363	9602758	10807109	582667	2608218	379369
2004	15430259	10071186	11576669	745914	2626151	481525
2005	18899925	12861393	15252107	532375	2565886	549557
2006	28467199	21179229	23851539	611179	3343419	661062
2007	43700329	29328026	36559660	608497	5007037	1525135
2008	49213978	29449187	41488335	851454	4996421	1877768
2009	53693369	32623532	44389103	972208	5753849	2578209
2010	70694709	35253007	57588659	1046684	8104733	3954633
2011	91234149	49914466	72651099	1661309	11318643	5603098
2012	109357999	48267557	85125959	2072196	14708706	7451138
2013	121812769	37462431	93177664	3027171	16275329	9332605

5-13 房地产开发建设房屋建筑面积和造价

Floor Space and Cost of Buildings Developed for Real Estate Development

年 份 Year	竣工房屋建筑面积(平方米) Floor Space of Buildings under Completed (sq.m)	住 宅 Residential Buildings	办公楼 Office Buildings	商业营业用 房 Houses for Business Use	其 他 Others	竣工房屋造价(元/平方米) Cost of Buildings Completed (yuan/sq.m)	#住 宅 Residential Buidings
1999	3685700	2764800	167400	626600	126900	1087	864
2000	4648128	3669471	112762	732491	133404	969	912
2001	6286898	4980687	109414	1029711	167086	1084	1046
2002	7558510	5935498	211244	1224620	187148	1149	1065
2003	7109851	5383728	189393	1350399	186331	1154	1073
2004	7102486	5724869	253866	932166	191585	1112	1005
2005	6227590	4961164	168280	945772	152374	1086	994
2006	9348495	7859107	351082	952419	185887	1201	1124
2007	12917989	11474601	159565	932381	351442	1155	1122
2008	15419556	13432087	238090	1363988	385391	1379	1342
2009	14696419	12935916	99233	1280236	381034	1442	1385
2010	20305160	16949615	127446	2245284	982815	1675	1622
2011	18789327	15482168	194511	2072842	1039806	2032	1979
2012	19278702	16135936	164300	2230670	747796	2002	1945
2013	22536496	17699470	256054	3075023	1505949	2225	2148

5-14 商品房屋销售情况

Selling of Commercial Buildings

年 份 Year	实际销售商品房屋面积(平方米) Floor Space Commercial Buildings Sold (sq.m)	住 宅 Residential Buidings	办公楼 Office Buildings	商业营业用 房 Houses for Business Use	其他 Others	商品房屋销售额(万元) Total Sale of Commercial Buildings (10000 yuan)	#住 宅 Residential Buidings
1999	2121017	1785528	65787	267130	2572	304553	220764
2000	3093425	2674873	44490	344884	29178	435515	347385
2001	3851320	3378449	23162	437003	12706	597880	490070
2002	5182828	4326747	83260	724105	48716	862852	648388
2003	5011405	4363248	122582	460298	65277	788764	631448
2004	7016498	6010273	137436	774344	94445	1189469	930730
2005	7659092	6809214	147879	634788	67211	1443915	1184503
2006	9749103	8792384	214703	639662	102354	1959171	1634000
2007	12923870	11843969	94916	841107	143878	2955579	257830
2008	15838707	14357309	156715	1055241	269442	3971105	3444370
2009	19442978	17583736	97054	1391315	370873	5671879	4902250
2010	23821025	21053282	77461	2203046	487236	8686946	7359079
2011	24325555	21223389	99698	2390368	612100	10615628	8831622
2012	24524245	21594307	147547	2194900	587491	10169480	8368014
2013	22149634	19859455	212501	1573075	504603	9930394	8397317

5-15 能源工业固定资产投资额
Total Investment in Fixed Assets of Energy Industry

单位: 万元 unit:10000 yuan

项 目	Item	2007	2008	2009	2010	2011	2012	2013
总计	**Total**	**4555300**	**6151914**	**5721397**	**10772896**	**6939719**	**7391205**	**6627099**
煤炭开采和洗选业	Mining and Washing of Coal	417152	526003	575161	1151167	881140	976546	563118
石油和天然气开采业	Extraction of Petroleum and Natural Gas	1825176	1755206	2062276	3226532	1601332	2284882	1778972
电力、蒸汽、热水的生产和供应业	Production and Supply of Power and Hot Water	2138861	3567855	2834085	5594955	3868786	3453162	3484549
石油加工、炼焦及核燃料加工业	Processing of Petroleum,Coking and Processing of Nuclear Fuel	62731	122527	90032	356257	215587	306009	205732
燃气生产和供应业	Production and Supply of Gas	111380	180323	159843	443985	372874	370606	594728
能源投资占全社会固定资产投资比重(%)	Energy Investment Account for Percentage of Investment in Fixed Assets	11.4	11.0	11.0	11.2	9.3	7.8	6.6

5-16 基础设施固定资产投资额
Total Investment in Fixed Assets of Basic Construction

单位: 万元 unit:10000 yuan

项 目	Item	2007	2008	2009	2010	2011	2012	2013
总计	**Total**	**7791788**	**9712491**	**11821713**	**19888060**	**11886730**	**15928295**	**17406614**
交通运输、仓储及邮电通信业	Transport, Storage and Post	2822254	2600979	3969592	7906879	4832225	5282772	5848165
# 铁路	Railway Transport	140459	282227	554727	1860640	1146530	1077022	1518596
道路	Road Transport	1703730	1612682	2442275	4219725	2354768	2773016	2632501
航空	Air Transport	35332	34015	9020	24954	7688	28550	21187
仓储业	Storage	364970	469368	564856	1090465	679286	1073028	1321693
邮电通信	Post	363649	371621	13122	38990	19322	27360	6800
电力、热力的生产和供应业	Production and Supply of Power and Heat	1796172	3258560	2834085	5594955	3086849	3453162	3484549
燃气生产和供应业	Production and Supply of Gas	111380	180323	159843	443985	372874	370606	594728
水的生产和供应业	Production and Supply of Water	342689	309295	393946	579116	409063	315204	396998
公共设施管理业	Management of Public Facilities	2719293	3363334	4464247	5363125	3185719	6506551	7082174
基础设施投资占全社会固定资产投资比重(%)	Basic Construction Account for Percentage of Fixed Assets	19.5	17.3	22.7	20.7	16.0	16.7	17.5

5－17　各市县固定资产投资（不含农户）（2013）

City and County of Investment in Fixed Assets (Exduding Rural)（2013）

单位：万元

市、县	City, County	总计 Total	#国有单位 State ouned units	#房地产开发 Real Estate Developmend
全　省	**Total**	**97257583**	**27032099**	**12524257**
长春市	**Changchun**	**32573210**	**10459104**	**6135822**
市　区	District	26593586	9563720	5765543
农安县	Nong' an	1655272	189246	94384
九台市	Jiutai	1754854	461583	140094
榆树市	Yushu	1558198	123104	11193
德惠市	Dehui	1011300	121451	124608
吉林市	**Jilin**	**19324146**	**3478039**	**2298738**
市　区	District	11840081	2126649	1500842
永吉县	Yongji	1001990	297293	113745
蛟河市	Jiaohe	1532146	428325	110120
桦甸市	Huadian	1715683	155010	361060
舒兰市	Shulan	1359426	173919	80800
磐石市	Panshi	1874820	296843	132171
四平市	**Siping**	**6403809**	**1078940**	**486384**
市　区	District	1737812	192222	190787
梨树县	Lishu	690159	81325	32653
伊通满族自治县	Yitong	490214	77721	18093
公主岭市	Gongzhuling	2578151	248833	153171
双辽市	Shuangliao	907473	478839	91680
辽源市	**Liaoyuan**	**5016190**	**849350**	**440479**
市　区	District	2303575	326116	267526
东丰县	Dongfeng	1503016	267120	87164
东辽县	Dongliao	1209599	256114	85789
通化市	**Tonghua**	**7571122**	**1847919**	**846151**
市　区	District	1819328	292141	325008
通化县	Tonghua	958075	107027	79003
辉南县	Huinan	963821	251250	67281

单位：万元

5－17 续表

市、县	City, County	总计 Total	#国有单位 State ouned units	#房地产开发 Real Estate Developmend
柳河县	Liuhe	866745	439569	19668
梅河口市	Meihekou	2024425	355562	322732
集安市	ji' an	938728	402370	32459
白山市	**Baishan**	**5049964**	**1617957**	**412268**
市区	District	2182423	286854	238464
抚松县	Fusong	1140870	739123	79312
靖宇县	Jingyu	521285	157183	44067
长白朝鲜族自治县	Changbai	461986	136793	25075
临江市	Linjiang	743400	298004	25350
松原市	**Songyuan**	**9882823**	**2132937**	**1030478**
市区	District	3488319	792505	649371
前郭尔罗斯蒙古族自治县	Qianguo	1931752	304408	220940
长岭县	Changling	1713479	496578	45737
乾安县	Qian' an	1297974	119511	27630
扶余县	Fuyu	1451299	419935	86800
白城市	**Baicheng**	**4801490**	**2869658**	**133494**
市区	District	1185277	460635	55549
镇赉县	Zhenlai	931796	625252	27034
通榆县	Tongyu	860060	688403	11600
洮南市	Taonan	1039989	381427	18134
大安市	Da' an	784368	713941	21177
延边朝鲜族自治州	**Yanbian**	**6634829**	**2698195**	**740443**
延吉市	Yanji	2029142	742587	246880
图们市	Tumen	354111	197914	12191
敦化市	Dunhua	1236800	690893	107109
珲春市	Hunchun	1075100	302623	215599
龙井市	Longjing	354100	143737	33966
和龙市	Helong	454133	213513	17293
汪清县	Wangqing	569543	200433	16169
安图县	Antu	561900	206495	91236

CHAPTER ▶ 06

第六篇

对外经济贸易和旅游业

FOREIGN ECONOMY TRADE AND INTERNATIONAL TOURISM

6－1 历年进出口贸易总额
Total Value of Imports and Exports

年 份 Year	进出口总额（万美元）Total Imports and Exports (USD 10000)	出口总额 Total Exports	进口总额 Total Imports	进出口总额（万元）Total Imports and Exports (10000yuan)	出口总额 Total Exports	进口总额 Total Imports
1957	1106	1106		2881	2881	
1962	849	829	20	2091	2042	49
1965	3021	2888	133	7436	7109	327
1970	495	93	402	1218	228	990
1975	2623	1886	737	5164	3713	1451
1978	3704	2357	1347	6372	4055	2317
1979	6067	4413	1654	9683	6840	2843
1980	11108	6625	4483	16024	9344	6680
1981	17196	12896	4300	30093	22568	7525
1982	17753	13207	4546	34172	25422	8750
1983	21884	16661	5223	42833	32610	10223
1984	34046	24972	9074	75048	55046	20002
1985	55072	42712	12360	176295	136731	39564
1986	71716	52515	19201	266855	195408	71447
1987	63946	46766	17180	237981	174044	63937
1988	70766	53214	17552	263363	198041	65322
1989	94459	68447	26012	351538	254732	96806
1990	95272	75172	20100	449821	354920	94901
1991	134933	102707	32226	716204	545154	171050
1992	192278	130678	61600	1095985	744865	351120
1993	298100	161649	136451	2592173	1405643	1186530
1994	361209	202247	158962	3052216	1708987	1343229
1995	271474	141932	129542	2266997	1185231	1081766
1996	283725	150440	133285	2354918	1248652	1106266
1997	185442	93293	92149	1535460	772466	762994
1998	165282	74904	90378	1368204	620075	748149
1999	221698	101956	119742	1835549	844145	991404
2000	255396	124164	131232	2114168	1027830	1086338
2001	313330	146343	166987	2593307	1211222	1382085
2002	370724	176815	193909	3068394	1463351	1605043
2003	617230	216199	401031	5108627	1789414	3319213
2004	679326	171504	507822	5622442	1419453	4202989
2005	652837	246688	406149	5268525	1990821	3277704
2006	791407	299668	491739	6179860	2340018	3839842
2007	1029943	385819	644124	7523322	2818254	4705068
2008	1334065	477159	856906	9265215	3313917	5951298
2009	1174744	313154	861590	8024676	2139155	5885521
2010	1684637	447640	1236997	11404150	3030299	8373851
2011	2204742	499848	1704894	14239988	3228418	11011570
2012	2457171	598269	1858902	15510892	3776573	11734319
2013	2585254	675701	1909553	16010995	4184751	11826244

注：本表1978–1996年为外贸部门统计数，进出口总额中未包括口岸代理进口数。从1997年开始为海关统计数。
Note：Data were obtained from the minstry of foreign trade during 1978 – 1996, and data have been obtain from the costoms since 1997.

6－2　海关主要商品出口总值（2013）
Total Value of Main Exports Commodities（2013）

单位: 万美元　　　　　　　　　　　　　　　　　　　　unit:10000 dollars

品　　名	Item	数量单位 The Number of Units	数量 Amount	金额 Sum
出口贸易总值	**Total Exports Value**			**675701**
肉及杂碎	Meat and Fried minced	吨 ton	5611	2406
水海产品	Aquatic and Seawater Products	吨 ton	16306	6607
填充用羽毛.羽绒	Feathers and Down for Stuffing	吨 ton	169	1954
中药材及中式成药	Chinese Herbal medicine and Chinese Medicine	吨 ton	4760	8976
蔬菜	Vegetables	吨 ton	42561	7377
鲜、干水果及坚果	Fresh、Dry Fruits and Nuts	吨 ton	21706	14909
粮食	Grain	万吨 10000tons	17	14822
食用油籽	Edible Oil	吨 ton	45587	6709
医药品	Pharmaceutical Products	吨 ton	9785	7043
肥料	Fertilizer	吨 ton	162584	5011
塑料制品	Plastic Products	吨 ton	27661	18475
新的充气橡胶轮胎	New Rubber Tyres			9035
箱包及类似容器	Suitcase and Similar Packages			10676
锯材	Aluminum	立方米 cu.m	14214	1374
胶合板及类似多层板	Veneer and Similar Products	万立方米 10000 cu.m	23	36007
家用或装饰用木制品	Wood for Household and Decoration	吨 ton	7582	1709
纸及纸板(未切成形的)	Paper and Newspaper(not cut)	吨 ton	2719	1252
纺织纱线、织物及制品	Textile Yarn,Fabircs and Products			22682
服装及衣着附件	Clothing and Garniture			65554
鞋	Shoes	万双 10000pairs	1130	13365
玻璃制品	Glasswork			3964
生铁及镜铁	Pig Iron and Spiegeleisen	吨 ton	35644	1281
铁合金	Ferroalloy	吨 ton	3583	638
钢材	Steels	吨 ton	76015	5819
未锻造的铝及铝材	Unwrought Aluminum and Rolled Aluminum	吨 ton	2081	1036
手用或机用工具	Hand Tools or Machine	吨 ton	4152	3538
自动数据处理设备及其部件	Automatic Data Processing Equipment and Parts	台 unit	1235735	1005
通断保护电路装置及零件	Electrical Apparatus for Switching or Protecting Electrical			1649
二极管及类似半导体器件	Cricuits Diode and Similar Semiconductor	万个 10000 units	102171	11160
集成电路	Integrated Circuit	万个 10000 units	8210	633
电线和电缆	Wire and Cable	吨 ton	1448	2140
汽车(包括整套散件)	Car（Including a complete set of spare Parts)	辆 coach	18787	22576
汽车零件	Parts of Motor Vehicles			14470
摩托车	Motorcycle	辆 coach	36490	1476
家具及其零件	Furniture and Parts			25051
床垫、寝具及类似品	Mattress,Bedclothing and Similar Products			1742
灯具、照明装置及其零件	Lamps, Lighting Equipment and Its Parts			12414
体育用品及设备	Sporting Goods and Equipment			1906

6－3 海关主要商品进口总值（2013）

Total Value of Main Imports Commodities（2013）

单位：万美元 unit:10000 dollars

品　　名	Item	数量单位 The Number of Units	数量 Amount	金额 Sum
进口贸易总值	**Total Value of Imports**			**1909553**
冻鱼、冻鱼片	Frozen Fish Frozen Fish Fillet	吨 ton	14106	1857
鲜、干水果及坚果	Fresh Dry Fruits and Nuts	吨 ton	6976	3735
粮食	Grain and Grist	吨 ton	1406101	84940
铁矿砂及其精矿	Iron Ores and Refined Ores	吨 ton	2479426	28874
锰矿砂及其精矿	Manganses Sand and Refined Ores	吨 ton	275725	5634
铜矿砂及其精矿	Copper Sand and Refined Ores	吨 ton	20273	563
铬矿砂及其精矿	Chrome Ore and Refined Ores	吨 ton	122974	2594
煤	Coal	吨 ton	513125	6613
初级形状的塑料	Primary Shape Plastic	吨 ton	45094	10923
塑料制品	Plastic Products	吨 ton	2318	4898
非泡沫塑料的板.片.膜.箔	Unfoam Board,Fflake,Diaphragm,Foil	吨 ton	1558	1479
天然橡胶(包括乳胶)	Natural Rubber (Including latex)	吨 ton	7842	2043
合成橡胶(包括乳胶)	Synthetic Rubber (Including latex)	吨 ton	16558	4723
锯材	Sawn Timber	立方米 cu.m	91973	3280
纸浆	Palp	吨 ton	11761	1111
棉花	Cotton	吨 ton	2675	569
纺织纱线、织物及制品	Textile Yarn,Fabrics and Proclucts			7581
钢材	Steel	吨 ton	118186	16383
钢坯及粗锻件	Steel and Rough Forging	吨 ton	14551	1010
钢铁制标准坚固件	Iron and Steel Fasteners Standard	吨 ton	22076	20005
活塞式内燃机的零件	Piston Type Internal Combustion Engine Parts	吨 ton	4321	13320
液泵及液体提升机	Liquid Pump and Liquid Hoist	台 unit	2193786	8198
制冷设备用压缩机	Compressors for Refrigerating Equipment	台 unit	327859	5515
空气调节器	Air Conditioners	台 unit	228450	5973
机械提升搬运装卸设备及零件	Mechanical Handling Equipment and Parts			4305
纺织机械及零件	Textile Machinery and Parts			2192
金属加工机床	Metal Processing Machine Tool	台 unit	512	28626
橡胶或塑料加工机械及零件	Rubber or Plastic Processing Machinery and Parts			2617
型模及金属铸造用型箱	Mold and Metal Casting Type Box	吨 ton	142	2729
阀门	Valve	万套 10000 sets	424	2092
电动机及发电机	Motors and Generators	万台 10000 unit	788	9669
变压.整流.电感器及零件	Transformer,Rectifier, Inductors and Parts			5557
蓄电池	Battery	万个 10000 unit	43	7544
声音录制和重放设备	Sound Recording and Playback Setting			1046
电视摄像机.数字照相机及视频摄录一体机	Television Cameras,Digital Camers and a complete of Spare Parts	台 unit	24553	869
无线电导航雷达及遥控设备	Wireless Navigation Radar and Control Equipments	台 unit	3829790	1858
收音设备(包括收录音组合机及整套散件)	Radio Equipment			15971
电视.收音机及无线电讯装置的零附件	Television,Radiogram and Wireless Radiotelephone Equipment	吨 ton	577	37873
电容器	Capacitor	吨 ton	61	1184
通断保护电路装置及零件	Protection Devices and Electrical Parts			30797
二极管及类似半导体器件	Diode and Similar Semiconductor	百万个 Million units	565	1940
集成电路	Integrated Circuit	百万个 Million units	173	10900
电线和电缆	Wire and Cable	吨 ton	2246	5452
汽车(包括整套散件)	Auto (included complete set of pieces)	辆 coach	90356	506100
汽车零件	Parts of Motor Vehicles			526928
医疗仪器及器械	Medical Instruments and Appliances			6471
计量检测分析自控仪器及器具	Measurement Analysis of the Control Instrument and Appliances			95062

6-4 全部企业按贸易方式分进出口总值表（2013）
Total Value of Imports and Exports by Trade Mode（2013）

单位：万美元 unit:10000 dollars

指标	Item	进出口总值 Total Imports and Exports	出口总值 Total Exports	进口总值 Total Imports
进出口贸易总值	**Total Value of Imports and Exports**	**2585254**	**675701**	**1909553**
一般贸易	General Trade	2306861	478201	1828659
国家间、国际组织无偿援助和赠送的物资	Ponation of Tnternational Associations	1005	1005	
华侨、港澳同胞、外籍华人捐赠物资	Donation of Overseas Chinese	2		2
加工贸易	Processing Trade	157841	119431	38411
补偿贸易	Compensation Trade			
来料加工装配贸易	Processing and Assembly Trade	57421	44614	12808
进料加工贸易	Processing Trade for Imported Material	100420	74817	25603
寄售、代销贸易	Sale by Consignment	34	34	
边境小额贸易（边民互市贸易除外）	Small Trade on Border	52656	33332	19324
加工贸易进口设备	Imported Equipment for Processing Trade	16		16
对外承包工程出口货物	Exported Goods on Contracted Projects	451	451	
租赁贸易	Leasehold Trade			
外商投资企业作为投资进口的设备、物品	Imported Equipment used as Investment by Foreign Funded Enterprises	9905		9905
出料加工贸易	Prossing Trade for Exported Materials	369	176	192
易货贸易	Dicker Trade			
免税外汇商品	Tax-free Foreign Exchange Commodities			
保税监管场所进出境货物	Importing Goods in Bonded Supervision Places	10833	4419	6414
海关特殊监管区域物流货物	Goods in the Areas under Special Customs Supervision	7067	1470	5597
海关特殊监管区域进口设备	Imported Equipment in the Areas under Special Customs Supervision	24		24
其它	Others	38192	37183	1009

6－5 全部企业按主要国家（地区）分进出口总值表（2013）

Total Value of Imports and Exports of All Enterprises by Major Countries（regions）（2013）

单位：万美元　　unit:10000 dollars

国别（地区）	Region	进出口总值 Total Exports and Imports	出口总额 Total Exports	进口总额 Total Imports
进出口贸易总值	**Total Value of Imports and Exports**	**2585254**	**675701**	**1909553**
亚洲	**Asia**	**702427**	**345103**	**357323**
# 柬埔寨	Kampuchea	1717	1692	25
香港	Hongkong	27506	26997	510
印度	India	27761	23661	4100
印度尼西亚	Indonesia	23117	16452	6665
伊朗	Iran	14600	14367	233
伊拉克	Iraq	559	559	
以色列	Israel	3227	2509	719
日本	Japan	300245	69957	230288
约旦	Jordan	773	773	
马来西亚	Malayqia	31525	21921	9604
巴基斯坦	Pakistan	10974	8114	2860
菲律宾	The Philippines	10317	7752	2565
沙特阿拉伯	Saudi Arabia	7895	7393	502
新加坡	Singapore	16388	13510	2878
韩国	South Korea	66425	35735	30690
叙利亚	Syria	268	268	
泰国	Thailand	22021	15552	6469
土耳其	Turkey	6675	2894	3781
阿拉伯联合酋长国	United Arab Emirates	5985	5277	708
越南	Vietnam	12007	10845	1162
中国台湾	Taiwan,China	15269	7833	7435
哈萨克	Kazakstan	1512	1477	35
非洲	**Africa**	**60275**	**36732**	**23542**
# 阿尔及利亚	Algeria	1589	1589	
埃及	Egypt	1859	1376	483
埃塞俄比亚	Ehtiopia	236	206	30
加纳	Chana	661	661	
尼日利亚	Nigeria	3031	3031	
南非（阿扎尼亚）	South Africa	33391	12627	20764
苏丹	Sudan	1991	1717	273

6－5　续表

单位：万美元　　　　unit:10000 dollars

国　　别（地区）	Region	进出口总值 Total Exports and Imports	出口总额 Total Exports	进口总额 Total Imports
欧洲	**Europe**	**1539449**	**160206**	**1379243**
# 比利时	Belgium	67705	7445	60260
丹麦	Denmark	3961	1795	2166
英国	UK	17549	13210	4339
德国	Germany	896587	21446	875140
法国	France	20514	3480	17035
爱尔兰	Ireland	696	289	407
意大利	Italy	31396	10464	20932
卢森堡	Luxemburg	500	18	481
荷兰	Netherland	27896	17464	10433
西班牙	Spain	44841	5659	39182
奥地利	Austria	19227	731	18496
匈牙利	Hungary	89570	366	89203
挪威	Norway	2542	843	1698
波兰	Poland	7531	3383	4148
瑞典	Sueden	7231	3705	3527
瑞士	Switzerland	7196	213	6983
俄罗斯	Russia	70035	60734	9301
乌克兰	UKraine	2754	2449	306
捷克共和国	Czech Rep	38760	553	38207
拉丁美洲	**Latin America**	**95208**	**25702**	**69506**
# 阿根廷	Argentina	4630	774	3856
巴西	Brazil	68310	6795	61515
墨西哥	Mexico	8211	4568	3643
委内瑞拉	Venezuela	775	775	
北美洲	**North America**	**116423**	**64673**	**51750**
加拿大	Canada	11717	7911	3806
美国	USA	104706	56762	47944
大洋洲	**Oceanic and Pacific Islands**	**71418**	**43285**	**28133**
# 澳大利亚	Austrialia	67667	42464	25203
国别不详的或联合国组织	**U.N.Organization**	**56**		**56**
东盟组织	**The Association of Southest Asian**	**119387**	**90015**	**29372**
欧盟组织	**European Economic Community**	**1453435**	**95156**	**1358279**

6－6 实际利用外资情况
Actually Utilization of Foreign Capital

单位：万美元　　unit：10000 dollars

指　　标	Item	2012	2013
签订合同数（个）	**Number of Signed Contracts**	**107**	**101**
签订利用外资协议合同额	**Total Value of Foreign Capital Through Signed Contracts and Agreements**	**138964**	**73435**
对外借款	Foreign Loans		
外商直接投资	Direct Foreign Investment	138964	73435
外商其他投资	Other Foreign Investment		
实际利用外资额	**Total Amount of Foreign Capital Actually Used**	**581597**	**676415**
对外借款	Foreign Loans	237395	6537
外商直接投资	Direct Foreign Investment	164865	181949
外商其他投资	Other Foreign Investment	179337	487929

6－7 国外经济合作情况
Economic Cooperation with Foreign County

指　　标	Item	新签合同（万美元）New Contracted (10000 USD)		实际完成（万美元）Actual Finish (10000 USD)	
		2012	2013	2012	2013
合计	**Total**	**46138**	**47903**	**84180**	**92754**
对外承包工程	Contracted Projects	23077	33226	46653	51318
对外劳务工程	Labor Cooperation	23061	14677	37527	41436

6-8 旅游事业发展情况（一）
Development of Tourism（One）

年 份 Year	星级饭店总数（个） Total Number of Star-ranked Holels (unit)	入境旅游人数（万人次） Number of International Tourists (10 000 person - times)	#外国人 Foreigners	国际旅游外汇收入（万美元） Foreign Exchange Earning From Tourism (10 000 USD)	国内旅游人次（万人次） Number of Domestic Tourists (10 000 person - times)	国内旅游收入（万元） Income from Domestic Tourism (10 000yuan)	国内旅游人均花费（元） Domestic Tourism Spending Per Capita (yuan)
1981	135						
1982	130						
1983	130						
1984	156						
1985		2.4	1.0	165		1261	
1986		3.1	1.6	235		1203	
1987		3.6	1.5	255		1995	
1988		4.2	1.8	380		3174	
1989	23	2.5	1.2	335		3293	
1990	27	4.6	3.0	610		4353	
1991	33	6.2	3.6	859		7848	
1992	35	8.4	5.3	1106		25492	
1993	38	7.9	5.6	1110		27606	
1994	48	10.7	9.3	2488			
1995	52	15.6	14.5	4148			
1996	72	18.8	17.6	5310			
1997	73	20.0	18.1	5935	1240	167100	134.8
1998	86	13.1	11.6	3783	1317	266100	202.1
1999	95	15.9	14.1	4483	1463	349000	238.6
2000	151	22.3	19.2	5804	1809	519400	287.1
2001	151	27.2	23.7	7579	2225	773900	347.8
2002	172	29.4	25.9	8700	2455	1081700	440.6
2003	182	21.2	18.5	6638	2331	1362200	584.3
2004	176	32.4	27.7	9600	2588	1759200	679.8
2005	198	37.3	30.7	11953	2851	2193400	769.4
2006	210	44.9	36.8	14244	3193	2640000	826.9
2007	216	54.4	44.2	17931	3704	3365100	908.6
2008	236	61.7	52.5	21144	4497	4361000	969.8
2009	231	68.1	58.3	24294	5433	5641000	1038.3
2010	223	82.0	72.2	30492	6409	7123900	1111.6
2011	208	99.3	85.5	38528	7542	9042900	1199.0
2012	228	118.3	100.9	49477	8854	11468900	1295.3
2013	223	127.4	110.5	57053	10242	14416400	1407.6

6-9 旅游事业发展情况（二）
Development of Tourism（Two）

指　　标	Item	单位 Unit	2012	2013
入境旅游者人数	Total Number of International Tourists	人次 person - time	1182689	1273559
外国人	Foreigners	人次 person - time	1009035	1104519
港澳同胞	Compatriots from HongKong and Macao	人次 person - time	96960	93368
台湾同胞	Compatriots from Taiwan	人次 person - time	76694	75672
海外旅游者人天数	Intenational Tourists for One Day	人天 person - day	2739903	3054323
外国人	Foreigners	人天 person - day	2300471	2623039
港澳同胞	Compatriots from HongKong and Macao	人天 person - day	242778	245620
台湾同胞	Compatriots from Taiwan	人天 person - day	196654	185664
国际旅游外汇收入	Foreign Exchange Earnings from Tourism	万美元 10000 USD	49477	57053
国内旅游人数	Total Number of Domestic Tourists	万人次 10000 person - times	8854.28	10241.93
国内旅游收入	Income from Domestic Tourism	亿元 100 million yuan	1146.89	1441.64
旅游接待总人数	Total Number of Tourists	万人次 10000 person - times	8972.55	10369.28
旅游业总收入	Total Income of Tourism	亿元 100 million yuan	1178.06	1477.08

注：海外旅游者人数及人天数中的外国人包括华侨数。
Note: The dafa of international tourists include overseas Chinese.

6-10 各地区旅游情况（2013）
Tourism Situation in Various Regions（2013）

地　区	Region	国内旅游人数（万人次）Number of Domestic Tourists(10000 Person-time)	入境人数（人次）Number of Tourists(Person-time)	国内旅游收入（亿元）Income from Domestic Tourism(100 million yuan)	旅游外汇收入（万美元）Exchange Earnings from Tourism(10000 USD)
全　省	**Total**	**10241.93**	**1273559**	**1441.64**	**57052.70**
长　春	Changchun	4191.67	378261	667.72	24305.89
吉　林	Jilin	2761.59	95962	340.95	3557.52
四　平	Siping	195.02	2816	24.72	92.93
辽　源	Liaoyuan	159.38	407	20.30	15.33
通　化	Tonghua	630.95	134391	76.05	3034.65
白　山	Baishan	561.22	42275	62.74	1711.37
松　原	Songyuan	397.93	22760	59.92	1144.42
白　城	Baicheng	234.71	14254	30.67	304.59
延　边	Yanbian	1109.46	582433	158.57	22886.00
全省中:长白山	Changbai	231.90	137010	19.20	4532.88

6－11 各地区实际利用外商直接投资（2013）
Foreign Direct Investment Actually Used by Region（2013）

单位：万美元　　unit:10000 dollars

地　区	Region	签订合同数（个）Number of Signed Contracts (unit)	签订利用外资协议合同额 Foreign Capital Amount of the Contract	实际利用外商直接投资 Foreign Direct investment
全　省	**Total**	**101**	**73435**	**181949**
长　春	Changchun	20	27831	93794
吉　林	Jilin	9		19621
四　平	Siping	2	888	8870
辽　源	Liaoyuan	1	19	14532
通　化	Tonghua	5	4837	7423
白　山	Baishan	2	5550	9552
松　原	Songyuan	3	3910	9630
白　城	Baicheng	2	402	4350
延　边	Yanbian	31	5737	13616
长白山管委会	Changbai			561
省　直	Shengzhi	26	24599	

6－12 接待外国旅游人数
Reception Number of Oversea Travelling

国　家	Countries	2007	2008	2009	2010	2011	2012	2013
旅游人数（万人次）	Total Number of Tourists（10000 person－times）	3757.95	4558.65	5501.08	6490.90	7641.32	8972.55	10369.28
入境旅游人数（人次）	Number of Oversea Visitor Arrivals（person－time）	543602	617303	680528	820062	993204	1182689	1273559
外国人（人次）	Foreigners（person－time）	441832	524625	582861	721590	854940	1009035	1104519
#日本（人次）	Japan（person－time）	62976	69598	70263	73564	74650	55125	52925
韩国（人次）	South Korea（person－time）	183364	219533	247767	314931	377940	443453	524902
菲律宾（人次）	Philippines（person－time）	720	879	886	932	871	1400	5116
新加坡（人次）	Singapore（person－time）	7148	7216	7426	8414	9568	9921	19955
英国（人次）	United Kingdom（person－time）	1060	1324	368	1396	1524	3310	6855
德国（人次）	Germany（person－time）	12782	14425	15532	17692	21406	33747	52627
俄罗斯（人次）	Russia（person－time）	139263	176044	199837	259765	317054	319743	341880
加拿大（人次）	Canada（person－time）	1120	1410	1488	1522	1608	7182	5853
美国（人次）	United States（person－time）	5663	5798	5849	6586	7364	23391	19235
港澳同胞（人次）	Chinese Compatriots form Hong Kong, Macao (person－time)	52364	56879	65201	65903	83354	96960	93368
台湾同胞（人次）	Chinese Compatriots from Taiwan Province（person－time）	49406	35799	32466	32569	54910	76694	75672

6－13 国内游客出游方式构成表

Table of Domestic Tourists Travel Mode

单位：%　　　　unit:%

年份 year	单位组织 Organization	家庭或与亲朋结伴 Family or Friends	旅行社组织 Travel Agency	个人旅行 Persanal Travel	其他 Others
2001	25.13	23.26	7.35	19.85	24.41
2002	24.52	23.84	8.56	18.51	24.57
2003	24.98	23.67	8.69	21.19	21.47
2004	23.86	22.50	5.69	22.29	25.66
2005	25.46	24.32	11.73	20.97	17.52
2006	22.81	26.71	9.73	22.96	17.79
2007	19.00	25.70	7.80	24.50	23.00
2008	18.70	26.30	6.60	26.70	21.70
2009	19.00	26.00	6.00	22.00	27.00
2010	22.00	27.00	5.00	22.00	24.00
2011	20.00	27.00	7.00	24.00	22.00
2012	22.00	28.00	11.00	18.00	21.00
2013	21.00	28.90	12.50	19.90	17.70

CHAPTER ▶ 07

第七篇

能源生产和消费

PRODUCTION AND CONSUMPTION OF ENERGY

7－1　1978-2013年能源生产总量及构成
1978-2013 Total Production of Energy and Its Composition

年　份 Year	能源生产总量 （万吨标准煤） Total Energy Production (10 000 tons of SCE)	占能源生产总量的比重（%） As Percentage of Total Energy Production			
		原　煤 Coal	原　油 Crude Oil	天然气 Natural Gas	一次电力 A time power
1978	1635.6	81.0	16.2		2.8
1979	1689.4	79.2	15.8	1.2	3.9
1980	1530.3	75.9	16.5	2.0	5.6
1981	1493.2	74.4	15.6	0.8	9.1
1982	1538.5	79.1	15.8	0.7	4.3
1983	1637.2	77.8	15.5	0.7	6.0
1984	1787.6	76.9	15.3	0.5	7.3
1985	1947.2	76.3	15.6	0.5	7.5
1986	2142.2	71.0	15.8	0.6	12.6
1987	2201.6	68.4	18.6	0.6	12.4
1988	2292.4	69.4	19.6	0.6	10.4
1989	2369.9	73.5	20.6	0.6	5.3
1990	2572.3	72.5	19.8	0.5	7.2
1991	2593.3	70.5	18.9	0.6	10.0
1992	2259.4	71.2	21.8	1.0	6.0
1993	2248.7	69.3	21.5	1.2	8.0
1994	2311.1	68.8	20.5	1.0	9.6
1995	2512.9	67.6	19.5	0.9	12.0
1996	2452.0	68.2	21.8	1.0	9.0
1997	2499.5	68.8	23.2	1.4	6.6
1998	2134.6	64.2	26.6	1.6	2.3
1999	1969.9	62.9	26.0	1.9	9.2
2000	1885.6	61.4	26.4	2.0	10.3
2001	1956.7	57.8	28.4	1.9	11.9
2002	2109.5	61.5	28.6	1.4	8.5
2003	2205.3	65.6	30.9	1.4	2.1
2004	2458.9	67.3	28.0	1.9	2.9
2005	2574.3	62.7	30.6	2.8	3.8
2006	2879.2	65.0	30.8	1.1	2.3
2007	3146.9	67.9	28.2	1.0	2.5
2008	3584.8	67.4	26.9	2.5	2.2
2009	4192.9	70.2	21.5	5.0	2.5
2010	4790.8	70.0	20.9	4.9	3.5
2011	5083.7	70.7	20.8	5.1	2.8
2012	5710.8	71.2	20.3	5.3	2.7
2013	3471.9	57.7	25.5	9.3	6.5

注：2013年我省因对煤矿企业安全生产整顿，导致了煤炭生产量同比大幅下降，从而引发了能源结构较大变化。
Note: In 2013, there was safety rectification for production of coal mining enterprises in our province, resulted in the coal production dropped sharply, which led to the great changes in the structure of energy.

7－2　1978–2013 能源消费总量及构成

1978–2013 Total Consumption of Energy and Its Composition

年　份 Year	能源消费总量 （万吨标准煤） Total Energy Consumption (10 000 tons of SCE)	占能源消费总量的比重（%） As Percentage of Total Energy Consumption			
		煤品燃料 Coal fuel	油品燃料 Oil fuel	天然气 Natural Gas	一次电力 A time power
1978	1661.4	70.4	26.7		2.9
1979	1741.2	72.5	25.5		3.9
1980	1930.2	73.4	21.3	1.9	3.9
1981	1819.6	72.7	22.1	0.5	5.4
1982	2117.3	76.2	18.4	0.6	3.0
1983	2313.0	73.0	18.5	0.5	4.0
1984	2495.5	74.0	20.9	0.4	5.0
1985	2658.8	74.1	19.3	0.4	5.2
1986	2772.1	71.5	19.4	0.4	9.0
1987	3080.9	71.9	17.2	0.4	8.3
1988	3283.8	74.0	18.1	0.4	6.7
1989	3392.7	77.1	18.3	0.4	3.5
1990	3523.4	63.5	16.8	0.3	19.3
1991	3572.8	64.4	15.5	0.4	19.7
1992	3614.6	63.6	15.8	0.5	20.1
1993	3793.8	65.1	15.1	0.6	19.3
1994	3856.5	64.4	13.8	0.6	21.2
1995	3954.2	62.2	14.7	0.5	22.6
1996	4032.7	62.6	15.0	0.5	21.9
1997	4177.2	58.8	18.1	0.7	22.4
1998	3626.8	54.9	20.7	0.9	23.6
1999	3693.2	53.2	21.1	0.8	24.9
2000	3527.7	53.0	20.9	0.8	25.3
2001	3712.7	53.7	19.9	0.7	25.6
2002	4209.0	56.2	18.5	0.7	24.7
2003	4468.8	73.8	22.4	2.1	1.0
2004	4778.7	75.6	20.5	2.2	1.5
2005	5258.5	76.5	20.9	1.9	1.8
2006	5871.5	77.7	19.3	1.7	1.1
2007	6465.9	76.1	19.4	2.0	1.2
2008	7100.1	77.7	16.9	2.5	1.1
2009	7553.4	78.7	16.0	2.8	1.4
2010	8172.8	77.9	17.8	2.9	2.1
2011	8886.9	78.2	16.6	2.9	1.6
2012	9028.3	77.3	15.9	3.4	1.7
2013	9170.9	75.6	17.1	3.5	2.5

注：因2011年能源品种结构有调整，所以2011年能耗构成变化较大。
Note:2011 the structure of energy varieties were adjusted, thus in 2011 energy consumption structure changed greatly.

7－3　2005-2013年单位GDP电耗及降低率

2005-2013 Unit of Electricity Consumption and Reducing the Rate for GDP

年份 Year	电力消费总量（万千瓦时） Total Electricity Consumption（Million Kw.h）	万元GDP电耗(千瓦时) Million Yuan GDP Electricity Consumption（Kw.h）	环比降低率（%） Reduce the Rate of Chain（%）	累计降低率（%） Reduce the Rate of Camulative（%）
按2005年不变价GDP计算 GDP by 2005 Calculated at Constant Price				
2005	3782271	1044.75		
2006	4124577	990.91	5.15	5.15
2007	4626384	957.23	3.39	8.37
2008	4964888	885.93	7.45	15.20
2009	5152544	811.13	8.67	22.55
2010	5769749	795.90	1.60	23.75
按2010年不变价GDP计算 GDP by 2010 Calculated at Constant Price				
2011	6301527	638.87	4.03	28.74
2012	6369979	576.86	9.74	35.68
2013	6538451	546.50	5.22	39.04

注：因2011年不变价GDP有调整，所以2011年单位GDP电耗数据有变化。
Note:Since 2011 prices have not been changed, GDP has adjusted; there were changes in 2011 unit GDP energy consumption data.

7－4　2005-2013年单位GDP能耗及降低率

2005-2013 Unit of Energy Consumption and Reducing the Rate for GDP

年份 Year	能源消费总量(等价值,万吨标准煤) Total Energy Consumption (10 000 tons of SCE)	万元GDP综合能耗(吨标准煤) Million Yuan GDP Comprehensive Energy Consumption（ton of SCE）	环比降低率（%） Reduce the Rate of Chain（%）	累计降低率（%） Reduce the Rate of Camulative（%）
按2005年不变价GDP计算 GDP by 2005 Calculated at Constant Price				
2005	5315.40	1.47		
2006	5908.21	1.42	3.32	3.32
2007	6557.34	1.36	4.41	7.59
2008	7221.41	1.29	5.02	12.24
2009	7697.77	1.21	6.19	17.67
2010	8297.31	1.15	5.31	22.04
按2010年不变价GDP计算 GDP by 2010 Calculated at Constant Price				
2011	9103.04	0.91	3.59	24.83
2012	9443.04	0.84	7.36	30.36
2013	9606.03	0.80	6.03	34.56

注：因2011年不变价GDP有调整，所以2011年单位能耗数据有变化。
Note: Because 2011 prices were changed, GDP has adjusted, there were changes in 2011 unit energy consumption data.

7－5　2005-2013年单位工业增加值电耗及降低率

2005-2013 Annual Industrial Increased Value of Enevgy Consumption and Reducing Rate

年份 Year	电力消费总量 （万千瓦时） Total Electricity Consumption （Million Kw.h）	万元工业增加值电耗(千瓦时) Million Yuan of Industrial Increased Value of Energy Consumption（KWH）	环比降低率（%） link Reduction Rate （%）	累计降低率（%） Reduce the Rate of Camulative （%）
按2005年不变价GDP计算 GDP by 2005 Calculated at Constant Price				
2005	2619729	1920.71		
2006	2873047	1794.23	6.58	6.58
2007	3274726	1670.82	6.88	13.01
2008	3480906	1505.10	9.92	20.94
2009	3517447	1302.32	13.47	31.59
2010	3967639	1229.81	5.57	35.40
按2010年不变价GDP计算 GDP by 2010 Calculated at Constant Price				
2011	4313809	924.52	8.40	40.83
2012	4335927	814.43	11.91	47.88
2013	4382630	752.10	7.69	51.89

注：本表的工业电力消费量由省电力公司提供，只包括省内企业数据。
Note:The Industrial Electricity Consumption in the table is Provided by the Provincial Power Company,Only the Enterprise date.

7－6　2005-2013年单位工业增加值能耗及降低率

2005-2013 Annual Industrial Increased Value of Energy Consumption and Reducing Rate

年份 Year	工业综合能源消费量 (等价值，万吨标准煤) Comprehensive Energy Consumption of Industrial (Value,million tons of Standard coal)	万元工业增加值综合能耗(吨标准煤) Million Yuan of Industrial Increased Value Comprehensive Energy Consumption (tons of standard coal)	环比降低率（%） Reduce the Rate of Chain （%）	累计降低率（%） Reduce the Rate of Camulative （%）
按2005年不变价GDP计算 GDP by 2005 Calculated at Constant Price				
2005	3736.81	2.74		
2006	4187.39	2.62	4.55	4.55
2007	4669.67	2.38	8.89	13.04
2008	5113.31	2.21	7.25	19.34
2009	5473.82	2.03	8.29	26.05
2010	5953.89	1.85	8.94	32.64
按2010年不变价GDP计算 GDP by 2010 Calculated at Constant Price				
2011	6701.15	1.44	5.75	36.51
2012	7010.37	1.32	8.31	41.79
2013	7087.70	1.22	7.67	46.25

注：因2011年能源品种结构有调整，所以2011年工业能耗和单位工业增加值能耗数据有变化。
Note:Because 2011 the structures of energy varieties were adjusted, in 2011 the industrial energy consumption and industrial added value of energy consumption data was changed.

7-7 分行业能源品种消费（实物量）（2013）

行　　业	Item	原　煤 (万吨) Raw Coal (10000tons)
消费总计	**Total Consumption**	**11476.74**
一、农、林、牧、渔业	Agriculture,Forestry,Animal Husbandry and Fishery	27.44
二、工业合计	Industry	10786.73
轻工业	Light Industry	1267.89
重工业	Heavy Industry	9518.84
（一）采矿业	Mining	1845.73
煤炭开采和洗选业	Mining and Washing of Coal	1748.85
石油和天然气开采业	Extraction of Petroleum and Natural Gas	4.14
黑色金属矿采选业	Mining and Processing of Ferrous Metal Ores	6.76
有色金属矿采选业	Mining and Processing of Non-ferrous Metal Ores	12.22
非金属矿采选业	Mining and Processing of Nonmetal Ores	34.84
开采辅助活动	Mining Support Activities	38.52
其他采矿业	Mining of Other Ores	0.40
（二）制造业	Manufacturing	2891.53
农副食品加工业	Processing of Food from Agricultural Produsts	613.01
食品制造业	Manufacture of Foods	96.26
酒、饮料和精制茶制造业	Manufacture of Wine,Beverages and Tea	146.49
烟草制品业	Manufacture of Tobacco	1.63
纺织业	Manufacture of Textile	81.92
纺织服装、服饰业	Manufacture of Textile and Apparel	6.04
皮革、毛皮、羽毛及其制品和制鞋业	Leather,Fur,Feathers and Footwear Industry	1.38
木材加工及木、竹、藤、棕、草制品业	Processing of Timber,Manfacture of Wood,Bamboo,Rattan,Palm and Straw Products	125.23
家具制造业	Manufacture of Furniture	2.95
造纸及纸制品业	Manufacture of Paper and Paper Products	65.59
印刷和记录媒介复制业	Printing,Reproduction of Recording Media	3.59
文教、工美、体育和娱乐用品制造业	Calture Education,Art,Sports and Entertainment Goods Industry	2.34
石油加工、炼焦和核燃料加工业	Processing of Petroleum,Coking,Processing of Nuclear Fuel	8.18
化学原料和化学制品制造业	Manufacture of Raw Chemical Materials and Chemical Products	374.71
医药制造业	Manufacture of Medicines	144.91
化学纤维制造业	Manufacture Chemical Fibers	82.58
橡胶和塑料制品业	Manufacture of Rubber and Plastic	11.81
非金属矿物制品业	Manufacture of Non - metallic Mineral Products	689.99
黑色金属冶炼和压延加工业	Smelting and Pressing of Ferrous Metals	148.59

Total Consumption of Energy by Sector (Physical Quantity) (2013)

洗精煤 (万吨) Washed Coal (10000tons)	煤制品 (万吨) Coal Products (10000tons)	焦 炭 (万吨) Coke (10000tons)	焦炉煤气 (亿立方米) Coal Oven Gas (100 million cu.m)	原 油 (万吨) Crude Oil (10000tons)	汽 油 (万吨) Gasoline (10000tons)	煤 油 (万吨) Kerosene (10000tons)
728.77	**11.73**	**705.81**	**13.93**	**1002.13**	**189.23**	**1.48**
		6.52			8.96	0.02
728.43	6.67	698.71	13.43	1002.13	35.83	0.24
	0.29	0.04			11.57	
728.43	6.38	698.67	13.43	1002.13	24.26	0.24
6.76	0.16	20.29		13.17	3.96	0.03
		0.02			0.35	
	0.16			12.55	0.82	
5.66		20.27			0.42	
1.10					0.27	0.03
					1.10	
				0.62	1.00	
659.92	6.51	678.42	12.42	988.95	30.09	0.19
	0.13				6.17	
		0.01			0.93	
					1.24	
					0.01	
	0.12	0.01			0.08	
					0.11	
					0.01	
		0.12		0.15	2.35	
		0.02			0.65	
					0.39	
					0.11	
					0.1	
193.39				128.95	0.19	
60.18	0.02	0.37		859.61	2.62	0.02
	0.04				1.58	
					0.03	
		0.01			0.85	
9.94	5.22	9.08	1.82	0.23	3.65	
396.38	0.02	661.53	10.57		0.61	

7-7 续表 1

行　　业	Item	原　煤 (万吨) Raw Coal (10000tons)
有色金属冶炼和压延加工业	Smelting and Pressing of Non-ferrous Metals	37.22
金属制品业	Manufacture of Metal Products	8.94
通用设备制造业	Manufacture of General Purpose Machinery	28.01
专用设备制造业	Manufacture of Special Purpose Machinery	22.68
汽车制造业	Manufacture of Automotive	123.90
铁路、船舶、航空航天和其他运输设备制造业	Manufacture of Railway,Ship,Aerospace and Other Transport Equipment	23.82
电气机械和器材制造业	Manufacture of Electrical Machinery and Equipment	10.45
通信设备、计算机和其他电子设备制造业	Manufacture of Communication Equipment,Computers and Other Electronic Equipment	3.88
仪器仪表制造业	Manufacture of Instrument	3.82
其他制造业	Other Manufacturing	19.20
废弃资源综合利用业	Wast Resources Utilization Industry	0.64
金属制品、机械和设备修理业	Metal Products,Machinery and Equipment Repair Industry	1.78
（三）电力、燃气及水的生产和供应业	Production and Supply of Electricity,Gas and Water	6049.47
电力、热力的生产和供应业	Production and Supply of Electric Power and Heat Power	6014.83
燃气生产和供应业	Production and Supply of Gas	27.77
水的生产和供应业	Production and Supply of Water	6.87
三、建筑业	Construction	15.83
房屋和土木工程建筑业	Construction of Building and Civil Engineering	5.17
建筑安装业	Construction Installation	8.49
建筑装饰业	Construction Decoration	1.86
其它建筑业	Other Construction	0.31
四、交通运输储运业和邮政业	Transport,Storage and Post	76.89
铁路运输业	Railway Transport	4.56
道路运输业	Road Transport	9.26
水上运输业	Water Transport	
航空运输业	Air Transport	2.83
管道运输业	Transport Via Pipeline	
装卸搬运及其他运输服务业	Loading,Unloading,Portage and Other Transport Services	0.46
仓储业	Storage	58.73
邮政业	Post	1.05
五、批发、零售业和住宿、餐饮业	Wholesale,Retail Trades,Hotels and Catering Services	146.56
六、其他行业	Others	271.95
七、城乡居民生活	Residential Comsumption	151.34

continued

洗精煤 (万吨) Washed Coal (10000tons)	煤制品 (万吨) Coal Products (10000tons)	焦 炭 (万吨) Coke (10000tons)	焦炉煤气 (亿立方米) Coal Oven Gas (100 million cu.m)	原 油 (万吨) Crude Oil (10000tons)	汽 油 (万吨) Gasoline (10000tons)	煤 油 (万吨) Kerosene (10000tons)
		1.38			0.19	
	0.32	1.94			0.81	
		0.10			1.34	
		0.59			1.70	
0.03	0.61	3.21	0.03	0.01	2.64	0.17
					0.23	
	0.03	0.05			0.85	
					0.14	
					0.19	
					0.16	
					0.08	
					0.08	
61.75			1.01	0.01	1.78	0.02
				0.01	1.42	0.02
61.75			1.01		0.18	
					0.18	
		0.11			11.93	0.40
		0.10			7.11	0.04
		0.01			2.45	0.17
					1.60	0.19
					0.77	
0.34					37.85	0.25
0.34					0.27	
					32.02	0.02
					0.08	
					0.03	0.02
					0.1	
					0.95	0.14
					4.4	0.07
		0.36			12.88	0.42
		0.11			28.14	0.15
	5.06		0.50		53.64	

7－7 续表 2

行　　业	Item	柴　油 （万吨） Diesel Oil (10000tons)
消费总计	**Total Consumption**	**451.82**
一、农、林、牧、渔业	Agriculture,Forestry,Animal Husbandry and Fishery	49.97
二、工业合计	Industry	56.42
轻工业	Light Industry	11.48
重工业	Heavy Industry	44.94
（一）采矿业	Mining	15.03
煤炭开采和洗选业	Mining and Washing of Coal	2.26
石油和天然气开采业	Extraction of Petroleum and Natural Gas	1.92
黑色金属矿采选业	Mining and Processing of Ferrous Metal Ores	3.63
有色金属矿采选业	Mining and Processing of Non-ferrous Metal Ores	0.77
非金属矿采选业	Mining and Processing of Nonmetal Ores	3.33
开采辅助活动	Mining Support Activities	3.11
其他采矿业	Mining of Other Ores	0.01
（二）制造业	Manufacturing	39.9
农副食品加工业	Processing of Food from Agricultural Produsts	7.12
食品制造业	Manufacture of Foods	0.89
酒、饮料和精制茶制造业	Manufacture of Wine,Beverages and Tea	1.31
烟草制品业	Manufacture of Tobacco	0.03
纺织业	Manufacture of Textile	0.05
纺织服装、服饰业	Manufacture of Textile and Apparel	0.04
皮革、毛皮、羽毛及其制品和制鞋业	Leather,Fur,Feathers and Footwear Industry	0.01
木材加工及木、竹、藤、棕、草制品业	Processing of Timber,Manfacture of Wood,Bamboo,Rattan,Palm and Straw Products	3.14
家具制造业	Manufacture of Furniture	0.57
造纸及纸制品业	Manufacture of Paper and Paper Products	0.54
印刷和记录媒介复制业	Printing,Reproduction of Recording Media	0.09
文教、工美、体育和娱乐用品制造业	Calture Education,Art,Sports and Entertainment Goods Industry	0.05
石油加工、炼焦和核燃料加工业	Processing of Petroleum,Coking,Processing of Nuclear Fuel	0.86
化学原料和化学制品制造业	Manufacture of Raw Chemical Materials and Chemical Products	3.85
医药制造业	Manufacture of Medicines	0.58
化学纤维制造业	Manufacture Chemical Fibers	0.01
橡胶和塑料制品业	Manufacture of Rubber and Plastic	0.56
非金属矿物制品业	Manufacture of Non－metallic Mineral Products	10.08
黑色金属冶炼和压延加工业	Smelting and Pressing of Ferrous Metals	1.11

continued

燃料油 （万吨） Fuel Oil (10000tons)	液化石油气 （万吨） Liquefied Petroleum Gas (10000tons)	炼厂干气 （万吨） Refinery Dry Gas (10000tons)	天然气 （亿立方米） Natural Gas (100 million cu.m)	其它石油制品 （万吨） Other Petroleum Products (10000tons)	热力 （万百万千焦） Heat Power (10 billion kilo-joule)	电力 （亿千瓦时） Electric Power (100 million kwh)
35.18	**33.97**	**31.79**	**24.15**	**152.52**	**27543.49**	**788.47**
	0.12		0.01			9.34
32.56	0.42	31.79	17.54	152.52	18088.32	572.89
0.01	0.22		0.23	0.04	4684.59	99.49
32.55	0.20	31.79	17.31	152.48	13403.73	473.4
			9.27		2616.48	57.05
					1152.17	14.85
			4.15		202.73	18.25
						9.64
						8.11
						2.42
			5.12		1261.58	3.76
						0.02
32.37	0.42	31.79	8.04	152.52	14179.88	409.33
				0.04	859.76	44.61
			0.04		18.03	12.92
			0.08		1488.09	12.12
			0.04			0.44
					242.35	5.76
					81.05	2.18
						0.26
						15.13
						1.29
					12.22	3.86
	0.22				6.82	0.67
					0.03	0.37
	0.05	4.42			4.84	7.47
32.26		27.37	3.49	151.51	5909.76	61.52
			0.07		117.15	9.17
0.01					1859.09	5.12
			0.07		2.23	4.07
			1.44	0.97	230.27	70.77
					4.45	65.16

7－7 续表 3

行　　业	Item	柴　油（万吨）Diesel Oil1 (10000tons)
有色金属冶炼和压延加工业	Smelting and Pressing of Non-ferrous Metals	0.60
金属制品业	Manufacture of Metal Products	0.73
通用设备制造业	Manufacture of General Purpose Machinery	0.89
专用设备制造业	Manufacture of Special Purpose Machinery	1.23
汽车制造业	Manufacture of Automotive	3.97
铁路、船舶、航空航天和其他运输设备制造业	Manufacture of Railway,Ship,Aerospace and Other Transport Equipment	0.22
电气机械和器材制造业	Manufacture of Electrical Machinery and Equipment	0.62
通信设备、计算机和其他电子设备制造业	Manufacture of Communication Equipment,Computers and Other Electronic Equipment	0.04
仪器仪表制造业	Manufacture of Instrument	0.16
其他制造业	Other Manufacturing	0.19
废弃资源综合利用业	Wast Resources Utilization Industry	0.29
金属制品、机械和设备修理业	Metal Products,Machinery and Equipment Repair Industry	0.07
（三）电力、燃气及水的生产和供应业	Production and Supply of Electricity,Gas and Water	1.49
电力、热力的生产和供应业	Production and Supply of Electric Power and Heat Power	1.29
燃气生产和供应业	Production and Supply of Gas	0.15
水的生产和供应业	Production and Supply of Water	0.05
三、建筑业	Construction	24.11
房屋和土木工程建筑业	Construction of Building and Civil Engineering	0.86
建筑安装业	Construction Installation	15.00
建筑装饰业	Construction Decoration	0.74
其它建筑业	Other Construction	7.51
四、交通运输储运业和邮政业	Transport,Storage and Post	256.74
铁路运输业	Railway Transport	25.69
道路运输业	Road Transport	215.41
水上运输业	Water Transport	0.01
航空运输业	Air Transport	0.08
管道运输业	Transport Via Pipeline	
装卸搬运及其他运输服务业	Loading,Unloading,Portage and Other Transport Services	1.73
仓储业	Storage	10.22
邮政业	Post	3.60
五、批发、零售业和住宿、餐饮业	Wholesale,Retail Trades,Hotels and Catering Services	10.05
六、其他行业	Others	13.36
七、城乡居民生活	Residential Comsumption	41.17

continued

燃料油 （万吨） Fuel Oil (10000tons)	液化石油气 （万吨） Liquified Petroleum Gas (10000tons)	炼厂干气 （万吨） Refinery Dry Gas (10000tons)	天然气 （亿立方米） Natural Gas (100 million cu.m)	其它石油制品 （万吨） Other Petroleum Products (10000tons)	热力 （万百万千焦） Heat Power (10 billion kilo-joule)	电力 （亿千瓦时） Electric Power (100 million kwh)
			0.09			8.61
			0.11		42.59	5.17
			0.02		10.24	6.38
			0.01		10.6	6.32
			2.51		2529.29	51.25
			0.07		66.52	1.54
0.02	0.15				1.36	3.83
					682.88	1.80
					0.26	0.43
						0.72
						0.24
0.08						0.15
0.19			0.23		1291.96	106.51
0.19					1284.65	101.98
			0.23			0.84
					7.31	3.69
1.24	0.43		0.01			10.91
0.01	0.05		0.01			5.73
1.03	0.17					3.33
	0.19					0.28
0.20	0.02					1.57
0.32	0.35		2.23		564.44	17.43
					114.12	2.72
0.32	0.31		2.23		353.35	4.06
					2.06	0.52
					2.06	0.91
					42.38	2.52
					4.63	3.26
					44.98	3.10
	0.04				0.86	0.34
0.89	0.68		0.67		116.18	29.83
0.17	0.90		0.94		621.01	49.72
	31.07		2.75		8153.54	98.35

7-8 地区能源平衡表（实物量）（2013）

指　　标	Item	原 煤 (万吨) Raw Coal (10000tons)
一、可供本地区消费能源量	Total Energy Available for Consumption	11476.74
（一）年初库存量	Beginning Inventory	967.64
（二）一次能源生产量	Primary Energy Output	3175.20
（三）外省（区、市）调入量	Allocation from Outside	8390.34
（四）进口量	Imports	51.31
（五）我轮机在外国加油量	Refuelling Abroad for Our Ships and Planes	
（六）本省（区、市）调出量（-）	Allocation from Inside	-288.91
（七）出口量（-）	Exports	-3.00
（八）外轮、机在我国加油量（-）	Refuelling in China for Foreign Ships and Planes	
（九）年末库存量（-）	Inventories at the end	-815.84
二、加工转换投入（-）产出（+）量	Output and Input in Processing and Transformation	-7168.1
（一）火力发电	Thermal Power	-3571.06
（二）供热	Heating	-1874.55
（三）煤炭洗选	Washing-dressing Coal	-1627.59
（四）炼焦	Coking	-80.00
（五）炼油及煤制油	Petroleum Refining	
其中：油品再投入量（-）	Reinput for Oil	
（六）制气	Gas Production	-3.53
其中：焦炭再投入量（-）	Reinput for Coke	
（七）天然气液化	Natural Gas Liquefaction	
（八）煤制品加工	Coal Produts Processing	-11.37
（九）回收能	Recovery of Energy	
三、损失量	Energy Losses	
其中：运输和输配损失	Losses for Transportation and Transmission	
四、终端消费量	End-use Consumption	4308.64
（一）第一产业	Primary Industry	27.44
1.农、林、牧、渔业	Agriculture,Forestry,Animal Husbandry and Fishery	27.44
（二）第二产业	Secondary Industry	3634.46
1.工业	Industry	3618.63
#用作原料.材料	Material	131.31
2.建筑业	Construction	15.83
（三）第三产业	Tertiary Industry	495.4
1.交通运输、仓储及邮政业	Transport,Storage and Post	76.89
2.批发、零售和住宿、餐饮业	Wholesale,Retail Trade,Hotels and Catering Services	146.56
3.其他	Others	271.95
（四）生活消费	Residential Consumption	151.34
1.城镇	Urban	103.13
2.乡村	Rural	48.21
五、平衡差额（+、-）	Balance	
六、消费量合计	Total Comsumption	11476.74

注：本表的工业终端消费量包括部分集团公司的外阜子公司数据。
Note:The Industrial terminal consumption in this table Include external subcompany data within part of group conpany.

Energy Balance Sheet (Physical Quantity) (2013)

洗精煤 (万吨) Washed Coal (10000tons)	煤制品 (万吨) Coal Products (10000tons)	焦炭 (万吨) Coke (10000tons)	焦炉煤气 (万吨) Coal Oven Gas (10000tons)	原油 (万吨) Crude Oil (10000tons)	汽油 (万吨) Gasoline (10000tons)	煤油 (万吨) Kerosene (10000tons)
48.53		187.2		1002.13	-12.5	1.48
50.19	0.03	16.44		32.02	6.34	0.01
				620.29		
70.67		197.58		385.34		1.32
						0.16
					-12.17	
		-0.34			-0.02	
-72.33	-0.03	-26.48		-35.52	-6.65	-0.01
-10.77	11.73	518.61	12.93	-986.2	201.69	
-10.38			-1.00		-0.01	
-25.22					-0.03	
680.24						
-593.66		476.17	12.16			
				-986.2	201.73	
-61.75		42.44	1.77			
	11.73					
37.76	11.73	705.81	12.93	15.93	189.19	1.48
		6.52			8.96	0.02
		6.52			8.96	0.02
37.42	6.67	698.82	12.43	15.93	47.72	0.64
37.42	6.67	698.71	12.43	15.93	35.79	0.24
11.26	0.10	0.10			0.14	0.03
		0.11			11.93	0.40
0.34		0.47			78.87	0.82
0.34					37.85	0.25
		0.36			12.88	0.42
		0.11			28.14	0.15
	5.06		0.50		53.64	
	3.05		0.50		43.48	
	2.01				10.16	
728.77	11.73	705.81	13.93	1002.13	189.23	1.48

7－8 续表

指　　标	Item	柴　油 （万吨） Diesel Oil (10000tons)
一、可供本地区消费能源量	Total Energy Available for Consumption	63.87
（一）年初库存量	Beginning Inventory	16.73
（二）一次能源生产量	Primary Energy Output	
（三）外省（区、市）调入量	Allocation from Outside	56.25
（四）进口量	Imports	
（五）我轮机在外国加油量	Refuelling Abroad for Our Ships and Planes	
（六）本省（区、市）调出量（－）	Allocation from Inside	
（七）出口量（－）	Exports	−0.01
（八）外轮、机在我国加油量（－）	Refuelling in China for Foreign Ships and Planes	
（九）年末库存量（－）	Inventories at the end	−9.10
二、加工转换投入（－）产出（＋）量	Output and Input in Processing and Transformation	387.47
（一）火力发电	Thermal Power	−0.36
（二）供热	Heating	−0.12
（三）煤炭洗选	Washing−dressing Coal	
（四）炼焦	Coking	
（五）炼油及煤制油	Petroleum Refining	387.95
其中：油品再投入量（－）	Reinput for Oil	
（六）制气	Gas Production	
其中：焦炭再投入量（－）	Reinput for Coke	
（七）天然气液化	Natural Gas Liquefaction	
（八）煤制品加工	Cocal Produts Processing	
（九）回收能	Recovery of Energy	
三、损失量	Energy Losses	
其中：运输和输配损失	Losses for Transportation and Transmission	
四、终端消费量	End−use Consumption	451.34
（一）第一产业	Primary Industry	49.97
1. 农、林、牧、渔业	Agriculture,Forestry,Animal Husbandry and Fishery	49.97
（二）第二产业	Secondary Industry	80.05
1. 工业	Industry	55.94
其中：用作原料、材料	Material	0.16
2.建筑业	Construction	24.11
（三）第三产业	Tertiary Industry	280.15
1. 交通运输、仓储及邮政业	Transport,Storage and Post	256.74
2. 批发、零售和住宿、餐饮业	Wholesale,Retail Trade,Hotels and Catering Services	10.05
3. 其他	Others	13.36
（四）生活消费	Residential Consumption	41.17
1. 城镇	Urban	35.68
2. 乡村	Rural	5.49
五、平衡差额（＋、－）	Balance	
六、消费量合计	Total Comsumption	451.82

continued

燃料油（万吨）Fuel Oil (10000tons)	液化石油气（万吨）Liquefied Petroleum Gas (10000tons)	炼厂干气（万吨）Refinery Dry Gas (10000tons)	天然气（万吨）Natural Gas (10000tons)	其它石油制品（万吨）Other Pertroleum Products (10000tons)	热力（万百万千焦）Heat Power (10 billion kilo-joule)	电力（亿千瓦时）Electric Power (1000 million kw.h)
7.99	-10.25	6.05	24.15			198.60
2.45	0.45			0.01		
			24.15			182.97
7.51		6.05				270.52
	-10.46					-254.89
-1.97	-0.24			-0.01		
26.09	44.22	25.74	-4.38	152.23	27395.51	589.87
-0.39			-1.79	-0.05	-147.98	589.87
-0.71			-2.59	-0.24	27057.66	
27.19	44.22	25.74		152.52		
					485.83	
					2845.6	
					62.715	
34.08	33.97	31.79	19.77	152.23	24549.91	788.47
	0.12		0.01			9.34
	0.12		0.01			9.34
32.70	0.85	31.79	13.17	152.23	15157.46	583.8
31.46	0.42	31.79	13.16	152.23	15157.46	572.89
21.72			0.34	127.60		
1.24	0.43		0.01			10.91
1.38	1.93		3.84		1238.91	96.98
0.32	0.35		2.23		501.72	17.43
0.89	0.68		0.67		116.18	29.83
0.17	0.90		0.94		621.01	49.72
	31.07		2.75		8153.54	98.35
	23.61		2.72		8153.54	62.77
	7.46		0.03			35.58
35.18	33.97	31.79	24.15	152.52	27543.49	788.47

7-9 地区能源平衡表（标准量）（2013）

单位：万吨标准煤

指 标	Item	原 煤 Raw Coal
一、可供本地区消费能源量	Total Energy Available for Consumption	7157.59
（一）年初库存量	Beginning Inventory	563.03
（二）一次能源生产量	Primary Energy Output	2002.61
（三）外省（区、市）调入量	Allocation from Outside	5262.07
（四）进口量	Imports	48.38
（五）我轮机在外国加油量	Refuelling Abroad for Our Ships and Planes	
（六）本省（区、市）调出量（-）	Allocation from Inside	-225.21
（七）出口量（-）	Exports	-2.70
（八）外轮、机在我国加油量（-）	Refuelling in China for Foreign Ships and Planes	
（九）年末库存量（-）	Inventories at the end	-490.58
二、加工转换投入（-）产出（+）量	Output and Input in Processing and Transformation	-4215.02
（一）火力发电	Thermal Power	-1884.15
（二）供热	Heating	-1109.47
（三）煤炭洗选	Washing-dressing Coal	-1138.89
（四）炼焦	Coking	-72.00
（五）炼油及煤制油	Petroleum Refining	
其中：油品再投入量（-）	Reinput for Oil	
（六）制气	Gas Production	-2.40
其中：焦炭再投入量（-）	Reinput for Coke	
（七）天然气液化	Natural Gas Liquefaction	
（八）煤制品加工	Coal Products Processing	-8.12
（九）回收能	Recovery of Energy	
三、损失量	Energy Losses	
其中：运输和输配损失	Losses for Transportation and Transmission	
四、终端消费量	End-use Consumption	2942.57
（一）第一产业	Primary Industry	19.58
1. 农、林、牧、渔业	Agriculture,Forestry,Animal Husbandry and Fishery	19.58
（二）第二产业	Secondary Industry	2461.61
1. 工业	Industry	2450.32
其中：用作原料、材料	Material	78.82
2.建筑业	Construction	11.29
（三）第三产业	Tertiary Industry	353.42
1. 交通运输、仓储及邮政业	Transport,Storage and Post	54.85
2. 批发、零售和住宿、餐饮业	Wholesale,Retail Trade,Hotels and Catering Services	104.56
3. 其他	Others	194.01
（四）生活消费	Residential Consumption	107.97
1. 城镇	Urban	73.57
2.乡村	Rural	34.39
五、平衡差额（+、-）	Balance	
六、消费量合计	Total Comsumption	

Energy Balance Sheet (Standard Quantity) (2013)

unit:10000tons of SCE

洗精煤 Washed Coal	煤制品 Coal Products	焦 炭 Coke	焦炉煤气 Coal Oven Gas	原 油 Crude Oil	汽 油 Gasoline	煤 油 Kerosene
43.62		182.17		1431.64	-18.39	2.18
44.64	0.02	15.45		45.74	9.33	0.01
				886.15		0.00
63.31		191.93		550.50		1.94
						0.24
					-17.91	
		-0.33			-0.03	
-64.34	-0.02	-24.88		-50.74	-9.78	-0.01
-7.61	7.42	503.78	74.71	-1408.89	296.77	
-8.80			-5.78		-0.01	
-21.37					-0.04	
612.49						
-534.35		462.55	70.26			
				-1408.89	296.83	
-55.58		41.23	10.23			
	7.42					
36.01	7.42	685.94	74.71	22.76	278.37	2.18
		6.34			13.18	0.03
		6.34			13.18	0.03
35.68	4.22	679.15	71.82	22.76	70.22	0.94
35.68	4.22	679.04	71.82	22.76	52.66	0.35
10.74	0.06	0.10			0.21	0.04
		0.11			17.55	0.59
0.32		0.46			116.05	1.21
0.32					55.69	0.37
		0.35			18.95	0.62
		0.11			41.41	0.22
	3.20		2.89		78.93	
	1.93		2.89		63.98	
	1.27				14.95	

7－9 续表

单位: 万吨标准煤

指　　标	Item	柴 油 Diesel Oil
一、可供本地区消费能源量	Total Energy Available for Consumption	93.06
（一）年初库存量	Beginning Inventory	24.38
（二）一次能源生产量	Primary Energy Output	
（三）外省（区、市）调入量	Allocation from Outside	81.96
（四）进口量	Imports	
（五）我轮机在外国加油量	Refuelling Abroad for Our Ships and Planes	
（六）本省（区、市）调出量（－）	Allocation from Inside	
（七）出口量（－）	Exports	-0.01
（八）外轮、机在我国加油量（－）	Refuelling in China for Foreign Ships and Planes	
（九）年末库存量（－）	Inventories at the end	-13.26
二、加工转换投入（－）产出（+）量	Output and Input in Processing and Transformation	564.58
（一）火力发电	Thermal Power	-0.52
（二）供热	Heating	-0.17
（三）煤炭洗选	Washing-dressing Coal	
（四）炼焦	Coking	
（五）炼油及煤制油	Petroleum Refining	565.28
其中：油品再投入量(-)	Reinput for Oil	
（六）制气	Gas Production	
其中：焦炭再投入量（－）	Reinput for Coke	
（七）天然气液化	Natural Gas Liquefaction	
（八）煤制品加工	Coal Products Processing	
（九）回收能	Recovery of Energy	
三、损失量	Energy Losses	
其中：运输和输配损失	Losses for Transportation and Transmission	
四、终端消费量	End-use Consumption	657.65
（一）第一产业	Primary Industry	72.81
1. 农、林、牧、渔业	Agriculture,Forestry,Animal Husbandry and Fishery	72.81
（二）第二产业	Secondary Industry	116.64
1. 工业	Industry	81.51
其中：用作原料、材料	Material	0.23
2.建筑业	Construction	35.13
（三）第三产业	Tertiary Industry	408.21
1. 交通运输、仓储及邮政业	Transport,Storage and Post	374.10
2. 批发、零售和住宿、餐饮业	Wholesale,Retail Trade,Hotels and Catering Services	14.64
3. 其他	Others	19.47
（四）生活消费	Residential Consumption	59.99
1. 城镇	Urban	51.99
2. 乡村	Rural	8.00
五、平衡差额（+、－）	Balance	
六、消费量合计	Total Comsumption	

continued

unit:10000tons of SCE

燃料油 Fuel Oil	液化石油气 Liquefied Petroleum Gas	炼厂干气 Refinery Dry Gas	天然气 Natural Gas	其它石油制品 Other Pertroleum Products	热力 Heat Power	电力Electric Power 当量值 Equivalent Value
11.41	-17.57	9.51	321.20			244.08
3.50	0.77			0.01		
			321.20			224.87
10.73		9.51				332.47
	-17.93					-313.26
-2.81	-0.41			-0.01		
37.27	75.81	40.45	-58.25	213.02	934.19	724.95
-0.56			-23.81	-0.07	-5.05	724.95
-1.01			-34.45	-0.34	922.67	
38.84	75.81	40.45		213.42		
					16.57	
					97.03	
					2.14	
48.69	58.23	49.95	262.94	213.02	837.15	969.03
	0.21		0.13			11.48
	0.21		0.13			11.48
46.72	1.46	49.95	175.16	213.02	516.87	717.49
44.94	0.72	49.95	175.03	213.02	516.87	704.08
31.03			4.52	178.55		0.00
1.77	0.74		0.13			13.41
1.97	3.31		51.07		42.25	119.19
0.46	0.60		29.66		17.11	21.42
1.27	1.17		8.91		3.96	36.66
0.24	1.54		12.50		21.18	61.11
	53.26		36.58		278.04	120.87
	40.47		36.18		278.04	77.14
	12.79		0.40			43.73

7－10　分行业能源终端消费（实物量）（2013）

行　　业	Item	原　煤 (万吨) Raw Coal (10000tons)
消费总计	**Total Consumption**	**4308.64**
一、农、林、牧、渔业	Agriculture,Forestry,Animal Husbandry and Fishery	27.44
二、工业合计	Industry	3618.63
轻工业	Light Industry	1089.65
重工业	Heavy Industry	2528.98
（一）采矿业	Mining	118.71
煤炭开采和洗选业	Mining and Washing of Coal	54.78
石油和天然气开采业	Extraction of Petroleum and Natural Gas	4.14
黑色金属矿采选业	Mining and Processing of Ferrous Metal Ores	6.76
有色金属矿采选业	Mining and Processing of Non-ferrous Metal Ores	12.22
非金属矿采选业	Mining and Processing of Nonmetal Ores	34.84
开采辅助活动	Mining Support Activities	5.57
其他采矿业	Mining of Other Ores	0.40
（二）制造业	Manufacturing	2338.15
农副食品加工业	Processing of Food from Agricultural Produsts	544.91
食品制造业	Manufacture of Foods	96.26
酒、饮料和精制茶制造业	Manufacture of Wine,Beverages and Tea	139.96
烟草制品业	Manufacture of Tobacco	1.63
纺织业	Manufacture of Textile	81.92
纺织服装、服饰业	Manufacture of Textile and Apparel	6.04
皮革、毛皮、羽毛及其制品和制鞋业	Leather,Fur,Feathers and Footwear Industry	1.38
木材加工及木、竹、藤、棕、草制品业	Processing of Timber,Manfacture of Wood,Bamboo,Rattan,Palm and Straw Products	105.79
家具制造业	Manufacture of Furniture	2.95
造纸及纸制品业	Manufacture of Paper and Paper Products	60.21
印刷和记录媒介复制业	Printing,Reproduction of Recording Media	3.59
文教、工美、体育和娱乐用品制造业	Calture Education,Art,Sports and Entertainment Goods Industry	2.34
石油加工、炼焦和核燃料加工业	Processing of Petroleum,Coking,Processing of Nuclear Fuel	8.18
化学原料和化学制品制造业	Manufacture of Raw Chemical Materials and Chemical Products	173.64
医药制造业	Manufacture of Medicines	144.91
化学纤维制造业	Manufacture Chemical Fibers	2.91
橡胶和塑料制品业	Manufacture of Rubber and Plastic	11.81
非金属矿物制品业	Manufacture of Non－metallic Mineral Products	623.65
黑色金属冶炼和压延加工业	Smelting and Pressing of Ferrous Metals	148.59

Industry Energy Consumption (Phy sical Quantity) (2013)

洗精煤 (万吨) Washed Coal (10000tons)	煤制品 (万吨) Coal Products (10000tons)	焦 炭 (万吨) Coke (10000tons)	焦炉煤气 (亿立方米) Coal Oven Gas (100 million cu.m)	原 油 (万吨) Crude Oil (10000tons)	汽 油 (万吨) Gasoline (10000tons)	煤 油 (万吨) Kerosene (10000tons)
37.76	**11.73**	**705.81**	**12.93**	**15.93**	**189.19**	**1.48**
		6.52			8.96	0.02
37.42	6.67	698.71	12.43	15.93	35.79	0.24
	0.29	0.04			11.49	
37.42	6.38	698.67	12.43	15.93	24.30	0.24
6.76	0.16	20.29		13.17	3.96	0.03
		0.02			0.35	
	0.16			12.55	0.82	
5.66		20.27			0.42	
1.10					0.27	0.03
					1.10	
				0.62	1.00	
30.66	6.51	678.42	11.42	2.75	30.09	0.19
	0.13				6.17	
		0.01			0.93	
					1.24	
					0.01	
	0.12	0.01			0.08	
					0.11	
					0.01	
		0.12		0.15	2.35	
		0.02			0.65	
					0.39	
					0.11	
					0.10	
2.13					0.19	
24.58	0.02	0.37		2.36	2.62	0.02
	0.04				1.58	
					0.03	
		0.01			0.85	
0.05	5.22	9.08	1.82	0.23	3.65	
3.87	0.02	661.53	9.57		0.61	

7－10 续表 1

行　业	Item	原　煤 (万吨) Raw Coal (10000tons)
有色金属冶炼和压延加工业	Smelting and Pressing of Non-ferrous Metals	37.22
金属制品业	Manufacture of Metal Products	8.94
通用设备制造业	Manufacture of General Purpose Machinery	28.01
专用设备制造业	Manufacture of Special Purpose Machinery	22.68
汽车制造业	Manufacture of Automotive	28.41
铁路、船舶、航空航天和其他运输设备制造业	Manufacture of Railway,Ship,Aerospace and Other Transport Equipment	23.82
电气机械和器材制造业	Manufacture of Electrical Machinery and Equipment	10.45
通信设备、计算机和其他电子设备制造业	Manufacture of Communication Equipment,Computers and Other Electronic Equipment	3.88
仪器仪表制造业	Manufacture of Instrument	3.82
其他制造业	Other Manufacturing	7.83
废弃资源综合利用业	Wast Resources Utilization Industry	0.64
金属制品、机械和设备修理业	Metal Products,Machinery and Equipment Repair Industry	1.78
（三）电力、燃气及水的生产和供应业	Production and Supply of Electricity,Gas and Water	1161.77
电力、热力的生产和供应业	Production and Supply of Electric Power and Heat Power	1130.66
燃气生产和供应业	Production and Supply of Gas	24.24
水的生产和供应业	Production and Supply of Water	6.87
三、建筑业	Construction	15.83
房屋和土木工程建筑业	Construction of Building and Civil Engineering	5.17
建筑安装业	Construction Installation	8.49
建筑装饰业	Construction Decoration	1.86
其它建筑业	Other Construction	0.31
四、交通运输储运业和邮政业	Transport,Storage and Post	76.89
铁路运输业	Railway Transport	4.56
道路运输业	Road Transport	9.26
水上运输业	Water Transport	
航空运输业	Air Transport	2.83
管道运输业	Transport Via Pipeline	
装卸搬运及其他运输服务业	Loading,Unloading,Portage and Other Transport Services	0.46
仓储业	Storage	58.73
邮政业	Post	1.05
五、批发、零售业和住宿、餐饮业	Wholesale,Retail Trades,Hotels and Catering Services	146.56
六、其他行业	Others	271.95
七、城乡居民生活	Residential Comsumption	151.34

continued

洗精煤 (万吨) Washed Coal (10000tons)	煤制品 (万吨) Coal Products (10000tons)	焦　炭 (万吨) Coke (10000tons)	焦炉煤气 (亿立方米) Coal Oven Gas (100 million cu.m)	原　油 (万吨) Crude Oil (10000tons)	汽　油 (万吨) Gasoline (10000tons)	煤　油 (万吨) Kerosene (10000tons)
		1.38			0.19	
	0.32	1.94			0.81	
		0.10			1.34	
		0.59			1.70	
0.03	0.61	3.21	0.03	0.01	2.64	0.17
					0.23	
	0.03	0.05			0.85	
					0.14	
					0.19	
					0.16	
					0.08	
					0.08	
			1.01	0.01	1.74	0.02
				0.01	1.38	0.02
			1.01		0.18	
					0.18	
		0.11			11.93	0.40
		0.10			7.11	0.04
		0.01			2.45	0.17
					1.60	0.19
					0.77	
0.34					37.85	0.25
0.34					0.27	
					32.02	0.02
					0.08	
					0.03	0.02
					0.10	
					0.95	0.14
					4.40	0.07
		0.36			12.88	0.42
		0.11			28.14	0.15
	5.06		0.50		53.64	

7－10 续表 2

行　　业	Item	柴 油 （万吨） Diesel Oil (10000tons)
消费总计	**Total Consumption**	**451.34**
一、农、林、牧、渔业	Agriculture,Forestry,Animal Husbandry and Fishery	49.97
二、工业合计	Industry	55.94
轻工业	Light Industry	11.58
重工业	Heavy Industry	44.36
（一）采矿业	Mining	15.03
煤炭开采和洗选业	Mining and Washing of Coal	2.26
石油和天然气开采业	Extraction of Petroleum and Natural Gas	1.92
黑色金属矿采选业	Mining and Processing of Ferrous Metal Ores	3.63
有色金属矿采选业	Mining and Processing of Non-ferrous Metal Ores	0.77
非金属矿采选业	Mining and Processing of Nonmetal Ores	3.33
开采辅助活动	Mining Support Activities	3.11
其他采矿业	Mining of Other Ores	0.01
（二）制造业	Manufacturing	39.90
农副食品加工业	Processing of Food from Agricultural Produsts	7.12
食品制造业	Manufacture of Foods	0.89
酒、饮料和精制茶制造业	Manufacture of Wine,Beverages and Tea	1.31
烟草制品业	Manufacture of Tobacco	0.03
纺织业	Manufacture of Textile	0.05
纺织服装、服饰业	Manufacture of Textile and Apparel	0.04
皮革、毛皮、羽毛及其制品和制鞋业	Leather,Fur,Feathers and Footwear Industry	0.01
木材加工及木、竹、藤、棕、草制品业	Processing of Timber,Manfacture of Wood,Bamboo,Rattan,Palm and Straw Products	3.14
家具制造业	Manufacture of Furniture	0.57
造纸及纸制品业	Manufacture of Paper and Paper Products	0.54
印刷和记录媒介复制业	Printing,Reproduction of Recording Media	0.09
文教、工美、体育和娱乐用品制造业	Calture Education,Art,Sports and Entertainment Goods Industry	0.05
石油加工、炼焦和核燃料加工业	Processing of Petroleum,Coking,Processing of Nuclear Fuel	0.86
化学原料和化学制品制造业	Manufacture of Raw Chemical Materials and Chemical Products	3.85
医药制造业	Manufacture of Medicines	0.58
化学纤维制造业	Manufacture Chemical Fibers	0.01
橡胶和塑料制品业	Manufacture of Rubber and Plastic	0.56
非金属矿物制品业	Manufacture of Non－metallic Mineral Products	10.08
黑色金属冶炼和压延加工业	Smelting and Pressing of Ferrous Metals	1.11

continued

燃料油（万吨） Fuel Oil (10000tons)	液化石油气（万吨） Liquefied Petroleum Gas (10000tons)	炼厂干气（万吨） Refinery Dry Gas (10000tons)	天然气（亿立方米） Natural Gas (100 million cu.m)	其它石油制品（万吨） Other Petroleum Products (10000tons)	热力（万百万千焦） Heat Power (10 billion kilo-joule)	电力（亿千瓦时） Electric Power (100 million kwh)
34.08	**33.97**	**31.79**	**19.77**	**152.23**	**24549.91**	**788.47**
	0.12		0.01			9.34
31.46	0.42	31.79	13.16	152.23	15157.46	572.89
0.01	0.22		0.23	0.04	3753.61	99.01
31.45	0.20	31.79	12.93	152.19	11403.85	473.88
			5.02		1447.39	57.05
						14.85
			4.15		185.81	18.25
						9.64
						8.11
						2.42
			0.87		1261.58	3.76
						0.02
31.43	0.42	31.79	7.91	152.23	12860.50	409.33
				0.04	8.44	44.61
			0.04		18.03	12.92
			0.08		1482.30	12.12
			0.04			0.44
					242.35	5.76
					81.05	2.18
						0.26
						15.13
						1.29
						3.86
	0.22				6.82	0.67
					0.03	0.37
	0.05	4.42			4.84	7.47
31.32		27.37	3.37	151.22	5717.11	61.52
			0.07		117.15	9.17
0.01					1797.44	5.12
			0.07		2.23	4.07
			1.44	0.97	82.29	70.77
					1.03	65.16

7－10 续表 3

行　　业	Item	柴　油 （万吨） Diesel Oil1 (10000tons)
有色金属冶炼和压延加工业	Smelting and Pressing of Non-ferrous Metals	0.60
金属制品业	Manufacture of Metal Products	0.73
通用设备制造业	Manufacture of General Purpose Machinery	0.89
专用设备制造业	Manufacture of Special Purpose Machinery	1.23
汽车制造业	Manufacture of Automotive	3.97
铁路、船舶、航空航天和其他运输设备制造业	Manufacture of Railway,Ship,Aerospace and Other Transport Equipment	0.22
电气机械和器材制造业	Manufacture of Electrical Machinery and Equipment	0.62
通信设备、计算机和其他电子设备制造业	Manufacture of Communication Equipment,Computers and Other Electronic Equipment	0.04
仪器仪表制造业	Manufacture of Instrument	0.16
其他制造业	Other Manufacturing	0.19
废弃资源综合利用业	Wast Resources Utilization Industry	0.29
金属制品、机械和设备修理业	Metal Products,Machinery and Equipment Repair Industry	0.07
（三）电力、燃气及水的生产和供应业	Production and Supply of Electricity,Gas and Water	1.01
电力、热力的生产和供应业	Production and Supply of Electric Power and Heat Power	0.81
燃气生产和供应业	Production and Supply of Gas	0.15
水的生产和供应业	Production and Supply of Water	0.05
三、建筑业	Construction	24.11
房屋和土木工程建筑业	Construction of Building and Civil Engineering	0.86
建筑安装业	Construction Installation	15.00
建筑装饰业	Construction Decoration	0.74
其它建筑业	Other Construction	7.51
四、交通运输储运业和邮政业	Transport,Storage and Post	256.74
铁路运输业	Railway Transport	25.69
道路运输业	Road Transport	215.41
水上运输业	Water Transport	0.01
航空运输业	Air Transport	0.08
管道运输业	Transport Via Pipeline	0.00
装卸搬运及其他运输服务业	Loading,Unloading,Portage and Other Transport Services	1.73
仓储业	Storage	10.22
邮政业	Post	3.60
五、批发、零售业和住宿、餐饮业	Wholesale,Retail Trades,Hotels and Catering Services	10.05
六、其他行业	Others	13.36
七、城乡居民生活	Residential Consumption	41.17

continued

燃料油（万吨）Fuel Oil (10000tons)	液化石油气（万吨）Liquified Petroleum Gas (10000tons)	炼厂干气（万吨）Refinery Dry Gas (10000tons)	天然气（亿立方米）Natural Gas (100 million cu.m)	其它石油制品（万吨）Other Petroleum Products (10000tons)	热力（万百万千焦）Heat Power (10 billion kilo-joule)	电力（亿千瓦时）Electric Power (100 million kwh)
			0.09			8.61
			0.11		42.59	5.17
			0.02		10.24	6.38
			0.01		10.60	6.32
			2.50		2529.29	51.25
			0.07		22.17	1.54
0.02	0.15				1.36	3.83
					682.88	1.80
					0.26	0.43
						0.72
						0.24
0.08						0.15
0.03			0.23		849.57	106.51
0.03					842.26	101.98
			0.23			0.84
					7.31	3.69
1.24	0.43		0.01			10.91
0.01	0.05		0.01			5.73
1.03	0.17					3.33
	0.19					0.28
0.20	0.02					1.57
0.32	0.35		2.23		501.72	17.43
					104.44	2.72
0.32	0.31		2.23		350.06	4.06
						0.52
						0.91
						2.52
					4.63	3.26
					42.59	3.10
	0.04					0.34
0.89	0.68		0.67		116.18	29.83
0.17	0.90		0.94		621.01	49.72
	31.07		2.75		8153.54	98.35

7－11　分行业能源终端消费（标准量）（2013）

行　　业	Item	原　煤 (万吨) Raw Coal (10000tons)
消费总计	**Total Consumption**	**2942.57**
一、农、林、牧、渔业	Agriculture,Forestry,Animal Husbandry and Fishery	19.58
二、工业合计	Industry	2450.32
轻工业	Light Industry	675.35
重工业	Heavy Industry	1774.96
（一）采矿业	Mining	81.28
煤炭开采和洗选业	Mining and Washing of Coal	35.96
石油和天然气开采业	Extraction of Petroleum and Natural Gas	2.95
黑色金属矿采选业	Mining and Processing of Ferrous Metal Ores	4.82
有色金属矿采选业	Mining and Processing of Non-ferrous Metal Ores	8.43
非金属矿采选业	Mining and Processing of Nonmetal Ores	24.85
开采辅助活动	Mining Support Activities	3.97
其他采矿业	Mining of Other Ores	0.29
（二）制造业	Manufacturing	1545.31
农副食品加工业	Processing of Food from Agricultural Produsts	307.75
食品制造业	Manufacture of Foods	68.02
酒、饮料和精制茶制造业	Manufacture of Wine,Beverages and Tea	86.60
烟草制品业	Manufacture of Tobacco	1.16
纺织业	Manufacture of Textile	58.37
纺织服装、服饰业	Manufacture of Textile and Apparel	3.86
皮革、毛皮、羽毛及其制品和制鞋业	Leather,Fur,Feathers and Footwear Industry	1.08
木材加工及木、竹、藤、棕、草制品业	Processing of Timber,Manfacture of Wood,Bamboo,Rattan,Palm and Straw Products	73.99
家具制造业	Manufacture of Furniture	2.09
造纸及纸制品业	Manufacture of Paper and Paper Products	36.53
印刷和记录媒介复制业	Printing,Reproduction of Recording Media	2.56
文教、工美、体育和娱乐用品制造业	Calture Education,Art,Sports and Entertainment Goods Industry	1.67
石油加工、炼焦和核燃料加工业	Processing of Petroleum,Coking,Processing of Nuclear Fuel	6.18
化学原料和化学制品制造业	Manufacture of Raw Chemical Materials and Chemical Products	95.37
医药制造业	Manufacture of Medicines	103.11
化学纤维制造业	Manufacture Chemical Fibers	2.08
橡胶和塑料制品业	Manufacture of Rubber and Plastic	8.34
非金属矿物制品业	Manufacture of Non－metallic Mineral Products	445.11
黑色金属冶炼和压延加工业	Smelting and Pressing of Ferrous Metals	120.90

Industry Energy Consumption（Standard Quantity）（2013）

洗精煤 (万吨) Washed Coal (10000tons)	煤制品 (万吨) Coal Products (10000tons)	焦　炭 (万吨) Coke (10000tons)	焦炉煤气 (亿立方米) Coal Oven Gas (100 million cu.m)	原　油 (万吨) Crude Oil (10000tons)	汽　油 (万吨) Gasoline (10000tons)	煤　油 (万吨) Kerosene (10000tons)
36.01	**7.42**	**685.94**	**74.71**	**22.76**	**278.37**	**2.18**
		6.34			13.18	0.03
35.68	4.22	679.04	71.82	22.76	52.66	0.35
	0.18	0.04			16.91	
35.68	4.04	679.00	71.82	22.76	35.76	0.35
6.45	0.10	19.72		18.81	5.83	0.04
		0.02			0.51	
	0.10			17.93	1.21	
5.40		19.70			0.62	
1.05					0.40	0.04
					1.62	
				0.89	1.47	
29.24	4.12	659.32	65.98	3.93	44.27	0.28
	0.08				9.08	
		0.01			1.37	
					1.82	
					0.01	
	0.08	0.01			0.12	
					0.16	
					0.01	
		0.12		0.21	3.46	
		0.02			0.96	
					0.57	
					0.16	
					0.15	
2.03					0.28	
23.44	0.01	0.36		3.37	3.86	0.03
	0.03				2.32	
					0.04	
		0.01			1.25	
0.05	3.30	8.82	10.52	0.33	5.37	
3.69	0.01	642.91	55.29		0.90	

7－11 续表 1

行　　业	Item	原　煤 (万吨) Raw Coal (10000tons)
有色金属冶炼和压延加工业	Smelting and Pressing of Non-ferrous Metals	26.58
金属制品业	Manufacture of Metal Products	6.26
通用设备制造业	Manufacture of General Purpose Machinery	20.13
专用设备制造业	Manufacture of Special Purpose Machinery	16.20
汽车制造业	Manufacture of Automotive	20.42
铁路、船舶、航空航天和其他运输设备制造业	Manufacture of Railway,Ship,Aerospace and Other Transport Equipment	10.82
电气机械和器材制造业	Manufacture of Electrical Machinery and Equipment	7.45
通信设备、计算机和其他电子设备制造业	Manufacture of Communication Equipment,Computers and Other Electronic Equipment	2.77
仪器仪表制造业	Manufacture of Instrument	2.59
其他制造业	Other Manufacturing	5.58
废弃资源综合利用业	Wast Resources Utilization Industry	0.46
金属制品、机械和设备修理业	Metal Products,Machinery and Equipment Repair Industry	1.27
（三）电力、燃气及水的生产和供应业	Production and Supply of Electricity,Gas and Water	823.73
电力、热力的生产和供应业	Production and Supply of Electric Power and Heat Power	801.53
燃气生产和供应业	Production and Supply of Gas	17.29
水的生产和供应业	Production and Supply of Water	4.90
三、建筑业	Construction	11.29
房屋和土木工程建筑业	Construction of Building and Civil Engineering	3.69
建筑安装业	Construction Installation	6.06
建筑装饰业	Construction Decoration	1.33
其它建筑业	Other Construction	0.22
四、交通运输储运业和邮政业	Transport,Storage and Post	54.85
铁路运输业	Railway Transport	3.25
道路运输业	Road Transport	6.61
水上运输业	Water Transport	
航空运输业	Air Transport	2.02
管道运输业	Transport Via Pipeline	
装卸搬运及其他运输服务业	Loading,Unloading,Portage and Other Transport Services	0.33
仓储业	Storage	41.90
邮政业	Post	0.75
五、批发、零售业和住宿、餐饮业	Wholesale,Retail Trades,Hotels and Catering Services	104.56
六、其他行业	Others	194.01
七、城乡居民生活	Residential Comsumption	107.97

continued

洗精煤(万吨) Washed Coal (10000tons)	煤制品(万吨) Coal Products (10000tons)	焦　炭(万吨) Coke (10000tons)	焦炉煤气(亿立方米) Coal Oven Gas (100 million cu.m)	原　油(万吨) Crude Oil (10000tons)	汽　油(万吨) Gasoline (10000tons)	煤　油(万吨) Kerosene (10000tons)
		1.34			0.28	
	0.20	1.89			1.19	
		0.10			1.97	
		0.57			2.50	
0.03	0.39	3.12	0.17	0.01	3.88	0.25
					0.34	
	0.02	0.05			1.25	
					0.21	
					0.28	
					0.24	
					0.12	
					0.12	
			5.84	0.01	2.56	0.03
				0.01	2.03	0.03
			5.84		0.26	
					0.26	
		0.11			17.55	0.59
		0.10			10.46	0.06
		0.01			3.60	0.25
					2.35	0.28
					1.13	
0.32					55.69	0.37
0.32					0.40	
					47.11	0.03
					0.12	
					0.04	0.03
					0.00	
					0.15	
					1.40	0.21
					6.47	0.10
		0.35			18.95	0.62
		0.11			41.41	0.22
	3.20		2.89		78.93	

7－11 续表 2

行　　业	Item	柴　油 （万吨） Diesel Oil (10000tons)
消费总计	**Total Consumption**	**657.65**
一、农、林、牧、渔业	Agriculture,Forestry,Animal Husbandry and Fishery	72.81
二、工业合计	Industry	81.51
轻工业	Light Industry	16.87
重工业	Heavy Industry	64.64
（一）采矿业	Mining	21.90
煤炭开采和洗选业	Mining and Washing of Coal	3.29
石油和天然气开采业	Extraction of Petroleum and Natural Gas	2.80
黑色金属矿采选业	Mining and Processing of Ferrous Metal Ores	5.29
有色金属矿采选业	Mining and Processing of Non-ferrous Metal Ores	1.12
非金属矿采选业	Mining and Processing of Nonmetal Ores	4.85
开采辅助活动	Mining Support Activities	4.53
其他采矿业	Mining of Other Ores	0.01
（二）制造业	Manufacturing	58.14
农副食品加工业	Processing of Food from Agricultural Produsts	10.37
食品制造业	Manufacture of Foods	1.30
酒、饮料和精制茶制造业	Manufacture of Wine,Beverages and Tea	1.91
烟草制品业	Manufacture of Tobacco	0.04
纺织业	Manufacture of Textile	0.07
纺织服装、服饰业	Manufacture of Textile and Apparel	0.06
皮革、毛皮、羽毛及其制品和制鞋业	Leather,Fur,Feathers and Footwear Industry	0.01
木材加工及木、竹、藤、棕、草制品业	Processing of Timber,Manfacture of Wood,Bamboo,Rattan,Palm and Straw Products	4.58
家具制造业	Manufacture of Furniture	0.83
造纸及纸制品业	Manufacture of Paper and Paper Products	0.79
印刷和记录媒介复制业	Printing,Reproduction of Recording Media	0.13
文教、工美、体育和娱乐用品制造业	Calture Education,Art,Sports and Entertainment Goods Industry	0.07
石油加工、炼焦和核燃料加工业	Processing of Petroleum,Coking,Processing of Nuclear Fuel	1.25
化学原料和化学制品制造业	Manufacture of Raw Chemical Materials and Chemical Products	5.61
医药制造业	Manufacture of Medicines	0.85
化学纤维制造业	Manufacture Chemical Fibers	0.01
橡胶和塑料制品业	Manufacture of Rubber and Plastic	0.82
非金属矿物制品业	Manufacture of Non－metallic Mineral Products	14.69
黑色金属冶炼和压延加工业	Smelting and Pressing of Ferrous Metals	1.62

continued

燃料油（万吨）Fuel Oil (10000tons)	液化石油气（万吨）Liquefied Petroleum Gas (10000tons)	炼厂干气（万吨）Refinery Dry Gas (10000tons)	天然气（亿立方米）Natural Gas (100 million cu.m)	其它石油制品（万吨）Other Petroleum Products (10000tons)	热力（万百万千焦）Heat Power (10 billion kilo-joule)	电力（亿千瓦时）Electric Power (100 million kwh)
48.69	**58.23**	**49.96**	**262.94**	**213.02**	**837.15**	**969.03**
	0.21		0.13			11.48
44.94	0.72	49.96	175.03	213.02	516.87	704.08
0.01	0.38		3.06	0.06	128.00	121.68
44.93	0.34	49.96	171.97	212.96	388.87	582.40
			66.77		49.36	70.11
						18.25
			55.20		6.34	22.43
						11.85
						9.97
						2.97
			11.57		43.02	4.62
						0.02
44.90	0.72	49.96	105.20	213.02	438.54	503.07
				0.06	0.29	54.83
			0.53		0.61	15.88
			1.06		50.55	14.90
			0.53			0.54
					8.26	7.08
					2.76	2.68
						0.32
						18.59
						1.59
						4.74
	0.38				0.23	0.82
						0.45
	0.09	6.95			0.17	9.18
44.74		43.02	44.82	211.60	194.95	75.61
			0.93		3.99	11.27
0.01					61.29	6.29
			0.93		0.08	5.00
			19.15	1.36	2.81	86.98
					0.04	80.08

7－11 续表 3

行　　业	Item	柴 油（万吨）Diesel Oil1 (10000tons)
有色金属冶炼和压延加工业	Smelting and Pressing of Non-ferrous Metals	0.87
金属制品业	Manufacture of Metal Products	1.06
通用设备制造业	Manufacture of General Purpose Machinery	1.30
专用设备制造业	Manufacture of Special Purpose Machinery	1.79
汽车制造业	Manufacture of Automotive	5.78
铁路、船舶、航空航天和其他运输设备制造业	Manufacture of Railway,Ship,Aerospace and Other Transport Equipment	0.32
电气机械和器材制造业	Manufacture of Electrical Machinery and Equipment	0.90
通信设备、计算机和其他电子设备制造业	Manufacture of Communication Equipment,Computers and Other Electronic Equipment	0.06
仪器仪表制造业	Manufacture of Instrument	0.23
其他制造业	Other Manufacturing	0.28
废弃资源综合利用业	Wast Resources Utilization Industry	0.42
金属制品、机械和设备修理业	Metal Products,Machinery and Equipment Repair Industry	0.10
（三）电力、燃气及水的生产和供应业	Production and Supply of Electricity,Gas and Water	1.47
电力、热力的生产和供应业	Production and Supply of Electric Power and Heat Power	1.18
燃气生产和供应业	Production and Supply of Gas	0.22
水的生产和供应业	Production and Supply of Water	0.07
三、建筑业	Construction	35.13
房屋和土木工程建筑业	Construction of Building and Civil Engineering	1.25
建筑安装业	Construction Installation	21.86
建筑装饰业	Construction Decoration	1.08
其它建筑业	Other Construction	10.94
四、交通运输储运业和邮政业	Transport,Storage and Post	374.10
铁路运输业	Railway Transport	37.43
道路运输业	Road Transport	313.87
水上运输业	Water Transport	0.01
航空运输业	Air Transport	0.12
管道运输业	Transport Via Pipeline	
装卸搬运及其他运输服务业	Loading,Unloading,Portage and Other Transport Services	2.52
仓储业	Storage	14.89
邮政业	Post	5.25
五、批发、零售业和住宿、餐饮业	Wholesale,Retail Trades,Hotels and Catering Services	14.64
六、其他行业	Others	19.47
七、城乡居民生活	Residential Comsumption	59.99

continued

燃料油（万吨）Fuel Oil (10000tons)	液化石油气（万吨）Liquified Petroleum Gas (10000tons)	炼厂干气（万吨）Refinery Dry Gas (10000tons)	天然气（亿立方米）Natural Gas (100 million cu.m)	其它石油制品（万吨）Other Petroleum Products (10000tons)	热力（万百万千焦）Heat Power (10 billion kilo-joule)	电力（亿千瓦时）Electric Power (100 million kwh)
			1.20			10.58
			1.46		1.45	6.35
			0.27		0.35	7.84
			0.13		0.36	7.77
			33.25		86.25	62.99
			0.93		0.76	1.89
0.03	0.26				0.05	4.71
					23.29	2.21
					0.01	0.53
						0.88
						0.29
0.11						0.18
0.04			3.06		28.97	130.90
0.04					28.72	125.33
			3.06			1.03
					0.25	4.54
1.77	0.74		0.13			13.41
0.01	0.09		0.13			7.04
1.47	0.29					4.09
	0.33					0.34
0.29	0.03					1.93
0.46	0.60		29.66		17.11	21.42
					3.56	3.34
0.46	0.53		29.66		11.94	4.99
						0.64
						1.12
						3.10
					0.16	4.01
					1.45	3.81
	0.07					0.42
1.27	1.17		8.91		3.96	36.66
0.24	1.54		12.50		21.18	61.11
	53.26		36.58		278.04	120.87

7－12　综合能源平衡表（标准量）

Overall Energy Balance Sheet（Standard Quantity）

单位: 万吨标准煤　　　　unit:10000tons of SCE

指　　标	Item	2012		2013	
		（当量值）Equivalent Value	（等价值）Equipollence	（当量值）Equivalent Value	（等价值）Equipollence
一、可供本地区消费能源量	Total Energy Available for Consumption	9026.52	9438.14	9170.90	9606.03
（一）年初库存量	Beginning Inventory	769.25	769.25	716.94	716.94
（二）一次能源生产量	Primary Energy Output	5710.76	5981.81	3471.90	3872.78
（三）外省（区、市）调入量	Allocation from Outside	5208.34	5812.26	6654.27	7246.97
（四）进口量	Imports	12.93	12.93	48.61	48.61
（五）我轮机在外国加油量	Refuelling Abroad for Our Ships and Planes				
（六）本省（区、市）调出量（-）	Allocation from Inside	-1982.89	-2446.25	-1051.72	-1610.17
（七）出口量（-）	Exports	-0.34	-0.34	-3.07	-3.07
（八）外轮、机在我国加油量（-）	Refuelling in China for Foreign Ships and Planes				
（九）年末库存量（-）	Inventories at the end	-691.51	-691.51	-666.03	-666.03
二、加工转换投入（-）产出（+）量	Output and Input in Processing and Transformation	-1571.32	-256.90	-1524.37	-231.98
（一）火力发电	Thermal Power	-1314.42		-1292.39	
（二）供热	Heating	-227.61	-227.61	-247.83	-247.83
（三）煤炭洗选	Washing-dressing Coal	-113.69	-113.69	-81.35	-81.35
（四）炼焦	Coking	-44.91	-44.91	-48.11	-48.11
（五）炼油及煤制油	Petroleum Refining	-60.69	-60.69	-47.10	-47.10
其中：油品再投入量(-)	Reinput for Oil				
（六）制气	Gas Production	-6.79	-6.79	-5.56	-5.56
其中：焦炭再投入量（-）	Reinput for Coke				
（七）天然气液化	Natural Gas Liquefaction				
（八）煤制品加工	Coal Products Processing	-0.75	-0.75	-0.70	-0.70
（九）回收能	Recovery of Energy	197.54	197.54	198.67	198.67
三、损失量	Energy Losses	83.55	83.55	97.03	97.03
其中：运输和输配损失	Losses for Transportation and Transmission	2.28	2.28	2.14	2.14
四、终端消费量	End-use Consumption	7373.41	9102.59	7549.49	9277.01
（一）第一产业	Primary Industry	119.14	137.97	123.75	144.22
1.农、林、牧、渔业	Agriculture,Forestry,Animal Husbandry and Fishery	119.14	137.97	123.75	144.22
（二）第二产业	Secondary Industry	5469.51	6772.24	5586.36	6865.45
1.工业	Industry	5389.93	6672.21	5505.63	6760.82
其中：用作原料、材料	Material	456.53	456.53	496.64	496.64
2.建筑业	Construction	79.58	100.03	80.72	104.63
（三）第三产业	Tertiary Industry	1094.68	1282.48	1097.67	1310.15
1.交通运输、仓储及邮政业	Transport,Storage and Post	542.77	574.56	554.58	592.77
2.批发、零售和住宿、餐饮业	Wholesale,Retail Trade,Hotels and Catering Services	197.56	256.39	191.31	256.66
3.其他	Others	354.35	451.53	351.78	460.71
（四）生活消费	Residential Consumption	690.09	909.90	741.72	957.20
1.城镇	Urban	590.30	724.43	626.19	763.72
2.乡村	Rural	99.78	185.47	115.53	193.48
五、平衡差额（+、-）	Balance	-1.76	-4.90		
六、消费量合计	Total Comsumption	9028.28	9443.04	9170.90	9606.03

注：因2011年能源品种结构有调整，所以2011年各项指标数据有变化。
Note: 2011 the structures of energy varieties were adjusted, so there were changes in 2011 index data.

7－13　煤炭能源平衡表

Coal Balance Sheet

单位：（实物量）万吨、（标准量）万吨标准煤　　unit:(Physical Quantity)10000tons、(Standard Quantity)10000tons of SCE

指　　标	Item	2012 (实物量) Physical Quantity	2012 (标准量) Standard Quantity	2013 (实物量) Physical Quantity	2013 (标准量) Standard Quantity
一、可供本地区消费能源量	Total Energy Available for Consumption	11082.67	6848.34	10906.37	6773.80
（一）年初库存量	Beginning Inventory	1093.26	673.13	1018.94	608.44
（二）一次能源生产量	Primary Energy Output	6336.46	4065.34	3175.20	2002.61
（三）外省（区、市）调入量	Allocation from Outside	6702.71	4323.65	8461.01	5325.39
（四）进口量	Imports	13.12	11.76	51.31	48.38
（五）我轮机在外国加油量	Refuelling Abroad for Our Ships and Planes				
（六）本省（区、市）调出量（－）	Allocation from Inside	−2062.93	−1610.89	−907.77	−652.60
（七）出口量（－）	Exports			−3	−2.70
（八）外轮、机在我国加油量（－）	Refuelling in China for Foreign Ships and Planes				
（九）年末库存量（－）	Inventories at the end	−999.95	−614.66	−889.32	−555.71
二、加工转换投入（－）产出（＋）量	Output and Input in Processing and Transformation	−6584.75	−3761.68	−6537.54	−3780.41
（一）火力发电	Thermal Power	−3693.32	−1954.21	−3581.44	−1892.94
（二）供热	Heating	−1756.07	−1042.21	−1899.77	−1130.84
（三）煤炭洗选	Washing-dressing Coal	−414.22	−115.69	−317.75	−91.60
（四）炼焦	Coking	−642.00	−577.86	−673.66	−606.35
（五）炼油及煤制油	Petroleum Refining				
其中：油品再投入量(−)	Reinput for Oil				
（六）制气	Gas Production	−79.53	−70.95	−65.28	−57.98
其中：焦炭再投入量（－）	Reinput for Coke				
（七）天然气液化	Natural Gas Liquefaction				
（八）煤制品加工	Coal Products Processing	0.39	−0.75	0.36	−0.70
（九）回收能	Recovery of Energy				
三、损失量	Energy Losses				
其中：运输和输配损失	Losses for Transportation and Transmission				
四、终端消费量	End-use Consumption	4497.92	3086.66	4368.83	2993.39
（一）第一产业	Primary Industry	26.87	19.17	27.44	19.58
1. 农、林、牧、渔业	Agriculture,Forestry,Animal Husbandry and Fishery	26.87	19.17	27.44	19.58
（二）第二产业	Secondary Industry	3766.93	2565.16	3689.25	2508.90
1. 工业	Industry	3748.13	2551.75	3673.42	2497.61
其中：用作原料、材料	Material	119.28	75.41	142.67	89.62
2.建筑业	Construction	18.80	13.41	15.83	11.29
（三）第三产业	Tertiary Industry	541.39	386.69	495.74	353.74
1. 交通运输、仓储及邮政业	Transport,Storage and Post	87.33	62.75	77.23	55.18
2. 批发、零售和住宿、餐饮业	Wholesale,Retail Trade,Hotels and Catering Services	168.54	120.24	146.56	104.56
3. 其他	Others	285.52	203.70	271.95	194.01
（四）生活消费	Residential Consumption	162.73	115.63	156.40	111.17
1. 城镇	Urban	117.85	83.76	106.18	75.50
2. 乡村	Rural	44.88	31.87	50.22	35.66
五、平衡差额（＋、－）	Balance				
六、消费量合计	Total Comsumption	11082.67		10906.37	

注：因2011年能源品种结构有调整，所以2011年各项指标数据有变化。
Note: 2011 the structures of energy varieties were adjusted, so there were changes in 2011 index data.

7－14　石油能源平衡表

Petroleum Balance Sheet

单位：（实物量）万吨、（标准量）万吨标准煤　　unit:(Physical Quantity)10000tons、(Standard Quantity)10000tons of SCE

指　　标	Item	2012		2013	
		（实物量）Physical Quantity	（标准量）Standard Quantity	（实物量）Physical Quantity	（标准量）Standard Quantity
一、可供本地区消费能源量	Total Energy Available for Consumption	1002.20	1437.98	1092.05	1570.76
（一）年初库存量	Beginning Inventory	46.98	67.69	61.40	88.79
（二）一次能源生产量	Primary Energy Output	810.37	1157.69	620.29	886.15
（三）外省（区、市）调入量	Allocation from Outside	256.39	371.05	510.90	736.28
（四）进口量	Imports	0.74	1.16	0.16	0.24
（五）我轮机在外国加油量	Refuelling Abroad for Our Ships and Planes				
（六）本省（区、市）调出量（－）	Allocation from Inside	−69.90	−98.72	−44.52	−59.74
（七）出口量（－）	Exports	−0.01	−0.01	−0.03	−0.04
（八）外轮、机在我国加油量（－）	Refuelling in China for Foreign Ships and Planes				
（九）年末库存量（－）	Inventories at the end	−42.37	−60.88	−56.15	−80.91
二、加工转换投入（－）产出（＋）量	Output and Input in Processing and Transformation	−65.56	−64.96	−55.32	−49.84
（一）火力发电	Thermal Power	−1.19	−1.71	−0.81	−1.17
（二）供热	Heating	−1.80	−2.56	−1.10	−1.57
（三）煤炭洗选	Washing–dressing Coal				
（四）炼焦	Coking				
（五）炼油及煤制油	Petroleum Refining	−62.57	−60.69	−53.41	−47.10
其中：油品再投入量(-)	Reinput for Oil				
（六）制气	Gas Production				
其中：焦炭再投入量（－）	Reinput for Coke				
（七）天然气液化	Natural Gas Liquefaction				
（八）煤制品加工	Coal Products Processing				
（九）回收能	Recovery of Energy				
三、损失量	Energy Losses				
其中：运输和输配损失	Losses for Transportation and Transmission				
四、终端消费量	End–use Consumption	936.64	1373.02	1036.73	1520.92
（一）第一产业	Primary Industry	56.71	82.76	59.07	86.23
1. 农、林、牧、渔业	Agriculture,Forestry,Animal Husbandry and Fishery	56.71	82.76	59.07	86.23
（二）第二产业	Secondary Industry	429.86	627.50	488.63	711.77
1. 工业	Industry	394.69	576.10	450.52	655.99
其中：用作原料、材料	Material	247.70	359.65	276.32	400.07
2.建筑业	Construction	35.17	51.41	38.11	55.78
（三）第三产业	Tertiary Industry	345.78	505.53	363.15	530.74
1. 交通运输、仓储及邮政业	Transport,Storage and Post	282.67	412.59	295.51	431.21
2. 批发、零售和住宿、餐饮业	Wholesale,Retail Trade,Hotels and Catering Services	21.84	32.17	24.92	36.65
3. 其他	Others	41.27	60.77	42.72	62.88
（四）生活消费	Residential Consumption	104.29	157.22	125.88	192.18
1. 城镇	Urban	90.98	137.64	102.77	156.44
2. 乡村	Rural	13.31	19.58	23.11	35.74
五、平衡差额（+、-）	Balance				
六、消费量合计	Total Comsumption	1002.20		1092.05	

注：因2011年能源品种结构有调整，所以2011年各项指标数据有变化。
Note: 2011 the structures of energy varieties were adjusted, so there were changes in 2011 index data.

7－15　电力能源平衡表（等价值）

Electrical Energy Balance Shect(equivalent)

单位：（实物量）万吨、（标准量）万吨标准煤　　unit:(Physical Quantity)10000tons、(Standard Quantity)10000tons of SCE

指　　标	Item	2012		2013	
		（实物量）Physical Quantity	（标准量）Standard Quantity	（实物量）Physical Quantity	（标准量）Standard Quantity
一、可供本地区消费能源量	Total Energy Available for Consumption	187.35	641.87	198.60	679.21
（一）年初库存量	Beginning Inventory				
（二）一次能源生产量	Primary Energy Output	123.37	422.67	182.97	625.75
（三）外省（区、市）调入量	Allocation from Outside	274.88	941.75	270.52	925.17
（四）进口量	Imports				
（五）我轮机在外国加油量	Refuelling Abroad for Our Ships and Planes				
（六）本省（区、市）调出量（－）	Allocation from Inside	–210.9	–722.55	–254.89	–871.72
（七）出口量（－）	Exports				
（八）外轮、机在我国加油量（－）	Refuelling in China for Foreign Ships and Planes				
（九）年末库存量（－）	Inventories at the end				
二、加工转换投入（－）产出（＋）量	Output and Input in Processing and Transformation	598.27	2049.70	589.87	2017.34
（一）火力发电	Thermal Power	598.27	2049.70	589.87	2017.34
（二）供热	Heating				
（三）煤炭洗选	Washing–dressing Coal				
（四）炼焦	Coking				
（五）炼油及煤制油	Petroleum Refining				
其中：油品再投入量(–)	Reinput for Oil				
（六）制气	Gas Production				
其中：焦炭再投入量（－）	Reinput for Coke				
（七）天然气液化	Natural Gas Liquefaction				
（八）煤制品加工	Coal Products Processing				
（九）回收能	Recovery of Energy				
三、损失量	Energy Losses				
其中：运输和输配损失	Losses for Transportation and Transmission				
四、终端消费量	End–use Consumption	787.05	2696.47	788.47	2696.54
（一）第一产业	Primary Industry	8.57	29.36	9.34	31.94
1. 农、林、牧、渔业	Agriculture,Forestry,Animal Husbandry and Fishery	8.57	29.36	9.34	31.94
（二）第二产业	Secondary Industry	592.95	2031.47	583.80	1996.58
1. 工业	Industry	583.64	1999.58	572.89	1959.27
其中：用作原料、材料	Material				
2.建筑业	Construction	9.31	31.90	10.91	37.31
（三）第三产业	Tertiary Industry	85.48	292.86	96.98	331.67
1. 交通运输、仓储及邮政业	Transport,Storage and Post	14.47	49.57	17.43	59.61
2. 批发、零售和住宿、餐饮业	Wholesale,Retail Trade,Hotels and Catering Services	26.78	91.75	29.83	102.02
3. 其他	Others	44.23	151.53	49.72	170.04
（四）生活消费	Residential Consumption	100.05	342.78	98.35	336.35
1. 城镇	Urban	61.05	209.16	62.77	214.67
2. 乡村	Rural	39.00	133.62	35.58	121.68
五、平衡差额（+、–）	Balance	–1.43	–4.90		
六、消费量合计	Total Comsumption	787.05		788.47	

注：从2011年起部分大企业集团工业用电量包括外阜子公司数据，与工业增加值口径一致，电力调入量也相应做了调整。

Note: From 2011 part of the large group industry power consumption includes Waifuzhi subsidiary data, with industrial increasing consistent value, power transferred amount was adjusted.

CHAPTER ▶ 08

第八篇

财政、金融和保险

PUBLIC FINANCE、BANKING AND INSURANCE

8-1 历年财政收支额

Government Revenue and Expenditure

单位：亿元　　　　unit:100 million yuan

年份 Year	一般预算收入 General Budgetary Revenue	#增值税 Value-added Tax	#营业税 Operation Tax	#企业所得税 Enterprises' Income Tax	一般预算支出 General Budgetary Expenditure	#农业支出 Agriculture	#文教科卫事业费 Culture, Education Science & Public Health	#行政管理费 Administration Expenditure	#社会保障补助支出 Subsidies to Social Security Programs
1952	3.57				1.02	0.01	0.22	0.27	
1953	4.70				1.59	0.11	0.53	0.37	
1954	5.12				2.02	0.10	0.52	0.43	
1955	5.04				1.79	0.10	0.53	0.44	
1956	5.83				2.73	0.16	0.65	0.59	
1957	6.85				2.62	0.29	0.75	0.55	
1958	8.19				6.55	0.26	0.92	0.59	
1959	11.51				8.50	0.58	1.23	0.81	
1960	14.08				11.63	1.12	1.63	0.88	
1961	6.90				6.03	0.82	1.39	0.85	
1962	4.92				3.93	0.77	1.09	0.66	
1963	6.00				5.20	0.50	1.20	0.72	
1964	6.74				5.26	0.56	1.31	0.81	
1965	7.26				5.34	0.44	1.36	0.76	
1966	8.18				6.53	0.50	1.56	0.82	
1967	5.36				5.75	0.49	1.62	0.74	
1968	3.54				4.97	0.43	1.36	0.82	
1969	7.17				7.13	0.52	1.39	0.96	
1970	10.31				9.65	0.59	1.45	0.78	
1971	13.64				9.74	0.60	1.73	1.01	
1972	14.42				10.94	0.98	1.93	1.08	
1973	13.35				11.30	1.16	2.11	0.12	
1974	12.20				12.18	0.94	2.33	1.03	
1975	12.71				12.32	1.19	2.40	1.01	
1976	12.34				12.54	1.28	2.54	1.08	
1977	12.27				13.35	1.35	2.64	1.14	
1978	16.41				16.35	1.89	3.02	1.25	
1979	12.65				17.88	2.36	3.40	1.50	
1980	14.39				17.32	2.45	4.32	1.70	
1981	10.72				15.87	2.18	4.94	1.76	
1982	11.97				17.30	2.35	5.72	2.06	
1983	14.12				19.41	2.31	6.51	2.44	
1984	15.22				23.34	2.66	7.56	3.09	
1985	21.67				34.50	3.03	9.15	2.99	
1986	29.52				50.12	4.24	11.02	3.69	
1987	37.52				53.23	3.71	11.25	4.22	
1988	43.32				61.26	3.95	13.36	4.99	
1989	49.40				67.14	5.22	15.02	5.81	
1990	50.68				71.67	4.94	16.25	6.50	
1991	62.46				79.12	5.12	17.43	5.77	
1992	56.99				80.02	5.82	20.10	7.33	
1993	79.82				103.11	6.89	23.56	9.06	
1994	51.27				104.59	7.86	31.89	10.87	
1995	63.28				120.90	9.16	35.04	12.04	
1996	76.40				145.53	8.90	40.48	14.05	
1997	82.85	17.43	20.92	8.10	167.75	10.86	43.15	14.65	
1998	93.64	18.31	23.51	7.20	190.10	15.34	43.15	14.72	9.11
1999	101.28	18.89	23.84	10.41	234.62	13.07	49.67	15.76	19.27
2000	103.83	20.41	25.55	14.28	260.67	16.59	53.04	18.01	19.26
2001	121.10	24.20	28.03	20.68	326.43	19.63	64.52	22.38	28.91
2002	131.49	27.44	30.54	14.22	362.62	22.73	73.72	26.52	38.77
2003	154.00	30.69	35.02	11.80	409.23	22.76	82.39	31.23	49.56
2004	166.28	32.19	40.78	12.36	507.78	37.00	93.23	36.75	79.34
2005	207.15	39.53	47.59	13.91	631.12	42.60	112.44	45.13	104.89
2006	245.20	42.97	59.69	17.88	718.36	54.36	139.53	56.71	81.82
2007	320.69	52.92	75.86	29.41	883.76	80.07	144.41	141.66	154.37
2008	422.80	63.58	93.96	42.59	1180.12	107.34	188.03	174.25	199.86
2009	487.09	66.57	117.41	49.20	1479.21	204.45	216.99	182.67	250.44
2010	602.41	78.15	145.97	60.82	1787.25	238.94	250.20	198.04	253.36
2011	850.10	92.78	189.30	90.59	2201.74	255.57	529.12	231.40	298.99
2012	1041.25	102.68	218.12	111.21	2471.20	291.30	683.85	249.38	304.00
2013	1156.96	119.58	245.09	121.86	2744.81	318.26	697.37	267.31	360.13

8－2 历年银行各项存款和各项贷款余额

Balance of Deposits and Loans of National Banking System

单位: 亿元 unit:100 million yuan

年 份 Year	各项存款合计 Total Deposits	#单位存款 Corporate Deposits	#个人储蓄存款 Personal savings Deposits	各项贷款合计 Total Loans	#短期贷款 Short-term Loans	#中长期贷款 Medium and long Term Loans
1949	0.33		0.0004	0.18		
1950	0.41	0.24	0.01	1.00		
1951	0.73	0.40	0.09	1.33		
1952	1.15	0.55	0.04	3.52		
1953	1.37	0.65	0.07	5.42		
1954	1.60	0.69	0.15	6.09		
1955	3.04	0.84	0.24	6.29		
1956	2.6	1.15	0.40	5.25		
1957	2.58	1.12	0.53	6.25		
1958	4.14	1.75	0.81	11.09		
1959	6.99	1.07	1.13	21.19		
1960	7.52	1.44	1.48	26.13		
1961	7.89	2.54	1.27	27.7		
1962	8.59	3.46	0.77	20.74		
1963	8.14	3.42	0.79	16.30		
1964	8.07	2.99	1.07	16.14		
1965	9.22	3.60	1.20	17.32		
1966	11.07	3.62	1.28	20.25		
1967	10.53	4.12	1.57	24.14		
1968	11.29	4.35	1.55	26.38		
1969	10.18	3.70	1.21	27.55		
1970	21.18	5.01	1.40	33.39		
1971	18.95	5.11	1.71	36.77		
1972	18.84	4.67	2.07	35.54		
1973	22.60	5.56	2.69	39.85		
1974	22.39	6.75	3.34	44.05		
1975	25.18	7.20	4.02	48.01		
1976	22.17	7.23	3.95	50.72		
1977	21.03	6.29	4.73	54.89		
1978	24.94	5.95	5.86	61.16		
1979	23.97	7.95	7.62	66.15		
1980	30.87	10.28	10.64	75.70		
1981	36.98	10.97	14.56	92.68		
1982	42.62	12.88	18.91	107.05		
1983	56.63	16.26	25.28	124.31		
1984	71.65	23.37	34.23	154.79		
1985	86.42	32.45	43.97	159.79		
1986	118.07	41.91	58.36	246.30		
1987	147.43	50.85	83.20	285.52		
1988	178.27	54.91	109.49	331.69		
1989	203.75	47.08	141.26	384.41		
1990	252.15	53.79	196.59	507.01		
1991	315.13	67.37	253.28	629.01		
1992	408.87	98.35	315.42	762.00		
1993	494.57	112.91	389.44	934.88		
1994	611.26	152.61	535.56	1099.77		
1995	791.15	180.78	726.28	1302.76		
1996	1037.83	241.38	955.48	1608.84		
1997	1206.82	322.94	1071.33	1913.61		
1998	1345.52	304.60	1211.83	2118.79		
1999	1928.25	419.92	1328.91	2580.41		
2000	2236.71	535.41	1515.84	2651.19		
2001	2484.23	589.21	1796.90	2828.25		
2002	2878.28	693.79	2019.40	3057.70		
2003	3307.25	760.50	2161.40	3288.87		
2004	3683.50	804.94	2405.60	3435.03		
2005	4270.49	877.66	2798.10	3332.93		
2006	4963.71	1039.56	3107.50	3870.33		
2007	5318.59	1342.70	3186.80	4306.01		
2008	6362.48	1528.21	3923.14	4835.89		
2009	8318.00	2327.78	4614.39	6234.66		
2010	9606.70	2753.18	5147.26	7205.94	2809.74	4283.63
2011	10874.19	4524.72	5835.32	8126.17	2913.34	5024.79
2012	12706.13	5204.67	6875.10	9155.60	3288.59	5614.24
2013	14781.42	6192.36	7745.33	10696.52	3946.28	6486.06

注：1.自2011年起取消"企业存款"、"城乡居民储蓄存款"数据，新增"单位存款"以及"个人储蓄存款"数据；
自2010年起取消"工业企业"、"商业企业"、"农业贷款"的贷款余额数据。
2.银行各项存款和各项贷款均不含外币。
3.从2013年起个人储蓄存款不含外币。

Note:①Since 2011 the abolition of the "enterprise deposits","saving deposits of arban and rural residents"data,adding"Corporate deposites"and "Personal savings deposits".
Since 2011 the abolition of the "industrial enterprises","business",and "agricultural loan",which are balance data of the loan.
②All bank deposits and Loans exdluding foreign currency.
③Personal savings deposits exclading foreign currency.

8-3 分项目财政收入
Local Government Revenue by Item

单位: 万元　　unit:10000 yuan

项　目	Item	2012	2013
全口径财政收入	**Total Revenue**	**19100740**	**20866439**
地方级财政收入	**Local Revenue**	**10412514**	**11569616**
一、税收收入	**Tax Revenue**	**7605681**	**8564084**
增值税	Value Added Tax	1026819	1195806
营业税	Business Tax	2181247	2450939
企业所得税	Corporate Income Tax	1112119	1218580
个人所得税	Individual Income Tax	268489	280592
资源税	Resources Tax	153164	147811
城市维护建设税	Urban Maintenance and Construction Tax	572449	665748
房产税	Real Estates Tax	199710	228925
印花税	Stamp Tax	100835	117963
城镇土地使用税	Urban Land Use Tax	316080	276401
土地增值税	Land Appreciation Tax	358791	404120
车船使用税	Tax on Vehicles and Boat Operation	80820	94400
耕地占用税	Farm Land Occupation Tax	596346	661320
契税	Deed Tax	625917	808148
烟叶税	Tabacoo Leaf Tax	12895	13331
其他税收收入	Others		
二、非税收入	**Non-tax Revenue**	**2806833**	**3005532**
国有资产经营收益	State-owned Assets Profit	205532	221882
行政性收费收入	Income from Administrative Fees	862678	849676
罚没收入	Penalty and Confiscate Income	432736	408702
专项收入	Expert Project Income	494180	514009
国有资源(资产)有偿使用收入	Income from Use of Seate-owned Resources(Assets)	652069	866279
其他收入	Other Income	159638	144984

8-4 地方分项目财政支出
Local Government Expenditure by Item

单位: 万元　　unit:10000 yuan

项　目	Item	2012	2013
支出总计	**Total Expenditure**	**24711956**	**27448114**
一般公共服务	Expenditure for General Pablic Services	2493754	2673093
国防	Expenditure for National Defense	53774	60791
公共安全	Expenditure for Public Security	1356676	1477974
教育	Expenditure for Education	4510537	4220946
科学技术	Expenditure for Science and Technology	249624	372231
文化体育与传媒	Expenditure for Culture,Sport and the Media	474757	565462
社会保障和就业	Expenditure for Social Security and Employment	3040037	3601343
医疗卫生	Expenditure for Medical and Health	1603586	1815110
环境保护	Expenditure for Environmental Protection	1138468	1268326
城乡社区事务	Expenditure for Uran and Rural Community Affairs	1662941	2142460
农林水事务	Expenditure for Agriculture,Forestry,Water Affairs	2913003	3182647
交通运输	Expenditure for Transportation	1281597	1700467
工业商业金融事务	Expenditure for Industrial Business and Finance Affairs	280040	349230
其他支出	Other Expenditures	3653162	4018034

8-5 各市县财政收入（2013）

Local Government Revenue by City and County（2013）

单位: 万元 | unit:10000 yuan

市、县 City，County		地方财政收入 Local Government Revenue	#增值税 Value-added Tax	#个人所得税 Individual Income Tax	#营业税 Business Tax	#企业所得税 Corporate Income Tax
长春市	**Changchun**	**3818178**	**400830**	**104415**	**542273**	**502189**
市本级	District	2799649	334150	75029	317882	394651
九台市	Jiutai	159395	18040	4150	32509	16321
榆树市	Yushu	107000	2798	881	19924	5958
德惠市	Dehui	120397	10450	1046	29319	8937
农安县	Nong' an	133815	4144	1155	33731	5846
吉林市	**Jilin**	**1399704**	**68135**	**27432**	**215070**	**79862**
市本级	District	627367	23011	9642	65258	28550
桦甸市	Huadian	157255	9878	4021	45944	6551
蛟河市	Jiaohe	77427	8171	2730	21154	5861
舒兰市	Shulan	67550	2383	1279	11460	4860
磐石市	Panshi	133699	8028	3755	20971	14247
永吉县	Yongji	67919	3671	1712	13374	8186
四平市	**Siping**	**605560**	**32047**	**6411**	**87277**	**31069**
市本级	District	219523	10728	1720	17370	10006
公主岭市	Gongzhuling	165204	7011	1503	36033	7759
双辽市	Shuangliao	48022	4708	552	10049	3415
梨树县	Lishu	55574	2690	733	7980	1617
伊通满族自治县	Yitong	47511	5121	414	8180	4620
辽源市	**Liaoyuan**	**255080**	**10363**	**3352**	**30708**	**15575**
市本级	District	126491	4469	1547	5197	5126
东丰县	Dongfeng	49046	3090	682	12018	3343
东辽县	Dongliao	36441	1131	343	5063	4184
通化市	**Tonghua**	**739961**	**58648**	**15688**	**121489**	**47180**
市本级	District	78272	10487	2148	12335	7143
梅河口市	Meihekou	218059	21923	2285	41169	20973
集安市	Ji' an	79363	4016	3513	11426	3228
通化县	Tonghua	104772	7427	2288	17364	4023
辉南县	Huinan	70479	6679	2929	17085	3966
柳河县	Liuhe	87800	5074	780	12371	4095

注：各市、县相加不等于地区数。
Note:The sum of data by every city and county is not equal to the total.

8－5 续表 continued

单位: 万元 unit:10000 yuan

市、县 City, County		地方财政收入 Local Government Revenue	#增值税 Value-added Tax	#个人所得税 Individual Income Tax	#营业税 Business Tax	#企业所得税 Corporate Income Tax
白山市	**Baishan**	**463180**	**24947**	**7933**	**62021**	**19553**
市本级	District	105711	7067	1901	6260	6740
临江市	Linjiang	58170	2892	600	4134	1345
抚松县	Fusong	110007	5155	1792	23142	3313
靖宇县	Jingyu	42983	1888	371	9781	3239
长白朝鲜族自治县	Changbai	32737	1647	508	3423	928
松原市	**Songyuan**	**620000**	**47419**	**7682**	**74557**	**20812**
市本级	District	269451	8649	2713	21377	7291
长岭县	Changling	48002	3133	517	9719	2179
前郭尔罗斯蒙古族自治县	Qianguo	120603	16459	1992	17289	5647
乾安县	Qian' an	72047	13124	547	7633	2340
扶余市	Fuyu	46011	3245	656	9625	986
白城市	**Baicheng**	**369609**	**28544**	**4913**	**60356**	**19492**
市本级	District	100637	4749	1440	8851	4095
洮南市	Taonan	52233	2461	728	8403	2546
大安市	Da' an	85803	14814	653	15033	8990
镇赉县	Zhenlai	56473	4473	681	10180	1767
通榆县	Tongyu	59859	1665	869	14909	1706
延边朝鲜族自治州	**Yanbian**	**776000**	**55433**	**16279**	**159691**	**67931**
州本级	District	69523	11887	3	31	9360
延吉市	Yanji	240800	10222	8079	61301	13258
图门市	Tumen	28598	1793	342	10252	1196
敦化市	Dunhua	122261	8493	2370	25780	13457
龙井市	Longjing	31667	2003	452	9786	1733
珲春市	Hunchun	134005	8332	1629	27419	7759
和龙市	Helong	41193	4553	1006	7481	6519
汪清县	Wangqing	60954	5396	2006	8723	11917
安图县	Antu	46999	2754	392	8918	2732

8-6 各市县财政支出(2013)

Local Government Expenditure by City and County (2013)

单位: 万元 | unit:10000 yuan

市、县	City, County	财政支出 Covernment Expenditure	#一般公共服务 General Public Services	#教育 Education	#科学技术 Science and Technology	#社会保障和就业 Social Security and Employment	#医疗卫生 Medical and Health	#环境保护 Environmental Protection	#农林水事务 Angriculture, Forestry, Water Affairs
长春市	**Changchun**	**6329668**	**727421**	**962203**	**78825**	**720474**	**462045**	**235318**	**417241**
市本级	District	3343325	286020	364794	62221	330921	167814	64517	118526
九台市	Jiutai	436249	27801	67684	866	75995	40324	10991	54698
榆树市	Yushu	455647	30001	98410	1053	81680	49818	15205	70902
德惠市	Dehui	372843	26050	73402	1003	64830	48298	8720	63780
农安县	Nong' an	407852	30976	95715	967	61907	52865	15044	55439
吉林市	**Jilin**	**3278090**	**242811**	**524266**	**44332**	**561514**	**274074**	**253575**	**264458**
市本级	District	1435787	90370	136837	35837	307627	94804	172555	40346
桦甸市	Huadian	330050	16622	70561	1550	38147	24256	14912	34510
蛟河市	Jiaohe	236874	18558	38833	1890	47527	23010	8435	41148
舒兰市	Shulan	299061	18432	57925	630	48710	36538	10009	46181
磐石市	Panshi	284969	19377	53020	804	51368	27537	12519	38494
永吉县	Yongji	186079	17765	36486	388	29889	19520	6918	29686
四平市	**Siping**	**1784524**	**198579**	**340281**	**7121**	**316104**	**168509**	**82904**	**188239**
市本级	District	463890	69788	70632	4121	103998	23644	20411	15713
公主岭市	Gongzhuling	446677	37183	96768	775	62210	49682	18555	50714
双辽市	Shuangliao	216571	18646	36810	374	39433	24077	14952	32691
梨树县	Lishu	293915	22944	46907	502	59723	39446	12822	46250
伊通满族自治县	Yitong	202720	15818	39599	404	31515	20472	12281	35670
辽源市	**Liaoyuan**	**938008**	**91192**	**161796**	**5233**	**173991**	**77046**	**55416**	**95105**
市本级	District	431354	44364	62249	3107	70735	22494	31626	16504
东丰县	Dongfeng	207168	16863	46465	260	34629	23101	11775	41497
东辽县	Dongliao	187186	14860	34834	741	30498	23133	7718	31672
通化市	**Tonghua**	**2006417**	**169499**	**290927**	**73107**	**282252**	**154112**	**113600**	**222683**
市本级	District	387522	29754	49749	26059	67450	43828	30783	11749
梅河口市	Meihekou	440990	29725	76492	13898	61469	31099	18409	47060
集安市	Ji' an	240498	19592	29305	2619	30875	15390	13642	30368
通化县	Tonghua	220577	20324	40473	15195	25298	17318	8680	36124
辉南县	Huinan	244931	19368	30627	3534	36414	14416	18448	33719
柳河县	Liuhe	264303	21749	40056	5641	40261	19358	15586	50372

注:各市、县相加不等于地区数。
Note:The sum of data by every city and county is not equal to the total.

8－6 续表 continued

单位: 万元 unit:10000 yuan

市、县 City, County		财政支出 Covernment Expenditure	#一般公共服务 General Public Services	#教育 Education	#科学技术 Science and Technology	#社会保障和就业 Social Security and Employment	#医疗卫生 Medical and Health	#环境保护 Environmental Protection	#农林水事务 Angriculture, Forestry, Water Affairs
白山市	**Baishan**	**1371566**	**143280**	**224578**	**12137**	**250441**	**87211**	**44902**	**156759**
市本级	District	250120	43291	30668	4717	36144	11768	7929	19743
临江市	Linjiang	203941	15646	29978	360	35802	11629	6622	39481
抚松县	Fusong	288317	18886	66003	3464	52499	19562	14489	37859
靖宇县	Jingyu	151777	14601	20776	1280	28584	9866	4101	21281
长白朝鲜族自治县	Changbai	133020	14124	15086	1179	22684	6578	8728	16505
松原市	**Songyuan**	**1601074**	**154937**	**275707**	**2828**	**209154**	**136603**	**68773**	**262855**
市本级	District	443342	58928	58115	1302	40423	22381	29782	15755
长岭县	Changling	263581	21528	51978	398	33763	31332	8076	57214
前郭尔罗斯蒙古族自治县	Qianguo	324108	28874	52740	377	41763	27010	11672	73937
乾安县	Qian' an	195645	16644	37676	234	26375	18711	8849	43994
扶余市	Fuyu	248955	17297	42953	158	38157	26762	8456	53661
白城市	**Baicheng**	**1560377**	**110871**	**257057**	**7107**	**237919**	**130158**	**94883**	**275301**
市本级	District	344139	30397	26148	4253	61413	22291	36689	26719
洮南市	Taonan	267943	16774	36001	1007	49436	22777	14255	55598
大安市	Da' an	303202	14251	58912	911	37433	31907	15955	53202
镇赉县	Zhenlai	231842	18279	42496	168	36228	18345	8998	44057
通榆县	Tongyu	279900	18200	59720	491	26163	22225	16550	71072
延边朝鲜族自治州	**Yanbian**	**2411193**	**264899**	**304191**	**18559**	**352648**	**143759**	**186490**	**282606**
州本级	District	399865	38538	26481	6070	32581	24649	66829	32021
延吉市	Yanji	393685	34773	73630	4913	54382	23688	27083	24615
图们市	Tumen	124295	11903	16070	281	26820	6806	7375	14554
敦化市	Dunhua	375142	54874	49699	4195	63085	25890	28147	56009
龙井市	Longjing	176889	16877	18576	831	36766	9675	14045	25324
珲春市	Hunchun	329582	50029	45993	837	27091	14115	13519	26704
和龙市	Helong	194058	13363	21715	233	39465	11564	12398	31701
汪清县	Wangqing	242034	30262	30620	709	41923	14052	11286	36625
安图县	Antu	175643	14280	21407	490	30535	13320	5808	35053

8-7 分级财政一般预算收入
Government Budgetary Revenue by Level

单位: 万元　　unit:10000 yuan

项　目	Item	2012	2013
收入合计	**Total Revenue**	**10412514**	**11569616**
省 级	Province	2333305	2493329
地 级	Prefecture	3976437	4425639
县 级	County	3544470	4017110
乡镇级	Township	558302	633538
一、税收收入	**Tax Revenue**	**7605681**	**8564084**
省 级	Province	1796036	2071287
地 级	Prefecture	2846996	3183248
县 级	County	2421460	2692333
乡镇级	Township	541189	617216
增值税	**Value Added Tax**	**1026819**	**1195806**
省 级	Province	377693	469284
地 级	Prefecture	330532	415353
县 级	County	262699	255532
乡镇级	Township	55895	55637
营业税	**Business Tax**	**2181247**	**2450939**
省 级	Province	956634	1093208
地 级	Prefecture	420772	458850
县 级	County	663874	718987
乡镇级	Township	139967	179894
企业所得税	**Corporate Income Tax**	**1112119**	**1218580**
省 级	Province	371494	413241
地 级	Prefecture	417638	474638
县 级	County	272797	281328
乡镇级	Township	50190	49373
个人所得税	**Individual Income Tax**	**268489**	**280593**
省 级	Province	79664	86118
地 级	Prefecture	86565	96513
县 级	County	82328	79159
乡镇级	Township	19932	18803
二、非税收收入	**Non - tax Revenue**	**2806833**	**3005532**
省 级	Province	537269	422042
地 级	Prefecture	1129441	1242391
县 级	County	1123010	1324777
乡镇级	Township	17113	16322

8－8　分级财政一般预算支出
Government Budgetary Expenditure by Level

单位: 万元　　　　unit:10000 yuan

项　目	Item	2012	2013
支出合计	**Total Expenditure**	**24711956**	**27448114**
省　级	Province	5464674	6036294
地　级	Prefecture	6878782	7630247
县　级	County	11493486	12776299
乡镇级	Township	875014	1005274
# **一般公共服务**	**Expenditure for General Public Services**	**2493754**	**2673093**
省　级	Province	528076	555971
地　级	Prefecture	703790	705083
县　级	County	1032889	1166534
乡镇级	Township	228999	245505
# **教　育**	**Education**	**4510537**	**4220946**
省　级	Province	891084	862133
地　级	Prefecture	957250	843480
县　级	County	2619999	2471762
乡镇级	Township	42204	43571
# **社会保障和就业**	**Social Security and Employment**	**3040037**	**3601899**
省　级	Province	346209	489826
地　级	Prefecture	915419	1058868
县　级	County	1723794	1987770
乡镇级	Township	54615	65435

8-9 农合机构本外币存贷款年末余额

Cooperation in Agriculture Institution on Blanle of Foreign Currency Deposit and Loan at end of the Year

单位: 亿元　　unit:100 million yuan

项　　目	Item	2012	2013
各项存款	Total Deposits	1772.99	2093.44
企事业单位存款	Deposits of Enterprises	465.00	566.10
储蓄存款	Saving Deposits	1307.96	1526.01
各项贷款	Total Loans	1149.04	1346.51
#短期贷款	Short-term Loans	584.91	482.11
中长期贷款	Medium and Long Term Loans	502.13	803.97

注：本表为金融机构可比口径。
Note:The statistics coverage in according to financial institutions.

8-10 保险业务主要指标

Main Indicators of Insurance Business

单位: 万元　　unit:10000 yuan

项　　目	Item	2007	2008	2009	2010	2011	2012	2013
保费收入	**Premium Income**	**1167854**	**1589185**	**1848669**	**2392486**	**2233582**	**3956604**	**2664427**
企业财产保险	Enterprise Property Insurance	29150	22546	26792	39322	45530	51850	51475
家庭财产保险	Family Property Insurance	2977	2723	2853	3166	4914	4947	7655
机动车辆保险	Motor Vehicle Insurance	194557	211989	288400	449538	498074	563240	665703
货物运输保险	Freight Transport Insurance	7369	6941	9850	16107	23736	26410	23819
工程保险	Engineering Insurance	2286	3354	6577	5050	8876	2802	9855
责任保险	Liability Insurance	6626	7779	8287	8982	13545	16838	23896
保证保险	Guarantee Insurance	1289	389	1367	4980	14229	25289	31630
农业保险	Agriculture Insurance	68889	65780	58996	80250	80068	88330	92694
人寿保险	Life Insurance	787438	1186644	1342905	1659264	1408462	1382348	1506753
意外伤害险	Accident Injury Insurance	22481	19603	22198	28479	35144	39744	44840
健康险	Health Insurance	43411	60683	78981	95881	99949	122193	201891
其他	Others	1381	754	1463	1467	1055	1632614	4217
赔款与给付	**Compensation and Payment**	**445828**	**529799**	**560878**	**562721**	**599700**	**714504**	**1006039**
企业财产保险	Enterprise Property Insurance	17579	24371	17863	31815	16249	19541	20693
家庭财产保险	Family Property Insurance	1392	2078	1971	1408	1245	1744	2246
机动车辆保险	Motor Vehicle Insurance	101898	164699	189288	197158	231279	301786	399754
货物运输保险	Freight Transport Insurance	3066	6639	6110	6536	11199	14980	17435
工程保险	Engineering Insurance	1264	1196	3078	3892	3159	1634	2202
责任保险	Liability Insurance	3310	7092	5655	4934	5886	7737	9072
保证保险	Guarantee Insurance	1132	4281	634	495	658	1409	2929
农业保险	Agriculture Insurance	89542	30096	47680	40854	38267	50179	47473
人寿保险	Life Insurance	196502	254497	251461	233351	244659	260654	414012
意外伤害险	Accident Injury Insurance	12305	9924	7696	7228	8884	10279	10287
健康险	Health Insurance	17174	24671	29006	34942	36560	44256	77601
其他	Others	664	254	436	108	1655	305	2336

8－11 金融机构人员数（2013）

Financial Institutions and Personnel（2013）

单位：人　　　　unit:person

项 目	Item	总计 Total	比同期增减 Increase or Decrease Over the Same Period 个（unit）	%
金融机构合计	**Total Financial Institutions**	**91480**	**2525**	**2.8**
国有商业银行	**State－owned Commercial Bank**	**44790**	**245**	**0.6**
工商银行	Industrial and commercial Bank	13347	−59	−0.4
农业银行	Agricultural Bank	13834	26	0.2
中国银行	Bank of China	6346	217	3.5
建设银行	Construction Bank	9333	49	0.5
交通银行	Bank of Communications	1930	12	0.6
政策性银行	**Policy Bank**	**1557**	**−345**	**−18.1**
国家开发银行	National Development Bank	161		
农业发展银行	Agricultural Development Bank	1396	−345	−19.8
股份制银行	**Shareholding Bank**	**2852**	**608**	**27.1**
中信银行	China Citic Bank	356	122	52.1
光大银行	Ever Bright Bank	658	59	9.8
招商银行	China Merchants Ban	379	72	23.5
浦东发展银行	ShangHai Pudong Development Bank	353	32	10.0
民生银行	China Minsheng Bank	513	155	43.3
华夏银行	Huaxia Bank	163	27	19.9
兴业银行	Industrial Bank	430	141	48.8
城市商业银行	**City Commercial Bank**	**8348**	**995**	**13.5**
农村金融机构	**Rural Finanical Institutions**	**23464**	**533**	**2.3**
农村信用社	Rural Credit Coorpertive	13394	−2468	−15.6
农村商业银行	Rural Commercial Bank	7380	2418	48.7
农村合作银行	Rural Cooperative Bank	679	−8	−1.2
村镇银行	Village Bank	1924	567	41.8
贷款公司	Loan Company	12	2	20.0
农村资金互助社	Rural Mutual Cooperatives	75	22	41.5
非银行金融机构	**Non-bank Financial Institutions**	**737**	**89**	**13.7**
企业集团财务公司	Financial Enterprise Group Company	137	−25	−15.4
信托公司	Trust Company	193	68	54.4
汽车金融公司	Auto Finance Company	407	46	12.7
邮政储蓄银行	**Postal Savings Bank**	**9487**	**388**	**4.3**
资产管理公司	**Assets Supervision Corporation**	**216**	**11**	**5.4**
外资金融机构	**Foreign Financial Institutions**	**29**	**1**	**3.6**

8-12 保险公司机构数（2013）
Number of Institutions of Insurance Company （2013）

项目	Item	保险公司机构数(个) Number of Institutions (uint)	总公司 Head Offices	省级分公司 Branch Company of Province Level	地市级以下支公司 Branch Company of Prefecture and City Level	营销服务部 Services Department of Marketing
合 计	**Total**	**1790**	**3**	**27**	**727**	**1033**
中国人民财产保险股份有限公司吉林省分公司	Branch Company of Jilin Province of PICC Property and Casualty Co.Ltd.	554		1	78	475
中国太平洋财产保险股份有限公司吉林省分公司	Jilin Branch of China Pacific Property Insurance Co.Ltd.	55		1	54	
中国平安财产股份有限公司吉林分公司	Jilin Branch of Ping An Property and Casualty Insurance Company of China,Ltd.	38		1	27	10
天安财产保险股份有限公司吉林省分公司	Jilin Branch of Tian An Insurance Company Co.Ltd.	36		1	9	26
安华农业保险股份有限公司吉林省分公司	Jilin Branch of Anhua Agricultural Insurance Co.Ltd.	73	1	1	45	26
中国大地财产保险股份有限公司吉林分公司	Jilin Branch of China Continent Property & Casualty Insurance Co.Ltd.	56		1	31	24
安邦人寿保险股份有限公司吉林分公司	Jilin Branch of Anbang Life Insurance Co.Ltd.	4		1	3	
安邦财产保险股份有限公司吉林分公司	Jilin Branch of AB Property and Casualty Co.Ltd.	53		1	20	32
都邦财产保险股份有限公司吉林分公司	Jilin Branch of Dubang Insurance Co.Ltd.	6	1	1	3	1
阳光财产保险股份有限公司吉林省分公司	Jilin Branch of sunshine Province and casualty Co.Ltd.	53		1	52	
华安财产保险股份有限公司吉林分公司	Jilin Branch of Huaan Province and Casualty Co.Ltd.	2		1	1	
中航安盟财产保险有限公司吉林省分公司	Jilin Branch of Groupama Avic Insurance Co.Ltd.	34		1	13	20
中国人寿保险股份有限公司吉林省分公司	Branch Company of Jilin Province of China Life Insurance Co.Ltd.	367		1	77	289
中国人寿财产保险股份公司吉林省分公司	Branch Company of Jilin Province of China Life Estate Insurance Co.Ltd.	14		1	13	
鑫安汽车保险有限公司	Xin An Auto Insurance Company Co.Ltd.	1	1			
中国太平洋人寿保险股份有限公司吉林省分公司	Jilin Branch of China Pacific Life Insurance Co,Ltd.	55		1	47	7
中国平安人寿保险股份有限公司吉林分公司	Jilin Branch of Ping An Life Insurance Company of China,Ltd.	70		1	30	39
新华人寿保险股份有限公司吉林分公司	Jilin Branch of New China Life Insurance Company of China,Ltd.	44		1	36	7
泰康人寿保险股份有限公司吉林分公司	Jilin Branch of Taikang Life Insurance Company of China,Ltd.	108		1	43	64
中国人民人寿保险股份有限公司吉林省分公司	Jilin Branch of PICC Life Insurance Company of China,Ltd.	60		1	56	3
太平人寿保险股份有限公司吉林分公司	Jilin Branch Taiping Life Insurance Co,Ltd.	22		1	20	1
生命人寿保险股份有限公司吉林分公司	Jilin Branch of Sino Life Insurance Co,Ltd.	32		1	29	2
平安养老保险股份有限公司吉林分公司	Jilin Branch of Ping An Annuity Insurance Co,Ltd.	2		1	1	
合众人寿保险股份有限公司吉林分公司	Jilin Branch of Union Life Insuranle Co.Ltd.	10		1	8	1
中国人民健康保险股份有限公司吉林分公司	Jilin Branch of PICC Health Insurance Company Limited	3		1	2	
英大泰和人寿保险股份有限公司吉林分公司	Jilin Branch of YingDa Taihe Life Insurance Co.Ltd.	10		1	3	6
阳光人寿保险股份有限公司吉林分公司	Jilin Branch of Yangguang Life Insurance Co.Ltd.	20		1	19	
百年人寿保险有限公司	Century Life Insurance Co.Ltd.	8		1	7	

CHAPTER ▶ 09

第九篇

物 价

PRICE

9-1 各种价格指数

Various Price Indices

（上年=100） （Preceding year=100）

年 份 Year	居民消费价格指数 Consumer Price Index	城市居民 Urban Areas	农村居民 Rural Areas	商品零售价格指数 Retail Price Index	工业生产者出厂价格指数 Producer Price Index for Manufac-tured Goods	主要原材料、燃料、动力购进价格指数 Purchasing Price Index for Raw Material, Fuel and Power	固定资产投资价格指数 Investrment in Fixed Assets Price Index	建筑安装工程总价格指数 Construction and Installation Price Index
1949								
1950								
1951				109.7				
1952				110.8				
1953	105.9			103.9				
1954	103.5			102.5				
1955	100.5			102.2				
1956	98.0			99.0				
1957	102.5			102.8				
1958	98.7			99.8				
1959	99.6			99.5				
1960	108.5			108.1				
1961	113.4			112.6				
1962	103.1			103.4				
1963	98.9			99.0				
1964	98.4			98.3				
1965	100.5			99.5				
1966	99.2			99.2				
1967	100.8			100.2				
1968	100.2			100.2				
1969	99.3			99.5				
1970	99.2			99.4				
1971	100.3			99.9				
1972	100.3			100.0				
1973	100.3			100.2				
1974	100.1			100.0				
1975	100.1			100.0				
1976	100.7			100.6				
1977	100.2			100.1				
1978	100.1	100.1	100.3	100.2				
1979	101.7	101.7	101.1	101.2				
1980	105.6	108.6	104.9	106.3				
1981	101.6	101.6	101.2	101.7				
1982	104.2	104.2	101.9	103.0				
1983	104.5	103.0	101.7	102.6				
1984	103.5	103.6	103.3	104.2				
1985	110.3	110.3	107.9	109.7				
1986	106.0	106.0	105.1	105.4				
1987	107.6	108.0	105.3	107.5				
1988	120.3	121.6	117.1	119.9				
1989	117.2	116.9	119.3	116.9				
1990	104.9	103.9	108.2	103.9				
1991	106.8	107.1	105.2	105.1				
1992	108.0	109.3	103.9	107.1			116.4	
1993	112.6	113.2	108.8	111.3			128.8	
1994	120.6	123.2	117.1	119.9			107.3	
1995	115.2	115.1	115.6	114.2			109.6	
1996	107.2	107.7	105.8	105.1			102.9	
1997	103.7	103.7	103.7	101.8	101.4	103.9	104.4	106.4
1998	99.2	99.3	99.0	97.9	96.9	96.6	100.8	101.2
1999	98.0	97.9	98.6	96.7	100.1	97.7	102.2	106.1
2000	98.6	98.3	99.6	98.0	105.1	106.8	102.0	103.2
2001	101.3	101.5	100.5	100.9	100.3	101.8	101.1	102.6
2002	99.5	99.2	100.3	99.0	98.6	97.8	101.2	101.9
2003	101.2	101.1	101.5	100.5	102.5	104.8	101.1	102.3
2004	104.1	103.6	105.1	103.5	105.0	110.5	104.1	105.6
2005	101.5	101.4	101.9	101.1	104.3	107.0	102.0	102.5
2006	101.4	101.2	102.0	101.5	101.7	103.8	102.2	103.0
2007	104.8	104.4	106.1	103.3	102.7	105.2	103.9	105.2
2008	105.1	105.1	105.3	106.2	104.9	111.3	107.3	110.7
2009	100.1	99.9	100.7	99.3	96.1	95.3	99.4	99.4
2010	103.7	103.4	104.1	104.1	105.2	108.6	102.4	103.4
2011	105.2	105.2	105.4	104.9	105.4	106.1	105.6	105.6
2012	102.5	102.5	102.4	101.7	99.1	99.3	100.4	100.4
2013	102.9	102.9	102.9	101.6	98.7	99.4	100.0	100.0

9-2 商品零售价格分类指数（上年=100）

Retail Price Indices by Category（preceding year=100）

类 别	Item	全省 Total		城市 Urban		农村 Rural	
		2012	2013	2012	2013	2012	2013
商品零售价格总指数	**General Retail Price Index**	**101.7**	**101.6**	**101.6**	**101.6**	**101.9**	**102.2**
食品类	**Food**	**104.8**	**105.6**	**104.9**	**105.4**	**104.0**	**107.0**
粮 食	Grain	104.5	106.1	104.8	105.8	103.2	107.1
淀粉及薯类	Starches and Tubers	98.7	99.5	97.6	99.0	106.1	102.1
干豆类及豆制品	Bean and Bean Products	103.2	104.3	102.9	104.6	105.2	102.8
油 脂	Oil or Fat	106.5	98.2	106.8	97.9	104.4	100.5
肉禽及其制品	Meal,Poultry and Processed Products	104.0	107.0	104.4	106.8	100.8	108.7
蛋	Eggs	95.2	106.1	95.1	105.9	95.9	107.6
水产品	Aquatic Products	108.8	101.9	108.9	102.1	107.7	100.4
菜	Vegetables	109.5	112.6	109.8	111.9	107.5	117.6
调味品	Falvoring	103.0	102.0	102.5	102.3	107.4	100.1
糖	Sugar Carbohydrate	100.9	99.4	100.9	99.3	101.0	100.3
干鲜瓜果	Dried and Fresh Melons and Fruits	106.0	104.9	106.1	104.4	105.3	108.7
糕点饼干面包	Cake,Biscuit and Bread	102.0	102.8	102.2	103.1	100.6	100.4
液体乳及乳制品	Milk and Its Products	103.0	103.6	103.1	103.9	100.5	99.6
在外用膳食品	Dining Out	105.5	105.0	105.2	105.0	111.2	104.4
其它食品	Other Food Products	99.9	100.9	99.8	100.9	100.5	100.6
饮料、烟酒	**Beverage,Tobacco and Liquor**	**101.5**	**100.5**	**101.4**	**100.5**	**102.0**	**100.8**
茶及饮料	Tea and Beverage	101.8	100.5	101.4	100.3	103.2	101.2
烟 草	Tobacco	100.0	100.4	100.0	100.4	100.4	100.3
酒	Liquor	102.9	100.7	102.9	100.6	102.7	100.9
服装、鞋帽类	**Garments,Shoes and Hats**	**100.9**	**102.0**	**100.9**	**102.1**	**101.1**	**100.6**
服 装	Garments	101.1	101.8	101.1	101.8	101.6	101.4
鞋袜帽	Footgear and Hats	100.7	102.6	100.8	103.1	100.3	99.4
其 它	Others	98.4	100.1	98.0	100.6	100.0	98.5
纺织品类	**Textiles**	**103.4**	**100.6**	**103.8**	**100.6**	**101.1**	**100.6**
衣着材料	Clothing Materials	103.3	99.8	103.6	99.5	102.2	101.1
床上用品	Bed Articles	103.5	101.3	103.9	101.5	99.5	99.7

9－2 续表 Continued

类　别	Item	全省 Total 2012	全省 Total 2013	城市 Urban 2012	城市 Urban 2013	农村 Rural 2012	农村 Rural 2013
家用电器及音像器材	**Household Appliances and Music and Video Equipment**	**97.9**	**99.1**	**98.1**	**99.1**	**96.9**	**98.7**
家庭设备	Household Facilities	98.9	100.1	98.9	100.0	99.3	100.4
文娱用耐用消费品	Durable Consumer Goods for Recreational Use	96.3	97.5	96.7	97.7	93.5	96.3
专业音像器材类	Sound and Video Equipment	99.5	99.8	99.5	99.9	99.2	99.3
文化办公用品	**Cultural and Office Appliances**	**98.7**	**98.9**	**98.7**	**98.8**	**98.9**	**99.8**
日用品	**Articles for Daily Use**	**100.7**	**100.5**	**100.7**	**100.5**	**100.8**	**100.7**
日用百货	General Merchandise for Daily Use	100.9	101.1	101.1	101.2	99.7	101.0
日用杂品	Miscellaneous for Daily Use	100.5	99.9	100.5	99.9	100.2	100.0
洗涤用品	Things for Washing	101.2	100.7	100.9	100.7	103.1	100.8
其它日用品	Others	100.1	100.1	100.1	100.0	100.1	100.7
体育娱乐用品	**Sports and Recreation Articles**	**100.4**	**99.1**	**100.2**	**98.9**	**101.4**	**100.0**
体育用品	Sports Goods	99.6	99.3	99.3	99.1	100.6	100.2
娱乐用品	Amusement Goods	101.0	99.0	100.8	98.9	102.0	99.8
交通、通信用品	**Transportation and Communication Articles**	**94.3**	**95.7**	**93.9**	**95.5**	**98.0**	**97.1**
交通运输机械	Transportation Facility	97.9	96.5	97.8	96.5	99.3	96.9
通讯器材类	Communication Faciliy	88.9	94.3	87.9	93.8	96.4	97.3
家具	**Furniture**	**101.6**	**100.9**	**101.6**	**100.9**	**101.6**	**100.8**
化妆品类	**Cosmetics**	**101.1**	**101.6**	**101.2**	**101.7**	**100.4**	**101.1**
金银珠宝类	**Gold,Sivle and Jewelry**	**100.4**	**89.1**	**100.4**	**88.7**	**100.8**	**94.1**
中西药品及医疗保健用品	**Traditional Chinese and Western Medicines and Health Care Articles**	**102.1**	**101.5**	**102.0**	**101.4**	**102.8**	**102.9**
医疗器具及用品	Medical Apparatus and Articles	98.9	102.2	98.9	102.2	99.4	102.0
中药材及中成药	Traditional Chinese Medical Materials and Medicines	107.2	102.1	107.1	101.5	107.7	106.0
西 药	Westrn Medicine	99.7	101.2	99.8	101.2	99.6	100.5
保健器具及用品	Health Care Appliances and Articles	101.3	101.4	101.6	101.5	99.4	100.2
书报杂志及电子出版物	**Books,Newspapers,Magazines and Electronic Publications**	**100.3**	**100.3**	**100.3**	**100.4**	**100.1**	**100.0**
教材及参考书	Teaching Materials and Reference Books	100.1	100.5	100.0	100.5	100.2	100.0
书报杂志	Books, Newspapers and Magazines	100.9	100.5	101.0	100.6	100.1	100.0
电子音像制品	Electronic Audio-visual Products	99.7	99.7	99.7	99.6	99.9	99.9
燃料类	**Fuels**	**103.6**	**101.6**	**103.5**	**101.7**	**104.5**	**101.0**
煤炭及制品类	Coal and Related Products	102.5	100.7	102.6	101.0	101.7	98.8
石油及制品类	Petroleum and Related Products	103.9	101.8	103.7	101.8	105.6	101.7
建筑材料及五金电料类	**Building Materials and Hardware**	**102.4**	**100.9**	**102.5**	**101.1**	**102.0**	**99.9**
建筑装潢材料	Building Decoration Materials	102.7	101.0	102.8	101.3	102.3	99.2
五金电料类	Hardware	101.5	100.7	101.5	100.5	101.4	101.6

9－3 全省居民生活消费价格指数
Residents Living of Consumer Price Indices

（上年=100） （preceding year=100）

类　别	Item	全省 Total		城市 Urban Indices		农村 Rural Indices	
		2012	2013	2012	2013	2012	2013
居民消费价格总指数	**General Consumer Price Index**	**102.5**	**102.9**	**102.5**	**102.9**	**102.4**	**102.9**
服务项目价格指数	**Services Pirce Index**	**101.9**	**102.3**	**101.7**	**102.3**	**102.6**	**102.2**
一、食品	Food	104.9	105.7	105.1	105.4	104.2	106.8
粮食	Grain	104.2	105.9	104.8	105.7	103.2	106.2
肉禽及其制品	Meat, Poultry and Processed Products	103.7	107.9	105.1	107.4	99.6	109.1
水产品	Aquatic Products	108.5	101.9	108.5	102.2	108.5	101.1
鲜　菜	Fresh Vegetables	113.2	111.9	112.8	111.4	114.7	113.5
鲜瓜果	Fresh Fruits	105.4	106.1	105.6	104.7	104.5	111.8
其他食品	Other Food Products	100.1	100.7	100.1	100.8	100.3	100.4
二、烟酒	Tobacco and Liquor	102.1	100.7	101.8	100.6	102.5	100.9
三、衣着	Clothing	101.2	102.1	101.1	102.3	101.3	101.2
四、家庭设备用品及维修服务	Household Facilities and Repair Servile	100.7	100.6	101.1	100.7	99.8	100.3
耐用消费品	Durable Consumer Goods	99.4	100.1	99.4	99.9	99.4	100.4
家　具	Furniture	101.2	100.9	101.6	100.9	100.6	100.8
家庭设备	Household Facilities	98.5	99.7	98.5	99.6	98.6	100.1
室内装饰品	Interior Decorations	100.0	99.8	99.9	99.4	100.3	101.9
床上用品	Bed Articles	101.9	101.0	102.9	101.2	99.2	100.6
家庭日用杂品	Daily Use Household Articles	101.2	100.5	101.5	100.6	100.4	100.1
五、医疗保健和个人用品	Health Care and Personal Articles	102.2	101.3	102.2	101.3	102.1	101.4
医疗保健服务	Health Care Services	100.0	100.1	99.9	100.1	100.1	100.0
个人用品及服务	Personal Articles and Personal Service	103.5	101.7	103.8	102.0	102.7	100.7
六、交通和通信	Transportation and Communication	100.2	99.5	100.0	99.3	100.9	100.0
交通	Transportation	101.6	99.9	101.3	99.7	102.6	100.7
车辆修理服务费	Motor Vehide Repairing Services	107.5	106.0	108.1	106.5	104.2	103.1
通信服务	Communication Services	100.1	100.0	100.1	99.9	100.0	100.0
七、娱乐教育文化用品及服务	Entertainment,Cultucal goods and Services	101.0	102.3	100.9	102.8	101.3	100.8
学前教育	Preprimary Education	109.9	113.5	106.1	114.6	122.5	110.4
文娱费	Expending on Culture and Recreation	100.5	100.9	100.7	101.1	99.7	100.1
八、居住	Household	101.8	102.4	101.7	102.7	102.2	101.5
建房及装修材料	Building and Decoration Materials	102.7	100.2	102.6	100.7	102.8	99.5
住房租金	Housing Rental Fees	104.5	103.1	104.8	103.3	101.5	101.7
自有住房	Private Housing	101.0	102.4	100.6	102.0	102.4	103.9
水、电、燃料	Water, Electricity and Fuels	101.9	103.5	102.0	104.4	101.6	100.8

9－4 固定资产投资价格指数（上年=100）
Price Indices of Investment in Fixed Assets (preceding year=100)

年 份 Year	总指数 General Index	建筑安装工程 Construction and Installation	设备、工器具购置 Purchase of Equipments and Instruments	其他费用 Other Expenses
1992	116.4	119.4	110.1	110.1
1993	128.8	141.7	116.2	116.2
1994	107.3	108.0	109.3	109.3
1995	109.6	106.8	112.1	112.1
1996	102.9	105.7	98.4	98.4
1997	104.4	106.4	101.1	101.1
1998	100.8	101.2	100.1	100.1
1999	102.2	106.1	100.1	100.1
2000	102.0	103.2	99.4	99.4
2001	101.1	102.6	98.5	98.5
2002	101.2	101.9	98.6	98.6
2003	101.1	102.3	98.1	98.1
2004	104.1	105.6	101.1	101.1
2005	102.0	102.5	100.1	100.1
2006	102.2	103.0	100.5	100.5
2007	103.9	105.2	99.9	99.9
2008	107.3	110.7	100.4	100.4
2009	99.4	99.6	98.1	101.7
2010	102.4	103.2	99.9	104.8
2011	105.6	108.4	100.9	104.2
2012	100.4	100.8	99.0	102.4
2013	100.0	100.4	99.1	100.6

9－5 主要原材料、燃料、动力购进价格指数
Main Purchasing Price Indices of Raw Materials、Fuels and Power

（上年=100） (preceding year=100)

类 别	Item	2012	2013
全部原材料	**General Price Indices**	**99.3**	**99.4**
燃料、动力类	Fuel and Power	98.5	98.3
黑色金属材料类	Ferrous Metals	94.9	97.6
# 钢材	Steel	95.9	97.8
其它	Others	89.4	96.4
有色金属材料和电线类	Nonferrous Metals and Wire	98.6	97.2
化工原料类	Raw Chemical Materials	99.4	99.9
木材及纸浆类	Timber and Paper Pulp	102.6	100.8
建筑材料及非金属矿类	Buiding Materials and Nonmetal Minerals	104.2	99.8
其它工业原料及半成品类	Other Industrial Materials and Semi-finished Products	99.4	99.9
农副产品类	Agricultural Products	100.3	99.9
纺织原料类	Textile Materials	100.7	100.3

9－6 建筑安装工程价格总指数（上年=100）

Gonstruction and Installation Price Index（preceding year=100）

年 份 Year	总指数 General Index	人工费 Manpower Costs	材料费 Material Cost	钢 材 Steel Products	木 材 Timber
2004	105.6	103.2	106.8	109.8	103.4
2005	102.5	104.8	102.1	102.6	103.9
2006	103.0	108.5	101.8	100.1	103.9
2007	105.2	111.4	104.2	104.5	104.2
2008	110.7	115.6	111.0	115.0	110.6
2009	99.4	104.1	97.9	92.1	104.5
2010	103.4	108.2	104.2	105.0	105.8
2011	105.6	117.7	107.2	108.3	106.7
2012	100.4	107.2	98.9	94.5	102.6
2013	100.0	106.1	98.5	94.3	102.8

9－6 续表　Continued

年 份 Year	水 泥 Cement	地方材料 Local Materials	化工材料 Chemical Materials	电料 Electrical Materials	其它材料 Other Materials	机械使用费 Machanical Charges
2004	102.1	103.3	107.3	108.3	110.9	102.3
2005	100.3	101.3	105.0	101.8	104.9	101.8
2006	100.8	104.4	104.2	102.5	102.1	102.5
2007	103.9	104.8	103.0	107.6	101.2	102.8
2008	104.1	106.4	109.5	106.6	107.3	103.3
2009	103.0	101.3	103.0	100.7	102.4	101.1
2010	101.2	103.7	104.6	107.4	103.4	100.7
2011	106.4	108.2	105.5	104.8	103.3	104.5
2012	102.3	103.1	101.4	101.6	100.8	101.2
2013	100.1	101.3	100.7	101.3	99.8	101.1

9－7 工业生产者出厂价格指数
Ex-Factory Price Indices of Industrial Products

（上年=100） （preceding year=100）

类 别	Item	2012	2013
全部工业品	**Total Industry Products**	**99.1**	**98.7**
轻工业	Light Industry	100.6	99.3
以农产品为原料	Using Farm Products as Raw Materials	101.0	99.4
以非农产品为原料	Using Non-farm Products as Raw Matericals	97.4	99.0
重工业	Heavy Industry	98.6	98.6
采掘	Mining and Quarrying	97.8	96.4
原料	Raw Materials	97.9	98.5
加工	Processing	99.0	98.9
生产资料	Means of Production	98.1	98.0
采掘	Mining and Quarrying	97.8	96.4
原料	Raw Materials	97.2	98.1
加工	Processing	98.7	98.3
生活资料	Consumer Goods	100.4	99.8
食品	Food	101.6	99.6
衣着	Clothing	100.3	100.5
一般日用品	Articles for Daily Use	100.2	100.8
耐用消费品	Durable Consumer Goods	99.4	99.8
按工业部门分	Grouped by Sector		
冶金工业	Meatllurgical Industry	91.12	93.3
电力工业	Power Industry	103.2	100.0
煤炭及炼焦工业	Coal and Coke Industry	99.7	96.5
石油工业	Petroleum Industry	99.2	97.2
化学工业	Chemical Industry	96.5	98.7
机械工业	Machine Manufacturing Industry	99.1	99.6
建筑材料工业	Building Materials Industry	105.0	99.1
森林工业	Timber Industry	101.9	100.0
食品工业	Food Industry	101.6	99.6
纺织工业	Textile Industry	94.4	99.0
缝纫工业	Tailoring Industry	100.2	100.6
皮革工业	Leather Industry	101.5	103.0
造纸工业	Paper Industry	102.6	99.5
文教艺术用品工业	Cultural, Educational and Handicraft Articles	100.7	99.9
其它工业	Others	97.8	99.4

9－7 续表 continued

（上年=100） （preceding year=100）

类别	Item	2012	2013
按工业行业分	Grouped by Sector		
煤炭开采和洗选业	Mining and Washing of Coal	100.0	96.6
石油和天然气开采业	Extraction of Petroleum and Natural Gas	98.4	97.2
黑色金属矿采选业	Mining and Processing of Ferrous Metal Ores	88.6	92.0
有色金属矿采选业	Mining and Processing of Non-ferrous Metal Ores	96.7	92.1
非金属矿采选业	Mining and Processing of Nonmetal Ores	99.5	99.3
农副食品加工业	Processing of Food from Agriculture Products	101.3	99.4
食品制造业	Manufacture of Foods	103.3	101.5
饮料制造业	Manufacture of Bevrages	100.7	98.0
烟草制造业	Manufacture of Tobacco	101.2	97.8
纺织业	Manufacture of Textile	95.7	99.2
纺织服装、鞋、帽制造业	Manufacture of Textile Wearing Apparel, Footware and Caps	100.7	100.9
皮革、毛皮、羽毛（绒）及其制品业	Manufacture of Leather Furs,Feather and Ralated Products	100.9	102.9
木材加工及木、竹、藤、棕、草制品业	Processing of Timber,Manfacture of Wood,Bamboo,Rattan,Palm and Straw Products	101.8	99.9
家具制造业	Manufacture of Furniture	102.9	101.0
造纸及纸制品业	Manufacture of Paper and Paper Produts	102.6	99.5
印刷业和记录媒介的复制	Printing,Reproduction of Recording Media	100.1	101.6
文教体育用品制造业	Manufacture of Articles for Culture,Education and Sport Activities	102.8	100.4
石油加工、炼焦及核燃料加工业	Processing of Petroleum,Coking,Processing of Nuclear Fuel	100.3	96.1
化学原料及化学制品制造业	Manufacture of Raw Chemical Materials and Chemical Products	94.7	97.9
医药制造业	Manufacture of Medicines	101.1	101.3
化学纤维制造业	Manufacture of Chemical Fiber	79.1	93.6
橡胶制品业	Manufacture of Rubber	102.9	99.3
塑料制品业	Manufacture of Plastic	99.7	100.0
非金属矿物制品业	Manufacture of Non-metallic Mineral Products	104.5	99.1
黑色金属冶炼及压延加工业	Smelting and Pressing of Ferrous Metals	86.3	90.3
有色金属冶炼及压延加工业	Smelting and Pressing of Non-ferrous Metals	98.9	98.3
金属制品业	Manufacture of Metal Products	100.3	99.3
通用设备制造业	Manufacture of General Purpose Machinery	100.4	99.6
专用设备制造业	Manufacture of Special Purpose Machinery	100.4	100.2
交通运输设备制造业	Manufacture of Transport Equipment	99.0	99.5
电气机械及器材制造业	Manufacture of Electrical Machinery and Equipment	99.1	98.8
通信、计算机及其他电子设备制造业	Manufacture of Communitcation Equipment,Computers and Other Electronic Equipment	99.5	100.2
仪器仪表及文化、办公用机械制造业	Manufacture of Instrumentation and Culture and Office Machinery	97.8	98.5
工艺品及其他制造业	Manufacture of Artwork and Other Manufacturing	102.2	99.8
电力、热力的生产和供应业	Production and Supply of Power and Heat	103.2	100.0
燃气生产和供应业	Production and Supply of Gas	100.7	105.6
水的生产和供应业	Production and Supply of Water	100.4	100.1

CHAPTER ▶ 10

第十篇

人民生活

PEOPLE'S LIVELIHOOD

10－1 人民生活基本情况（一）

Basic Statistics on People's Living Conditions (one)

单位：元 unit: yuan

年 份 Year	城镇居民家庭平均每人全年 Unbarn Households Per Capita Annual				农村居民家庭平均每人全年 Rural Households Per Capita Annual				城镇居民家庭恩格尔系数(%) Engle's Coefficient of Urban Households (%)	农村居民家庭恩格尔系数(%) Engle's Coefficient of Rural Households (%)
	可支配收入 Disposable Income		消费支出 Living Expenditure		纯收入 Net Income		生活性消费支出 Living Expenditure			
	绝对数 Absolute Figures	指数 Index (1978=100)		#食品 Food	绝对数 Absolute Figures	指数 Index (1978=100)		#食品 Food		
1978	290.20				181.65	100.0			59.3	
1979					222.50	122.5	193.83	130.90		67.5
1980	369.50				237.20	130.5	216.25	140.07	59.2	65.3
1981	401.00				293.34	161.5	246.08	152.40		61.9
1982	431.00				333.09	183.4	253.44	159.37		62.9
1983	451.31	155.5	392.40	224.71	462.50	254.6	274.98	174.23		63.4
1984	499.15	172.0	424.99	244.21	486.80	268.0	320.81	203.09		63.3
1985	607.50	209.3	554.15	303.19	413.74	227.7	364.47	199.48	54.7	56.5
1986	755.46	206.3	661.92	355.44	456.70	251.4	388.77	214.66		55.2
1987	851.64	293.5	715.20	390.00	523.09	288.0	441.60	239.54		54.2
1988	987.12	340.2	901.08	455.16	627.54	345.5	516.36	275.63		53.4
1989	1109.34	382.3	967.44	511.20	623.96	343.5	562.78	313.59		55.7
1990	1230.10	423.9	1053.96	552.60	717.30	394.8	585.71	332.27	52.4	56.7
1991	1395.36	480.8	1193.88	638.16	748.33	411.8	648.41	366.51	53.4	56.5
1992	1636.92	564.1	1374.72	690.72	807.41	444.4	643.13	381.53	50.2	59.3
1993	1953.12	673.0	1596.00	780.24	891.61	490.8	670.02	406.24	48.9	60.6
1994	2561.04	882.5	2096.40	1034.52	1271.63	699.8	853.73	532.47	49.3	62.4
1995	3174.84	1094.0	2598.00	1330.44	1609.61	885.8	1494.62	841.85	51.2	56.3
1996	3805.61	1311.4	3037.32	1438.92	2125.56	1169.8	1513.19	803.38	47.4	53.1
1997	4190.61	1444.0	3408.00	1600.68	2186.29	1203.2	1623.83	895.12	47.0	57.0
1998	4206.64	1449.6	3449.76	1585.44	2383.60	1311.8	1471.46	799.69	46.0	54.0
1999	4480.00	1543.8	3661.68	1561.92	2260.60	1244.1	1347.91	719.27	42.7	53.0
2000	4810.00	1657.7	4020.84	1582.68	2022.50	1113.1	1553.35	705.39	39.4	45.0
2001	5340.50	1840.3	4337.28	1650.96	2182.20	1201.0	1661.69	757.90	38.1	45.0
2002	6260.20	2157.2	4973.88	1809.48	2360.80	1299.3	1685.74	743.07	36.4	44.1
2003	7005.12	2413.9	5492.04	1957.92	2530.40	1392.6	1815.57	799.16	35.7	44.0
2004	7840.60	2701.8	6068.99	2180.09	3000.40	1652.1	1971.21	899.00	35.9	45.6
2005	8690.62	2995.1	6794.71	2356.00	3263.99	1796.9	2305.98	1003.22	34.7	43.5
2006	9775.07	3368.4	7352.64	2457.21	3641.13	2004.5	2700.66	1082.28	33.4	40.1
2007	11285.52	3888.9	8560.30	2842.68	4189.90	2306.0	3064.38	1240.50	33.2	40.0
2008	12829.45	4420.9	9729.05	3307.14	4932.74	2715.5	3443.24	1362.44	34.0	39.6
2009	14006.27	4826.4	10914.44	3637.32	5265.91	2898.9	3902.90	1371.12	33.3	35.1
2010	15411.47	5310.6	11679.04	3767.85	6237.44	3433.9	4147.36	1523.32	32.3	36.7
2011	17796.57	6132.5	13010.63	4252.85	7509.95	4134.3	5305.80	1872.10	32.7	35.3
2012	20208.04	6963.5	14613.53	4635.27	8598.17	4733.4	6186.17	2268.76	31.7	36.7
2013	22274.60	7675.6	15932.31	4658.13	9621.21	5296.6	7379.71	2438.49	29.2	33.0

10－2 人民生活基本情况（二）

Basic Statistics on People's Living Conditions（two）

年 份 Year	人均居住面积（平方米） Per Capita Living Space (sq.m)		职工平均工资 Average Wages of Staff and Workers		个人储蓄存款（含外币）(亿元) (100 million yuan)	人均储蓄余额(元) Per Capita Savings Deposit(yuan)
	城镇 Urban	农村 Rural	绝对数(元) Value (yuan)	指数 Index(1978=100)		
1978		7.80	651	100.0	5.86	27
1979		9.17	700	107.5	7.62	35
1980		9.00	763	117.2	10.64	48
1981		9.89	770	118.3	14.56	65
1982		10.05	799	122.7	18.91	84
1983		9.93	823	126.4	25.28	111
1984		12.42	927	142.4	34.23	150
1985	4.60	11.42	1081	166.1	43.96	191
1986	4.90	11.99	1221	187.6	58.36	252
1987	5.20	12.87	1366	209.8	83.20	356
1988	5.30	13.04	1630	250.4	109.49	464
1989	5.50	13.12	1755	269.6	141.26	590
1990	5.60	13.42	1888	290.0	196.59	806
1991	5.70	13.87	2045	314.1	253.28	1030
1992	5.95	14.19	2308	354.5	315.42	1275
1993	6.20	15.96	2701	414.9	389.44	1560
1994	6.50	16.06	3666	563.1	535.55	2129
1995	6.90	16.07	4430	680.5	726.28	2847
1996	7.21	16.51	5370	824.9	955.48	3705
1997	7.70	18.64	5664	870.0	1071.33	4077
1998	8.10	17.52	6551	1006.3	1211.83	4584
1999	8.71	18.47	7158	1099.5	1328.90	5000
2000	9.14	17.72	7924	1217.2	1515.80	5652
2001	13.41	17.10	8771	1347.3	1797.00	6652
2002	15.88	17.57	9990	1534.6	2019.40	7481
2003	16.27	19.75	11081	1702.2	2161.40	8007
2004	18.55	19.78	12431	1909.5	2405.60	8882
2005	19.47	20.10	14409	2213.4	2798.06	10302
2006	19.88	20.68	16583	2547.3	3107.50	11427
2007	21.13	21.21	20513	3151.0	3186.80	11689
2008	27.22	21.94	23486	3607.7	3923.10	14359
2009	28.06	22.79	26230	4029.2	4614.40	16860
2010	29.03	22.88	29399	4516.0	5147.26	18767
2011	29.31	24.40	34197	5253.0	5835.32	21234
2012	29.09	24.71	38407	5899.7	6875.10	25460
2013	28.27	23.47	42846	6581.6	7803.80	28369

注：①2011年以前为城市人均居住面积，2012年以后为城镇人均居住面积 。
②从2012年职工平均工资为从业人员平均工资。
③个人储蓄存款，从2013年起含外币。

Note: ①Before 2011,the city per Capita living space,after 2012 Urban Per Capita Living Space.
②In 2012，the average wage of workers are the average wage for employees.
③Personal savings deposits foreign currencies including since 2013.

10－3 居民消费水平及增长速度

Indices of Residents Consumption Level

年 份 Year	居民消费水平（元） Level of Households Consumption (yuan)	农村居民 Rural Households	城镇居民 Urban Households	居民消费增长速度（上年=100） Indices of Consumption (preceding Year=100)	农村居民 Rural Households	城镇居民 Urban Households
1978	246	165	427	6.3	8.5	4.0
1979	283	203	449	7.7	11.8	1.4
1980	305	214	491	7.5	5.3	9.0
1981	335	245	513	6.3	7.2	3.9
1982	369	267	564	8.9	10.1	6.5
1983	424	331	599	9.3	19.5	−0.7
1984	487	376	691	12.3	13.1	10.7
1985	522	384	765	2.3	−2.3	5.8
1986	593	420	884	4.9	1.4	7.0
1987	689	476	1038	8.3	9.1	6.7
1988	860	573	1316	3.7	1.6	4.8
1989	933	628	1405	−7.2	−9.0	−6.4
1990	955	649	1427	−1.0	−3.1	0.4
1991	1037	678	1585	2.8	−1.5	5.5
1992	1233	749	1958	6.0	3.0	7.4
1993	1458	850	2341	5.8	3.8	5.8
1994	1872	1062	2995	11.7	8.2	11.7
1995	2292	1291	3665	8.0	6.9	8.0
1996	2643	1488	4180	8.1	9.0	6.4
1997	2940	1609	4665	9.0	4.5	10.1
1998	2949	1582	4707	4.8	0.6	6.3
1999	2974	1519	4853	6.2	−1.2	9.5
2000	3178	1707	5034	5.6	−0.8	7.0
2001	3409	1810	5422	7.7	6.6	8.1
2002	3627	1820	5835	7.0	3.9	7.1
2003	4123	1949	6198	16.2	7.0	9.4
2004	4601	2139	6869	9.6	7.9	9.0
2005	5191	2504	7630	10.0	13.3	8.5
2006	5710	2969	8166	8.5	16.2	5.8
2007	6675	3369	9598	10.9	7.0	11.7
2008	7591	3854	10878	13.7	14.4	13.3
2009	8410	4239	12061	10.8	10.0	10.9
2010	9141	4663	13032	7.7	6.0	8.1
2011	10811	6239	14804	17.0	28.9	13.1
2012	12276	6977	16873	13.6	11.8	14.0
2013	13676	7773	18714	11.4	11.4	10.9

10－4　城镇居民家庭人均消费总支出和借贷支出（2013）

单位：元

指　　标	Item	总平均 Average
一、家庭总支出	**Total Household Expenditure**	**20555.90**
消费性支出	Consumption Experditure	15932.31
财产性支出	Property Expenditure	16.22
1.非生产性贷款利息支出	Experditure of Non Productive Loan Interest	14.26
2.其他	Others	1.96
转移性支出	Transfer Expenditure	2858.73
1.交纳所得税	The Payment of Income Tax	33.81
2.捐赠支出	The Donation Expenditure	2299.98
3.购买彩票	Buy Lottery Tickets	12.85
4.赡养支出	Supporting Expenditure	268.67
# 在外就学子女费用	The School Children in the External Costs	105.80
5.各种非储蓄性保险支出	Various non Sovings Insurance Expenditure	111.83
# 车辆保险支出	Vehicle Insurance Expenditure	48.56
6. 其他转移性支出	Other Transfer Expenditure	131.59
社会保障支出	Social Security Expenditure	1034.32
1.个人交纳的养老基金	Individual Endowment Foud	460.71
2.个人交纳的住房公积金	Individual Housing Provident Fund Payment	381.27
3.个人交纳的医疗基金	Medical Fund to Pay Personal	147.56
4.个人交纳的失业基金	Unemployment Fund to Pay Personal	28.66
5.其他社会保障支出	Other Social Security Expenditure	16.13
购房与建房支出	Buying Houses and Buiding Houses Expenditure	714.33
1.购房	Buying Houses	678.56
2.建房	Building Houses	35.76
二、借贷支出	**Borrowing Costs**	**5140.27**
1.存入储蓄款	Deposit Savings	4462.45
2.借出款	Loan	47.64
3.归还借款	Repay the Loan	87.00
4.储蓄性保险支出	Saving Insurance Expenditure	104.65
5.购买有价证券	Purchase of Securities	6.52
6.其他投资支出	Other Investment Expenditure	6.85
7.归还住房贷款	Return of Housing Loans	392.56
8.归还汽车贷款	Return of the Auto Loans	18.61
9.归还教育贷款	Return of Education Loans	
10.归还其它贷款	Return of Other Loans	8.73
11.其他借贷支出	Other borrowing Costs	5.26
三、期末手存现金	**The Final Cash on Hand**	**1874.09**

Urban Household Residents Per Capita Consumption Expenditure and Borrowing Costs (2013)

unit: yuan

低收入户 Low Income Households	中低收入户 Low and Middle Income Households	中等收入户 Middle Income Households	中高收入户 Middle and High Income Households	高收入户 High Income Households
11090.06	**14545.17**	**17038.04**	**25958.58**	**38107.32**
9278.95	11572.22	13940.26	19998.41	27547.90
5.34	2.97	9.63	30.34	38.11
5.34	1.95	9.06	27.25	32.11
	1.02	0.57	3.09	6.01
1240.15	1892.09	2234.90	3438.55	6201.05
2.07	1.49	8.26	28.96	149.58
905.28	1524.05	1756.86	2895.80	5010.51
2.04	12.41	11.13	13.26	28.96
158.30	160.98	244.24	280.35	555.87
86.40	91.16	86.49	112.18	164.43
51.50	59.50	83.39	114.78	283.13
16.11	12.47	43.18	47.94	140.68
120.96	133.66	131.02	105.40	173.00
558.40	707.93	801.66	1280.79	2041.22
381.35	432.66	389.94	494.80	643.65
80.74	128.56	261.44	540.90	1035.47
73.19	107.99	126.98	193.05	264.37
10.24	15.05	18.43	37.16	71.42
12.88	23.67	4.88	14.88	26.31
7.23	369.96	51.59	1210.49	2279.04
6.10	208.75	44.33	1210.36	2273.58
1.12	161.20	7.26	0.14	5.46
947.00	**1577.04**	**3485.25**	**6097.41**	**15721.78**
786.30	1289.16	2955.99	5174.51	14008.04
2.71	1.31	8.84	61.39	192.21
42.90	95.11	54.00	50.37	215.32
42.31	90.85	74.56	84.55	260.52
	0.16			37.74
0.32		1.24	5.41	31.84
71.41	99.13	352.72	683.85	877.24
		28.87	28.11	41.74
		8.02	1.54	39.38
1.06	1.33	1.00	7.68	17.76
1166.28	**1624.34**	**2132.12**	**1916.02**	**2727.20**

10-5 城镇居民家庭人均消费支出（2013）

单位：元

指标	Item	总平均 Average
消费支出	**The Consumption Expenditure**	**15932.31**
通过互联网购买商品或服务支出	**The Parchase of Goods or Services Through the Internet**	**112.11**
一、食品	**Food**	**4658.13**
粮油类	Grain and Oil	782.94
肉禽蛋水产品类	Meat,Poultry,Eggs and Aquatic Products	1082.37
蔬菜类	Vegetables	503.52
调味品	Condiments	74.68
糖烟酒饮料类	Sugar,Tobacco,Liquor and Beverage	433.31
干鲜瓜果类	Dried and Fresh Melons	492.45
糕点、奶及奶制品	Cake,Milk and Its Products	242.59
其他食品	Other Food	137.49
饮食服务	Food Services	908.78
二、衣着	**Clothing**	**1961.20**
三、居住	**Residence**	**1932.24**
住房	Housing	594.95
水电燃料及其他	Water,Electricity,Fuels and Others	1224.77
居住服务费	Residence Service Fees	112.52
四、家庭设备用品及服务	**Household Facilities Articles and Services**	**908.43**
耐用消费品	Durable Consumer Goods	342.41
室内装饰品	Interior Decorations	38.92
床上用品	Bed Article	88.57
家庭日用杂品	Daily Use Household Articles	364.44
家具材料	Furniture Materials	7.43
家庭服务	Household Serviles	66.67
五、医疗保健	**Health Care**	**1692.11**
医疗器具	Medical Instrument	10.92
保健器具	Health Care Instrument	16.45
药品费	Medicine Fees	585.87
滋补保健品	Nourishing and Health Care Food	121.90
医疗费	Medical Fees	999.33
其他医疗保健支出	Other Halth Care Expenditure	
六、交通和通信	**Transportation and Communication Services**	**2217.87**
交通	Transportation	1485.44
通信	Communication Services	732.43
七、教育文化娱乐服务	**Education,Cultural and Recreation Services**	**1935.04**
文化娱乐用品	Recreation Articles	358.46
文化娱乐服务	Recreation Services	472.54
教育	Education	1104.04
八、其他商品和服务	**Other Goods and Services**	**627.30**
其他商品	Other Goods	378.11
服务	Services	249.19

Per Capita Annual Consumption Expenditure of Urban Households (2013)

unit: yuan

低收入户 Low Income Households	中低收入户 Low and Middle Income Households	中等收入户 Middle Income Households	中高收入户 Middle and High Income Households	高收入户 High Income Households
9278.95	**11572.22**	**13940.26**	**19998.41**	**27547.90**
18.64	**36.72**	**93.29**	**152.43**	**300.00**
3046.91	**3922.48**	**4367.95**	**5633.23**	**6868.15**
737.29	777.35	755.47	808.66	852.76
731.79	936.04	1020.85	1305.66	1532.43
377.56	454.03	490.35	575.02	660.59
54.39	67.79	68.73	88.52	100.67
243.09	390.68	426.66	519.15	641.14
276.29	397.51	477.98	617.43	761.56
153.29	177.25	235.61	320.94	356.01
89.81	135.91	159.58	161.06	147.76
383.40	585.93	732.73	1236.80	1815.23
831.41	**1307.83**	**1655.28**	**2489.26**	**3973.63**
1362.47	**1584.99**	**1706.09**	**2265.21**	**2980.00**
401.26	434.09	408.42	767.39	1067.78
902.69	1070.87	1175.40	1370.64	1719.52
58.52	80.03	122.27	127.19	192.70
398.71	**588.19**	**717.55**	**1321.61**	**1713.60**
98.70	194.30	257.80	596.02	650.29
16.96	9.44	21.16	68.44	90.62
38.98	58.77	84.42	103.12	176.73
211.32	286.25	322.66	477.19	578.84
6.92	2.69	3.17	7.68	18.61
25.83	36.75	28.32	69.17	198.52
1388.91	**1275.33**	**1601.92**	**2012.70**	**2328.44**
6.84	6.33	11.15	14.71	17.13
1.85	8.37	9.95	27.07	40.84
382.75	567.38	567.43	661.45	807.36
30.09	63.41	69.63	164.06	325.80
1005.52	656.64	970.98	1211.17	1195.61
875.34	**1131.24**	**1686.47**	**2983.22**	**5026.44**
480.61	601.79	1006.77	2117.41	3702.53
394.73	529.46	679.70	865.81	1323.91
1157.66	**1429.95**	**1785.78**	**2343.91**	**3260.81**
133.05	213.58	324.50	515.56	686.40
135.76	193.30	363.99	636.67	1186.51
888.86	1023.07	1097.28	1191.68	1387.90
217.55	**332.20**	**419.22**	**949.27**	**1396.83**
137.54	176.49	270.80	565.98	847.12
80.01	155.71	148.42	383.28	549.71

10－6 城镇居民家庭基本情况
Basic Condition of Urban Households

指 标	Item	单位 Unit	2012 城镇居民 Urban House-Holds	2012 #城市 City	2013 城镇居民 Urban House-Holds
调查户数	Number of Households Surveyed	户 household	1450	1200	2048
平均每户家庭人口数	Average Households Size	人 person	2.72	2.71	2.62
平均每户就业人口数	Average Number of Employed Persons per Household	人 person	1.45	1.35	1.39
平均每户就业面	Proportion of Employment per Household	%	53.3	49.8	53.05
平均每一就业者负担人数（含就业者本人）	Number of Dependents Employee (including the employee himself or Herself)	人 person	1.88	2.01	1.88
平均每人可支配收入	Disposable Income per Capita	元 yuan	20208.04	22154.04	22274.60
平均每人消费支出	Per Captia Annual Consumption	元 yuan	14613.53	16067.68	15932.31

10－7 城镇居民家庭人均现金收支
Per Capita Cash Income and Expenditures of Urban Households

单位：元　　unit: yuan

指 标	Item	2012	2013
城镇居民家庭	**Urban Households**		
年初手存现金	Total of Cash at Beginning of the Year	1057.09	5868.11
一、家庭总收入	Total Income of Households	21659.64	23544.19
#可支配收入	Disposable Income	20208.04	22274.60
工薪收入	Income of Wages and Salaries	13535.33	14388.26
经营净收入	Net Business Income	2168.82	2482.01
财产性收入	Income from Properties	324.03	355.22
转移性收入	Income from Transfers	5631.45	6318.70
二、出售财物收入	Income from Selling Property	196.19	91.31
三、借贷收入	Lending Income	6529.01	3295.08
四、家庭总支出	Total Expenditure of Households	19727.64	20555.90
消费支出	Consumption Expenditure	14613.53	15932.31
购房与建房支出	Expenditure of Housing	1161.32	713.33
转移性支出	Expenses on Transfer	2696.59	2858.73
财产性支出	Expenses on Properties	23.71	16.22
社会保障支出	Experditure of Social Security	1232.48	1034.32
五、借贷支出	Credit Expenditure	7647.25	5140.27
年末手存现金	Total Cash at end of the Year	2076.85	1874.09

10-8 城镇居民家庭平均每人购买的主要商品数量
Per Capita Purchases of Major Commodities of Urban Households

单位：千克 unit: kg

指　　标	Item	2012 城镇居民 Urban Households	2012 #城市 City	2013 城镇居民 Urban Households
粮　食	Grain	79.53	78.55	89.27
油脂类	Oil and Fat	10.27	10.31	12.43
猪　肉	Pork	14.87	14.52	15.45
牛　肉	Beef	3.32	3.76	2.64
羊　肉	Mutton	0.88	1.09	0.73
家禽(禽类)	Poultry	5.46	5.46	4.16
蛋　类	Fresh Eggs	11.07	11.36	10.13
鱼　虾	Fish and Shrimp	7.66	7.89	7.67
鲜　菜	Fresh Vegetables	107.74	110.66	104.82
白　酒	Liquor	2.71	2.45	2.94
啤　酒	Beer	7.78	7.71	8.55
鲜　果	Fresh Fruits	44.59	44.87	47.53
鲜　瓜	Fresh Melons	14.56	15.36	8.39
糕　点	Cake	4.23	4.82	4.12
奶　粉	Milk Powder	0.27	0.32	0.36
鲜乳品	Fresh Dairy Products	10.61	11.48	10.43

10－9 城镇居民家庭居住情况

Basic Condition of Urban Households

项　　目	Item	2012	2013
居住面积(平方米)	**Per Capita Net Living Space(sq.m)**		
人均现住房建筑面积	Building Space Presently per Capita	29.09	28.27
人均现住房使用面积	Usable Space Presently per Capita	21.87	21.20
居住条件	**Living Condition**		
按房屋产权分(%)	**Grouped By Property of Dwelling(%)**	**100.00**	**100.00**
租赁公房	Rent Public Housing	2.18	1.12
租赁私房	Rent Private Housing	4.95	7.12
自有私房	Self－owned Private Housing	3.54	87.86
其他	Others	89.33	3.8
按自来水使用情况分(%)	**Grouped By Using of Tap Water(%)**	**100.00**	**100.00**
无自来水	No Tap Water	0.69	2.74
独用自来水	Private Tap Water	99.23	97.01
公用自来水	Public Shared Tap Water	0.07	0.15
按卫生设备拥有情况分(%)	**Grouped by Possession of Sanitary Equipment(%)**	**100.00**	**100.00**
无卫生设备	No Sanitary Equipment	1.26	5.16
有浴室厕所	With Shower Room and Toilet	63.9	55.8
有厕所无浴室	With Toilet No Shower Room	31.62	38.54
公用卫生设备	Public Sanitary Equipment	3.22	0.40
按取暖设备拥有情况分(%)	**Grouped by Possession of Heating Installation(%)**	**100.00**	**100.00**
无取暖设备	No Heating Installation		0.44
空调设备	Air Conditioner	0.05	
暖气	Heating	95.51	99.46
其他	Others	4.44	99.56
按燃料使用情况分(%)	**Grouped by Using of Fuel(%)**	**100.00**	**100.00**
管道煤气	Pipeline Gas	12.89	12.52
液化石油气	Liquefied Petroleum Gas	33.28	35.85
煤	Coal	0.50	5.11
其他	Others	53.33	46.52
按住宅建筑式样分(%)	**Grouped by Types of House Constructions(%)**	**100.00**	**100.00**
家庭单栋配套住宅	Independent House	0.31	3.36
一居室	One-bedroom	6.61	10.51
二居室	Two-bedrooms	67.32	56.12
三居室	Three-bedrooms	17.75	13.48
四居室及以上	Four and More thean Four Rooms	1.66	0.31
普通楼房	Ordinary Multi Storey Building	1.55	4.25
普通平房	Ordinary Single Storey Building	4.80	11.88

10－10 各地区城镇居民人均可支配收入
Disposable Income of Urban Residents by Region

单位：元　　　　unit: yuan

地 区	Region	2007	2008	2009	2010	2011	2012	2013
全 省	**Total**	**11285.52**	**12829.45**	**14006.27**	**15411.47**	**17796.57**	**20208.04**	**22274.60**
长 春	Changchun	12810.91	15002.51	16072.14	17921.86	20487.30	22969.68	26033.88
吉 林	Jilin	12500.79	14000.03	15540.60	16935.74	19559.62	22067.56	25937.07
四 平	Siping	12329.14	13604.31	15100.44	16458.96	18482.92	21387.28	25529.89
辽 源	Liaoyuan	11692.72	13645.45	15247.80	16665.02	18757.39	21251.75	25378.75
通 化	Tonghua	12287.93	13944.70	15252.82	16703.81	18903.81	21627.28	25635.60
白 山	Baishan	11540.13	13522.99	15035.27	16356.04	18482.87	21282.00	25554.52
松 原	Songyuan	12460.63	13954.05	15276.79	16800.00	19226.97	21703.51	25933.41
白 城	Baicheng	11534.92	13519.84	15005.75	15904.24	17813.61	20154.31	24290.61
延 边	Yanbian	13155.24	14965.12	16148.12	17456.26	19557.71	22013.35	25810.63

10－11 各地区城镇居民人均消费支出
Per capita Consumption Expenditure of Urban Residents by Region

单位：元　　　　unit: yuan

地 区	Region	2007	2008	2009	2010	2011	2012	2013
全 省	**Total**	**8560.30**	**9729.05**	**10914.44**	**11679.04**	**13010.63**	**14613.53**	**15932.31**
长 春	Changchun	10216.65	12719.70	13409.28	14400.40	16328.45	17863.01	21928.87
吉 林	Jilin	10048.10	10449.34	12266.07	13223.21	13506.18	14856.23	17659.63
四 平	Siping	9708.68	9797.66	10593.81	10830.85	11290.75	12712.50	14924.81
辽 源	Liaoyuan	7831.98	8527.86	10943.17	11608.13	12854.95	14077.28	19790.62
通 化	Tonghua	8052.02	9497.43	10868.32	10940.48	12460.14	13746.75	16240.42
白 山	Baishan	7689.29	9446.03	11322.78	10722.41	11739.30	13344.87	15995.33
松 原	Songyuan	8984.82	10123.43	11983.35	12500.98	14481.49	15672.40	18268.46
白 城	Baicheng	8639.86	9265.95	11763.37	10509.21	12389.88	13080.74	17570.17
延 边	Yanbian	10083.23	11561.65	13616.09	14663.41	15527.95	17946.14	21951.50

10－12 农民家庭基本情况
Basic Condition on Rural Households

指　　标	Item	单位 Uuit	2012	2013
调查户数	Number of Houeholds Survey	户 household	1600	2534
常住人口	Permanent Population in the Household Surveyed	人 person	5501	8464
平均每户常住人口	Average Permanent Resident Population per Household	人 person	3.44	3.34
平均每户整、半劳动力	Average Full/Semi Labour Force per Households	人 person	2.63	2.42
平均每个劳动力负担人口	Average Number of Dependents per Laborer Force	人 person	1.31	1.38
平均每人全年收入	**Per Capita Annual Income**			
总收入（人均）	Total Revenue(Per capita)	元 yuan	15018.75	16161.80
纯收入（人均）	Net Income(Per capita)	元 yuan	8598.17	9621.21
现金收入（人均）	Cash Income(Per capita)	元 yuan	12674.98	13786.95
人均住房面积	Per Capita Floor Space of Houses	平方米 sq.m	24.71	23.47
年末住房价值（人均）	Value of Building at the Year－end(Per capita)	元 yuan	14919.58	23021.98
新建（购）住房面积（人均）	Floor Space of Newly Built(Per capita)	平方米 sq.m	0.32	0.33

10－13 农民家庭平均每人纯收入
Per Capita Net Income of Rural Households

单位：元　　unit: yuan

指　　标	Item	2012	2013
平均每人纯收入	**Net Income Per Capita**	**8598.17**	**9621.21**
一、工资性收入	**Wages Income**	**1792.02**	**1813.23**
二、家庭经营纯收入	**Net Income of Household Business**	**5617.63**	**6855.13**
（一）第一产业纯收入	Net Income of the Primary Industry	5291.96	6450.22
1. 农业收入	Agriculture	4583.50	5982.52
2. 林业收入	Forestry	31.43	–2.51
3. 牧业收入	Animal Husbandry	675.11	467.41
4. 渔业收入	Fishery	1.92	2.80
（二）非农产业纯收入	Non－agriculture	325.67	404.91
1. 第二产业纯收入	Net Income of the Secondary Industry	58.79	64.48
（1）工业收入	Industry	32.03	48.78
（2）建筑业收入	Construction	26.76	15.70
2. 第三产业纯收入	Net Income of the Tertiary Idustry	266.88	340.43
（1）交通、运输、邮电业收入	Transportation, Telecommuncations and Post	128.09	140.57
（2）批零贸易业、饮食业收入	Wholesale, Retail Trade and Catering Services	89.28	142.93
（3）社会服务业收入	Social Services	18.71	28.20
（4）文教卫生业收入	Education, Culture and Health Care	10.43	
（5）其他行业收入	Others	20.38	28.74
三、财产性纯收入	**Property Income**	**392.96**	**187.86**
（一）利息	Interest	7.06	18.65

10－13 续表 continued

单位：元 unit: yuan

指 标	Item	2012	2013
（二）集体分配股息和红利	Collective Distributive of Dividend and Bonus	2.82	0.71
（三）其他股息和红利	Other Dividend and Bonus	3.64	0.22
（四）租金(包括农业机械)	Rent(Including Agricultural Machinery)	7.16	35.10
（五）出让无形资产净收入	Income from Selling Intangible Assets		
（六）储蓄性保险投资收入	Insurance from Savings	0.43	0.68
（七）转让承包土地经营权收入	Transfering Land Management Right	84.22	124.12
（八）其他	Others	287.63	8.37
四、转移性纯收入	**Transfer Income**	**795.56**	**764.98**
（一）家庭住户成员寄回和带回	Family Members send from Outside	0.91	
（二）城市亲友赠送	Gift from Urban Relatives	16.61	3.08
（三）离退休金、养老金	Pensions and Annuities	71.45	123.43
（四）城市亲友支付赡养费	Estovers from Urban Relatives	8.05	89.17
（五）农村亲友支付赡养费	Estovers from Rural Relatives	10.40	
（六）救济金、抚恤金、救灾款	Relief Payments、Pension、Disaster-relief Furds	0.32	13.51
（七）退税	Tax Draw Back	1.28	
（八）退耕还林还草补贴	Subsidies for Returning Farmland to Forest and Grassland	12.63	11.83
（九）无偿扶贫或扶持款	Free for Poverty Alleviation	2.44	1.04
（十）得到赔款	Reparation	19.37	0.09
（十一）各项补贴收入	Subsides	616.37	491.48
（十二）其他	Others	35.73	30.35

10－14 农村家庭平均每人消费总支出

Per Capita Consumption Expenditure of Rural Households

单位：元　　unit: yuan

类别	Item	2012	2013
总支出	**Total Consumption Expenditure**	**14480.0**	**14991.3**
一、家庭经营费用支出	**Household Business Expenditure**	**5789.9**	**5820.0**
（一）第一产业生产费用支出	Primary Industry	5651.6	5546.8
1. 农业生产费用支出	Agriculture	4202.0	3670.7
2. 林业生产费用支出	Forestry	22.9	34.2
3. 牧业生产费用支出	Animing Husbandry	1425.3	1745.0
4. 渔业生产费用支出	Fishery	1.5	5.6
（二）第二产业生产费用支出	Secondary Industry	33.3	32.7
1.工业生产费用支出	Industry	24.1	32.7
2.建筑业生产费用支出	Construction	9.2	
（三）第三产业生产费用支出	Tertiary Industry	105.0	240.6
1. 交通运输邮电业生产费用支出	Transport，Post and Telecommuncation	67.3	58.4
2. 批零贸易餐饮业生产费用支出	Wholesale、Retail Trade and Catering Services	17.0	156.0
3. 社会服务业生产费用支出	Social Services	10.1	10.2
4. 文教卫生业生产费用支出	Culure，Education and Health Care	2.0	
5. 其他行业生产费用支出	Others	8.7	16.0
二、购置生产性固定资产支出	**Purchasing Productive Fixed Assets**	**966.7**	**870.7**
三、建造生产性固定资产雇工支出	**Building Productive Fixed Assets、Employment Fees**	**4.1**	**9.8**
四、税费支出	**Tax**	**4.9**	**0.03**
（一）第一产业税	Primary Industry Tax		0.03
（二）第二产业税	Sceondary Industry Tax		
（三）第三产业税	Tertiary Industry Tax	0.2	
（四）其他各种收费	Others	4.6	
五、生活消费支出	**Living Consumption Expenditure**	**6186.2**	**7379.7**
（一）食品消费支出	Food	2268.8	2438.5
（二）衣着消费支出	Clothing	478.7	535.2
（三）居住消费支出	Residence	836.8	1288.4
（四）家庭设备、用品及服务消费支出	Household Facilites, Articles and Services Expenditure	251.9	273.1
（五）交通和通讯消费支出	Transportation and Communcation	699.0	961.2
（六）文化教育、娱乐消费支出	Cultural, Education and Recreation	606.3	691.4
（七）医疗保健消费支出	Health Care and Medical Services	840.5	968.6
（八）其他商品和服务消费支出	Others	204.1	223.4
六、财产性支出	**Expenses on Properties**	**2.2**	**0.6**
七、转移性支出	**Expenses on Transfer**	**1526.2**	**910.6**

10－15 农民家庭平均每人生活消费支出

Per Capita Living Expenditure of Rural Households

单位：元　　unit: yuan

类　　别	Item	2012	2013
生活消费支出合计	**Total Living Consumption Expenditure**	**6186.17**	**7379.71**
其中：服务性支出	Service Expenditure	1814.93	2205.41
一、食品消费支出	**Food Expenditure**	**2268.76**	**2438.49**
(一)食品消费支出	Food	1983.91	2054.11
1. 谷物	Grain	462.27	423.00
2. 薯类	Tubers	8.16	23.82
3. 豆类	Bean	12.10	43.66
4. 食用油	Oil	97.95	102.21
5. 蔬菜及制品	Vegetables and Its Produts	212.99	195.41
6. 肉、禽、蛋、奶及制品	Meal, Poultry, Eggs and its Products	479.78	536.16
7. 水产品及制品	Aquatic Product	55.46	67.02
8. 烟、酒	Tobacco, Liquor	255.87	293.60
9. 茶叶、饮料	Tea, Beverage	37.71	30.89
10. 其它类食品	Others	361.60	338.34
(二)食品消费服务性支出	Food Service Expenditure	284.85	382.37
1. 在外饮食	Dining Out	279.76	376.97
2. 食品加工费	Food Processing	4.60	5.40
3. 其他服务性支出	Other Services	0.49	
二、衣着消费支出	**Clothing Expenditure**	**478.74**	**535.17**
(一)衣着消费支出	Clothing	477.88	534.14
1. 服装	Garment	316.44	368.86
2. 服装材料	Clothing Materials	4.14	32.53
3. 鞋类	Shoes	118.86	129.51
4. 其他	Others	38.44	3.24
(二)衣着消费服务性支出	Clothing Services Expenditure	0.86	0.95
1. 衣着加工费	Clothing Processing	0.45	0.95
2. 其他服务性支出	Other Services	0.41	
三、居住消费支出	**Residence Expenditure**	**836.77**	**1288.42**
(一)居住消费支出	Residence	628.86	1047.20
1. 建筑生活用房材料	Construction Materials	175.48	125.57
2. 维修生活用房材料	Maintenance Materials	186.99	219.94

10－15 续表 1 continued

单位：元 unit: yuan

类　　别	Item	2012	2013
3. 装修生活用房材料	Decorate Materials	71.62	68.92
4. 生活用房	Housing	59.05	233.61
5. 生活用燃料	Fuels used in Daily Life	135.72	399.16
(二)居住消费服务性支出	Residence Services Expenditure	207.91	241.22
1. 建筑、维修生活用房雇工工资	Wages of Construction and Maintenance	86.59	33.02
2. 房租	Rent	11.33	21.16
3. 生活用水	Water	3.44	5.75
4. 生活用电	Electricity	90.63	124.00
5. 清洁费、卫生费	Cleaning Fees and Sanitation Fees	0.11	1.10
6. 其他服务性支出	Other Services	15.80	56.19
四、家庭设备、用品消费支出	**Household Facilities and Atrciles Expenditures**	**251.93**	**273.13**
(一)家庭设备用品消费支出	Household Facilities and Articles Expenditure	245.56	266.45
1. 日用品	Commodities	89.29	126.37
2. 床上用品	Bed Articles	19.12	22.59
3. 室内装饰品	Interior Decorations	6.63	8.54
4. 家俱类	Furniture	49.27	32.57
5. 机电设备	Electrical Equipment	81.25	76.38
(二)家庭设备用品服务性消费支出	Household Facilities,Articles and Services Expenditure	6.37	4.65
1. 家庭设备修理费	Repair Fees for Household Facilities	4.26	4.05
2. 日杂用品加工修理费	Repair Fees for Articles	0.54	
3. 家政服务费	Housekeeping Services	0.01	0.60
4. 其他服务性支出	Other Services	1.55	
五、交通和通讯消费支出	**Transportation and Communication Expenditure**	**699.03**	**961.18**
(一)交通和通讯用品支出	Transportation and Communicaion Expenditure	401.61	639.57
1. 交通工具	Transport	227.20	301.35
2. 交通工具用燃料	Transport Fuels	91.66	162.88
3. 交通工具用零配件	Parts for Transport	17.20	78.17
4. 通讯工具	Means of Communication	64.21	97.16
5. 通讯工具用零配件	Parts for Means of Communication	1.34	
(二)交通和通讯服务性消费支出	Transportation and Communication Services Expenditure	297.42	320.84
1. 交通消费服务支出	Services for Transportation	195.09	183.07

单位：元

10－15 续表 2 continued

unit: yuan

类　　别	Item	2012	2013
（1）交通客运费	Transport Passenger Fee	169.15	157.32
（2）生活物品货运费	Life Goods Freight Charges	0.71	
（3）交通工具修理费	Vehicle Repair Fees	20.03	
（4）其他(过路过桥费等)服务性支出	Other Services	5.20	25.75
2.通讯消费服务支出	Services for Communication Expenditure	102.33	137.77
（1）邮寄费	Post	0.89	
（2）通讯费	Communication	99.95	
（3）通讯工具修理费	Repair Fees for Means of Communication	1.40	
（4）其他	Others	0.09	137.77
六、文化教育、娱乐消费支出	**Expenditure of Cultural,Education and Recreation**	**606.26**	**691.39**
(一)文化教育、娱乐用品消费支出	Cultural,Education and Recreation Expenditure	166.06	167.29
1. 文教、娱乐用机电消费品	Electromechanical Articles For Cultural,Education and Recreation	104.34	103.76
2. 书、报、杂志	Book,Newspapers,Magazines	8.72	5.74
3. 纸张、文具	Papar and Stationery	15.03	13.30
4. 音像制品	Audiovisual Products	0.28	
5. 电脑软件	Computer Software	0.02	
6. 体育用品	Sport Articles	0.15	0.71
7. 计算机零配件及耗材	Parts of Computer	1.04	
8. 鲜花	Flowers	0.17	1.75
9. 娱乐用品	Recreational Articles	22.84	8.87
10. 其他用品	Others	13.48	33.16
(二)教育服务消费支出	Educational Services Expenditure	378.07	427.72
1. 托儿费	Nursery Fee	19.09	56.44
2. 幼儿园赞助费	Kindergartens Fee	5.24	0.36
3. 学杂费	Tuition Fee	187.42	337.73
4. 入学赞助费	Support Fee of Enrollment	11.43	3.94
5. 私立学校就读费	Tuition Fee in Privat Schools	6.28	
6. 成人培训费	Training Fee of Adults	34.43	29.25
7. 教育设备修理费	Maintain Fee of Educational Appliances		
8. 其他服务性支出	Other Services	114.17	
(三)文化、体育、娱乐服务消费支出	Cultural,Educational and Recrentional Services Expenditure	62.13	96.38

10－15 续表 3 continued

单位：元 unit: yuan

类别	Item	2012	2013
1.旅游	Tourism	13.82	20.03
2.休闲娱乐费	Recreation Fee	11.98	40.67
3.文化、体育、娱乐用品修理费	Maintain Fee of Cultural, Sport and Recreation Articles	1.05	
4.其他服务性支出	Other Services	35.29	35.68
七、医疗保健消费支出	**Expenditure of Health Care and Medical Services**	**840.52**	**968.58**
(一)医疗保健用品	Health Care and Medical Articles	327.00	302.11
1. 医疗卫生用品	Medical and Health	318.71	289.99
（1）药品	Medicine	316.10	288.31
（2）医疗卫生器械	Medical and Health Equipment	1.63	1.68
（3）其他医疗卫生用品	Others	0.99	
2. 保健用品	Health Care Goods	8.29	12.12
（1）药品类保健品	Medicine and Health care Products	7.75	
（2）保健器材	Health Equipment	0.53	1.03
(二)医疗保健服务性消费支出	Services of Health Care and Medical Services	513.52	666.47
1. 医疗费	Medical Services Fee	510.56	
2. 医疗设备修理费	Repairing Fees of Medical Equipment	0.14	
3. 保健费	Health Care Fee	0.92	
4. 保健设备修理费	Repairing Fees of Health Care Equipment		
5. 其他服务性支出	Others	1.92	
八、其他商品和服务消费支出	**Others Goods and Services Consumption Expenditure**	**204.15**	**223.36**
(一)其他商品支出	Goods	140.35	157.04
1. 首饰	Jewelry	50.38	68.37
2. 手表	Watches	1.27	
3. 化妆品	Cosmetics	19.38	34.04
4. 迷信、宗教用品	Superstition Religious Articles	14.11	
5. 其他	Others	55.22	54.63
(二)其他服务性消费支出	Consumption Expenditure on Other Services	63.80	64.80
1. 旅馆住宿费	Hotel Expenses	2.28	5.03
2. 美容美发	Beautification and Hairdressing	10.76	19.21
3. 殡殓费	Funeral Fee	20.23	
4. 生活消费借贷利息	Interest of Living Consumption	2.02	17.40
5. 其他服务性支出	Others	28.51	23.16

10－16 农民家庭平均每人现金支出

Per Capita Cash Expenditures of Rural Households

单位：元　　　　unit: yuan

指　　标	Item	2012	2013
期内现金支出	**Cash Expenditures**	**13668.50**	**14214.34**
一、生产费用支出	**Production Expenditures**	**6422.80**	**6475.55**
（一）家庭经营费用支出	Household Business Expenditures	5452.07	5595.14
1. 第一产业生产费用支出	Primary Industry	5313.80	5321.89
（1）农业生产费用支出	Agriculture	4134.87	3634.58
（2）林业生产费用支出	Forestry	22.87	34.16
（3）牧业生产费用支出	Animal Husbandry	1154.54	1556.25
（4）渔业生产费用支出	Fishery	1.52	5.54
2. 第二产业生产费用支出	Secondary Industry	33.25	32.70
（1）工业生产费用支出	Industry	24.07	31.78
（2）建筑业生产费用支出	Construction	9.18	0.92
3. 第三产业生产费用支出	Teriary Industry	105.01	240.55
（1）交通运输邮电业生产费用支出	Transportation, Post and Telecommunications	67.28	58.35
（2）批发贸易餐饮业生产费用支出	Wholesale, Retail Trade and Catering Services	16.96	156.03
（3）社会服务业生产费用支出	Social Services	10.10	10.22
（4）文教卫生业费用支出	Education, Culture and Health Care	1.99	
（5）其他行业生产费用支出	Others	8.68	15.95
（二）购置生产性固定资产支出	Purchasing Productive Fixed Assets	966.67	870.65
（三）建造生产性固定资产雇工支出	Building Productive Fixed Assets Emplyment Fees	4.06	9.77
二、税费支出	**Expenditure of tax**	**4.88**	**0.03**
（一）第一产业税	Primary Industry Tax		0.03
（二）第二产业税	Secnodary Industry Tax		
（三）第三产业纳税	Termary Industry Tax	0.25	
（四）其他各种收费	Others	4.63	
三、生活消费支出	**Living Consumption Expenditure**	**5712.46**	**6827.62**
四、财产性支出	**Expenses on Properties**	**2.16**	**0.60**
（一）宅基地有偿使用费	Fee of Land Use		
（二）承包其他农户转让	Rent from Other Farmers		
（三）其他	Other Expenditure	2.16	0.60
五、转移性支出	**Expenses on Transfer**	**1526.20**	**910.55**
（一）寄给带给家庭非常住人口现金	Cashes Send to Others	186.16	153.76
（二）赠送农村亲友	Gift to Rural Relatives	1004.36	
（三）赠送城市亲友	Gift to Urban Relatives	130.73	
（四）交纳医疗保险	Medical Insurance	54.14	74.50
（五）交纳社会保障基金	Social Welfare Funds	47.51	60.87
（六）购买非储蓄性保险	Non－saving Insuramce	47.77	48.61
（七）赡养费	Estovers	14.03	31.14
（八）其他直接税	Other Direct Tax	2.38	5.59
（九）捐赠	Donation	1.22	474.93
（十）罚款、赔款	Penalty and Reparations	16.34	18.60
（十一）其他	Others	21.55	42.55

10－17 农民家庭平均每人现金收入

Per Capita Cash Income of Rural Household

单位：元 unit: yuan

指　标	Item	2012	2013
期内现金收入	**Cash Income**	**12674.98**	**13786.95**
一、工资性收入	**Wages**	**1783.36**	**1811.49**
二、家庭经营收入	**Cash Income of Household Business**	**9790.84**	**10888.55**
（一）第一产业现金收入	Primary Industry Income	9265.11	10121.62
1. 农业现金收入	Agriculture Income	7081.81	7822.73
（1）出售农产品收入	Sale of Agricultural Products	6956.62	7703.69
（2）农业服务性收入	Agricultural Services	125.19	119.04
a. 经营水利灌溉系统收入	Management of Water Conservancy and Irrigation System		0.16
b. 农产品初加工收入	Agricultural Products Pretreating	9.63	13.63
c. 提供机械和操作人收入	Supplying Machine and Operating Personnel	57.00	22.11
d. 其他服务收入	Others	58.57	83.14
2. 林业现金收入	Forestry Income	46.98	35.50
（1）出售林业产品收入	Sale of Forest Products	44.71	32.61
（2）林业服务性收入	Forest Services	2.27	2.89
3. 牧业现金收入	Livestock Income	2132.73	2254.80
（1）出售牧业产品收入	Sale of Livestock Products	2102.31	2247.00
（2）牧业服务性收入	Services	30.42	7.79
4. 渔业现金收入	Fishery Income	3.59	8.59
（1）出售渔业产品收入	Sale of Fishery Products	1.91	8.46
（2）渔业服务性收入	Services	1.68	0.13
（二）第二产业现金收入	Secondary Industry Income	101.70	100.73
1. 工业收入	Industry	57.24	83.98
（1）出售工业产品收入	Sale of Industry Products	41.90	
（2）工业服务性收入	Industrial Services	15.34	
2. 建筑业收入	Construction	44.46	16.75
（1）出售建筑业产品收入	Sale of Construction Products		
（2）建筑业服务性收入	Services	44.46	
（三）第三产业现金收入	Tertiary Industry Income	424.03	666.21
1. 出售其他产品收入	Sale of Other Products	4.08	
2. 第三产业服务性现金收入	Services	419.95	666.21
（1）交通、运输、邮电业收入	Transportation, Telecommumaction and Post	221.27	235.65
（2）批零贸易业、饮食业收入	Wholesale, Retail Trade and Catering Services	126.92	325.98
（3）社会服务业收入	Social Services	31.28	56.70
（4）文教卫生业收入	Culture, Education, and Health Care	14.56	
（5）其他行业收入	Others	25.92	47.88

10－17 续表 continued

单位：元 unit: yuan

指　标	Item	2012	2013
三、财产性收入	**Property Income**	**163.67**	**187.86**
（一）利息	Interest	7.06	18.65
（二）集体分配股息和红利	Collective Distributive of Dividend and Bonus	2.82	0.71
（三）其他股息和红利	Other Didivend and Bonus	3.64	0.22
（四）租金(包括农业机械)	Rent (Including Agricultural Machinary)	7.16	35.10
（五）出让无形资产净收入	Income From Sale of Intangible Assets		
（六）储蓄性保险投资收入	Insurance From Savings	0.43	0.68
（七）土地征用补偿收入	Compensate from Land Use		
（八）转让承包土地经营权收入	Transfering Land Management Right	84.22	124.12
（九）其他投资收益	Other Investment Revenue		
（十）其他	Others	58.35	8.37
四、转移性收入	**Transfer Income**	**937.10**	**899.05**
（一）家庭住户成员寄回和带回	Family members send from Outside	0.91	
（二）城市亲友赠送	Gift from Urban Relatives	16.61	3.08
（三）农村亲友赠送	Gift from Rural Relatives	153.69	138.10
（四）离退休金、养老金	Pensions and Annuities	71.45	124.43
（五）城市亲友支付赡养费	Estovers from Urban Relatives	8.05	89.17
（六）农村亲友支付赡养费	Estovers from Rural Relatives	10.40	
（七）救济金	Relief Payments	0.13	10.40
（八）抚恤金	Pension	0.19	2.85
（九）救灾款	Disaster－relief Funds		0.26
（十）退税	Darwback	1.28	
（十一）退耕还林还草补贴	Subsidies for Returning Farmland Forest and Grassland	12.63	
（十二）无偿扶贫或扶持款	Free for Poverty Alleviation	2.44	1.04
（十三）得到赔款	Reparation	19.37	0.09
（十四）粮食直接补贴	Grain Subsidies	298.30	274.53
（十五）购置和更新大型农机具补贴	Purchase and Update of Large farm Machinery Subsidies	3.61	5.23
（十六）良种补贴收入	Seed Subsidies	33.29	21.11
（十七）购买生产资料综合补贴	Purchase of Production Subsidies	216.73	107.69
（十八）领取养殖业补贴	Breeding Subsidies	5.31	2.39
（十九）领取最低生活保障费	Minimun Living Security Charges	16.00	19.45
（二十）领取新型农村养老保险	New Rural Endoument Insuranle	19.42	23.03
（二十一）其他来自政府的补贴	Other Subsidies from the Government	23.70	32.81
（二十二）其他	Others	23.58	26.31

10－18 各地区农民人均纯收入

Per Capita Income of the Farmers

单位：元　　　　unit： yuan

地　区	Region	2007	2008	2009	2010	2011	2012	2013
全　省	**Total**	**4190**	**4933**	**5266**	**6237**	**7510**	**8598**	**9621**
长　春	Changchun	4508	5292	5657	6665	7965	9064	10060
吉　林	Jilin	4496	5281	5607	6594	7952	8977	10288
四　平	Siping	4279	5045	5436	6586	7718	8760	9960
辽　源	Liaoyuan	4275	5011	5368	6324	7557	8524	9845
通　化	Tonghua	4346	5127	5512	6572	7716	8959	9935
白　山	Baishan	4286	4990	5312	6134	7334	8134	9231
松　原	Songyuan	3736	4839	5149	6167	7597	8562	9373
白　城	Baicheng	2851	3519	3521	4504	5513	6191	6743
延　边	Yanbian	3598	4392	4735	5416	6250	7350	8351

10－19 各地区农村居民人均生活消费支出

Per capia Consumption Expenditure of Rural Households by Region

单位：元　　　　unit： yuan

地　区	Region	2007	2008	2009	2011	2012	2013
全　省	**Total**	**3064**	**3443**	**3903**	**5306**	**6186**	**7380**
长　春	Changchun	2628	3124	3533	5245	5855	6798
吉　林	Jilin	2917	3965	4441	5054	6014	7402
四　平	Siping	2633	3606	4256	5467	6328	6964
辽　源	Liaoyuan	2742	4150	3892	5459	6750	6514
通　化	Tonghua	2549	3176	3506	5061	6186	5993
白　山	Baishan	2316	3022	2826	4525	4786	5959
松　原	Songyuan	2372	3050	3528	4945	5720	6491
白　城	Baicheng	2407	3257	3400	4666	5761	5875
延　边	Yanbian	2871	3663	4289	4361	6193	5765

10－20 农民家庭平均每百户年末耐用消费品拥有量
Number of Durable Consumer Goods Owned per 100 Rural Households at the Year－end

指标	Item	单位 Unit	2007	2008	2009	2010	2011	2012	2013
洗衣机	Washing Machine	台 set	68.50	72.44	76.44	77.75	84.13	88.88	83.97
电冰箱	Refrigerators	台 set	23.75	29.06	40.5	44.88	72.56	78.69	81.61
抽油烟机	Exhaust Fan	台 unit	2.06	2.19	2.63	2.94	5.06	5.06	9.04
微波炉	Microwave Oven	台 unit	1.81	2.56	2.44	2.31	3.06	4.13	7.42
热水器	Water Heater	台 unit	2.25	2.56	2.94	3.44	6.00	7.06	9.12
自行车	Bicycles	辆 unit	66.63	68.56	61.75	57.56	42.75	43.19	11.24
摩托车	Motorcycles	辆 unit	54.63	59.81	61.00	60.94	66.63	67.38	63.89
汽车（生活用）	Automobile (Living－use)	台 unit	0.81	0.38	0.38	1.25	5.56	5.81	12.63
电话机	Telephone	部 set	70.94	67.69	53.13	50.69	35.75	36.69	31.21
移动电话	Mobile Telephone	部 set	108.69	125.69	151.81	157.63	204.31	212.94	219.81
彩色电视机	Color TV Set	台 set	105.81	106.25	111.06	108.56	115.25	117.00	111.44
黑白电视机	Black－and－White TV Set	台 set	4.88	3.25	2.69	0.44	0.44	0.25	
影碟机	Video Dise Player	台 set	43.63	42.44	43.19	38.38	37.69	35.19	
照相机	Camera	架 set	2.88	2.75	2.56	2.69	1.88	2.13	4.50

10－21 农民家庭平均每人主要消费品消费量
Per Capita Consumption on Major Consumer Goods of Rural Households

单位：公斤　　unit: kg

指标	Item	2012	2013
粮食	Grain	170.85	136.30
豆类及豆制品	Bean and Its Products	7.46	11.55
蔬菜及菜制品	Vegetables and its Products	127.72	79.64
油脂类	Oil and Fet	9.09	9.29
#植物油	# Vegetable Oil	8.84	9.17
肉禽及其制品	Meat, Poultry and Its Products	19.94	19.61
#猪肉	# Pork	12.92	13.03
蛋类及蛋制品	Eggs and Its Products	7.90	6.88
奶和奶制品	Milk and Its Pproducts	3.80	4.34
水产品	Aquatic Products	4.06	4.46
#鱼类	# Fish	3.69	3.96
食糖	Sugar	0.73	0.77
酒和饮料	Liquor and Beverage	19.28	18.48
#白酒	# Liquor	5.45	5.63
水果	Fruit	22.77	15.65

10－22 农村居民家庭每百户拥有主要生产性固定资产数量
Possession of Major Productive Fixed Assets per 100 Rural Households at the Year－end

项　　目	Item	2007	2008	2009	2010	2011	2012	2013
汽车（辆）	Motor Vehicles (unit)	2.31	3.31	2.63	3.81	3.88	4.13	
大中型拖拉机（台）	Large and Medium Tractors (unit)	7.94	8.25	9.38	11.00	16.00	14.25	15.51
小型及手扶拖拉机（台）	Mini and Walking Tractors (unit)	41.81	42.69	42.88	45.88	45.88	51.06	54.26
机动脱粒机（台）	Motorized Threshing Machines (unit)	5.00	7.31	6.16	7.00	5.19	7.44	3.75
胶轮大车（辆）	Carts with Rubber Tires (unit)	18.88	16.38	15.25	14.00	5.19	5.81	
农用水泵（台）	Pumps (unit)	25.38	28.69	29.56	30.81	26.13	32.19	
役畜（头）	Draught Animals (head)	44.44	40.13	35.19	33.69	35.44	21.88	13.81
产品畜（头）	Commodity Animals (head)	91.19	85.06	96.63	81.13	141.44	147.31	323.01

注：2013年样本调整。
Note:2013 sample adjustment.

10－23 农村居民家庭居住情况
Housing Condition of Rural Households

项　　目	Item	2007	2008	2009	2010	2011	2012	2013
住房情况	**Housing Conditions**							
住房面积（平方米／人）	Floor Space (sq.m/person)	21.21	21.94	22.79	22.88	24.40	24.71	23.47
#砖瓦平房面积	# Tile Single Storey Building	17.61	18.59	19.87	20.07	22.16	22.38	21.52
钢筋混凝土结构	# Reinforced Concrete Structure	0.48	0.78	0.69	0.56	0.16	0.16	3.69
砖木结构	Brick and Wood Structure	17.60	18.07	19.42	19.92	22.72	23.04	18.04
住房价值（元／平方米）	Value of House (yuan/sq.m)	314.64	333.05	364.41	401.2	585.09	603.87	969.29
本年新建住房情况	**House Newly Built Within the Year**							
新建住房面积（平方米／人）	Floor Space of Newly Built House (sq.m/person)	0.43	0.56	0.62	0.64	0.81	0.32	0.33
#砖瓦平房面积	# Tile Single Storey Building	0.42	0.53	0.62	0.64	0.78	0.31	
砖木结构面积	# Brick and Wood Structure	0.36	0.40	0.62	0.64	0.78	0.31	
新建住房价值（元／平方米）	Value of Newly Built House (yuan/sq.m)	625.05	635.02	689.31	824.17	950.87	1069.82	

CHAPTER ▶ 11

第十一篇

市政公用事业和环境保护

URBAN PUBLIC UTILITIES AND ENVIRONMENT

11－1 市政公用事业基本情况

Basic Statistics on Municipal Public Utilities

指　　标	Item	单位 Unit	2012	2013
自来水全年供水总量	Annual Volume of Tap Water Supply	万立方米 10000cu.m	106530	107418
# 居民家庭用水量	Water Consumption for Residential Use	万立方米 10000cu.m	27262	29276
人均日生活用水	Per Capita Daily Consumption of Tap Water for Residential Use	升 litre	111.6	119.3
用水普及率	Percetage of Population with Access to Tap Water	%	92.38	93.84
道路长度	Length of Roads	公里 km	8056	8388
道路面积	Area of Roads	万平方米 10000sq.m	14362	15344
排水管道长度	Length of Sewage Pipelines	公里 km	8910	9607
人工煤气全年供气量	Annual Gaswork Supply	万立方米 10000cu.m	17086	16575
# 家庭用量	Consumption of Gaswork for Residential Use	万立方米 10000cu.m	9173	9554
煤气管道长度	Length of Gas Pipelines	公里 km	1813	1858
液化气全年供气量	Annual Supply of LPG	吨 ton	220873	181419
# 家庭用量	Residential Consumption of Liquefied Petorleum Gas for Residential Use	吨 ton	107059	114193
燃气普及率	Percentage of Population with Access to Gas	%	89.46	91.43
集中供热总量	Total Volume of Centralized Heating	万吉焦 (10 billion joule)	38069	42112
蒸气	Steam	万吉焦 (10 billion joule)	1693	1536
热水	Hot Water	万吉焦 (10 billion joule)	36376	40576
集中供热面积	Area of Centralized Heating	万平方米 10000 sq.m	38296	42823
绿化覆盖面积	Green Coverage Areas	公顷 ha	45108	43430
公园、动物园个数	Number of Parks and Zoos	个 unit	161	173
公园、动物园面积	Area of Parks and Zoos	公顷 ha	5093	5280
生活垃圾清运量	Volume of Garbage Disposal	万吨 10000 tons	475	485
清运粪便	Volume of Disposal of Excrement and Urine	万吨 10000 tons	88.78	66.79

11－2 城市设施水平（2013）
Level of Public Facilities in City（2013）

城市	City	自来水 Tap Water 人均日生活用水量（升）Per Capita Daily Consumption of Tap Water for Residential Use（litre）	用水普及率（%）Percentage of Population with Acces to Tap Water (%)	燃气普及率 (%) Percentage of Population with Access to Gas (%)
全　省	**Total**	**119.31**	**93.84**	**91.43**
长春市	Changchun	130.66	99.46	98.40
九台市	Jiutai	93.07	95.54	95.09
榆树市	Yushu	72.49	76.50	61.39
德惠市	Dehui	140.23	93.20	75.47
吉林市	Jilin	123.02	98.20	97.00
蛟河市	Jiaohe	88.12	73.48	95.45
桦甸市	Huadian	97.06	99.26	80.20
舒兰市	Shulan	125.97	74.62	76.92
磐石市	Panshi	103.38	80.00	72.29
四平市	Siping	97.96	75.20	98.15
公主岭市	Gongzhuling	118.6	99.58	75.15
双辽市	Shuangliao	95.69	84.24	77.30
辽源市	Liaoyuan	65.57	97.25	80.78
通化市	Tonghua	115.35	91.69	91.56
梅河口市	Meihekou	123.36	98.04	99.04
集安市	Ji' an	82.96	87.84	77.32
白山市	Baishan	65.45	82.31	80.85
临江市	Linjiang	67.65	94.96	91.09
松原市	Songyuan	159.00	95.46	96.29
扶余市	Fuyu	159.92	71.29	85.81
白城市	Baicheng	117.77	98.09	83.27
洮南市	Taonan	60.76	100.00	36.81
大安市	Da' an	110.86	90.22	95.24
延吉市	Yanji	148.69	98.88	99.88
图们市	Tumen	78.78	68.42	87.72
敦化市	Dunhua	96.17	95.85	100.00
珲春市	Hunchun	237.51	82.17	80.33
龙井市	Longjing	96.27	97.56	99.22
和龙市	Helong	192.63	94.54	85.28

11－2 续表 continued

城 市	City	市政工程 Municipal Engineering		园林绿化 Afforestation in City	
		人均拥有道路面积（平方米）Per Capita Area of Road(sq.m)	建成区排水管道密度（公里/平方公里）Density of Sewer Pipelines (km/sq.km)	人均公共绿地面积（平方米）Per Capita Public Green Areas (sq.m)	建成区绿化覆盖率（%）Green Coverage Rate in Developed Areas (%)
全 省	**Total**	**13.61**	**7.15**	**11.78**	**31.40**
长春市	Changchun	18.73	10.74	13.90	27.18
九台市	Jiutai	10.35	5.00	7.69	28.52
榆树市	Yushu	13.14	3.17	4.64	11.61
德惠市	Dehui	16.13	3.73	13.87	21.65
吉林市	Jilin	10.53	5.39	11.94	45.75
蛟河市	Jiaohe	11.05	5.46	13.79	22.05
桦甸市	Huadian	13.38	4.21	16.90	34.77
舒兰市	Shulan	9.25	1.36	11.92	15.76
磐石市	Panshi	13.29	5.75	6.43	31.74
四平市	Siping	9.21	3.95	9.28	33.71
公主岭市	Gongzhuling	15.99	10.05	6.04	17.86
双辽市	Shuangliao	5.46	4.08	6.55	14.51
辽源市	Liaoyuan	10.29	3.46	7.53	39.27
通化市	Tonghua	8.42	3.28	11.49	35.17
梅河口市	Meihekou	18.13	8.57	10.56	39.24
集安市	Ji' an	10.70	2.53	9.79	39.20
白山市	Baishan	10.13	3.34	10.05	27.45
临江市	Linjiang	6.91	9.39	21.03	37.73
松原市	Songyuan	15.65	4.67	17.34	42.28
扶余市	Fuyu	17.12	7.53	5.81	17.60
白城市	Baicheng	9.39	7.32	7.90	28.53
洮南市	Taonan	7.18	5.63	8.90	30.31
大安市	Da' an	13.33	9.32	10.16	28.16
延吉市	Yanji	9.34	8.69	9.97	39.74
图们市	Tumen	7.95	4.99	10.64	33.30
敦化市	Dunhua	13.60	5.28	21.72	46.59
珲春市	Hunchun	15.21	10.17	8.62	39.80
龙井市	Longjing	9.44	7.37	12.71	44.42
和龙市	Helong	5.99	8.09	5.17	20.48

11－3 城市建设用地（2013）
Land for City Construction（2013）

单位：平方公里 unit: 10000persons. sq. km

城 市	City	建城区面积 Developed Areas	建设用地 Land for Construction	#居住用地 Land for Living	#绿 地 Green Land
全 省	**Total**	**1344.02**	**1263.97**	**458.29**	**99.92**
长 春 市	Changchun	452.03	424.50	122.84	31.79
九 台 市	Jiutai	23.85	23.53	11.50	3.20
榆 树 市	Yushu	39.70	31.59	10.38	4.64
德 惠 市	Dehui	30.50	26.13	15.38	2.90
吉 林 市	Jilin	165.63	161.36	49.58	8.80
蛟 河 市	Jiaohe	18.50	17.85	8.95	
桦 甸 市	Huadian	19.50	19.50	9.34	1.29
舒 兰 市	Shulan	25.00	24.30	16.20	1.50
磐 石 市	Panshi	16.70	16.70	5.34	2.50
四 平 市	Siping	54.20	54.00	23.09	4.27
公主岭市	Gongzhuling	32.58	27.96	8.30	0.85
双 辽 市	Shuangliao	20.81	19.00	10.41	0.09
辽 源 市	Liaoyuan	46.30	46.30	27.60	1.60
通 化 市	Tonghua	50.33	50.23	19.24	4.21
梅河口市	Meihekou	24.03	21.46	12.67	0.54
集 安 市	Ji' an	13.80	11.55	2.99	2.96
白 山 市	Baishan	46.74	41.92	19.30	5.37
临 江 市	Linjiang	9.17	8.65	4.54	0.31
松 原 市	Songyuan	47.80	47.21	15.00	10.65
扶 余 市	Fuyu	10.00	7.73	3.37	0.08
白 城 市	Baicheng	42.13	40.97	11.72	0.95
洮 南 市	Taonan	22.50	21.30	7.38	1.40
大 安 市	Da' an	15.20	15.20	5.25	1.15
延 吉 市	Yanji	35.38	33.90	11.59	3.13
图 们 市	Tumen	10.00	9.56	3.69	0.11
敦 化 市	Dunhua	30.80	24.70	8.51	1.88
珲 春 市	Hunchun	17.89	15.89	4.30	3.12
龙 井 市	Longjing	10.40	10.10	4.11	0.50
和 龙 市	Helong	12.55	10.88	5.72	0.13

11－4 城市供水（2013）

Tap Water Supply in City（2013）

城 市	City	自来水综合生产能力（万立方米/日）Production Capacity of Tap Water Supply (10000cu.m/day)	#地下水 Groundwater	供水管道长度（公里）Length of Water Supply Pipelines (km)	供水总量（万立方米）Total Annual Volume of Water Supply (10000cu.m)	#生产运营用水量 For Productive Use	#居民家庭用水量 For Residential Use	用水人口（万人）Number of Residents with Access to Tap Water (10000 persons)
全 省	**Total**	**731**	**108**	**10608**	**107419**	**30392**	**29277**	**1058**
长春市	Changchun	124	8	2175	37047	6979	8229	359
九台市	Jiutai	11	10	243	1074	122	440	21
榆树市	Yushu	4	4	220	1175	36	403	21
德惠市	Dehui	6	6	596	1728	852	580	14
吉林市	Jilin	344	3	1256	21176	11871	4718	125
蛟河市	Jiaohe	2	0.4	82	661	26	232	10
桦甸市	Huadian	11		240	1125	22	460	16
舒兰市	Shulan	4		124	990	420	392	10
磐石市	Panshi	3	3	129	778	158	300	11
四平市	Siping	24	3	976	3759	1265	1058	45
公主岭市	Gongzhuling	19	16	343	2151	730	928	26
双辽市	Shuangliao	2	2	75	666	242	230	11
辽源市	Liaoyuan	31		477	3702	896	650	50
通化市	Tonghua	15	1	520	3890	57	1137	44
梅河口市	Meihekou	9	8	204	1570	307	455	20
集安市	Ji' an	3	0.15	126	423	97	148	9
白山市	Baishan	17	4	373	3870	1920	643	33
临江市	Linjiang	3	0.3	94	565	57	150	10
松原市	Songyuan	19	13	415	5293	1635	2100	46
扶余市	Fuyu	3	3	49	715	270	262	7
白城市	Baicheng	11	11	376	1807	262	758	28
洮南市	Taonan	2	2	110	456	61	301	16
大安市	Da' an	2	2	77	747	82	544	14
延吉市	Yanji	18	3	432	5525	121	1676	49
图们市	Tumen	3	2	102	526	48	149	6
敦化市	Dunhua	22	4	228	2255	1123	615	23
珲春市	Hunchun	7		140	2052	448	807	17
龙井市	Longjing	5	1	111	806	213	285	10
和龙市	Helong	6		317	888	72	626	10

11－5　城市市政设施（2013）
Municipal Infrastructure in City（2013）

城　市	City	道路长度（公里）Length of Road (km)	道路面积（万平方米）Area of Road (10000 sq.m)	人行道面积（万平方米）Area of Sidewalk (10000 sq.m)	路灯盏数（盏）Number of Street Lights (units)	排水管道长度（公里）Length of Sewer Pipelines (km)
全　省	**Total**	**8388**	**15344**	**3071**	**611907**	**9607**
长春市	Changchun	3009	6760	1207	237242	4853
九台市	Jiutai	119	232	31	1659	119
榆树市	Yushu	160	360	90	1027	126
德惠市	Dehui	197	242		5394	114
吉林市	Jilin	1000	1344	270	40049	892
蛟河市	Jiaohe	164	146	23	7660	101
桦甸市	Huadian	78	217	53	6308	82
舒兰市	Shulan	121	120	26	7802	34
磐石市	Panshi	98	186	30	8242	96
四平市	Siping	353	547	128	16245	214
公主岭市	Gongzhuling	283	424	29	12828	327
双辽市	Shuangliao	81	70	11	2343	85
辽源市	Liaoyuan	215	525	73	18574	160
通化市	Tonghua	292	400	111	96538	165
梅河口市	Meihekou	163	361	151	19800	206
集安市	Ji' an	65	104	19	1750	35
白山市	Baishan	321	407	128	19587	156
临江市	Linjiang	52	71	24	5957	86
松原市	Songyuan	210	759	197	27936	223
扶余市	Fuyu	77	159	29	3063	75
白城市	Baicheng	198	266	50	10005	308
洮南市	Taonan	130	117	62	5685	127
大安市	Da' an	117	210	21	4044	142
延吉市	Yanji	212	458	137	10620	307
图们市	Tumen	40	68	12	3606	50
敦化市	Dunhua	252	328	82	12609	163
珲春市	Hunchun	252	305	45	8906	182
龙井市	Longjing	87	97	23	5720	77
和龙市	Helong	43	62	8	10708	102

11－5 续表 continued

城市	City	桥梁数（座）Number of Bridges (unit)	#立交桥（座）Flyover Bridges (unit)	污水年处理量（万立方米）Disposal Capacity of Sewage (10000cu.m)
全省	**Total**	**717**	**146**	**84289**
长春市	Changchun	263	64	26327
九台市	Jiutai	10	3	753
榆树市	Yushu			909
德惠市	Dehui	3	1	1505
吉林市	Jilin	76	28	18379
蛟河市	Jiaohe	15		619
桦甸市	Huadian	14		900
舒兰市	Shulan	31	2	796
磐石市	Panshi			780
四平市	Siping	19	5	2682
公主岭市	Gongzhuling	45	13	1603
双辽市	Shuangliao	3	1	640
辽源市	Liaoyuan	24	3	2788
通化市	Tonghua	61	3	2096
梅河口市	Meihekou	23	8	2630
集安市	Ji' an	4		451
白山市	Baishan	34	3	2714
临江市	Linjiang	14		400
松原市	Songyuan	8	3	4589
扶余市	Fuyu	6	1	510
白城市	Baicheng	10	3	1266
洮南市	Taonan	2	1	470
大安市	Da' an	1	1	650
延吉市	Yanji	19	2	3928
图们市	Tumen	8	1	570
敦化市	Dunhua			2041
珲春市	Hunchun	7		2011
龙井市	Longjing	5		598
和龙市	Helong	12		684

11－6 城市园林绿化（2013）
Park and Green in City（2013）

城市	City	绿化覆盖面积（公顷）Green Areas Covered (ha)	#建成区 Developed Areas	园林绿地面积（公顷）Total Area of Gardens and Green Areas (ha)	公园绿地面积（公顷）Public Green Areas (ha)	公园个数（个）Number of Parks (unit)	公园面积（公顷）Area of Parks (ha)
全 省	**Total**	**43430**	**42201**	**38390**	**13284**	**173**	**5280**
长春市	Changchun	12568	12287	10772	5018	46	1108
九台市	Jiutai	680	680	615	172	3	87
榆树市	Yushu	475	461	485	127	3	32
德惠市	Dehui	660	660	660	208	4	65
吉林市	Jilin	8000	7577	6511	1523	8	489
蛟河市	Jiaohe	408	408	354	182	6	175
桦甸市	Huadian	678	678	675	274	3	17
舒兰市	Shulan	412	394	396	155	1	14
磐石市	Panshi	530	530	520	90	1	77
四平市	Siping	1842	1827	1801	551	7	424
公主岭市	Gongzhuling	592	582	579	160	2	40
双辽市	Shuangliao	302	302	243	84	1	84
辽源市	Liaoyuan	1818	1818	1780	384	11	236
通化市	Tonghua	1770	1770	1531	546	6	378
梅河口市	Meihekou	1000	943	1230	210	5	350
集安市	Ji' an	541	541	515	95	5	47
白山市	Baishan	1283	1283	1031	404	9	147
临江市	Linjiang	365	346	314	217	4	137
松原市	Songyuan	2045	2021	1825	841	13	413
扶余市	Fuyu	176	176	161	54		
白城市	Baicheng	1234	1202	1117	224	3	93
洮南市	Taonan	692	682	625	145	1	17
大安市	Da' an	458	428	297	160	1	143
延吉市	Yanji	1494	1406	1365	489	4	148
图们市	Tumen	333	333	290	91	4	73
敦化市	Dunhua	1611	1435	1351	524	12	326
珲春市	Hunchun	712	712	704	173	2	150
龙井市	Longjing	494	462	416	130	7	8
和龙市	Helong	257	257	226	53	1	2

11－7 城市环境卫生（2013）
Urban Sanitation（2013）

城 市	City	道路清扫保洁面积（万平方米）Area under Clearing Areas (10000sq. m)	#机械化 Machine Clearing	生活垃圾清运量（万吨）Volume of Garbage Disposal (10000tons)	垃圾无害化处理量（万吨）Volume of Garbage Innocuous Disposal (10000tons)	公厕数量（座）Number of Public Lavatories (unit)	#三级以上 Third Grade and Above	环卫机械总数（台）Number of Environmental Sanitaition Equipment (unit)
吉 林	**Total**	**13831**	**5026**	**485.4**	**474.9**	**3959**	**979**	**4878**
长春市	Changchun	4645	2787	114.0	113.6	1054	535	3030
九台市	Jiutai	210	76	12.0	11.7	155	6	60
榆树市	Yushu	189	6	11.4	11.4	42	4	88
德惠市	Dehui	280	80	12.4	11.9	89	15	87
吉林市	Jilin	1634	622	34.3	34.3	341	74	476
蛟河市	Jiaohe	190	20	8.4	8.4	59		25
桦甸市	Huadian	223	82	10.0	10.0	35	9	36
舒兰市	Shulan	114		9.8	9.8	34		16
磐石市	Panshi	123	66	6.0	5.3	30		39
四平市	Siping	650	51	10.1	9.7	195		18
公主岭市	Gongzhuling	305	3	11.7	11.2	33		43
双辽市	Shuangliao	190		5.1	5.1	60		23
辽源市	Liaoyuan	395	147	35.0	35.0	184	55	49
通化市	Tonghua	597	255	25.9	25.3	201	16	171
梅河口市	Meihekou	534	120	11.4	11.4	90	22	49
集安市	Ji' an	65	6	6.0	6.0	48	43	20
白山市	Baishan	314	40	19.0	19.0	197	30	111
临江市	Linjiang	131	10	7.2	7.2	15	3	36
松原市	Songyuan	848	176	21.2	20.3	129	44	
扶余市	Fuyu	110		8.6	6.3	39		42
白城市	Baicheng	270	82	19.1	18.3	90		42
洮南市	Taonan	282		6.4	6.4	87	24	32
大安市	Da' an	147		6.8	6.8	160		38
延吉市	Yanji	622	130	35.0	34.5	140	70	175
图们市	Tumen	78		6.5	6.5	78	6	16
敦化市	Dunhua	280	145	11.0	11.0	115		70
珲春市	Hunchun	248	66	11.3	8.9	97	17	42
龙井市	Longjing	75	16	5.6	5.6	92	3	24
和龙市	Helong	82	40	4.3	4.3	70	3	20

11－8 城市集中供热情况
Basic Statistics on Heating in City

指 标	Item	单位 Unit	2012	2013
供热能力	**Heating Capacity**			
蒸汽	Steam	吨／小时(ton/h)	1693	1536
热水	Hot Water	兆瓦(mw)	36376	40576
供热总量	**Quantity of Heat Supplied**		38069	22045
蒸汽	Steam	万吉焦(10000 gigajoules)	500	387
管道长度	**Length of Pipelines**			
蒸汽	Steam	公里 km	332	230
热水	Hot Water	公里 km	14962	16425
供热面积	**Area of Centralized Heating**	**万平方米 10000sq.m**	**38296**	**42823**

11－9 城市燃气设备能力
Capacity of City Gas Facilities

指 标	Item	单位 Unit	2012	2013
液化石油气	**Liquefied Petroleum Gas**			
储气能力	Capacity of Gas Tank	吨 ton	19425	20521
天然气	**Natural Gas**			
储气能力	Capacity of Gas Tank	万立方米 10000cu.m	119	146
管道长度	Length of Pipelines	公里 km	5169	5872
煤气	**Coal Gas**			
储气能力	Capacity of Gas Tank	万立方米 10000cu.m	28	28
管道长度	Length of Pipelines	公里 km	1813	1858

11－10　城市燃气用气户数和供气总量
Basic Statistics on Gas Users and Gas Supply in City

指　标	Item	用气户数（户）Gas Users（household）		供气总量（吨、万立方米）Total Gas Supply（ton,10000cu.m）	
		2012	2013	2012	2013
液化石油气	Liquefied Petroleum Gas	1299420	1347119	220873	181419
# 家庭用量	Residential Use	1103099	1247146	107059	114193
天然气	Natural Gas	1256690	1390421	69696	85833
# 家庭用量	Residential Use	1240379	1358143	19276	21523
煤气	Coal Gas	646947	601266	17086	16575
# 家庭用量	Residential Use	631745	600675	9173	9554

11－11　城市环境卫生情况
Basic Statistics on Urban Sanitation

指　标	Item	单位 Unit	2012	2013
清运垃圾粪便工作量	**Volume of Garbage, Excrement and Crine Disposal**			
实际清扫面积	Actually Cleaning Areas	万平方米 10000sq. m	13287	13831
生活垃圾清运量	Volume of Garbage Disposal	万吨 10000tons	508.5	485.4
清运粪便	Volume of Excrement and Urine Disposal	万吨 10000tons	88.78	66.79
环境卫生设施	**Environment Sanitation Equipment**			
公共厕所	Public Lavatories	座 unit	4184	3959
垃圾无害化处理厂	Garbage Innocuous Disposal Plant	座 unit	14	16
垃圾无害化处理能力	Capacity of Garbage Innocuous Disposal	吨/日 ton/day	9695	10123
粪便无害化处理量	Volume of Excrement and Urine Disposal	万吨 10000tons	57	37

11－12 各地区主要生活污染物排放情况（2013）
Discharge of Pollutants from Daily Life by Region（2013）

地 区	Region	城 镇 生活污水排放量 (万吨) Volume of Living Waste Water Emission (10000 tons)	城 镇 生活污水中 化学需氧量排放量 (吨) Volume of COD from Living Waste Water (ton)	城镇生活污水中 氨氮排放量 (吨) Volume of Living Ammonia Nitrogen Emission by Urban (ton)	城 镇 生活及其他 二氧化硫 排放量(吨) Volume of Living Sulfur Dioxide Emission by Urban (ton)	氮氧化物 排放量 （吨） Volume of Nitrogen Oxygen Removed (ton)
全 省	**Total**	**74980.20**	**192438.80**	**32214.15**	**50495.39**	**11873.65**
长 春	Changchun	20797.01	32006.00	6970.30	7344.11	1545.19
吉 林	Jilin	13873.27	34457.03	5829.88	6885.00	1525.00
四 平	Siping	7563.93	17307.49	3364.85	5653.05	1342.15
辽 源	Liaoyuan	2970.10	8018.89	1495.41	1994.60	264.04
通 化	Tonghua	5592.00	20314.31	2883.82	2494.00	374.00
白 山	Baishan	5644.47	21607.11	2966.99	8371.07	1978.18
松 原	Songyuan	6292.28	18581.74	2750.56	6992.08	2304.80
白 城	Baicheng	4176.81	16554.67	2199.05	3098.89	729.15
延 边	Yanbian	7771.99	22500.46	3602.17	7448.60	1755.20
长白山管委会	Changbai Mountain Management Committee	298.34	1091.10	151.12	214.00	55.95

11－13 企事业污染治理情况
Treatment of Pollution by Enterprises and Institutions

指 标	Item	单位 Unit	2012	2013
工业企业数	**Number of Industrial Enterprises**	**个 unit**	**66**	**61**
本年施工项目	**Projects of Pollution Treated**	**个 unit**	**36**	**44**
治理废水	Treament of Waste Water	个 unit	7	13
治理废气	Treament of Waste Gas	个 unit	20	25
治理固体废物	Treament of Solid Waste	个 unit	2	
治理噪声	Treament of Noise Pollution	个 unit	1	1
治理其他	Others	个 unit	6	5
污染治理项目本年完成投资	**Investment Completed of Pollution Treated Projects**	**万元 10000 yuan**	**60661**	**213719**
治理废水	Treament of Waste Water	万元 10000 yuan	15202	9485
治理废气	Treament of Waste Gas	万元 10000 yuan	33233	201631
治理固体废物	Treament of Solid Waste	万元 10000 yuan	1175	988
治理噪声	Treament of Noise Pollution	万元 10000 yuan	350	9
治理其他	Others	万元 10000 yuan	10701	1606

11－14　工业污染治理及污染物排放情况
Discharge and Treatment of Industrial Pollution

指　标	Item	单位 Unit	2012	2013
一、工业废水部分	**Waste Water Discharged and Treated**			
工业废水治理设施处理能力	Capacity of Industrial Waste Water Treatment Facilities	万吨/日 10000 tons/day	485.01	258.02
工业废水中化学需氧量去除量	Volume of Chemical Oxygen Demand Removed	万吨 10000 tons	51.96	25.86
工业废水中氨氮去除量	Volume of Ammonia Nitrogen Removed	万吨 10000 tons	1.32	0.56
工业废水中挥发酚去除量	Volume of Evaporable Creosote Removed	吨 ton	870.69	878.64
工业废水中石油类去除量	Volume of Oil Removed	吨 ton	1726.25	2271.44
工业废水中氰化物去除量	Volume of Cyanide Removed	千克 kg	17525.13	16679.11
工业废水排放量	Volume of Industrial Waste Water Emission	万吨 10000 tons	44842.43	42656.03
工业废水中化学需氧量排放量	Volume of Chemical Oxygen Demand Emission	万吨 10000 tons	7.63	6.53
工业废水中氰化物排放量	Volume of Cyanide Emission	千克 kg	2186.6	2355.64
工业废水中石油类排放量	Volume of Oil Emission	吨 ton	290.73	329.56
工业废水中铬排放量	Volume of Chrome Emission	千克 kg	114.74	83.57
工业废水中铅排放量	Volume of Lead Dishcharged	千克 kg	88.81	45.34
工业废水中砷排放量	Volume of Arsenic Discharged	千克 kg	995.33	567.13
二、工业废气部分	**Waste Gas Discharged and Treated**			
工业废气治理设施处理能力	Capacity of Waste Gas Treatment Facilities	万标立方米/时 10000 cu.m/h	31065.32	24027.47
工业废气中二氧化硫去除量	Volume of Sulphur Dixide Removed	万吨 10000 tons	21.58	25.03
工业废气中烟粉尘去除量	Industrial Waste Smoke dust Removal	万吨 10000 tons	1478.16	1359.71
工业废气排放总量	Volume of Industrial Waste Gas Emission	亿标立方米 100 million cu.m	10316.26	9803.58
工业废气中二氧化硫排放量	Volume of Sulphur Dioxide Emission	万吨 10000 tons	35.23	33.10
工业废气中烟粉尘排放量	Volume of Industrial Soot Emission	万吨 10000 tons	19.55	25.09
三、工业固体废物部分	**Industrial Solid Wastes**			
工业固体废物产生量	Volume of Industrial Solid Wastes Produced	万吨 10000 tons	4730.89	4591.13
工业固体废物综合利用量	Volume of Industrial Solid Wastes Utilized	万吨 10000 tons	3197.5	3711.69
工业固体废物处置量	Volume of Industrial Solid Wastes Treated	万吨 10000 tons	621.81	521.55

11－15　各地区工业废气排放和处理情况（2013）
Discharge and Treatment of Industrial Waste Gas by Region（2013）

地　区 Region		工业企业数（个）Number of Industrial Enterprises (unit)	工业废气排放量（亿立方米）Industrial Waste Gas Emissions (100 million Cum)	废气治理设施数（套）Total Waste Gas Treatment Facilities (Set)	二氧化硫产生量（吨）Volume of Sulphur Dioxide Production (ton)	二氧化硫排放量（吨）Volume of Sulphur Dioxide Emission (ton)	氮氧化物产生量（吨）Volume of Nitrogen Oxygen Production (ton)	氮氧化物排放量（吨）Volume of Nitrogen Oxygen Removed (ton)	烟（粉）尘产生量（吨）Volume of Soot Production (ton)	烟（粉）尘排放量（吨）Volume of Soot Removed (ton)
全　省	**Total**	**1483**	**9803.58**	**3594**	**581214.49**	**330956.39**	**399551.29**	**370505.00**	**13848049.71**	**250927.50**
长　春	Changchun	309	1863.34	885	137315.38	57245.89	112930.51	95189.81	1734866.71	72970.05
吉　林	Jilin	250	2983.29	876	105191.75	69924.34	87454.27	80990.53	3902778.74	34109.42
四　平	Siping	262	1215.73	470	74526.46	44617.97	50283.87	49179.02	1686852.17	35007.40
辽　源	Liaoyuan	71	431.28	167	38508.29	19724.40	17371.87	16042.33	928408.58	9589.24
通　化	Tonghua	131	1212.81	299	64753.03	37206.63	32183.44	32183.43	1471801.54	18520.38
白　山	Baishan	113	407.22	240	46810.76	28003.93	23146.56	21893.00	1143672.58	10600.01
松　原	Songyuan	114	481.60	179	31810.03	31111.93	26638.67	26638.67	621836.95	39913.81
白　城	Baicheng	68	575.96	134	37077.43	18705.01	21875.40	21875.40	389800.18	8481.54
延　边	Yanbian	157	623.95	334	44612.04	23806.97	27408.54	26254.63	1963988.37	21218.04
长白山管委会	Changbai Mountain Management Committee	8	8.41	10	609.32	609.32	258.17	258.17	4043.90	517.62

11－16　各地区工业废水排放和处理情况（2013）
Discharge and Treatment of Industrial Waste Water by Region（2013）

地　区 Region		废水治理设施（套）Facilities for Treatment of Waste Water (set)	工业废水排放量（万吨）Volume of Indnstrial Waste Water Emission(10000tons)	化学需氧量产生量（吨）Volume of COD Production (ton)	化学需氧量排放量(吨) Volume of COD Emission (ton)	氨氮产生量（吨）Volume of Ammonia Nitrogen Production(ton)	氨氮排放量（吨）Volume of Ammonia Nitrogen Emission (ton)
全省	**Total**	**658**	**42656.03**	**389195.67**	**65288.15**	**9799.97**	**4222.60**
长　春	Changchun	134	5482.36	69211.54	11669.59	3746.24	1383.77
吉　林	Jilin	93	10365.99	56706.81	10799.23	1203.78	823.43
四　平	Siping	117	3551.65	72884.22	7174.76	764.95	285.61
辽　源	Liaoyuan	49	1387.27	7076.69	2193.01	345.31	85.38
通　化	Tonghua	82	11904.61	34105.26	8882.33	1360.16	476.07
白　山	Baishan	50	1258.77	6391.47	2926.87	285.24	201.29
松　原	Songyuan	54	2558.66	74836.14	3712.87	1292.16	560.71
白　城	Baicheng	26	1763.81	22017.53	2923.40	477.95	128.79
延　边	Yanbian	52	4367.22	45836.41	14892.89	323.30	276.88
长白山管委会	Changbai Mountain Management Committee	1	15.69	129.61	113.20	0.88	0.67

CHAPTER ▶ 12

第十二篇

农 业

AGRICULTURE

12－1 农村基层组织情况

Basic Conditions of Rural Grass－roots Unit

年 份 Year	乡政府（个） Township Governments (unit)	镇政府（个） Town Governments (unit)	村民委员会（个） Number of Village's Committes(unit)	乡村总户数（万户） Number of Rural Households (10000 households)	乡村人口数（万人） Rural Population (10000 persons)
1978	898		9733	295.20	1481.50
1979	902		9907	299.65	1477.64
1980	928		10104	303.90	1477.70
1981	932		10146	310.10	1480.40
1982	930		10163	315.00	1479.50
1983	936		10126	314.20	1477.50
1984	933		10162	317.10	1479.30
1985	656	263	10144	317.84	1464.15
1986	646	265	10163	317.70	1449.97
1987	640	294	10190	320.58	1446.91
1988	641	290	10299	325.26	1447.35
1989	641	288	10273	331.46	1453.58
1990	641	288	10300	340.93	1465.79
1991	638	289	10297	344.02	1475.71
1992	560	366	10288	347.76	1477.36
1993	530	396	10305	348.35	1466.15
1994	482	438	10299	348.40	1445.04
1995	475	443	10234	348.82	1434.54
1996	468	444	10139	351.10	1436.90
1997	466	445	10112	353.99	1430.00
1998	453	445	10121	357.82	1433.05
1999	433	454	10133	364.35	1442.03
2000	398	458	10107	370.01	1440.47
2001	354	452	10005	369.80	1433.00
2002	326	460	9850	376.05	1443.46
2003	315	456	9569	377.91	1439.40
2004	311	454	9365	381.84	1440.08
2005	198	426	9375	383.69	1443.62
2006	198	425	9335	390.67	1443.31
2007	198	423	9317	394.79	1454.96
2008	198	423	9321	399.08	1460.28
2009	196	426	9316	402.84	1470.82
2010	196	425	9319	411.31	1476.02
2011	196	425	9314	416.91	1489.82
2012	194	426	9314	420.42	1491.76
2013	187	431	9313	422.59	1495.78

12－2 各地区设施农业生产情况（2013）

Agricultural Production Facilities by Region（2013 ）

单位：公顷、吨　　unit:ha.ton

市、州 Cities		一、蔬菜 Vegetables		二、瓜果类 Fruits		三、花卉苗木 Flowers and Trees		四、食用菌 Edible Fungus		五、其他作物 Others
		种植面积 Sown Area	产量 Output	种植面积 Sown Area	产量 Output	种植面积 Sown Area	产量 Output	种植面积 Sown Area	产量 Output	种植面积 Sown Area
全 省	**Total**	**26834**	**1127804**	**4779**	**133843**	**1144**	**2286947**	**1068**	**61896**	**2790**
长 春	Changchun	6243	349004	527	16408	661	2208162	12	1542	16
吉 林	Jilin	2890	195030	277	14096	28	11300	158	13282	904
四 平	Siping	4889	189947	862	17625	7	28000	30	659	7
辽 源	Liaoyuan	338	12066	70	3713			11	697	17
通 化	Tonghua	1009	36179	149	2820	95	3765	120	7849	4
白 山	Baishan	1257	50976	321	6388	135	5920	357	7706	25
松 原	Songyuan	6482	162074	1529	36303			4	1800	93
白 城	Baicheng	2211	74165	985	35702	25	20000	2	8	1708
延 边	Yanbian	1515	58363	59	788	193	9800	374	28353	16

12－3 农村基本情况和农村劳动力资源
Rural Basic Conditions and Rural Laborers

指标	Item	2012	2013
一、农村基层组织情况	**Basic Conditions of Rural Grass roots Units**		
乡镇个数（个）	Number of Township and Town Governments(unit)	620	618
乡	Township	194	187
镇	Town	426	431
村民委员会（个）	Number of Villager' s Committees(unit)	9314	9313
二、农村社会基础设施	**Basic Facilities of Rural**		
自来水受益村（个）	Villages with Tapwater Supply(unit)	5974	6110
通汽车村（个）	Villages with Highways(unit)	9293	9290
通电话村（个）	Villages with Telephone(unit)	9291	9268
三、农村人口	**Rural Population**		
乡村户数（万户）	Number of Rural Households(10000 households)	420.4	422.6
乡村人口数（万人）	Rural Population(10000 persons)	1491.8	1495.8
四、农村劳动力资源	**Number of Rural Laborers**		
乡村劳动力资源数（万人）	The number of Rural Labor Resources(10000 persons)	846.16	853.37
乡村劳动力（万人）	Rural Labor(10000 persons)	751.41	756.33
按性别分	Grouped by Sex		
男劳动力	Male Force	417.9	419.9
女劳动力	Female Force	333.5	336.4

12－4 各市县农村基层组织和乡村建设情况（2013）

Basic Conditions of Rural Grass-roots Units and Construction by City and County（2013）

市、县 City，County		乡政府（个）Township Governments (unit)	镇政府（个）Town Governments (unit)	乡村户数（户）Number of Rural Households (household)	乡村人口（人）Rural Population (person)	村民委员会（个）Number of Villager's Committees(unit)	#通电话村 Villages with Telephone	#自来水受益村 Villages with Tap Water Supply
全　　省	**Total**	**187**	**431**	**4225861**	**14957807**	**9313**	**9268**	**6110**
长春市	**Changchun**	**30**	**67**	**1204412**	**4384228**	**1677**	**1672**	**670**
市　　区	District	5	16	232367	768960	294	289	176
农安县	Nong' an	10	12	273805	1015724	377	377	159
九台市	Jiutai	2	12	186399	654318	310	310	77
榆树市	Yushu	9	15	308920	1133702	388	388	186
德惠市	Dehui	4	12	202921	811524	308	308	72
吉林市	**Jilin**	**20**	**56**	**594387**	**2156503**	**1383**	**1383**	**919**
市　　区	District	7	12	170653	600086	370	370	231
永吉县	Yongji	2	7	76121	262544	123	123	80
蛟河市	Jiaohe	2	8	84921	288418	256	256	157
桦甸市	Huadian	3	6	60605	224231	156	156	127
舒兰市	Shulan	5	10	116782	446281	210	210	106
磐石市	Panshi	1	13	85305	334943	268	268	218
四平市	**Siping**	**17**	**56**	**598468**	**2115434**	**1160**	**1160**	**472**
市　　区	District	2	4	57952	197589	84	84	40
梨树县	Lishu	6	14	164141	563002	295	295	112
伊通满族自治县	Yitong	3	12	106331	385347	187	187	144
公主岭市	Gongzhuling	2	18	192939	698305	404	404	125
双辽市	Shuangliao	4	8	77105	271191	190	190	51
辽源市	**Liaoyuan**	**7**	**23**	**200366**	**667114**	**518**	**518**	**315**
市　　区	District	1	2	28327	94325	55	55	41
东丰县	Dongfeng	2	12	92301	305912	229	229	170
东辽县	Dongliao	4	9	79738	266877	234	234	104
通化市	**Tonghua**	**21**	**57**	**359988**	**1245922**	**988**	**987**	**804**
市　　区	District	3	4	22315	66285	37	37	37
通化县	Tonghua	5	10	51049	161579	160	159	135
辉南县	Huinan	1	10	61254	219066	143	143	105

12－4 续表 continued

市、县 City，County		乡政府（个）Township Governments (unit)	镇政府（个）Town Governments (unit)	乡村户数（户）Number of Rural Households (household)	乡村人口（人）Rural Population (person)	村民委员会（个）Number of Villager' s Committees(unit)	#通电话村 Villages with Telephone	#自来水受益村 Villages with Tap Water Supply
柳河县	Liuhe	3	12	69605	264481	219	219	199
梅河口市	Meihekou	7	12	105055	374639	303	303	209
集安市	Ji' an	2	9	50710	159872	126	126	119
白山市	**Baishan**	**7**	**40**	**128448**	**395117**	**503**	**501**	**494**
市区	District		10	39916	127021	115	115	114
抚松县	Fusong	3	11	33862	104126	130	128	129
靖宇县	Jingyu	1	7	23214	69966	111	111	104
长白朝鲜族自治县	Changbai	2	6	10782	32753	77	77	77
临江市	Linjiang	1	6	20674	61251	70	70	70
松原市	**Songyuan**	**35**	**43**	**535123**	**2057900**	**1124**	**1118**	**711**
市区	District	3	4	64028	233233	112	106	96
前郭尔罗斯蒙古族自治县	Qianguo	13	9	120530	442121	233	233	108
长岭县	Changling	10	12	126422	527389	232	232	147
乾安县	Qian' an	4	6	58604	208676	164	164	164
扶余市	Fuyu	5	12	165539	646481	383	383	196
白城市	**Baicheng**	**35**	**38**	**372835**	**1218678**	**909**	**878**	**698**
市区	District	5	7	71705	226198	162	162	107
镇赉县	Zhenlai	4	7	56635	180253	141	141	124
通榆县	Tongyu	8	8	76233	246288	172	141	172
洮南市	Taonan	10	6	90272	286306	221	221	99
大安市	Da' an	8	10	77990	279633	213	213	196
延边朝鲜族自治州	**Yanbian**	**15**	**51**	**231834**	**716911**	**1051**	**1051**	**1027**
延吉市	Yanji		4	23976	70120	56	56	52
图们市	Tumen		4	6877	19836	50	50	50
敦化市	Dunhua	5	11	66063	213504	303	303	295
珲春市	Hunchun	5	4	27534	79908	121	121	115
龙井市	Longjing	2	5	19856	62080	65	65	65
和龙市	Helong		8	25853	72487	76	76	76
汪清县	Wangqing	1	8	35122	105258	200	200	194
安图县	Antu	2	7	26553	93718	180	180	180

12－5 耕地面积情况
Area of Cultivated Land

单位：千公顷 unit: 1000ha

指　标	Item	2012	2013
一、年初耕地总资源	**Total Resources of Cultivated Land at the Year-begining**	**6858.68**	**6964.42**
二、年内增加	**Increase in the Year**	**122.40**	**60.20**
其中：新开荒地	Newly Reclaimed Wasteland	37.10	20.08
园地改为耕地	Garden Plot to Land Cultivated	15.23	3.73
三、年内减少	**Decrease in the Year**	**16.66**	**23.91**
其中：国家基建占地	Construction for State－used	1.80	3.07
其他基建占地	Construction for Others	5.93	3.39
退耕还林还草占地	Land to Forest and Grass	1.78	5.04
耕地改为园地	Land to Garden Plot	0.25	1.07
四、年末耕地总资源	**Total Resources at of Cultivated Land at the Year－end**	**6964.42**	**7000.70**
（一）常用耕地面积	Common Area of Cultivated Land	6476.91	6650.67
其中：水田	Paddy Field	763.45	751.50
水浇田	Irrigated Land	944.47	1000.32
（二）临时性耕田	Temporarily Cultivated Land	487.51	350.03
其中：25度以上陡坡耕地	Cultivated Land on Slope above 25 Degrees	19.97	22.23
补充资料：沟渠路比重（%）	Supplementary Material：Proportion of Ditch（%）	2	2

12－6 各市县耕地面积（2013）

市、县	City, County	一、年初耕地总资源（公顷）Total Resources of Cultivated Land at the Year Begining (ha)	二、年内增加（公顷）Increase in the Year (ha)	#新开荒地 Newly Reclaimed Wasteland	#园地改耕地 Garden Plot to Land	三、年内减少（公顷）Decrease in the Year (ha)	#国家基建占地 Construction for State-used	#其它基建占地 Others
长 春 市	**Changchun**	**1311196**	**2445**	**1830**	**615**	**3608**	**1115**	**1458**
市　　区	District	141216	33	33		1476	740	119
农 安 县	Nong' an	377510	897	282	615	1095	375	699
九 台 市	Jiutai	185578				433		405
榆 树 市	Yushu	389633	1500	1500		589		220
德 惠 市	Dehui	217259	15	15		15		15
吉 林 市	**Jilin**	**672940**	**12124**	**340**	**1359**	**12723**	**99**	**351**
市　　区	District	116843	10425			1257	1	306
永 吉 县	Yongji	84075				10473	16	12
蛟 河 市	Jiaohe	116719	709	180	529	65	43	22
桦 甸 市	Huadian	111409	128	128		655		5
舒 兰 市	Shulan	139414	838	8	830	234		6
磐 石 市	Panshi	104480	24	24		39	39	
四 平 市	**Siping**	**913784**	**169**	**60**	**109**	**1389**	**908**	**481**
市　　区	District	58664				419	47	372
梨 树 县	Lishu	239406						
伊通满族自 治 县	Yitong	124177	120	60	60			
公主岭市	Gongzhuling	317096	49		49	970	861	109
双 辽 市	Shuangliao	174441						
辽 源 市	**Liaoyuan**	**239329**	**3784**	**3334**	**450**	**279**	**229**	**45**
市　　区	District	11367				68	29	39
东 丰 县	Dongfeng	119469	3784	3334	450	204	200	4
东 辽 县	Dongliao	108493				7		2
通 化 市	**Tonghua**	**312223**	**321**	**13**	**8**	**140**	**63**	
市　　区	District	4036	308		8	17	17	
通 化 县	Tonghua	29229				20		
辉 南 县	Huinan	79897						

注：此表为各地区上报数。
Note: Data were reported by every region in the table.

Area of Cultivation Land by City and County (2013)

#退耕还林还草 Land to Forest and Grass	#耕地改为园地 Land to Garden Plot	四、年末耕地面积总资源（公顷） Total Resources of Cultivated Land at Year - end(ha)	（一）常用耕地面积（公顷） Common Area of Cultivated Land (ha)	#水田 Paddy Field	#水浇地 Irrigated Land	（二）临时性耕地（公顷） Temporarily Cultivated Land(ha)	#25度以上坡耕地 Cultivated Land on Slope above 25 Degrees(25℃)	补充资料：沟渠路比重（%） Proportion of Ditch (%)
417	**618**	**1310033**	**1307043**	**169818**	**15344**	**2990**	**1853**	**1**
20	597	139773	138576	14601	5958	1197	600	
	21	377312	377202	11510	4971	110	110	1
28		185145	184852	23133	105	293	293	2
369		390544	390521	71190	4310	23		1
		217259	215892	49384		1367	850	1
1207	**243**	**672341**	**596524**	**132918**	**5772**	**75817**	**11785**	**2**
369	243	126011	115224	35312	1838	10787	3457	
		73602	65996	16393	3283	7606	1176	2
		117363	109299	10468	159	8064	776	2
610		110882	86655	7899		24227	3159	2
228		140018	132303	41505	492	7715	814	2
		104465	87047	21341		17418	2403	2
		912564	**851971**	**54992**	**122999**	**60593**	**1547**	**2**
		58245	58245	8035	688			
		239406	213649	5206	42226	25757	700	3
		124297	124211	6359	606	86		2
		316175	281425	11934	36969	34750	847	2
		174441	174441	23458	42510			2
5		**242834**	**241408**	**16803**	**2435**	**1426**	**284**	**1**
		11299	11009	319	237	290	284	
		123049	121913	12810	2165	1136		1
5		108486	108486	3674	33			2
	77	**312404**	**309524**	**91266**	**2528**	**2880**	**394**	**2**
		4327	4238	402	38	89	34	
	20	29209	29093	5460		116		2
		79897	77222	27068	229	2675	360	2

12－6 续表

市、县	City，County	一、年初耕地总资源（公顷）Total Resources of Cultivated Land at the Year Begining (ha)	二、年内增加（公顷）Increase in the Year (ha)	#新开荒地 Newly Reclaimed Wasteland	#园地改耕地 Garden Plot to Land	三、年内减少（公顷）Decrease in the Year (ha)	#国家基建占地 Construction for State-used	#其它基建占地 Others
柳河县	Liuhe	89070						
梅河口市	Meihekou	98702				32	32	
集安市	Ji' an	11289	13	13		71	14	
白山市	**Baishan**	**56965**	**1155**	**615**	**372**	**319**		**132**
市区	District	11742	118	93		86		86
抚松县	Fusong	18350	218	7	205	114		3
靖宇县	Jingyu	12640	590	423	167			
长白朝鲜族自治县	Changbai	5016	164	27		119		43
临江市	Linjiang	9217	65	65				
松原市	**Songyuan**	**1208775**	**18294**	**7090**		**887**	**320**	**192**
市区	District	86654	40	40		512	320	192
前郭尔罗斯蒙古族自治县	Qianguo	300824	7050	7050				
长岭县	Changling	332569						
乾安县	Qian' an	178277	338					
扶余市	Fuyu	310451	10866			375		
白城市	**Baicheng**	**980725**	**19895**	**5599**	**400**	**3138**	**128**	
市区	District	173390						
镇赉县	Zhenlai	191361	2256	425		93	93	
通榆县	Tongyu	307865	8254		400			
洮南市	Taonan	182153	4944	733		3033	23	
大安市	Da' an	125956	4441	4441		12	12	
延边朝鲜族自治州	**Yanbian**	**381716**	**2009**	**1194**	**414**	**1430**	**207**	**726**
延吉市	Yanji	17485	47	37	10	240	108	73
图们市	Tumen	9580	243	166	77			
敦化市	Dunhua	163948	132	132		66	15	51
珲春市	Hunchun	34074	1008	826	182	493	26	441
龙井市	Longjing	27425	23	23		4		4
和龙市	Helong	28853				4		
汪清县	Wangqing	67627	556	10	145	623	58	157
安图县	Antu	32724						

continued

		四、年末耕地面积总资源（公顷）Total Resources of Cultivated Land at Year－end(ha)	（一）常用耕地面积（公顷）Common Area of Cultivated Land (ha)			（二）临时性耕地（公顷）Temporarily Cultivated Land(ha)		补充资料：沟渠路比重（%）Proportion of Ditch (%)
#退耕还林还草 Land to Forest and Grass	#耕地改为园地 Land to Garden Plot			#水田 Paddy Field	#水浇地 Irrigated Land		#25度以上坡耕地 Cultivated Land on Slope above 25 Degrees(25℃)	
		89070	89070	21366	76			2
		98670	98670	34637	2185			2
	57	11231	11231	2333				2
76	**109**	**57801**	**48797**	**1249**	**398**	**9004**	**2178**	**2**
		11774	11746	324	46	28	5	
	109	18454	12305	3	95	6149	1713	2
		13230	12951	412		279	15	2
76		5061	4609	243	243	452		1
		9282	7186	267	14	2096	445	1
		1226182	**1203851**	**113486**	**380950**	**22331**	**860**	1
		86182	69586	14583	39368	16596	860	1
		307874	307874	71469	80000			1
		332569	327284	1728	88650	5285		1
		178615	178165	2911	98750	450		1
		320942	320942	22795	74182			1
2910		**997482**	**906276**	**130575**	**468201**	**91206**		**2**
		173390	173390	42321	131069			2
		193524	146091	69271	49914	47433		
		316119	292759	1600	69564	23360		
2910		184064	184064	11387	161752			1
		130385	109972	5996	55902	20413		
427	**20**	**382295**	**373610**	**40389**	**1695**	**8685**	**3325**	**4**
10		17292	16513	3235	676	779		4
		9823	8941	1180	170	882	335	4
		164014	163924	5071		90	90	2
6	20	34589	31537	10013	5	3052	1013	4
		27444	27444	5006	824			4
4		28849	28617	8570	10	232		4
407		67560	64877	4800		2683	1417	4
		32724	31757	2514	10	967	470	4

12－7 历年农林牧渔业总产值和指数

Gross Output Value of Agriculture、Forestry、Animal Husbandry and Fishery and Related Indices

年 份 Year	农林牧渔总产值（亿元） Gross Output Value of Agriculture, Forestry, Animal Husbandry and Fishery （100million yuan）					指数（1949=100） Indices of Agriculture, Forestry Animal Husbandry and Fishery（1949=100）				
	总产值 Total	农业 Farming	林业 Forestry	牧业 Animal Husbandry	渔业 Fishery	总产值 Total	农业 Farming	林业 Forestry	牧业 Animal Husbandry	渔业 Fishery
1949	8.12	7.00	0.02	1.07	0.02	100.0	100.0	100.0	100.0	100.0
1950	9.65	8.32	0.02	1.27	0.04	118.8	118.7	85.5	119.4	170.8
1951	9.52	7.99	0.05	1.45	0.04	117.3	113.9	210.5	136.2	168.5
1952	12.42	10.56	0.26	1.58	0.02	153.0	150.7	1154.5	148.5	75.4
1953	12.54	10.80	0.08	1.61	0.06	142.7	142.3	315.5	139.4	237.4
1954	12.40	10.57	0.06	1.71	0.06	139.1	137.4	251.6	145.6	248.6
1955	13.34	11.58	0.08	1.61	0.07	146.6	147.5	336.3	134.6	252.8
1956	13.43	11.69	0.15	1.52	0.07	147.0	147.6	2889.3	95.0	291.6
1957	12.84	10.53	0.39	1.83	0.09	129.3	126.3	1887.1	108.0	291.6
1958	12.38	9.97	0.83	1.47	0.11	153.0	146.5	5061.0	106.4	427.8
1959	13.92	11.93	0.54	1.33	0.13	169.1	172.3	3238.7	94.5	499.4
1960	12.89	10.89	0.37	1.45	0.18	140.4	141.1	1939.0	93.6	624.8
1961	14.89	13.14	0.27	1.30	0.18	149.1	156.8	1278.6	77.3	535.6
1962	14.24	12.13	0.26	1.73	0.13	142.8	144.5	1299.7	102.0	422.1
1963	16.07	13.59	0.29	2.10	0.10	158.2	159.2	1399.9	121.5	294.3
1964	16.93	13.95	0.36	2.52	0.10	164.7	161.6	1707.4	144.3	300.9
1965	17.75	14.56	0.55	2.52	0.12	173.5	169.3	2621.8	145.3	377.0
1966	22.67	18.92	0.88	2.75	0.11	190.2	189.1	3633.5	135.5	259.7
1967	24.14	20.10	0.82	3.13	0.10	202.6	200.8	3384.2	153.9	245.1
1968	23.23	19.33	0.88	2.93	0.09	194.9	193.2	3584.0	144.1	226.6
1969	19.82	16.02	0.97	2.75	0.08	166.3	159.9	3954.0	136.5	202.0
1970	26.86	22.88	1.13	2.74	0.11	225.4	228.4	4591.5	135.8	304.3
1971	27.48	22.23	0.96	4.23	0.05	227.7	219.6	5011.0	189.1	260.8
1972	26.06	21.42	1.04	3.54	0.05	208.4	204.0	5282.5	152.9	233.7
1973	31.55	26.44	0.82	4.19	0.09	251.1	250.8	4091.6	179.4	457.8
1974	37.44	31.60	0.94	4.79	0.11	271.5	273.0	4231.0	187.1	566.3
1975	35.27	29.38	1.09	4.69	0.11	279.1	277.0	5457.0	199.9	516.3
1976	31.17	25.65	1.03	4.39	0.09	243.9	239.0	5038.8	186.4	447.0
1977	31.25	25.56	1.12	4.47	0.09	242.5	236.4	5531.7	186.9	379.2
1978	37.78	32.23	0.87	4.61	0.08	289.2	293.8	4225.7	190.9	288.6
1979	42.02	34.99	1.13	5.80	0.08	279.5	276.4	4703.3	214.0	234.6
1980	47.47	35.56	2.47	9.39	0.05	290.8	277.8	7851.3	241.3	246.5
1981	56.89	44.81	0.20	9.97	0.15	311.2	299.8	8486.6	245.4	383.6
1982	60.58	48.95	2.54	8.83	0.26	329.2	314.6	9022.4	268.9	449.8
1983	78.11	65.42	2.10	10.28	0.31	425.2	433.4	9070.9	260.1	521.4
1984	88.99	72.81	3.55	12.23	0.39	469.7	476.3	10585.0	291.1	625.1
1985	85.89	63.91	3.32	18.12	0.55	432.2	407.4	10760.2	385.1	862.8
1986	98.43	76.07	2.94	18.58	0.84	451.0	433.8	9360.2	382.2	1104.9
1987	120.81	93.14	2.93	23.45	1.28	516.1	515.4	8891.9	374.1	1333.3
1988	140.91	106.41	2.84	29.50	2.17	543.8	534.9	8928.8	429.9	1719.5
1989	133.79	91.52	3.46	36.25	2.56	480.4	447.8	8914.9	469.5	1920.4
1990	189.09	140.67	4.19	41.42	2.81	608.4	599.8	7682.6	497.2	2108.7
1991	188.38	135.74	4.42	45.16	3.06	605.1	580.1	7781.2	540.9	2336.9
1992	204.39	146.00	5.10	50.02	3.27	622.8	588.1	7782.7	586.1	2458.2
1993	243.95	174.63	5.10	60.35	3.86	685.2	640.8	7547.9	671.8	2859.0
1994	405.48	270.81	8.54	120.14	5.99	755.3	664.3	7994.5	876.6	3061.3
1995	490.28	301.44	8.28	173.32	7.24	800.2	646.9	7421.2	1117.0	3229.4
1996	581.04	363.68	7.57	201.99	7.80	953.2	760.9	7010.5	1382.8	3544.5
1997	565.54	315.45	7.99	233.39	8.71	932.8	656.4	7564.2	1616.7	3869.7
1998	666.48	394.86	8.08	254.11	9.43	1080.0	825.4	7870.2	1680.4	4150.2
1999	675.30	388.40	10.45	266.84	9.61	1101.0	818.1	9993.9	1766.7	4231.6
2000	609.37	320.27	11.38	268.72	9.00	1039.4	705.2	10243.8	1869.8	4150.2
2001	691.83	405.40	13.83	263.24	9.36	1195.7	787.1	12742.2	2194.6	6184.6
2002	734.21	410.22	33.91	271.13	10.83	1352.8	892.0	29981.7	2276.1	7242.5
2003	792.14	438.34	33.77	298.44	13.56	1438.0	936.4	30731.3	2471.5	7649.4
2004	940.67	486.23	32.85	399.06	13.44	1551.6	1015.3	28232.8	2666.8	7974.9
2005	1050.49	518.13	39.90	467.59	14.87	1733.1	1077.8	33110.5	3151.9	8777.2
2006	1155.50	597.02	44.35	483.46	16.98	1863.1	1181.7	32481.4	3314.2	10007.8
2007	1418.90	653.03	48.79	683.74	18.29	1960.0	1133.3	29135.8	3910.8	10588.2
2008	1614.80	749.20	54.97	770.21	22.52	2156.0	1305.6	28145.2	4137.6	11763.5
2009	1734.26	777.45	58.91	825.52	23.47	2270.3	1280.8	31353.8	4576.2	13163.4
2010	1850.28	866.94	68.34	831.45	25.35	2352.0	1361.5	32890.1	4599.1	13255.5
2011	2275.15	1020.44	81.85	1074.49	31.12	2474.3	1460.9	34830.6	4718.7	13944.8
2012	2502.02	1166.58	98.10	1130.36	34.14	2620.3	1528.1	35910.3	5053.7	14530.5
2013	2670.60	1261.68	98.12	1198.53	36.74	2712.6	1619.8	38179.5	5094.1	14965.8

12－8 农林牧渔业分项产值

Gross Output Value of Agriculture, Forestry, Animal Husbandry and Fishery by Sector

单位：万元　　　　unit: 10000yuan

指　　标	Item	2012	2013	2013年为2012年的% Increase Rate(%)
农林牧渔业总产值	**Total Output Value of Agriculture,Forestry, Animal Husbandry and Fishery**	**25020176**	**26705985**	**103.5**
一、农业产值	Agriculture	11665775	12616759	106.0
（一）谷物及其他作物	Cereal and Others	8924305	8527531	96.9
1. 谷物	Cereal	7288593	7436171	102.0
2. 薯类	Tubers	504374	103738	20.6
3. 油料	Oil－bearing Crops	571519	522581	91.4
4. 豆类	Beans	352619	291337	82.6
5. 棉花	Cotton	9989	6901	69.1
6. 麻类	Fiber Crops	9	8	88.9
7. 糖料	Sugar Crops	13532	7129	52.7
8. 烟草	Tobacco	84560	96429	114.0
9. 其他农作物	Others	99110	63237	63.8
（二）蔬菜园艺作物	Vegetables and Gardening Crops	2116871	3062368	133.7
（三）水果、坚果、饮料作物	Fruits, Nut and Beverage Crops	586299	823671	138.9
（四）中药材	Traditional Chinese Herbal Medicine	38300	203189	487.6
二、林业产值	Forestry	981014	981154	106.3
（一）林木的培育和种植	Forest Cultivated and Planted	225756	265270	124.9
（二）竹木采运	Wood	574102	518426	96.0
（三）林产品	Forest Goods	181156	197458	115.9
三、牧业产值	Animal Husbandry	11303639	11985289	100.8
（一）牲畜饲养	Animals Raising	4055669	5182562	120.7
（二）猪的饲养	Hogs Raising	3663882	3672020	100.8
（三）家禽饲养	Poultry Raising	3424004	3071855	87.6
（四）狩猎和捕捉动物	Hunt	25586		
（五）其他畜牧业	Others	134498	58852	41.6
四、渔业产值	Fishery	341436	367419	103.0
五、农林牧渔服务业产值	Service Industry Output Value of Farming	728312	755364	102.6

12－9　各市县农林牧渔总产值（2013）

Output Value of Agriculture、Forestry、Animal Husbandry and Fishery by City and County（2013）

单位：万元　　　　unit: 10000yuan

市、县	City, County	农林牧渔业总产值 Total	农业 Farming	林业 Forestry	牧业 Animal Husbandry	渔业 Fishery	农林牧渔业总产值指数 Indices
全　　省	**Total**	**26705985**	**12616759**	**981154**	**11985289**	**367419**	**103.5**
长春市	**Changchun**	**6026568**	**3073032**	**22053**	**2723089**	**51643**	**104.9**
市　　区	District	547123	256805	1572	258210	7247	106.9
农安县	Nong' an	1657754	836794	10098	757860	11200	104.7
九台市	Jiutai	753463	396264	1086	330216	10428	104.6
榆树市	Yushu	1814947	1016011	3432	743454	10747	105.1
德惠市	Dehui	1253282	567158	5865	633349	12021	104.1
吉林市	**Jilin**	**4620256**	**2467626**	**96474**	**1730719**	**139774**	**105.6**
市　　区	District	953107	466704	8349	414356	24818	108.2
永吉县	Yongji	411128	235995	7286	143780	6322	98.7
蛟河市	Jiaohe	667288	393341	28081	195258	33205	107.6
桦甸市	Huadian	812755	533672	29765	175247	40771	106.8
舒兰市	Shulan	929216	449564	17534	412423	13485	105.6
磐石市	Panshi	846762	388350	5459	389655	21173	103.7
四平市	**Siping**	**5213790**	**2175225**	**20369**	**2915907**	**11929**	**104.9**
市　　区	District	308107	105502	1375	195140	3440	107.0
梨树县	Lishu	1724312	653168	7225	1035237	1482	108.4
伊通满族自治县	Yitong	697143	231954	2335	447935	2709	104.6
公主岭市	Gongzhuling	1779947	868643	4864	863255	3685	103.6
双辽市	Shuangliao	704281	315958	4570	374340	613	99.7
辽源市	**Liaoyuan**	**1012885**	**393562**	**20156**	**586617**	**5035**	**104.3**
市　　区	District	81331	26973	245	52789	249	106.6
东丰县	Dongfeng	570896	226471	9666	330547	2371	103.4
东辽县	Dongliao	360658	140118	10245	203281	2415	105.4
通化市	**Tonghua**	**1642481**	**820933**	**111637**	**561183**	**52510**	**104.8**
市　　区	District	90582	42756	2301	43158	615	104.4
通化县	Tonghua	163514	113103	12098	28160	8459	104.7
辉南县	Huinan	326995	174840	6204	117852	6662	103.0
柳河县	Liuhe	410608	198847	69788	100994	10064	107.9
梅河口市	Meihekou	484082	172697	11006	252742	11287	103.8

注：各地区相加不等于全省总计。

Note: The Sum of data by every region is not equal to the whole province.

12－9 续表 continued

单位：万元 unit: 10000yuan

市、县 City，County		农林牧渔业总产值 Total	农业 Farming	林业 Forestry	牧业 Animal Husbandry	渔业 Fishery	农林牧渔业总产值指数 Indices
集安市	Ji' an	166700	118690	10240	18277	15423	104.9
白山市	**Baishan**	**1003030**	**670651**	**161396**	**108817**	**54740**	**105.4**
市区	District	288298	168311	52365	48872	15314	105.9
抚松县	Fusong	360330	260293	58468	16964	23305	105.8
靖宇县	Jingyu	124765	82747	8977	20226	11265	104.8
长白朝鲜族自治县	Changbai	91089	60379	19711	9447	952	104.7
临江市	Linjiang	138548	98921	21875	13308	3904	104.3
松原市	**Songyuan**	**4599829**	**3047802**	**49678**	**1319122**	**84307**	**99.5**
市区	District	256810	192222	6823	41059	10193	98.6
前郭尔罗斯蒙古族自治县	Qianguo	1234551	954369	15706	198282	36194	87.3
长岭县	Changling	1350496	723566	7580	600179	3281	106.7
乾安县	Qian' an	424895	288546	4784	113070	6495	112.4
扶余市	Fuyu	1333077	889099	14785	366532	28144	102.3
白城市	**Baicheng**	**2170356**	**1419458**	**65240**	**567905**	**55899**	**107.5**
市区	District	378476	289003	2081	82757	365	93.4
镇赉县	Zhenlai	569842	320296	39742	170596	24706	113.6
通榆县	Tongyu	335498	220622	13627	83978	9771	110.9
洮南市	Taonan	526987	336439	6574	151536	6856	108.5
大安市	Da' an	359553	253098	3216	79038	14201	111.4
延边朝鲜族自治州	**Yanbian**	**1323403**	**922130**	**196102**	**175126**	**16583**	**104.2**
延吉市	Yanji	92888	64603	4314	19930	308	103.6
图们市	Tumen	32587	23089	1175	8028	119	103.8
敦化市	Dunhua	516192	387980	49997	65252	8613	104.5
珲春市	Hunchun	105934	77319	6399	18535	2681	104.1
龙井市	Longjing	81018	56574	2930	20229	665	104.0
和龙市	Helong	132411	71836	44097	14660	715	104.0
汪清县	Wangqing	209026	149333	43243	12602	2483	104.2
安图县	Antu	153347	91396	43947	15890	999	104.2

12-10 农林牧渔业中间消耗

Intermediate Consumption of Agriculture, Forestry, Animal Husbandry and Fishery

单位：万元　　unit: 10000yuan

项　目	Item	2012	2013
农林牧渔业中间消耗总计	**Total Intermediate Consumption of Agriculture,Forestry, Animal Husbandry and Fishery**	**10899046**	**11612551**
农业中间消耗	Intermediate Consumption of Agriculture	3944190	4265726
中间物质消耗	Intermediate Material Consumption	3619236	3914281
对非物质生产部门劳务支出	Expenditure of Labor Services to Branches of Non - material Production	324954	351445
林业中间消耗	Intermediate Consumption of Forestry	367207	367246
中间物质消耗	Intermediate Material Consumption	298301	298333
对非物质生产部门劳务支出	Expenditure of Labor Services to Branches of Non - material Production	68906	68913
牧业中间消耗	Intermediate Consumption of Animal Husbandry	6137932	6508012
中间物质消耗	Intermediate Material Consumption	6003869	6365866
对非物质生产部门劳务支出	Expenditure of Labor Services to Branches of Non - material Production	134063	142146
渔业中间消耗	Intermediate Consumption of Fishery	132178	142228
中间物质消耗	Intermediate Material Consumption	108621	116879
对非物质生产部门劳务支出	Expenditure of Labor Services to Branches of Non - material Production	23557	25349
农林牧渔服务业中间消耗	Total of Intermediate Consumption of Agriculture, Forestry, and Fishery Animal Husbanry	317539	329339
中间物质消耗	Intermediate Material Consumption	218995	227133
对非物质生产部门劳务支出	Expenditure of Labor Services to Branches of Non - material Production	98544	102206

12－11　历年农业生产主要条件

Main Indicators on Construction Enterprises of Agricultural

年 份 Year	农业机械总动力（万千瓦） Total Power of Agricultural Machinery (10 000 kw)	有效灌溉面 积（千公顷） Irrigated Area (1 000 hectares)	化肥施用量（实物量）（万吨） Consumption of Chemical Fertilizers (physical quantity) (10 000 tons)	农村用电量（亿千瓦小时） Electricity Consumption in Rural Area (100 million kw.h)	农作物总播种面积（千公顷） Total Sown Area (1 000hectares)	#粮食 Grain Crops	#油料 Oil-Bearing Crops	#大豆 Cotton Crops
1949		86.9			4384.5	4196.0	17.1	692.0
1950		98.1			4564.7	4341.0	33.9	821.5
1951		102.9			4510.8	4162.1	102.3	932.1
1952		115.4			4607.9	4318.4	64.3	906.4
1953		109.3			4495.1	4232.0	44.0	903.1
1954		124.9			4558.4	4262.5	59.6	939.2
1955		140.0			4566.1	4267.1	50.1	810.4
1956		331.5			4778.7	4469.3	60.4	953.9
1957	2.6	369.0			4603.9	4291.4	63.0	906.5
1958		493.6			4529.6	4178.6	93.3	851.5
1959		352.5			4310.5	3865.9	118.1	885.2
1960	14.3	257.6			4387.7	3911.0	82.1	866.7
1961		177.5			4368.9	3910.0	45.9	825.3
1962	11.7	154.3			4351.3	4031.7	29.7	777.3
1963	18.0	149.3		0.6	4359.0	4057.9	29.5	755.1
1964	21.6	168.4		0.8	4345.0	4060.3	31.1	742.3
1965	23.8	232.6	7.6	1.0	4350.4	4033.9	28.5	720.6
1966		241.5	12.6	1.1	4312.5	3992.4	28.5	698.4
1967		253.3	17.2	1.3	4270.9	3958.6	26.4	725.0
1968		265.9	16.0	1.4	4232.5	3946.3	30.7	704.5
1969		283.7	23.1	1.9	4227.6	3940.9	22.1	698.4
1970	34.4	351.3	30.9	2.3	4216.7	3966.8	14.9	715.1
1971	57.9	460.8	44.7	2.9	4200.7	3939.3	21.9	698.3
1972	82.4	339.9	43.2	3.9	4170.9	3861.5	34.2	691.2
1973	86.9	396.1	48.3	4.3	4163.3	3844.4	45.0	665.8
1974	133.9	478.1	63.7	5.1	4146.7	3815.7	59.2	628.1
1975	188.3	546.7	60.6	6.4	4111.3	3760.6	63.1	636.7
1976	261.3	600.6	65.8	7.6	4066.3	3611.0	108.3	619.9
1977	251.0	609.2	57.8	7.9	4051.5	3577.5	122.0	602.5
1978	284.1	598.6	66.7	8.1	4053.1	3603.1	106.2	584.4
1979	303.1	570.8	91.3	8.8	4060.5	3600.1	118.9	576.5
1980	367.5	730.7	120.2	9.7	4057.0	3524.3	186.3	556.5
1981	395.8	744.9	144.9	11.2	4074.8	3509.3	232.3	605.3
1982	396.1	733.5	135.3	12.3	4065.6	3555.2	192.5	587.0
1983	417.7	716.1	152.2	12.4	4069.6	3586.5	175.3	499.7
1984	452.7	711.4	180.5	12.4	4079.8	3501.7	288.1	397.1
1985	476.3	696.3	159.2	11.9	4063.9	3283.5	437.4	478.1
1986	528.5	717.5	179.1	13.9	4036.8	3469.5	272.8	489.1
1987	534.9	752.9	195.8	14.9	4036.9	3485.7	241.4	486.1
1988	552.6	774.5	190.7	15.8	4035.2	3422.5	248.7	544.9
1989	590.5	836.0	201.2	16.2	4021.4	3430.9	232.7	537.3
1990	629.0	881.9	233.1	16.8	4039.8	3525.9	200.9	463.8
1991	587.5	923.3	248.1	18.2	4065.9	3542.0	187.5	431.2
1992	591.4	914.8	245.0	19.0	4048.7	3536.9	154.1	437.5
1993	607.1	908.9	236.9	19.8	4050.7	3526.7	153.0	543.6
1994	598.8	910.1	245.1	21.5	4059.6	3566.7	154.0	504.9
1995	661.4	904.4	266.6	21.5	4059.8	3576.9	151.0	378.6
1996	718.7	936.0	283.9	22.1	4063.0	3624.5	119.0	296.1
1997	773.2	1078.0	282.7	22.7	4067.4	3592.1	112.4	309.6
1998	827.5	1250.9	289.3	22.5	4061.6	3567.2	121.9	304.3
1999	897.3	1293.2	293.6	23.3	4064.3	3513.4	165.8	278.3
2000	1015.4	1315.0	281.3	23.8	4065.6	3357.1	271.9	538.9
2001	1096.5	1383.0	280.6	24.1	4045.7	3357.2	234.0	476.8
2002	1150.7	1499.0	283.3	23.9	4687.7	4037.6	257.8	415.0
2003	1230.6	1546.0	287.3	23.1	4717.1	4013.8	301.8	430.0
2004	1319.8	1595.0	304.7	26.2	4904.0	4312.1	222.1	525.9
2005	1471.3	1613.7	306.0	28.7	4953.1	4294.5	288.5	504.8
2006	1572.3	1636.4	317.8	30.2	4984.6	4325.5	287.8	448.4
2007	1678.3	1640.6	331.9	32.6	5040.3	4334.7	305.6	355.9
2008	1800.0	1678.9	343.8	34.7	4998.2	4391.2	212.3	373.4
2009	2001.2	1683.7	359.0	37.5	5077.6	4427.7	243.0	437.4
2010	2144.7	1726.8	371.7	39.5	5221.4	4492.2	303.1	376.8
2011	2355.0	1831.7	391.9	42.5	5222.3	4545.1	245.1	304.8
2012	2554.7	1851.9	410.5	46.1	5315.1	4610.3	266.6	230.0
2013	2726.6	1853.7	425.8	48.2	5413.1	4789.9	276.6	214.5

12－12 农业生产条件
Conditions for Agricultural Production

项　　目	Item	2012	2013
一、主要农业机械拥有量	**Number of Agricultural Machinery**		
农业机械总动力（万千瓦）	Total Power of Agricultural Machinery(10000kw)	2554.7	2726.6
大中型拖拉机（混合台）	Large and Medium Tractors(unit)	395904	440503
小型拖拉机（台）	Mini－Tractors(unit)	660702	670853
大中型机引农具（台）	Large and Medium Tractors Towing Farm Machinery(unit)	747938	778553
联合收割机（台）	Combine Harvesters(unit)	30729	35511
机动脱粒机（台）	Thresher Sheller(unit)	168929	168338
机动水稻插秧机(台)	Rice Transplanter(unit)	28792	38105
粮食加工机械（台）	Machine of Grain Processing(unit)	119195	121386
油料加工机械（台）	Machine of Oil Bearing Seed Processing(unit)	17081	9726
农用载重汽车（辆）	Trucks for Agricultural Use(unit)	157097	156191
二、农业机械作业面积	**Operation Area of Agricultural Machinery**		
机耕面积（千公顷）	Area of Machinery Cultivated Land(1000ha)	4999.3	4921.2
占耕地面积比重（%）	Proportion of Cultivated Land(%)	86.2	84.9
机播面积（千公顷）	Area of Machinery Sowed Land(1000ha)	4703.5	4900.3
占播种面积比重（%）	Proportion of Sown Land(%)	88.5	84.5
机收面积(千公顷)	Area of Machinery Gathered Land(1000ha)	2089.4	2463.1
占播种面积比重（%）	Proportion of Sown Land(%)	39.3	42.5
三、农村用电量	**Electricity Consumption in Rural**		
农村用电量（万千瓦小时）	Electricity Consumption in Rural(10000kw.h)	461174	482056
每公顷用电量（千瓦小时）	Electricity Consumption per Hectrares(kw.h)	712.0	724.8
四、农田水利	**Irrigation and Water Conservancy**		
农用排灌机械（台）	Irrigating Machinery(unit)	467039	462914
农用水泵(台)	Water Pump(unit)	467688	594580
有效灌溉面积(千公顷)	Effective Irrigated Area(1000ha)	1851.9	1853.7
占耕地面积比重（%）	Proportion of Cultivated Land(%)	28.6	27.9
机电灌溉面积(千公顷)	Irrigated Areas by Power(1000ha)	969.9	990.8
占有效灌溉面积(%)	Proportion of Effective Irrigated Area(%)	52.4	53.4
五、农业化肥	**Agricultural Fertilizer**		
化肥施用量（实物）（万吨）	Consumption of Chemical Fertilizer(10000tons)	411	426
氮　　肥	Nitrogenous Fertilizer	172.4	173.2
磷　　肥	Phosphate Fertilizer	43.6	44.3
钾　　肥	Potash Fertilizer	29	29
复 合 肥	Compound Fertilizer	165.8	179.1
每公顷化肥施用量（公斤）	Comsumption of Chemeical Fertilizer per Hectare(kg)	634.00	640.27

12－13 各市县主要农业机械拥有量（2013）

Possession of Major Agricultural Machinery by City and County（2013）

市、县 City，County		农业机械总动力（万千瓦）Total Power of Agricultural Machinery (10000kw)	大中型农用拖拉机（混合台）Large and Medium Tractors Towing Farm Machinery (unit)	农用小型及手扶拖拉机（台）Mini－Tractors (unit)	大中型机引农具（部）Large and Medium Tractors Towing Farm Machinery (unit)	农用排灌动力机械（台）Irrigating Machinery (unit)	粮食加工机械（台）Machine of Grain Processing (unit)
全　　省	**Total**	**2726.60**	**440503**	**670853**	**778553**	**462914**	**121386**
长 春 市	**Changchun**	**554.81**	**107069**	**78305**	**165004**	**82226**	**29351**
市　　区	District	62.20	4854	14596	4285	13329	3152
农 安 县	Nong' an	165.04	51000	14891	70202	9919	5610
九 台 市	Jiutai	83.41	8042	22159	23402	12462	4593
榆 树 市	Yushu	137.18	27688	12525	36360	17516	8656
德 惠 市	Dehui	106.98	15485	14134	30755	29000	7340
吉 林 市	**Jilin**	**351.94**	**15428**	**188826**	**20367**	**64187**	**16779**
市　　区	District	72.64	3352	35810	3511	8494	2086
永 吉 县	Yongji	41.00	1757	21025	637	5545	3640
蛟 河 市	Jiaohe	49.66	3416	22538	2637	10535	2663
桦 甸 市	Huadian	50.47	1448	25510	1196	2203	3700
舒 兰 市	Shulan	91.40	4043	45375	11057	31950	2280
磐 石 市	Panshi	46.77	1412	38568	1329	5460	2410
四 平 市	**Siping**	**279.93**	**44934**	**50613**	**43638**	**71476**	**16051**
市　　区	District	27.28	4175	1232	3549	13095	577
梨 树 县	Lishu	54.11	6255	8578	15632	21922	4951
伊通满族自 治 县	Yitong	35.49	4558	9346	4591	4194	1232
公主岭市	Gongzhuling	100.22	19452	18187	11290	13083	7991
双 辽 市	Shuangliao	62.83	10494	13270	8576	19182	1300
辽 源 市	**Liaoyuan**	**121.84**	**8256**	**53732**	**18458**	**27762**	**5613**
市　　区	District	4.50	79	2758	78	645	705
东 丰 县	Dongfeng	60.27	6182	22646	14162	21432	3078
东 辽 县	Dongliao	57.07	1995	28328	4218	5685	1830
通 化 市	**Tonghua**	**159.52**	**11124**	**78660**	**18267**	**25788**	**10763**
市　　区	District	9.40	191	1213	52	1872	405
通 化 县	Tonghua	19.45	1227	7541	1149	284	3725
辉 南 县	Huinan	38.33	1293	27022	1683	4520	1871
柳 河 县	Liuhe	35.45	2130	24271	1455	4171	1496
梅河口市	Meihekou	40.56	5544	14160	13644	9323	1030

市、县 City，County		农业机械总动力（万千瓦）Total Power of Agricultural Machinery (10000kw)	大中型农用拖拉机（混合台）Large and Medium Tractors Towing Farm Machinery (unit)	农用小型及手扶拖拉机（台）Mini－Tractors (unit)	大中型机引农具（部）Large and Medium Tractors Towing Farm Machinery (unit)	农用排灌动力机械（台）Irrigating Machinery (unit)	粮食加工机械（台）Machine of Grain Processing (unit)
集安市	Ji' an	16.33	739	4453	284	5618	2236
白山市	**Baishan**	**45.49**	**2499**	**2724**	**2595**	**8706**	**5050**
市　区	District	14.41	292	663	648	3171	2135
抚松县	Fusong	8.89	441	602	641	2817	997
靖宇县	Jingyu	10.49	1289	713	723	1175	339
长白朝鲜族自治县	Changbai	3.11	202	22	46	618	481
临江市	Linjiang	8.58	275	724	537	925	1098
松原市	**Songyuan**	**580.08**	**102993**	**129441**	**190289**	**66906**	**18315**
市　区	District	78.11	12676	10548	5762	12444	1286
前郭尔罗斯蒙古族自治县	Qianguo	155.17	17683	38692	58795	17425	3815
长岭县	Changling	122.27	23765	37702	28016	8427	2048
乾安县	Qian' an	93.73	28044	12600	46003	6200	1500
扶余市	Fuyu	130.80	20825	29899	51713	22410	9666
白城市	**Baicheng**	**438.08**	**104065**	**49673**	**213652**	**108506**	**14438**
市　区	District	102.63	18632	9195	31950	30775	2297
镇赉县	Zhenlai	86.29	23417	4667	72059	25771	1995
通榆县	Tongyu	104.66	36256	3767	67212	15885	6320
洮南市	Taonan	81.48	11938	19609	19452	24460	2365
大安市	Da' an	63.01	13822	12435	22979	11615	1461
延边朝鲜族自治州	**Yanbian**	**194.91**	**44135**	**38879**	**106283**	**7357**	**5026**
延吉市	Yanji	14.40	2332	3851	2250	697	319
图们市	Tumen	6.36	1537	1172	2301	124	371
敦化市	Dunhua	64.55	16439	11327	47164	3060	1820
珲春市	Hunchun	21.07	4190	6031	4096	76	215
龙井市	Longjing	15.28	2636	4598	3793	136	522
和龙市	Helong	14.29	2000	5068	3063	27	780
汪清县	Wangqing	37.27	9936	2574	38139	2700	810
安图县	Antu	21.69	5065	4258	5477	537	189

12－14　各市县农业现代化水平（2013）
Agricultural Modernizing Level of the City and County（2013）

市、县 City, County		机耕面积（千公顷）Area of Machinery Cultivated Land (1000ha)	机播面积（千公顷）Area of Machinery Sowed Land (1000ha)	农村用电量（千千瓦小时）Electrical Consumption in Rual (10000kwh)	有效灌溉面积（千公顷）Effective Irrigated Area (1000ha)	配套机电井（眼）Electrical Machinery of Well (unit)	化肥施用量（实物量）（吨）Consumption of Chemical Fertilizer (ton)	#氮肥 Nitrogenous Fertilizers	#磷肥 Phosphate Fertilizer
全　省	**Total**	**4921.20**	**4900.30**	**4820560**	**1853.74**	**151626**	**4258217**	**1731464**	**442771**
长春市	**Changchun**	**1036.70**	**1098.40**	**1238657**	**255.68**	**21986**	**1038448**	**464124**	**120570**
市　区	District	113.60	99.10	406475	31.55	3304	134496	51848	8204
农安县	Nong' an	336.00	367.90	245523	45.57	2811	265830	128807	35751
九台市	Jiutai	153.10	168.00	177116	36.01	3140	164783	61356	18544
榆树市	Yushu	261.00	306.00	218262	78.35	6587	309652	140994	34583
德惠市	Dehui	173.00	157.40	191281	64.20	6144	163687	81119	23488
吉林市	**Jilin**	**592.40**	**513.70**	**557141**	**180.97**	**7038**	**593070**	**233800**	**40957**
市　区	District	96.60	81.70	188100	45.14	2346	114425	49503	7237
永吉县	Yongji	67.20	63.70	87281	27.93	1794	68541	20054	4252
蛟河市	Jiaohe	111.80	102.30	73144	15.22	319	96714	35262	12642
桦甸市	Huadian	94.80	89.90	57170	8.57	312	100057	44898	3032
舒兰市	Shulan	135.40	95.00	91103	48.09	1401	105938	44007	8609
磐石市	Panshi	86.60	81.10	60343	36.04	866	107395	40076	5185
四平市	**Siping**	**811.80**	**783.60**	**588922**	**191.96**	**17680**	**706442**	**197100**	**31606**
市　区	District	46.70	48.40	150693	1.49	403	45788	15800	2139
梨树县	Lishu	228.30	240.30	83255	58.24	2583	180361	69828	7125
伊通满族自治县	Yitong	105.60	95.30	79309	16.07	4884	105568	12533	3652
公主岭市	Gongzhuling	333.00	308.20	177013	68.46	2129	261494	47444	6150
双辽市	Shuangliao	98.20	91.40	98652	47.71	7681	113231	51495	12540
辽源市	**Liaoyuan**	**206.60**	**162.70**	**222833**	**31.58**	**2290**	**188102**	**70826**	**12625**
市　区	District	10.50	8.70	9687	2.72	446	12017	4163	1219
东丰县	Dongfeng	107.30	67.10	177887	18.16	1199	106750	45067	5956
东辽县	Dongliao	88.80	86.90	35259	10.70	645	69335	21596	5450
通化市	**Tonghua**	**265.30**	**157.00**	**321415**	**109.59**	**1501**	**298695**	**149211**	**30219**
市　区	District	0.90	0.30	31965	1.61		6489	4414	270
通化县	Tonghua	17.00	2.00	34991	7.77	103	27526	17418	1023
辉南县	Huinan	66.70	42.60	57235	27.21	448	65219	38289	3109
柳河县	Liuhe	75.90	40.50	72260	20.37	635	80276	31843	10610
梅河口市	Meihekou	98.70	69.40	78387	48.95	255	102835	48530	13394

12－14 续表 continued

市、县 City，County		机耕面积（千公顷）Area of Machinery Cultivated Land (1000ha)	机播面积（千公顷）Area of Machinery Sowed Land (1000ha)	农村用电量（千千瓦小时）Electrical Consumption in Rual (10000kwh)	有效灌溉面积（千公顷）Effective Irrigated Area (1000ha)	配套机电井（眼）Electrical Machinery of Well (unit)	化肥施用量（实物量）（吨）Consumption of Chemical Fertilizer (ton)	#氮肥 Nitrogenous Fertilizers	#磷肥 Phosphate Fertilizer
集安市	Ji' an	6.10	2.20	46577	3.68	60	16350	8717	1813
白山市	**Baishan**	**26.86**	**13.36**	**87743**	**4.34**	**402**	**36689**	**18521**	**1378**
市区	District	5.80	2.50	31080	1.64	41	10114	6091	352
抚松县	Fusong	9.33	6.00	15181	0.45	208	11141	4398	414
靖宇县	Jingyu	6.80	3.20	18104	0.96	151	7011	3268	173
长白朝鲜族自治县	Changbai	2.53	0.56	7520	0.93		1944	1097	70
临江市	Linjiang	2.40	1.10	15858	0.36	2	6479	3667	369
松原市	**Songyuan**	**932.50**	**982.30**	**527808**	**555.97**	**24202**	**783023**	**333991**	**128894**
市区	District	53.90	51.60	57551	54.96	3169	58052	23980	9641
前郭尔罗斯蒙古族自治县	Qianguo	186.00	209.00	133386	190.86	4666	162825	69493	21821
长岭县	Changling	293.40	291.30	171526	102.51	6596	269771	122898	68986
乾安县	Qian' an	130.80	151.10	50218	100.81	6091	109898	36970	8268
扶余市	Fuyu	268.40	279.30	115127	106.83	3680	182477	80650	20178
白城市	**Baicheng**	**719.60**	**870.40**	**349613**	**436.56**	**72909**	**449931**	**197165**	**57113**
市区	District	159.00	144.00	43202	106.42	20852	85377	42795	9221
镇赉县	Zhenlai	139.00	176.70	105554	95.92	6318	84796	37634	7651
通榆县	Tongyu	240.00	272.70	50164	59.96	4248	90250	34706	15615
洮南市	Taonan	81.60	166.70	82035	112.51	35886	115953	49735	14698
大安市	Da' an	100.00	110.30	68658	61.75	5605	73555	32295	9928
延边朝鲜族自治州	**Yanbian**	**329.40**	**318.80**	**926428**	**87.08**	**3618**	**163817**	**66726**	**19409**
延吉市	Yanji	15.80	15.40	177574	6.20	378	11274	4652	1244
图们市	Tumen	7.70	6.20	84306	3.89	172	5993	2804	920
敦化市	Dunhua	147.30	143.40	200125	16.17	768	49526	15736	8187
珲春市	Hunchun	31.70	30.30	107430	12.25	179	17040	6939	1281
龙井市	Longjing	18.20	19.50	98413	14.86	1060	18702	7382	1237
和龙市	Helong	22.20	20.40	126137	12.36	466	16901	11846	1859
汪清县	Wangqing	56.50	55.60	93813	12.95	315	29305	12776	3044
安图县	Antu	30.00	28.00	38630	8.39	280	15076	4591	1637

12－15 历年主要农业产品产量和大牲畜饲养量

Output of Major Agricultural Products over the Years and Large Number of Livestock Raised

年 份 Year	粮食 (万吨) Grain (10 000 tons)	大豆 (万吨) Soja (10 000 tons)	油料 (万吨) Oil-bearing Crops (10 000 tons)	蔬菜 (万吨) Vegetable (10 000 tons)	园林水果 (万吨) Fruit Garden (10 000tons)	大牲畜年底头数(万头) Large Animals at Year-end (10 000 heads)	肉类 (万吨) Meat (10 000 tons)	奶类 (万吨) Milk (10 000 tons)	水产品 (万吨) Aquatic Products (10 000 tons)
1949	458.95	67.75	1.13			164.80			
1950	553.90	96.34	2.17			183.30			
1951	468.30	97.83	4.18			199.20			
1952	613.20	117.52	3.89			219.60			
1953	561.45	121.56	2.18			221.40			
1954	530.95	118.00	3.53		0.33	231.80			
1955	556.53	82.28	2.58		0.87	219.50			
1956	493.64	108.60	2.78		0.95	188.10			
1957	429.35	80.92	2.42		0.40	170.90			
1958	528.84	85.93	6.91		1.14	172.80			
1959	526.60	111.67	5.76		1.82	184.10			
1960	394.70	80.28	2.19		0.83	182.30			
1961	398.55	67.72	1.04		0.97	175.20			
1962	437.10	69.73	1.05		0.82	183.40			
1963	501.60	79.82	1.59		1.39	201.90			
1964	491.80	76.36	1.95			211.40			
1965	525.10	77.07	1.76		1.86	214.20			
1966	597.60	93.03	1.68		2.04	221.10			
1967	647.74	79.39	1.77		2.24	229.90			
1968	622.15	82.68	1.72		1.84	245.80			
1969	498.70	66.44	1.50		1.76	246.70			
1970	738.80	84.81	1.30		1.80	245.30			
1971	713.05	86.34	2.27		2.69	245.00			
1972	556.90	55.80	3.46		3.04	247.20			
1973	783.00	86.73	6.18	234.51	3.62	249.90			
1974	858.15	71.68	7.78	239.29	4.19	245.20			
1975	906.50	68.81	8.69	302.37	2.74	246.40			
1976	755.50	48.64	9.77	274.72	4.71	245.10			
1977	728.35	51.05	10.87	302.97	3.25	237.70			
1978	914.70	66.63	12.29	351.04	5.65	231.62	15.64	2.02	1.03
1979	903.34	59.88	14.22	298.09	4.47	234.27	21.30	2.78	0.81
1980	859.60	60.69	26.60	302.94	4.45	236.76	24.57	3.07	0.84
1981	921.91	79.03	34.52	321.85	3.94	231.83	25.11	3.10	1.30
1982	1000.04	71.55	29.27	317.12	3.60	234.44	28.29	3.47	1.54
1983	1477.98	88.01	39.23	378.65	5.48	245.71	26.33	3.82	1.79
1984	1634.46	81.03	59.78	410.32	6.04	279.59	26.22	4.91	2.14
1985	1225.26	90.45	48.36	329.29	6.59	294.59	32.02	7.43	2.96
1986	1397.71	83.70	38.85	349.51	5.88	284.89	37.46	8.01	3.83
1987	1675.81	96.76	35.26	383.75	10.04	274.52	38.09	8.52	4.51
1988	1693.25	102.64	35.43	468.43	12.17	281.90	41.02	9.47	5.81
1989	1351.29	68.20	34.80	466.23	12.76	292.17	45.07	11.06	6.61
1990	2046.52	93.33	46.74	450.16	13.33	309.07	51.79	12.11	7.09
1991	1898.87	71.65	43.54	429.97	13.06	318.55	56.97	12.66	7.86
1992	1840.30	75.39	35.82	447.35	14.57	341.12	64.04	11.32	8.49
1993	1900.90	109.63	28.62	497.35	18.10	359.26	76.66	9.80	9.79
1994	2015.70	111.43	28.68	512.52	18.67	424.03	101.00	10.89	10.50
1995	1992.40	63.08	25.55	530.55	27.97	498.66	134.60	11.32	11.06
1996	2326.60	68.53	21.70	587.59	31.06	572.20	184.50	8.63	12.08
1997	1808.30	62.60	15.93	642.43	37.49	602.96	211.50	9.89	13.20
1998	2506.00	73.80	21.28	736.87	45.54	494.80	223.71	13.35	14.20
1999	2305.60	63.60	31.40	822.60	49.60	522.10	236.40	14.54	14.47
2000	1638.00	120.30	38.96	836.43	48.62	539.80	247.90	15.00	14.01
2001	1953.40	110.50	34.34	777.84	34.70	551.00	258.30	16.44	11.02
2002	2214.80	127.47	46.12	859.44	80.27	560.39	263.50	18.89	10.51
2003	2259.60	150.30	57.13	881.01	59.38	599.41	275.00	23.28	10.87
2004	2510.00	152.06	38.10	699.89	68.30	615.20	288.00	26.00	11.98
2005	2581.21	130.20	54.45	832.56	66.20	634.94	310.00	30.00	11.89
2006	2720.00	121.00	58.37	813.65	67.95	684.37	315.00	35.00	13.07
2007	2454.00	78.30	43.17	878.46	65.43	740.65	247.80	48.00	15.16
2008	2840.00	101.35	51.84	857.60	66.29	800.90	384.50	65.00	15.50
2009	2460.00	82.00	50.40	968.42	64.06	556.65	226.20	44.50	16.50
2010	2842.50	86.57	70.44	1078.75	65.08	537.60	238.90	44.60	16.60
2011	3171.00	78.79	69.56	971.38	60.63	505.60	243.90	46.00	17.28
2012	3343.00	40.83	80.72	957.54	59.75	504.30	260.00	49.76	18.21
2013	3551.02	45.39	84.01	938.97	61.24	503.10	262.60	48.34	18.58

12－16 主要农作物播种面积和产量

Output and Sown Areas of Major Farm Crops

项 目	Item	2012			2013		
		播种面积（千公顷）Total Sown Area (1000 ha)	总产量（万吨）Output (10000 tons)	单产（公斤/公顷）Yield Per Unit Area (kg/ha)	播种面积（千公顷）Total Sown Area (1000 ha)	总产量（万吨）Output (10000 tons)	单产（公斤/公顷）Yield Per Unit Area (kg/ha)
农作物总播种面积	Sown Area	5315.14			5413.10		
粮食作物合计	Total of Grain Crops	4610.30	3343.00	7251.00	4789.90	3551.02	7413.56
谷物	Cereal	4161.60	3221.73	7741.00	4375.65	3443.80	7870.38
# 水稻	Rice	701.19	532.03	7587.00	726.66	563.27	7751.43
小麦	Wheat	3.21			2.73		
玉米	Corn	3284.34	2578.78	7851.00	3499.09	2775.74	7932.75
高粱	Grain Sorghum	126.84	82.81	6529.00	115.00	85.43	7428.37
豆类	Soy Beans	370.00	52.57	1421.00	337.40	58.78	1742.15
# 大豆	Soy	229.97	40.83	1775.00	214.53	45.39	2115.79
油料	Oil－bearing Crops	266.57	80.72	3028.00	276.55	84.01	3037.79
# 葵花籽	Sunflower Seeds	104.91	29.69	2830.00	110.11	25.78	2341.30
烟叶	Tobacco Crops	25.05	8.13	3246.00	22.49	6.06	2694.53
# 烤烟	Flue－cured Tobacco	12.10	3.24	2678.00	11.99	3.01	2510.43
园参	Garden Ginseng	3.55	3.28	9239.00	3.31	3.21	9697.89
蔬菜	Vegetables	237.36	957.54	40337.00	215.12	938.97	43648.66
水果	Fruits	51.09	157.72	30871.00	52.37	173.41	33112.47

注：1.粮食作物、玉米、水稻播种面积和产量为抽样调查数。

2.此表中水果为瓜果类，包含园林水果。

Note: 1.Grain crops,corns,paddy rice cultivated area and outputs as sampling survey number.

2.This table contains the fruit of melons and fruits which include fruit garden.

12－17 各市县总播种面积和产量（2013）
Total Sown Areas and Output of Major Farm Crops by City and County（2013）

市、县 City，County		总播种面积（公顷）Total Sown Area (ha)	粮食 Grain Crops					
			播种面积 Sown Area（公顷）(ha)	总产量 Output（吨）(ton)	#水稻 Rice		#玉米 Corn	
					播种面积 Sown Area（公顷）(ha)	总产量 Output（吨）(ton)	播种面积 Sown Area（公顷）(ha)	总产量 Output（吨）(ton)
长春市	**Changchun**	**1340272**	**1245453**	**9843699**	**172572**	**1529750**	**1028989**	**7916346**
南关区	Nanguan	9	4	22			4	22
宽城区	Kuancheng	5519	3756	6984	265	2370	3486	4612
朝阳区	Chaoyang	9422	8757	52404	1376	12069	7306	40133
二道区	Erdao	1906	1846	4640	35	350	1811	4290
绿园区	Lvyuan	9793	4495	27435	514	3045	3938	24004
双阳区	Shuangyang	88670	83943	552500	11323	71793	71150	475139
森林城	Senglincheng	9769	9669	30900	467	2900	9202	28000
经济开发区	Jingijkaifa	2354	2234	4340			2234	4340
高新开发区	Gaoxinkaifa	2443	2429	4825	751	654	1678	4171
汽车产业开发区	Qichechanyekaifa	2705	2533	5519	485	2098	2032	3334
莲花山生态旅游度假区	Lianhuashan	12808	10585	26612	517	2157	9930	24008
农安县	Nong' an	393663	361813	3203199	11993	109345	337545	3006660
九台市	Jiutai	185238	172195	1083512	23531	139042	141160	889750
榆树市	Yushu	391126	378542	3334212	71931	879254	293961	2270906
德惠市	Dehui	224847	202652	1506595	49384	304673	143552	1136977
吉林市	**Jilin**	**696880**	**651953**	**4228000**	**134881**	**974281**	**471188**	**3053374**
昌邑区	Changyi	32384	30352	218920	13210	86592	17069	132137
龙潭区	Longtan	34287	28412	203641	8679	63527	18461	134134
船营区	Chuanying	23045	20716	129050	4651	30647	16061	98387
丰满区	Fengman	14661	11388	65313	1483	10511	9463	53888
高新区	Gaoxin	7205	6601	27162	2189	12968	4412	14194
开发区	Kaifaqu	3716	3031	20914	837	6248	2190	14650
永吉县	Yongji	83924	81338	551000	20666	144343	58971	391283
蛟河市	Jiaohe	113192	106922	615500	11921	88295	74102	451758
桦甸市	Huadian	117939	112337	700000	8103	56962	95756	618146
舒兰市	Shulan	144442	139350	946500	43734	331048	87171	553727
磐石市	Panshi	122085	111506	750000	19408	143140	87532	591070
四平市	**Siping**	**915635**	**858569**	**8012500**	**54994**	**538897**	**778107**	**7281658**
铁西区	Tiexi	10899	9455	52656	138	1000	9315	51652
铁东区	Tiedong	21167	20762	118272	230	1585	20456	116037
辽河农垦管理区	Liaohe	27000	26600	213072	7667	67547	18733	145081
梨树县	Lishu	241682	223473	2204000	5206	51944	212140	2099025
伊通满族自治县	Yitong	124211	121320	1038000	6361	57850	112441	969191
公主岭市	Gongzhuling	316222	300864	3203000	11934	137224	281039	2977570
双辽市	Shuangliao	174454	156095	1183500	23458	221747	123983	923102
辽源市	**Liaoyuan**	**229818**	**223766**	**1456000**	**19425**	**114887**	**197249**	**1302941**
龙山区	Longshan	6359	5737	39699	271	2328	5420	36759

12－17 续表 1 continued

市、县 City, County		总播种面积（公顷）Total Sown Area (ha)	粮食 Grain Crops 播种面积 Sown Area（公顷）(ha)	总产量 Output（吨）(ton)	#水稻 Rice 播种面积 Sown Area（公顷）(ha)	总产量 Output（吨）(ton)	#玉米 Corn 播种面积 Sown Area（公顷）(ha)	总产量 Output（吨）(ton)
西安区	Xi,an	4584	4313	35793	265	1776	3949	33553
民营经济开发区	Minyingjingjikaifa	605	488	3008	11	84	476	2918
东丰县	Dongfeng	119469	117235	800000	15281	84977	97697	701134
东辽县	Dongliao	98801	95993	577500	3597	25722	89707	528577
通化市	**Tonghua**	**327146**	**292940**	**1913296**	**91695**	**628585**	**180018**	**1208148**
东昌区	Dongchang	1003	1003	6330	99	624	789	5380
二道江区	Erdaojiang	1841	1841	10270	204	1554	1240	7554
通化经济开发区	Tonghuajingjikaifa	542	298	1900	133	830	131	918
通化县	Tonghua	32088	26674	165500	5479	40262	16523	110284
辉南县	Huinan	81180	74185	529500	27324	205836	43738	309863
柳河县	Liuhe	89740	83240	554296	21255	130645	56043	401389
梅河口市	Meihekou	98269	93980	574000	34637	226116	54727	330603
集安市	Ji' an	22483	11719	71500	2564	22718	6827	42157
白山市	**Baishan**	**64338**	**49270**	**262000**	**1208**	**8152**	**28524**	**200188**
八道江区	Badaojiang	6842	5032	28000	303	2084	2927	20619
江源区	Jiangyuan	5846	4387	30000	14	105	2864	25104
抚松县	Fusong	20071	16889	80500			9787	62094
靖宇县	Jingyu	14309	10442	56000	400	2445	6587	44875
长白朝鲜族自治县	Changbai	6384	4304	22500	253	1646	1799	13468
临江市	Linjiang	10886	8216	45000	238	1872	4560	34028
松原市	**Songyuan**	**1210360**	**1061098**	**7501866**	**112032**	**966426**	**805556**	**5865379**
宁江区	Ningjiang	72872	58010	474330	14391	139623	40615	320460
前郭尔罗斯蒙古族自治县	Qianguo	313429	278231	2122500	71469	599800	181667	1405300
长岭县	Changling	322338	274299	1828036	466	4313	220535	1570272
乾安县	Qian' an	178702	164792	923500	2911	17535	116662	723277
扶余市	Fuyu	323019	285766	2153500	22795	205155	246077	1846070
白城市	**Baicheng**	**988269**	**815087**	**4101759**	**127811**	**857528**	**477634**	**2516037**
洮北区	Taobei	173390	140309	793000	40404	261378	79729	425043
镇赉县	Zhenlai	190589	176997	1005500	64639	404789	83442	488583
通榆县	Tongyu	270251	209950	601000			104437	318057
洮南市	Taonan	220034	175145	925000	12046	114437	124288	664786
大安市	Da' an	134005	112686	777259	10722	76924	85738	619568
延边朝鲜族自治州	**Yanbian**	**391121**	**351391**	**1378000**	**40059**	**198831**	**189132**	**962014**
延吉市	Yanji	18929	16028	89500	3133	20615	10514	63813
图们市	Tumen	9889	9017	42500	1135	6694	6816	33900
敦化市	Dunhua	164345	151940	522000	5071	22500	78152	373960
珲春市	Hunchun	36996	33884	115000	9810	33570	15603	73492
龙井市	Longjing	28427	26919	140000	4956	25900	19796	111000
和龙市	Helong	28816	26570	125500	8560	46564	13015	71635
汪清县	Wangqing	67269	57333	232500	4880	28548	33946	170032
安图县	Antu	36450	29700	111000	2514	14440	11290	64182

12－17 续表 2 continued

市、县 City, County		大豆 Soybean		油料 Oilbearing Crops		#葵花籽 Sunflower Seeds	
		播种面积 Sown Area (公顷) (ha)	总产量 Output (吨) (ton)	播种面积 Sown Area (公顷) (ha)	总产量 Output (吨) (ton)	播种面积 Sown Area (公顷) (ha)	总产量 Output (吨) (ton)
长春市	**Changchun**	**14679**	**67661**	**5940**	**19560**	**3644**	**12461**
南关区	Nanguan						
宽城区	Kuancheng	5	2				
朝阳区	Chaoyang	75	37				
二道区	Erdao						
绿园区	Lvyuan	17	29				
双阳区	Shuangyang	261	979				
森林城	Senglincheng						
经济开发区	Jingijkaifa						
高新开发区	Gaoxinkaifa						
汽车产业开发区	Qichechanyekaifa	16	40				
莲花山生态旅游度假区	Lianhuashan	138	240				
农安县	Nong' an	3341	15680	4289	15945	2489	9705
九台市	Jiutai	2115	6075	33	134	21	78
榆树市	Yushu	3853	29189	139	278		
德惠市	Dehui	4858	15390	1479	3203	1134	2678
吉林市	**Jilin**	**37235**	**111461**	**1158**	**3992**	**436**	**1174**
昌邑区	Changyi	73	191				
龙潭区	Longtan	1250	5765				
船营区	Chuanying	4	16	26	45		
丰满区	Fengman	437	904				
高新区	Gaoxin						
开发区	Kaifaqu	2	6	1	5	1	5
永吉县	Yongji	964	3669	5	8		
蛟河市	Jiaohe	18545	56806	501	1117	212	451
桦甸市	Huadian	7080	16678	410	2260	64	251
舒兰市	Shulan	6505	21164	8	27	8	27
磐石市	Panshi	2375	6262	207	530	151	440
四平市	**Siping**	**9062**	**29122**	**22686**	**72521**	**1826**	**3172**
铁西区	Tiexi	2	4				
铁东区	Tiedong	76	650				
辽河农垦管理区	Liaohe	67	147	133	300	133	300
梨树县	Lishu	1850	5533	6042	20530		
伊通满族自治县	Yitong	1551	5132				
公主岭市	Gongzhuling	2360	9442	354	1122		
双辽市	Shuangliao	3156	8214	16157	50569	1693	2872
辽源市	**Liaoyuan**	**3961**	**12168**	**2**	**12**		
龙山区	Longshan	32	180				

12－17 续表 3 continued

市、县 City，County		大 豆 Soybean 播种面积 Sown Area（公顷）(ha)	大 豆 Soybean 总产量 Output（吨）(ton)	油 料 Oilbearing Crops 播种面积 Sown Area（公顷）(ha)	油 料 Oilbearing Crops 总产量 Output（吨）(ton)	#葵花籽 Sunflower Seeds 播种面积 Sown Area（公顷）(ha)	#葵花籽 Sunflower Seeds 总产量 Output（吨）(ton)
西安区	Xi,an	99	464				
民营经济开发区	Minyingjingjikaifa			2	12		
东丰县	Dongfeng	2746	6309				
东辽县	Dongliao	1084	5215				
通化市	**Tonghua**	**13957**	**38425**	**605**	**1880**	**166**	**537**
东昌区	Dongchang	104	297				
二道江区	Erdaojiang	357	999	5	16	3	4
通化经济开发区	Tonghuajingjikaifa	14	32	21	105		
通化县	Tonghua	3704	9369	161	550	122	372
辉南县	Huinan	2198	7122	61	201	22	86
柳河县	Liuhe	4495	13020	89	294	17	67
梅河口市	Meihekou	1487	4051	102	309		
集安市	Ji' an	1598	3535	166	405	2	8
白山市	**Baishan**	**17181**	**43621**	**1975**	**4150**	**987**	**2260**
八道江区	Badaojiang	1370	3493	33	70	33	70
江源区	Jiangyuan	1382	4175	149	419	144	404
抚松县	Fusong	6690	15918	387	616	139	271
靖宇县	Jingyu	2862	6350	986	1761	379	750
长白朝鲜族自治县	Changbai	1797	5072	32	106	6	21
临江市	Linjiang	3080	8613	388	1178	286	744
松原市	**Songyuan**	**13481**	**34727**	**108469**	**418076**	**28678**	**79382**
宁江区	Ningjiang	1166	2107	9662	29736	16	26
前郭尔罗斯蒙古族自治县	Qianguo	3212	8000	23077	114145	1538	6100
长岭县	Changling	5589	11076	35589	143723	21917	62802
乾安县	Qian' an	238	545	7667	18598	5026	9911
扶余市	Fuyu	3276	12999	32474	111874	181	543
白城市	**Baicheng**	**10224**	**33839**	**131295**	**312361**	**72318**	**154588**
洮北区	Taobei	3330	9000	20442	60200	2560	4090
镇赉县	Zhenlai	3303	14690	8577	27914	3642	8637
通榆县	Tongyu	1878	4007	57080	105249	48488	89439
洮南市	Taonan	259	584	34113	100962	13119	44290
大安市	Da' an	1454	5558	11083	18036	4509	8132
延边朝鲜族自治州	**Yanbian**	**114709**	**195049**	**4418**	**7590**	**2059**	**4221**
延吉市	Yanji	2085	3751	438	612	16	22
图们市	Tumen	886	1375	120	259	9	23
敦化市	Dunhua	66062	117660	921	2380	891	2275
珲春市	Hunchun	7344	6345	62	55	8	12
龙井市	Longjing	1891	2618	4	8	2	4
和龙市	Helong	4407	6421	128	174	22	34
汪清县	Wangqing	17553	30830	757	1224	731	1166
安图县	Antu	14481	26049	1988	2878	380	685

12－17 续表 4 continued

市、县 City, County		麻类 Fiber Crops		甜菜 Beetroots		烟叶 Tobacco	
		播种面积 Sown Area (公顷) (ha)	总产量 Output (吨) (ton)	播种面积 Sown Area (公顷) (ha)	总产量 Output (吨) (ton)	播种面积 Sown Area (公顷) (ha)	总产量 Output (吨) (ton)
长春市	**Changchun**	**10**	**30**	**222**	**311**	**8128**	**21186**
南关区	Nanguan						
宽城区	Kuancheng						
朝阳区	Chaoyang						
二道区	Erdao						
绿园区	Lvyuan						
双阳区	Shuangyang						
森林城	Senglincheng						
经济开发区	Jingijkaifa						
高新开发区	Gaoxinkaifa						
汽车产业开发区	Qichechanyekaifa						
莲花山生态旅游度假区	Lianhuashan			222	311		
农安县	Nong' an					6150	16452
九台市	Jiutai	3	15			825	1745
榆树市	Yushu					516	1583
德惠市	Dehui	7	15			637	1406
吉林市	**Jilin**					**1572**	**5642**
昌邑区	Changyi						
龙潭区	Longtan						
船营区	Chuanying						
丰满区	Fengman						
高新区	Gaoxin						
开发区	Kaifaqu						
永吉县	Yongji						
蛟河市	Jiaohe					1085	4530
桦甸市	Huadian					237	653
舒兰市	Shulan						
磐石市	Panshi					250	459
四平市	**Siping**					**54**	**54**
铁西区	Tiexi						
铁东区	Tiedong						
辽河农垦管理区	Liaohe						
梨树县	Lishu						
伊通满族自治县	Yitong					54	54
公主岭市	Gongzhuling						
双辽市	Shuangliao						
辽源市	**Liaoyuan**			**1**	**1**		
龙山区	Longshan						

12－17 续表 5 continued

市、县 City, County		麻类 Fiber Crops 播种面积 Sown Area（公顷）(ha)	麻类 Fiber Crops 总产量 Output（吨）(ton)	甜菜 Beetroots 播种面积 Sown Area（公顷）(ha)	甜菜 Beetroots 总产量 Output（吨）(ton)	烟叶 Tobacco 播种面积 Sown Area（公顷）(ha)	烟叶 Tobacco 总产量 Output（吨）(ton)
西安区	Xi,an						
民营经济开发区	Minyingjingjikaifa						
东丰县	Dongfeng			1	1		
东辽县	Dongliao						
通化市	**Tonghua**					**3123**	**9559**
东昌区	Dongchang						
二道江区	Erdaojiang					1	3
通化经济开发区	Tonghuajingjikaifa						
通化县	Tonghua					211	794
辉南县	Huinan					1115	4106
柳河县	Liuhe					1783	4626
梅河口市	Meihekou					13	30
集安市	Ji' an						
白山市	**Baishan**					**345**	**1352**
八道江区	Badaojiang					30	113
江源区	Jiangyuan					27	69
抚松县	Fusong					16	79
靖宇县	Jingyu						
长白朝鲜族自治县	Changbai					55	193
临江市	Linjiang					217	898
松原市	**Songyuan**			**134**	**5260**	**420**	**1638**
宁江区	Ningjiang						
前郭尔罗斯蒙古族自治县	Qianguo			35	1400		
长岭县	Changling						
乾安县	Qian' an			99	3860		
扶余市	Fuyu					420	1638
白城市	**Baicheng**			**1709**	**47656**	**3784**	**9575**
洮北区	Taobei					771	1234
镇赉县	Zhenlai					1337	3797
通榆县	Tongyu			1235	30067		
洮南市	Taonan			70	4590	30	67
大安市	Da' an			404	12999	1646	4477
延边朝鲜族自治州	**Yanbian**			**208**	**8764**	**5068**	**11565**
延吉市	Yanji					198	410
图们市	Tumen					108	215
敦化市	Dunhua			78	4940	2196	5804
珲春市	Hunchun			70	2624	43	118
龙井市	Longjing					382	817
和龙市	Helong					510	1274
汪清县	Wangqing			60	1200	1473	2439
安图县	Antu					158	488

市、县 City，County		园参 Garden Ginseng		蔬菜 Vegetables		瓜果类 Melon class	
		收获面积 Sown Area （公顷） (ha)	总产量 Output （吨） (ton)	播种面积 Sown Area （公顷） (ha)	总产量 Output （吨） (ton)	播种面积 （公顷） (ha)	总产量 Output （吨） (ton)
长春市	**Changchun**			**69710**	**2659837**	**9387**	**248468**
南关区	Nanguan			5	16		
宽城区	Kuancheng			1553	34009		
朝阳区	Chaoyang			573	16347	44	1250
二道区	Erdao			60	2100		
绿园区	Lvyuan			5292	184117	520	14000
双阳区	Shuangyang			4727	84114	266	4017
森林城	Senglincheng			100	1330		
经济开发区	Jingijkaifa			120	1925	10	500
高新开发区	Gaoxinkaifa			14	339		
汽车产业开发区	Qichechanyekaifa			172	7289		
莲花山生态旅游度假区	Lianhuashan			1991	13473	48	160
农安县	Nong' an			16785	366865	4626	82770
九台市	Jiutai			9528	511174	1165	46794
榆树市	Yushu			10924	729571	1040	46817
德惠市	Dehui			17866	707168	1668	52160
吉林市	**Jilin**	**315**	**19158**	**34979**	**2319623**	**4304**	**153391**
昌邑区	Changyi			1902	109911	130	5324
龙潭区	Longtan	19		5424	553520	432	20656
船营区	Chuanying			2154	74517	127	1766
丰满区	Fengman			3148	130157	125	2390
高新区	Gaoxin			604	34727		
开发区	Kaifaqu			676	27841	2	30
永吉县	Yongji			2402	77156	70	1647
蛟河市	Jiaohe	41	403	3117	299589	1172	21037
桦甸市	Huadian	220	18435	3191	312555	688	23849
舒兰市	Shulan			4713	302396	217	13217
磐石市	Panshi	35	320	7648	397254	1341	63475
四平市	**Siping**			**24948**	**1034186**	**9218**	**433564**
铁西区	Tiexi			1438	39553	6	221
铁东区	Tiedong			405	15641		
辽河农垦管理区	Liaohe			267	8544		
梨树县	Lishu			10103	464887	2064	79882
伊通满族自治县	Yitong			2803	55760	34	520
公主岭市	Gongzhuling			8624	392801	6220	327091
双辽市	Shuangliao			1308	57000	894	25850
辽源市	**Liaoyuan**			**5384**	**186711**	**594**	**11391**
龙山区	Longshan			619	22558	3	107

12－17 续表 7 continued

市、县 City, County		园参 Garden Ginseng 收获面积 Sown Area (公顷)(ha)	园参 总产量 Output (吨)(ton)	蔬菜 Vegetables 播种面积 Sown Area (公顷)(ha)	蔬菜 总产量 Output (吨)(ton)	瓜果类 Melon class 播种面积 (公顷)(ha)	瓜果类 总产量 Output (吨)(ton)
西安区	Xi,an			264	6704	7	224
民营经济开发区	Minyingjingjikaifa			115	5598		
东丰县	Dongfeng			1815	52013	351	8044
东辽县	Dongliao			2571	99838	233	3016
通化市	**Tonghua**	**763**	**48960**	**14154**	**535056**	**2374**	**86435**
东昌区	Dongchang	13	60	1246	31820	30	393
二道江区	Erdaojiang	1	8	331	14316	27	1273
通化经济开发区	Tonghuajingjikaifa			217	6040	2	30
通化县	Tonghua	84	6800	2197	61195	603	28491
辉南县	Huinan			3446	106753	1175	39127
柳河县	Liuhe	242	4651	3006	194522	213	8561
梅河口市	Meihekou	10	1	2774	89837	138	3300
集安市	Ji' an	413	37440	937	30573	186	5260
白山市	**Baishan**	**1042**	**149980**	**5457**	**242647**	**1168**	**24250**
八道江区	Badaojiang	55	8090	1210	65431	95	2743
江源区	Jiangyuan	23	870	899	42553	214	6847
抚松县	Fusong	407	88320	1035	45104	187	5540
靖宇县	Jingyu	126	8910	810	17582	380	2490
长白朝鲜族自治县	Changbai	323	31070	253	3539	78	1324
临江市	Linjiang	108	12720	1250	68438	214	5306
松原市	**Songyuan**			**32681**	**1512832**	**12918**	**448422**
宁江区	Ningjiang			4328	169591	872	28859
前郭尔罗斯蒙古族自治县	Qianguo			8200	264000	3886	115000
长岭县	Changling			12450	764523	5965	212149
乾安县	Qian' an			4028	108918	1511	55662
扶余市	Fuyu			3675	205800	684	36752
白城市	**Baicheng**			**14789**	**410935**	**10329**	**266084**
洮北区	Taobei			5202	137103	1028	15461
镇赉县	Zhenlai			1168	36449	1823	33214
通榆县	Tongyu			1340	25755		
洮南市	Taonan			6131	128990	4395	120878
大安市	Da' an			948	82638	3083	96531
延边朝鲜族自治州	**Yanbian**	**1192**	**102772**	**13019**	**487890**	**2044**	**61473**
延吉市	Yanji			1998	104163	187	3151
图们市	Tumen			566	19629	65	2117
敦化市	Dunhua	485	54320	4139	176962	404	9100
珲春市	Hunchun	67	1759	1740	37226	103	5512
龙井市	Longjing	18	63	737	31124	47	1489
和龙市	Helong	64	4090	685	32431	8	378
汪清县	Wangqing	121	1007	1816	54427	284	4678
安图县	Antu	437	41533	1338	31928	946	35048

注：各地区数相加不等于全省数。
Note: The sum of data by every region is not equal to the whole province.

12 – 18　林业、渔业和其他畜牧业生产情况
Output of Forestry、Fishery and Other Livestock Production

项　目	Item	2012	2013
造林面积（千公顷）	Area of Afforestation(1000ha)	146.68	153.11
# 用材林	Commercial Forest	4.14	8.26
经济林	Economic Forest	0.30	0.14
防护林	Shelter Forest	22.47	112.08
零星植树（万株）	Surrounding Tree of Planting(10000plants)	1605.33	1014.15
年末实有育苗面积（千公顷）	Areas Growing Seeding at End of the Year(1000ha)	14.32	13.12
水产品产量（吨）	Output of Aquatic Products(ton)	182100	185827
# 养殖产量	Output of Cultured	161974	164975
养殖面积（千公顷）	Areas of Cultured(1000ha)	294.40	312.10
水果总产量（吨）	Output of Fruits(ton)	597485	612388
年末实有水果面积（千公顷）	Actual Area of Fruits at End of the Year(1000ha)	53.78	52.65
蚕茧产量（吨）	Output of Silkworm Cocoons(ton)	3413	2668
蜂蜜产量（吨）	Honey(ton)	15580	15255
鹿茸产量（公斤）	Pilose Amtler(kg)	276498	285234

12－19 畜牧业生产情况
Output of Animal Husbandry

项　目	Item	单位 Unit	2012	2013
大牲畜年末头数	Large Animals(year－end)	万头 10000 heads	504.3	503.1
牛	Cattle and Buffaloes	万头 10000 heads	431.4	437.6
# 奶牛	#Cows	万头 10000 heads	24.0	23.2
马	Horses	万头 10000 heads	37.1	34.7
驴	Donkeys	万头 10000 heads	26.5	22.2
骡	Mules	万头 10000 heads	9.3	8.5
肉类总产量	Output of Meat	万吨 10000 tons	260.0	262.6
# 猪 肉	#Prok	万吨 10000 tons	132.7	136.3
牛 肉	Beef	万吨 10000 tons	45.0	45.0
羊 肉	Mutton	万吨 10000 tons	4.1	4.2
肉猪出栏头数	Slaughtered Fattened Hogs	万头 10000 heads	1625.3	1669.1
猪年末头数	Hogs	万头 10000 heads	1001.2	1001.2
# 能繁殖母猪	#Sow	万头 10000 heads	120.1	124.2
羊年末只数	Sheep and Coats(year－end)	万只 10000 heads	393.9	396.2
山 羊	Coats	万只 10000 heads	69.4	55.1
绵 羊	Sheep	万只 10000 heads	324.5	341.1
鹿年末只数	Deer (year－end)	万只 10000 heads	63.9	65.4
牛 奶	Cow Milk	吨 ton	491000.0	475803.8
羊 奶	Goat Milk	吨 ton	6564.0	7611.0
绵 羊 毛	Sheep Wool	吨 ton	20273.6	18972.0
# 细羊毛	#Semi－fine Wool	吨 ton	11458.0	13376.0
家 禽	Poultry	万只 10000 units	16282.1	15241.3
禽 蛋	Poultry Eggs	万吨 10000 tons	100.2	97.7

12－20 各市县畜牧业生产情况（2013）

Output of Animal Husbandry by City and County（2013）

市、县 City，County	年底大牲畜头数（头）Large Animals (head) (year－end)	猪年末存栏（头）Hogs (head) (year－end)	羊年底只数（只）Sheep and Goats (head) (year－end)	肉猪出栏头数（头）Slanghtere Fattened Hogs (head)	肉类总产量（吨）Output of Meat (ton)	#猪 Hogs	#牛 Cattles	#羊 Sheeps	禽蛋产量（吨）Poultry Eggs (ton)
长春市 Changchun	**2106416**	**3808213**	**563001**	**6148066**	**1142994**	**554321**	**163212**	**5270**	**315091**
市　区 District	190049	185303	22509	371916	56929	31927	15341	350	90695
农安县 Nong' an	397577	1178252	346536	1872534	349272	160324	44865	3458	17002
九台市 Jiutai	394484	580802	18712	1181290	192915	98218	33210	287	40012
榆树市 Yushu	710502	1073897	100892	1370689	252435	133709	48777	612	77112
德惠市 Dehui	413804	789959	74352	1351637	291443	130143	21019	563	90270
吉林市 Jilin	**762371**	**1888108**	**229195**	**3084737**	**479876**	**252091**	**93297**	**3091**	**157062**
市　区 District	110395	272259	39129	499811	90032	45290	14752	728	41856
永吉县 Yongji	27341	219118	4592	334819	35807	24994	3415	40	5291
蛟河市 Jiaohe	111737	374927	32433	464460	65897	39479	17660	715	4048
桦甸市 Huadian	254368	285722	96384	526147	69786	42618	18920	993	15192
舒兰市 Shulan	154753	404114	30611	626011	107212	45864	22646	297	23820
磐石市 Panshi	103777	331968	26046	633489	111142	53846	15904	318	66855
四平市 Siping	**1219753**	**3401651**	**665868**	**4390645**	**638248**	**402166**	**104434**	**9179**	**335568**
市　区 District	40862	165281	35717	181867	25931	15470	4040	427	33860
梨树县 Lishu	390002	1477296	174144	1790467	243631	172194	29650	2700	95250
伊通满族自治县 Yitong	312558	252250	42369	464759	80289	44375	28144	506	71336
公主岭市 Gongzhuling	275143	889856	124539	1265635	166269	107532	20386	1782	80108
双辽市 Shuangliao	201188	616968	289099	687917	122128	62595	22214	3764	55014
辽源市 Liaoyuan	**294549**	**298743**	**63291**	**487848**	**89397**	**40484**	**30365**	**476**	**49438**
市　区 District	9267	29109	10431	40764	5855	3324	2002	117	5631
东丰县 Dongfeng	191049	155063	33510	258881	44044	21487	13681	183	18636
东辽县 Dongliao	94233	114571	19350	188203	39498	15673	14682	176	25171
通化市 Tonghua	**385247**	**461952**	**127117**	**787132**	**144144**	**68047**	**39130**	**1126**	**39436**
市　区 District	15247	30471	5901	72546	9944	6102	2697	151	9202
通化县 Tonghua	35445	57663	18416	68461	11483	6118	2365	124	3645
辉南县 Huinan	111646	54380	25163	102874	30228	9427	11966	262	8880
柳河县 Liuhe	107904	111042	40235	209831	38458	16850	10959	308	8528
梅河口市 Meihekou	97960	172530	23702	291437	48529	26100	9960	151	6520
集安市 Ji' an	17045	35866	13700	41983	5502	3450	1183	130	2661

12－20 续表 continued

市、县 City, County		年底大牲畜头数（头）Large Animals (head) (year－end)	猪年末存栏（头）Hogs (head) (year－end)	羊年底只数（只）Sheep and Goats (head) (year－end)	肉猪出栏头数（头）Slanghtere Fattened Hogs (head)	肉类总产量（吨）Output of Meat (ton)	#猪 Hogs	#牛 Cattles	#羊 Sheeps	禽蛋产量（吨）Poultry Eggs (ton)
白山市	**Baishan**	**128297**	**139237**	**69901**	**201015**	**30783**	**16947**	**9841**	**1020**	**17666**
市　　区	District	43192	59986	31829	94095	12456	7934	3168	472	5809
抚松县	Fusong	27329	27893	5389	31094	4326	2619	994	61	4976
靖宇县	Jingyu	26407	20545	11749	34135	6325	2856	2833	248	2080
长白朝鲜族自治县	Changbai	11982	14310	7423	15315	2706	1300	1062	83	2293
临江市	Linjiang	19387	16503	13511	26376	4970	2238	1784	156	2508
松原市	**Songyuan**	**473458**	**1456448**	**1604801**	**2277278**	**340202**	**197927**	**44637**	**19830**	**152593**
市　　区	District	29595	66400	62720	98275	14514	7081	3925	766	7863
前郭尔罗斯蒙古族自治县	Qianguo	106944	334704	528946	517296	100350	33019	12656	7377	33604
长岭县	Changling	168069	437855	690133	506243	106385	73010	9572	8293	45018
乾安县	Qian' an	49541	80660	191623	122280	11137	4050	736	2439	13100
扶余市	Fuyu	119309	536829	131379	1033184	107816	80767	17748	955	53008
白城市	**Baicheng**	**217780**	**479835**	**1142211**	**881942**	**107942**	**72460**	**6921**	**11493**	**56843**
市　　区	District	25432	83917	170744	188392	20050	15442	685	1179	12898
镇赉县	Zhenlai	43646	85356	196415	140648	18403	11528	1216	2525	8037
通榆县	Tongyu	65512	54481	363977	117974	18462	9670	2585	2701	11940
洮南市	Taonan	67092	140146	245977	254424	30902	20968	1836	3227	18268
大安市	Da' an	16098	115935	165098	180504	20125	14852	599	1861	5700
延边朝鲜族自治州	**Yanbian**	**330129**	**208458**	**151831**	**311951**	**56939**	**26193**	**22672**	**1642**	**19925**
延吉市	Yanji	9811	23790	6826	39810	4579	3061	832	158	2168
图们市	Tumen	9071	14540	9294	18057	2115	1490	401	47	987
敦化市	Dunhua	91635	57637	62802	101578	20812	8885	8250	674	8311
珲春市	Hunchun	33304	24657	14222	29389	5741	2607	2284	143	3506
龙井市	Longjing	28863	22788	14510	28460	6242	2353	3311	215	1879
和龙市	Helong	28575	20469	10288	29618	5493	2477	2259	131	1611
汪清县	Wangqing	85229	21806	22264	33587	6275	2779	2526	197	909
安图县	Antu	43641	22771	11625	31452	5682	2541	2809	77	554

注：1.各地区数相加不等于全省总计。
Note: 1.The sum of data by every city is not equal to the whole provice.

12－21 农业事业机构和气象台站
Agricultural and Meterological Observatories and Stations

单位：个 (unit)

指　　标	Item	2012	2013
农业技术推广站	Agricultural Technology Spreading Stations	753	748
畜牧兽医站	Veterinary Stations	683	672
气象台、站	Meterological Obsrvatories and Stations	66	66
气 象 台	Meterological Obsrvatories	10	11
气 象 站	Weather Stations	56	55

12－22 农业自然灾害受灾情况
Areas Covered and Affected by Natural Disaster

指　　标	Item	单位 Unit	2012	2013
受灾面积	**Disaster Areas**	**万公顷 10000ha**	**63.3**	**66.1**
#旱　灾	Drought	万公顷 10000ha	30.4	
洪涝灾	Flood	万公顷 10000ha	7.0	47.2
风雹灾	Wind and Hail	万公顷 10000ha	5.2	19.8
绝收面积	**Areas Affected**	**万公顷 10000ha**	**1.6**	**176.5**
#旱　灾	Drought	万公顷 10000ha	1.0	
洪涝灾	Flood	万公顷 10000ha	0.3	161.1
风雹灾	Wind and Hail	万公顷 10000ha	0.4	15.1
受灾人口	Disaster Population	万人 10000persons	498.4	907.3
转移安置人口	Population Arranged	人 person	20000	322243
损坏房屋	Houses Damaged	间 room	19000	361902
其中：倒塌房屋	Houses Collapsed	间 room	1000	17781
直接经济损失	Dircet Economic Losses	亿元 100million yuan	36.4	58.4

12－23　商品粮基地县基本情况（2013）

Basic Conditions for Commodity Grain County（2013）

市、县 City，County		农业人口（人）Agricltural Population (person)	耕地面积（公顷）Area of Cultivated Land (ha)	农林牧渔业总产值（现价、万元）Total Value of AFAF (Current price) (10000 yuan)	粮食播种面积（公顷）Grain Grops Sown Area (ha)	粮食总产量（吨）Output of Grain (ton)	每公顷粮食产量（公斤）Output of Grain per Hectare(kg)
农安县	Nong' an	862240	377312	1657754	346953	3203000	9232
九台市	Jiutai	522631	185145	753463	155296	1083500	6977
榆树市	Yushu	1070308	390544	1814947	353960	3334000	9419
德惠市	Dehui	682261	217259	1253282	200457	1506500	7515
永吉县	Yongji	304971	73602	411128	79590	551000	6923
蛟河市	Jiaohe	277041	117363	667288	103138	615500	5968
桦甸市	Huadian	258379	110882	812755	109000	700000	6422
舒兰市	Shulan	458802	140018	929216	132060	946500	7167
磐石市	Panshi	362181	104465	846762	106813	750000	7022
梨树县	Lishu	621621	239406	1724312	219500	2204000	10041
伊通满族自治县	Yitong	377769	124297	697143	116223	1038000	8931
公主岭市	Gongzhuling	523983	316175	1779947	303567	3203000	10551
双辽市	Shuangliao	270110	174441	704281	146600	1183500	8073
东丰县	Dongfeng	294883	123049	570896	108925	800000	7345
东辽县	Dongliao	276897	108486	360658	84707	577500	6818
通化县	Tonghua	156071	29209	163514	25176	165500	6574
辉南县	Huinan	185176	79897	326995	70725	529500	7487
梅河口市	Meihekou	355516	98670	484082	87837	574000	6535
前郭尔罗斯蒙古族自治县	Qianguo	426156	307874	1234551	237000	2122500	8956
长岭县	Changling	527920	332569	1350496	234427	1828000	7798
扶余市	Fuyu	604531	320942	1333077	235833	2153500	9131
镇赉县	Zhenlai	180416	193524	569842	148673	1005500	6763
洮南市	Taonan	284063	184064	526987	147307	925000	6279
大安市	Da' an	262267	130385	359553	109160	777718	7125
敦化市	Dunhua	212498	164014	516192	120073	522000	4347

注：农业人口为公安年报数。
Note: The data of the population are from the publu securing annucd reort.

12－24 乡镇企业基本情况

Basic Conditions of Township and Town Enterprises

指　　标	Item	单位 Unit	2007	2008	2009	2010	2011	2012	2013
企业单位数	Number of Enterprises	个 unit	672246	679853	679896	680917	689802	689343	608559
第一产业	Primary Industry	个 unit	53780	54388	54391	54473	55184	55148	48685
第二产业	Secondary Industry	个 unit	134449	135970	135979	136184	136183	136092	120143
#工业	Industry	个 unit	114281	115575	115582	115756	115755	115677	102121
第三产业	Tertiary Industry	个 unit	484017	489495	489526	490260	498435	498103	439731
年末从业人员	Employment at Year－end	人 person	2391423	2538903	2543839	2600815	2563807	2723175	2771475
第一产业	Primary Industry	人 person	167399	177723	178068	182057	179466	190621	194001
第二产业	Secondary Industry	人 person	1004398	1066339	1068412	1092343	1076799	1143735	1164021
#工业	Industry	人 person	853738	906388	908150	928491	915279	972174	989417
第三产业	Tertiary Industry	人 person	1219626	1294841	1297359	1326415	1307542	1388819	1413453
增加值	Value Added	万元 10000yuan	8950635	10112838	11360270	13157000	15130072	17470393	20101310
第一产业	Primary Industry	万元 10000yuan	358025	394513	438050	507331	577968	667368	743748
第二产业	Secondary Industry	万元 10000yuan	5191368	5949446	6683247	7740267	8902535	10279579	11833642
#工业	Industry	万元 10000yuan	4724144	5413995	6081754	7043565	8101306	9354415	10814504
第三产业	Tertiary Industry	万元 10000yuan	3401242	3768879	4238973	4909402	5649569	6523446	7523920
营业收入	Operating Revenue	万元 10000yuan	29541329	35093096	38558356	43858174	50436268	58956851	67221973
利润总额	Total Profits	万元 10000yuan	1995631	2242615	2717149	3090528	3445178	4113661	4428664
上交税金（实交）	Taxes Payable	万元 10000yuan	633090	765434	835586	980600	1127060	1365926	1500750
劳动者报酬	Wages	万元 10000yuan	1689351	2203035	2295091	2621036	2805395	3351586	4043611
年末固定资产原值	Original Value of Fixed Assets at Year－end	万元 10000yuan	8776462	8577810	11678745	14035639	18105989	21419019	20303422

12－25 全省乡镇企业主要经济指标（2013）
Main Economic Indicators of Township and Town Enterprises（2013）

地　区 Region	企业个数（个） Number of Enterprises (unit)	从业人员（人） Employment (person)	营业收入（万元） Operating Revenue (10000yuan)	现价总产值（万元） Gross Value of Current Price (10000yuan)	利润总额（万元） Total Profits (10000yuan)	上交税金（万元） Taxes Payable (10000yuan)	增加值（万元） Value Added (10000yuan)
全　省　Total	**608559**	**2771475**	**67221973**	**70441132**	**4428662**	**1500750**	**20101310**
长　春　Changchun	220668	940123	25569891	26794395	1538683	418010	7422127
吉　林　Jilin	67229	287255	8540071	8949042	1011436	215382	2570459
四　平　Siping	83693	286163	6442883	6751423	364527	133569	2228601
辽　源　Liaoyuan	27661	175463	3197451	3350572	221411	81848	661072
通　化　Tonghua	40483	224634	4131028	4328856	272857	144085	1262135
白　山　Baishan	27671	219877	5370109	5627275	480594	190990	1820090
松　原　Songyuan	57198	331681	8008249	8391751	120185	201039	2273455
白　城　Baicheng	37196	145641	1368047	1433561	110165	28039	402365
延　边　Yanbian	46760	160638	4594244	4814257	308804	87788	1461006

CHAPTER ▶ 13

第十三篇

工　业

INDUSTRY

13－1　规模以上工业企业主要指标（2013）

单位：万元

项　　目	Item	企业单位数(个) Number of Enterprises (unit)	#亏损企业 Loss－making Enterprises
总计	**Total**	**5376**	**424**
一、按登记注册类型分组：	**Grouped by Status Registration**		
内资企业	Domestic Enterprises	5043	373
国有企业	State－owned Enterprises	77	31
中央企业	Central Enterprises	21	7
地方企业	Local Enterprises	56	24
集体企业	Collective－owned Enterprises	49	7
股份合作企业	Stock Cooperative	11	3
联营企业	Joint Venture Enterprises	2	1
国有联营企业	State Joint Ownership Enterprises		
集体联营企业	Collective Joint Ownership Enterprises	1	
国有与集体联营企业	State－owned and Collective Joint Ownership Enterprises		
其他联营企业	Other Joint Ownership Enterprises	1	1
有限责任公司	Limited Liability Corporations	1821	191
国有独资公司	State Sole Funded Corporations	73	26
其他有限责任公司	Other Limited Liability Corporations	1748	165
股份有限公司	Joint Stock Corporations	306	40
私营企业	Private Enterprises	2682	96
私营独资企业	Private－funded Enterprises	191	2
私营合伙企业	Private Partnership Enterprises	6	
私营有限责任公司	Private Limited Liability Corporations	2337	87
私营股份有限公司	Private Joint Stock Corporations	148	7
其他企业	Other Enterprises	95	4
港、澳、台商投资企业	Hong Kong,Macao and Taiwan Invesment Enterprises	73	13
合资经营企业(港或澳、台资)	Joint－venture Enterprises	39	7
合作经营企业(港或澳、台资)	Cooperative Enterprises	5	
港澳台商独资经营企业	Hong Kong,Macao and Taiwan Investment Enterprises	23	5
港澳台商投资股份有限公司	Hong Kong,Macao and Taiwan Investment Joint Stock Corporations	5	1
其他港澳台商投资企业	Other Hongkong,Macao and Taiwan Enterprises	1	
外商投资企业	Foreign Investment Enterprises	260	38
中外合资经营企业	Sino－foreign Joint Venture	145	20
中外合作经营企业	Sino－foreign Cooperative Operation Enterprises	11	2
外资企业	Foreign Invested Enterprises	98	15
外商投资股份有限公司	Foreign Investment Joint Stock Corporation	5	1
其他外商投资企业	Other Foreign Investment Enterprises	1	

Main Indicators of Industrial Enterprises above Designated Size（2013）

unit: 10000 yuan

工业总产值（当年价格）Gross Industrial Output Value（current price）	工业销售产值（当年价格）Sales Value of Industry（current price）	出口交货值 Delivery Value for Export	年初存货 Beginning Inventorg	产成品 Finished Goods	资产总计 Total Assets	流动资产合计 Total Current Assets	应收帐款 Account Receivable
220613688	**216908951**	**3609748**	**15254719**	**4932531**	**156779607**	**67922291**	**12985103**
193358701	189902708	2023015	13249751	4343769	137050336	56863291	9524539
44902552	44419017	280135	3388654	940241	33288756	19838939	1081973
43845713	43389563	280106	3313265	913145	31341288	19359346	991780
1056839	1029454	29	75390	27096	1947468	479593	90192
703999	697547	4775	28484	12548	327392	155938	41600
190940	193507		7942	6114	55353	28844	7743
64459	63500		4142	711	24403	8298	978
53354	52553				2257	1073	765
11106	10947		4142	711	22146	7225	213
49708907	48566406	515988	4187158	1068899	42109272	13923693	3705730
6609221	6457630	20149	525692	97230	9538645	2277550	616265
43099686	42108776	495839	3661466	971669	32570627	11646143	3089465
34952245	34470752	548624	3670169	1486828	31284818	12973664	2841920
58176860	56895463	667420	1925564	810793	21742351	8146797	1769108
4376563	4289698	2	52075	18205	1191888	324139	56492
153766	156484		511	307	22754	9458	767
50263057	49159375	626565	1686549	737229	18990628	7160514	1503486
3383475	3289905	40853	186430	55053	1537081	652686	208363
4658739	4596517	6072	37638	17636	8217990	1787119	75487
9463877	9173448	453550	410212	179037	4288196	1722696	507594
1751836	1731561	146572	156079	59715	1157689	528413	173692
378572	328512	10319	39438	17836	277853	121427	10504
6813081	6601022	296581	175802	87485	2383150	873908	268899
513002	505524	78	38894	14002	467900	198018	54181
7386	6829				1604	930	319
17791110	17832796	1133184	1594756	409725	15441076	9336304	2952970
11424038	11394691	235210	911348	243089	10412511	6302491	1684859
449916	481602	8203	91810	4602	885491	484957	285882
4900457	4939387	788023	494123	143704	3309035	1974298	738829
857577	856566	101749	37363	2011	689059	485674	216530
159122	160549		60113	16320	144979	88885	26871

单位：万元

13－1 续表 1

项　　目	Item	企业单位数(个) Number of Enterprises (unit)	#亏损企业 Loss－making Enterprises
二、按经济组织类型分组	**Grouped by Ownership**		
独资企业	Solely-invested Enterprise	438	60
国有企业	State-owned Enterprises	77	31
集体企业	Collective-owned Enterprises	49	7
私营独资企业	Private-funded Enterprises	191	2
港澳台商独资经营企业	Enterprises with Sole Investment form Hong Kong,Macao and Taiwan	23	5
外资企业	Enterprises with Sole Funds	98	15
合作、合伙企业	Cooperation and Partnership Enterprises	132	10
股份合作企业	Stock Cooperative	11	3
国有联营企业	State Joint Ownership Enterprises		
集体联营企业	Collective Joint Ownership Enterprises	1	
国有与集体联营企业	State-owned Collective Joint Ownership Enterprises		
其他联营企业	Other Joint Ownership Enterprises	1	1
私营合伙企业	Private Partnership Enterprises	6	
合作经营企业(港或澳、台资)	Cooperative Enterprises	5	
中外合作经营企业	Sino-foreign Cooperative Enterprises	11	2
其他企业（内资）	Other Enterprises（domistic Investment）	95	4
其他港澳台商投资企业	Other Hongkong,Macao and Taiwan Enterprises	1	
其他外商投资企业	Other Foreign Funded Enterprises	1	
股份有限公司	Joint Stock Corporation	464	49
股份有限公司(内资)	Joint Stock Corporation（domistic Investment）	306	40
私营股份有限公司	Private Joint Stock Corporations	148	7
港澳台商投资股份有限公司	Hong Kong, Macao and Taiwan Investment Joint Stock Corporation	5	1
外商投资股份有限公司	Joint Stock Corporation Foreign Investment	5	1
有限责任公司	Limited Liability Corporations	4342	305
国有独资公司	State Sole Funded Corporations	73	26
私营有限责任公司	Private Limited Liability Corporations	2337	87
合资经营企业(港或澳、台资)	Joint-venture Entersprises	39	7
中外合资经营企业	Sino-foreign Equity Joint Venture	145	20
其他有限责任公司	Other Limited Liability Corporations	1748	165
三、在总计中:亏损企业	Loss-making Enterprises	424	424
在总计中:国有控股企业	State-owned Holding Enterprises	363	113
在总计中:农村工业	Village Industry	31	1
在总计中:轻工业	Light Industry	2124	125
重工业	Heavy Industry	3252	299
在总计中:大型企业	Large-sized Enterprise	114	27
中型企业	Mdeium-sized Enterprise	533	96
小型企业	Small-sized Enterprise	4729	301

contiued

unit: 10000 yuan

工业总产值（当年价格）Gross Industrial Output Value（current price）	工业销售产值（当年价格）Sales Value of Industry（current price）	出口交货值 Delivery Value for Export	年初存货 Beginning Inventorg	产成品 Finished Goods	资产总计 Total Assets	流动资产合计 Total Current Assets	应收帐款 Account Receivable
61696651	60946671	1369516	4139138	1202182	40500221	23167222	2187793
44902552	44419017	280135	3388654	940241	33288756	19838939	1081973
703999	697547	4775	28484	12548	327392	155938	41600
4376563	4289698	2	52075	18205	1191888	324139	56492
6813081	6601022	296581	175802	87485	2383150	873908	268899
4900457	4939387	788023	494123	143704	3309035	1974298	738829
6062900	5987501	24594	241593	63524	9630428	2529917	408549
190940	193507		7942	6114	55353	28844	7743
53354	52553				2257	1073	765
11106	10947		4142	711	22146	7225	213
153766	156484		511	307	22754	9458	767
378572	328512	10319	39438	17836	277853	121427	10504
449916	481602	8203	91810	4602	885491	484957	285882
4658739	4596517	6072	37638	17636	8217990	1787119	75487
7386	6829				1604	930	319
159122	160549		60113	16320	144979	88885	26871
39706298	39122747	691304	3932855	1557894	33978859	14310041	3320994
34952245	34470752	548624	3670169	1486828	31284818	12973664	2841920
3383475	3289905	40853	186430	55053	1537081	652686	208363
513002	505524	78	38894	14002	467900	198018	54181
857577	856566	101749	37363	2011	689059	485674	216530
113147838	110852032	1524335	6941133	2108931	72670100	27915111	7067768
6609221	6457630	20149	525692	97230	9538645	2277550	616265
50263057	49159375	626565	1686549	737229	18990628	7160514	1503486
1751836	1731561	146572	156079	59715	1157689	528413	173692
11424038	11394691	235210	911348	243089	10412511	6302491	1684859
43099686	42108776	495839	3661466	971669	32570627	11646143	3089465
16565329	16171777	239214	2345521	601565	22436132	7575215	1729289
79370389	78574764	829887	7928690	2376899	82321925	37561328	4846406
525733	513836	45343	22819	12746	148802	83985	21522
65660787	64052154	1621834	4662925	1405126	35941622	15334380	3426458
154952901	152856798	1987915	10591795	3527404	120837986	52587911	9558645
94507884	93426023	1277106	7798341	1900721	82440701	38221469	5678553
28854395	28221607	1113757	2423434	945562	26147148	10331506	2811396
97251409	95261321	1218886	5032944	2086248	48191759	19369315	4495155

单位：万元

13－1 续表 2

项　　目	Item	存货 Stock-in-trade	产成品 Finished Goods
总计	**Total**	**15986440**	**5648224**
一、按登记注册类型分组：	**Grouped by Status Registration**		
内资企业	Domestic Enterprises	13883544	4987134
国有企业	State-owned Enterprises	3852660	1695284
中央企业	Central Enterprises	3775190	1661072
地方企业	Local Enterprises	77470	34212
集体企业	Collective-owned Enterprises	35610	14189
股份合作企业	Stock Cooperative	7889	3616
联营企业	Joint Venture Enterprises	2548	797
国有联营企业	State Joint Ownership Enterprises		
集体联营企业	Collective Joint Ownership Enterprises	134	86
国有与集体联营企业	State-owned and Collective Joint Ownership Enterprises		
其他联营企业	Other Joint Ownership Enterprises	2414	711
有限责任公司	Limited Liability Corporations	4279848	1188519
国有独资公司	State Sole Funded Corporations	487763	111094
其他有限责任公司	Other Limited Liability Corporations	3792085	1077424
股份有限公司	Joint Stock Corporations	3332071	969122
私营企业	Private Enterprises	2295892	1069485
私营独资企业	Private-funded Enterprises	60438	31264
私营合伙企业	Private Partnership Enterprises	710	429
私营有限责任公司	Private Limited Liability Corporations	2047380	973139
私营股份有限公司	Private Joint Stock Corporations	187364	64653
其他企业	Other Enterprises	77026	46122
港、澳、台商投资企业	Hong Kong,Macao and Taiwan Invesment Enterprises	430584	183179
合资经营企业(港或澳、台资)	Joint-venture Enterprises	169934	67546
合作经营企业(港或澳、台资)	Cooperative Enterprises	59886	12394
港澳台商独资经营企业	Hong Kong,Macao and Taiwan Investment Enterprises	163400	82924
港澳台商投资股份有限公司	Hong Kong,Macao and Taiwan Investment Joint Stock Corporations	37167	20136
其他港澳台商投资企业	Other Hongkong,Macao and Taiwan Enterprises	199	179
外商投资企业	Foreign Investment Enterprises	1672312	477911
中外合资经营企业	Sino-foreign Joint Venture	947950	294978
中外合作经营企业	Sino-foreign Cooperative Operation Enterprises	117391	9055
外资企业	Foreign Invested Enterprises	515939	153790
外商投资股份有限公司	Foreign Investment Joint Stock Corporation	38014	5619
其他外商投资企业	Other Foreign Investment Enterprises	53018	14469

contiued

unit: 10000 yuan

在成品 Goods	固定资产合计 Total Fixed Assets	固定资产原价 Original Value of Fixed Assets	累计折旧 Accumulated Depreciation	本年折旧 Depreciation in this Year	在建工程 Construction Progress	负债合计 Total Liabilities	流动负债合计 Total Current Liabilities	应付账款 Accounts Payable
1769857	**67391741**	**142900338**	**79775872**	**11614960**	**9035731**	**85602242**	**62040483**	**20938899**
1612156	60190331	130503911	74098905	10496764	7566512	72901185	52436686	17797450
75276	9615521	16476842	6826967	1024664	1496842	19125895	14493712	6779410
71056	8264739	14224771	5874473	909691	1438737	17635097	13607480	6642247
4220	1350781	2252071	952494	114973	58104	1490798	886232	137162
1093	135867	537055	403462	53741	2652	144267	129173	19930
56	26236	63958	44572	2480	15	20018	17739	9061
	7928					10510	9124	
						1386		
	7928					9124	9124	
362598	19800687	40744284	22490441	3129758	3941976	23840168	17170261	4521318
188791	5700123	11026562	5383721	670024	966787	7001343	5230765	1528977
173808	14100564	29717723	17106721	2459734	2975190	16838825	11939496	2992341
1008714	13743376	24971895	12170722	1870726	1592647	16591907	12209137	3084022
155418	10522929	37009352	27367170	3738391	522504	9540188	6929969	2065368
6064	618828	3577285	2983251	406379	12374	333015	169919	59558
73	9256	66916	59496	6592		10870	7235	2702
137865	9228490	31863971	23406873	3180541	431828	8518381	6229647	1859715
11416	666356	1501180	917551	144879	78302	677922	523168	143393
9002	6337788	10700526	4795572	677002	9875	3628232	1477572	1318342
65317	2190632	3513016	1475228	381288	148437	2773142	1717280	482142
22075	556420	1274086	767018	116464	46273	574615	504661	177840
29511	84425	172331	92287	21266	59328	185265	169624	10356
12611	1298599	1728053	526299	215503	41450	1810869	850742	282529
1120	250514	337857	89449	28020	1386	202074	191935	11418
	675	689	175	35		319	319	
92384	5010777	8883412	4201740	736908	1320782	9927915	7886516	2659307
51653	3410378	4961748	1726224	314045	1136858	7091924	5636373	1913268
353	291211	541076	291251	106719	46731	501836	204262	29056
38440	1104083	2780752	1788471	255227	122899	1936790	1648518	512121
1938	154078	527093	374078	57911	14180	319967	319967	199899
	51028	72742	21715	3007	114	77397	77397	4963

单位：万元

项　目	Item	存货 Stock-in-trade	产成品 Finished Goods
二、按经济组织类型分组	**Grouped by Ownership**		
独资企业	Solely-invested Enterprise	4628047	1977452
国有企业	State-owned Enterprises	3852660	1695284
集体企业	Collective-owned Enterprises	35610	14189
私营独资企业	Private-funded Enterprises	60438	31264
港澳台商独资经营企业	Enterprises with Sole Investment form Hong Kong,Macao and Taiwan	163400	82924
外资企业	Enterprises with Sole Funds	515939	153790
合作、合伙企业	Cooperation and Partnership Enterprises	318665	87061
股份合作企业	Stock Cooperative	7889	3616
国有联营企业	State Joint Ownership Enterprises		
集体联营企业	Collective Joint Ownership Enterprises	134	86
国有与集体联营企业	State-owned Collective Joint Ownership Enterprises		
其他联营企业	Other Joint Ownership Enterprises	2414	711
私营合伙企业	Private Partnership Enterprises	710	429
合作经营企业(港或澳、台资)	Cooperative Enterprises	59886	12394
中外合作经营企业	Sino-foreign Cooperative Enterprises	117391	9055
其他企业（内资）	Other Enterprises（domistic Investment）	77026	46122
其他港澳台商投资企业	Other Hongkong,Macao and Taiwan Enterprises	199	179
其他外商投资企业	Other Foreign Funded Enterprises	53018	14469
股份有限公司	Joint Stock Corporation	3594616	1059530
股份有限公司(内资)	Joint Stock Corporation（domistic Investment）	3332071	969122
私营股份有限公司	Private Joint Stock Corporations	187364	64653
港澳台商投资股份有限公司	Hong Kong, Macao and Taiwan Investment Joint Stock Corporation	37167	20136
外商投资股份有限公司	Joint Stock Corporation Foreign Investment	38014	5619
有限责任公司	Limited Liability Corporations	7445112	2524181
国有独资公司	State Sole Funded Corporations	487763	111094
私营有限责任公司	Private Limited Liability Corporations	2047380	973139
合资经营企业(港或澳、台资)	Joint-venture Entersprises	169934	67546
中外合资经营企业	Sino-foreign Equity Joint Venture	947950	294978
其他有限责任公司	Other Limited Liability Corporations	3792085	1077424
三、在总计中:亏损企业	Loss-making Enterprises	2232361	657749
在总计中:国有控股企业	State-owned Holding Enterprises	8043866	2673120
在总计中:农村工业	Village Industry	23476	10233
在总计中:轻工业	Light Industry	5356778	1770803
重工业	Heavy Industry	10629662	3877421
在总计中:大型企业	Large-sized Enterprise	7754379	2647536
中型企业	Mdeium-sized Enterprise	2448347	911408
小型企业	Small-sized Enterprise	5783714	2089280

contiued

unit: 10000 yuan

在成品 Goods	固定资产合计 Total Fixed Assets	固定资产原价 Original Value of Fixed Assets	累计折旧 Accumulated Depreciation	本年折旧 Depreciation in this Year	在建工程 Construction Progress	负债合计 Total Liabilities	流动负债合计 Total Current Liabilities	应付账款 Accounts Payable
133484	12772897	25099987	12528449	1955514	1676217	23350837	17292064	7653547
75276	9615521	16476842	6826967	1024664	1496842	19125895	14493712	6779410
1093	135867	537055	403462	53741	2652	144267	129173	19930
6064	618828	3577285	2983251	406379	12374	333015	169919	59558
12611	1298599	1728053	526299	215503	41450	1810869	850742	282529
38440	1104083	2780752	1788471	255227	122899	1936790	1648518	512121
38994	6808546	11618238	5305067	817101	116064	4434447	1963272	1374479
56	26236	63958	44572	2480	15	20018	17739	9061
						1386		
	7928					9124	9124	
73	9256	66916	59496	6592		10870	7235	2702
29511	84425	172331	92287	21266	59328	185265	169624	10356
353	291211	541076	291251	106719	46731	501836	204262	29056
9002	6337788	10700526	4795572	677002	9875	3628232	1477572	1318342
	675	689	175	35		319	319	
	51028	72742	21715	3007	114	77397	77397	4963
1023188	14814324	27338025	13551800	2101536	1686515	17791870	13244206	3438732
1008714	13743376	24971895	12170722	1870726	1592647	16591907	12209137	3084022
11416	666356	1501180	917551	144879	78302	677922	523168	143393
1120	250514	337857	89449	28020	1386	202074	191935	11418
1938	154078	527093	374078	57911	14180	319967	319967	199899
574191	32995974	78844088	48390556	6740809	5556936	40025088	29540941	8472141
188791	5700123	11026562	5383721	670024	966787	7001343	5230765	1528977
137865	9228490	31863971	23406873	3180541	431828	8518381	6229647	1859715
22075	556420	1274086	767018	116464	46273	574615	504661	177840
51653	3410378	4961748	1726224	314045	1136858	7091924	5636373	1913268
173808	14100564	29717723	17106721	2459734	2975190	16838825	11939496	2992341
429857	12461149	20109408	8970490	1131997	1585453	17591221	12680480	3385156
1246104	36114553	59300025	25120978	3525547	5087151	51187070	36503180	13689553
90	46146	174980	131260	16595	1271	57575	50689	14861
285907	14809941	35449691	22222249	3239776	1424637	15928449	12088065	2477111
1483950	52581800	107450647	57553623	8375184	7611093	69673793	49952418	18461788
812532	33130659	57627932	25868566	3699648	6261320	49146362	36616334	14417203
243668	12243725	25322981	14261471	2091342	1692174	14203680	10697804	2854608
713657	22017357	59949426	39645835	5823969	1082237	22252200	14726345	3667088

单位：万元

项　　目	Item	非流动负债合计 Non-Current Liabilities	所有者权益合计 Total Owners' Equities
总计	**Total**	**19805326**	**70052365**
一、按登记注册类型分组：	**Grouped by Status Registration**		
内资企业	Domestic Enterprises	16985850	63054392
国有企业	State-owned Enterprises	4550366	14152208
中央企业	Central Enterprises	3995645	13702519
地方企业	Local Enterprises	554721	449689
集体企业	Collective-owned Enterprises	4782	176730
股份合作企业	Stock Cooperative	1286	32340
联营企业	Joint Venture Enterprises		13022
国有联营企业	State Joint Ownership Enterprises		
集体联营企业	Collective Joint Ownership Enterprises		
国有与集体联营企业	State-owned and Collective Joint Ownership Enterprises		
其他联营企业	Other Joint Ownership Enterprises		13022
有限责任公司	Limited Liability Corporations	4939819	17759535
国有独资公司	State Sole Funded Corporations	1522956	2530432
其他有限责任公司	Other Limited Liability Corporations	3416863	15229102
股份有限公司	Joint Stock Corporations	4268076	14637806
私营企业	Private Enterprises	1090426	11765089
私营独资企业	Private-funded Enterprises	49070	746365
私营合伙企业	Private Partnership Enterprises	2013	11883
私营有限责任公司	Private Limited Liability Corporations	973467	10194236
私营股份有限公司	Private Joint Stock Corporations	65875	812604
其他企业	Other Enterprises	2131095	4517663
港、澳、台商投资企业	Hong Kong,Macao and Taiwan Invesment Enterprises	1021078	1509581
合资经营企业(港或澳、台资)	Joint-venture Enterprises	48331	578239
合作经营企业(港或澳、台资)	Cooperative Enterprises	12018	92588
港澳台商独资经营企业	Hong Kong,Macao and Taiwan Investment Enterprises	957631	572164
港澳台商投资股份有限公司	Hong Kong,Macao and Taiwan Investment Joint Stock Corporations	3098	265825
其他港澳台商投资企业	Other Hongkong,Macao and Taiwan Enterprises		765
外商投资企业	Foreign Investment Enterprises	1798398	5488392
中外合资经营企业	Sino-foreign Joint Venture	1389845	3275607
中外合作经营企业	Sino-foreign Cooperative Operation Enterprises	246475	383396
外资企业	Foreign Invested Enterprises	162079	1392716
外商投资股份有限公司	Foreign Investment Joint Stock Corporation		369092
其他外商投资企业	Other Foreign Investment Enterprises		67581

contiued

unit: 10000 yuan

实收资本 Paid-in Capital	国家资本 State Capital	集体资本 Collective Capital	法人资本 Legal Persons Capital	个人资本 Individual Capital	港澳台资本 Hong Kong, Macao, Taiwan Capital	外商资本 Foreign Capital	营业收入 Operating Revenue	主营业务收入 Revenue from Principal Business
29228229	**5975218**	**2489005**	**11862791**	**6434638**	**565064**	**1726603**	**228187819**	**221849941**
25663320	5641649	2484167	10966460	6330336	20339	69007	201083803	195071406
3094836	1417178	13365	1627729	21602		14962	54773291	50852717
2692131	1087911	1991	1602230				53743918	49893780
402704	329267	11374	25500	21602		14962	1029373	958938
38285	223	25135	8072	4854			709898	685819
14784		50	1195	13539			193635	193541
14500	14500						63767	63767
							52820	52820
14500	14500						10947	10947
13315211	3299609	2116012	4842366	2903248	18339	43119	51903451	50915305
2826180	2760748	2340	58976	4116			7360960	7065362
10489032	538861	2113672	4783390	2899132	18339	43119	44542491	43849944
4596083	881199	240675	2629544	800400		2000	33053691	32195996
4431353	11657	80350	1820410	2495931	2000	8926	55750847	55529357
225116	1181	2230	74530	146902			4348759	4343737
3918	30	20	2758	1070	20	20	155828	155828
3900758	10346	63878	1666654	2137188	1980	8906	48075431	47866066
301561	100	14222	76468	210771			3170830	3163727
158268	17284	8580	37144	90761			4635224	4634904
833795	78985	400	168012	30224	481041	75133	8945212	8879906
325173	78985		103308	29224	69010	44645	1523718	1476744
47750		400	11300	1000	32550	2500	309737	309736
395185			6429		360769	27988	6604818	6588729
65387			46975		18412		504544	502301
300					300		2396	2396
2731115	254585	4439	728319	74077	63684	1582464	18158804	17898629
1398582	148113	4439	635062	40858	11833	544267	11672993	11480003
108282	46987		14475	4037	27794	14989	479664	478861
1033000	59485		78782	29182	24057	831956	4977745	4919022
161229						161229	860225	860194
30022						30022	168176	160549

单位：万元

13－1 续表 5

项　目	Item	非流动负债合计 Non-Current Liabilities	所有者权益合计 Total Owners' Equities
二、按经济组织类型分组	**Grouped by Ownership**		
独资企业	Solely-invested Enterprise	5723929	17040183
国有企业	State-owned Enterprises	4550366	14152208
集体企业	Collective-owned Enterprises	4782	176730
私营独资企业	Private-funded Enterprises	49070	746365
港澳台商独资经营企业	Enterprises with Sole Investment form Hong Kong,Macao and Taiwan	957631	572164
外资企业	Enterprises with Sole Funds	162079	1392716
合作、合伙企业	Cooperation and Partnership Enterprises	2392886	5119237
股份合作企业	Stock Cooperative	1286	32340
国有联营企业	State Joint Ownership Enterprises		
集体联营企业	Collective Joint Ownership Enterprises		
国有与集体联营企业	State-owned Collective Joint Ownership Enterprises		
其他联营企业	Other Joint Ownership Enterprises		13022
私营合伙企业	Private Partnership Enterprises	2013	11883
合作经营企业(港或澳、台资)	Cooperative Enterprises	12018	92588
中外合作经营企业	Sino-foreign Cooperative Enterprises	246475	383396
其他企业（内资）	Other Enterprises（domistic Investment）	2131095	4517663
其他港澳台商投资企业	Other Hongkong,Macao and Taiwan Enterprises		765
其他外商投资企业	Other Foreign Funded Enterprises		67581
股份有限公司	Joint Stock Corporation	4337049	16085328
股份有限公司(内资)	Joint Stock Corporation（domistic Investment）	4268076	14637806
私营股份有限公司	Private Joint Stock Corporations	65875	812604
港澳台商投资股份有限公司	Hong Kong, Macao and Taiwan Investment Joint Stock Corporation	3098	265825
外商投资股份有限公司	Joint Stock Corporation Foreign Investment		369092
有限责任公司	Limited Liability Corporations	7351462	31807617
国有独资公司	State Sole Funded Corporations	1522956	2530432
私营有限责任公司	Private Limited Liability Corporations	973467	10194236
合资经营企业(港或澳、台资)	Joint-venture Entersprises	48331	578239
中外合资经营企业	Sino-foreign Equity Joint Venture	1389845	3275607
其他有限责任公司	Other Limited Liability Corporations	3416863	15229102
三、在总计中:亏损企业	Loss-making Enterprises	4436830	4833142
在总计中:国有控股企业	State-owned Holding Enterprises	14283961	31041644
在总计中:农村工业	Village Industry	2070	82629
在总计中:轻工业	Light Industry	2587998	19513267
重工业	Heavy Industry	17217328	50539098
在总计中:大型企业	Large-sized Enterprise	12231669	33232797
中型企业	Mdeium-sized Enterprise	2659263	11876902
小型企业	Small-sized Enterprise	4914394	24942666

contiued

unit: 10000 yuan

实收资本 Paid-in Capital	国家资本 State Capital	集体资本 Collective Capital	法人资本 Legal Persons Capital	个人资本 Individual Capital	港澳台资本 Hong Kong, Macao, Taiwan Capital	外商资本 Foreign Capital	营业收入 Operating Revenue	主营业务收入 Revenue from Principal Business
4786421	1478066	40730	1795542	202540	384825	874905	71414511	67390023
3094836	1417178	13365	1627729	21602		14962	54773291	50852717
38285	223	25135	8072	4854			709898	685819
225116	1181	2230	74530	146902			4348759	4343737
395185			6429		360769	27988	6604818	6588729
1033000	59485		78782	29182	24057	831956	4977745	4919022
377824	78801	9050	66872	110407	60664	47531	6008426	5999581
14784		50	1195	13539			193635	193541
							52820	52820
14500	14500						10947	10947
3918	30	20	2758	1070	20	20	155828	155828
47750		400	11300	1000	32550	2500	309737	309736
108282	46987		14475	4037	27794	14989	479664	478861
158268	17284	8580	37144	90761			4635224	4634904
300					300		2396	2396
30022						30022	168176	160549
5124260	881299	254897	2752987	1011172	18412	163229	37589290	36722218
4596083	881199	240675	2629544	800400		2000	33053691	32195996
301561	100	14222	76468	210771			3170830	3163727
65387			46975		18412		504544	502301
161229						161229	860225	860194
18939724	3537052	2184329	7247390	5110519	101162	640937	113175593	111738119
2826180	2760748	2340	58976	4116			7360960	7065362
3900758	10346	63878	1666654	2137188	1980	8906	48075431	47866066
325173	78985		103308	29224	69010	44645	1523718	1476744
1398582	148113	4439	635062	40858	11833	544267	11672993	11480003
10489032	538861	2113672	4783390	2899132	18339	43119	44542491	43849944
9170318	3131019	2076761	1969801	1240193	119138	541073	17008125	16265369
13520048	5547170	2097374	4507450	1178153	7350	98006	90407773	85176536
28350	2000	3769	4270	17895	416		491632	491632
11091884	561452	2171952	4234258	2943309	299449	770753	65608108	65352127
18136345	5413766	317054	7628533	3491328	265615	955850	162579711	156497814
9837254	4102479	150810	4562567	308418	246113	466867	103989549	99052781
5393300	1335983	184160	2030870	901216	180786	722552	28048598	27643731
13997676	536755	2154036	5269354	5225004	138164	537184	96149672	95153430

单位：万元

13－1 续表 6

项 目	Item	营业成本 Operating Cost	主营业务成本 Cost of Principal Business
总计	**Total**	**192132097**	**186416459**
一、按登记注册类型分组：	**Grouped by Status Registration**		
内资企业	Domestic Enterprises	168609000	163345941
国有企业	State-owned Enterprises	43433381	40522308
中央企业	Central Enterprises	42542343	39692446
地方企业	Local Enterprises	891038	829861
集体企业	Collective-owned Enterprises	620023	598328
股份合作企业	Stock Cooperative	172724	172685
联营企业	Joint Venture Enterprises	62117	62117
国有联营企业	State Joint Ownership Enterprises		
集体联营企业	Collective Joint Ownership Enterprises	51874	51874
国有与集体联营企业	State-owned and Collective Joint Ownership Enterprises		
其他联营企业	Other Joint Ownership Enterprises	10243	10243
有限责任公司	Limited Liability Corporations	45130826	44186666
国有独资公司	State Sole Funded Corporations	7161396	6916779
其他有限责任公司	Other Limited Liability Corporations	37969430	37269887
股份有限公司	Joint Stock Corporations	28132708	27083851
私营企业	Private Enterprises	47940299	47603576
私营独资企业	Private-funded Enterprises	3828495	3820213
私营合伙企业	Private Partnership Enterprises	137238	137238
私营有限责任公司	Private Limited Liability Corporations	41164947	40880261
私营股份有限公司	Private Joint Stock Corporations	2809620	2765864
其他企业	Other Enterprises	3116922	3116411
港、澳、台商投资企业	Hong Kong,Macao and Taiwan Invesment Enterprises	8252372	8189799
合资经营企业(港或澳、台资)	Joint-venture Enterprises	1268314	1220078
合作经营企业(港或澳、台资)	Cooperative Enterprises	264902	264901
港澳台商独资经营企业	Hong Kong,Macao and Taiwan Investment Enterprises	6308346	6294010
港澳台商投资股份有限公司	Hong Kong,Macao and Taiwan Investment Joint Stock Corporations	408856	408856
其他港澳台商投资企业	Other Hongkong,Macao and Taiwan Enterprises	1954	1954
外商投资企业	Foreign Investment Enterprises	15270725	14880720
中外合资经营企业	Sino-foreign Joint Venture	9986640	9663440
中外合作经营企业	Sino-foreign Cooperative Operation Enterprises	362956	362423
外资企业	Foreign Invested Enterprises	4084329	4025934
外商投资股份有限公司	Foreign Investment Joint Stock Corporation	679617	679597
其他外商投资企业	Other Foreign Investment Enterprises	157183	149326

contiued

unit: 10000 yuan

营业税金及附加 Business Tax and Surcharge	主营业务税金及附加 Taxes and Other Charges on Principal Business	其他业务收入 Other Operating Income	其他业务利润 Income from Other Operation	销售费用 Selling Cost	管理费用 Management Cost	税金 Expenses of Taxation
4970357	**4941319**	**6337878**	**1191578**	**8394698**	**9501333**	**578576**
4577228	4550332	6012397	1151051	7215627	8300691	509743
2298629	2296552	3920574	1005556	2667607	2006987	74467
2289387	2287851	3850139	994185	2637185	1848642	70195
9242	8701	70435	11371	30422	158345	4272
5442	5441	24079	3490	12555	37428	4413
854	845	94		3136	4631	139
39	39			725	1114	129
39	39			208	133	
				517	980	129
807184	794364	988146	60722	1218186	2189452	181311
55837	52159	295598	26391	88286	421169	24509
751346	742205	692547	34331	1129900	1768283	156802
825751	821739	857695	72516	1800110	1570771	83613
466432	458454	221490	8616	1430127	2202745	137285
40486	40231	5022	857	74636	136838	9629
957	957			5547	5647	156
403613	396182	209365	3908	1289828	1958679	120599
21377	21084	7103	3852	60117	101581	6901
172898	172898	320	150	83180	287565	28387
57402	57352	65306	9264	620662	191819	23317
8648	8634	46974	8030	62061	81545	10193
4364	4364	1		11909	14349	2000
38283	38248	16089	1234	533584	77391	3127
6034	6034	2242		13032	18412	7997
72	72			77	122	
335727	333635	260175	31263	558410	1008823	45516
288544	287147	192990	26812	281610	563821	27564
6001	6001	803	129	24543	28628	1718
35865	35170	58724	4290	218905	296097	15151
5010	5010	32	32	31857	115866	696
307	307	7627		1495	4410	387

单位：万元

13－1 续表 7

项　　目	Item	营业成本 Operating Cost	主营业务成本 Cost of Principal Business
二、按经济组织类型分组	**Grouped by Ownership**		
独资企业	Solely-invested Enterprise	58274575	55260793
国有企业	State-owned Enterprises	43433381	40522308
集体企业	Collective-owned Enterprises	620023	598328
私营独资企业	Private-funded Enterprises	3828495	3820213
港澳台商独资经营企业	Enterprises with Sole Investment form Hong Kong,Macao and Taiwan	6308346	6294010
外资企业	Enterprises with Sole Funds	4084329	4025934
合作、合伙企业	Cooperation and Partnership Enterprises	4275995	4267053
股份合作企业	Stock Cooperative	172724	172685
国有联营企业	State Joint Ownership Enterprises		
集体联营企业	Collective Joint Ownership Enterprises	51874	51874
国有与集体联营企业	State-owned Collective Joint Ownership Enterprises		
其他联营企业	Other Joint Ownership Enterprises	10243	10243
私营合伙企业	Private Partnership Enterprises	137238	137238
合作经营企业(港或澳、台资)	Cooperative Enterprises	264902	264901
中外合作经营企业	Sino-foreign Cooperative Enterprises	362956	362423
其他企业（内资）	Other Enterprises（domistic Investment）	3116922	3116411
其他港澳台商投资企业	Other Hongkong,Macao and Taiwan Enterprises	1954	1954
其他外商投资企业	Other Foreign Funded Enterprises	157183	149326
股份有限公司	Joint Stock Corporation	32030801	30938169
股份有限公司(内资)	Joint Stock Corporation（domistic Investment）	28132708	27083851
私营股份有限公司	Private Joint Stock Corporations	2809620	2765864
港澳台商投资股份有限公司	Hong Kong, Macao and Taiwan Investment Joint Stock Corporation	408856	408856
外商投资股份有限公司	Joint Stock Corporation Foreign Investment	679617	679597
有限责任公司	Limited Liability Corporations	97550726	95950444
国有独资公司	State Sole Funded Corporations	7161396	6916779
私营有限责任公司	Private Limited Liability Corporations	41164947	40880261
合资经营企业(港或澳、台资)	Joint-venture Entersprises	1268314	1220078
中外合资经营企业	Sino-foreign Equity Joint Venture	9986640	9663440
其他有限责任公司	Other Limited Liability Corporations	37969430	37269887
三、在总计中:亏损企业	Loss-making Enterprises	16219191	15507848
在总计中:国有控股企业	State-owned Holding Enterprises	74013365	69838021
在总计中:农村工业	Village Industry	437644	437644
在总计中:轻工业	Light Industry	55190237	54689455
重工业	Heavy Industry	136941860	131727005
在总计中:大型企业	Large-sized Enterprise	85865672	81590574
中型企业	Mdeium-sized Enterprise	23457782	22994018
小型企业	Small-sized Enterprise	82808643	81831868

contiued

unit: 10000 yuan

营业税金及附加 Business Tax and Surcharge	主营业务税金及附加 Taxes and Other Charges on Principal Business	其他业务收入 Other Operating Income	其他业务利润 Income from Other Operation	销售费用 Selling Cost	管理费用 Management Cost	税金 Expenses of Taxation
2418704	2415642	4024487	1015427	3507286	2554741	106787
2298629	2296552	3920574	1005556	2667607	2006987	74467
5442	5441	24079	3490	12555	37428	4413
40486	40231	5022	857	74636	136838	9629
38283	38248	16089	1234	533584	77391	3127
35865	35170	58724	4290	218905	296097	15151
185491	185483	8845	279	130612	346466	32917
854	845	94		3136	4631	139
39	39			208	133	
				517	980	129
957	957			5547	5647	156
4364	4364	1		11909	14349	2000
6001	6001	803	129	24543	28628	1718
172898	172898	320	150	83180	287565	28387
72	72			77	122	
307	307	7627		1495	4410	387
858173	853867	867072	76399	1905116	1806630	99206
825751	821739	857695	72516	1800110	1570771	83613
21377	21084	7103	3852	60117	101581	6901
6034	6034	2242		13032	18412	7997
5010	5010	32	32	31857	115866	696
1507989	1486327	1437474	99472	2851684	4793496	339667
55837	52159	295598	26391	88286	421169	24509
403613	396182	209365	3908	1289828	1958679	120599
8648	8634	46974	8030	62061	81545	10193
288544	287147	192990	26812	281610	563821	27564
751346	742205	692547	34331	1129900	1768283	156802
778775	775865	742755	65535	316604	1215829	86481
3900857	3890546	5231237	1107266	3228200	3883719	195094
2753	2753			6273	11089	1109
1049719	1039340	255981	17579	3648697	2630215	195352
3920639	3901980	6081897	1173999	4746001	6871118	383224
3917227	3908909	4936768	1092011	4842064	4132937	190203
264276	257419	404867	57951	993490	1598635	139489
788855	774992	996243	41616	2559144	3769761	248883

单位：万元

13－1 续表 8

项　　目	Item	财务费用 Finance Cost	利息收入 Interest Income
总计	**Total**	**2176874**	**203943**
一、按登记注册类型分组：	**Grouped by Status Registration**		
内资企业	Domestic Enterprises	1926244	180803
国有企业	State-owned Enterprises	29282	98474
中央企业	Central Enterprises	-21523	98016
地方企业	Local Enterprises	50805	459
集体企业	Collective-owned Enterprises	3216	211
股份合作企业	Stock Cooperative	2047	
联营企业	Joint Venture Enterprises	112	
国有联营企业	State Joint Ownership Enterprises		
集体联营企业	Collective Joint Ownership Enterprises	112	
国有与集体联营企业	State-owned and Collective Joint Ownership Enterprises		
其他联营企业	Other Joint Ownership Enterprises		
有限责任公司	Limited Liability Corporations	746601	20204
国有独资公司	State Sole Funded Corporations	193073	8762
其他有限责任公司	Other Limited Liability Corporations	553528	11442
股份有限公司	Joint Stock Corporations	560937	21283
私营企业	Private Enterprises	512485	9330
私营独资企业	Private-funded Enterprises	35645	104
私营合伙企业	Private Partnership Enterprises	2688	2300
私营有限责任公司	Private Limited Liability Corporations	447027	6234
私营股份有限公司	Private Joint Stock Corporations	27124	692
其他企业	Other Enterprises	71564	31301
港、澳、台商投资企业	Hong Kong,Macao and Taiwan Invesment Enterprises	73960	2376
合资经营企业(港或澳、台资)	Joint-venture Enterprises	14398	632
合作经营企业(港或澳、台资)	Cooperative Enterprises	8031	
港澳台商独资经营企业	Hong Kong,Macao and Taiwan Investment Enterprises	50091	976
港澳台商投资股份有限公司	Hong Kong,Macao and Taiwan Investment Joint Stock Corporations	1409	768
其他港澳台商投资企业	Other Hongkong,Macao and Taiwan Enterprises	31	
外商投资企业	Foreign Investment Enterprises	176669	20765
中外合资经营企业	Sino-foreign Joint Venture	131387	13435
中外合作经营企业	Sino-foreign Cooperative Operation Enterprises	14166	267
外资企业	Foreign Invested Enterprises	33387	4266
外商投资股份有限公司	Foreign Investment Joint Stock Corporation	-4358	2793
其他外商投资企业	Other Foreign Investment Enterprises	2086	5

contiued

unit: 10000 yuan

利息支出 Interest Expense	营业利润 Operating Profit	资产减值损失 Impairment of Assets	公允价值变动收益 Fair Value Gain	投资收益 Investment Income	补贴收入 Subsidy Income	营业外收入 Non-business Income	营业外支出 Non-business Expenditure	利润总额 Total Profits	应交所得税 Income Tax Payable
2098264	**12915563**	**273761**	**-299032**	**698193**	**854570**	**491228**	**873945**	**12783917**	**2130575**
1853568	11551268	240749	-290794	652316	827474	482255	826833	11480526	1889271
210758	4817823	60395	-1304	514166	270675	186397	59128	5029507	1228385
165118	4919869	58012	-2101	516292	232234	166773	54377	5097784	1224226
45641	-102046	2383	798	-2126	38441	19624	4752	-68277	4159
2777	31308	-3	63		1183	51	1313	31121	2449
1417	10145						16	10142	570
112	-213							-213	
112	454							454	
	-666							-666	
642805	2098581	47455	-147902	57691	405137	146993	176352	2329968	298909
192712	-425004	27953	4796	18402	252013	76062	34413	-207487	18630
450094	2523585	19502	-152698	39289	153124	70931	141940	2537455	280279
518850	585506	129358	-13148	80653	194319	127896	195045	512229	135134
374320	3200586	1082	-127644	-3657	50219	20790	336467	2812986	220691
25454	237995	10	-1964	112	-33277	807	32441	172045	11296
43	5236		-300		400			5636	361
326336	2718897	1179	-121649	-3769	6942	14238	246392	2478765	199359
22488	238458	-107	-3731		-24284	5745	57634	156540	9674
102529	807531	2462	-860	3463	6380	130	58512	754786	3133
73717	252598	6164	-570	-6636	-6750	2512	14921	230487	31682
13116	97754	2884	-570	-972	-12483	2246	13856	71416	13716
7728	2699				2430		14	4686	1490
50697	96734	1759		-5665	2840	266	978	98586	11977
2146	55271	1521			463		74	55660	4498
31	141							141	
170979	1111698	26848	-7668	52514	33846	6461	32191	1072903	209622
120776	655181	24919	-6772	54230	39777	3268	15607	677201	136879
14566	42558	-1	-216		10651		1285	51924	8601
31954	320275	2718	-680	-1769	-17908	2790	15115	281652	63980
1530	57448				878		138	58187	163
2154	36235	-788		53	448	403	45	3939	

13－1 续表 9

单位：万元

项　　目	Item	财务费用 Finance Cost	利息收入 Interest Income
二、按经济组织类型分组	**Grouped by Ownership**		
独资企业	Solely-invested Enterprise	151622	104030
国有企业	State-owned Enterprises	29282	98474
集体企业	Collective-owned Enterprises	3216	211
私营独资企业	Private-funded Enterprises	35645	104
港澳台商独资经营企业	Enterprises with Sole Investment form Hong Kong,Macao and Taiwan	50091	976
外资企业	Enterprises with Sole Funds	33387	4266
合作、合伙企业	Cooperation and Partnership Enterprises	100726	33873
股份合作企业	Stock Cooperative	2047	
国有联营企业	State Joint Ownership Enterprises		
集体联营企业	Collective Joint Ownership Enterprises	112	
国有与集体联营企业	State-owned Collective Joint Ownership Enterprises		
其他联营企业	Other Joint Ownership Enterprises		
私营合伙企业	Private Partnership Enterprises	2688	2300
合作经营企业(港或澳、台资)	Cooperative Enterprises	8031	
中外合作经营企业	Sino-foreign Cooperative Enterprises	14166	267
其他企业（内资）	Other Enterprises（domistic Investment）	71564	31301
其他港澳台商投资企业	Other Hongkong,Macao and Taiwan Enterprises	31	
其他外商投资企业	Other Foreign Funded Enterprises	2086	5
股份有限公司	Joint Stock Corporation	585112	25536
股份有限公司(内资)	Joint Stock Corporation（domistic Investment）	560937	21283
私营股份有限公司	Private Joint Stock Corporations	27124	692
港澳台商投资股份有限公司	Hong Kong, Macao and Taiwan Investment Joint Stock Corporation	1409	768
外商投资股份有限公司	Joint Stock Corporation Foreign Investment	-4358	2793
有限责任公司	Limited Liability Corporations	1339413	40505
国有独资公司	State Sole Funded Corporations	193073	8762
私营有限责任公司	Private Limited Liability Corporations	447027	6234
合资经营企业(港或澳、台资)	Joint-venture Enterspprises	14398	632
中外合资经营企业	Sino-foreign Equity Joint Venture	131387	13435
其他有限责任公司	Other Limited Liability Corporations	553528	11442
三、在总计中:亏损企业	Loss-making Enterprises	510906	16638
在总计中:国有控股企业	State-owned Holding Enterprises	981797	158280
在总计中:农村工业	Village Industry	4772	
在总计中:轻工业	Light Industry	587626	14890
重工业	Heavy Industry	1589247	189053
在总计中:大型企业	Large-sized Enterprise	730325	160770
中型企业	Mdeium-sized Enterprise	396318	19800
小型企业	Small-sized Enterprise	1050231	23373

contiued

unit: 10000 yuan

利息支出 Interest Expense	营业利润 Operating Profit	资产减值损失 Impairment of Assets	公允价值变动收益 Fair Value Gain	投资收益 Investment Income	补贴收入 Subsidy Income	营业外收入 Non-business Income	营业外支出 Non-business Expenditure	利润总额 Total Profits	应交所得税 Income Tax Payable
321640	5504134	64878	-3884	506845	223513	190311	108975	5612911	1318086
210758	4817823	60395	-1304	514166	270675	186397	59128	5029507	1228385
2777	31308	-3	63		1183	51	1313	31121	2449
25454	237995	10	-1964	112	-33277	807	32441	172045	11296
50697	96734	1759	0	-5665	2840	266	978	98586	11977
31954	320275	2718	-680	-1769	-17908	2790	15115	281652	63980
128579	904333	1674	-1375	3516	20309	533	59871	831041	14156
1417	10145						16	10142	570
112	454							454	
	-666							-666	
43	5236		-300		400			5636	361
7728	2699				2430		14	4686	1490
14566	42558	-1	-216		10651		1285	51924	8601
102529	807531	2462	-860	3463	6380	130	58512	754786	3133
31	141							141	
2154	36235	-788		53	448	403	45	3939	
545013	936683	130773	-16879	80653	171377	133640	252891	782616	149469
518850	585506	129358	-13148	80653	194319	127896	195045	512229	135134
22488	238458	-107	-3731		-24284	5745	57634	156540	9674
2146	55271	1521			463		74	55660	4498
1530	57448				878		138	58187	163
1103032	5570414	76437	-276893	107180	439372	166744	452208	5557349	648864
192712	-425004	27953	4796	18402	252013	76062	34413	-207487	18630
326336	2718897	1179	-121649	-3769	6942	14238	246392	2478765	199359
13116	97754	2884	-570	-972	-12483	2246	13856	71416	13716
120776	655181	24919	-6772	54230	39777	3268	15607	677201	136879
450094	2523585	19502	-152698	39289	153124	70931	141940	2537455	280279
464400	-1938557	127905	1005	131	270889	111313	156142	-1827145	4394
1146308	5045968	235335	27546	617564	748479	362599	287973	5507875	1434537
3795	33406		-7215	-8101	306	56	9115	24597	918
475149	3581082	21937	-60100	106218	107930	101546	311052	3274493	292379
1623115	9334482	251825	-238932	591975	746640	389683	562893	9509424	1838197
881840	5982372	213417	-2042	673079	635103	276973	256102	6302578	1445996
380909	1611350	31078	699	8616	240913	150623	99952	1706936	257722
835515	5321842	29267	-297689	16498	-21446	63632	517891	4774404	426858

13－1 续表 10

单位：万元

项目	Item	亏损企业亏损总额 Total Loss	利税总额 Total Pre-tax Profits
总计	**Total**	**1827145**	**24080851**
一、按登记注册类型分组：	**Grouped by Status Registration**		
内资企业	Domestic Enterprises	1620146	21532117
国有企业	State-owned Enterprises	153775	9360725
中央企业	Central Enterprises	47105	9379088
地方企业	Local Enterprises	106670	-18363
集体企业	Collective-owned Enterprises	2268	56527
股份合作企业	Stock Cooperative	679	13155
联营企业	Joint Venture Enterprises	666	-121
国有联营企业	State Joint Ownership Enterprises		
集体联营企业	Collective Joint Ownership Enterprises		545
国有与集体联营企业	State-owned and Collective Joint Ownership Enterprises		
其他联营企业	Other Joint Ownership Enterprises	666	-666
有限责任公司	Limited Liability Corporations	489021	4285675
国有独资公司	State Sole Funded Corporations	313331	80622
其他有限责任公司	Other Limited Liability Corporations	175690	4205053
股份有限公司	Joint Stock Corporations	933126	2138656
私营企业	Private Enterprises	39903	4449822
私营独资企业	Private-funded Enterprises	70	276761
私营合伙企业	Private Partnership Enterprises		9046
私营有限责任公司	Private Limited Liability Corporations	33637	3932424
私营股份有限公司	Private Joint Stock Corporations	6196	231591
其他企业	Other Enterprises	709	1227679
港、澳、台商投资企业	Hong Kong,Macao and Taiwan Invesment Enterprises	81618	563581
合资经营企业(港或澳、台资)	Joint-venture Enterprises	13940	124825
合作经营企业(港或澳、台资)	Cooperative Enterprises		22083
港澳台商独资经营企业	Hong Kong,Macao and Taiwan Investment Enterprises	66280	328983
港澳台商投资股份有限公司	Hong Kong,Macao and Taiwan Investment Joint Stock Corporations	1398	87442
其他港澳台商投资企业	Other Hongkong,Macao and Taiwan Enterprises		248
外商投资企业	Foreign Investment Enterprises	125381	1985153
中外合资经营企业	Sino-foreign Joint Venture	64261	1327005
中外合作经营企业	Sino-foreign Cooperative Operation Enterprises	1668	76470
外资企业	Foreign Invested Enterprises	57794	495135
外商投资股份有限公司	Foreign Investment Joint Stock Corporation	1659	80589
其他外商投资企业	Other Foreign Investment Enterprises		5954

contiued

unit: 10000 yuan

应交税金及附加 Tax Payable and Surcharge	本年应付职工薪酬 The Year of Payable Employees	本年应交增值税 Value Added Tax Payable This Year	全部从业人员年平均人数（人） Annual Average Employed Persons (person)	总资产贡献率（%） Total Assets Contribution Rate (%)	资产负债率（%） Assets-liability Ratio (%)	流动资产周转率（次/年） Current Assets Turnover (times/year)	成本费用利润率（%） Ratio of Pre-tax Profit to Cost (%)	产品销售率（%） Proportion of Products Sold (%)
14006085	**7959073**	**6326577**	**1501016**	**16.57**	**54.60**	**3.36**	**6.02**	**98.32**
12450605	7134927	5474362	1365891	16.93	53.19	3.54	6.17	98.21
5634070	1603578	2032589	207226	28.46	57.45	2.76	10.45	98.92
5575724	1428572	1991917	168549	30.14	56.27	2.78	10.84	98.96
58345	175006	40672	38677	1.38	76.55	2.15	-6.04	97.41
32267	31118	19964	8782	18.05	44.07	4.55	4.62	99.08
3722	4973	2159	1587	26.32	36.16	6.71	5.56	101.34
220	694	53	152	-0.04	43.07	7.69	-0.33	98.51
92	259	53		29.12	61.41	49.23	0.87	98.50
129	434		152	-3.01	41.20	1.52	-5.67	98.57
2435927	2392084	1148524	474262	11.66	56.62	3.73	4.73	97.70
331248	1092541	232271	145614	2.77	73.40	3.23	-2.64	97.71
2104680	1299543	916252	328648	14.26	51.70	3.82	6.13	97.70
1845174	1638318	800676	280117	8.43	53.04	2.55	1.60	98.62
1994811	1076009	1170403	353362	22.14	43.88	6.84	5.40	97.80
125641	61444	64231	21014	25.35	27.94	13.42	4.22	98.02
3927	1594	2453	739	29.84	47.77	16.48	3.73	101.77
1773618	946920	1050046	309378	22.39	44.86	6.71	5.53	97.80
91625	66052	53674	22231	16.48	44.10	4.86	5.22	97.23
504413	388153	299995	40403	15.81	44.15	2.59	21.21	98.66
388092	164507	275692	33387	14.81	64.67	5.19	2.52	96.93
77318	74519	44761	13922	11.86	49.63	2.88	5.01	98.84
20888	7392	13033	2772	10.73	66.68	2.55	1.57	86.78
245502	71522	192114	15091	15.89	75.99	7.56	1.41	96.89
44277	11003	25748	1571	18.98	43.19	2.55	12.60	98.54
107	70	36	31	17.39	19.87	2.58	6.44	92.46
1167388	659639	576523	101738	13.83	64.30	1.94	6.31	100.23
814247	449484	361260	57920	13.78	68.11	1.85	6.18	99.74
34865	16667	18545	2823	10.25	56.67	0.99	12.07	107.04
292613	159775	177618	34803	15.80	58.53	2.52	6.08	100.79
23260	27428	17392	4951	11.51	46.44	1.77	7.07	99.88
2403	6285	1708	1241	5.59	53.39	1.89	2.38	100.90

13－1　续表　11

单位：万元

项　　目	Item	亏损企业亏损总额 Total Loss	利税总额 Total Pre-tax Profits
二、按经济组织类型分组	**Grouped by Ownership**		
独资企业	Solely-invested Enterprise	280187	10518131
国有企业	State-owned Enterprises	153775	9360725
集体企业	Collective-owned Enterprises	2268	56527
私营独资企业	Private-funded Enterprises	70	276761
港澳台商独资经营企业	Enterprises with Sole Investment form Hong Kong,Macao and Taiwan	66280	328983
外资企业	Enterprises with Sole Funds	57794	495135
合作、合伙企业	Cooperation and Partnership Enterprises	3722	1354514
股份合作企业	Stock Cooperative	679	13155
国有联营企业	State Joint Ownership Enterprises		
集体联营企业	Collective Joint Ownership Enterprises		545
国有与集体联营企业	State-owned Collective Joint Ownership Enterprises		
其他联营企业	Other Joint Ownership Enterprises	666	-666
私营合伙企业	Private Partnership Enterprises		9046
合作经营企业(港或澳、台资)	Cooperative Enterprises		22083
中外合作经营企业	Sino-foreign Cooperative Enterprises	1668	76470
其他企业（内资）	Other Enterprises（domistic Investment）	709	1227679
其他港澳台商投资企业	Other Hongkong,Macao and Taiwan Enterprises		248
其他外商投资企业	Other Foreign Funded Enterprises		5954
股份有限公司	Joint Stock Corporation	942379	2538278
股份有限公司(内资)	Joint Stock Corporation（domistic Investment）	933126	2138656
私营股份有限公司	Private Joint Stock Corporations	6196	231591
港澳台商投资股份有限公司	Hong Kong, Macao and Taiwan Investment Joint Stock Corporation	1398	87442
外商投资股份有限公司	Joint Stock Corporation Foreign Investment	1659	80589
有限责任公司	Limited Liability Corporations	600858	9669929
国有独资公司	State Sole Funded Corporations	313331	80622
私营有限责任公司	Private Limited Liability Corporations	33637	3932424
合资经营企业(港或澳、台资)	Joint-venture Entersprises	13940	124825
中外合资经营企业	Sino-foreign Equity Joint Venture	64261	1327005
其他有限责任公司	Other Limited Liability Corporations	175690	4205053
三、在总计中:亏损企业	Loss-making Enterprises	1827145	-636371
在总计中:国有控股企业	State-owned Holding Enterprises	1435979	12726954
在总计中:农村工业	Village Industry	12	34562
在总计中:轻工业	Light Industry	234117	5808857
重工业	Heavy Industry	1593029	18271995
在总计中:大型企业	Large-sized Enterprise	1359939	13844969
中型企业	Mdeium-sized Enterprise	257629	2844307
小型企业	Small-sized Enterprise	209577	7391576

contiued

unit: 10000 yuan

应交税金及附加 Tax Payable and Surcharge	本年应付职工薪酬 The Year of Payable Employees	本年应交增值税 Value Added Tax Payable This Year	全部从业人员年平均人数（人）Annual Average Employed Persons (person)	总资产贡献率（%）Total Assets Contribution Rate（%）	资产负债率（%）Assets-liability Ratio（%）	流动资产周转率（次/年）Current Assets Turnover (times/year)	成本费用利润率（%）Ratio of Pre-tax Profit to Cost（%）	产品销售率（%）Proportion of Products Sold（%）
6330093	1927437	2486516	286916	26.51	57.66	3.08	8.70	98.78
5634070	1603578	2032589	207226	28.46	57.45	2.76	10.45	98.92
32267	31118	19964	8782	18.05	44.07	4.55	4.62	99.08
125641	61444	64231	21014	25.35	27.94	13.42	4.22	98.02
245502	71522	192114	15091	15.89	75.99	7.56	1.41	96.89
292613	159775	177618	34803	15.80	58.53	2.52	6.08	100.79
570546	425829	337982	49748	15.05	46.05	2.37	17.12	98.76
3722	4973	2159	1587	26.32	36.16	6.71	5.56	101.34
92	259	53		29.12	61.41	49.23	0.87	98.50
129	434		152	-3.01	41.20	1.52	-5.67	98.57
3927	1594	2453	739	29.84	47.77	16.48	3.73	101.77
20888	7392	13033	2772	10.73	66.68	2.55	1.57	86.78
34865	16667	18545	2823	10.25	56.67	0.99	12.07	107.04
504413	388153	299995	40403	15.81	44.15	2.59	21.21	98.66
107	70	36	31	17.39	19.87	2.58	6.44	92.46
2403	6285	1708	1241	5.59	53.39	1.89	2.38	100.90
2004336	1742802	897489	308870	9.00	52.36	2.63	2.15	98.53
1845174	1638318	800676	280117	8.43	53.04	2.55	1.60	98.62
91625	66052	53674	22231	16.48	44.10	4.86	5.22	97.23
44277	11003	25748	1571	18.98	43.19	2.55	12.60	98.54
23260	27428	17392	4951	11.51	46.44	1.77	7.07	99.88
5101110	3863006	2604591	855482	14.77	55.08	4.05	5.22	97.97
331248	1092541	232271	145614	2.77	73.40	3.23	-2.64	97.71
1773618	946920	1050046	309378	22.39	44.86	6.71	5.53	97.80
77318	74519	44761	13922	11.86	49.63	2.88	5.01	98.84
814247	449484	361260	57920	13.78	68.11	1.85	6.18	99.74
2104680	1299543	916252	328648	14.26	51.70	3.82	6.13	97.70
1281650	1673825	411999	267940	-0.84	78.41	2.25	-10.00	97.62
8848709	4580003	3318222	567334	16.66	62.18	2.41	6.71	99.00
11992	9867	7212	3008	25.78	38.69	5.85	5.35	97.74
3022094	1615620	1484645	458575	17.44	44.32	4.28	5.28	97.55
10983991	6343453	4841932	1042441	16.31	57.66	3.09	6.33	98.65
9178590	4785696	3625164	656932	17.67	59.61	2.72	6.59	98.86
1534582	1286894	873095	305591	12.26	54.32	2.71	6.45	97.81
3292913	1886483	1828318	538493	17.02	46.17	4.96	5.29	97.95

13－2 各市县规模以上工业企业主要指标（2013）

单位：万元

市、县	City, County	企业单位数(个) Number of Enterprises (unit)	#亏损企业 Loss－making Enterprises	工业总产值（当年价格）Gross Industrial Output Value (current price)
吉林省	**Jilin**	**5376**	**424**	**220613688**
长春市	**Changchun**	**1109**	**119**	**92280427**
市　区	District	804	83	84994210
双阳区	Shuangyang	39	10	395796
农安县	Nong' an	52	8	1525681
九台市	Jiutai	49	5	944979
榆树市	Yushu	65	9	1646498
德惠市	Dehui	100	4	2773263
吉林市	**Jilin**	**1097**	**59**	**31401389**
市　区	District	488	44	19596692
永吉县	Yongji	63	3	1359111
蛟河市	Jiaohe	129	3	2253780
桦甸市	Huadian	171	2	3402728
舒兰市	Shulan	117	2	1650162
磐石市	Panshi	129	5	3138915
四平市	**Siping**	**503**	**36**	**19442199**
市　区	District	204	24	7521785
梨树县	Lishu	66	1	3706707
伊通满族自治县	Yitong	35	3	1313585
公主岭市	Gongzhuling	129	7	4060306
双辽市	Shuangliao	69	1	2839817
辽源市	**Liaoyuan**	**313**	**25**	**11813825**
市　区	District	156	19	7556597
东丰县	Dongfeng	87	5	2349791
东辽县	Dongliao	70	1	1907437
通化市	**Tonghua**	**552**	**33**	**16526132**
市　区	District	130	14	7852043
通化县	Tonghua	85	3	1292960
辉南县	Huinan	70	9	789690
柳河县	Liuhe	82	2	1439111
梅河口市	Meihekou	132	3	4538405
集安市	Ji' an	53	2	613922

Main Indicators of Industrial Enterprises above Designated Size by City and County（2013）

unit: 10000 yuan

工业销售产值（当年价格） Sales Value of Industry (current price)	出口交货值 Delivery Value for Export	年初存货 Beginning Inventorg	产成品 Finished Goods	资产总计 Total Assets	流动资产合计 Total Current Assets	应收帐款 Account Receivable
216908951	**3609748**	**15254719**	**4932531**	**156779607**	**67922291**	**12985103**
91021140	**1362110**	**7478571**	**2572949**	**66714406**	**36817193**	**6277681**
84150264	1294894	6833629	2303853	62551169	35040902	5927317
384997		47585	21125	536210	245804	81661
1436829	1782	220721	130727	591532	288394	25280
964023		105195	9672	998348	280421	40537
1641095	11880	134786	37701	935603	400088	55101
2443933	53553	136655	69870	1101543	561584	147785
30970655	**270249**	**2214534**	**674966**	**25799639**	**8984240**	**1537183**
19323744	249984	1450989	423333	14830507	4546020	754024
1334776		36438	18127	560616	222382	67921
2205575	11162	67272	34241	825978	212420	23433
3369656	12	75951	31168	3012914	684807	91872
1598013	3811	90807	33499	641758	278978	50353
3138892	5280	493077	134597	5927867	3039634	549580
19225075	**83050**	**872489**	**391906**	**8535684**	**2849264**	**769674**
7489292	62138	388337	152787	2885304	1227783	314295
3663214	1045	92482	33070	1183351	402306	125485
1267275		27836	8860	1257905	153680	35011
3979862	19867	199030	89024	1646014	599047	198440
2825432		164804	108166	1563109	466449	96443
11529780	**27146**	**532116**	**201289**	**6307794**	**2271237**	**489512**
7332987	27146	366668	143115	4370879	1423895	279111
2322299		130940	39902	1422197	627697	104397
1874495		34508	18273	514718	219645	106005
16064708	**194686**	**1088459**	**480132**	**10180087**	**5054736**	**1144014**
7613059	45665	486661	214876	5945159	2819026	634695
1208569	11918	113687	51216	871679	465807	92180
768944		69336	20895	520119	310366	94751
1392035		100876	59425	685748	343368	91103
4460883	132964	231237	95251	1555705	748455	148557
621218	4140	86662	38469	601676	367714	82728

单位：万元

13－2 续表 1

市、县	City，County	企业单位数(个) Number of Enterprises (unit)	#亏损企业 Loss－making Enterprises	工业总产值（当年价格）Gross Industrial Output Value（current price）
白 山 市	**Baishan**	**412**	**37**	**12189004**
市　区	District	91	17	3187695
抚 松 县	Fusong	81	4	2738469
靖 宇 县	Jingyu	55	2	1358488
长白朝鲜族自治县	Changbai	32	7	423504
江 源 区	Jiangyuan	90	6	2693089
临 江 市	Linjiang	63	1	1787759
松 原 市	**Songyuan**	**604**	**38**	**19759388**
市　区	District	158	20	6129511
前郭尔罗斯蒙古族自治县	Qianguo	126	10	3872553
长 岭 县	Changling	94	1	3003404
乾 安 县	Qian′an	101	2	2927656
扶 余 市	Fuyu	125	5	3826263
白 城 市	**Baicheng**	**308**	**34**	**5672743**
市　区	District	94	19	1682052
镇 赉 县	Zhenlai	54	8	805569
通 榆 县	Tongyu	38	3	680462
洮 南 市	Taonan	65		1248268
大 安 市	Da′an	57	4	1256392
延边朝鲜族自治州	**Yanbian**	**472**	**42**	**11227954**
延 吉 市	Yanji	67	7	2790047
图 们 市	Tumen	35	4	661071
敦 化 市	Dunhua	116	6	2357664
珲 春 市	Hunchun	104	9	2773252
龙 井 市	Longjing	38	3	492869
和 龙 市	Helong	32	3	901287
汪 清 县	Wangqing	49	6	811381
安 图 县	Antu	31	4	440384

contiued

unit: 10000 yuan

工业销售产值（当年价格）Sales Value of Industry (current price)	出口交货值 Delivery Value for Export	年初存货 Beginning Inventorg	产成品 Finished Goods	资产总计 Total Assets	流动资产合计 Total Current Assets	应收帐款 Account Receivable
11818975	**166142**	**297927**	**137641**	**5654835**	**1590596**	**410548**
3182113	12265	100399	43621	2550931	688048	229596
2633546	107820	56307	35637	955502	276126	38455
1337317	19876	25580	10486	548802	187172	44068
362303	4491	8702	7123	185275	74463	11784
2618438	21473	58801	17223	726283	139523	18394
1685259	217	48139	23551	688042	225266	68252
19447413	**44930**	**1588174**	**142325**	**20134416**	**5591625**	**1376409**
6034311	25492	1489787	81542	13342182	4477943	1216843
3854475	19072	51684	26083	1270293	171027	16689
2996145		7476	6281	1499695	399412	27553
2840847	7	25037	17121	2282314	326815	74307
3721635	359	14191	11299	1739932	216428	41017
5588809	**37840**	**278541**	**90383**	**4089001**	**1363661**	**277979**
1654173	1497	148014	43736	1641695	523994	99305
789163		30415	6830	645245	171084	35177
676376	9801	21235	13811	451141	109829	21431
1212295		55527	19500	864443	406765	80208
1256803	26542	23351	6507	486477	151990	41858
10950665	**1423595**	**876482**	**232526**	**8011396**	**3141469**	**678091**
2746724	172721	412906	33706	1814732	1004754	209594
652770	38026	29038	10869	370794	127034	9369
2297251	322552	176384	85951	2521854	681164	156437
2679734	699049	113852	51873	1376841	527369	109454
474357	79493	26621	5437	226078	90888	14006
884966	4944	64165	20862	667236	275076	72175
786442	43762	43194	17237	722438	339167	93409
428422	63049	10322	6591	311424	96018	13646

单位：万元

13－2 续表 2

市、县	City, County	存货 Stock-in-trade	产成品 Finished Goods	在产品 Goods
吉林省	**Jilin**	**15986440**	**5648224**	**1769857**
长春市	**Changchun**	**7705604**	**2867321**	**972849**
市　区	District	7142997	2685658	948694
双阳区	Shuangyang	61345	25967	4970
农安县	Nong' an	94671	23123	1119
九台市	Jiutai	132012	16544	9963
榆树市	Yushu	149287	43200	1139
德惠市	Dehui	125292	72828	6965
吉林市	**Jilin**	**2275258**	**811202**	**347685**
市　区	District	1439486	426090	320255
永吉县	Yongji	38048	20606	1628
蛟河市	Jiaohe	74069	36364	6611
桦甸市	Huadian	119724	78154	2110
舒兰市	Shulan	74434	37420	3765
磐石市	Panshi	529497	212569	13316
四平市	**Siping**	**1015780**	**491756**	**34233**
市　区	District	427954	174416	13018
梨树县	Lishu	120264	41038	2822
伊通满族自治县	Yitong	29348	12452	1279
公主岭市	Gongzhuling	222928	92440	16745
双辽市	Shuangliao	215285	171410	369
辽源市	**Liaoyuan**	**558983**	**169821**	**65281**
市　区	District	341822	105288	54545
东丰县	Dongfeng	180548	47502	4381
东辽县	Dongliao	36613	17031	6355
通化市	**Tonghua**	**1144288**	**569033**	**58675**
市　区	District	497092	261536	13888
通化县	Tonghua	118950	51279	4794
辉南县	Huinan	78110	28676	5364
柳河县	Liuhe	124855	69331	15276
梅河口市	Meihekou	237121	109474	8871
集安市	Ji' an	88159	48736	10484

contiued

unit: 10000 yuan

固定资产合　计 Total Fixed Assets	固定资产原价 Original Value of Fixed Assets	累计折旧 Accumulated Depreciation	本年折旧 Depreciation Charge fof the Year	在建工程 Construction in Progress	负债合计 Total Liabilities	流动负债合计 Total Current Liabilities	应付账款 Accounts Payable
67391741	**142900338**	**79775872**	**11614960**	**9035731**	**85602242**	**62040483**	**20938899**
21721040	**34233657**	**13516897**	**2676115**	**3243355**	**39454570**	**30162208**	**12102149**
19888327	31767348	12707915	2390982	3025427	37077965	28308355	11661345
191060	265896	84076	16747	30790	416169	372692	88923
225796	279385	68998	22665	44252	431054	356359	87214
580912	676779	155160	32401	72048	298083	236097	74541
390989	481691	114248	28772	48567	536320	425174	51207
443956	762558	386501	184548	22273	694980	463532	138921
11758292	**21603276**	**10413953**	**1306004**	**3480502**	**14846517**	**10506351**	**2447642**
6894772	15142927	8328922	999113	2322477	8215918	5922677	1846468
267274	294635	35824	15469	2945	321988	242339	30268
524776	539617	155482	31234	47505	338024	204581	13694
1288057	2116143	947871	78045	49921	1277164	607025	113364
325051	668630	350144	48632	9541	370631	304817	45000
2458362	2841325	595710	133511	1048115	4322792	3224912	398848
4990213	**13195258**	**8444709**	**1216838**	**272447**	**3854727**	**3097814**	**569314**
1292288	3930954	2756381	313078	80808	1678949	1302372	271609
734011	1634341	960293	184147	35340	493267	425628	58644
1072521	2282895	1220684	245222	3033	120218	89843	14253
973591	1546120	583115	157491	26190	878667	768480	119573
917803	3800950	2924236	316900	127077	683627	511491	105236
3570235	**21974713**	**19076391**	**2400361**	**595993**	**3676689**	**2318307**	**848840**
2549883	14158860	12226192	1499167	420474	2379635	1261347	334043
735557	3633091	2901645	410080	125277	965942	824761	453196
284795	4182762	3948553	491115	50243	331113	232199	61601
3837116	**6528858**	**3289063**	**424662**	**715740**	**5076336**	**4451937**	**1177157**
2472164	4559494	2542071	306350	552461	3264947	2861286	969373
310527	616515	333186	40542	47003	393890	336710	44465
129560	181745	62744	10777	24769	294459	256545	65975
198379	216455	99849	20815	6561	296940	280066	22144
566817	743344	193771	29299	76365	584748	493344	45486
159670	211305	57442	16880	8582	241352	223986	29715

单位：万元

市、县	City，County	存货 Stock-in-trade	产成品 Finished Goods	在产品 Goods
白山市	**Baishan**	**363465**	**167064**	**29278**
市区	District	92164	40162	7662
抚松县	Fusong	91773	46957	6241
靖宇县	Jingyu	57337	26321	4191
长白朝鲜族自治县	Changbai	18125	13297	4136
江源区	Jiangyuan	58605	18122	5908
临江市	Linjiang	45461	22204	1140
松原市	**Songyuan**	**1488220**	**187342**	**161959**
市区	District	1354077	110022	140078
前郭尔罗斯蒙古族自治县	Qianguo	38669	14868	781
长岭县	Changling	34822	22648	11399
乾安县	Qian' an	35306	25202	9613
扶余市	Fuyu	25346	14602	89
白城市	**Baicheng**	**374020**	**124125**	**42738**
市区	District	185436	51970	22353
镇赉县	Zhenlai	57160	21736	2104
通榆县	Tongyu	17310	11064	
洮南市	Taonan	83200	25290	11076
大安市	Da' an	30914	14064	7206
延边朝鲜族自治州	**Yanbian**	**1028086**	**250668**	**52151**
延吉市	Yanji	524843	34814	8193
图们市	Tumen	38387	14850	5535
敦化市	Dunhua	184306	80677	17267
珲春市	Hunchun	127058	52909	5931
龙井市	Longjing	26927	8596	1910
和龙市	Helong	72323	32342	1868
汪清县	Wangqing	42466	17469	10761
安图县	Antu	11775	9010	686

contiued

unit: 10000 yuan

固定资产合计 Total Fixed Assets	固定资产原价 Original Value of Fixed Assets	累计折旧 Accumulated Depreciation	本年折旧 Depreciation Charge fof the Year	在建工程 Construction in Progress	负债合计 Total Liabilities	流动负债合计 Total Current Liabilities	应付账款 Accounts Payable
3481513	**9415079**	**6192821**	**913274**	**193873**	**3504618**	**2007424**	**472232**
1601027	3019505	1499787	150959	108079	1713425	1131955	260439
613740	1586825	1013718	302993	24364	611542	286883	38413
274820	1278833	1021041	129743	21917	233397	132718	58379
77441	89840	20894	2087	13266	99233	54157	13289
522574	2507862	1987893	255313	17438	450160	254613	14347
391912	932215	649488	72180	8809	396860	147099	87366
12788587	**24298175**	**12082306**	**1688019**	**154554**	**8374945**	**4896825**	**2082074**
8224039	12906657	5095718	606204	80366	6450881	3892836	1692735
973786	1160652	311193	47610	29623	652371	235478	62342
815395	4744250	3928855	486217	31	583522	396023	196852
1519262	3886006	2367199	374204	20	428994	253520	105581
1256105	1600610	379341	173785	44515	259177	118968	24564
1957893	**2548282**	**717587**	**117577**	**157010**	**2186279**	**1321557**	**528866**
747017	844270	166921	49531	28387	681425	434818	176866
426476	502879	98555	26774	15941	442605	206251	44171
326151	411551	102833	16010	4662	249036	93669	18569
240913	540455	305049	20295	12216	447560	361763	175037
217336	249129	44229	4967	95804	365654	225057	114222
3157603	**8941838**	**5994865**	**864243**	**211348**	**4457105**	**3184909**	**693054**
679640	1207467	576758	97616	47793	995914	800889	241204
220956	262372	63892	19045	9210	232933	199676	43949
958590	2260705	1355654	213927	79082	1401879	821871	152120
661789	3073681	2427172	341703	23241	908182	681840	168244
78086	236619	160949	21931	1661	110954	80359	22699
137561	974476	836922	90026	23809	397631	287180	32766
252103	473638	272993	40535	124	325835	244874	22665
168878	452881	300525	39460	26428	83777	68221	9407

单位：万元

13－2 续表 4

市、县	City, County	非流动负债合计 Non-Current Liabilities	所有者权益合计 Total Owners' Equities	实收资本 Paid-in Capital
吉林省	**Jilin**	**19805326**	**70052365**	**29228229**
长春市	**Changchun**	**8808611**	**27146637**	**10091483**
市　区	District	8391246	25369540	5997996
双阳区	Shuangyang	33138	123652	154680
农安县	Nong' an	63751	154809	130248
九台市	Jiutai	10653	696775	466286
榆树市	Yushu	82972	396653	3047815
德惠市	Dehui	226851	405208	294458
吉林市	**Jilin**	**3617970**	**10785997**	**5941026**
市　区	District	2133581	6502746	4117021
永吉县	Yongji	48745	236211	132230
蛟河市	Jiaohe	117991	479418	154410
桦甸市	Huadian	253550	1720948	976145
舒兰市	Shulan	4414	246544	101805
磐石市	Panshi	1059689	1600131	459415
四平市	**Siping**	**415222**	**4554539**	**1294963**
市　区	District	140826	1160114	612543
梨树县	Lishu	47913	639779	119908
伊通满族自治县	Yitong	8137	1134157	79582
公主岭市	Gongzhuling	52696	757468	270297
双辽市	Shuangliao	165651	863021	212634
辽源市	**Liaoyuan**	**1079792**	**2617820**	**1080014**
市　区	District	972134	1988800	825734
东丰县	Dongfeng	12819	448758	178475
东辽县	Dongliao	94839	180262	75805
通化市	**Tonghua**	**495543**	**5046645**	**2385666**
市　区	District	330496	2654498	1558437
通化县	Tonghua	45429	472699	230791
辉南县	Huinan	36488	225660	111607
柳河县	Liuhe	6669	369809	127933
梅河口市	Meihekou	59301	964934	228878
集安市	Ji' an	17161	359046	128020

contiued

unit: 10000 yuan

国家资本 State Capital	集体资本 Collective Capital	法人资本 Legal Persons Capital	个人资本 Individual Capital	港澳台资本 Hong Kong, Macao, Taiwan Capital	外商资本 Foreign Capital	营业收入 Operating Revenue	主营业务收入 Revenue from Principal Business
5975218	**2489005**	**11862791**	**6434638**	**565064**	**1726603**	**228187819**	**221849941**
3169938	**2109726**	**1929355**	**1524476**	**411757**	**883956**	**101060685**	**96153693**
2712674	75560	1668808	474904	318796	701686	94410187	89536412
20104	20250	86384	29142			387990	382236
1855	18476	55197	45021		9200	1350294	1347229
375658	353	42575	16137		16534	934839	933301
59517	1995066	22630	884185		86366	1625510	1616148
130	20	53762	75086	92962	70170	2351865	2338366
902612	**73248**	**3581761**	**1234517**	**35613**	**110564**	**32004333**	**31241535**
839282	53216	2463777	632769	33795	91469	20216826	19535257
14400	777	65165	45104		6784	1286150	1284700
4390	14173	100852	34996			2171994	2162002
26386	159	617304	332296			3336238	3322198
3228	259	35473	61196	1483	166	1641396	1605355
14926	4664	299190	128155	335	12145	3351729	3332024
110120	**165515**	**525773**	**398012**	**25195**	**69988**	**16821016**	**16694251**
16170	149774	266103	142434	25055	13007	5705794	5682508
11853	1849	19666	86540			3452877	3414462
1393	147	42193	35849			1269189	1267808
64011	7500	71277	94662	140	32347	3844530	3811466
16693	6246	126534	38528		24633	2548626	2518008
219480	**3398**	**320084**	**313806**	**26000**	**133025**	**11766843**	**11606653**
199480	3348	123286	276374	26000	133025	7288129	7244941
		151493	26982			2605489	2489698
20000	50	45305	10450			1873225	1872015
179156	**28772**	**1452979**	**675646**	**9917**	**39195**	**15849665**	**15685625**
128205	13700	1205160	199761	8717	2894	7413885	7375410
367	4632	67761	157593		437	1080648	1080486
24466	931	29521	48695		7995	677147	672617
3590		39541	84802			1421584	1421490
21701	2899	72240	103369	800	27869	4627490	4506731
827	6611	38756	81426	400		628912	628891

单位：万元

13-2 续表 5

市、县	City, County	非流动负债合计 Non-Current Liabilities	所有者权益合计 Total Owners' Equities	实收资本 Paid-in Capital
白山市	**Baishan**	**794764**	**2108754**	**1186802**
市　区	District	393199	835972	335565
抚松县	Fusong	293190	335297	138773
靖宇县	Jingyu	32858	309809	108923
长白朝鲜族自治县	Changbai	23033	83191	107099
江源区	Jiangyuan	39949	266207	242746
临江市	Linjiang	12536	278277	253696
松原市	**Songyuan**	**3075209**	**11261818**	**4889034**
市　区	District	2419011	6824302	2971355
前郭尔罗斯蒙古族自治县	Qianguo	371186	593777	495578
长岭县	Changling	146733	852298	58758
乾安县	Qian' an	127672	1657888	73812
扶余市	Fuyu	10607	1333553	1289531
白城市	**Baicheng**	**566779**	**1882604**	**732316**
市　区	District	93027	956118	278842
镇赉县	Zhenlai	188757	201378	138803
通榆县	Tongyu	148918	200644	122083
洮南市	Taonan	12877	404054	97556
大安市	Da' an	123199	120410	95032
延边朝鲜族自治州	**Yanbian**	**890931**	**3466067**	**1526988**
延吉市	Yanji	161316	814166	296975
图们市	Tumen	31951	130065	118705
敦化市	Dunhua	324083	1071322	339510
珲春市	Hunchun	187290	452386	192110
龙井市	Longjing	7704	114843	76608
和龙市	Helong	95237	269252	119032
汪清县	Wangqing	71433	391482	230786
安图县	Antu	11918	222551	153262

contiued

unit: 10000 yuan

国家资本 State Capital	集体资本 Collective Capital	法人资本 Legal Persons Capital	个人资本 Individual Capital	港澳台资本 Hong Kong, Macao, Taiwan Capital	外商资本 Foreign Capital	营业收入 Operating Revenue	主营业务收入 Revenue from Principal Business
248130	**26728**	**597836**	**243004**	**2631**	**25020**	**11489593**	**11430615**
151545	2715	109883	38849	274		3037842	2982030
42203	9462	50450	27039	1966	2500	2670008	2669796
3660	5141	58398	35805		5919	1340279	1339192
5066	5813	17890	55435	300	16594	219899	219899
19294	800	158789	63863			2624206	2623288
26362	2797	202427	22013	91	7	1597359	1596411
862463	**13675**	**2279717**	**1477144**	**27000**	**227146**	**23219085**	**23192307**
854129	11870	1780320	113058		209420	9703778	9678659
5586	649	385742	87001		16601	3877607	3874613
1	1	58270	31		1126	2988562	2988168
1998	906	43909		27000		2862455	2862446
750	250	11477	1277054			3786683	3788421
122755	**3600**	**327089**	**170336**	**13550**	**94986**	**5347337**	**5322034**
47950	3600	103032	51898		72361	1479417	1472547
24150		81246	19058	7000	7350	750045	748810
277		100165	10036		11605	673519	672014
7782		39505	50269			1180847	1174437
42596		3141	39076	6550	3670	1263509	1254226
160564	**64342**	**805245**	**340713**	**13400**	**142723**	**10360085**	**10254444**
23304	1068	212059	23646	498	36401	2677013	2651486
4420	48958	21659	17995		25673	597570	596822
11820	5938	241198	63773	12406	4376	2058328	2055749
55411	390	48649	58078		29581	2664199	2604107
817		29968	45481		343	411976	411071
3228	5334	90177	19790		504	752979	738332
7581	2655	129332	91219			774763	773782
53985		32204	20732	497	45845	423257	423094

13－2 续表 6

单位：万元

市、县	City，County	营业成本 Operating Cost	主营业务成本 Cost of Principal Business	营业税金及附加 Business Tax and Surcharge
吉林省	**Jilin**	**192132097**	**186416459**	**4970357**
长春市	**Changchun**	**84112989**	**79853130**	**2815151**
市区	District	78250053	74042155	2733080
双阳区	Shuangyang	304984	298379	6065
农安县	Nong' an	1130425	1105790	42392
九台市	Jiutai	791464	790550	7153
榆树市	Yushu	1511620	1503016	18399
德惠市	Dehui	2124444	2113241	8063
吉林市	**Jilin**	**27366587**	**26700850**	**865902**
市区	District	17865177	17273316	771079
永吉县	Yongji	1141158	1139628	7795
蛟河市	Jiaohe	1699913	1688548	26377
桦甸市	Huadian	2525744	2519948	22604
舒兰市	Shulan	1231251	1200796	3289
磐石市	Panshi	2903345	2878613	34760
四平市	**Siping**	**15299329**	**15166717**	**66868**
市区	District	5103215	5076533	24938
梨树县	Lishu	3213980	3174070	13425
伊通满族自治县	Yitong	1146138	1145996	7326
公主岭市	Gongzhuling	3428470	3395152	17451
双辽市	Shuangliao	2407527	2374966	3729
辽源市	**Liaoyuan**	**10596958**	**10316746**	**40195**
市区	District	6431097	6370755	25151
东丰县	Dongfeng	2438862	2220203	5985
东辽县	Dongliao	1726999	1725788	9059
通化市	**Tonghua**	**12663978**	**12522897**	**141443**
市区	District	5860525	5822427	24275
通化县	Tonghua	790738	790714	13746
辉南县	Huinan	591542	587902	2686
柳河县	Liuhe	1122417	1121307	23758
梅河口市	Meihekou	3788071	3689868	71385
集安市	Ji' an	510685	510680	5593

contiued

unit: 10000 yuan

主营业务税金及附加 Taxes and Other Charges on Principal Business	其他业务收入 Other Operating Income	其他业务利润 Income from Other Operation	销售费用 Selling Cost	管理费用 Management Cost	税金 Expenses of Taxation
4941319	**6337878**	**1191578**	**8394698**	**9501333**	**578576**
2806726	**4906992**	**1099670**	**4168105**	**3886394**	**139827**
2725933	4873774	1095425	3974724	3621836	124359
6058	5754	3319	24893	40415	1727
42224	3065	669	37292	29826	1444
7132	1538	623	37022	20214	982
17423	9362	-181	30918	58490	6828
7957	13499	-185	63256	115614	4487
858839	**762798**	**86623**	**1051367**	**1758178**	**181081**
765390	681569	75033	454007	961986	113450
7795	1450	-84	25194	49194	635
26135	9993	359	170947	102889	3119
21689	14040	3405	177197	318712	16062
3289	36041	7605	123685	196451	40019
34542	19705	306	100339	128945	7796
65891	**126765**	**1522**	**312319**	**388156**	**22316**
24613	23286	532	130648	157829	12495
13162	38416		56903	55823	303
7326	1382	1	16763	11342	158
17062	33064	25	79494	129347	7804
3728	30618	964	28512	33815	1556
39159	**160190**	**-13478**	**147412**	**567589**	**17582**
24354	43189	-11160	81415	461026	11047
5861	115791	-2318	43424	47785	1550
8944	1210		22573	58778	4985
137446	**164040**	**5929**	**1303113**	**670467**	**39794**
24245	38475	1834	888276	332054	7000
13746	162	133	65594	57639	900
2670	4530	166	37443	26799	1078
20339	94	966	55521	57755	3997
70854	120759	2827	211714	167341	25434
5593	21	3	44564	28880	1387

单位：万元

13－2 续表 7

市、县	City, County	营业成本 Operating Cost	主营业务成本 Cost of Principal Business	营业税金及附加 Business Tax and Surcharge
白山市	**Baishan**	**9883588**	**9819620**	**94304**
市区	District	2637750	2583688	21957
抚松县	Fusong	2248547	2247206	31415
靖宇县	Jingyu	1080893	1075366	10546
长白朝鲜族自治县	Changbai	170742	170523	4026
江源区	Jiangyuan	2496295	2494392	19335
临江市	Linjiang	1249362	1248445	7025
松原市	**Songyuan**	**18801983**	**18779836**	**511742**
市区	District	7278389	7259603	382323
前郭尔罗斯蒙古族自治县	Qianguo	3433887	3431000	50553
长岭县	Changling	2499932	2499538	29298
乾安县	Qian' an	2471657	2471585	39772
扶余市	Fuyu	3118117	3118110	9797
白城市	**Baicheng**	**4848337**	**4817858**	**19628**
市区	District	1249268	1241247	3931
镇赉县	Zhenlai	683592	682919	3515
通榆县	Tongyu	636103	629241	2099
洮南市	Taonan	1079783	1074063	5821
大安市	Da' an	1199591	1190389	4262
延边朝鲜族自治州	**Yanbian**	**8421176**	**8301965**	**412399**
延吉市	Yanji	1844290	1807763	370692
图们市	Tumen	545126	544446	8748
敦化市	Dunhua	1635426	1632472	6373
珲春市	Hunchun	2400573	2340904	15269
龙井市	Longjing	376130	374244	764
和龙市	Helong	633415	620047	4516
汪清县	Wangqing	603234	601828	3794
安图县	Antu	382982	380261	2243

contiued

unit: 10000 yuan

主营业务税金及附加 Taxes and Other Charges on Principal Business	其他业务收入 Other Operating Income	其他业务利润 Income from Other Operation	销售费用 Selling Cost	管理费用 Management Cost	税金 Expenses of Taxation
94073	**58977**	**7269**	**415569**	**635318**	**24838**
21915	55812	6975	107902	166883	4435
31402	212		122115	137332	5147
10530	1087	10	83529	97398	5453
4008		283	4938	6470	117
19334	918	1	22522	51004	6458
6885	948		74563	176233	3227
506921	**26778**	**7491**	**450780**	**800343**	**106230**
377835	25120	7344	185844	470731	84086
50257	2994	11	42507	64181	10961
29298	394	132	68598	115289	5477
39738	8		68607	71919	5388
9794	-1738	4	85225	78222	319
19325	**25302**	**2673**	**82574**	**212833**	**6323**
3876	6870	993	35466	74326	3677
3403	1235	133	8231	18163	1267
2039	1506	391	4627	5895	102
5820	6409	618	29068	100770	1054
4187	9282	539	5182	13679	222
410223	**105641**	**-6120**	**381190**	**557042**	**39502**
370650	25526	-7047	107011	136460	7817
8748	749		6996	83327	23622
6365	2579	278	172699	139152	3522
13161	60092	3163	33330	103928	1918
764	905		5681	10980	225
4502	14647	219	19117	29682	1277
3794	982	-2756	30428	43285	850
2239	163	22	5928	10227	271

单位：万元

13－2 续表 8

市、县	City, County	财务费用 Finance Cost	利息收入 Interest Income	利息支出 Interest Expense
吉林省	**Jilin**	**2176874**	**203943**	**2098264**
长春市	**Changchun**	**572052**	**132684**	**747781**
市　区	District	462334	130567	653407
双阳区	Shuangyang	10643	237	10376
农安县	Nong' an	11183	-857	8600
九台市	Jiutai	38266	-2	37066
榆树市	Yushu	16902	286	14997
德惠市	Dehui	32724	2453	23333
吉林市	**Jilin**	**449581**	**13433**	**352655**
市　区	District	206513	11945	195172
永吉县	Yongji	21246	9	9370
蛟河市	Jiaohe	18051	407	17301
桦甸市	Huadian	63964	277	26477
舒兰市	Shulan	6826	31	6742
磐石市	Panshi	132981	764	97593
四平市	**Siping**	**139964**	**3107**	**116805**
市　区	District	71638	2487	54049
梨树县	Lishu	16956	39	15817
伊通满族自治县	Yitong	7444	32	6032
公主岭市	Gongzhuling	21589	509	18641
双辽市	Shuangliao	22338	42	22267
辽源市	**Liaoyuan**	**113907**	**3496**	**110758**
市　区	District	84192	3417	81684
东丰县	Dongfeng	13232	63	12598
东辽县	Dongliao	16483	16	16477
通化市	**Tonghua**	**174316**	**7982**	**105510**
市　区	District	69289	5792	41585
通化县	Tonghua	16113	189	12192
辉南县	Huinan	4901	290	5060
柳河县	Liuhe	48080	17	16212
梅河口市	Meihekou	33140	1155	26491
集安市	Ji' an	2794	539	3970

contiued

unit: 10000 yuan

营业利润 Operating Profit	资产减值损失 Impairment of Assets	公允价值变动收益 Fair Value Gain	投资收益 Investment Income	补贴收入 Subsidy Income	营业外收入 Non-business Income	营业外支出 Non-business Expenditure	利润总额 Total Profits
12915563	**273761**	**-299032**	**698193**	**854570**	**491228**	**873945**	**12783917**
7215714	**157470**	**2793**	**594500**	**525995**	**247034**	**123101**	**7531489**
6958691	156592	2793	600108	465668	195809	116715	7298058
9836	443			1251	1033	223	11409
131395	30		4	2045	1659	745	132706
36541	26			2355	1074	458	38232
41093	-91		53	52602	47059	3651	12278
38159	469		-5664	2074	401	1309	38808
561035	**85224**	**24966**	**106351**	**218598**	**142854**	**199921**	**579918**
-37177	68763	24966	55391	180370	123781	167290	-23608
41912	509		198	4098	2883	331	45679
144049	28		618	5357	4114	2997	146396
234307	4442		1231	4017	2667	16708	221335
84405	53		75	2601	2629	5300	81707
93539	11429		48838	22154	6781	7297	108411
581051	**4644**	**-236679**	**2596**	**49724**	**10041**	**18463**	**589342**
221968	1518	-236756	2549	30227	6765	5901	220583
73522				360	185	15	76696
78068	2961			651	298	139	78580
149145	63	77	58	2292	945	9518	141919
58348	102		-11	16195	1848	2891	71564
167730	**2557**	**-152**	**-6810**	**39593**	**30241**	**4411**	**201527**
76659	2737	-152	552	28894	21419	3759	101475
53479	4		-7362	2815	947	609	54617
37593	-183			7885	7876	43	45435
1044549	**-4653**	**-4399**	**-15771**	**-161312**	**11169**	**50730**	**831696**
257083	-5478	-4399	-14808	30843	5493	21098	266093
157665	879		119	-59795	52	905	96889
13008	117			3572	5246	924	15656
114929	376		-1109	1961	50	764	116127
464597			20	-142025	201	26633	295938
37266	-547		6	4132	127	406	40992

单位：万元

13－2 续表 9

市、县	City，County	财务费用 Finance Cost	利息收入 Interest Income	利息支出 Interest Expense
白 山 市	**Baishan**	**168837**	**1775**	**133515**
市　　区	District	60835	777	53114
抚 松 县	Fusong	40754	115	34366
靖 宇 县	Jingyu	14905	29	5166
长白朝鲜族自治县	Changbai	3929	118	2029
江 源 县	Jiangyuan	24301	32	21535
临 江 市	Linjiang	24114	705	17306
松 原 市	**Songyuan**	**354356**	**34171**	**344876**
市　　区	District	236574	33940	246963
前郭尔罗斯蒙古族自治县	Qianguo	45956	52	45962
长 岭 县	Changling	5012	79	5483
乾 安 县	Qian' an	9710	83	7918
扶 余 市	Fuyu	57103	17	38550
白 城 市	**Baicheng**	**89829**	**3416**	**81824**
市　　区	District	45400	99	39701
镇 赉 县	Zhenlai	20266	1621	18093
通 榆 县	Tongyu	11104	1614	11876
洮 南 市	Taonan	5998	90	5962
大 安 市	Da' an	7062	-8	6192
延边朝鲜族自治州	**Yanbian**	**115491**	**2020**	**104271**
延 吉 市	Yanji	26803	843	24141
图 们 市	Tumen	3743	18	2678
敦 化 市	Dunhua	31520	1489	30185
珲 春 市	Hunchun	26527	426	23938
龙 井 市	Longjing	1573	183	1460
和 龙 市	Helong	9570	-1678	10618
汪 清 县	Wangqing	13411	-1	9139
安 图 县	Antu	2345	740	2113

contiued

unit: 10000 yuan

营业利润 Operating Profit	资产减值损失 Impairment of Assets	公允价值变动收益 Fair Value Gain	投资收益 Investment Income	补贴收入 Subsidy Income	营业外收入 Non-business Income	营业外支出 Non-business Expenditure	利润总额 Total Profits
181368	**4192**	**-75120**	**-52906**	**36923**	**18229**	**6914**	**211316**
40933	636		-2956	30397	16565	2937	68563
47514	2776	-216	-524	3599	795	1650	49463
52253	453			145		1844	50554
3531	41		-764	1293	360	152	4442
8049	3	-12437	-2061	1144	247	308	8885
29088	283	-62467	-46601	344	262	24	29409
2400271	**12867**	**-10738**	**8562**	**72107**	**4243**	**442234**	**2029752**
967437	12628	-10738	7651	87026	3243	46386	1007622
585984	448		593	-16302	223	326344	243238
162624						412	162212
166969	-209		319	3		383	166589
517257				1381	777	68709	450091
163063	**3599**	**-3**	**-36974**	**11377**	**5166**	**2662**	**172035**
67466	1056	-3	-36980	5853	2615	372	73349
13276	3			1106	561	116	14267
19622	1154			2067	1507	56	21632
33098	135		6	1684		1835	32803
29601	1251			668	483	283	29986
505818	**7817**	**237**	**27208**	**54136**	**17283**	**22933**	**537021**
171151	1157		664	5504	1421	7731	168924
-10975	526			18028	30	1159	5895
89087	-123	231	20077	8461	1951	1871	95676
87359	351		431	6955	5997	8111	86202
16584	458			153		1177	15560
55410	2105		8	5081	4005	1487	59004
80910	3316		6029	9081	3880	1104	88887
16291	27	6		874		293	16872

单位：万元

13-2 续表 10

市、县	City，County	应交所得税 Income Tax Payable	亏损企业亏损总额 Total Loss	利税总额 Total Pre-tax Profits	应交税金及附加 Tax Payable and Surcharge
吉林省	**Jilin**	**2130575**	**1827145**	**24080851**	**14006085**
长春市	**Changchun**	**1629472**	**349475**	**13637313**	**7875123**
市　区	District	1619988	238137	13229629	7675918
双阳区	Shuangyang	5333	17660	32588	28238
农安县	Nong' an	1274	3460	197545	67557
九台市	Jiutai	1035	891	71888	35673
榆树市	Yushu	1140	27775	48793	44484
德惠市	Dehui	703	61552	56871	23253
吉林市	**Jilin**	**124460**	**821422**	**2452948**	**2178571**
市　区	District	62243	777186	1315295	1514597
永吉县	Yongji	659	639	64399	20013
蛟河市	Jiaohe	1648	2975	293359	151730
桦甸市	Huadian	24014	27996	454757	273498
舒兰市	Shulan	11280	3017	97775	67368
磐石市	Panshi	24617	9610	227362	151365
四平市	**Siping**	**29648**	**47092**	**837769**	**300390**
市　区	District	8455	40100	295380	95746
梨树县	Lishu	1880	1153	112203	37690
伊通满族自治县	Yitong	1887	1101	107360	30825
公主岭市	Gongzhuling	10869	4565	228645	105399
双辽市	Shuangliao	6558	173	94180	30730
辽源市	**Liaoyuan**	**34585**	**71310**	**371322**	**221961**
市　区	District	19096	67932	227790	156458
东丰县	Dongfeng	4045	1106	71803	22781
东辽县	Dongliao	11444	2272	71728	42723
通化市	**Tonghua**	**70676**	**140757**	**1453323**	**732098**
市　区	District	19647	119847	409410	169963
通化县	Tonghua	7676	1330	144060	55746
辉南县	Huinan	3293	8225	32322	21037
柳河县	Liuhe	3058	94	166166	57094
梅河口市	Meihekou	29314	6974	629882	388692
集安市	Ji' an	7689	4285	71483	39567

continued

unit: 10000 yuan

本年应付职工薪酬 The Year of Payable Employees	本年应交增值税 Value Added Tax Payable This Year	全部从业人员年平均人数（人） Annual Average Employed Persons (person)	总资产贡献率（%） Total Assets Contribution Rate (%)	资产负债率（%） Assets-liability Ratio (%)	流动资产周转率（次/年） Current Assets Turnover (times/year)	成本费用利润率（%） Ratio of Pre-tax Profit to Cost (%)	产品销售率（%） Proportion of Products Sold (%)
7959073	**6326577**	**1501016**	**16.57**	**54.60**	**3.36**	**6.02**	**98.32**
3543043	**3290672**	**490719**	**21.36**	**59.14**	**2.74**	**8.12**	**98.64**
3339066	3198492	433255	21.99	59.28	2.69	8.46	99.01
27583	15113	6948	7.97	77.61	1.58	3.00	97.27
32490	22447	9141	34.99	72.87	4.68	10.98	94.18
39787	26503	9767	10.91	29.86	3.33	4.31	102.02
47416	18117	13730	6.79	57.32	4.06	0.76	99.67
56700	10000	17878	7.06	63.09	4.19	1.66	88.12
1335440	**1007128**	**257805**	**10.82**	**57.55**	**3.56**	**1.89**	**98.63**
991533	567825	152294	10.10	55.40	4.45	-0.12	98.61
30678	10925	7407	13.16	57.43	5.78	3.69	98.21
46659	120587	18459	37.56	40.92	10.23	7.35	97.86
99631	210819	31444	15.96	42.39	4.87	7.17	99.03
80152	12780	22371	16.28	57.75	5.88	5.24	96.84
86787	84192	25830	5.47	72.92	1.10	3.32	100.00
284883	**181558**	**83984**	**11.15**	**45.16**	**5.90**	**3.65**	**98.88**
134577	49859	38098	12.02	58.19	4.65	4.04	99.57
32797	22082	12655	10.82	41.68	8.58	2.29	98.83
17201	21454	5718	9.01	9.56	8.26	6.65	96.47
67877	69276	20841	14.99	53.38	6.42	3.88	98.02
32431	18888	6672	7.45	43.74	5.46	2.87	99.49
401788	**129600**	**106910**	**7.59**	**58.29**	**5.18**	**1.76**	**97.60**
311124	101164	74008	7.00	54.44	5.12	1.44	97.04
55405	11201	21164	5.93	67.92	4.15	2.15	98.83
35259	17235	11738	17.13	64.33	8.53	2.49	98.27
629593	**480184**	**169674**	**15.23**	**49.87**	**3.14**	**5.62**	**97.21**
400600	119041	101697	7.49	54.92	2.63	3.72	96.96
34873	33424	11758	17.90	45.19	2.32	10.42	93.47
25117	13980	8706	7.13	56.61	2.18	2.37	97.37
48109	26282	13449	26.59	43.30	4.14	9.05	96.73
101377	262559	26493	42.12	37.59	6.18	7.05	98.29
19517	24898	7571	12.45	40.11	1.71	6.98	101.19

单位：万元

市、县	City，County	应交所得税 Income Tax Payable	亏损企业亏损总额 Total Loss	利税总额 Total Pre-tax Profits	应交税金及附加 Tax Payable and Surcharge
白山市	**Baishan**	**42838**	**172232**	**634368**	**490728**
市区	District	23148	107582	201981	161000
抚松县	Fusong	10236	1175	224798	190718
靖宇县	Jingyu	6525	2881	84361	45786
长白朝鲜族自治县	Changbai	41	3368	10657	6373
江源区	Jiangyuan	1914	54892	62775	62263
临江市	Linjiang	974	2335	49796	24588
松原市	**Songyuan**	**104536**	**141007**	**3065679**	**1246694**
市区	District	85181	123722	1766601	928245
前郭尔罗斯蒙古族自治县	Qianguo	2139	12746	306026	75889
长岭县	Changling	9916	439	242071	95252
乾安县	Qian' an	7647	1647	288555	135000
扶余市	Fuyu	–347	2452	462427	12308
白城市	**Baicheng**	**10741**	**38101**	**256267**	**101296**
市区	District	2857	21147	106371	39557
镇赉县	Zhenlai	4709	9703	22070	13780
通榆县	Tongyu	111	4040	43823	22405
洮南市	Taonan	2374		45145	15771
大安市	Da' an	689	3210	38858	9783
延边朝鲜族自治州	**Yanbian**	**71255**	**45371**	**1246360**	**820096**
延吉市	Yanji	31755	6916	656502	527150
图们市	Tumen	122	8138	18461	36311
敦化市	Dunhua	7015	4273	138724	53584
珲春市	Hunchun	6760	12975	145113	67588
龙井市	Longjing	19	4538	20421	5106
和龙市	Helong	10603	5407	107190	60065
汪清县	Wangqing	14536	422	128043	54542
安图县	Antu	445	2703	31906	15750

contiued

unit: 10000 yuan

本年应付职工薪酬 The Year of Payable Employees	本年应交增值税 Value Added Tax Payable This Year	全部从业人员年平均人数（人） Annual Average Employed Persons (person)	总资产贡献率（%） Total Assets Contribution Rate (%)	资产负债率（%） Assets-liability Ratio (%)	流动资产周转率（次/年） Current Assets Turnover (times/year)	成本费用利润率（%） Ratio of Pre-tax Profit to Cost (%)	产品销售率（%） Proportion of Products Sold (%)
338374	**328748**	**99785**	**13.55**	**61.98**	**7.22**	**1.90**	**96.96**
166096	111461	44783	9.97	67.17	4.42	2.31	99.82
53085	143921	12848	27.11	64.00	9.67	1.94	96.17
25782	23261	7166	16.31	42.53	7.16	3.96	98.44
6007	2189	3219	6.78	53.56	2.95	2.39	85.55
48013	34556	17761	11.60	61.98	18.81	0.34	97.23
39390	13362	14008	9.65	57.68	7.09	1.93	94.27
910179	**524185**	**152091**	**16.77**	**41.60**	**4.15**	**9.95**	**98.42**
622917	376655	68001	14.84	48.35	2.17	12.33	98.45
82086	12236	21046	27.71	51.36	22.67	6.78	99.53
46138	50561	14569	16.50	38.91	7.48	6.03	99.76
71223	82194	21077	12.99	18.80	8.76	6.35	97.03
87815	2539	27398	28.79	14.90	17.50	13.48	97.27
98407	**64604**	**35199**	**8.18**	**53.47**	**3.92**	**3.29**	**98.52**
44498	29091	11214	8.89	41.51	2.82	5.22	98.34
12972	4289	4658	5.97	68.59	4.38	1.95	97.96
7324	20093	3298	11.99	55.20	6.13	3.29	99.40
18611	6521	8698	5.90	51.77	2.90	2.70	97.12
15003	4610	7331	9.26	75.16	8.31	2.45	100.03
400856	**296940**	**101477**	**16.83**	**55.63**	**3.30**	**5.67**	**97.53**
70493	116886	12523	37.46	54.88	2.66	7.99	98.45
20131	3819	6786	5.70	62.82	4.70	0.92	98.74
89762	36674	31915	6.64	55.59	3.02	4.84	97.44
132114	43641	26389	12.25	65.96	5.05	3.36	96.63
9520	4098	3232	9.60	49.08	4.53	3.95	96.24
27733	43669	6866	17.91	59.59	2.74	8.53	98.19
34495	35362	9210	18.99	45.10	2.28	12.88	96.93
16608	12791	4556	10.69	26.90	4.41	4.20	97.28

13－3 工业企业大行业主要经济指标（2013）

单位：万元

市、县	City，County	企业单位数(个) Number of Enterprises (unit)	#亏损企业 Loss－making Enterprises	工业总产值（当年价格）Gross Industrial Output Value (current price)
总计	**Total**	**5376**	**424**	**220613688**
煤炭开采和洗选业	Mining and Washing of Coal	123	30	3267454
石油和天然气开采业	Extraction of Petroleum and Natural Gas	45	15	4203410
黑色金属矿采选业	Mining and Procssing of Ferrous Metal Ores	88	2	2535335
有色金属矿采选业	Mining and Processing of Non-ferrous Metal Ores	51	5	1388381
非金属矿采选业	Mining and Processing of Nonmetal Ores	65		1182599
开采辅助活动	Mining Support Activities	21	3	759516
其他采矿业	Mining of Other Ores	3		18363
农副食品加工业	Processing of Food form Agricultural Products	894	29	31509562
食品制造业	Manufacture of Food	160	13	3925077
酒、饮料和精制茶制造业	Manufacture of Wine,Beverages and Tea	208	16	4772324
烟草制品业	Manufacture of Tobacco	5		1262911
纺织业	Manufacture of Textile	44	6	1333280
纺织服装、服饰业	Manufacture of Textile and Apparel	53	2	958257
皮革、毛皮、羽毛及其制品和制鞋业	Leather,Fur,Feathers and Footwear Industry	11	1	210946
木材加工和木、竹、藤、棕、草制品业	Processing of Timber，Manufacture of Wood，Bamboo，Rattan，Palm and Straw Products	330	13	8248165
家具制造业	Manufacture of Furniture	68	3	1160009
造纸和纸制品业	Manufacture of Paper and Paper Products	78	7	1243500
印刷和记录媒介复制业	Printing，Reproduction of Recording Media	49	3	608074
文教、工美、体育和娱乐用品制造业	Calture Education ,Art,Sports and Entertainment Goods Industry	16		291414
石油加工、炼焦和核燃料加工业	Processing of Petroleum，Coking，Processing of Nuclear Fuel	35	5	2169392
化学原料和化学制品制造业	Manufacture of Raw Chemical Materials and Chemical Products	350	29	16232569
医药制造业	Manufacture of Medicines	316	22	13537382
化学纤维制造业	Manufacture of Chemical Fibers	9	3	651512
橡胶和塑料制品业	Manufacture of Rubber and Plastic	160	9	2699789
非金属矿物制品业	Manufacture of Non-metallic Mineral Products	529	30	14914071
黑色金属冶炼和压延加工业	Smelting and Pressing of Ferrous Metals	90	15	9078811
有色金属冶炼和压延加工业	Smelting and Pressing of Non- ferrous Metals	32	2	1625204
金属制品业	Manufacture of Metal Products	157	3	3070193
通用设备制造业	Manufacture of General Purpose Machinery	207	19	4080099
专用设备制造业	Manufacture of Special Purpose Machinery	216	10	5688866
汽车制造业	Manufacture of Automotive	433	39	60588727
铁路、船舶、航空航天和其他运输设备制造业	Manufacture of Railway,Ship,Aerospace and Other Transport Equipment	32	2	2797035
电气机械和器材制造业	Manufacture of Electrical Machinery and Equipment	138	10	3070868
计算机、通信和其他电子设备制造业	Manufacture of Compater,Communication and Other Electronic Equipment	34	4	846382
仪器仪表制造业	Manufacture of Instrument	27	3	381695
其他制造业	Other Manufacturing	19		278353
废弃资源综合利用业	Wast Resources Utilization Industry	12		230558
金属制品、机械和设备修理业	Metal Products,Machinery and Equipment Repair Industry	6		80834
电力、热力生产和供应业	Production and Supply of Electric Power and Heat Power	216	54	8768891
燃气生产和供应业	Production and Supply of Gas	24	3	645809
水的生产和供应业	Production and Supply of Water	22	14	298074

Industry Enterprise Big Industry Main Elonomic Indicators（2013）

unit: 10000 yuan

工业销售产值（当年价格）Sales Value of Industry（current price）	出口交货值 Delivery Value for Export	年初存货 Beginning Inventory	产成品 Finished Goods	资产总计 Total Assets	流动资产合计 Total Current Assets	应收帐款 Account Receivable
216908951	**3609748**	**15254719**	**4932531**	**156779607**	**67922291**	**12985103**
3147857		123603	54102	3085536	920675	179090
4179981		44303	16948	9160038	2080395	341384
2494425	12	83134	31313	1903466	489270	91042
1371435		30643	9415	1107707	268337	14932
1159457	432	16023	11814	324691	104937	22765
751186		319471	37277	2170438	830361	354328
18363		177	177	44879	3816	920
30937650	846446	1106722	531548	10481675	3889025	766534
3705175	75036	287019	83618	2253978	941752	113201
4687544	4751	327293	106724	2801468	1001069	161694
1266997		499877	10785	1242956	923921	158029
1288391	53352	55941	21789	829330	291298	93212
964695	293728	99674	64512	444776	281393	42181
203143	17688	5999	4698	58970	25821	5423
8012045	939040	330247	173915	3535410	1054462	166378
1124507	99561	29255	11921	378010	119046	31134
1190437	926	72245	25243	1293586	419375	100094
574442	3639	27057	10042	629010	162666	48279
284378	14060	11463	4494	65485	28737	8642
2133495		181193	121453	717787	287594	31073
16096489	78278	962445	288119	8109446	2683104	412301
13040303	89164	833903	400964	9516650	4727497	1203324
637730	50	109130	49914	1028810	371460	41095
2651180	23402	1149433	46436	4394230	2001937	649043
14691049	54637	1244376	891748	10038929	4705454	811869
8989675	20028	669320	203770	7110225	2194119	206901
1670577	27699	446319	101226	5438155	2883079	547131
2993510	7810	220313	55481	1602131	724010	205796
3986530	2226	172801	79620	1668527	882938	275861
5570642	50701	315718	150766	2463610	1167456	315268
59938728	489649	3978057	1182550	38696720	24955740	3351927
2807213	308831	979915	19124	3702833	2530775	1210016
3002854	22042	179201	68240	1609340	869126	237687
818539	68787	75928	26796	847902	436093	106580
387749	17747	34011	14122	321757	159091	44006
269992		4354	1737	63094	26163	9354
217070		8281	3074	143962	67729	13966
78421		3416	337	63927	27363	13449
8670000		184946	6646	16232645	2116517	562545
599840		27004	9137	632189	150084	16914
295258	29	4510	942	565332	110609	13738

单位：万元

13－3 续表 1

市、县	City，County	存货 Stock-in-trade	产成品 Finished Goods	在产品 Goods
总计	**Total**	**15986440**	**5648224**	**1769857**
煤炭开采和洗选业	Mining and Washing of Coal	111731	47070	4109
石油和天然气开采业	Extraction of Petroleum and Natural Gas	55746	32222	776
黑色金属矿采选业	Mining and Procssing of Ferrous Metal Ores	66204	24239	3882
有色金属矿采选业	Mining and Processing of Non-ferrous Metal Ores	37670	15840	2825
非金属矿采选业	Mining and Processing of Nonmetal Ores	21342	15439	1606
开采辅助活动	Mining Support Activities	249689	23545	127606
其他采矿业	Mining of Other Ores	1586	1586	
农副食品加工业	Processing of Food form Agricultural Products	1444141	718499	107943
食品制造业	Manufacture of Food	321978	106463	7398
酒、饮料和精制茶制造业	Manufacture of Wine,Beverages and Tea	370768	102700	20493
烟草制品业	Manufacture of Tobacco	626285	13284	2199
纺织业	Manufacture of Textile	64496	28096	3640
纺织服装、服饰业	Manufacture of Textile and Apparel	113568	78015	5602
皮革、毛皮、羽毛及其制品和制鞋业	Leather,Fur,Feathers and Footwear Industry	7184	4706	386
木材加工和木、竹、藤、棕、草制品业	Processing of Timber，Manufacture of Wood，Bamboo，Rattan，Palm and Straw Products	358363	189756	31104
家具制造业	Manufacture of Furniture	36121	19137	2599
造纸和纸制品业	Manufacture of Paper and Paper Products	67041	22855	7768
印刷和记录媒介复制业	Printing，Reproduction of Recording Media	32565	13454	3963
文教、工美、体育和娱乐用品制造业	Calture Education ,Art,Sports and Entertainment Goods Industry	12680	4775	1118
石油加工、炼焦和核燃料加工业	Processing of Petroleum，Coking，Processing of Nuclear Fuel	92323	39157	5248
化学原料和化学制品制造业	Manufacture of Raw Chemical Materials and Chemical Products	896930	272356	143319
医药制造业	Manufacture of Medicines	1039101	515553	89020
化学纤维制造业	Manufacture of Chemical Fibers	115042	62707	23891
橡胶和塑料制品业	Manufacture of Rubber and Plastic	1080956	66541	9901
非金属矿物制品业	Manufacture of Non-metallic Mineral Products	1222915	346518	521029
黑色金属冶炼和压延加工业	Smelting and Pressing of Ferrous Metals	582474	164516	19247
有色金属冶炼和压延加工业	Smelting and Pressing of Non- ferrous Metals	465492	161119	14448
金属制品业	Manufacture of Metal Products	220303	66918	27700
通用设备制造业	Manufacture of General Purpose Machinery	211268	95344	17412
专用设备制造业	Manufacture of Special Purpose Machinery	357865	178134	74177
汽车制造业	Manufacture of Automotive	4509014	2040955	119370
铁路、船舶、航空航天和其他运输设备制造业	Manufacture of Railway,Ship,Aerospace and Other Transport Equipment	576976	23035	305070
电气机械和器材制造业	Manufacture of Electrical Machinery and Equipment	211508	86317	17570
计算机、通信和其他电子设备制造业	Manufacture of Compater,Communication and Other Electronic Equipment	95838	35807	19885
仪器仪表制造业	Manufacture of Instrument	40212	13351	11028
其他制造业	Other Manufacturing	6773	3946	1230
废弃资源综合利用业	Wast Resources Utilization Industry	9435	3340	1627
金属制品、机械和设备修理业	Metal Products,Machinery and Equipment Repair Industry	3155	1623	19
电力、热力生产和供应业	Production and Supply of Electric Power and Heat Power	214865	7106	13230
燃气生产和供应业	Production and Supply of Gas	30328	1517	99
水的生产和供应业	Production and Supply of Water	4509	684	321

contiued

unit: 10000 yuan

固定资产合　计 Total Fixed Assets	固定资产原价 Original Value of Fixed Assets	累计折旧 Accumulated Depreciation	本年折旧 Depreciation Charge for the Year	在建工程 Construction in Progress	负债合计 Total Liabilities	流动负债合计 Total Current Liabilities	应付账款 Accounts Payable
67391741	**142900338**	**79775872**	**11614960**	**9035731**	**85602242**	**62040483**	**20938899**
1841652	3963413	2184124	292226	137533	2211549	1552653	338255
6753406	11331494	4987873	721303	2591	4102969	1545717	1347179
797112	2160128	1442016	174634	99845	1001298	731310	243201
593226	1056182	509408	82313	49746	423539	349240	36256
185775	468589	318232	45166	318	86169	43305	10689
1233480	2013863	888366	115758	79589	1677489	1621205	263426
41063	51825	10762	1319		5837	600	
5392818	13019519	7964041	1196077	320403	5037478	3509675	800895
922498	1956242	1180425	316248	82264	1112395	696140	166547
1401789	2749510	1499882	239917	69317	1337688	1129769	151239
269667	458697	202614	25546	13584	619369	619330	205137
513597	1929918	1440524	181300	24289	458752	228118	83194
117440	1328529	1229438	147296	10912	259637	168995	58770
32376	231826	199585	26119	66	30267	26153	3340
1820309	4910401	3178660	553370	87093	1448499	939664	152812
221697	641094	433229	59905	20949	139862	122929	30293
632128	783615	454439	59102	296106	594282	380540	76298
140667	261319	132508	20140	13678	232685	206114	30575
32325	150901	121120	16744	65	26830	19809	6109
361955	1106570	754626	77319	25031	415866	367678	73547
4394891	12039215	7329521	850847	269075	3642629	2735878	691649
2367221	5923026	3756077	585653	430864	3457903	2826785	533928
470842	842461	666237	73947	84222	774953	611425	73238
1946677	3337876	1463385	119690	22529	1623605	1455365	210995
3875920	9724042	6010472	1020200	187328	5861706	3434580	652578
2636373	6357859	4218308	551825	2174615	5188995	4091277	1605919
2326392	2663294	704735	150271	1221656	4036078	2946272	332540
719713	2069001	1485831	190834	127680	818670	645180	130779
640163	3195942	2592283	328976	21984	851505	655476	199892
1011191	3905417	2959521	424447	33780	1066219	821178	204994
8828158	16988486	8353604	1375001	1635065	21179309	17810679	9043715
898577	1137271	354551	83029	33666	2616629	2395700	050060
638904	2231292	1658229	230859	20096	722648	604283	249233
313107	563961	258303	37519	35860	389007	255399	90428
74147	172996	100114	15914	53113	112480	59376	13495
32582	129648	100897	16260	145	19089	16359	2329
65608	61696	11645	5399	27	51529	48111	8545
24607	37815	14893	1813	45	43584	17521	7371
12140955	19710865	8026626	1128247	1242607	11318857	5967199	1886203
278736	434520	172406	33192	86310	316116	223044	47041
401998	800016	406366	39239	21689	288276	160373	18198

单位：万元

13－3 续表 2

市、县	City，County	非流动负债合计 Non-Current Liabilities	所有者权益合计 Total Owners' Equities	实收资本 Paid-in Capital
总计	**Total**	**19805326**	**70052365**	**29228229**
煤炭开采和洗选业	Mining and Washing of Coal	301875	878833	496340
石油和天然气开采业	Extraction of Petroleum and Natural Gas	2425192	5056902	228379
黑色金属矿采选业	Mining and Procssing of Ferrous Metal Ores	246717	879024	452891
有色金属矿采选业	Mining and Processing of Non-ferrous Metal Ores	51406	667933	321190
非金属矿采选业	Mining and Processing of Nonmetal Ores	18949	231226	97625
开采辅助活动	Mining Support Activities	54250	481553	1473755
其他采矿业	Mining of Other Ores		39042	39042
农副食品加工业	Processing of Food form Agricultural Products	995383	5227087	2098833
食品制造业	Manufacture of Food	256784	1114316	462243
酒、饮料和精制茶制造业	Manufacture of Wine,Beverages and Tea	50421	1361582	3483254
烟草制品业	Manufacture of Tobacco		623587	185931
纺织业	Manufacture of Textile	205009	364010	74497
纺织服装、服饰业	Manufacture of Textile and Apparel	28063	184960	84835
皮革、毛皮、羽毛及其制品和制鞋业	Leather,Fur,Feathers and Footwear Industry	363	28544	5384
木材加工和木、竹、藤、棕、草制品业	Processing of Timber，Manufacture of Wood，Bamboo，Rattan，Palm and Straw Products	241997	1930148	1078831
家具制造业	Manufacture of Furniture	12433	250700	57585
造纸和纸制品业	Manufacture of Paper and Paper Products	175057	659152	461198
印刷和记录媒介复制业	Printing，Reproduction of Recording Media	19564	393606	93624
文教、工美、体育和娱乐用品制造业	Calture Education ,Art,Sports and Entertainment Goods Industry	766	38655	13104
石油加工、炼焦和核燃料加工业	Processing of Petroleum，Coking，Processing of Nuclear Fuel	40716	279642	129356
化学原料和化学制品制造业	Manufacture of Raw Chemical Materials and Chemical Products	694681	4416567	2505971
医药制造业	Manufacture of Medicines	455501	6036267	1715734
化学纤维制造业	Manufacture of Chemical Fibers	183948	253858	172255
橡胶和塑料制品业	Manufacture of Rubber and Plastic	78221	2693135	1996830
非金属矿物制品业	Manufacture of Non-metallic Mineral Products	2108065	4091414	1391577
黑色金属冶炼和压延加工业	Smelting and Pressing of Ferrous Metals	936290	1881615	1652460
有色金属冶炼和压延加工业	Smelting and Pressing of Non- ferrous Metals	1078373	1401149	302310
金属制品业	Manufacture of Metal Products	130310	744567	365148
通用设备制造业	Manufacture of General Purpose Machinery	133961	801927	377969
专用设备制造业	Manufacture of Special Purpose Machinery	68083	1285936	399401
汽车制造业	Manufacture of Automotive	3167079	17504607	2847177
铁路、船舶、航空航天和其他运输设备制造业	Manufacture of Railway,Ship,Aerospace and Other Transport Equipment	234218	1086145	353537
电气机械和器材制造业	Manufacture of Electrical Machinery and Equipment	51187	866718	336931
计算机、通信和其他电子设备制造业	Manufacture of Compater,Communication and Other Electronic Equipment	126212	450706	177220
仪器仪表制造业	Manufacture of Instrument	33660	207578	62229
其他制造业	Other Manufacturing	199	43987	16029
废弃资源综合利用业	Wast Resources Utilization Industry	92	92412	22108
金属制品、机械和设备修理业	Metal Products,Machinery and Equipment Repair Industry	2000	26443	13237
电力、热力生产和供应业	Production and Supply of Electric Power and Heat Power	5014658	4883896	2860435
燃气生产和供应业	Production and Supply of Gas	62746	316073	100258
水的生产和供应业	Production and Supply of Water	120900	276860	221519

contiued

unit: 10000 yuan

国家资本 State Capital	集体资本 Collective Capital	法人资本 Legal Persons Capital	个人资本 Individual Capital	港澳台资本 Hong Kong, Macao, Taiwan Capital	外商资本 Foreign Capital	营业收入 Operating Revenue	主营业务收入 Revenue from Principal Business
5975218	**2489005**	**11862791**	**6434638**	**565064**	**1726603**	**228187819**	**221849941**
271384	14269	127511	68147			3253006	2967425
22559	3573	125220	77027			4207160	4209346
48465	334	247588	156505			2453691	2425722
25554	2090	100020	193525			1340488	1338636
1500	3599	42106	46055	775	3590	1134580	1134580
1329213	3242	109924	31376			1356715	1333231
			39042			18363	18363
68907	22732	604731	839485	133700	421069	30519485	30396050
3440	1600	161196	161460	92942	39906	3641686	3634854
59600	2047358	241816	1021551	27926	85004	4670418	4651165
6754	50	179128				1273035	1242419
100	1148	19221	41941	4023	7764	1196272	1192435
	555	31356	25407		27398	955637	950931
		1400	3020	274	690	205830	205830
47146	18770	224350	743425	15804	7526	7769339	7749617
5	375	27396	26180	497	3132	1100987	1098054
4420	49478	293251	114048			1120926	1111961
717	12027	44483	21399	20	14978	562874	557847
200		10045	2359	500		283347	283337
24325	19566	50533	34182		750	2103497	2084929
21723	29763	2072509	297005	3007	83130	16504152	15907493
122524	34438	841373	529774	28757	123895	12463254	12459518
80907		16702	10247			535757	511522
10586	4299	1795882	82239	100206	2617	5577837	5553594
59802	12418	657289	617809	10895	31303	14616221	14135710
87229	85591	1410690	52772		16179	7585821	7381390
11193	159	60053	80971		149935	1969600	1963541
93956	7160	100933	156926	6174		2963161	2911934
85712	25163	102575	127450		37247	3940470	3931524
29889	8114	138153	174178	14936	34131	5391884	5367669
1309205	22862	729483	260220	35615	470525	70149322	66073741
59729	19885	241351	15930		15899	2887865	2863426
2585	4265	92691	157600		78789	2962764	2954304
22511	9067	102162	24491	5841	13149	825752	810882
6042	3978	14370	36084		1756	382470	379660
		4288	11741			269976	269976
270	878	2716	18244			226663	224752
	5588	5291	2358			78961	78016
1850640	14196	752732	109408	76874	50942	8763001	8572691
9296		76931	2432	6300	5300	620108	620035
197133	417	3345	20624			305445	291834

单位：万元

13－3 续表 3

市、县	City，County	营业成本 Operating Cost	主营业务成本 Cost of Principal Business	营业税金及附加 Basiness Tax and Surcharge
总计	**Total**	**192132097**	**186416459**	**4970357**
煤炭开采和洗选业	Mining and Washing of Coal	2834919	2569031	34920
石油和天然气开采业	Extraction of Petroleum and Natural Gas	2764204	2763830	227405
黑色金属矿采选业	Mining and Procssing of Ferrous Metal Ores	2030212	2005858	25715
有色金属矿采选业	Mining and Processing of Non-ferrous Metal Ores	1038037	1036599	14745
非金属矿采选业	Mining and Processing of Nonmetal Ores	987501	987501	9245
开采辅助活动	Mining Support Activities	1240480	1213553	54182
其他采矿业	Mining of Other Ores	11234	11234	175
农副食品加工业	Processing of Food form Agricultural Products	27835215	27468136	155787
食品制造业	Manufacture of Food	3144138	3134254	18694
酒、饮料和精制茶制造业	Manufacture of Wine,Beverages and Tea	3827800	3815241	138248
烟草制品业	Manufacture of Tobacco	404290	361253	563502
纺织业	Manufacture of Textile	1048560	1043274	6322
纺织服装、服饰业	Manufacture of Textile and Apparel	871880	866853	2531
皮革、毛皮、羽毛及其制品和制鞋业	Leather,Fur,Feathers and Footwear Industry	179792	179792	903
木材加工和木、竹、藤、棕、草制品业	Processing of Timber，Manufacture of Wood，Bamboo，Rattan，Palm and Straw Products	6566104	6550386	50377
家具制造业	Manufacture of Furniture	911107	909699	20541
造纸和纸制品业	Manufacture of Paper and Paper Products	917576	907975	4847
印刷和记录媒介复制业	Printing，Reproduction of Recording Media	410419	407502	25743
文教、工美、体育和娱乐用品制造业	Calture Education ,Art,Sports and Entertainment Goods Industry	244286	244286	1746
石油加工、炼焦和核燃料加工业	Processing of Petroleum，Coking，Processing of Nuclear Fuel	1860313	1844601	73762
化学原料和化学制品制造业	Manufacture of Raw Chemical Materials and Chemical Products	14539915	13981292	719607
医药制造业	Manufacture of Medicines	8704923	8690020	74234
化学纤维制造业	Manufacture of Chemical Fibers	496383	485687	1784
橡胶和塑料制品业	Manufacture of Rubber and Plastic	4980707	4956147	24051
非金属矿物制品业	Manufacture of Non-metallic Mineral Products	12569120	12146520	123108
黑色金属冶炼和压延加工业	Smelting and Pressing of Ferrous Metals	7322901	7029346	14124
有色金属冶炼和压延加工业	Smelting and Pressing of Non- ferrous Metals	1715135	1700718	10678
金属制品业	Manufacture of Metal Products	2531765	2475435	26372
通用设备制造业	Manufacture of General Purpose Machinery	3386890	3374921	21039
专用设备制造业	Manufacture of Special Purpose Machinery	4518806	4494857	29596
汽车制造业	Manufacture of Automotive	56949098	53668421	2381918
铁路、船舶、航空航天和其他运输设备制造业	Manufacture of Railway,Ship,Aerospace and Other Transport Equipment	2336448	2318976	25700
电气机械和器材制造业	Manufacture of Electrical Machinery and Equipment	2598665	2588879	15038
计算机、通信和其他电子设备制造业	Manufacture of Compater,Communication and Other Electronic Equipment	674878	661802	3441
仪器仪表制造业	Manufacture of Instrument	308455	303883	1981
其他制造业	Other Manufacturing	198090	198090	9172
废弃资源综合利用业	Wast Resources Utilization Industry	194066	192478	937
金属制品、机械和设备修理业	Metal Products,Machinery and Equipment Repair Industry	68186	68156	495
电力、热力生产和供应业	Production and Supply of Electric Power and Heat Power	8122833	7985411	48631
燃气生产和供应业	Production and Supply of Gas	519162	519148	6143
水的生产和供应业	Production and Supply of Water	267606	255415	2921

contiued

unit: 10000 yuan

主营业务税金及附加 Taxes and Other Charges on Principal Business	其他业务收入 Other Operating Income	其他业务利润 Income from Other Operation	销售费用 Selling Cost	管理费用 Management Cost	税金 Expenses of Taxation	财务费用 Finance Cost	利息收入 Interest Income
4941319	**6337878**	**1191578**	**8394698**	**9501333**	**578576**	**2176874**	**203943**
32604	285581	-3882	48491	368838	7507	58551	3405
227405	-2186	-2729	59557	209338	27371	79475	31256
25005	27970	3583	43723	117051	6907	49274	-1279
14511	1852	343	27958	122417	4772	12969	968
9245			36212	41944	1855	7301	100
53998	23484	4018	12511	65643	14326	51695	1240
175			2865	2601	151	375	63
147633	123435	2118	1078442	767724	50568	220301	2502
18655	6832	-268	158844	143017	10400	59496	311
138205	19253	5215	202842	204359	30905	45566	792
563502	30615	-12446	32017	92879	3628	12129	214
6280	3837	4	24750	92076	9781	7650	24
2456	4706	428	23915	28645	1387	4855	31
903			5674	15607	149	1044	
49345	19723	9542	270502	366411	16226	94939	884
20522	2932	700	40143	40755	1544	19754	1136
4786	8965	-593	34567	54376	2869	15743	60
25740	5027	1691	24197	37199	1254	23361	2503
1746	10	10	6890	8679	317	3533	1
73762	18569	2820	23553	70970	14963	14232	795
715245	596659	46722	268286	765773	69729	121356	4940
74182	3737	499	1883468	777680	34532	86971	4828
1675	24236	14113	14128	35869	2587	37152	1606
23863	24243	1728	54206	195945	43437	40094	1245
119676	480511	9510	367716	604758	42617	258181	2584
14099	204431	1877	53673	171909	22583	85702	7160
10678	6058	1201	30546	80628	3854	124752	686
25618	51227	5052	70317	127787	5208	42931	340
20012	8947	2740	86950	154004	7495	26064	2999
29492	24216	4038	121902	234403	9413	45967	2901
2379121	4075580	1039936	3005616	2764944	94932	-30886	115955
25134	24439	5724	53826	190559	7927	54446	1345
14821	8461	1447	72761	112319	6813	24635	2940
2978	14870	5169	23671	56657	2390	9904	2224
1852	2809	45	11087	19709	536	2005	-346
9172			13451	14753	154	5899	21
921	1911		4404	7609	147	1562	123
495	946		1174	5482	57	1104	13
46872	190310	37386	44779	263591	14272	442434	7074
6131	73	41	34285	24869	776	8524	106
2808	13612	3797	20802	41554	2242	5835	195

单位：万元

13－3 续表 4

市、县	City，County	利息支出 Interest Expense	营业利润 Operating Profit	资产减值损失 Impairment of Assets
总计	**Total**	**2098264**	**12915563**	**273761**
煤炭开采和洗选业	Mining and Washing of Coal	52110	-82229	570
石油和天然气开采业	Extraction of Petroleum and Natural Gas	107516	790560	-720
黑色金属矿采选业	Mining and Procssing of Ferrous Metal Ores	38266	185734	2108
有色金属矿采选业	Mining and Processing of Non-ferrous Metal Ores	7552	123648	1003
非金属矿采选业	Mining and Processing of Nonmetal Ores	2959	49693	
开采辅助活动	Mining Support Activities	52179	-137197	13979
其他采矿业	Mining of Other Ores	378	1123	
农副食品加工业	Processing of Food form Agricultural Products	175127	1360611	-754
食品制造业	Manufacture of Food	50805	134102	335
酒、饮料和精制茶制造业	Manufacture of Wine,Beverages and Tea	38273	252582	1672
烟草制品业	Manufacture of Tobacco	11740	169244	
纺织业	Manufacture of Textile	6880	35827	111
纺织服装、服饰业	Manufacture of Textile and Apparel	4248	15542	2
皮革、毛皮、羽毛及其制品和制鞋业	Leather,Fur,Feathers and Footwear Industry	491	10106	
木材加工和木、竹、藤、棕、草制品业	Processing of Timber，Manufacture of Wood，Bamboo，Rattan，Palm and Straw Products	73154	423312	-43
家具制造业	Manufacture of Furniture	18303	68813	84
造纸和纸制品业	Manufacture of Paper and Paper Products	13787	82441	3912
印刷和记录媒介复制业	Printing，Reproduction of Recording Media	20973	53822	392
文教、工美、体育和娱乐用品制造业	Calture Education ,Art,Sports and Entertainment Goods Industry	2624	24284	59
石油加工、炼焦和核燃料加工业	Processing of Petroleum，Coking，Processing of Nuclear Fuel	12974	70110	130
化学原料和化学制品制造业	Manufacture of Raw Chemical Materials and Chemical Products	109162	17185	63621
医药制造业	Manufacture of Medicines	72550	1098136	8132
化学纤维制造业	Manufacture of Chemical Fibers	34642	-51790	4239
橡胶和塑料制品业	Manufacture of Rubber and Plastic	22082	309658	970
非金属矿物制品业	Manufacture of Non-metallic Mineral Products	234426	697509	12538
黑色金属冶炼和压延加工业	Smelting and Pressing of Ferrous Metals	44199	-24613	-3926
有色金属冶炼和压延加工业	Smelting and Pressing of Non- ferrous Metals	99128	70583	9146
金属制品业	Manufacture of Metal Products	36828	188863	3529
通用设备制造业	Manufacture of General Purpose Machinery	20893	278178	1386
专用设备制造业	Manufacture of Special Purpose Machinery	35318	342557	1429
汽车制造业	Manufacture of Automotive	161680	5968709	74143
铁路、船舶、航空航天和其他运输设备制造业	Manufacture of Railway,Ship,Aerospace and Other Transport Equipment	49205	208185	19438
电气机械和器材制造业	Manufacture of Electrical Machinery and Equipment	18069	136162	1070
计算机、通信和其他电子设备制造业	Manufacture of Compater,Communication and Other Electronic Equipment	9973	74941	374
仪器仪表制造业	Manufacture of Instrument	1699	40261	392
其他制造业	Other Manufacturing	5651	18654	
废弃资源综合利用业	Wast Resources Utilization Industry	598	15834	-71
金属制品、机械和设备修理业	Metal Products,Machinery and Equipment Repair Industry	922	2074	
电力、热力生产和供应业	Production and Supply of Electric Power and Heat Power	437385	-107808	53289
燃气生产和供应业	Production and Supply of Gas	8409	24847	-6
水的生产和供应业	Production and Supply of Water	5108	-24690	1229

contiued

unit: 10000 yuan

公允价值变动收益 Fair Value Gain	投资收益 Investment Income	补贴收入 Subsidy Income	营业外收入 Non-business Income	营业外支出 Non-business Expenditure	利润总额 Total Profits	应交所得税 Income Tax Payable	亏损企业亏损总额 Total Loss
-299032	**698193**	**854570**	**491228**	**873945**	**12783917**	**2130575**	**1827145**
-2573	-2294	19320	30904	4198	-67707	14568	184879
	3439	6423	628	42644	755003	8770	13816
-947	-249	-10362	3054	1817	173555	23903	2565
-12102	-6162	3483	994	12505	114626	17713	4857
-1308		41	18	1766	47619	3308	
	-6230	74616		20550	-83131	7864	129819
					1123		
-7878	16556	-4505	10884	172297	1150534	35360	26655
-669	-5475	5710	2061	27530	112131	12332	66443
-3357	-1719	8850	970	20583	215440	22723	11851
	1030	643	300	6938	162949	40892	
	83	2047	1659	168	37706	2723	2178
-18925	209	20583	19725	4900	31225	1106	859
	-349	-33		163	9911	1597	154
-9205	1604	13861	9850	37617	399529	20983	2919
-370	-390	4869		2841	70808	5799	87
-4386	32	36618	2641	5337	113879	10559	7543
-5	19652	2298	764	1089	55045	5293	1132
		-1800	150	5011	17473	2319	
-1016	-2957	1361	110	2391	68958	10561	10131
-66939	-19329	96061	81667	132970	-19221	65714	601257
4497	75937	-48459	12855	43422	1006293	94993	41667
	117	13494	2264	1765	-40061	1193	41267
	619	47646	45463	39000	273675	49198	7666
-33303	45327	70113	58553	65674	701784	101450	49061
	-4896	-522	4257	4121	-29124	13949	160315
-31212	44657	5398	1225	2206	73775	11233	2347
-599	-37865	6615	4277	28737	166326	15444	15947
-38673	-892	2610	1752	26525	253320	32355	8515
-30437	337	5806	1230	5885	342479	27088	6391
1719	563134	259067	124507	80796	6138660	1396163	154038
	365	10320	1834	9381	209102	29282	6166
-19795	251	7143	607	12919	130356	14611	17285
-9145	437	4452	3037	5849	73461	11044	314
-9512	3	1191	544	2492	38960	3921	54
		430			19084	545	
	112	759		1890	14703	340	
		151		79	2146	295	
-2834	13096	173559	60373	36054	30408	11934	218192
	-19	3950	80	544	28333	1137	662
-59	22	10764	1995	3290	-17216	316	30117

单位：万元

13－3 续表 5

市、县	City，County	利税总额 Total Pre-tax Profits	应交税金及附加 Tax Payable and Surcharge	本年应付职工薪酬 The Year of Payable Employees
总计	**Total**	**24080851**	**14006085**	**7959073**
煤炭开采和洗选业	Mining and Washing of Coal	107122	196905	496772
石油和天然气开采业	Extraction of Petroleum and Natural Gas	1279508	560647	388442
黑色金属矿采选业	Mining and Procssing of Ferrous Metal Ores	291345	148600	73901
有色金属矿采选业	Mining and Processing of Non-ferrous Metal Ores	186051	93910	78280
非金属矿采选业	Mining and Processing of Nonmetal Ores	89232	46777	20759
开采辅助活动	Mining Support Activities	848	106170	216179
其他采矿业	Mining of Other Ores	3030	2058	212
农副食品加工业	Processing of Food form Agricultural Products	1734052	669446	415333
食品制造业	Manufacture of Food	217562	128163	94617
酒、饮料和精制茶制造业	Manufacture of Wine,Beverages and Tea	474767	312954	145443
烟草制品业	Manufacture of Tobacco	856815	738386	48466
纺织业	Manufacture of Textile	55591	30389	77776
纺织服装、服饰业	Manufacture of Textile and Apparel	40882	12150	33333
皮革、毛皮、羽毛及其制品和制鞋业	Leather,Fur,Feathers and Footwear Industry	14244	6079	5791
木材加工和木、竹、藤、棕、草制品业	Processing of Timber，Manufacture of Wood, Bamboo，Rattan，Palm and Straw Products	595398	233078	224819
家具制造业	Manufacture of Furniture	122794	59329	29132
造纸和纸制品业	Manufacture of Paper and Paper Products	154079	53627	55699
印刷和记录媒介复制业	Printing，Reproduction of Recording Media	99781	51283	18303
文教、工美、体育和娱乐用品制造业	Calture Education ,Art,Sports and Entertainment Goods Industry	27870	13032	8663
石油加工、炼焦和核燃料加工业	Processing of Petroleum，Coking，Processing of Nuclear Fuel	176563	133129	30210
化学原料和化学制品制造业	Manufacture of Raw Chemical Materials and Chemical Products	1053065	1207729	655471
医药制造业	Manufacture of Medicines	1586758	709990	476714
化学纤维制造业	Manufacture of Chemical Fibers	−27242	16599	56469
橡胶和塑料制品业	Manufacture of Rubber and Plastic	343932	162891	74797
非金属矿物制品业	Manufacture of Non−metallic Mineral Products	1119159	561441	399972
黑色金属冶炼和压延加工业	Smelting and Pressing of Ferrous Metals	66815	132471	216691
有色金属冶炼和压延加工业	Smelting and Pressing of Non- ferrous Metals	109938	51250	29574
金属制品业	Manufacture of Metal Products	259775	114100	99483
通用设备制造业	Manufacture of General Purpose Machinery	352697	139227	113992
专用设备制造业	Manufacture of Special Purpose Machinery	480532	174554	125241
汽车制造业	Manufacture of Automotive	10925786	6278221	2030949
铁路、船舶、航空航天和其他运输设备制造业	Manufacture of Railway,Ship,Aerospace and Other Transport Equipment	414335	242442	178561
电气机械和器材制造业	Manufacture of Electrical Machinery and Equipment	215956	107024	75450
计算机、通信和其他电子设备制造业	Manufacture of Compater,Communication and Other Electronic Equipment	93337	33309	44616
仪器仪表制造业	Manufacture of Instrument	48591	14088	21274
其他制造业	Other Manufacturing	33958	15574	3204
废弃资源综合利用业	Wast Resources Utilization Industry	24371	10155	8361
金属制品、机械和设备修理业	Metal Products,Machinery and Equipment Repair Industry	4684	2890	3568
电力、热力生产和供应业	Production and Supply of Electric Power and Heat Power	404977	400775	804978
燃气生产和供应业	Production and Supply of Gas	46150	19729	23526
水的生产和供应业	Production and Supply of Water	−4257	15517	54056

contiued

unit: 10000 yuan

本年应交增值税 Value Added Tax Payable This Year	全部从业人员年平均人数（人） Annual Average Employed Persons (person)	总资产贡献率（%） Total Assets Contribution Rate（%）	资产负债率（%） Assets-liability Ratio（%）	流动资产周转率（次/年） Current Assets Turnover (times/year)	成本费用利润率（%） Ratio of Pre-tax Profit to Cost（%）	产品销售率（%） Proportion of Products Sold（%）
6326577	**1501016**	**16.57**	**54.60**	**3.36**	**6.02**	**98.32**
139909	100034	5.05	71.67	3.53	-2.05	96.34
297101	37484	14.80	44.79	2.02	24.26	99.44
92076	17984	17.38	52.60	5.02	7.75	98.39
56681	16602	17.39	38.24	5.00	9.54	98.78
32368	7122	28.36	26.54	10.81	4.44	98.04
29798	24241	2.39	77.29	1.63	-6.07	98.90
1732	84	7.46	13.01	4.81	6.58	100.00
427732	128999	18.19	48.06	7.85	3.85	98.18
86737	26747	11.89	49.35	3.87	3.20	94.40
121079	40122	18.28	47.75	4.67	5.03	98.22
130363	3971	69.86	49.83	1.38	30.10	100.32
11564	29942	7.53	55.32	4.11	3.21	96.63
7126	13455	10.14	58.37	3.40	3.36	100.67
3431	1940	24.99	51.33	7.97	4.90	96.30
145492	75214	18.89	40.97	7.37	5.47	97.14
31445	9381	37.03	37.00	9.25	7.00	96.94
35353	15162	12.97	45.94	2.67	11.14	95.73
18993	5499	18.80	36.99	3.46	11.12	94.47
8651	3072	46.56	40.97	9.86	6.63	97.59
33843	8572	26.29	57.94	7.31	3.50	98.35
352679	90686	14.27	44.92	6.15	-0.12	99.16
506231	132845	17.39	36.34	2.64	8.79	96.33
11035	8790	0.56	75.33	1.44	-6.87	97.88
46206	21638	8.30	36.95	2.79	5.19	98.20
294267	80845	13.46	58.39	3.11	5.09	98.50
81816	48929	1.46	72.98	3.46	-0.38	99.02
25485	11675	3.83	74.22	0.68	3.78	102.79
67076	22986	18.49	51.10	4.09	6.00	97.50
78338	28624	22.21	51.03	4.46	6.93	97.71
108458	34004	20.82	43.28	4.62	6.96	97.92
2405208	274866	28.35	54.73	2.81	9.79	98.93
179533	24345	12.48	70.67	1.14	7.93	100.36
70562	18762	14.36	44.90	3.41	4.64	97.79
16434	9806	11.92	45.88	1.89	9.60	96.71
7650	4508	15.74	34.96	2.40	11.42	101.59
5703	1481	62.75	30.25	10.32	8.22	97.00
8731	2647	17.26	35.79	3.35	7.08	94.15
2043	1467	8.75	68.18	2.89	2.83	97.01
325938	99648	5.15	69.73	4.14	0.34	98.87
11674	5453	8.61	50.00	4.13	4.83	92.88
10038	11384	0.12	50.99	2.76	-5.13	99.06

13－4　工业企业产品产量（2013）
Industrial Enterprises Major Products Outputs（2013）

项　　目	Item	单位 unit	2013
原煤	Total	吨 ton	31566996
无烟煤	Anthracite	吨 ton	228390
烟煤	Bituminous Coal	吨 ton	21057301
炼焦烟煤	Coking Bituminous Coal	吨 ton	5380232
一般烟煤	General Bituminous Coal	吨 ton	15677069
褐煤	Wood Coal	吨 ton	10281304
洗煤	Coal Washing	吨 ton	13008422
#洗精煤	Washed Coal	吨 ton	6762402
天然原油	Crude Petroleum Oil	吨 ton	6202949
天然气	Natural Gas	万立方米 10000cu.m	237017
铁矿石原矿	Iron Ore	吨 ton	18085236
铜金属含量	Copper Content	吨 ton	12106
铅金属含量	Lead Metal Content	吨 ton	15017
锌金属含量	Zinc Content	吨 ton	24885
钼精矿折合量（折纯钼45%）	Molybdenum in Quantity	吨 ton	8583
小麦粉	Wheat Flour	吨 ton	19758
大米	Rice	吨 ton	9957627
饲料	Feed	吨 ton	7269890
#配合饲料	Compound Feed	吨 ton	2891460
混合饲料	Mixed Feed	吨 ton	3550537
精制食用植物油	Refined Edible Vegetable Oil	吨 ton	857959
鲜、冷藏肉	Fresh, Frozen Meat	吨 ton	1959726
速冻米面食品	Frozen Rice food	吨 ton	118299
方便面	Instant Noodles	吨 ton	91939
乳制品	Dairy	吨 ton	165827
#液体乳	Liquid Milk	吨 ton	140986
乳粉	Milk	吨 ton	24841
罐头	Canned Foods	吨 ton	8893
酱油	Soy Sauce	吨 ton	77969
冷冻饮品	Frozen Drinks	吨 ton	361442
食品添加剂	Food Additives	吨 ton	33191
发酵酒精（折96度，商品量）	Fermentation Alcohol	千升 kl	1602581
饮料酒	Potable Spirit	千升 kl	2357120
#白酒（折65度，商品量）	Chinese Liquor	千升 kl	561685
啤酒	Beer	千升 kl	1486217
葡萄酒	Wine	千升 kl	267360
软饮料	Soft Drink	吨 ton	7548499
#碳酸饮料类（汽水）	Carbonated Drink	吨 ton	624247
包装饮用水类	Packaged Water	吨 ton	6291607
果汁和蔬菜汁饮料类	Fruit and Vegetable Juice Drinks	吨 ton	310259

13－4 续表 1 continued

项　　目	Item	单位 unit	2013
卷烟	Cigarette	万支 10000pieces	4850000
纱	Yarn	吨 ton	66060
棉纱	Cotton Yarn	吨 ton	12731
棉混纺纱	Blended Yarn	吨 ton	17837
化学纤维纱	Chemical Fiber Yarn	吨 ton	35492
布	Cloth	万米 10000m	4477
#棉布	Cotton	万米 10000m	3332
棉混纺布	Cotton Cloth	万米 10000m	1145
毛机织物（呢绒）	Wool Fabrics	万米 10000m	2213
亚麻布（含亚麻≥55%）	Linen	万米 10000m	115
无纺布（无纺织物）	Non-woven	吨 ton	1407
服装	Clothing	万件 10000pieces	21236
梭织服装	Woven Garments	万件 10000pieces	3615
西服套装	Suits	万件 10000pieces	104
衬衫	Shirt	万件 10000pieces	150
针织服装	Knitwear	万件 10000pieces	17621
轻革	Light Leather	平方米 cu.m	535955
皮革鞋靴	Leather Footwear	万双 10000pairs	136
人造板	Wood-based Panels	立方米 cu.m	8336741
#胶合板	Plywood	立方米 cu.m	1105676
纤维板	Fiberboard	立方米 cu.m	991764
刨花板	Particleboard	立方米 cu.m	765452
人造板表面装饰板	Plywood Cladding	平方米 cu.m	1522270
实木木地板	Solid Wood Flooring	平方米 cu.m	9620636
复合木地板	Laminate Flooring	平方米 cu.m	39577404
家具	Furniture	件 piece	2920923
#木质家具	Wood Furniture	件 piece	2271488
软体家具	Upholstered Furniture	件 piece	151055
纸浆（原生浆及废纸浆）	Pulp	吨 ton	33482
机制纸及纸板（外购原纸加工除外）	Machine-made Paper and Paperboard	吨 ton	347643
涂布类印刷用纸	Coated Printing Paper Category	吨 ton	17518
卫生用纸原纸	Sanitary Paper Base Paper	吨 ton	3995
箱纸板	Linerboard	吨 ton	37357
纸制品	Paper Products	吨 ton	499197
#瓦楞纸箱	Corrugated	吨 ton	340064
单色印刷品	Monochrome Printing	令 ream	188673
多色印刷品	Multi-color Print	对开色令 bisect color ream	3474189
原油加工量	Crude Runs	吨 ton	9861982
汽油	Gasoline	吨 ton	2017272
柴油	Diesel Oil	吨 ton	3879471
燃料油	Fuel Oil	吨 ton	271860

13－4 续表 2 continued

项　　目	Item	单位 unit	2013
石脑油	Naphtha	吨 ton	713267
液化石油气	Liquefied Petroleum Gas	吨 ton	442222
石油焦	Solvent Oil	吨 ton	220410
焦炭	Coke	吨 ton	4886141
#机焦	Coke Machine	吨 ton	2509991
硫酸（折100%）	Sulfuric Acid	吨 ton	468789
盐酸（氯化氢,含量31%）	Hydrochloric Acid	吨 ton	64484
浓硝酸（折100%）	Concentrated Nitric Acid	吨 ton	34816
烧碱（折100%）	Caustic Soda	吨 ton	184905
#离子膜法烧碱（折100%）	Ion-exchange Membrane Caustic Soda	吨 ton	184905
碳化钙（电石，折 300升/千克）	Calcium Carbide	吨 ton	1672
乙烯	Ethylene	吨 ton	733684
纯苯	Benzene	吨 ton	256188
精甲醇	Refined Methanol	吨 ton	36263
合成氨（无水氨）	Synthesis Ammonia	吨 ton	544901
农用氮、磷、钾化学肥料总计（折纯）	Agricultural Nitrogen, Phosphorus and Potassium Fertilizers Total	吨 ton	521990
氮肥（折含N100%）	Nitrogenous Fertilizer	吨 ton	454654
#尿素（折含N100%）	Urea	吨 ton	200156
磷肥（折五氧化二磷100%）	Phosphate	吨 ton	33668
钾肥（折氧化钾100%）	Potash Fertilizer	吨 ton	33668
化学农药原药（折有效成分100%）	Chemical Pesticides	吨 ton	11326
涂料	Paint	吨 ton	108044
初级形态的塑料	Primary Plastic	吨 ton	927861
高密度聚乙烯树酯（HDPE）	High Density Polyethylene Resin	吨 ton	215532
线性低密度聚乙烯树酯（LLDPE）	Linear Low Density Polyethylene Resin	吨 ton	247927
聚丙烯树脂	Polypropylene Resin	吨 ton	11438
聚氯乙烯树脂	PVC Resin	吨 ton	112688
ABS树脂	ABS Resin	吨 ton	304564
合成橡胶	Synthetic Rubber	吨 ton	179010
合成纤维单体	Synthetic Fiber Monomers	吨 ton	406492
化学试剂	Chemical Reagents	吨 ton	12761
合成洗涤剂	Synthetic Detergent	吨 ton	321560
#合成洗衣粉	Synthetic Detergent	吨 ton	239418
化学药品原药	Chemical Medicines	吨 ton	5907
中成药	Chinese Patent Medicine	吨 ton	573372
化学纤维用浆粕	Chemical Fiber Pulp	吨 ton	63857
化学纤维	Chemical Fiber	吨 ton	273532
#人造纤维（纤维素纤维）	Man-made Fibers	吨 ton	54895
#粘胶短纤维	Viscose Staple Fiber	吨 ton	35341
粘胶纤维长丝	Viscose Filament	吨 ton	19554

13－4 续表 3 continued

项　　目	Item	单位 unit	2013
合成纤维	Synthetic Fiber	吨 ton	218637
涤纶纤维	Polyester Fiber	吨 ton	22456
腈纶纤维	Acrylic Fiber	吨 ton	191238
橡胶轮胎外胎	Rubber Tire	条 tire	3494447
#子午线轮胎外胎	Redial Tire	条 tire	3494447
塑料制品	Plastic Products	吨 ton	840366
#塑料薄膜	Plastic Film	吨 ton	134915
#农用薄膜	Agricultural Film	吨 ton	134915
泡沫塑料	Foam	吨 ton	9504
塑料人造革、合成革	Plastic Artificial Leather, Synthetic Leather	吨 ton	3346
日用塑料制品	Household Plastic Products	吨 ton	60637
硅酸盐水泥熟料	Portland Cement Clinker	吨 ton	31063992
#窑外分解窑水泥熟料	Outside the Kiln Cement Clinker Kiln	吨 ton	29500112
水泥	Cement	吨 ton	45029167
#强度等级42.5水泥（含R型）	Strength Grade 42.5 Cement	吨 ton	23621889
商品混凝土	Commercial Concrete	立方米 cu.m	5871173
水泥混凝土排水管	Concrete Drainage Pipes	千米 km	1088
水泥混凝土电杆	Cement Concrete Pole	根 root	3836
预应力混凝土桩	Prestressed Concrete Piles	米 meter	9156363
砖	Brick	万块 10000units	860095
瓦	Tile	万片 piece	306041
天然大理石建筑板材	Natural Marble Building Boards	平方米 sq.m	1393062
天然花岗石建筑板材	Natural Granite Building Boards	平方米 sq.m	20419640
沥青和改性沥青防水卷材	Asphalt and Modified Bitumen Membrane	平方米 sq.m	4799616
平板玻璃	Plate Glass	重量箱 weight case	3643958
钢化玻璃	Armoured Glass	平方米 sq.m	2428753
夹层玻璃	Laminated Glass	平方米 sq.m	195306
日用玻璃制品	Household Glass Products	吨 ton	41340
玻璃包装容器	Glass Containers	吨 ton	542653
耐火材料制品	Fire-resisting Materials	吨 ton	158392
石墨及炭素制品	Graphite and Carbon Products	吨 ton	307975
生铁	Pig Iron	吨 ton	11162160
粗钢	Crude Steel	吨 ton	12852643
铸铁件	Iron Casting	吨 ton	530153
铸钢件	Steel Casting	吨 ton	17936
钢材	Rolled Steel	吨 ton	15101139
大型型钢	Large steel	吨 ton	218432
中小型型钢	Medium,Small Steel	吨 ton	36408
棒材	Bar	吨 ton	834723
钢筋	Steel Bar	吨 ton	3512234
线材（盘条）	Wire Rod	吨 ton	3353255
冷轧薄板	Cold Rolled Sheet	吨 ton	62811
中厚宽钢带	Medium Wide Steel Belt	吨 ton	1434040
热轧薄宽钢带	Hot-rolled Thin Wide Steel Belt	吨 ton	3300052
热轧窄钢带	Hot-rolled Narrow Steel Belt	吨 ton	1192330

13－4 续表 4 continued

项目	Item	单位 unit	2013
冷轧窄钢带	Cold-rolled Narrow Steel Belt	吨 ton	98184
无缝钢管	Seamless Steel Pipe	吨 ton	378809
焊接钢管	Welded Steel Pipe	吨 ton	501412
用外购国产钢材再加工生产的钢材	Domestically Produced Steel Used for Further Processing Production Steel	吨 ton	1130688
铁合金	Ferroalloy	吨 ton	368411
锰硅合金	Silicon Manganese Alloy	吨 ton	6548
十种有色金属	Ten Kind of Ferrous Metals	吨 ton	8475
镁	Magnesium	吨 ton	8475
黄金	Gold	千克 kg	3379
铝材	Aluminum	吨 ton	117970
金属切削工具	Metal Cutting Tools	万件 10000pieces	540
钢绞线	Steel Strand	吨 ton	6231
锻件	Forging	吨 ton	71275
工业锅炉	Industrial Boiler	蒸发量吨 ton	15060
发动机	Engine	千瓦 kw	263714662
#汽车用发动机	Automotive Engine	千瓦 kw	263714662
金属切削机床	Metal Cutting Machine	台 unit	2046
#数控金属切削机床	Metal Cutting Machine Tool and Numerical Control	台 unit	11
电焊机	Welder	台 unit	36443
起重机	Crane	吨 ton	177964
输送机械（输送机和提升机）	Transportation Machinery	吨 ton	32348
泵	Pump	台 unit	66015
气体压缩机	Gas Compressor	台 unit	11858
#制冷设备用压缩机	Compressors for Refrigerating Equipment	台 unit	540
阀门	Valve	吨 ton	714
滚动轴承	Antifriction Bearing	万套 10000sets	23027
齿轮	Gear	吨 ton	1130
工业电炉	Industrial Furnace	台 unit	11
风机	Fan	台 unit	29493
衡器（秤）	Scale	台 unit	4392
包装专用设备	Special Equipment Package	台 unit	4841
矿山专用设备	Mine Equipment	吨 ton	29460
石油钻井设备	Oil Drilling Equipment	台（套）set	463
金属冶炼设备	Metal Smelting Equipment	吨 ton	41562
炼油、化工生产专用设备	Refining and Chemical Production Equipment	吨 ton	26734
模具	Mold	套 set	436630
饲料生产专用设备	Special Equipment for Feed Production	台 unit	69
印刷专用设备	Printing Equipment	吨 ton	384
大型拖拉机	Large Tractor	台 unit	607
中型拖拉机	Medium-sized Tractors	台 unit	808
小型拖拉机	Small Tractors	台 unit	10203

13－4 续表 5 continued

项　　目	Item	单位 unit	2013
收获机械	Harvesting Manchinery	台 unit	14049
#谷物收获机械	Grain Harvesting Manchinery	台 unit	2448
玉米收获机械	Maize Harvester	台 unit	4308
收获后处理机械	Post Harvest Handing Machinery	台 unit	3823
环境污染防治专用设备	Pollution Prevention Special Equipment	台（套）set	2523
#大气污染防治设备	Air Pollution Control Equipment	台 unit	1351
水质污染防治设备	Water Pollution Control Equipment	台（套）set	1172
汽车	Motor Vehicle	辆 set	2342273
#基本型乘用车（轿车）	Car	辆 set	1629074
1升<排量≤1.6升	1 Litre < Displacement ≤ 1.6 Litres	辆 set	946838
1.6升<排量≤2.0升	1.6Litres < Displacement ≤ 2.0 Litres	辆 set	597870
2.0升<排量≤2.5升	2.0 Litres< Displacement ≤ 2.5 Litres	辆 set	84366
多功能乘用车（MPV）	Multi-Purpose Vehicle	辆 set	84779
运动型多用途乘用车（SUV）	Sports Utility Vehicle	辆 set	261995
客车	Bus	辆 set	86037
大型客车（车长>10米）	Large Bus	辆 set	1955
中型客车（7米<车长≤10米）	Medium Bus	辆 set	1921
轻型客车（车长≤7米）	Light Bus	辆 set	82161
载货汽车	Lorry	辆 set	194236
改装汽车	Modified Car	辆 set	25443
动车组	Electrical Multiple Unit	辆 set	624
铁路客车	Railway Passenger Car	辆 set	1794
发电机组（发电设备）	Generating Set	千瓦 kw	831396
风力发电机组	Wind Generating Set	千瓦 kw	735303
交流电动机	Alternating Current Motor	千瓦 kw	164885
变压器	Transformer	千伏安 kva	7852233
#电力变压器(额定容量≥8000kVA，电压≥500kV)	Power Transformer	千伏安 kva	808000
电力电容器	Power Capacitor	千乏	8076
高压开关板	High-voltage Switch Board	面 cover	2175
低压开关板	Low-voltage Switch Board	面 cover	189666
高压开关设备（11万伏以上）	High-voltage Switchgear	台 unit	1563
通信及电子网络用电缆	Communications and Electronic Networks Used Cable	对千米 km	51480
电力电缆	Power Cable	千米 km	347353
绝缘制品	Insulation Products	吨 ton	22069
锂离子电池	Lithium Ion Battery	只（自然只）pieces	5031850
灯具及照明装置	Lamps and Lighting Fittings	套（台、个）set	1047406
半导体分立器件	Semiconductor Discrete Devices	万只 10000 pieces	371694
光电子器件	Optoelectronic Devices	万只（片、套）	148487
工业自动调节仪表与控制系统	Industrial Instrumentation and Control Systems Automatically Adjust	台（套）set	42946
电工仪器仪表	Electric Instruments	台 unit	35181
分析仪器及装置	Analytical Instruments and Devices	台（套）set	1701
试验机	Testing Machine	台 unit	231
环境监测专用仪器仪表	Enviromenttal Monitoring Special Instrumentation	台 unit	8919
汽车仪器仪表	Automotive Instrumentation	台 unit	578571
光学仪器	Optical Instrument	台（个）	157414
发电量	Power Capacity	万千瓦小时 10000kwh	7513139
#火力发电量	Thermal Power Capacity	万千瓦小时 10000kwh	5908292
水力发电量	Hydraulic Power Capacity	万千瓦小时 10000kwh	1143981
风力发电量	Wind Power Capacity	万千瓦小时 10000kwh	452725
煤气生产量	Gas Production	万立方米10000cu.m	1419563
自来水生产量	Water Production	万立方米10000cu.m	74376

13－5 各地区主要工业产品产量（2013）

Output of Major Industrial Products by Region（2013）

地 区	Region	纱（吨）Yarn (1000tons)	中成药（吨）Chinee Patert Medicine (ton)	服装（万件）Garments (10000 pieces)	机制纸及纸板（吨）Machinemade Paper and Paperboard (ton)	化学纤维（吨）Chemical Fibers (ton)	原煤（万吨）Coal (10000tons)	天然原油（万吨）Crude Oil (10000tons)
长 春	Changchun	5080	3168	739			428	22
吉 林	Jilin	26088	360590	628	6971	246133	183	
四 平	Siping	6573	11693	338	77008	22456	12	74
辽 源	Liaoyuan	3950	14924		21513	4943	904	
通 化	Tonghua	2993	90792	19	58629		242	
白 山	Baishan	2037	4032	60	118855		718	
松 原	Songyuan		2892					410
白 城	Baicheng	8873	12759	936	62096			97
延 边	Yanbian	10466	66501	18502	2571		669	18

地 区	Region	发电量（亿千瓦小时）Electricity (100 million kw.h)	汽车（万辆）Motor Vehicle (10000 sen)	水泥（万吨）Cement (10000tons)	焦炭（万吨）Coke (10000 tons)	合成氨（万吨）Synthetic Ammonia (10000tons)	农用化肥（吨）Chemical Fertilizer (ton)	粗钢（万吨）Crude Steel (10000tons)	钢材（万吨）Steel (10000tons)
长 春	Changchun	244	224.69	2134.53	42		32	2	30
吉 林	Jilin	152	9.53	542.61	111	28		366	430
四 平	Siping	74		449.31				103	213
辽 源	Liaoyuan	26		53.59				333	325
通 化	Tonghua	37		261.12	173	8	5	443	453
白 山	Baishan	60		415.40	154				
松 原	Songyuan	28		202.89		19	15		
白 城	Baicheng	83		116.50	8			2	13
延 边	Yanbian	47		326.97				36	47

CHAPTER ▶ 14

第十四篇

建筑业

CONSTRUCTION

14－1 1978—2013年建筑业企业主要指标
1978—2013 Main Indicators on Construction Enterprises

年 份 Year	建筑业企业增加值（亿元） Total Value-added of Construction Enterprises (100 million yuan)	资产合计（亿元） Total Assets (100 million yuan)	利润总额（亿元） Total Profits (100 million yuan)	税金总额（亿元） Total Tax (100 million yuan)	按总产值计算劳动生产率（元/人） Overall Labor Productivity by Gross Output Value (yuan/person)	房屋建筑面积（万平方米） Floor Space of Building Construction (10 000 sq.m)	
						施工面积 Under Construction	竣工面积 Completed
1978						388	194
1979						560	280
1980			0.34			673	329
1981			0.76			643	312
1982			0.54			726	342
1983			0.8			872	479
1984			0.64			886	503
1985			0.69			970	508
1986			0.83			989	493
1987			1.04			1007	538
1988			1.65			1135	629
1989			1.31			1041	584
1990			0.78			913	546
1991			1.3			1121	645
1992			1.85			1446	866
1993	27.85	96.15	2.53	3.52	23739	1685	995
1994	35.37	117.35	1.49	3.60	23759	1526	916
1995	39.05	150.59	0.62	3.88	29820	1311	755
1996	46.27	169.31	-0.73	4.25	35488	1345	803
1997	44.31	184.94	1.15	4.37	38556	1290	826
1998	41.00	187.96	-1.65	4.69	42695	1290	814
1999	47.77	201.87	0.07	5.34	47832	1447	929
2000	64.83	252.92	1.73	7.09	61177	2209	1440
2001	65.15	323.16	3.69	9.97	70159	2474	1716
2002	75.18	383.14	2.44	11.29	69734	2476	1597
2003	62.33	405.14	2.35	14.63	76978	2532	1629
2004	76.25	461.69	4.24	13.52	96414	2823	1750
2005	91.97	490.03	2.47	18.67	109612	3166	1745
2006	106.77	525.68	7.52	21.66	128476	3638	1933
2007	304.00	519.78	10.27	22.56	128949	4586	2543
2008	377.65	663.52	41.25	37.16	140431	5436	3378
2009	487.32	652.23	38.56	39.34	158801	5369	3956
2010	583.87	895.92	46.18	45.86	170784	5901	4273
2011	693.53	1128.60	88.93	57.39	244299	7447	4195
2012	794.29	1943.52	73.61	68.12	313780	11321	6034
2013	824.88	2065.64	89.10	73.28	390827	12519	6344

注：1.自2002年起，建筑业增加值核算口径有所调整。
2.从2004年第一次全国经济普查开始，建筑业增加值按新核算方法核算。

Note:a) Since 2002, the statistical coverage of value added of construction have been adjusted.accordingly.
b) New accounting methods were applied in 2004 during the First Economic Census in calculating the value-added of the construction industry.

14－2　建筑施工企业生产情况（2013）

项　　目	Item	按经济类型分 Grouped by Type of Economy 总计 Total	#国有及国有控股 State－owned and Share－holding	国有经济 State－owned
企业个数（个）	Number of Enterprises(unit)	2244	163	91
建筑业总产值（亿元）	Value of Construction Output (100 million yuan)	2211	340	146
1.建筑工程	Construction Engineering	1914	249	94
2.安装工程	Installation Engineering	205	70	36
3.其他产值	Other	92	21	16
竣工产值(亿元)	Output Value of Building Completed(100 million yuan)	1458	130	60
房屋建筑施工面积(万平方米)	Floor Space of Buildings under Construction(10000 sq.m)	12519	1252	422
# 本年新开工	#New Starting This Year	7855	691	316
# 投标承包	Contract to Tender	8544	1016	270
房屋建筑竣工面积(万平方米)	Floor Spale of Building Completed(10000 sq.m)	6344	603	318
# 住宅	Houses	4750	356	136
自有施工机械设备年末总台数(万台)	Total Number of Machinery and Equipment Owned(10000 set)(year－end)	7.7	1.7	0.9
自有施工机械设备净值(万元)	Net Value of Machinery and Equipment Owned(10000 yuan)	571801	104165	54814
计算劳动生产率平均人数(万人)	Average of Staff and Workers(10000 persons)	56.5	7	3

Basic Statistics on Production of Construction (2013)

		按行业类别分 Grouped by Sector				
集体经济 Collective - owned	其他经济 Others	房屋建筑业 Building Construction	土木工程建筑业 Civil Engineering	建筑安装业 Construction Installation	建筑装饰业 Construction Decoration	其他建筑业 Others
50	2103	880	496	476	272	120
20	2045	1320	595	220	51	25
12	1808	1244	504	108	39	19
7	162	39	62	96	6	2
1	75	37	29	16	6	4
43	1355	977	286	134	39	22
72	12025	10891	516	942	99	71
68	7471	6924	401	455	11	64
56	8218	7425	268	828	11	12
69	5957	5686	258	319	35	46
65	4549	4434	119	151	13	33
0.1	6.7	3.6	2.8	1	0.3	
5719	511268	222869	290600	38740	10230	9362
0.9	52.6	36.7	12.3	5.0	1.6	0.9

14－3 建筑施工企业财务状况（2013）

单位：万元

项　　目	Item	按经济类型分 Grouped by Type of Economy 总计 Total	#国有及国有控股 State－owned and Share－holding	国有经济 State－owned
流动资产	Total Current Assets	16911078	2987432	4629827
固定资产原价	Total Original of Fixed Assets	2792309	747162	427140
资产	Total Assets	20656421	3708643	1280054
流动负债	Total Current Liabilities	10073392	2257138	549768
负债	Total Liabilities	11466399	2425798	994109
所有者权益	Total Owners Equities	9190023	1282844	285945
营业收入	Operating Revenue	21032088	3637614	1497036
营业成本	Operating Costs	18509812	3346606	1381197
营业税金及附加	Business Tax and Surcharge	731432	106657	46299
营业利润	Operating Profit	876817	29328	7482
管理费用	Management Expenses	728345	131556	56501
利润总额	Total Profits	890997	32978	11717
应交所得税	Income Tax Payable	239257	30560	7772
本年应付职工薪酬总额	Total Wages Payable This Year	1848758	344617	154977

Building Construction Company Financial Position（2013）

unit:10000 yuan

		按行业类别分 Grouped by Sector				
集体经济 Collective – owned	其他经济 Others	房屋建筑业 Building Construction	土木工程建筑业 Civil Engineering	建筑安装业 Construction Installation	建筑装饰业 Construction Decoration	其他建筑业 Others
108246	12173005	8670530	5933426	1642879	425504	238739
45029	2320140	845549	1575498	270935	65723	34604
146199	19230168	10091159	7721985	1972621	583071	287585
109789	9413835	5118252	3704859	954025	192582	103674
113904	10358386	5515123	4491251	1052275	201919	205831
32295	8871783	4576036	3230734	920346	381151	81756
235053	19299999	12017035	5947538	2362075	493447	211993
2066702	15061913	10733250	5137077	2081163	410616	147706
7343	677790	457095	186815	66639	16961	3922
797	868538	480505	265315	89302	38638	3057
19582	652262	295987	285939	106059	22771	17589
1980	877300	486102	274123	89498	38715	2559
1955	229530	145149	59098	25059	7961	1990
36991	1656790	1208245	365246	187375	60605	27287

14－4 各地区建筑业企业（含劳务分包企业）主要指标（2013）
Main Indicators on Construction Enterprises by Region（2013）

单位：千元、人 unit：1000 yuan/person

地　区	Region	企业个数 Number of Enterprises (个)(uint)	#有工作量的企业个数 Enterprises with Projects	建筑业总产值 Value of Construction Output	企　业总收入 Total Income	期末从业人员 Employed Persons (term－end)	工程技术人员 Engineers
总　计	**Total**	**2244**	**1858**	**221144076**	**210320876**	**446565**	**94001**
长　春	Changchun	1110	877	101877358	99850196	181402	45167
吉　林	Jilin	328	300	32281539	32143947	63015	12584
四　平	Siping	106	93	9603802	8937932	40161	7663
辽　源	Liaoyuan	91	82	8869672	8892923	43694	4946
通　化	Tonghua	122	101	22472935	20180288	34268	4038
白　山	Baishan	110	94	6232601	5681165	12008	5050
松　原	Songyuan	150	117	26947156	22290353	40969	6762
白　城	Baicheng	46	45	3945846	3728599	10108	2711
延　边	Yanbian	181	149	8913167	8615473	20940	5080

14－5 各地区建筑业企业房屋建筑竣工面积及竣工价值情况（2013）
Floor Space Completed and the Cost of Building Construction by Region（2013）

地　区	Region	房屋建筑竣工面积（平方米）Floor Space of Buildings Completed(sq.m)	#住宅 Houses	房屋建筑竣工价值（千元）Value of Building Completed (1000 Yuan)	#住宅 Houses
总　计	**Total**	**63440960**	**47499877**	**86434430**	**64478577**
长　春	Changchun	24020185	15448491	30200361	19674882
吉　林	Jilin	8585344	7095108	11640872	9040567
四　平	Siping	4023288	3330339	5725172	4673705
辽　源	Liaoyuan	3042399	2379664	3359670	2476446
通　化	Tonghua	6600085	5249406	9577682	7625097
白　山	Baishan	2193479	1947986	2628648	2400193
松　原	Songyuan	9461892	7958590	16212193	13523688
白　城	Baicheng	1350152	843886	1646093	1119482
延　边	Yanbian	4164136	3246407	5443739	3944517

CHAPTER ▶ 15

第十五篇

交通运输和邮电通信业

TRANSPORTATION，POSTAL AND TELECOMMUNICATIONS SERVICES

15－1　历年交通运输基本情况

Basic Conditions of Transportation

年份 Year	铁路里程（公里）Length of Railways (km)	公路里程（公里）Length of Highways (km)	客运量（万人）Passenger Traffic (10000 persons)	#铁路 Railways	#公路 Highways	#水运 Waterways	货运量（万吨）Freight Traffic (10000 tons)	#铁路 Railways	#公路 Highways	#水运 Waterways
1949	2364	3567	601	567	34	0.1	627	616	5	7
1950	2420	4114	955	901	54	0.1	1045	862	153	31
1951	2420	5580	930	843	87	0.1	1482	990	478	15
1952	2419	5505	1141	1000	142	0.1	2138	1138	992	8
1953	2418	6106	1613	1404	209	0.1	3353	1671	1676	5
1954	2418	6746	1675	1385	289	2	3965	1835	2123	8
1955	2418	7437	1461	1150	309	2	3150	1494	1647	9
1956	2418	9574	2273	1894	376	3	3572	1856	1703	13
1957	2435	10248	2633	2178	451	4	3663	1889	1763	11
1958	2446	11129	3059	2382	673	4	5079	2340	2728	11
1959	2469	11291	3615	3016	594	4	7431	3122	4284	26
1960	2471	12473	4335	3750	567	18	8075	3695	4333	47
1961	2471	12539	5257	4758	493	5	4854	2639	2194	22
1962	2471	12606	5302	4699	595	9	3893	2098	1778	17
1963	2885	12954	4242	3548	688	5	3988	2194	1781	13
1964	2912	13184	4149	3281	864	4	4649	2395	2244	10
1965	2967	14256	4097	3057	1037	3	5098	2716	2373	9
1966	3384	15158	4615	3224	1376	15	5494	3025	2452	17
1967	3408	15785	4949	3479	1454	16	4672	2331	2325	16
1968	3399	16059	5412	4027	1367	18	4372	2191	2164	16
1969	3308	16861	6058	4277	1762	19	5366	2720	2629	17
1970	3389	17932	6269	4349	1892	27	6091	3255	2817	20
1971	3399	18063	7084	4774	2279	30	6909	3657	3232	20
1972	3463	18112	7926	5282	2625	19	7647	3813	3813	20
1973	3463	18493	8344	5531	2793	20	8042	3997	4021	25
1974	3492	18966	8946	5828	3115	3	8256	4068	4174	14
1975	3492	19539	9859	6436	3418	4	8869	4331	4520	18
1976	3575	20343	10301	6766	3532	3	8728	4450	4264	14
1977	3646	23406	11497	7734	3758	3	9914	4616	5284	15
1978	3720	23836	11876	7790	4080	3	10666	5048	5602	16
1979	3720	23545	12476	8080	4390	4	11480	6235	5228	17
1980	3719	23545	13205	8380	4819	5	9249	5169	4071	9
1981	3721	24026	14216	8959	5250	5	9023	5191	3821	11
1982	3730	24047	15539	9583	5948	7	9913	5436	4464	13
1983	3730	24115	16530	9917	6605	7	10167	5645	4511	11
1984	3781	24271	17869	10203	7657	7	10812	5459	5339	14
1985	3489	24271	17181	9432	7744	4	11680	5762	5902	16
1986	3482	24625	19299	9145	10142	5	18047	5662	12369	16
1987	3482	24688	21783	9399	12369	6	21172	5842	15311	19
1988	3488	24966	26641	10139	16483	7	22218	6213	15980	25
1989	3488	25326	21403	9421	11956	14	20589	6493	14076	20
1990	3472	26468	18731	7810	10889	17	23148	6122	17005	21
1991	3473	27110	19259	7408	11810	20	23591	6317	17253	21
1992	3473	27192	20135	7630	12458	22	24055	6516	17519	20
1993	3473	28374	18667	7973	10656	13	23497	6844	16629	24
1994	3487	29581	20716	8305	12310	64	26285	6531	19333	421
1995	3480	31321	21367	7894	13371	48	26655	6123	20477	55
1996	3479	32098	20620	6781	13728	52	27604	6154	21394	56
1997	3479	33075	21124	6200	14821	47	27582	6483	21020	79
1998	3474	33812	22376	5849	16431	46	28039	5751	22221	67
1999	3549	34516	23366	5897	17352	60	32435	6058	22261	58
2000	3568	35216	24084	5785	18170	62	33323	5766	23640	46
2001	3568	39747	24492	5346	19001	70	33059	5671	23649	60
2002	3564	41095	25027	4962	19904	78	34291	5781	24777	79
2003	3562	44008	24513	4232	20112	87	34804	6044	25211	72
2004	3555	47255	27192	4687	22293	108	36683	6552	26659	75
2005	3641	50308	27724	4618	22870	113	37529	6634	27441	87
2006	3475	84444	29050	4590	24198	115	38829	6107	28965	89
2007	3635	85445	31651	4855	26506	116	41560	6199	31573	84
2008	3749	87099	56225	5320	50511	198	34373	7118	23558	125
2009	3913	88430	58823	5687	52723	170	38960	7478	27032	261
2010	4037	90437	64783	5770	58577	140	44977	7674	33013	226
2011	4000	91754	68494	6138	61830	215	51905	7877	39308	270
2012	4383	93208	72677	6261	66175	241	59768	7355	47130	331
2013	4395	94218	34562	6628	27403	116	49470	6202	38063	232

注：客运量和货运量统计口径调整（以下同）。

Note: Passenger and Freight Traffic Statistics Caliber Adjustment.

15－2 历年旅客周转量和货物周转量

Passenger－kilometers and Freight Ton－kilometers

年 份 Year	旅客周转量（百万人公里） Passenger－Kilometers (million passenger-km)	#铁路 Railways	#公路 Highways	#水运 Waterways	货物周转量（百万吨公里） Freight Ton－Kilometers (million ton-km)	#铁路 Railways	#公路 Highways	#水运 Waterways
1949			17.61	0.07			1.99	10.17
1950			27.49	0.07			13.45	34.20
1951			42.34	0.12			33.03	20.63
1952	235	166	69.04	0.06	434	356	69.50	8.38
1953			94.25	0.06			116.92	5.86
1954			109.00	0.98			124.90	11.50
1955			112.70	1.04			98.83	10.41
1956			131.44	1.43			110.23	17.03
1957	533	390	140.64	2.16	771	642	112.13	16.64
1958			169.08	2.05			179.05	8.56
1959			203.85	2.48			344.48	17.97
1960			202.39	5.43			362.49	29.46
1961			176.19	4.36			193.75	18.58
1962	1550	1318	226.50	5.14	2654	2466	168.68	19.26
1963			245.19	2.76			136.96	13.43
1964			275.37	2.34			157.04	11.65
1965	2612	2287	323.68	1.57	3428	3241	175.59	11.19
1966			408.65	2.15			204.83	20.12
1967			424.99	2.39			196.43	15.08
1968			437.13	2.48			204.33	13.89
1969			551.67	3.24			274.35	15.93
1970	4592	3985	603.93	3.13	11119	10811	290.92	17.55
1971			695.41	3.47			334.56	24.13
1972			802.07	3.72			388.95	30.82
1973			867.81	3.84			443.60	31.27
1974			974.39	2.09			462.18	28.81
1975	6346	5265	1078.10	2.19	17108	16531	541.30	35.98
1976			1103.75	1.40			532.63	36.10
1977			1197.65	1.90			644.51	49.88
1978	7802	6514	1286.05	1.77	25782	25042	686.93	53.36
1979	8181	6812	1366.49	2.43			655.33	54.30
1980	8429	6946	1479.61	3.12	24558	23967	562.16	28.98
1981	9169	7555	1610.53	3.28	24663	24009	612.67	41.61
1982	9947	8085	1859.27	3.19	28038	27212	778.44	48.10
1983	10931	8857	2070.72	3.14	31576	30747	790.08	39.08
1984	12392	9817	2571.86	2.99	31882	30726	1095.33	60.46
1985	13464	10671	2790.82	2.28	34316	33077	1160.29	78.89
1986	15113	11209	3901.27	2.55	38130	33556	4491.42	82.58
1987	16753	12259	4491.42	2.68	42257	35992	6162.00	103.01
1988	18773	13976	4794.45	2.90	43373	36865	6369.83	137.89
1989	17649	12968	4674.81	5.94	46623	39838	6657.56	127.22
1990	14788	10430	4350.39	7.49	43471	37858	5479.90	132.74
1991	15511	10625	4877.85	8.32	45028	38760	6148.22	119.96
1992	17221	11721	5491.90	8.56	46776	40599	6086.88	90.05
1993	17171	12812	4352.44	6.85	47980	41146	6731.47	102.76
1994	17809	13059	4733.48	16.29	49564	41350	8002.55	211.80
1995	17711	12552	5148.28	10.52	49731	42023	7600.25	107.26
1996	16821	11398	5411.21	11.44	50188	42230	7850.21	107.66
1997	17609	11717	5881.67	10.28	52070	44132	7827.38	110.64
1998	18409	11616	6785.78	7.25	59094	38543	7872.19	69.12
1999	19683	12347	7329.05	7.09	61781	40971	8127.69	70.68
2000	20667	12952	7679.26	5.89	61204	40621	8564.35	26.57
2001	21223	13263	7951.00	9.12	61394	41372	8601.00	35.81
2002	23232	13274	8416.54	7.00	61552	40916	9293.52	30.00
2003	21649	11505	8841.82	8.11	62017	42255	9056.59	21.29
2004	25615	14680	9002.10	11.79	69917	49986	9592.91	13.00
2005	26602	15185	9279.00	9.00	70825	50668	9875.00	43.00
2006	28063	16262	10024.00	9.06	72212	50464	10625.33	48.94
2007	32247	18184	11249.00	13.52	76403	52988	12400.11	57.07
2008	43232	19120	21290.00	43.00	126425	59227	56360.00	123.00
2009	45600	19771	22858.47	26.59	128300	56969	59621.16	141.86
2010	51131	20593	26958.00	20.06	139194	59590	68314.00	126.94
2011	55188	22894	28653.00	28.18	158169	63525	81600.00	120.75
2012	57232	22914	30676.00	32.54	173129	62106	97406.00	108.32
2013	45516	24476	16869.00	24.90	181356	57730	110000.00	134.23

15－3 交通运输里程
Length of Transportation Routes

单位：公里 unit: km

项　　目	Item	2012	2013
一、铁路	Railways		
正线延展里程	Extention Length of the Track Lines	4367	4395
营业里程	Length of Railways in Operation	3582	3582
二、公路通车里程	Length of Highways	93208	94218
等级路	Expressway and Class I to IV Highways	85414	86658
高速公路	Express way	2252	2325
一级	First Class	1921	1938
二级	Second Class	8914	6978
三级	Third Class	10658	10729
四级	Fourth Class	61669	62668
等外路	Highways Below Class IV	7794	7559
三、内河通航里程	Length of Navigable Inland Waterways	1621	1621

15－4 客运量及旅客周转量
Passenger Traffic and Passenger－kilometers

项　　目	Item	客运量（万人）Passenger Traffic (10000 persons)		旅客周转量（万人公里）Passenger－kilometers (10000 passenger－km)	
		2012	2013	2012	2013
全社会总计	**Total**	**73037**	**34562**	**5723200**	**4551729**
铁　路	Railways	6261	6628	2291366	2447624
公　路	Highways	66175	27403	3067562	1686967
水　运	Waterways	241	116	3254	2490
民　航	Civil Aviation	360	415	360900	414648

15－5　货运量及货物周转量
Freight Traffic and Freight Ton－kilometers

项　　目	Item	货运量（万吨） Freight Traffic (10000 tons)		货物周转量（万吨公里） Freight Ton－kilometeters (10000 ton-km)	
		2012	2013	2012	2013
全社会总计	**Total**	**59768**	**49470**	**17312900**	**18135600**
铁路	Railways	7355	6202	6210600	5772995
# 地方铁路	Local Railways	433	298	25135	17615
公路	Highways	47130	38063	9740600	11000000
民航	Civil Aviation	3	3	4400	4809
管道	Pipelines	4949	4970	1346500	1349243
水运	Waterways	331	232	10832	13423

15－6　旅客运输平均运距
Average Transport Distance of Passengers

单位：公里　　unit：km

项　　目	Item	2012	2013
全社会总计	**Total**	**78.36**	**131.69**
铁路	Railways	365.98	369.28
公路	Highways	46.36	61.56
水运	Waterways	13.7	21.46

15－7　货物运输平均运距
Average Transport Distance of Freight

单位：公里　　unit：km

项　　目	Item	2012	2013
全社会总计	**Total**	**289.67**	**366.69**
铁路	Railways	844.41	930.82
公路	Highways	206.68	288.99
水运	Waterways	32.63	57.85

15－8　各地区公路客货运输量（2013）

Passenger and Freight Traffic by Region（2013）

地　区	Region	客运量（万人） Passenger Traffic (10000 Persons)	旅客周转量（万人公里） Passenger－kilometers (10000 passenger－km)	货运量（万吨） Freight Traffic (10000 tons)	货物周转量（万吨公里） Freight ton－kilometeters (10000 ton－km)
全　省	**Total**	**27403**	**1686967**	**38063**	**11000000**
长春	Changchun	8648	574811	8827	3088875
吉林	Jilin	4260	212149	6646	2214249
四平	Siping	2055	127934	5667	2140859
辽源	Liaoyuan	1179	78899	1488	323902
通化	Tonghua	2043	135343	2024	400910
白山	Baishan	1635	77072	1310	311869
松原	Songyuan	2766	161189	7004	1695254
白城	Baicheng	1591	90330	1006	212563
延边	Yanbian	2260	194487	4028	596881
长白山管委会	Changbai Mountain Management Committee	966	34753	63	14638

15－9　民用汽车拥有量

Possession of Civil Vehicles

单位：辆　　　　unit：coach

项　目	Item	2012	2013
民用汽车合计	**Total**	**2250948**	**2601898**
载客汽车	Passenger Vehicles	1712619	2065541
# 大型	Large	31837	34450
小轿车	Minicar	1118559	1377325
载货汽车	Trucks	369872	402344
# 普通载货汽车	Ordinary Truck	210398	223809
其他汽车	Others	168457	134013
在合计中	**In Total**		
私人汽车	**Private Vehicles**	**1853028**	**2178388**
载客汽车	Passenger Vehicles	1448445	1777540
# 大型	Large	4637	4774
小轿车	Minicar	986287	1228527
载货汽车	Trucks	248906	278812
# 普通载货汽车	Ordinary Truck	155428	171627
其他专用汽车	Other Special Purpose Vehicles	155677	122036

注：全省民用汽车拥有量中不包括三轮汽车和低速货车。
Note：It was not include tricar and low－speed trucks in Civil Motor Vehicles Owned.

15－10 民用车辆拥有量细分组（2013）

Civil Vehicles Segments of the Group（2013）

单位：辆　　　　unit：coach

指　　标	Item	总计 Total	#个人 Individual	#营运 Working	#非营运 Non－Working	#校车 School bus
合 计	**Total**	**5379469**	**3808989**	**554997**	**3708636**	**4479**
汽 车	**Vehicles**	**2601898**	**2178388**	**489361**	**2108058**	**4479**
载客汽车	Passenger Vehicles	2065541	1777540	110479	1950591	4471
大 型	Large	34450	4774	21302	9178	3970
中 型	Medium	18702	6942	5197	13028	477
小 型	Small	1931063	1690306	82506	1848533	24
微 型	Mini car	81326	75518	1474	79852	
#轿 车	Car	1377325	1228527	78944	1298381	
载货汽车	Trucks	402344	278812	298210	104134	
重 型	Heavy	115268	59288	107118	8150	
中 型	Medium	33821	24759	29961	3860	
轻 型	Light	250334	192717	159262	91072	
微 型	Mini	2921	2048	1869	1052	
#普通载货	General	223809	171627	145155	78654	
其它汽车	Others	134013	122036	80672	53333	
摩托车	**Motorcycles**	**1627502**	**1619349**	**28560**	**1598941**	
普 通	Ordinary	1603085	1595034	28530	1574554	
轻 便	Light	24417	24315	30	24387	
挂车	**Trailers**	**37687**	**10769**	**36719**	**968**	

15－11 公路按货物种类分的货运量和货物周转量（2013）

Highway Freight Traffic and Freight－kilometers by Category of Cargo（2013）

货　　类	Category	货运量（万吨） Freight Traffic (10000tons)	货物周转量（万吨公里） Freight Ton－kilometers (10000 ton－km)	平均运距（公里） Average Transport Distance(km)
总 计	**Coal**	**38063**	**11000000**	**289**
煤炭及制品	Coal and Products	6433	1632296	254
石油、天然气及制品	Petroleum, Natural Gas and Products	1581	447772	283
金属矿石	Metal Ores	1349	349579	259
钢 铁	Steel and Iron	1855	631841	341
矿建材料	Mineral Building Materials	4224	870373	206
水 泥	Cement	3205	705028	220
木 材	Timber	2116	741330	350
非金属矿石	Nonmetal Ores	226	34835	154
化肥和农药	Chemical Fertilizers and Pesticides	1005	275541	274
盐	Salt	466	131680	283
粮食	Grain	5235	1313972	251
机械、设备、电器	Machinery, Equipment and Household Appliances	2174	1166909	537
化工原料及制品	Raw Chemical Material and products	1066	508971	477
有色金属	Non－ferrons Metal Ores	250	71901	288
轻工、医药产品	Light Industry, Medical and Pharmaceutical Products	1486	539709	363
农林牧渔业产品	Agriculture, Forestry, Animal Husbandry and Fishery Products	1881	672993	358
其他	Others	3511	905270	258

15－12　民用其他车辆拥有量
Possession of Other Civil Vehicles

单位：辆　　unit：coach

项　　目	Item	2012	2013
民用其他车辆	**Other Civil Motor Vehicles**		
摩托车	Motorcycles	1816343	1627502
其中：普通	General	1788579	1603085
其他机动车	Other Vehicles	981	988
载货挂车	Trailers	33244	37687
在民用其他车辆中私人其他车辆	**Private－owned**		
摩托车	Motorcycles	1803321	1619349
其中：普通	General	1775662	1595034
载货挂车	Trailers	9525	10769

15－13　各地区民用汽车拥有量（2013）
Passession of Civil Vehicles by Region（2013）

单位：辆　　unit：coach

地　　区	Region	民用汽车 Civil Vehicles	#私人 Private	载客汽车 Passenger Vehicles	#私人 Private	载货汽车 Trucks	#私人 Private
长　春	Changchun	1018968	837726	840438	713769	129690	78968
吉　林	Jilin	388236	326346	315599	274585	55808	36801
四　平	Siping	263172	226668	197289	177079	56005	40473
辽　源	Liaoyuan	83313	69008	62707	52797	15741	11767
通　化	Tonghua	145663	118918	111157	93542	24152	16059
白　山	Baishan	71385	56560	56492	45740	12437	8774
松　原	Songyuan	296422	260663	211332	186629	53578	44248
白　城	Baicheng	156017	136910	128604	113366	21439	18083
延　边	Yanbian	172848	141200	137418	116780	32300	22650

15－14 历年邮电通信业务情况

Postal and Telecommunication Services over the Years

年 份 Year	邮电业务总量（万元）Business Volume of Post and Telecommunications (10 000 yuan)	邮政业务总量 Business Volume of Post	电信业务总量 Business Volume of Telecommunications	函 件（万件）Number of Letters (10 000 pcs)	本地电话用户（万户）Subscribers of Local Telephone (10 000 subscribers)	移动电话用户（万户）Subscribers of Mobile Telephone (10 000 subscribers)	本地电话局用交换机容量（门）Capacity of Local Telephone Exchanges (line)	长途光缆线路长度（公里）Length of Optical Cable Lines (km)	电话普及率（含移动）（部/百人）Popularization Rate of Telephone (sets/100 persons)
1949	475			1648	1.0				0.1
1950	558			1986	1.0				0.1
1951	712			2097	1.0				0.1
1952	770			2210	1.1				0.1
1953	913			3010	1.2				0.1
1954	966			3499	1.4				0.1
1955	1034			3899	1.4				0.1
1956	1089			4316	1.7				0.1
1957	1090			4836	1.7				0.1
1958	1361			5191	1.9				0.1
1959	1817			5756	2.1				0.2
1960	2376			7023	2.4				0.2
1961	2251			6790	2.5				0.2
1962	1965			5644	2.6				0.2
1963	1892			4760	2.8				0.2
1964	1991			4610	2.9				0.2
1965	2016			4735	3.0				0.2
1966	2306			4365	3.1				0.2
1967	2017			3997	3.2				0.2
1968	1909			4148	3.1				0.2
1969	2130			5101	3.1				0.2
1970	2501			5717	3.2				0.2
1971	2098			6031	3.1				0.2
1972	2275			6303	3.3				0.2
1973	2465			6443	3.5				0.2
1974	2620			6949	3.7				0.2
1975	3466			7265	3.8				0.2
1976	3490			7351	4.0				0.2
1977	3685			7597	4.2				0.2
1978	3853			7478	4.4				0.2
1979	3999			8167	4.8				0.2
1980	4055			8333	5.0				0.2
1981	6057			8309	5.4				0.2
1982	6293			8237	5.9				0.3
1983	6779			8646	6.4				0.3
1984	7517			9953	7.2				0.3
1985	8886			12114	8.1		185556		0.4
1986	9503			13278	9.3		200493		0.4
1987	10540			13933	10.7		233586		0.5
1988	13539			16269	13.3		266321		0.6
1989	17046			16545	16.8		335172		0.7
1990	41556			15805	20.3		391408		0.8
1991	51394			13151	25.0		465565		1.0
1992	70063			12369	33.0		564261		1.3
1993	106797			13831	49.9		896393		2.0
1994	155114			15416	75.9		1791260		3.0
1995	212153			15333	107.8		2501105		4.2
1996	290041			14045	137.6		3189912	3793	5.3
1997	375102			11518	164.5		3551886	4493	6.3
1998	538459			10405	192.6		3656308	4702	7.4
1999	839500	85500	754000	9838	223.0	110.0	4060000	5086	12.7
2000	1163500	91500	1072000	9500	260.0	203.3	5560000	5461	17.6
2001	929500	91900	837600	10900	294.0	339.0	5650000	12785	24.0
2002	1122300	100300	1022000	16086	325.0	463.0	7760000	13289	29.7
2003	1582900	112900	1470000	17200	421.3	633.0	8410000	16044	39.7
2004	2113800	112800	2001000	7154	473.3	763.0	9950000	18668	46.4
2005	2858100	133100	2725000	6300	769.0	916.0	10370000	19197	62.0
2006	3382300	155600	3226700	6200	734.0	1138.0	11320000	20000	69.0
2007	4131800	165800	3966000	6600	746.0	1311.0	7060000	19834	74.9
2008	4558500	176500	4382000	7000	622.0	1441.2	5710000	16000	75.5
2009	5326000	205600	5120000	8088	581.3	1574.2	8600000	20161	78.9
2010	6527000	238000	6289000	9319	595.2	1805.4	8370000	21801	87.6
2011	2353000	151000	2202000	6587	579.3	2004.1	7970000	21843	94.1
2012	2622000	223000	2399000	5006	581.0	2257.0	9170000	22704	103.2
2013	2772000	258000	2514000	4369	579.0	2372.1	9038000	23431	111.0

15－15 邮电业务总量
Business Volume of Postal and Telecommunication Services

项　目	Item	单位 unit	2012	2013
邮电业务总量	**Business Volume of Postal and Telecommunication Services**	**亿元 100 million yuan**	**262.2**	**277.2**
邮政	Postal	亿元 100 million yuan	22.3	25.8
电信	Telecommunication Services	亿元 100 million yuan	239.9	251.4
函件	Letters	亿件 100 million pcs	0.5	0.4
包件	Package	万件 10000pcs	131	135
订销报纸期发数	Issue of Newspapers	万份 10000pcs	124	126
订销杂志期发数	Issue of Magazines	万份 10000pcs	79	76
特快专递	Express Mail Services	万件 10000pcs	1051	1203
邮政储蓄平均余额	Postal Deposits Balance	亿元 100 million yuan	655	763
集邮业务	Stamps for Collection	万枚 10000pcs	4038	2971
固定电话用户	Fixed Telephone Subscribers	万户 10000sub	581	579
# 住宅电话用户	Household Fixed Telephone Subscribes	万户 10000sub	424	
移动电话用户	Mobile Telephone Subscribers	万户 10000sub	2257	2372
互联网络宽带接入用户	Internet Broad Band Users	万户 10000sub	364.7	379.6

15－16 邮电通信网及主要设备
Postal and Telecommunication Network and Major Equipment

项　目	Item	单位 unit	2012	2013
邮政局、所	Postal and Postal Offices	处 unit	969	985
# 农村	#Rural	处 unit	702	705
邮路长度	Length of Postal Routes	公里 km	171672	177759
# 铁路邮路	#Railway Routes	公里 km	19821	21256
航空邮路	Aviation Routes	公里 km	127061	127061
汽车邮路	Highway Routes	公里 km	24423	29442
长途光缆线路长度	Length of Long Distance Optical Cable Lines	公里 km	22704	23431
本地网中继光缆线路长度	Local Network Length of Optical Cable Lines	公里km	152476	161114
局用交换机容量	Capacity of Office Telephone Exchanges	万门 10000lines	917	904
火车邮箱	Railway Postal Boxes	辆 coach	16	14
邮政汽车	Postal Vehicles	辆 coach	1411	768

CHAPTER ▶ 16

第十六篇

批发零售贸易和餐饮业

WHOLESALE, RETAIL TRADE AND CATERING SERVICES

16-1 历年社会消费品零售总额

Total Retail Sales of Consumer Goods

单位：万元 unit：10000 yuan

年 份 Year	社会消费品零售总额 Total Retail Sales of Consumer Goods	按城乡分 Grouped by Urban and Rural		按行业分 Grouped by Sector		
		城 镇 Urban	乡 村 Rural	批发零售贸易业 Wholesale and Retail Trades	餐饮业 Catering Services	其他行业 Others
1978	385620	291514	94106	346032	15854	23734
1979	453079	316707	136372	388943	18937	45199
1980	528330	377198	151132	438715	24509	65106
1981	592590	430405	162185	481611	29934	81045
1982	670226	490219	180007	531540	38307	100379
1983	755406	555884	199522	589343	46380	119683
1984	914002	662759	251243	711368	52394	150240
1985	1119958	843468	276490	862671	65462	191825
1986	1278126	979384	298742	972965	71948	233213
1987	1454974	1131042	323932	1086680	81881	286413
1988	1808111	1441649	366462	1344761	104819	358531
1989	1982953	1592980	389973	1479969	112779	390205
1990	1989470	1607039	382431	1478528	108295	402647
1991	2236919	1840771	396148	1666612	117840	452467
1992	2614745	2199504	415241	1924394	143653	546698
1993	3343703	2863910	479793	2424135	205796	713772
1994	4075974	3489145	586829	2835541	311446	928987
1995	4948232	4291301	656931	3352296	393027	1202909
1996	5710259	4851313	858946	3702892	588976	1418391
1997	6363939	5443801	920138	4051446	583022	1729471
1998	6990899	6070339	920560	4380291	637065	1973543
1999	7543181	5980241	1562940	6468115	750146	324920
2000	8335214	6702331	1632883	6934171	1015132	385911
2001	9318770	7604115	1714655	7782754	1230265	305751
2002	10362472	8642210	1720262	8628310	1458547	275615
2003	11409082	9583657	1825425	9778923	1573420	56739
2004	12869444	10870650	1998794	11403545	1415677	50222
2005	14608055	12418366	2189689	12662653	1897789	47613
2006	16758413	14315479	2442934	14400797	2300776	56840
2007	19992025	17058728	2933297	17178073	2768516	45437
2008	24842571	21360896	3481675	21279062	3546703	16806
2009	29573297	25285381	4287916	26981555	2560746	30996
2010	35049165	31071747	3977418	31521763	3496402	31000
2011	41198175	36738161	4460014	37280303	3880872	37000
2012	47729404	42361521	5367883	42227134	5502270	
2013	54264253	48067966	6196287	48038108	6226146	

注：从2005年的数据是按经济普查数据进行调整后的数据。
Note：Data was adjusted by economic census during 2005.

16－2 社会消费品零售总额
Total Retail Sales of Consumer Goods

单位：万元　　　　unit：10000 yuan

项　　目	Item	2012	2013
社会消费品零售总额	**Total Retair Sales of Consumer Goods**	**47729404**	**54264253**
一、按销售地区分	Grouped by Region		
城镇的零售额	Urban Retail Sales	42361521	48067966
乡村的零售额	Rural Retail Sales	5367883	6196287
二、按行业分	Grouped by Sector		
批发、零售贸易业	Wholesale and Retail Trades	42227134	48038108
限额以上	Above Designated Size	15741405	20902831
限额以下及个体户	Under Designated Size and Individual	26485729	27135277
住宿和餐饮业	Hotels and Catering Services	5502270	6226146
星级（限额以上）企业	Above Designated Size	1500432	1643615
星级以外（限额以下）企业和个体户	Below Designated Size and Individual	4001838	4582531

16－3 各地区社会消费品零售总额
Total Retail Sales of Consumer Goods by Region

单位：亿元　　　　unit：100 million yuan

地　区	Region	2005	2010	2011	2012	2013
长　春	Changchun	600.06	1289.85	1515.85	1739.64	1970.04
吉　林	Jilin	283.94	684.02	803.87	935.64	1066.68
四　平	Siping	109.80	287.71	337.66	394.79	449.98
辽　源	Liaoyuan	44.07	107.51	126.83	147.23	167.55
通　化	Tonghua	91.08	247.08	290.73	339.37	388.92
白　山	Baishan	56.88	139.08	163.14	190.28	217.62
松　原	Songyuan	105.20	329.74	388.62	453.08	514.80
白　城	Baicheng	67.28	162.24	190.18	221.45	251.46
延　边	Yanbian	102.50	257.67	302.94	351.45	399.38

注：从2005年开始数据调整。
Note:Adjusted Data from 2005.

16－4　各市县社会消费品零售总额（2013）

单位：万元

市、县	City, County	社会消费品零售总额 Total Retail Sales of Consumer Goods	按销售地区分 Grouped by Region 城镇 Urban	乡村 Rural
全　　省	**Total**	**54264253**	**48067966**	**6196287**
长 春 市	**Changchun**	**19700410**	**18367500**	**1332910**
市　　区	District	15499621	15039756	459865
九 台 市	Jiutai	1016850	810439	206411
榆 树 市	Yushu	1063216	834232	228984
德 惠 市	Dehui	1071528	842083	229445
农 安 县	Nong' an	1049195	840989	208206
吉 林 市	**Jilin**	**10666795**	**9507594**	**1159202**
市　　区	District	7458529	7106417	352113
桦 甸 市	Huadian	760956	532141	228815
蛟 河 市	Jiaohe	653855	611048	42807
舒 兰 市	Shulan	658454	477703	180751
磐 石 市	Panshi	764059	542883	221176
永 吉 县	Yongji	370942	237403	133539
四 平 市	**Siping**	**4499770**	**3574065**	**925705**
市　　区	District	1413184	956435	456749
公主岭市	Gongzhuling	1450826	1378020	72806
双 辽 市	Shuangliao	475365	436794	38571
梨 树 县	Lishu	617483	422097	195386
伊通满族自 治 县	Yitong	426639	265064	161575
辽河垦区	Liaoheken	116273	115655	618
辽 源 市	**Liaoyuan**	**1675534**	**1515431**	**160103**
市　　区	District	1105371	1102974	2397
东 丰 县	Dongfeng	402119	312206	89912
东 辽 县	Dongliao	168045	100251	67794
通 化 市	**Tonghua**	**3889179**	**3274399**	**614780**
市　　区	District	1073768	939304	134464
梅河口市	Meihekou	1200607	1108048	92559
集 安 市	Ji' an	382418	307229	75189
通 化 县	Tonghua	323160	205263	117897
辉 南 县	Huinan	463781	371025	92756

Total Retail Sales of Consumer Goods by City and County (2013)

unit: 10000 yuan

按行业分 Grouped by Sector		
批发零售贸易业 Wholesale and Retail Trades	住宿和餐饮业 Hotels and Catering Services	其他行业 Others
48038108	**6226146**	
17791567	**1908843**	
14662131	837490	
921665	95185	
657008	406208	
919455	152073	
631309	417886	
9621564	**1045232**	
6720811	737718	
707554	53402	
576733	77122	
607572	50882	
672289	91769	
336604	34338	
4002614	**497156**	
1184959	228225	
1349162	101664	
432687	42678	
535665	81818	
385307	41332	
114834	1440	
1510101	**165433**	
1008042	97329	
351363	50755	
150695	17349	
3570701	**318478**	
975399	98369	
1099746	100861	
352411	30007	
298583	24577	
431789	31993	

单位：万元

16－4 续表

市、县	City, County	社会消费品零售总额 Total Retair Sales of Consumer Goods	按销售地区分 Grouped by Region	
			城镇 Urban	乡村 Rural
柳 河 县	Liuhe	445445	343531	101914
白 山 市	**Baishan**	**2176159**	**1829591**	**346568**
市　区	District	942567	897017	45550
临 江 市	Linjiang	296746	222559	74186
抚 松 县	Fusong	410761	315774	94986
靖 宇 县	Jingyu	174060	159193	14868
长白朝鲜族自治县	Changbai	86613	64604	22008
江 源 县	Jiangyuan	265413	170443	94970
松 原 市	**Songyuan**	**5148000**	**4091173**	**1056827**
市　区	District	1415984	986427	429557
长 岭 县	Changling	915991	757273	158719
前郭尔罗斯蒙古族自治县	Qianguo	1370066	1150635	219431
乾 安 县	Qian' an	465105	384031	81075
扶 余 市	Fuyu	980853	812808	168045
白 城 市	**Baicheng**	**2514594**	**2175169**	**339425**
市　区	District	1403958	1284876	119082
洮 南 市	Taonan	305046	240001	65045
大 安 市	Da' an	295287	230052	65235
镇 赉 县	Zhenlai	239485	200120	39365
通 榆 县	Tongyu	270818	220120	50698
延边朝鲜族自治州	**Yanbian**	**3993812**	**3733045**	**260767**
延 吉 市	Yanji	1953752	1927094	26658
图 们 市	Tumen	148053	132232	15821
敦 化 市	Dunhua	846003	725708	120295
龙 井 市	Longjing	116769	89503	27266
珲 春 市	Hunchun	435518	426807	8711
和 龙 市	Helong	150460	134918	15542
汪 清 县	Wangqing	189743	164919	24824
安 图 县	Antu	153514	131864	21650

continued

unit: 10000 yuan

按行业分 Grouped by Sector		
批发零售贸易业 Wholesale and Retail Trades	住宿和餐饮业 Hotels and Catering Services	其他行业 Others
412774	32672	
1722613	**453546**	
820715	121851	
196260	100486	
286974	123787	
131631	42430	
62975	23638	
224058	41355	
4406087	**741912**	
1199586	216398	
779592	136399	
1197794	172272	
395340	69766	
833775	147078	
2214245	**300349**	
1258764	145194	
263032	42014	
251245	44042	
203358	36127	
237846	32972	
3198616	**795196**	
1551220	402532	
59271	88782	
719192	126811	
85462	31307	
391057	44461	
117352	33108	
150576	39167	
124486	29028	

16－5 限额以上批发零售贸易业商品购进、销售、库存总额（2013）

单位：万元

项　目	Item	法人企业数（个）Number of Corporation Units (unit)	产业活动单位（个）Number of Economic Active Units (unit)	从业人数（人）Number of Person Employed (person)
总　计	**Total**	**1351**	**3488**	**121245**
按登记注册类型分	**Grouped by Status of Registration**			
内资企业	Domestic Enterprises	1330	3446	116365
国有企业	State- owned Enterprises	80	625	12129
集体企业	Collective- owned Enterprises	29	31	758
股份合作企业	Cooperative Enterprises	6	11	1993
联营企业	Joint Venture Enterprises			
有限责任公司	Limited Liability Corporations	528	1002	54235
股份有限公司	Company Limited by Shares	76	841	16506
私营企业	Private Enterprises	590	912	30167
其他企业	Others	21	24	577
港、澳、台商投资企业	Hongkong Macao and Taiwan Funded Enterprises	9	28	2965
外商投资企业	Foreign Funded Enterprises	12	14	1915
按国民经济行业分	**Grouped by Sector**			
批发业合计	**Total Wholesale Trade**	**427**	**1163**	**31412**
农、林、牧产品批发业	Food, Beverages and Tobacco	146	169	9967
食品、饮料及烟草制品批发业	Food, Beverage and Tobaccos	41	95	6666
#米、面制品及食用油批发业	Rice, Flour and Edible Oil	6	6	322
烟草制品批发业	Tobaccos	9	49	4835
纺织、服装及日用品批发业	Textiles Garment and Daily Consumer Artides	12	14	970
#服装批发业	Ganrent	2	3	69
家用电器批发	Household Appliances	6	7	734
文化、体育用品及器材批发业	Culture, Sports Goods and Equipments	6	6	637
医药及医疗器材批发业	Medicines and Medical Appliances	63	64	3934
矿产品、建材及化工产品批发业	Mineral Products, Building Materials and Chemica Products	95	741	6666
#煤炭及制品批发业	Coal and related Products	14	14	257
石油及制品批发业	Petroleum and Related Products	11	640	4731
金属及金属矿批发业	Metals and Mineral Products	21	21	545
建材批发业	Construction Materials	27	27	613
化肥批发业	Chemical Fertilizer	8	25	116

Total Purchases、Sales and Inventory of Enterprises above Designated Size of Wholesale and Retail Trade (2013)

unit: 10000 yuan

购进总额 Total Goods Purchase	#进口 Import	销售总额 Total Sales	批发 Wholesale	#出口 Emport	零售 Retail Trade	年末库存总额 Inventory (year – end)
30756774	**1093232**	**35824763**	**18256852**	**139330**	**17567911**	**3207523**
28988378	1037207	33642181	16668721	139330	16973460	3106358
5333090	386843	5472443	3893871	18386	1578572	1064235
78192		82106	18849		63257	5029
8700		45643	3108		42535	4977
9819212	590549	10693823	5643628	65310	5050195	779392
7028930	36	10158164	4385455	11001	5772708	430648
6536392	59779	7000883	2705739	44632	4295144	813517
183862		189119	18071		171048	8560
203920	25552	486171	80988		405184	60595
1564476	30474	1696410	1507143		189267	40571
19720689	**988419**	**20544556**	**17348491**	**139330**	**3196065**	**2009819**
3637692	369424	3170367	2498350	37666	672017	1285837
1859967	117	2284533	2246652		37881	222172
100457		48402	44305		4097	90938
1589534	117	2052972	2052972			112901
223040	7684	232503	212062	5524	20441	9552
9977		9478	9478			4380
149397		155182	155182			1871
58987		70449	64955		5494	14668
1280929	2206	1547869	1332697	6833	215171	112283
10829767	588940	11250520	9066040	78096	2184481	275200
126690		180227	129320		50907	4487
5762359		6117759	4094046		2023713	45820
2975216	588940	2978284	2958878	78096	19406	183510
1199523		1206131	1116578		89553	28309
101825		98476	97576		901	6659

单位：万元

16－5 续表

项　　目	Item	法人企业数（个）Number of Corporation Units (unit)	产业活动单位（个）Number of Economic Active Units (unit)	从业人数（人）Number of Person Employed (person)
机械设备、五金交电及电子产品批发业	Machinery,Hardware and Electronic Equipment	56	66	2405
#汽车批发	Automobile	1	1	14
汽车零配件批发	Automobile Parts	6	7	500
摩托车及零配件批发	Motoracyde and Spare Parts	2	2	67
计算机、软件及辅助设备批发	Computer, Software and Assistant Applicanes	2	2	37
贸易经纪与代理	Trade Broker and Agency	1	1	12
其他批发业	Others	7	7	155
零售业合计	**Total Retail Trade**	**924**	**2325**	**89833**
综合零售业	Synthesize Retail Trade	181	266	44382
百货零售业	General Merchandise	102	135	31079
超级市场零售业	Supermarkets	49	101	10474
食品、饮料及烟草制品专门零售业	Food Beverage and Tobaccos	58	143	2256
纺织、服装及日用品专门零售业	Texitles, Garments, Daily Consumer Articles	70	109	6176
服装零售业	Garments	48	64	5133
文化、体育用品及器材专门零售业	Culture, Sports Appliances and Equipments	58	91	3116
体育用品零售业	Sports Goods and Equipment Retail	3	3	817
图书、报刊零售业	Books and Newspapers	40	61	1893
医药及医疗器材专门零售业	Medicines and Medical Appliances	60	660	6315
药品零售业	Medicines	57	657	6239
汽车、摩托车、燃料及零配件专门零售业	Motor Vehicles, Motorcycles, Fuel and Parts	304	776	20044
汽车零售业	Motor Vehicles	244	257	13987
机动车燃料零售业	Fuel of Motor Vehicles	37	496	5424
家用电器及电子产品专门零售业	Household Electric Appliances and Electronic Products	96	174	4987
家用视听设备零售业	Household Electric Applicance	25	29	1609
计算机、软件及辅助设备零售业	Computer, Software and Assistant Appliances	28	28	627
通讯设备零售业	Telecommuncation Equipment	10	38	399
五金、家具及室内装修材料专门零售业	Handware, Furniture and Decoratiou Material	44	46	1119
货摊、无店铺及其他零售业	Stall Goods, Non- shop and Others Retail	53	60	1438
邮购及电视、电话零售	Distribution of Post and E- commerce Sales			

continued

unit: 10000 yuan

购进总额 Total Goods Purchase	#进口 Import	销售总额 Total Sales	批发 Wholesale	#出口 Emport	零售 Retail Trade	年末库存总额 Inventory (year - end)
1781776	20049	1936867	1889464	5675	47403	86567
4098		4372	4372			104
1469206	20049	1592641	1592641	5675		38666
14693		15860	15840		20	4064
30574		29939	28419		1520	705
3009		3187	3187			135
45524		48261	35084	5536	13177	3405
11036085	**104813**	**15280207**	**908361**		**14371846**	**1197704**
2671510		6204958	17340		6187618	365863
1879440		5390401	5889		5384512	306184
666685		682885	2778		680107	55330
444038		481473	113088		368386	28272
509670	36	663118	12822		650296	56273
328867		474033	12795		461237	36173
178064		186901	3139		183762	37870
6347		5501	887		4614	2603
99880		97708	93		97615	23417
533372		582275	217922		364353	66594
525157		573464	217922		355542	66064
5763818	104153	5969051	511073		5457978	562841
3587072	104122	3692917	61872		3631045	422893
2115161		2152120	448901		1703219	131512
583707		682841	20452		662389	50330
179852		181626	20148		161478	14513
82347		89017			89017	11011
47602		50459			50459	8243
179002	625	187156	9328		177828	13815
172905		322434	3197		319237	15845

16－6 限额以上批发零售企业财务状况（2013）

单位：万元

项　　目	Item	流动资产合计 Total Circulating Funds	固定资产原价 Original Value of Fixed Assets	累计折旧 Depreciation	#本年折旧 Depreciation This Year
批发、零售贸易企业总计	**Total**	**10860552**	**3253595**	**904056**	**163223**
一、批发企业	**Wholesale Trade**	**7265119**	**1025641**	**354220**	**70511**
（一）按登记注册类型分组	Grouped by Status of Registration				
内资企业	Domestic Investment Enterprises	7098891	1014983	347819	69691
国有企业	State- owned Enterprises	2351978	562250	226990	48271
集体企业	Collective- owned Enterprises	3083	112	52	
股份合作企业	Stock Cooperative Enterprises				
联营企业	Joint Venture Enterprises				
有限责任公司	Limited Liability Corporations	2318429	216244	53962	11121
股份有限公司	Joint Stock Corporations	385252	78200	26818	4031
私营企业	Private Enterprises	2035344	156518	39562	6180
其他企业	Others	4806	1659	437	88
港、澳、台商投资企业	Hongkong Macao and Taiwan Investment Enterprises	37773	6950	3489	402
外商投资企业	Foreign Investment Enterprises	128455	3707	2912	418
（二）按国民经济行业分组	Grouped by Sector				
农、林、牧产品批发	Food, Beverages and Tabacco	3316021	359277	120995	14667
食品、饮料及烟草制品批发	Food, Beverage and Tobaccos	646806	237668	87286	16100
#米、面制品及食用油批发	Rice, Flour and Edible Oil	107579	19285	5620	782
烟草制品批发	Tobaccos	497594	201164	77293	14777
纺织、服装及日用品批发	Textiles, Garment and Daily Consumer Articles	31901	3307	845	285
#服装批发	Garment	4989	368	113	58
家用电器批发	Household Electric Appliances	14270	253	133	30
文化、体育用品及器材批发	Culture, Sports Goods and Appliances	56680	21664	7190	876
医药及医疗器材批发	Medicines and Medical Appliances	872954	73467	12489	2371
矿产品、建材及化工产品批发	Mineral,Construction and Chemical Products	1967625	277699	106055	32297
煤炭及制品批发	Coal and Related Products	32204	11365	796	279
石油及制品批发	Petroleum and Related Products	99244	208268	89268	28578
金属及金属矿批发	Metals and Mineral Products	1312053	41772	8861	2871
建材批发	Consmtction Materials	345088	3164	1213	206
化肥批发	Chemical Fertilizer	96704	2627	1032	31
机械设备、五金交电及电子产品批发	Machinery, Hardware and Electronic Equipment	356639	44987	18024	3679
汽车、摩托车及零配件批发	Motorvehicles, Motorcycles and Parts	438	57	51	4
汽车零配件批发	Automobile Parts	153978	8435	4498	1493
摩托车及零配件批发	Motoracyde and Spare Parts	6493	4368	914	5
计算机、软件及辅助设备批发	Computer,Software and Assistant Appliances	8396	290	42	2
贸易经纪与代理	Trade Broker and Agency	123	73	14	5
其他批发	Others	16370	7499	1321	233

Main Financial Indicators of Enterprises Above Designated Size of Wholesale and Retail Trades (2013)

unit: 10000 yuan

资产总计 Total Assets	负债合计 Total Liabilities	实收资本 Paid - up Capital	营业收入 Operating Revenue	主营业务收入 Revenue from Principal Business	营业成本 Operating Cost	主营业务成本 Cost of Principal Business	主营业务税金及附加 Tax and Extra Charges on Principal Business
14849112	**10632950**	**1588036**	**32626452**	**31844555**	**29345450**	**28986344**	**225210**
8535177	**5888831**	**716447**	**19743624**	**19409926**	**18164501**	**18130526**	**146266**
8352928	5762877	666947	18155406	17821795	16702987	16669017	144183
2869238	2143514	136510	5001505	4984871	4410823	4397781	112854
3143	3054	88	14136	14136	12506		
2740076	2163629	301888	5354202	5335609	5104207	5100848	9984
480128	400014	76537	4692985	4688141	4575376	4571178	3385
2253923	1049906	150321	3077432	2783916	2586625	2585787	17928
6421	2760	1603	15145	15122	13450	13424	32
48599	14841	35500	81055	80988	77995	77995	105
133651	111114	14000	1507164	1507143	1383519	1383514	1979
3698793	2378647	245676	3181694	2874649	2821613	2816604	2268
839072	225395	33222	2121916	2118274	1633231	1628995	111055
123798	111974	11362	48516	48473	46339	46331	73
658249	79492	11162	1889962	1887902	1426581	1423885	110102
38079	33593	7593	226770	225257	207098	206551	484
5335	9148	1220	8614	8614	6309	6309	33
14845	14104	1610	149351	148800	139760	139213	276
94066	59196	24895	56630	54332	45141	44932	216
971973	795688	56271	1499529	1492268	1264222	1263313	6168
2456512	2053145	308954	10673495	10661995	10385448	10362684	21051
46039	31329	8929	180842	180790	167397	167318	4198
361593	296110	55115	5848624	5837846	5704430	5694484	2803
1474662	1192608	202176	2872399	2872018	2797425	2797227	11127
367873	359552	26310	1063591	1063300	1048684	1048684	1545
99502	94107	5442	98449	98449	93766	81260	174
408627	319233	37348	1931678	1931264	1760250	1759976	4389
453	307	120	4372	4372	4083	4083	5
164459	118179	15588	1588068	1588048	1455726	1455721	2134
11931	8847	1700	15860	15860	14376	14376	16
8960	6195	2550	30379	30293	29617	29607	22
206	16	185	3187	3187	2892	2892	96
27850	23919	2302	48725	48702	44606	44580	540

单位：万元

16－6 续表 1

项　　目	Item	流动资产合计 Total Circulating Funds	固定资产原价 Original Value of Fixed Assets	累计折旧 Depreciation	#本年折旧 Depreciation This Year
二、零售企业	**Total of Retail Trade**	**3595433**	**2227954**	**549836**	**92712**
（一）按登记注册类型分组	Grouped by Status of Registration				
内资企业	Domestic Investment Enterprises	3166840	2016404	467558	82116
国有企业	State- owned Enterprises	6433	4034	1154	454
集体企业	Collective- owned Enterprises	4462	4319	918	130
股份合作企业	Stock Coopertive Enterprises	7935	5137	1203	154
联营企业	Joint Venture Enterprises				
有限责任公司	Limited Liability Corporations	1401849	552183	159211	22634
股份有限公司	Joint Stock Corporations	527279	972084	192073	36945
私营企业	Private Enterprises	1182849	461241	112318	21539
其他企业	Others	36034	17407	681	261
港、澳、台商投资企业	Hongkong Macao and Taiwan Investment Enterprises	341005	122942	64199	5487
外商投资企业	Foreign Investment Enterprises	87587	88608	18078	5110
（二）按国民经济行业分组	Grouped by Sector				
综合零售	Synthesize Retail Trade	1277535	1359701	309374	49868
百货零售	General Merchandise	1109948	1178752	267267	41071
超级市场零售	Supermarket	152978	163521	40145	8236
食品、饮料及烟草制品专门零售	Food Beverage and Tobaccos	86705	22888	6671	1329
纺织、服装及日用品专门零售	Texitles, Garments,Doily Consumer Aiticles	189992	179262	34183	2733
服装零售	Garments	149157	168824	31679	2234
文化、体育用品及器材专门零售	Culture, Sports Appliances and Equipments	62242	31892	11153	1467
体育用品零售	Sports Goods and Equipment Retail	2391	1819	144	1
图书、报刊零售	Books and Newspapers	39919	27379	10459	1327
医药及医疗器材专门零售	Medicines and Medical Appliances	314067	38889	10448	2142
药品零售	Medicines	311995	38506	10361	2116
汽车、摩托车、燃料及零配件专门零售	Motorvehicles Fuel and Parts	1319693	482116	154453	29941
汽车零售	Motorvehicles	1193880	307957	90068	18389
摩托车及零配件零售	Motoracyde and Spare Parts	2535	375	110	33
家用电器及电子产品专门零售	Household Electric Appliances and Electronic Products	209683	64598	13940	3646
家用视听设备零售	Household Audio-visual equipment Retail	66149	27506	6376	1456
日用家电设备零售	Household Appliances Retail	105048	28487	5211	1451
计算机、软件及辅助设备零售	Computer, Software andAssistant Applicances	20612	5630	1684	622
通信设备零售	Telecommuncation Equipment	14554	2743	592	96
五金、家具及室内装修材料专门零售	Hardware, Furniture and Decoration Materials	82928	29849	4896	857
货摊、无店铺及其他零售	Stall Goods, Non- shop and Others Retail	52588	18759	4719	730
邮购及电视、电话零售	Distribution of Post and E-commerce Sales				

continued

unit: 10000 yuan

资产总计 Total Assets	负债合计 Total Liabilities	实收资本 Paid - up Capital	营业收入 Operating Revenue	主营业务收入 Revenue from Principal Business	营业成本 Operating Cost	主营业务成本 Cost of Principal Business	主营业务税金及附加 Tax and Extra Charges on Principal Business
6313935	**4744118**	**871589**	**12882828**	**12434629**	**11180949**	**10855818**	**78943**
5561721	4104583	815097	12301484	11876012	10704808	10384211	76017
10955	8685	2277	24560	24320	21295	21264	177
11075	5557	5312	64424	64299	55925	55925	1127
12392	7982	3792	43210	43210	39853	39853	397
2115563	1626606	347530	4818171	4768192	4182503	4176370	28770
1609110	1173182	170037	3411439	3059099	2933166	2627044	18662
1747491	1247721	281854	3769042	3746361	3334415	3326104	26582
55135	34849	4294	170638	170532	137652	137652	302
587203	463326	29934	384284	365902	306157	302380	2190
165011	176209	26559	197060	192715	169985	169227	736
2867178	2231630	259443	4070826	3853549	3332928	3252925	32187
2534876	1992050	194430	3286690	3081980	2667672	2589725	25990
298329	222105	56331	659742	647175	563666	561810	3923
117304	66587	27521	473386	473250	388032	387916	6728
369417	289525	77658	636468	628143	530724	530448	13159
318362	254856	67605	444023	435699	362946	362671	4535
98316	72510	25831	172918	169701	139937	139407	3595
5508	7283	713	5501	5430	5670	5594	187
68280	52630	15966	84220	81075	62205	61751	1324
379528	297850	47019	585029	583599	503537	503518	2007
377160	296484	46229	576588	575178	496301	496284	1830
2003642	1501635	346997	5785276	5575092	5285798	5042374	13138
1570321	1220735	221950	3637217	3624964	3344352	3336219	10450
2916	2480	263	11176	10406	9420	8952	213
280246	190284	50529	670547	663017	580963	580330	2790
99772	77102	12516	180662	175859	159995	159995	716
132067	84438	24455	346243	344109	295494	295281	1043
26295	17117	5377	88699	88147	76204	75806	784
18611	9256	7261	50226	50226	45246	45246	225
126544	51938	18596	185145	185145	142758	142758	3498
71758	42160	17997	303234	303132	276273	276143	1841

单位：万元

16-6 续表 2

项　　目	Item	其他业务利润 Profits of Other Business	销售费用 Sales Expenses
批发、零售贸易企业总计	**Total**	**229797**	**1121446**
一、批发企业	**Wholesale Trade**	**120477**	**532624**
(一)按登记注册类型分组	Grouped by Status of Registration		
内资企业	Domestic Investment Enterprises	120477	413769
国有企业	State- owned Enterprises	1372	158016
集体企业	Collective- owned Enterprises		1200
股份合作企业	Stock Cooperative Enterprises		
联营企业	Joint Venture Enterprises		
有限责任公司	Limited Liability Corporations	114241	139550
股份有限公司	Joint Stock Corporations	1503	66656
私营企业	Private Enterprises	3361	47282
其他企业	Others		1065
港、澳、台商投资企业	Hongkong Macao and Taiwan Investment Enterprises		754
外商投资企业	Foreign Investment Enterprises		118100
(二)按国民经济行业分组	Grouped by Sector		
农、林、牧产品批发	Food, Beverages and Tabacco	13453	72767
食品、饮料及烟草制品批发	Food, Beverage and Tobaccos	-660	49903
#米、面制品及食用油批发	Rice, Flour and Edible Oil		1138
烟草制品批发	Tobaccos	-879	41327
纺织、服装及日用品批发	Texitles, Garment and Daily Consumer Articles	964	8650
#服装批发	Garment		1330
家用电器批发	Household Electric Appliances	5	4972
文化、体育用品及器材批发	Culture, Sports Goods and Appliances	3951	2834
医药及医疗器材批发	Medicines and Medical Appliances	99347	124492
矿产品、建材及化工产品批发	Mineral,Construction and Chemical Products	1376	139994
煤炭及制品批发	Coal and Related Products		3867
石油及制品批发	Petroleum and Related Products	720	104009
金属及金属矿批发	Metals and Mineral Products	15	17799
建材批发	Consmtction Materials	246	10077
化肥批发	Chemical Fertilizer	54	1583
机械设备、五金交电及电子产品批发	Machinery, Hardware and Electronic Equipment	2047	133722
汽车、摩托车及零配件批发	Motorvehicles, Motorcycles and Parts		188
汽车零配件批发	Automobile Parts	448	118647
摩托车及零配件批发	Motoracyde and Spare Parts	104	401
计算机、软件及辅助设备批发	Computer,Software and Assistant Appliances	141	1
贸易经纪与代理	Trade Broker and Agency		60
其他批发	Others		202

continued

unit: 10000 yuan

管理费用 Management Expenses	营业利润 Operating Profits	利润总额 Total Profit	应交所得税 Income – tax Payable	应付工资 Wages Payable	本年应交增值税 Value – added Tax Payable
783392	**981988**	**715647**	**166106**	**535702**	**481936**
251301	**582169**	**389724**	**80410**	**235463**	**274323**
243882	581485	387862	80407	223526	257136
116025	167190	242050	59226	156067	181364
210				18	
62690	30687	55710	9958	31817	35674
7148	33699	36255	1654	15515	20639
57487	349651	53283	9459	19613	19389
322	258	564	111	496	69
3067	271	1699		1534	681
4352	413	163	3	10403	16507
40094	221782	19143	1905	28445	22940
108165	217142	219269	55313	101234	75024
3342	–5023	–899	12	1350	31
94539	217923	215922	54385	94314	72529
3151	5378	6707	275	3897	2433
1069	–1496	19		842	
1106	2945	2959	41	2210	1791
7906	2394	3016	448	5134	194
42746	48633	53722	7242	12639	36664
26125	73485	76705	12495	65827	113340
3246	1988	1731	618	1107	775
–92	31644	32214	2968	57022	96600
12166	23878	29349	7411	3451	11884
4822	–2517	–2548	35	2228	1021
541	1476	771		263	93
22196	10972	8873	2655	17871	23363
78	17	17	4	65	47
6103	7738	5457	1444	11195	17214
656	141	245		240	5
143	650	472	31	122	3902
43	97			29	8
876	2286	2289	78	386	359

单位：万元

16－6 续表 3

项　　目	Item	其他业务利润 Profits of Other Business	销售费用 Sales Expenses
二、零售企业	**Total of Retail Trade**	**109320**	**588822**
（一）按登记注册类型分组	Grouped by Status of Registration		
内资企业	Domestic Investment Enterprises	92033	551225
国有企业	State– owned Enterprises	209	1089
集体企业	Collective– owned Enterprises	4	3099
股份合作企业	Stock Coopertive Enterprises		294
联营企业	Joint Venture Enterprises		
有限责任公司	Limited Liability Corporations	47980	226968
股份有限公司	Joint Stock Corporations	15961	211030
私营企业	Private Enterprises	27879	107500
其他企业	Others		1247
港、澳、台商投资企业	Hongkong Macao and Taiwan Investment Enterprises	16859	22631
外商投资企业	Foreign Investment Enterprises	428	14966
（二）按国民经济行业分组	Grouped by Sector		
综合零售	Synthesize Retail Trade	76139	206402
百货零售	General Merchandise	65109	153955
超级市场零售	Supermarket	9496	45220
食品、饮料及烟草制品专门零售	Food Beverage and Tobaccos	2240	14158
纺织、服装及日用品专门零售	Texitles, Garments,Doily Consumer Aiticles	9607	32398
服装零售	Garments	9607	28322
文化、体育用品及器材专门零售	Culture, Sports Appliances and Equipments	1856	8273
体育用品零售	Sports Goods and Equipment Retail		209
图书、报刊零售	Books and Newspapers	1848	7203
医药及医疗器材专门零售	Medicines and Medical Appliances	2266	29971
药品零售	Medicines	2266	29543
汽车、摩托车、燃料及零配件专门零售	Motorvehicles Fuel and Parts	12628	248259
汽车零售	Motorvehicles	10067	79583
摩托车及零配件零售	Motoracycde and Spare Parts	40	750
家用电器及电子产品专门零售	Household Electric Appliances and Electronic Products	4365	35039
家用视听设备零售	Household Audio–visual equipment Retail	529	8382
日用家电设备零售	Household Appliances Retail	1570	23843
计算机、软件及辅助设备零售	Computer, Software andAssistant Applicances	1198	2152
通信设备零售	Telecommuncation Equipment	1049	442
五金、家具及室内装修材料专门零售	Hardware, Furniture and Decoration Materials	218	6057
货摊、无店铺及其他零售	Stall Goods, Non– shop and Others Retail	1	8265
邮购及电视、电话零售	Distribution of Post and E–commerce Sales		

continued

unit：10000 yuan

管理费用 Management Expenses	营业利润 Operating Profits	利润总额 Total Profit	应交所得税 Income – tax Payable	应付工资 Wages Payable	本年应交增值税 Value – added Tax Payable
532091	**399819**	**325923**	**85696**	**300239**	**207613**
501553	380086	304965	77117	285234	195895
1767	136	129	3	1234	222
1672	2567	2038	38	1472	345
1226	1217	263	19	3797	297
213882	121034	103350	11077	129877	39131
128143	106368	74659	45611	80572	106898
146507	126353	116386	19855	65633	47970
8357	22412	8140	515	2651	1032
18500	27275	27905	7333	11075	8712
12039	–7542	–6947	1247	3931	3006
256527	202439	162373	55479	133514	36507
228540	176190	138050	51654	110288	26419
22419	18797	17514	2626	21052	6606
33233	30098	26928	5051	7849	8226
34526	20673	15396	1768	17545	5879
26867	17359	12394	1472	14566	5168
16610	2076	3753	130	9231	3262
266	–1099	–1101	2	262	136
12312	–95	1580	76	7697	1266
22284	20260	20332	4716	18559	11486
21826	20137	20209	4699	18312	11256
122522	73399	70253	16357	93062	131166
102062	66286	67806	15010	55099	44112
476	239	29	11	218	191
28183	21983	15020	1643	12574	8157
8324	2536	2878	386	3298	2051
9336	15181	7085	657	6725	4253
6062	3159	3992	516	1465	1338
4078	1040	991	79	942	428
12549	18397	3477	216	4185	1110
5657	10494	8391	336	3722	1820

16－7 限额以上餐饮企业主要财务状况（2013）

单位：万元

项　　目	Item	流动资产合计 Total Circulating Funds	固定资产原价 Original Value of Fixed Assets	累计折旧 Depreciation	#本年折旧 Depreciation This Year
总　　计		**355691**	**1027891**	**333394**	**35923**
一、住宿业	**Hotels**	**245771**	**771122**	**269032**	**24490**
按登记注册类型分组	Grouped by Status of Registration				
内资企业	Domestic Investment Enterprises	215521	607973	179188	22361
国有企业	State- owned Enterprises	61268	219000	66906	7122
集体企业	Collective- owned Enterprises	878	1710	943	251
股份合作企业	Stock Cooperative Enterprises	1145	5033	2392	785
联营企业	Joint Venture Enterprises				
有限责任公司	Limited Liability Corporations	84291	213732	62593	7812
股份有限公司	Joint Stock Corporations	2419	33470	13043	825
私营企业	Private Enterprises	64428	132841	32625	5454
其他企业	Others	1092	2186	686	113
港、澳、台商投资企业	Hongkong Macao and Taiwan Investment Enterprises	11875	9378	5224	834
外商投资企业	Foreign Investment Enterprises	18374	153772	84620	1295
按住宿行业小类分组	Grouped by Hotel				
旅游饭店	Tour Restaurant	220062	733945	260513	23255
一般旅馆	General Restaurant	12897	34397	7194	1047
其他住宿服务	Other Hotel Services	12811	2780	1325	188
二、餐饮业	**Catering Services**	**109921**	**256769**	**64363**	**11433**
（一）按注册类型分组	Grouped by Status of Registration				
内资企业	Domestic Investment Enterprises	109806	256096	64039	11431
国有企业	State- owned Enterprises	17912	43797	12656	614
集体企业	Collective- owned Enterprises	1421	1510	447	32
股份合作企业	Stock Cooperative Enterprises				
联营企业	Joint Venture Enterprises				
有限责任公司	Limited Liability Corporations	46809	68814	20384	1755
股份有限公司	Joint Stock Corporations	14316	10547	2087	666
私营企业	Private Enterprises	28594	125722	28178	8227
其他企业	Others	756	5706	287	138
港、澳、台商投资企业	Hongkong Macao and Taiwan Investment Enterprises				
外商投资企业	Foreign Investment Enterprises	114	673	324	2
（二）按国民行业分组	Grouped by Sector				
正餐服务	Restaurant	109846	256764	64363	11433
快餐服务	Fast Food				
饮料及冷饮服务	Beverages and Drinks				
其他餐饮服务	Others	74	5	0	0

Main Financial Indicators of Enterprises above Designated Size of Catering and Hotels (2013)

unit: 10000 yuan

资产总计 Total Assets	负债合计 Total Liabilities	实收资本 Paid - up Capital	营业收入 Operating Revenue	主营业务收入 Revenue from Principal Business	营业成本 Operating Cost	主营业务成本 Cost of Principal Business	主营业务税金及附加 Tax and Extra Charges on Principal Business
1247598	**738270**	**398626**	**553295**	**543003**	**290497**	**286495**	**26714**
848448	**535612**	**267645**	**348445**	**339433**	**171133**	**168464**	**17533**
736445	458685	219511	309105	300802	160017	157351	15439
253758	139980	101257	108152	103808	58077	56681	5399
1780	207	828	9308	9308	6421	6421	201
4149	821	1685	5562	4303	3179	3179	352
263406	159294	61821	96303	95367	42596	42376	4990
27691	9635	7012	12059	11924	5552	5471	748
183039	148301	45480	72097	70467	40460	39491	3017
2623	446	1428	5624	5624	3732	3732	732
18429	18171	4800	5290	5275	1742	1739	278
93574	58757	43334	34051	33356	9374	9374	1816
782896	491645	245862	300942	292280	143776	141546	15238
48361	26536	20217	29481	29134	20188	19752	1334
17192	17431	1566	18023	18019	7169	7167	961
399150	**202658**	**130981**	**204850**	**203570**	**119364**	**118031**	**9182**
396854	202122	129221	204364	203085	119049	117716	9151
89519	60531	19530	17883	17883	6975	6837	904
2509	1582	598	4887	4887	2860	2860	261
119191	54594	17088	70846	69912	39395	38521	3654
26586	24510	4399	12820	12820	8109	8109	441
152873	54783	87396	94356	94010	60259	59939	3666
6176	6122	211	3573	3573	1451	1451	225
2296	536	1760	486	486	315	315	31
399004	202577	130931	203550	202270	118428	117095	9164
146	81	50	1300	1300	936	936	18

单位：万元

15－7 续表

项　　目	Item	其他业务利润 Profits of Other Business	销售费用 Sales Expenses
总　　计		**11325**	**118302**
一、住宿业	**Hotels**	**8775**	**81444**
按登记注册类型分组	Grouped by Status of Registration		
内资企业	Domestic Investment Enterprises	8764	70884
国有企业	State-owned Enterprises	5017	26338
集体企业	Collective-owned Enterprises	20	1778
股份合作企业	Stock Cooperative Enterprises	313	666
联营企业	Joint Venture Enterprises		
有限责任公司	Limited Liability Corporations	1521	27466
股份有限公司	Joint Stock Corporations	396	2658
私营企业	Private Enterprises	1498	11961
其他企业	Others		18
港、澳、台商投资企业	Hongkong Macao and Taiwan Investment Enterprises	12	1727
外商投资企业	Foreign Investment Enterprises		8833
按住宿行业小类分组	Grouped by Hotel		
旅游饭店	Tour Restaurant	7263	74336
一般旅馆	General Restaurant	1288	3067
其他住宿服务	Other Hotel Services	225	4042
二、餐饮业	**Catering Services**	**2550**	**36858**
（一）按注册类型分组	Grouped by Status of Registration		
内资企业	Domestic Investment Enterprises	2550	36734
国有企业	State-owned Enterprises		1950
集体企业	Collective-owned Enterprises		764
股份合作企业	Stock Cooperative Enterprises		
联营企业	Joint Venture Enterprises		
有限责任公司	Limited Liability Corporations	398	13307
股份有限公司	Joint Stock Corporations	21	2100
私营企业	Private Enterprises	396	17212
其他企业	Others	1736	1401
港、澳、台商投资企业	Hongkong Macao and Taiwan Investment Enterprises		
外商投资企业	Foreign Investment Enterprises		124
（二）按国民行业分组	Grouped by Sector		
正餐服务	Restaurant	2550	36653
快餐服务	Fast Food		
饮料及冷饮服务	Beverages and Drinks		
其他餐饮服务	Others		205

continued

unit: 10000 yuan

管理费用 Management Expenses	营业利润 Operating Profits	利润总额 Total Profit	应交所得税 Income – tax Payable	应付工资 Wages Payable
122048	**–21022**	**–21995**	**4887**	**87870**
86926	**–22238**	**–17151**	**1511**	**61549**
74029	–22381	–17380	406	58465
26908	–8426	–6806	28	20509
1058	–170	–147	11	497
654	698	–21		378
24960	–8564	–7297	131	21309
2147	764	942	50	2007
17949	–7451	–4808	185	13583
354	768	757		182
1735	–1465	–1292	23	879
11162	1608	1521	1083	2205
77331	–21461	–16591	1362	55429
4295	–204	414	143	3803
5300	–574	–974	6	2317
35122	**1217**	**4844**	**3376**	**26321**
35059	1288	–4772	3372	26176
11375	–3264	–8442	39	3249
584	408	292	58	763
12142	1437	1800	887	11197
2308	–526	–510	294	1495
8082	3468	2245	2094	9285
567	–235	–157		186
64	–71	–72	4	146
35009	1200	–4861	3371	26111
113	17	17	4	210

16－8 限额以上批发零售贸易业、星级住宿业和限额以上餐饮业基本情况（2013）
Basic Conditions of Wholesale、Retail Trades、Star－ranking Hotels and Catering Services above Designated Size（2013）

		法人企业数（个）Number of Corporation Units (unit)	产业活动单位（个）Number of Economic Active Units (unit)	从业人数（人）Number of Person Employed (person)
总　计	**Total**	**1696**	**3871**	**152522**
一、批发业	**Wholesale Trade**	**427**	**1163**	**31412**
内资企业	Domestic Investment Enterprises	423	1159	30561
国有企业	State- owned Enterprises	73	614	11813
集体企业	Collective- owned Enterprises	1	1	13
股份合作企业	Stock Cooperative Enterprises			
联营企业	Joint Venture Enterprises			
有限责任公司	Limited Liability Corporations	148	191	9553
股份有限公司	Joint Stock Corporations	20	141	2510
私营企业	Private Enterprises	175	206	6547
其他企业	Others	6	6	125
港、澳、台商投资企业	Hongkong Macao and Taiwan Investment Enterprises	2	2	490
外商投资企业	Foreign Investment Enterprises	2	2	361
二、零售业	**Retail Trade**	**924**	**2325**	**89833**
内资企业	Domestic Investment Enterprises	907	2287	85804
国有企业	State- owned Enterprises	7	11	316
集体企业	Collective- owned Enterprises	28	30	745
股份合作企业	Stock Cooperative Enterprises	6	11	1993
联营企业	Joint Venture Enterprises			
有限责任公司	Limited Liability Corporations	380	811	44682
股份有限公司	Joint Stock Corporations	56	700	13996
私营企业	Private Enterprises	415	706	23620
其他企业	Others	15	18	452
港、澳、台商投资企业	Hongkong Macao and Taiwan Investment Enterprises	7	26	2475
外商投资企业	Foreign Investment Enterprisesries	10	12	1554
三、住宿业	**Hotels**	**183**	**191**	**20261**
内资企业	Domestic Investment Enterprises	176	183	18621
国有企业	State- owned Enterprises	50	51	6556
集体企业	Collective- owned Enterprises	5	5	215
股份合作企业	Stock Cooperative Enterprises	2	2	130
联营企业	Joint Venture Enterprises			
有限责任公司	Limited Liability Corporations	56	58	6083
股份有限公司	Joint Stock Corporations	8	11	797
私营企业	Private Enterprises	52	53	4700
其他企业	Others	3	3	140
港、澳、台商投资企业	Hongkong Macao and Taiwan Investment Enterprises	2	3	365
外商投资企业	Foreign Investment Enterprises	5	5	1275
四、餐饮业	**Catering Services**	**162**	**192**	**11016**
内资企业	Domestic Investment Enterprises	160	190	10949
国有企业	State- owned Enterprises	9	9	1101
集体企业	Collective- owned Enterprises	7	7	328
股份合作企业	Stock Cooperative Enterprises			
联营企业	Joint Venture Enterprises			
有限责任公司	Limited Liability Corporations	59	66	4412
股份有限公司	Joint Stock Corporations	12	12	597
私营企业	Private Enterprises	70	93	4406
其他企业	Others	3	3	105
港、澳、台商投资企业	Hongkong Macao and Taiwan Investment Enterprises			
外商投资企业	Foreign Investment Enterprises	2	2	67

16－9　限额以上餐饮企业主要经营情况（2013）

Main Business of Enterprises above Designated Size of Catering and Hotels（2013）

单位：万元　　　　unit：10000 yuan

项　　目	Item	法人企业（个）Corporation Units(unit)	产业活动单位（个）Number of Economic Active Units(unit)	营业额 Turnover	餐费收入 Catering Income
总　　计	**Total**	**345**	**383**	**551124**	**315987**
一、住宿业	**Hotels**	**183**	**191**	**348797**	**164027**
按国民行业分组	Grouped by Sector				
旅游饭店	Tour Restaurant	142	147	302008	143083
一般旅馆	Greneral Restaurant	35	38	28833	10370
其他住宿服务	Other Hotel Services	6	6	17955	10575
二、餐饮业	**Catering Services**	**162**	**192**	**202328**	**151960**
按国民行业分组	Grouped by Sector				
正餐服务	Restaurant	160	190	201028	151960
快餐服务	Fast Food	1	1		
饮料及冷饮服务	Beverages and Drinks				
其他餐饮服务	Others	1	1	1300	

16－10 各地区限额以上批发零售贸易情况（1）(2013)
Basic Conditions on Wholesale and Retail Trades above Designated Size by Region (1) (2013)

地　区	Region	批发零售贸易业法人企业(个) Wholesale and Retail Trades Corporation Units (unit)	#零售贸易业 Retail Trade	批发零售贸易从业人员(人) Wholesale and Retail Trades Employees (person)	#零售贸易业 Retail Trade
全　省	**Total**	**1351**	**924**	**121245**	**89833**
长　春	Changchun	340	215	41921	32177
吉　林	Jilin	353	215	17286	10852
四　平	Siping	119	86	22446	18445
辽　源	Liaoyuan	72	60	4992	3965
通　化	Tonghua	182	133	9236	6403
白　山	Baishan	31	28	3812	3459
松　原	Songyuan	63	51	7101	4345
白　城	Baicheng	34	18	4166	2275
延　边	Yanbian	157	118	10285	7912

16－11 各地区限额以上批发零售贸易情况（2）(2013)
Basic Conditions on Wholesale and Retail Trades above Designated Size by Region (2) (2013)

地　区	Region	批发零售贸易业购进总额（万元）Total Purchases (10000 yuan)	批发零售贸易销售总额（万元）Total Sales (10000 yuan)	#批　发 Wholesale	#零　售 Retail Trade	批发零售贸易业库存总额（万元）Inventories (10000 yuan)
全　省	**Total**	**30756774**	**35824763**	**18256852**	**17567911**	**3207523**
长　春	Changchun	11610498	15788957	7654699	8134257	1030321
吉　林	Jilin	7448528	7996982	5453030	2543952	562238
四　平	Siping	2680059	2675572	821292	1854280	365904
辽　源	Liaoyuan	915715	958249	600664	357585	35751
通　化	Tonghua	2661148	2866936	1455158	1411779	247017
白　山	Baishan	471494	477775	144843	332932	30436
松　原	Songyuan	2037463	2030702	882840	1147862	399647
白　城	Baicheng	1223011	1066673	369411	697263	214376
延　边	Yanbian	1708859	1962916	874915	1088001	321836

16-12 城乡个体工商户基本情况(2013)
Basic Statistics on Urban and Rural Individual Economy (2013)

行　业	Item	户数（户）Households (subscribers)	从业人数（人）Employees (person)	注册资金（万元）Registered Funds (10000 yuan)
合　计	**Total**	**1143397**	**2741237**	**5355073**
按城乡分	Grouped by Urban and Rural			
城　镇	Urban	840046	1954062	3818933
乡　村	Rural	303351	787175	1536140
按行业分	Grouped by Sector			
农林牧渔业	Agriculture,Forestry,Animal Husbandry and Fishrey	69427	342432	853106
采 矿 业	Mining	1006	5083	28415
制 造 业	Manufacturing	54496	172544	421038
电力、燃气及水的生产和供应业	Prodction and Supply for Electricity、Gas and Water	214	668	15048
建 筑 业	Construction	2568	10068	25741
交通运输、仓储业和邮政业	Transport,Storage and Post	68011	102903	655972
信息传输、计算机服务和软件业	Information Transmission,Compture Service and Software	4337	10285	25144
批发零售业	Wholesale and Retail Trades	661461	1305790	2211818
住宿和餐饮业	Hotels and Catering Services	128246	339363	559710
房地产业	Real Estate	627	1368	2474
租赁和商务服务业	Leasing and Business Services	9466	22075	47008
居民服务和其他服务业	Services to Households and Other Services	112135	360442	375941
卫生、社会保障社会福利业	Health、Solial Security and Social Welfare	5713	13329	30230
文化体育和娱乐业	Culture,Sports and Entertainment	4669	13020	45149
其 他 行 业	Others	21021	41867	58280

16－13　城乡私营企业基本情况（2013）

Basic Statistics on Urban and Rural Private Enterprises（2013）

行　业	Item	户数（户）Household (subscribers)	雇工人数(人) Investors (person)	投资人数(人) Employee (person)	注册资金(万元) Registered Funds (10000 yuan)
合 计	**Total**	**179848**	**1633229**	**356951**	**39959076**
按经济类型分	Grouped by Ownership				
独资企业	Foreign Funded	23595	150597	23169	1187334
合伙企业	Partnership Enterprises	743	3663	2732	903453
有限责任公司	Limited liability Corporation	154441	1453011	326018	34798035
股份有限公司	Joint Stock Corporations	1069	25958	5032	3070254
按行业分	Grouped by Sector				
农林牧渔业	Farming,Forestry,Animal Husbandry and Fishrey	9303	71980	17437	1982146
采矿业	Mining	1508	25420	2867	740103
制造业	Manfacturing	29038	319592	62503	8152090
电力、燃气及水的生产和供应业	Production and Supply for Electricity、Gas and Water	1225	17206	3445	701533
建筑业	Constuction	10880	290206	24254	4131923
交通运输、仓储业和邮政业	Transport,Storage and Post	6450	42942	13538	980853
信息传输、计算机服务和软件业	Information、Transmission Computer Service and Software	6353	27253	10309	706136
批发零售业	Wholesale and Retail Trade	65718	311459	120546	7517570
住宿和餐饮业	Hotels and Catering Services	2646	26663	4453	341452
房地产业	Real Estate	7471	319584	17912	5712176
租赁和商务服务业	Leasing and Business Services	20658	75541	37602	3655346
居民服务和其他服务业	Household Services and Other Services	5354	30712	9868	364765
卫生、社会保障社会福利业	Health、Social Security and Social Welfare	318	3828	464	61104
文化体育和娱乐业	Culture Sports and Entertainment	884	5635	1589	153355
其他行业	Others	12042	65208	30164	4758522

16－14 各地区限额以上批发零售贸易企业按商品类别分社会消费品零售总额（2013）

Total Retail Sales of Social Consumer Goods by Category of Enterprises above Designated Size（2013）

单位：万元　　unit：(10000 yuan)

地　区	Region	社会消费品零售总额 Total Retail Sales of Consumer Goods	食品类 Food	粮油、肉禽蛋 Grain,Oil, Meat,Poultry and Eggs	其他食品类 Other Food	烟、酒、茶、饮料 Tobacco, Liquor,Tea and Beverages	衣着类 Clothing	针、纺织品 Knitwear and Textiles	服装鞋帽类 Clothing, Shoes and Hats	用品类 Articles
全　省	**Total**	**18011030**	**2493667**	**879171**	**1199218**	**415277**	**2785866**	**447158**	**2338708**	**8295659**
长　春	Changchun	8086300	940394	143235	626730	170429	1368257	218507	1149750	4577280
吉　林	Jilin	2581847	323026	50536	196573	75917	228866	27352	201514	1296063
四　平	Siping	1807129	173555	51522	93357	28676	575577	110373	465204	562958
辽　源	Liaoyuan	384681	57560	23256	24854	9451	63792	7552	56240	155147
通　化	Tonghua	1502195	198114	73104	66218	58792	232153	47826	184327	776378
白　山	Baishan	505034	113006	4415	80502	28089	80725	2167	78559	89015
松　原	Songyuan	1129543	524069	495513	11462	17093	34349	5122	29227	181851
白　城	Baicheng	783890	14022	5009	5861	3153	54051	6983	47068	138332
延　边	Yanbian	1230412	149921	32581	93663	23677	148097	21277	126820	518635

续表　Continued

单位：万元　　unit：(10000 yuan)

地　区	Region	#日用品 Atricles for Daily Use	#生活电器 Household Appliances	#文化体育娱乐 Culture and Sports Articles	#化妆品 Cosmetics	#金银珠宝 Jewelry	#中西药品 Transitional Chinese and Western Medicines	#书报杂志 Newspaper and Magazines	#建筑材料 Construction Material	燃料类 Fuel
全　省	**Total**	**490012**	**1256381**	**302982**	**224157**	**548675**	**603418**	**96474**	**303325**	**4435838**
长　春	Changchun	240903	702028	143597	113333	314605	222272	34792	256752	1200369
吉　林	Jilin	47530	156620	31321	29893	114296	63886	19442	22735	733893
四　平	Siping	42640	119845	30269	23602	48442	42564	10029		495039
辽　源	Liaoyuan	17851	34002	6875	5452	13857	6768	2435	4144	108181
通　化	Tonghua	72619	62737	28536	27843	16364	191412	6833	18070	295550
白　山	Baishan	4019	21937	4067	4243	4174	7972	2805	405	222288
松　原	Songyuan	11392	35211	3537	3053	1912	12905	5124		389275
白　城	Baicheng	1698	35798	1451	7776	2884	18907	9659		577485
延　边	Yanbian	51360	88204	53329	8964	32142	36734	5355	1221	413759

CHAPTER ▶ 17

第十七篇

教育、科技和文化事业

EDUCATION, SCIENCE AND TECHNOLOGY AND CULTURE

17－1　历年教育基本情况

Basic Statistics on Education

年份 Year	在校学生数（万人） Student Enrollment（10000 persons）				专任教师数（人） Number of Full－time Teachers（person）			
	普通高等学校 Regular Institutions of Higher Education	中等学校 Secondary Schools	#普通中学 Regular Secondary Schools	小学 Primary Schools	普通高等学校 Regular Institutions of Higher Education	中等学校 Secondary Schools	#普通中学 Regular Secondary Schools	小学 Primary Schools
1949	0.37	3.92	3.49	90.37	255	1705	1510	22206
1950	0.37	4.75	3.97	109.43	434	2352	1887	25985
1951	0.38	6.57	5.22	125.77	523	2808	2095	29345
1952	0.67	11.27	8.59	119.09	768	4762	3284	30746
1953	0.81	13.88	10.99	143.38	1203	6056	4262	35417
1954	0.93	17.11	14.12	126.87	1315	7402	5437	34514
1955	1.18	17.35	14.80	115.29	1584	7696	6054	33483
1956	1.69	20.37	17.22	131.95	2356	8293	6192	34189
1957	1.82	21.46	18.76	142.15	2762	8910	6744	38188
1958	2.86	37.80	22.58	179.59	3779	13856	8404	49980
1959	3.27	34.53	24.13	196.52	4302	15887	9509	54040
1960	3.91	37.92	26.32	235.60	5781	18473	11178	67499
1961	3.82	34.67	24.59	223.79	6852	19236	11500	73082
1962	3.49	34.30	26.23	230.17	5800	18697	12896	76457
1963	3.21	35.13	28.85	229.28	5612	18801	13928	79327
1964	2.87	43.30	33.89	269.08	5228	21730	15781	89052
1965	2.60	59.67	35.87	303.20	5187	28085	16158	93203
1966	2.60	61.95	56.74	282.06	5289	30049	25618	88662
1967	1.57	63.30	60.41	295.95	5324	31241	26810	90566
1968	0.98	66.69	65.84	299.41	5377	36287	31856	96699
1969	0.46		66.35	309.55	4695	35358	32304	101427
1970	0.30		77.14	307.17	2110	34694	32851	101272
1971	0.30	97.82	95.37	331.55	2447	44984	42875	106298
1972	0.70	128.57	125.82	342.65	3476	57544	55009	115765
1973	1.18	130.66	128.61	344.49	4198	61789	58018	121146
1974	1.70	142.87	140.01	346.34	4521	65420	61612	119453
1975	2.21	164.83	161.42	346.92	4636	76778	72901	121020
1976	2.30	202.54	199.28	342.09	5258	94276	89910	121826
1977	2.35	213.35	210.52	335.90	6182	100547	96336	122325
1978	3.00	209.10	205.95	342.97	7221	101705	96732	124978
1979	3.57	196.57	192.26	350.41	7931	106588	100814	133875
1980	3.80	189.29	183.14	355.29	8468	103427	96189	133402
1981	4.65	173.87	169.21	349.30	8641	100443	93508	134664
1982	4.14	165.14	156.42	330.98	9670	98244	89129	133796
1983	4.54	156.39	143.60	306.12	10570	95818	84399	129288
1984	5.10	158.24	141.89	300.88	10956	94443	81494	132786
1985	5.95	158.47	138.70	299.81	12443	96294	82201	134515
1986	6.55	154.42	133.77	306.90	13580	97188	82108	137499
1987	6.87	154.49	133.45	299.39	13752	99868	83609	142040
1988	7.29	152.31	129.77	291.02	14707	102334	84897	144864
1989	7.31	141.80	120.18	283.42	14726	102626	85211	147118
1990	7.28	140.41	119.57	276.12	14791	101692	84492	145952
1991	7.25	145.32	124.02	267.24	14664	104064	86460	147729
1992	7.57	152.36	129.80	259.95	14706	104489	86962	146337
1993	8.63	152.95	129.46	257.35	14864	105149	87622	147678
1994	9.52	151.47	126.64	264.19	14956	106326	88238	150242
1995	10.08	155.18	128.74	269.03	15024	107533	88908	152734
1996	10.50	156.82	128.71	274.91	15497	109883	91241	153537
1997	11.02	158.49	129.00	280.07	15610	110514	92019	149396
1998	11.79	158.35	127.89	274.27	15531	110651	92482	151758
1999	13.96	162.14	133.68	260.38	15166	108245	90943	152052
2000	17.53	167.75	143.12	241.59	17476	106110	90007	150291
2001	21.78	169.18	148.81	221.01	18194	103631	88921	145092
2002	26.47	173.36	155.20	202.22	19975	104834	91291	144586
2003	31.95	177.38	157.76	183.31	21824	109079	92338	141363
2004	36.22	180.51	159.96	174.14	25011	110318	93056	140904
2005	40.73	176.43	154.74	162.52	28129	111590	94248	137675
2006	43.51	174.81	149.01	155.60	29918	113603	94619	134450
2007	47.02	170.55	144.68	153.67	31667	113703	94464	131475
2008	50.41	167.32	139.46	150.07	32539	114192	94202	129118
2009	53.10	166.88	133.76	146.11	33239	115160	95614	128301
2010	54.44	159.03	128.84	144.46	33982	114622	94666	124502
2011	56.28	149.63	122.41	143.92	35647	123544	104417	111487
2012	57.89	140.22	116.96	142.37	37022	124482	105467	108035
2013	59.95	129.08	10.98	136.19	38003	124565	106386	103035

17－2 各级各类教育基本情况（2013）
Basic Statistics on Education by Level and Type（2013）

学校类别	Item	学校数(所) Number of Schools (unit)	教职工数(人) Teachers and Staff (person)		毕业生数（人）Graduates (person)	招生数（人）New Students Enrollment (person)	在校学生数（人）Students Enrollment (person)
			合计 Total	其中：专任教师 Fill－time Teachers			
一、研究生	Postgraduate	22			17489	18942	56992
科研机构	Scientific Research Insitutions	5			401	673	1952
普通高校	Regular Institutions of Higher Education	17			17088	18269	55040
# 地方所属	Local-owned	15			6140	7316	21155
二、高等教育	Higher Education						
普通高校	Regular Institutions of Higher Education	58	63002	38003	146379	169988	599526
# 地方属	Local-owned	56	48710	31617	132773	155279	541783
成人高等学校	Adult Institutions	14	2523	1597	68603	87214	177448
# 地方属	Local-owned	14	2523	1597	60724	78129	159286
三、高中阶段教育	Senior Secondary Education	579			241049	212186	645843
普通高中教育	Regular Senior Secondary Education	243	40988	32355	157117	151131	453171
中等职业教育	Vocational Secondary Education	336	25215	18094	83932	61055	192672
中等技术学校	Technical Secondary Schools	51	5927	4211	26929	16719	57079
中等师范学校	Teacher Training Schools	3	350	297	623	462	2678
成人中等专业学校	Specialized Secondary Schools for Adults	82	5874	4424	6231	3275	7472
职业高中	Vocational Senior Secondary Schools	166	11302	8069	38993	28066	85337
其他机构	Others	34	1762	1093	11156	12533	40106
四、初中阶段教育	Junior Secondary Education	1200	92285	74116	240310	218370	644993
普通初中	Regular Junior Secondary Schools	1196	92181	74031	239142	218279	644712
职业初中	Junior Secondary Vocational Schools	4	104	85	1168	91	281
五、小学教育	Pimary Education	5103	121255	103035	235930	217645	1361868
六、特殊教育	Special Education	47	1717	1388	805	740	5610
七、工读学校	Schools for Juvenile Delingguents	4	115	96	154	41	284
八、幼儿园	Kindergartens	3808	43080	24904	185628	251077	441953

17－3 各市县各级各类教育基本情况（2013）

Basic Statistics on Education by Type of City and County（2013）

市、县	City，County	小学 Primary Schools 学校数（所）Number of Schools (unit)	毕业生（人）Graduates (person)	招生数（人）New Student Enrollment (person)	在校学生数（人）Students Enrollment (person)	专任教师数（人）Number of Full－time Teachers (person)
全　省	**Total**	**5103**	**235930**	**217645**	**1361868**	**103035**
长春市	**Changchun**	**1345**	**65002**	**64540**	**395085**	**27564**
市　区	District	291	29203	33464	177917	10777
农安县	Nong' an	304	9053	9397	55685	5275
九台市	Jiutai	200	6359	5479	38124	1729
榆树市	Yushu	320	11021	8085	68355	5677
德惠市	Dehui	230	9366	8115	55004	4106
吉林市	**Jilin**	**636**	**40598**	**31265**	**206989**	**15568**
市　区	District	143	15167	13370	78853	5367
永吉县	Yongji	39	3271	2511	18257	1079
蛟河市	Jiaohe	106	4417	3281	20709	1888
桦甸市	Huadian	100	6138	4328	31909	2091
舒兰市	Shulan	142	6449	4621	31803	2629
磐石市	Panshi	106	5156	3154	25458	2514
四平市	**Siping**	**900**	**29278**	**31858**	**188505**	**13273**
市　区	District	83	5067	4851	27509	2412
梨树县	Lishu	248	7310	7765	45609	3154
伊通县	Yitong	153	4436	3920	25747	2122
公主岭市	Gongzhuling	245	8311	11268	63605	3525
双辽市	Shuangliao	171	4154	4054	26035	2060
辽源市	**Liaoyuan**	**342**	**9510**	**8131**	**54953**	**5427**
市　区	District	51	3328	3196	18188	1568
东丰县	Dongfeng	169	3298	2942	20449	1999
东辽县	Dongliao	122	2884	1993	16316	1860
通化市	**Tonghua**	**257**	**22463**	**16380**	**121210**	**8124**
市　区	District	36	4199	2929	19389	1563

17－3 续表 1 continued

市、县	City，County	小学 Primary Schools 学校数（所） Number of Schools (unit)	毕业生（人） Graduates (person)	招生数（人） New Students Enrollment (person)	在校学生数（人） Students Enrollment (person)	专任教师数（人） Number of Full－time Teachers (person)
通化县	Tonghua	32	2426	1601	12658	715
辉南县	Huinan	51	3288	2860	18930	1647
柳河县	Liuhe	37	3424	2853	19294	1598
梅河口市	Meihekou	69	6953	4741	38415	1830
集安市	Ji' an	32	2173	1396	12524	771
白山市	**Baishan**	**196**	**9518**	**8061**	**50354**	**4473**
市区	District	49	3919	3428	20296	1665
抚松县	Fusong	25	2812	2031	13989	1272
靖宇县	Jingyu	36	1097	1135	6748	440
长白县	Changbai	28	564	489	3337	511
临江市	Linjiang	58	1126	978	5984	585
松原市	**Songyuan**	**723**	**26184**	**27061**	**159491**	**11997**
市区	District	90	6876	6652	39245	2499
前郭县	Qianguo	135	5141	5799	34342	2815
长岭县	Changling	236	5507	6571	35091	2356
乾安县	Qian' an	61	2707	2265	13083	1228
扶余县	Fuyu	201	5953	5774	37730	3099
白城市	**Baicheng**	**514**	**18471**	**14982**	**96068**	**9096**
市区	District	71	4824	4212	25617	1684
镇赉县	Zhenlai	118	3367	2303	14432	1564
通榆县	Tongyu	50	3457	2616	18132	1466
洮南市	Taonan	145	3657	3186	21106	2028
大安市	Da' an	130	3166	2665	16781	2354
延边州	**Yanbian**	**190**	**14906**	**15367**	**89213**	**7513**
延吉市	Yanji	26	4834	5277	27331	1715
图们市	Tumen	10	531	441	2957	360
敦化市	Dunhua	66	3241	3310	21083	1380
珲春市	Hunchun	13	1759	1871	10098	1015
龙井市	Longjing	11	719	722	4366	474
和龙市	Helong	19	915	926	5071	711
汪清县	Wangqing	22	1423	1399	8491	1084
安图县	Antu	23	1484	1421	9816	774

17－3 续表 2 continued

市、县	City, County	幼儿园 Kindergartens 学校数（所） Number of Schools (unit)	毕业生（人） Graduates (person)	招生数（人） New Students Enrollment (person)	在校学生数（人） Students Enrollment (person)	专任教师数（人） Number of Full-time Teachers (person)
全　省	**Total**	**3808**	**185628**	**251077**	**441953**	**24904**
长春市	**Changchun**	**735**	**41356**	**65818**	**115893**	**8156**
市　区	District	432	18471	28372	64175	5693
农安县	Nong' an	69	7487	8887	12979	529
九台市	Jiutai	72	4377	6079	10825	727
榆树市	Yushu	36	3724	9057	11302	378
德惠市	Dehui	126	7297	13423	16612	829
吉林市	**Jilin**	**687**	**48927**	**47102**	**81294**	**4120**
市　区	District	311	20962	19286	35907	1885
永吉县	Yongji	55	3238	4211	7935	372
蛟河市	Jiaohe	78	5814	4754	7300	352
桦甸市	Huadian	79	5501	6363	10579	622
舒兰市	Shulan	59	9145	8537	10923	283
磐石市	Panshi	105	4267	3951	8650	606
四平市	**Siping**	**496**	**17879**	**29668**	**47562**	**2313**
市　区	District	109	3619	2662	10150	821
梨树县	Lishu	141	5276	10581	12424	529
伊通县	Yitong	33	2344	4738	5062	218
公主岭市	Gongzhuling	47	4007	7830	9915	263
双辽市	Shuangliao	166	2633	3857	10011	482
辽源市	**Liaoyuan**	**218**	**9029**	**11403**	**21024**	**1058**
市　区	District	100	2783	4454	8204	548
东丰县	Dongfeng	82	4100	4185	7410	358
东辽县	Dongliao	36	2146	2764	5410	152
通化市	**Tonghua**	**380**	**15092**	**23180**	**41142**	**2012**
市　区	District	98	1990	2527	7089	546

17－3 续表 3 continued

市、县	City，County	幼儿园 Kindergartens 学校数（所）Number of Schools (unit)	毕业生（人）Graduates (person)	招生数（人）New Students Enrollment (person)	在校学生数（人）Students Enrollment (person)	专任教师数（人）Number of Full－time Teachers (person)
通化县	Tonghua	41	1430	990	3816	194
辉南县	Huinan	64	2147	6789	7336	313
柳河县	Liuhe	56	3337	3225	6598	262
梅河口市	Meihekou	66	4654	7033	12261	466
集安市	Ji' an	55	1534	2616	4042	231
白山市	**Baishan**	**275**	**6430**	**10382**	**17466**	**1320**
市区	District	143	2190	6184	7647	674
抚松县	Fusong	69	1794	1905	3715	289
靖宇县	Jingyu	17	1032	1429	2680	116
长白县	Changbai	13	557	262	1318	66
临江市	Linjiang	33	857	602	2106	175
松原市	**Songyuan**	**341**	**19356**	**31816**	**44433**	**2000**
市区	District	80	5202	6073	11233	626
前郭县	Qianguo	88	3173	9043	9312	541
长岭县	Changling	60	3561	5314	8034	209
乾安县	Qian' an	36	1729	2120	4450	155
扶余县	Fuyu	77	5691	9266	11404	469
白城市	**Baicheng**	**372**	**12346**	**14062**	**33145**	**1638**
市区	District	113	2187	1476	9758	561
镇赉县	Zhenlai	56	1583	3651	4020	155
通榆县	Tongyu	48	2725	1790	6632	326
洮南市	Taonan	90	3186	3874	6851	388
大安市	Da' an	65	2665	3271	5884	208
延边州	**Yanbian**	**304**	**15213**	**17646**	**39994**	**2287**
延吉市	Yanji	91	4543	6657	14223	790
图们市	Tumen	16	486	330	1736	123
敦化市	Dunhua	102	3921	4282	8798	586
珲春市	Hunchun	23	2118	2125	4200	182
龙井市	Longjing	16	744	521	2184	98
和龙市	Helong	18	788	613	2377	164
汪清县	Wangqing	12	1630	1802	3232	165
安图县	Antu	26	983	1316	3244	179

17－3 续表 4 continued

市、县	City, County	初中阶段 Junior Secondary Schools 学校数（所）Number of Schools (unit)	毕业生（人）Graduates (person)	招生数（人）New Students Enrollment (person)	在校学生数（人）Students Enrollment (person)	专任教师数（人）Number of Full－time Teachers (person)
全　省	**Total**	**1200**	**240310**	**218370**	**644993**	**74116**
长春市	**Changchun**	**267**	**69429**	**63349**	**186068**	**19942**
市　区	District	106	32913	30209	89694	8792
农安县	Nong' an	43	8561	8661	23537	2470
九台市	Jiutai	30	6790	5974	17470	3466
榆树市	Yushu	50	11392	10595	30987	2960
德惠市	Dehui	38	9773	7910	24380	2254
吉林市	**Jilin**	**150**	**42241**	**32581**	**103044**	**10897**
市　区	District	50	16051	13362	41203	3601
永吉县	Yongji	14	3725	2445	7700	997
蛟河市	Jiaohe	23	5646	2864	11182	2155
桦甸市	Huadian	21	4909	5168	16013	1350
舒兰市	Shulan	23	5533	4853	14493	1333
磐石市	Panshi	19	6377	3889	12453	1461
四平市	**Siping**	**158**	**28923**	**28321**	**82568**	**8093**
市　区	District	24	5195	5390	15684	1677
梨树县	Lishu	39	6981	6413	18709	1832
伊通县	Yitong	24	4488	4158	12658	1155
公主岭市	Gongzhuling	44	8338	8488	24430	2371
双辽市	Shuangliao	27	3921	3872	11087	1058
辽源市	**Liaoyuan**	**56**	**9773**	**9399**	**27547**	**3121**
市　区	District	16	3617	3372	9815	1155
东丰县	Dongfeng	23	3485	3280	9889	1114
东辽县	Dongliao	17	2671	2747	7843	852
通化市	**Tonghua**	**110**	**21113**	**20902**	**61009**	**6692**
市　区	District	15	4004	3449	10558	938

17－3 续表 5 continued

市、县	City，County	初中阶段 Junior Secondary Schools				
		学校数（所）Number of Schools (unit)	毕业生（人）Graduates (person)	招生数（人）New Students Enrollment (person)	在校学生数（人）Students Enrollment (person)	专任教师数（人）Number of Full－time Teachers (person)
通化县	Tonghua	19	2569	2039	6198	1003
辉南县	Huinan	19	3001	3248	9506	1198
柳河县	Liuhe	20	3121	3008	8610	1206
梅河口市	Meihekou	23	5989	6984	19731	1462
集安市	Ji' an	14	2429	2174	6406	885
白山市	**Baishan**	**95**	**11370**	**8805**	**25995**	**5502**
市区	District	30	4593	3739	11267	2083
抚松县	Fusong	23	3625	2376	6997	1469
靖宇县	Jingyu	17	1121	1034	2869	928
长白县	Changbai	11	604	559	1725	355
临江市	Linjiang	14	1427	1097	3137	667
松原市	**Songyuan**	**128**	**24113**	**23986**	**66594**	**6848**
市区	District	20	7619	7765	21876	1454
前郭县	Qianguo	30	4398	4964	13552	1721
长岭县	Changling	34	4809	4927	13451	1205
乾安县	Qian' an	16	3276	2147	5895	773
扶余县	Fuyu	28	4011	4183	11820	1695
白城市	**Baicheng**	**107**	**18808**	**16418**	**47599**	**6163**
市区	District	25	5321	4744	13939	1229
镇赉县	Zhenlai	14	3464	2134	6557	734
通榆县	Tongyu	20	3715	3158	8927	1845
洮南市	Taonan	21	3197	3499	9934	978
大安市	Da' an	27	3111	2883	8242	1377
延边州	**Yanbian**	**129**	**14540**	**14609**	**44569**	**6858**
延吉市	Yanji	19	4337	5027	14018	1566
图们市	Tumen	7	596	489	1546	282
敦化市	Dunhua	22	3322	3267	9843	1266
珲春市	Hunchun	14	1672	1624	5297	797
龙井市	Longjing	12	691	618	2027	476
和龙市	Helong	16	958	785	2652	631
汪清县	Wangqing	24	1518	1423	4543	938
安图县	Antu	15	1446	1376	4643	902

17－3 续表 6 continued

市、县	City，County	普通高中 Regular Senior Secondary Schools 学校数（所） Number of Schools (unit)	毕业生（人） Graduates (person)	招生数（人） New Students Enrollment (person)	在校学生数（人） Students Enrollment (person)	专任教师数（人） Number of Full－time Teachers (person)
全　省	**Total**	**243**	**157117**	**151131**	**453171**	**32355**
长春市	**Changchun**	**68**	**48217**	**46324**	**139850**	**9520**
市　区	District	42	23100	24064	73115	5621
农安县	Nong' an	11	7615	5564	18878	1651
九台市	Jiutai	5	4315	3727	10790	697
榆树市	Yushu	6	7430	8020	22311	821
德惠市	Dehui	4	5757	4949	14756	730
吉林市	**Jilin**	**38**	**25548**	**25024**	**73770**	**5267**
市　区	District	18	11643	9636	30555	2582
永吉县	Yongji	3	2202	1914	5881	477
蛟河市	Jiaohe	4	1861	1781	5393	390
桦甸市	Huadian	3	4076	4274	13148	529
舒兰市	Shulan	5	2552	4021	9882	488
磐石市	Panshi	5	3214	3398	8911	801
四平市	**Siping**	**28**	**18292**	**16648**	**49574**	**3458**
市　区	District	5	5355	3698	11730	597
梨树县	Lishu	7	3424	3016	9069	719
伊通县	Yitong	4	2296	2253	7194	442
公主岭市	Gongzhuling	9	5742	6038	16777	1341
双辽市	Shuangliao	3	1475	1643	4804	359
辽源市	**Liaoyuan**	**9**	**6528**	**6091**	**18632**	**1270**
市　区	District	4	2711	2278	7377	566
东丰县	Dongfeng	3	1903	1968	5780	376
东辽县	Dongliao	2	1914	1845	5475	328
通化市	**Tonghua**	**21**	**15180**	**14417**	**42849**	**3070**
市　区	District	6	3165	2693	8813	841

17－3 续表 7 continued

市、县	City, County	普通高中 Regular Senior Secondary Schools				
		学校数（所） Number of Schools (unit)	毕业生（人） Graduates (person)	招生数（人） New Students Enrollment (person)	在校学生数（人） Students Enrollment (person)	专任教师数（人） Number of Full－time Teachers (person)
通化县	Tonghua	2	1854	1306	4353	274
辉南县	Huinan	2	2541	1947	5880	314
柳河县	Liuhe	2	2503	1376	4047	298
梅河口市	Meihekou	7	3898	4967	15141	1108
集安市	Ji' an	2	1219	2128	4615	235
白山市	**Baishan**	**16**	**7578**	**6820**	**21196**	**1608**
市区	District	6	3437	2920	9091	651
抚松县	Fusong	5	2204	2072	6387	520
靖宇县	Jingyu	1	491	450	1447	111
长白县	Changbai	2	414	369	1135	130
临江市	Linjiang	2	1032	1009	3136	196
松原市	**Songyuan**	**18**	**14388**	**15964**	**46491**	**2935**
市区	District	7	6060	7108	20700	1182
前郭县	Qianguo	4	2116	2999	8413	644
长岭县	Changling	3	3036	2891	8363	483
乾安县	Qian' an	2	1199	1152	3174	269
扶余县	Fuyu	2	1977	1814	5841	357
白城市	**Baicheng**	**17**	**9972**	**10210**	**30411**	**2195**
市区	District	6	3383	3748	10817	672
镇赉县	Zhenlai	3	1682	1522	4661	393
通榆县	Tongyu	3	1418	1563	4623	480
洮南市	Taonan	2	1810	1743	5199	305
大安市	Da' an	3	1679	1634	5111	345
延边州	**Yanbian**	**28**	**11414**	**9633**	**30398**	**3032**
延吉市	Yanji	6	3797	3193	9965	711
图们市	Tumen	2	496	312	1164	161
敦化市	Dunhua	7	2963	2547	8018	848
珲春市	Hunchun	2	1129	1060	3171	336
龙井市	Longjing	2	497	403	1279	183
和龙市	Helong	3	624	547	1651	299
汪清县	Wangqing	3	924	786	2541	249
安图县	Antu	3	984	785	2609	245

17－3 续表 8 continued

市、县	City，County	中等职业教育 Vocational Secondary Education				
		学校数（所） Number of Schools (unit)	毕业生（人） Graduates (person)	招生数（人） New Students Enrollment (person)	在校学生数（人） Students Enrollment (person)	专任教师数（人） Number of Full－time Teachers (person)
全　省	**Total**	**336**	**83932**	**61055**	**192672**	**18094**
长春市	**Changchun**	**118**	**30859**	**17886**	**62254**	**5557**
市　区	District	101	25337	16830	57397	4442
农安县	Nong' an	3	1400	348	1910	244
九台市	Jiutai	2	340	227	722	261
榆树市	Yushu	3	1296	214	1609	247
德惠市	Dehui	9	2486	267	616	363
吉林市	**Jilin**	**43**	**17734**	**10955**	**37512**	**2956**
市　区	District	30	15906	9266	32767	2303
永吉县	Yongji	3	250	263	710	105
蛟河市	Jiaohe	3	116	209	574	95
桦甸市	Huadian	3	799	310	1378	192
舒兰市	Shulan	2	203	329	791	119
磐石市	Panshi	2	460	578	1292	142
四平市	**Siping**	**41**	**12160**	**13256**	**35338**	**1881**
市　区	District	21	6278	5880	17770	840
梨树县	Lishu	6	2536	2819	5909	223
伊通县	Yitong	4	653	702	2222	149
公主岭市	Gongzhuling	6	1199	2662	5476	337
双辽市	Shuangliao	4	1494	1193	3961	332
辽源市	**Liaoyuan**	**13**	**4439**	**1489**	**8009**	**602**
市　区	District	8	4029	971	6742	406
东丰县	Dongfeng	3	151	308	844	100
东辽县	Dongliao	2	259	210	423	96
通化市	**Tonghua**	**30**	**5543**	**2350**	**9121**	**1687**
市　区	District	12	2609	1182	4900	774

17－3 续表 9 continued

市、县	City，County	中等职业教育 Vocational Secondary Education 学校数（所）Number of Schools (unit)	毕业生（人）Graduates (person)	招生数（人）New Students Enrollment (person)	在校学生数（人）Students Enrollment (person)	专任教师数（人）Number of Full－time Teachers (person)
通化县	Tonghua	2	753	134	494	82
辉南县	Huinan	2	184	179	523	204
柳河县	Liuhe	4	379	435	1283	191
梅河口市	Meihekou	6	1581	331	1615	211
集安市	Ji' an	4	37	89	306	225
白山市	**Baishan**	**22**	**2690**	**2255**	**6853**	**1046**
市区	District	12	1366	1165	3626	639
抚松县	Fusong	3	412	404	1134	174
靖宇县	Jingyu	3	507	86	372	103
长白县	Changbai	2	147	275	814	66
临江市	Linjiang	2	258	325	907	64
松原市	**Songyuan**	**20**	**2338**	**2526**	**8632**	**1192**
市区	District	8	1277	1417	5021	500
前郭县	Qianguo	3	120	178	402	247
长岭县	Changling	2	186	297	1620	125
乾安县	Qian' an	3	386	415	1049	192
扶余县	Fuyu	4	369	219	540	128
白城市	**Baicheng**	**23**	**2853**	**3641**	**8842**	**1436**
市区	District	11	1122	1230	3609	581
镇赉县	Zhenlai	5	111	16	119	178
通榆县	Tongyu	2	325	1786	3343	261
洮南市	Taonan	3	760	198	700	201
大安市	Da' an	2	535	411	1071	215
延边州	**Yanbian**	**26**	**5316**	**6697**	**16111**	**1737**
延吉市	Yanji	11	1882	2454	6057	850
图们市	Tumen	2	277	270	551	77
敦化市	Dunhua	3	1317	1798	4384	222
珲春市	Hunchun	2	202	237	603	152
龙井市	Longjing	2	395	361	405	73
和龙市	Helong	2	46	360	431	104
汪清县	Wangqing	2	661	695	1951	139
安图县	Antu	2	536	522	1729	120

17－4 普通高等教育基本情况（2013）

单位：人

项　　目	Item	本专科毕业生数 Graduates of Undergraduate and Specialized Courses	本专科招生数 New Students Enrollment in Undergraduate and Specialized Courses	本专科在校学生数 Students Enrollment in Undergraduate and Specialized Courses
总 计	**Total**	**146379**	**169988**	**599526**
吉林大学	Jilin University	10042	10898	43024
延边大学	Yanbian University	4476	5157	19039
长春理工大学	Changchun Universiey of Science and Technology	4672	3939	15960
东北电力大学	Northeast Dianli University	4242	4326	17187
长春工业大学	Changchun University of Technology	4492	4608	17032
吉林建筑大学	Jilin Jianzhu University	3614	3828	14889
吉林化工学院	JiLin Chemical College	3112	3824	13890
吉林农业大学	Jilin Agricultural University	3833	3792	15530
长春中医药大学	Changchun University of Chinese Medicine	2028	2154	9379
东北师范大学	Northeast Novmal University	3564	3811	14719
北华大学	Beihua University	5723	6522	24642
通化师范学院	Tonghua Normal University	3150	3364	12086
吉林师范大学	JiLin Normal University	4436	4588	17465
吉林工程技术师范学院	Jilin Engineering Technology Normal College	2366	2412	8476
长春师范大学	Changchun Normal University	4903	5826	19972
白城师范学院	Baicheng Normal University	3120	3236	11998
吉林财经大学	Jilin University of Finance and Economics	2619	2698	11676
吉林体育学院	Jilin Institute of Physical Education	1727	1541	6192
吉林艺术学院	Jilin College of The Arts	1645	1829	7195
辽源职业技术学院	Liaoyuan Vocational Technical School	1727	1776	5616
吉林华桥外国语学院	Jilin HuaQiao University of Foreign Languages	1829	2343	8479
四平职业大学	Siping Professional College	1720	1652	5210
吉林工商学院	Jilin Business and Technology College	3999	3825	13327
长春汽车工业高等专科学校	ChangChun Automobile Industry Institute	2168	3296	8850
长春工程学院	Changchun Institute of Technology	3140	3621	14082
吉林农业科技学院	Jilin Agriculture Science and Technology College	2975	3159	11309
长春金融高等专科学校	ChangChun Finance College	1860	1611	5118
吉林警察学院	Jilin Police College	948	2235	6297
长春大学	Changchun University	3795	3776	15455
长春医学高等专科学校	ChangChun Medicine College	1775	2066	6069

Basic Statistics on Institutions of Higher Education (2013)

unit: person

专任教师 Full-time Teachers	正高级 Senior Title	副高级 Sub-senior Title	中级 Middle Title	初级 Junior Title	无职称 No Rank
38003	**5720**	**11930**	**14439**	**5413**	**501**
4765	1527	1610	1579	49	
1954	297	658	775	223	1
1267	198	423	575	39	32
936	150	365	340	77	4
1093	141	345	469	138	
849	102	276	382	89	
742	102	301	169	170	
1153	156	355	517	82	43
585	98	174	222	88	3
1621	435	524	615	47	
1801	212	524	651	372	42
726	57	217	289	160	3
1175	126	357	516	173	3
526	45	161	267	52	1
1112	133	344	469	166	
651	53	183	236	163	16
706	120	296	256	34	
414	34	111	99	170	
440	42	141	135	117	5
291	23	97	79	92	
467	98	122	152	89	6
228	10	92	70	44	12
665	94	223	242	106	
285	11	109	81	67	17
775	99	280	369	27	
534	50	154	230	88	12
283	14	59	152	58	
311	33	77	111	90	
903	102	315	474	12	
387	29	97	144	106	11

单位：人

17－4 续表

项　目	Item	本专科毕业生数 Graduates for Undergroduate and Specialized Courses	本专科招生数 New Students Enrollment in Undergroduate and Specialized Courses	本专科在校学生数 Students Enrollment in Undergroduate and Specialized Courses
吉林交通职业技术学院	Jilin Traffic Occupation Technical School	2357	2224	6770
长春东方职业学院	Changchun Dongfang Occupation College	404	121	533
吉林司法警官职业学院	Jilin Justice officer Academy	967	1125	3149
吉林电子信息职业技术学院	Jilin Police Occupation College	2254	3417	9329
吉林工业职业技术学院	Jilin Electronic Information College	1779	2703	6552
吉林农业工程职业技术学院	Jilin Industrial Occupation College	1308	1598	5093
长春职业技术学院	Jilin Agricultural Engeering College	3355	3572	10255
长春光华学院	Changchun Occupation College	2344	2878	10680
长春工业大学人文信息学院	RenWen Information in Changchun Industrial Universiey	2168	2603	9707
长春理工大学光电信息学院	Electric Information in Changchun Science and Engineeaing Universiey	1936	2559	9334
吉林财经大学信息经济学院	JiLin Counstruction Project City Con-strution College	1753	2780	8896
吉林建筑大学城建学院	The City College of Jilin Jianzhu University	1951	2596	9673
长春建筑学院	Changchun College of Architecture	2286	3406	11236
长春科技学院	Changchun University of Science and Technology	2472	3516	11475
吉林动画学院	Jilin Animation College	2072	3212	11399
吉林师范大学博达学院	Jilin Construction College Boda College	1667	2223	8152
长春大学旅游学院	Traveling in Changchun Traveling College	1970	2478	9076
东北师范大学人文学院	Northeast Normal College Renwen College	2419	2992	11367
吉林医药学院	Jilin Medicine College	1756	2274	9127
白城医学高等专科学校	BaiCheng Medicine Higher Specialized School	2088	2611	6323
长春信息技术职业学院	Changchun and Technical College Information Technology	110	1213	3068
松原职业技术学院	Songyuan Occupation University	1050	893	3291
吉林铁道职业技术学院	Jilin Raicway Occupation College	2273	3367	9107
白城职业技术学院	Baicheng Occupation College	592	188	892
长白山职业技术学院	Changbaishan Vocational and Technical	506	260	934
吉林科技职业技术学院	Jilin Science and Technology Vocational College	621	2216	5645
延边职业技术学院	Yanbian Vocational Technical College		184	461
吉林城市职业技术学院	Jilin City Vocational and Technical College		623	694
其他	Other	2221	2443	7145

continued

unit: person

专任教师 Full-time Teachers	正高级 Senior Title	副高级 Sub-senior Title	中级 Middle Title	初级 Junior Title	无职称 No Rank
343	21	83	89	127	23
109	28	34	18	9	20
144	24	35	33	50	2
371	20	104	128	107	12
265	10	87	116	41	11
275	17	80	81	97	
473	11	172	168	118	4
543	109	129	224	81	
476	70	155	221	23	7
449	51	144	192	62	
459	87	105	258	9	
469	57	138	141	127	6
628	73	163	214	178	
649	88	198	191	172	
590	62	118	114	218	78
468	59	82	185	102	40
435	46	138	194	57	
489	110	79	284	14	2
516	68	141	202	105	
276	16	93	86	63	18
183	15	22	53	93	
534	22	145	180	151	36
265	12	80	79	92	2
172	8	73	59	32	
257	32	125	62	36	2
231	12	58	131	28	2
243	1	152	59	18	13
46		7	12	15	12

17－5　各高等学校、科研机构培养研究生情况（2013）

单位：人

项　　目	Item	毕业生数 Graduates
总计	**Total**	**2161**
吉林大学	Jilin University	1366
延边大学	Yanbian University	35
长春理工大学	Changchun University of Science and Technology	49
东北电力大学	Northeast Dianli University	
长春工业大学	Changchun University of Technology	
吉林建筑大学	Jilin Jianzhu University	
吉林农业大学	Jilin Agriculture University	37
长春中医药大学	Changchun University of Chinese Medicine	20
东北师范大学	Northeast Normal University	386
北华大学	Beihua University	
吉林师范大学	Jilin Normal University	
长春师范大学	Changchun Normal University	
吉林财经大学	Jilin University of Finance and Economics	
吉林体育学院	Jilin Institute of Physical Education	
吉林艺术学院	Jilin College of the Arts	
吉林华桥外国语学院	Jilin Huaqiao University of Foreign Languages	
长春工程学院	Changchun Institute of Technology	
中国科学院长春应用化学研究所	Changchun Applied Chemistry Institute	141
中国科学院东北地理与农业生态研究所	Northeast Institute of Geography and Agroecology,chinese Academy of sciences	22
中科院长春光学精密机械与物理研究所	Changchun Institute of Optics,Fine Mechanice and Physics,chinese Academy of Sciences	105
长春生物制品研究所	Changchun Institute of Biological Product	
中共吉林省委党校	Jilin Provincial Party School	

Basic Statistics on Postgraduates in Higher Schools and Research Institutions （2013）

unit: person

博士生数		硕士生数		
招生数 New Students Enrollment	在校生数 Students Enrollment	毕业生数 Graduates	招生数 New Students Enrollment	在校生数 Students Enrollment
2469	**10345**	**15328**	**16473**	**46647**
1562	7225	6330	6072	16796
52	222	1049	1116	3406
78	396	1135	1130	3352
		512	606	1779
		547	635	1798
		120	258	697
59	245	726	803	2281
18	67	307	405	1144
404	1207	2866	2915	8657
		349	454	1236
2	2	504	600	1673
2	2	60	89	229
		470	568	1522
		73	86	208
		147	262	710
			50	101
			43	85
123	411	13	111	317
34	111	23	28	76
135	457	79	202	492
		9	10	30
		9	30	58

17－6 各级各类成人学校基本情况

单位：人

项　　目	Item	招生数New 2012
一、成人高等学校	**Higher Education Schools for Adults**	**7721**
广播电视大学	Radio and TV Universities	1630
职工大学	Schools of Higher Education for Staff and Workers	3265
农民大学	Schools of Higher Education for Peasants	511
管理干部学院	College for Management Cadres	586
教育学院	Pedagogical Colleges	1729
二、成人中等学校	**Secondary Schools for Adults**	**3343**
职工中等专业学校	Specialized Secondary Schools for Staff and Workers	
农民中等专业学校	Specialized Secondary Schools for Peasants	
广播电视和函授中等专业学校	Radio、TV and Corrspondence Specialized Secondary Schools	
三、成人技术培训学校	**Technical Training Schools for Adults**	
四、成人中小学	**Primary Schools for Adults**	
职工中学	The middle School	
农民中学	Secondary Schools for Peasants	
职工小学	The Primary School	
农民小学	Primary School for Peasants	
其中：扫盲班	Literacy Classes	

Student Enrollment in Adult Schools by Level and Type

unit: person

Students Enrollment	在校生数 Students Enrollment		毕业生数 Graduates	
2013	2012	2013	2012	2013
9133	**16346**	**19347**	**6175**	**8166**
1601	3629	3246	1450	1963
3408	7669	8927	2439	4292
657	1072	1168	746	540
776	1166	1362	560	580
2691	2810	4644	980	791
3275	**10434**	**7472**	**5546**	**6231**
	444477	**492858**	**321367**	**344711**
	14550	**18673**	**6087**	**9279**
	1702	1569	1442	1309
	2652	5038	545	3378
	10196	12066	4100	4592
	10196	10461	4100	2937

17－7 高等学校研究生情况
Basic Statistics on Postgraduates in Institutions of Higher Education

单位：人　　　　unit: person

指　　标	Item	研究生合计 Total Postgraduates		博士学位 Doctor		硕士学位 Master	
		2012	2013	2012	2013	2012	2013
毕业生数	Graduates	15739	17489	1920	2161	13819	15328
招生数	New Student Enrollment	18665	18942	2324	2469	16341	16473
在学研究生数	Number of Postgraduate Enrollment	55921	56992	9754	10345	46167	46647
毕业班学生数	Students in Graduating Class	19585	19740	4838	5159	14747	14581

17－8 高等学校分学科研究生情况
Basic Statistics on Postgraduates in Institution of Higher Education by Field of Study

单位：人　　　　unit: person

指　　标	Item	研究生合计 Total Postgraduates		博士学位 Doctor		硕士学位 Master	
		2012	2013	2012	2013	2012	2013
招生数	**New Students Enrollment**						
总计	**Total**	**18665**	**18942**	**2324**	**2469**	**16341**	**16473**
哲　学	Philosophy	169	156	45	35	124	121
经济学	Economics	618	710	148	152	470	558
法　学	Law	1369	1732	214	201	1155	1531
教育学	Education	594	1822	71	70	523	1752
文　学	Literature	1048	1447	116	119	932	1328
历史学	History	355	411	82	83	273	328
理　学	Science	2537	2611	647	691	1890	1920
工　学	Engineering	3512	4832	493	606	3019	4226
农　学	Agriculture	474	765	89	84	385	681
医　学	Medicine	1165	1936	298	297	867	1639
军事学	Military	4	3			4	3
管理学	Management	799	1717	95	111	704	1606
艺术学	Art	467	800	19	20	448	780
#学术型学位	Academic Degree	13111	12803	2317	2461	10794	10342
#专业学位	Professional Degree	5554	6139	7	8	5547	6131
在校学生数	**Students Enrollment**						
总计	**Total**	**55921**	**56992**	**9754**	**10345**	**46167**	**46647**
哲　学	Philosophy	460	480	167	162	293	318
经济学	Economics	1933	2258	749	738	1184	1520
法　学	Law	4636	5635	943	936	3693	4699
教育学	Education	1893	5008	223	233	1670	4775
文　学	Literature	3567	4301	501	515	3066	3786
历史学	History	1230	1296	384	381	846	915
理　学	Science	8079	7950	2384	2496	5695	5454
工　学	Engineering	11547	14419	2238	2636	9309	11783
农　学	Agriculture	1608	2073	355	365	1253	1708
医　学	Medicine	3976	6527	1218	1272	2758	5255
军事学	Military	12	14			12	14
管理学	Management	2701	4859	552	572	2149	4287
艺术学	Art	1578	2172	19	39	1559	2133
#学术型学位	Academic Degree	43220	41825	9733	10322	33487	31503
#专业学位	Professional Degree	12701	15167	21	23	12680	15144

17-9 幼儿园基本情况
Basic Statistics on Kindergartens

指　　标	Item	单位 Unit	2012	2013
园数	Number of Kindergartens	所 unit	3491	3808
在园幼儿数	Students Enrollment	万人 10000 persons	43	44
教职工数	Teachers and Staff	人 person	39451	43080
# 专任教师数	Number of Full-time Teachers	人person	23487	24904

17-10 特殊教育基本情况
Basic Statistics on Special Education

指　　标	Item	单位 Unit	2012	2013
学校数	Number of Schools	所 unit	46	47
招生数	New Students Enrollment	人 person	805	740
在校学生数	Students Enrollment	人 person	6261	5610
毕业生数	Graduates	人 person	574	805
教职工数	Teachers and Staff	人 person	1751	1717
# 专任教师数	Number of Full-time Teachers	人 person	1382	1388

17-11 小学学龄儿童入学率
Percentage of School-age Children Enrolled

指　　标	Item	单位 Unit	2012	2013
学龄儿童数	School-age Children	万人 10000 persons	135.80	130.37
入学儿童数	School-age Children Enrollment	万人 10000 persons	135.48	129.91
学龄儿童入学率	Enrollment Rate	%	99.76	99.65
# 女儿童数	Female Children	%	99.62	99.61

17－12　普通高等教育普通本科在校学生数（2013）
General Higher Education Undergraduate Students（2013）

单位：人　　　　unit：person

项　　目	Item	招生 New Students Enrollment	在校生 Students Enrollment	毕业生 Graduates
总计	**Total**	**117756**	**454357**	**103426**
哲学	Philosophy	74	268	62
经济学	Economics	6593	25248	5117
法学	Law	3796	13187	2650
教育学	Education	4938	19929	4503
文学	Literature	12054	49643	13115
#外语	Foreign Language	7600	31047	8296
历史学	History	681	2475	649
理学	Science	8029	31124	7817
工学	Engineering	37880	146480	34975
农学	Agriculture	2826	10700	2618
医学	Medicine	5801	26782	5110
管理学	Management	19693	74354	15836
艺术学	Art	15391	54167	10974
总计中：师范生		11010	44614	12417

17－13　普通高等教育分科专任教师数（2013）
Numbers of Full Time Teacher by Field of Study in Regular Higher Educational Institutions（2013）

单位：人　　　　unit：person

项　　目	Item	合计 Total	正高级 Senior Title	副高级 Sub-Senior Title	中级 Middle Title	初级 Junior Title	无职称 No Rank
总计	**Total**	**38003**	**5720**	**11930**	**14439**	**5413**	**501**
#女	Female	19819	2221	6102	8075	3158	263
哲学	Philosophy	1193	237	403	417	130	6
经济学	Economics	1834	300	645	679	203	7
法学	Law	1792	250	491	734	287	30
教育学	Education	3513	344	1127	1266	725	51
#体育	Sports	1888	161	673	674	373	7
文学	Literature	6104	678	1739	2707	896	84
#外语	Foreign Language	3983	376	1087	1911	579	30
历史学	History	552	105	167	218	52	10
理学	Science	4416	917	1487	1551	430	31
工学	Engineering	9653	1515	3211	3570	1248	109
#计算机	Computer	2344	219	691	1085	340	9
农学	Agriculture	1252	245	374	492	118	23
#林学	Forestry	108	20	29	47	11	1
医学	Medicine	2460	482	774	837	330	37
管理学	Management	2347	374	767	859	319	28
艺术	Art	2887	273	745	1109	675	85

17－14 各级学校教师负担学生数
Student-teacher Ratio by Level of Schools

单位：人 unit：person

指　　标	Item	2012	2013
高等学校	**Institutions of Higher Educution**		
教师数	Number of Teachers	37022	38003
每个教师负担学生	Student-teacher Ratio	17.11	17.20
中等学校	**Secondary School**		
教师数	Number of Teachers	124482	124565
每个教师负担学生	Student-teacher Ratio	11.26	10.36
小学	**Primary School**		
教师数	Number of Teachers	108035	103035
每个教师负担学生	Student-teacher Ratio	12.18	13.20

17－15 平均每万人口在校学生数
Student Enrollment per 10000 Population

指　　标	Item	单位 Unit	2012	2013
各级学校在校生数占全省人口比重	Students as Percentage of Total Population	%	14.8	14.3
平均每万人口中	Per 10000 Population			
高等学校	Institutions of Higher Education	人 person	289	303
高中阶段	Senior Secondary	人 person	257	235
初中阶段	Junior Secondary	人 person	253	234
小　学	Primary Secondary	人 person	518	495
幼儿园	Kindergartens	人 person	157	161

17－16 研究机构情况（2013）

项　　目	Item	机构数（个） Institutions (unit)	R&D人员（人） R&D personnel (person)
总　　计	**Total**	**1267**	**45731**
一、按数据来源分组	**Grouped by Data Source**		
1、科技部	Ministry of S&T	114	9366
科研机构	Research Institutions	108	8460
非工业企业	Non-industrial Enterprises	4	884
事业单位	Institutions	2	22
部分转制院所及园区企业	Part of Transferring Institute and Park Enterprises		
园区事业单位	Park Institution		
2、工信部	Industry Ministry	1	286
3、教育部	Education Ministry	288	4390
理工农医院校	Science and Technology, Agriculture, Medical Academies	185	3112
人文社科院校	Natural and Science Human Academies	103	1278
4、统计局	Statistics	864	31689
工业企业	Industrial Enterprises	208	10070
大中型	Large and Medium-sized	108	8733
规上小型	Small-size	100	1337
规上微型	Mini-size		
其他	Others		
统计部门非工企业	Statistical Non-industrial Enterprises	20	500
统计部门事业单位	Statistical Institutions	636	21119
二、按执行部门分组	**Grouped by Executive Department**		
1、企业	Enterprise	232	11454
规模以上	Above Designated Size	208	10070
大中型	Large and Medium-sized	108	8733
2、科研机构	Research Institutions	109	8746
3、高等院校	Institutions of Higher Education	288	4390
4、其他	Others	638	21141
三、按学科分类分组	**Grouped by Subject Category**		
自然科学	Natural Science	135	11372
农业科学	Agricultural Sciences	111	5260
医药科学	Medical Science	128	2736
工程与技术科学	Science Engineering and Technology	683	23872
人文与社会科学	Human and Social Sciences	210	2491
四、按机构服务的国民经济行业分组	**Grouped by Institution Served National Economic Industries**		
农、林、牧、渔业	Agriculture, Forestry, Animal, Husbandry and Fishery	37	2532
采矿业	Mining	8	1841
制造业	Manufacturing	217	8629
电力、燃气及水的生产和供应业	Production and Supply of Electricity, Gas and Water	1	246
建筑业	Construction	12	493
交通运输、仓储和邮政业	Transport, Storage and Post	1	66
信息传输、计算机服务和软件业	Information Transmission, Computer Services and Software	1	
批发和零售业	Wholesale and Retail Trades		
住宿和餐饮业	Hotels and Catering Services		
金融业	Financial	1	7
房地产业	Real Estate		
租赁和商务服务业	Leasing and Business Services	1	

Research Institution Situations（2013）

#博士毕业 PHD Graduate	#硕士毕业 Master Graduate	R&D经费支出（万元） R&D Expenditure (10000yuan)	科研用仪器设备原价（万元） Scientific Instruments and Equipment Regular Price(10000yuan)	#进口 Import
7748	**9376**	**1112445**	**1706194**	**597052**
1756	2799	274586	234302	113607
1696	2601	259014	224855	112219
58	183	15335	8747	1388
2	15	237	700	
	34	1981	2575	2305
2454	1279	28100	242273	140491
1733	804	25755	241443	140447
721	475	2345	830	44
3538	5264	807778	1227043	340649
208	1118	266799	473808	118211
164	1002	246206	438154	116219
44	116	20592	35654	1992
4	21	3743	8519	3810
3326	4125	537236	744717	218628
270	1322	285877	491074	123409
208	1118	266799	473808	118211
164	1002	246206	438154	116219
1696	2635	260995	227430	114524
2454	1279	28100	242273	140491
3328	4140	537474	745416	218628
4043	3427	364642	408521	252990
437	1081	70747	65950	16644
699	764	9233	77251	35122
1641	3290	656744	1147372	291652
928	814	11079	7099	645
181	573	41297	29274	3361
11	170	29452	14099	2770
186	1023	242363	462610	115777
18	45	3445	3567	850
4	19	3434	9224	3810
6	15	1052	1650	856
			251	
	2	309	109	

单位：万元

17－16 续表

项　　目	Item	机构数（个） Institutions (unit)	R&D人员（人） R&D personnel (person)
科学研究、技术服务和地质勘查业	Scientific Research,Technical Service and Geologic Prospecting	911	30522
水利、环境和公共设施管理业	Management of Water Conservation，Environment and Public Facilities	11	91
居民服务和其他服务员	Services to Households and Other Services		
教育	Education	6	32
卫生、社会保障和社会福利业	Health，Social Security and Social Welfare	54	1250
文化、体育和娱乐业	Culture，Sports and Entertainment	5	22
公共管理和社会组织	Public and Management Organization	1	
国际组织	International Organization		
五、按机构组成类型分组	**Grouped by According to Organizational Type**		
政府部门办	Government Departments	262	20027
与国内高校合办	Jointly With Domestic Universities	28	209
与国内独立研究机构合办	Jointly With Domestic Independent Research Institution		
与境外机构合办	Jointly With Foreign Institutions	1	12
与境内注册外商独资企业合办	Jointly With Domestic Registed Foreign-owned Enterprises	11	118
与境内注册其他企业合办	Jointly With Other Domestic Registration Enterprises	469	10553
单位自办	Units of their Own	496	14812
其他	Others		
六、按隶属关系分组	**Group by Administration**		
中　央	National	744	34027
地　方	Local	523	11704
七、按行业分组	**Grouped by Industry**		
农、林、牧、渔业	Agriculture，Forestry，Animal，Husbandry and Fishery	7	
采矿业	Mining	6	1603
制造业	Manufacturing	201	8221
电力、燃气及水的生产和供应业	Production and Supply of Electricity，Gas and Water	1	246
建筑业	Construction	11	493
交通运输、仓储和邮政业	Transport, Storage and Post		
信息传输、计算机服务和软件业	Information Transmission，Computer Services and Software		
金融业	Financial	1	7
租赁和商务服务业	Leasing and Business Services	1	
科学研究、技术服务和地质勘查业	Scientific Research,Technical Service and Geologic Prospecting	111	8768
水利、环境和公共设施管理业	Management of Water Conservation，Environment and Public Facilities	1	
教育	Education	877	25560
卫生、社会保障和社会福利业	Health，Social Security and Social Welfare	49	830
文化、体育和娱乐业	Culture，Sports and Entertainment	1	3
八、按地区分组	**Grouped by Region**		
长春	Changchun	1006	36957
吉林	Jilin	82	3424
四平	Siping	24	838
辽源	Liaoyuan	14	286
通化	Tonghua	50	1459
白山	Baishan	23	223
松原	Songyuan	12	1649
白城	Baicheng	25	377
延边	Yanbian	31	518

continued

unit: 10000 yuan

#博士毕业 PHD Graduate	#硕士毕业 Master Graduate	R&D经费支出（万元） R&D Expenditure (10000yuan)	科研用仪器设备原价（万元） Scientific Instruments and Equipment Regular Price(10000yuan)	#进口 Import
7096	7052	784427	1161313	467335
2	16	2408	2182	130
17	9	138	1381	190
226	440	3764	19664	1973
1	12	356	870	
3327	5246	611296	505022	172720
150	30	3008	15118	7853
6	6	42	800	680
51	44	936	3617	1255
1643	1674	200164	471844	159202
2571	2376	297000	709794	255342
6165	6894	924765	1296256	511818
1583	2482	187681	409937	85234
			68	
9	113	24727	12513	2503
181	960	238627	457728	114858
18	45	3445	3567	850
4	19	3434	8342	3810
	2	309	109	
1698	2650	261232	228130	114524
			15	
5637	5242	579429	986736	359610
201	345	1186	8986	898
		56		
7174	8140	961561	1383443	544762
307	623	91498	138263	10439
37	79	5706	9554	677
6	12	4179	62401	381
42	120	14715	19665	5182
22	42	3619	7853	880
14	114	24545	13898	2503
25	162	3160	13704	542
121	84	3464	57413	31687

17－17 科技活动人员情况（2013）

单位：人

项　　目	Item	科技活动人员 Personnel Engaged in S&T Activities	#大学本科及以上学历 University Degree or Above
总　　计	**Total**	**138927**	**71435**
一、按数据来源分组	**Grouped by Data Source**		
1、科技部	Ministry of S&T	12591	9848
科研机构	Research Institutions	10983	8742
非工业企业	Non-industrial Enterprises	1185	831
事业单位	Institutions	271	204
部分转制院所及园区企业	Part of Transferring Institute and Park Enterprises	40	10
园区事业单位	Park Institution	112	61
2、工信部	Industry Ministry	286	225
3、教育部	Education Ministry	42999	39902
理工农医院校	Science and Technology, Agriculture, Medical Academies	26680	24073
人文社科院校	Natural and Science Human Academies	16319	15829
4、统计局	Statistics	83051	21460
工业企业	Industrial Enterprises	80621	20708
大中型	Large and Medium-sized	72573	18181
规上小型	Small-size	8038	2526
规上微型	Mini-size	10	1
统计部门非工企业	Statistical Non-industrial Enterprises	2430	752
统计部门事业单位	Statistical Institutions		
二、按执行部门分组	**Grouped by Executive Department**		
1、企业	Enterprise	84276	22301
规模以上	Above Designated Size	80621	20708
大中型	Large and Medium-sized	72573	18181
2、科研机构	Research Institutions	11269	8967
3、高等院校	Institutions of Higher Education	42999	39902
4、其他	Others	383	265
三、按隶属关系分组	**Group by Administration**		
中　央	National	66240	27488
地　方	Local	72687	43947

Technological Activities Human Resource Situation（2013）

unit: person

项　　目	Item	科技活动人员 Personnel Engaged in S&T Activities	#大学本科及以上学历 University Degree or Above
四、按行业分组	**Grouped by Industry**		
农、林、牧、渔业	Agriculture, Forestry, Animal, Husbandry and Fishery	167	79
采矿业	Mining	2628	1157
制造业	Manufacturing	76817	19281
电力、燃气及水的生产和供应业	Production and Supply of Electricity, Gas and Water	1176	270
建筑业	Construction	1802	694
交通运输、仓储和邮政业	Transport, Storage and Post		
信息传输、计算机服务和软件业	Information Transmission, Computer Services and Software		
金融业	Financial	185	3
租赁和商务服务业	Leasing and Business Services		
科学研究、技术服务和地质勘查业	Scientific Research,Technical Service and Geologic Prospecting	12725	10002
水利、环境和公共设施管理业	Management of Water Conservation, Environment and Public Facilities	85	42
教育	Education	42999	39902
卫生、社会保障和社会福利业	Health, Social Security and Social Welfare	343	5
文化、体育和娱乐业	Culture, Sports and Entertainment		
五、按地区分组	**Grouped by Region**		
长　春	Changchun	99359	50477
吉　林	Jilin	17962	9997
四　平	Siping	2855	1478
辽　源	Liaoyuan	2083	676
通　化	Tonghua	5653	2554
白　山	Baishan	987	573
松　原	Songyuan	2359	1246
白　城	Baicheng	1865	1095
延　边	Yanbian	5804	3339

17－18 研究与试验发展（R&D）人员情况（2013）

项 目	Item	单位数（个）Numerous of Enterprises(unit)	#有R&D活动单位 Unit of R&D Activities
总 计	**Total**	**5635**	**401**
一、按数据来源分组	**Grouped by Data Source**		
1、科技部	Ministry of S&T	134	59
科研机构	Research Institutions	108	52
非工业企业	Non-industrial Enterprises	6	3
事业单位	Institutions	16	3
部分转制院所及园区企业	Part of Transferring Institute and Park Enterprises	1	
园区事业单位	Park Institution	3	1
2、工信部	Industry Ministry	1	1
3、教育部	Education Ministry	83	82
理工农医院校	Science and Technology, Agriculture, Medical Academies	41	40
人文社科院校	Human Social Sciences School	42	42
4、统计局	Statistics	5417	259
工业企业	Industrial Enterprises	5376	252
大中型	Large and Medium-sized	648	117
规上小型	Small-size	4477	135
规上微型	Mini-size	251	
其他	Others		
统计部门非工企业	Statistical Non-industrial Enterprises		
统计部门事业单位	Statistical Institutions	41	7
二、按执行部门分组	**Grouped by Executive Department**		
1、企业	Enterprise	5383	255
规模以上	Above Designated Size	5376	252
大中型	Large and Medium-sized	648	117
2、科研机构	Research Institutions	109	53
3、高等院校	Institutions of Higher Education	83	82
4、其他	Others	60	11
三、按隶属关系分组	**Group by Administration**		
中 央	National	110	39
地 方	Local	5525	362
四、按行业分组	**Grouped by Industry**		
农、林、牧、渔业	Agriculture, Forestry, Animal, Husbandry and Fishery	2	1
采矿业	Mining	396	5
制造业	Manufacturing	4718	244
电力、燃气及水的生产和供应业	Production and Supply of Electricity, Gas and Water	262	3
建筑业	Construction		
交通运输、仓储和邮政业	Transport, Storage and Post	3	
信息传输、计算机服务和软件业	Information Transmission, Computer Services and Software	32	6
金融业	Financial		
租赁和商务服务业	Leasing and Business Services	6	1
科学研究、技术服务和地质勘查业	Scientific Research,Technical Service and Geologic Prospecting	131	59
水利、环境和公共设施管理业	Management of Water Conservation, Environment and Public Facilities	2	
教育	Education	83	82
卫生、社会保障和社会福利业	Health, Social Security and Social Welfare		
文化、体育和娱乐业	Culture, Sports and Entertainment		
五、按地区分组	**Grouped by Region**		
长 春	Changchun	1289	197
吉 林	Jilin	1127	58
四 平	Siping	513	25
辽 源	Liaoyuan	315	18
通 化	Tonghua	561	40
白 山	Baishan	418	18
松 原	Songyuan	604	12
白 城	Baicheng	317	10
延 边	Yanbian	491	23

Research and Experiment Development（R&D）Human Resource Situation（2013）

R&D人员（人） R&D Personnel (person)	#其中:女性 Female	#其中:研究人员 Researchers	其中 全时人员 Full-time Personnel	非全时人员 Part-time Personnel	其中 博士毕业 PHD Graduate
74210	**27364**	**31928**	**34243**	**39967**	**7468**
9477	3002	3935	6430	3047	1769
8460	2627	3501	5767	2693	1696
884	295	392	552	332	58
110	72	29	88	22	11
23	8	13	23		4
286	61	223	286		
31389	15054	12216	11696	19693	5384
14478	5418	12105	11579	2899	3337
16911	9636	111	117	16794	2047
33058	9247	15554	15831	17227	315
32841	9185	15416	15729	17112	315
29061	8026	13888	13470	15591	274
3780	1159	1528	2259	1521	41
217	62	138	102	115	
33725	9480	15808	16281	17444	373
32841	9185	15416	15729	17112	315
29061	8026	13888	13470	15591	274
8746	2688	3724	6053	2693	1696
31389	15054	12216	11696	19693	5384
350	142	180	213	137	15
32018	10939	17217	15149	16869	5110
42192	16425	14711	19094	23098	2358
23	8	13	23		4
1950	652	1730	762	1188	9
29796	8217	12861	14850	14946	287
1095	316	825	117	978	19
117	29	80	97	20	
100	33	58	5	95	
9740	3055	4145	6693	3047	1765
31389	15054	12216	11696	19693	5384
53417	20384	19439	23376	30041	6430
9092	2733	5895	5339	3753	479
1666	694	950	712	954	101
1082	244	424	500	582	10
3288	1376	1626	1853	1435	62
504	101	131	222	282	22
1760	653	1635	759	1001	14
756	355	503	199	557	30
2645	824	1325	1283	1362	320

项　　目	Item	其中	
		硕士毕业 Master Graduate	本科毕业 Undergraduate Graduates
总　　计	**Total**	**17612**	**25622**
一、按数据来源分组	**Grouped by Data Source**		
1、科技部	Ministry of S&T	2822	3455
科研机构	Research Institutions	2601	3004
非工业企业	Non-industrial Enterprises	183	376
事业单位	Institutions	30	67
部分转制院所及园区企业	Part of Transferring Institute and Park Enterprises		
园区事业单位	Park Institution	8	8
2、工信部	Industry Ministry	34	191
3、教育部	Education Ministry	12488	11883
理工农医院校	Science and Technology, Agriculture, Medical Academies	5192	4816
人文社科院校	Human Social Sciences School	7296	7067
4、统计局	Statistics	2268	10093
工业企业	Industrial Enterprises	2268	10076
大中型	Large and Medium-sized	2161	9415
规上小型	Small-size	107	661
规上微型	Mini-size		
其他	Others		
统计部门非工企业	Statistical Non-industrial Enterprises		
统计部门事业单位	Statistical Institutions		17
二、按执行部门分组	**Grouped by Executive Department**		
1、企业	Enterprise	2451	10452
规模以上	Above Designated Size	2268	10076
大中型	Large and Medium-sized	2161	9415
2、科研机构	Research Institutions	2635	3195
3、高等院校	Institutions of Higher Education	12488	11883
4、其他	Others	38	92
三、按隶属关系分组	**Group by Administration**		
中　央	National	6796	10808
地　方	Local	10816	14814
四、按行业分组	**Grouped by Industry**		
农、林、牧、渔业	Agriculture, Forestry, Animal, Husbandry and Fishery	8	8
采矿业	Mining	113	788
制造业	Manufacturing	2108	9098
电力、燃气及水的生产和供应业	Production and Supply of Electricity, Gas and Water	47	190
建筑业	Construction		
交通运输、仓储和邮政业	Transport, Storage and Post		
信息传输、计算机服务和软件业	Information Transmission, Computer Services and Software		17
金融业	Financial		
租赁和商务服务业	Leasing and Business Services		
科学研究、技术服务和地质勘查业	Scientific Research,Technical Service and Geologic Prospecting	2848	3638
水利、环境和公共设施管理业	Management of Water Conservation, Environment and Public Facilities		
教育	Education	12488	11883
卫生、社会保障和社会福利业	Health, Social Security and Social Welfare		
文化、体育和娱乐业	Culture, Sports and Entertainment		
五、按地区分组	**Grouped by Region**		
长　春	Changchun	14100	18352
吉　林	Jilin	1796	3551
四　平	Siping	341	494
辽　源	Liaoyuan	19	226
通　化	Tonghua	395	1096
白　山	Baishan	42	128
松　原	Songyuan	115	829
白　城	Baicheng	333	246
延　边	Yanbian	471	700

continued

其他学历 Others	R&D人员折合全时当量（人年） Full-time Equivalent of R&D Personnel (person-year)	#研究人员 Researchers	其中 基础研究 Basic Research	应用研究 Applied Research	试验发展 Experimental Development
23508	**44607**	**23330**	**7242**	**11243**	**26123**
1431	7819	3346	1071	2551	4197
1159	6984	2992	891	2346	3747
267	715	314	167	134	414
2	97	27	5	71	21
3	23	13	8		15
61	286	223			286
1634	12625	8179	6170	6009	446
1133	9650	8068	4691	4514	446
501	2975	111	1479	1496	
20382	23877	11582		2682	21194
20182	23709	11473		2682	21026
17211	21504	10607		2648	18855
2971	2205	865		34	2171
200	168	109			168
20449	24424	11787	167	2816	21440
20182	23709	11473		2682	21026
17211	21504	10607		2648	18855
1220	7270	3215	891	2346	4033
1634	12625	8179	6170	6009	446
205	288	149	13	71	204
9304	23675	13571	3635	6708	13332
14204	20933	9759	3607	4535	12791
3	23	13	8		15
1040	1821	1683		17	1805
18303	21604	9576		2666	18938
839	283	214			283
100	68	51			68
100	100	58			100
1489	8082	3556	1063	2551	4468
1634	12625	8179	6170	6009	446
14535	31567	15333	5471	9617	16479
3266	5803	3747	637	1226	3940
730	720	393	167	2	550
827	772	264		34	737
1735	1983	811	69	117	1796
312	320	89		34	286
802	1657	1600			1657
147	401	266	189	56	155
1154	1385	826	708	155	523

17－19 研究与试验发展（R&D）经费情况（2013）

单位：万元

项　　目	Item	R&D经费内部支出 Internal Expenditures	其中 基础研究 Basic Research
总　　计	**Total**	**1182863**	**114830**
一、按数据来源分组	**Grouped by Data Source**		
1、科技部	Ministry of S&T	274831	17820
科研机构	Research Institutions	259014	15711
非工业企业	Non-industrial Enterprises	15335	2034
事业单位	Institutions	443	55
部分转制院所及园区企业	Part of Transferring Institute and Park Enterprises		
园区事业单位	Park Institution	40	21
2、工信部	Industry Ministry	1981	
3、教育部	Education Ministry	201034	96995
理工农医院校	Science and Technology, Agriculture, Medical Academies	174207	86069
人文社科院校	Human Social Sciences School	26827	10926
4、统计局	Statistics	705017	15
工业企业	Industrial Enterprises	698136	15
大中型	Large and Medium-sized	641602	15
规上小型	Small-size	56534	
规上微型	Mini-size		
其他	Other		
统计部门非工企业	Statistical Non-industrial Enterprises	6881	
统计部门事业单位	Statistical Institutions		
二、按执行部门分组	**Grouped by Executive Department**	720352	2049
1、企业	Enterprise	698136	15711
规模以上	Above Designated Size	641602	15
大中型	Large and Medium-sized	260995	15711
2、科研机构	Research Institutions	201034	81299
3、高等院校	Institutions of Higher Education	483	75
4、其他	Others	283210	17745
三、按隶属关系分组	**Group by Administration**		
中　央	National	754650	90560
地　方	Local	428212	24271
四、按行业分组	**Grouped by Industry**		
农、林、牧、渔业	Agriculture, Forestry, Animal, Husbandry and Fishery	40	21
采矿业	Mining	50985	
制造业	Manufacturing	670277	10941
电力、燃气及水的生产和供应业	Production and Supply of Electricity, Gas and Water	3701	
建筑业	Construction	5018	
交通运输、仓储和邮政业	Transport,Storage and Post		
信息传输、计算机服务和软件业	Information Transmission, Computer Services and Software		
金融业	Financial	1427	
租赁和商务服务业	Leasing and Business Services		
科学研究、技术服务和地质勘查业	Scientific Research,Technical Service and Geologic Prospecting	276773	17799
水利、环境和公共设施管理业	Management of Water Conservation, Environment and Public Facilities		
教育	Education	174207	86069
卫生、社会保障和社会福利业	Health, Social Security and Social Welfare	436	
文化、体育和娱乐业	Culture, Sports and Entertainment		
五、按地区分组	**Grouped by Region**		
长　春	Changchun	901191	106224
吉　林	Jilin	129625	3842
四　平	Siping	14797	888
辽　源	Liaoyuan	15421	
通　化	Tonghua	29359	325
白　山	Baishan	13434	15
松　原	Songyuan	54396	
白　城	Baicheng	6794	275
延　边	Yanbian	17845	3262

Research and Experiment Development（R&D）Expenditure Situation（2013）

unit: 10000 yuan

		其中				其中
应用研究 Applied Research	试验发展 Experimental Development	日常性支出 Ordinary Expenditure	#人员劳务费 Labor Costs	资产性支出 Assets Expenditure	#仪器和设备 Apparatus and Equipment	政府资金 Government Funds
357107	**710926**	**989239**	**254684**	**193624**	**136397**	**417285**
106852	150159	189521	71385	85310	44650	222175
103115	140188	177417	65867	81597	42606	216090
3419	9882	11723	5330	3612	1953	5653
319	70	342	187	101	91	433
	19	40	2			
	1981	1930	559	51	51	1711
94758	9280	175426	21231	25608	12236	162108
78857	9280	161426	21231	12781	12236	146470
15901		14000		12827		15638
155496	549505	622362	161508	82655	79461	31291
154989	543132	617052	160186	81084	77927	31035
152530	489058	572196	149203	69406	66505	27615
2459	54075	44856	10983	11678	11422	3420
508	6373	5310	1322	1570	1534	256
158915	559388	634085	166838	86266	81413	36944
139293	543132	617052	160186	81084	77927	31035
152530	489058	572196	149203	69406	66505	27615
103115	142169	179347	66426	81084	42657	31035
94758	9280	175426	21231	25608	12236	162108
319	89	381	188	101	91	433
122737	158425	196380	73078	86831	46144	223710
310346	353745	631835	161427	122815	71355	314476
46761	357181	357403	93257	70809	65043	102809
	19	40	2			
178	50807	41662	23106	9323	6952	7070
170712	488624	585689	134625	84588	70975	39603
	3701	3701	2456			
199	4819	3882	974	1136	1128	254
309	1118	1005	108	422	394	
106852	152121	191411	71942	85361	44701	223886
78857	9280	161426	21231	12781	12236	146470
	436	424	240	12	12	2
336444	458522	768390	186263	132801	80951	374455
14574	111210	99247	23469	30379	28060	21226
4	13905	12562	4640	2235	1909	994
1063	14358	13665	1998	1756	1710	896
1875	27159	23938	5937	5421	5329	4291
2365	11054	9742	2709	3692	3613	1306
	54396	43221	23615	11176	8792	6890
102	6418	5061	1333	1733	1713	828
681	13902	13413	4721	4432	4321	6399

单位：万元

17－19 续表

项　　目	Item	其中 企业资金 Enterprise Funds	境外资金 Overseas Funds
总　　计	**Total**	**713239**	**3823**
一、按数据来源分组	**Grouped by Data Source**		
1、科技部	Ministry of S&T	8022	1139
科研机构	Research Institutions	3252	1012
非工业企业	Non-industrial Enterprises	4750	127
事业单位	Institutions		
部分转制院所及园区企业	Part of Transferring Institute and Park Enterprise		
园区事业单位	Park Institution	20	
2、工信部	Industry Ministry		
3、教育部	Education Ministry	35885	855
理工农医院校	Science and Technology, Agriculture, Medical Academies	24696	855
人文社科院校	Human Social Sciences School	11189	
4、统计局	Statistics	669332	1829
工业企业	Industrial Enterprises	662707	1829
大中型	Large and Medium-sized	610116	1803
规上小型	Small-size	52592	26
规上微型	Mini-size		
其他	Other		
统计部门非工企业	Statistical Non-industrial Enterprises	6624	
统计部门事业单位	Statistical Institutions		
二、按执行部门分组	**Grouped by Executive Department**		
1、企业	Enterprise	662707	1829
规模以上	Above Designated Size	610116	1803
大中型	Large and Medium-sized	3252	1012
2、科研机构	Research Institutions	35885	855
3、高等院校	Institutions of Higher Education	20	
4、其他	Others	14627	1139
三、按隶属关系分组	**Group by Administration**		
中 央	National	397559	1984
地 方	Local	315680	1838
四、按行业分组	**Grouped by Industry**		
农、林、牧、渔业	Agriculture，Forestry，Animal，Husbandry and Fishery	20	
采矿业	Mining	43915	
制造业	Manufacturing	626280	1829
电力、燃气及水的生产和供应业	Production and Supply of Electricity，Gas and Water	3701	
建筑业	Construction	4764	
交通运输、仓储和邮政业	Transport,Storage and Post		
信息传输、计算机服务和软件业	Information Transmission，Computer Services and Software		
金融业	Financial	1427	
租赁和商务服务业	Leasing and Business Services		
科学研究、技术服务和地质勘查业	Scientific Research,Technical Service and Geologic Prospecting	8002	1139
水利、环境和公共设施管理业	Management of Water Conservation，Environment and Public Facilities		
教育	Education	24696	855
卫生、社会保障和社会福利业	Health，Social Security and Social Welfare	434	
文化、体育和娱乐业	Culture，Sports and Entertainment		
五、按地区分组	**Grouped by Region**		
长 春	Changchun	482256	2632
吉 林	Jilin	102176	18
四 平	Siping	13549	26
辽 源	Liaoyuan	13470	1033
通 化	Tonghua	25001	
白 山	Baishan	12082	
松 原	Songyuan	47506	
白 城	Baicheng	5934	
延 边	Yanbian	11266	114

continued

unit: 10000 yuan

其他资金 Others	R&D经费外部支出 R&D Exterior Expenditures	对国内研究机构支出 Expenditure on Domestic Research Institutions	对国内高等学校支出 Expenditure on Domestic Higher Learning	对国内企业支出 Expenditure on Domestic Enterprises	对境外支出 Expenditure on Overseas
48515	**185035**	**94864**	**64350**	**20658**	**5163**
43495					
38660					
4806					
10					
20					
270	337	334		3	
2185	7963	3115	2959	1829	59
2185	7963	3115	2959	1829	59
2565	176735	91415	61391	18826	5104
2565	176660	91399	61380	18777	5104
2069	173293	88799	60829	18734	4930
496	3367	2601	550	43	173
	76	16	11	49	
2565	176660	91399	61380	18777	5104
2069	173293	88799	60829	18734	4930
2565	337	334		3	
2185	7963	3115	2959	1829	59
30					
43735					
40631	161439	78593	58604	19314	4928
7885	23596	16271	5746	1344	235
20					
	9561	7388	2073	100	
2565	163880	81763	58336	18677	5104
	3219	2249	970		
	23	10	11	2	
	12	3		9	
43746	337	334		3	
2185	7963	3115	2959	1829	59
	41	3		38	
41849	158367	76601	57125	19542	5100
6206	3160	923	1987	189	61
229	786	569	217		
22	701	602	59	40	
67	6418	6068	67	281	2
46	2302	808	1489	6	
	9514	7333	2081	100	
32	534	31	503		
66	3251	1929	822	500	

17－20　研究与试验发展（R&D）产出情况（2013）

项　　目	Item	专利申请数（件）Number of Patent Applications(piece)
总　　计	**Total**	**5461**
一、按数据来源分组	**Grouped by Data Source**	
1、科技部	Ministry of S&T	855
科研机构	Research Institutions	778
非工业企业	Non-industrial Enterprises	45
事业单位	Institutions	32
部分转制院所及园区企业	Part of Transferring Institute and Park Enterprises	
园区事业单位	Park Institution	
2、工信部	Industry Ministry	15
3、教育部	Education Ministry	2044
理工农医院校	Science and Technology, Agriculture, Medical Academies	2044
人文社科院校	Natural and Science Human Academies	
4、统计局	Statistics	2547
工业企业	Industrial Enterprises	2520
大中型	Large and Medium-sized	1968
规上小型	Small-size	552
规上微型	Mini-size	
其他	Others	
统计部门非工企业	Statistical Non-industrial Enterprises	27
统计部门事业单位	Statistical Institutions	
二、按执行部门分组	**Grouped by Executive Department**	
1、企业	Enterprise	2592
规模以上	Above Designated size	2520
大中型	Large and Medium-sized	1968
2、科研机构	Research Institutions	793
3、高等院校	Institutions of Higher Education	2044
4、其他	Others	32
三、按隶属关系分组	**Group by Administration**	
中　央	National	2976
地　方	Local	2485
四、按行业分组	**Grouped by Industry**	
农、林、牧、渔业	Agriculture, Forestry, Animal, Husbandry and Fishery	1
采矿业	Mining	36
制造业	Manufacturing	2257
电力、燃气及水的生产和供应业	Production and Supply of Electricity, Gas and Water	227
建筑业	Construction	26
交通运输、仓储和邮政业	Transport, Storage and Post	
信息传输、计算机服务和软件业	Information Transmission, Computer Services and Software	
金融业	Financial	
租赁和商务服务业	Leasing and Business Services	
科学研究、技术服务和地质勘查业	Scientific Research,Technical Service and Geologic Prospecting	870
水利、环境和公共设施管理业	Management of Water Conservation, Environment and Public Facilities	
教育	Education	2044
卫生、社会保障和社会福利业	Health, Social Security and Social Welfare	
文化、体育和娱乐业	Culture, Sports and Entertainment	
五、按地区分组	**Grouped by Region**	
长　春	Changchun	4164
吉　林	Jilin	548
四　平	Siping	73
辽　源	Liaoyuan	30
通　化	Tonghua	251
白　山	Baishan	65
松　原	Songyuan	80
白　城	Baicheng	66
延　边	Yanbian	184

Research and Experiment Development（R&D）Output Situation（2013）

#发明专利 Invention Patents	专利授权数（件） Number of Patents(piece)	#发明专利 Invention Patents	有效发明专利数（件） Number of Effective Patents(piece)	专利所有权转让及许可数（件） Patent Right of Ownership Transfer and the License Number(piece)
3019	**1786**	**1036**	**7621**	**75**
761	458	388	2764	3
725	411	375	2604	3
16	33	8	129	
20	14	5	31	
12	3	2	13	
1268	1325	646	1847	42
1268	1325	646	1847	42
978			2997	30
971			2982	30
708			2541	15
263			441	15
7			15	
994	33	8	3129	30
971			2985	30
708			2541	15
737	414	377	2617	3
1268	1325	646	1847	42
20	14	5	28	
1796	1243	767	5579	13
1223	543	269	2042	62
6			2	
853			2956	22
112			24	8
7			15	
773	461	390	2777	3
1268	1325	646	1847	42
2329	1589	969	6338	45
288	132	43	631	24
28	4	3	81	
13			47	
166	10	10	286	5
56			32	
30			18	
18	2	1	17	
91	49	10	171	1

17－20 续表

项　　目	Item	专利所有权转让及许可收入(万元) Patent Right of Ownership Transfer and Licensing Revenue(10000yuan)
总　　计	**Total**	**1433**
一、按数据来源分组	**Grouped by Data Source**	
1、科技部	Ministry of S&T	679
科研机构	Research Institutions	679
非工业企业	Non-industrial Enterprises	
事业单位	Institutions	
部分转制院所及园区企业	Part of Transferring Institute and Park Enterprises	
园区事业单位	Park Institution	
2、工信部	Industry Ministry	
3、教育部	Education Ministry	465
理工农医院校	Science and Technology, Agriculture, Medical Academies	465
人文社科院校	Natural and Science Human Academies	
4、统计局	Statistics	289
工业企业	Industrial Enterprises	289
大中型	Large and Medium-sized	214
规上小型	Small-size	75
规上微型	Mini-size	
其他	Others	
统计部门非工企业	Statistical Non-industrial Enterprises	
统计部门事业单位	Statistical Institutions	
二、按执行部门分组	**Grouped by Executive Department**	
1、企业	Enterprise	289
规模以上	Above Designated size	289
大中型	Large and Medium-sized	214
2、科研机构	Research Institutions	679
3、高等院校	Institutions of Higher Education	465
4、其他	Others	
三、按隶属关系分组	**Group by Administration**	
中　央	National	759
地　方	Local	674
四、按行业分组	**Grouped by Industry**	
农、林、牧、渔业	Agriculture, Forestry, Animal, Husbandry and Fishery	
采矿业	Mining	
制造业	Manufacturing	289
电力、燃气及水的生产和供应业	Production and Supply of Electricity, Gas and Water	
建筑业	Construction	
交通运输、仓储和邮政业	Transport, Storage and Post	
信息传输、计算机服务和软件业	Information Transmission, Computer Services and Software	
金融业	Financial	
租赁和商务服务业	Leasing and Business Services	
科学研究、技术服务和地质勘查业	Scientific Research,Technical Service and Geologic Prospecting	679
水利、环境和公共设施管理业	Management of Water Conservation, Environment and Public Facilities	
教育	Education	465
卫生、社会保障和社会福利业	Health, Social Security and Social Welfare	
文化、体育和娱乐业	Culture, Sports and Entertainment	
五、按地区分组	**Grouped by Region**	
长　春	Changchun	1036
吉　林	Jilin	108
四　平	Siping	
辽　源	Liaoyuan	
通　化	Tonghua	214
白　山	Baishan	
松　原	Songyuan	75
白　城	Baicheng	
延　边	Yanbian	

continued

集成电路布图设计登记数(件) Number of Integrated Circuits Design(piece)	植物新品种权授予数(项) Number of New Plant Variety Rights Granted (item)	形成国家或行业标准数(项) National or Industry Standard Digital(item)	发表科技论文(篇) S&T Thesis Issued (piece)	出版科技著作(种) S&T Works Published (kind)
1	**32**	**709**	**34150**	**414**
	11	75	4963	96
	4	60	4589	69
		12	302	12
		3	50	9
	7		15	
			7	6
1		7	28	
	21		18714	318
	21		18714	318
		627	10445	
		621	10200	
		456	10142	
		165	58	
		6	245	
	7	639	10762	12
		621	10200	
		456	10142	
1	4	67	4617	69
	21		18714	318
		3	57	15
1	2	141	13169	197
	30	568	20981	217
	7		28	6
		3	121	
		614	9829	
		4	250	
		5	133	
1	4	82	4969	90
	21		18714	318
		1	106	
1	24	278	25592	156
	1	24	3745	81
	7	26	691	21
		1	73	11
		266	689	11
		12	77	4
		7	78	
		2	648	6
		93	2557	124

17－21 研究与试验发展（R&D）项目（课题）情况（2013）
Research and Experiment Development（R&D）Project (topic) Situation（2013）

项 目	Item	项目(课题)数(项) Number of Project (topic) (item)	项目(课题)参加人员折合全时当量(人年) Project (topic) to Full-time Equivalent of Personnel (person-year)	项目（课题）经费内部支出（万元） Project (topic) Internal Expenditures (10000yuan)
总 计	**Total**	**41007**	**66333**	**1602930**
一、按数据来源分组	**Grouped by Data Source**			
1、科技部	Ministry of S&T	2420	6401	156310
科研机构	Research Institutions	2292	5850	149227
非工业企业	Non-industrial Enterprises	109	462	6746
事业单位	Institutions	16	76	328
部分转制院所及园区企业	Part of Transferring Institute and Park Enterprises			
园区事业单位	Park Institution	3	14	10
2、工信部	Industry Ministry	26	286	1981
3、教育部	Education Ministry	17274	10302	146477
理工农医院校	Science and Technology, Agriculture, Medical Academies	7518	9650	134007
人文社科院校	Human Social Sciences School	9756	652	12470
4、统计局	Statistics	21287	49344	1298163
工业企业	Industrial Enterprises	6421	19277	650311
大中型	Large and Medium-sized	1884	17342	602404
规上小型	Small-size	4537	1935	47907
规上微型	Mini-size			
其他	Others			
统计部门非工企业	Statistical Non-industrial Enterprises	38	727	4818
统计部门事业单位	Statistical Institutions	14828	29340	643033
二、按执行部门分组	**Grouped by Executive Department**			
1、企业	Enterprise	6568	20466	661875
规模以上	Above Designated Size	6421	19277	650311
大中型	Large and Medium-sized	1884	17342	602404
2、科研机构	Research Institutions	2318	6136	151208
3、高等院校	Institutions of Higher Education	17274	10302	146477
4、其他	Others	14847	29429	643371
三、按项目（课题）来源分组	**Grouped by Projects (topic) Source**			
1.国家科技项目	National Science and Technology Project	10273	17822	394642
2.地方科技项目	Local Technology Projects	13654	14365	135358
3.企业委托科技项目	Enterprises Entrust Technological Projects	4704	4970	119518
4.自选科技项目	Optional Projects	10639	27416	912193
5.来自国外的科技项目	Projects from Foreign Technology	241	363	8556
6.其它科技项目	Other Technology Projects	1496	1397	32663
四、按项目（课题）合作形式分组	**Grouped by Projects (topic) Cooperating Types**			
1.与境外机构合作	Cooperation with Foreign Institutions	323	515	13989
2.与国内高校合作	Cooperation with Domestic Universities	1411	4098	79887
3.与国内独立研究机构合作	Cooperate with Domestic Independent Research Institution	1514	4088	112248
4.与境内注册外商独资企业合作	Cooperate with Domestic Registed Foreign-owned Enterprises	25	40	1064
5.与境内注册其他企业合作	Cooperate with Other Domestic Registration Enterprises	1465	2389	29596

17－21 续表 continued

项　目	Item	项目(课题)数(项) Number of Project (topic) (item)	项目(课题)参加人员折合全时当量(人年) Project (topic) to Full-time Equivalent of Personnel (person-year)	项目（课题）经费内部支出（万元） Project (topic) Internal Expenditures (10000yuan)
6.独立完成	Independently	25426	53199	1312998
7.其他	Others	10843	2003	53149
五、按项目（课题）活动类型分组	**Grouped by Projects (topic) Activities Types**			
1.基础研究	Basic Research	14052	11990	153371
2.应用研究	Applied Research	17145	20748	377902
3.试验发展	Experimental Development	9810	33595	1071658
六、按学科分类分组	**Grouped by Subject Category**			
自然科学	Natural Science	5124	8794	192394
农业科学	Agricultural Sciences	2514	4588	50903
医药科学	Medical Science	3634	6269	33424
工程与技术科学	Science Engineering and Technology	15171	42796	1303934
人文与社会科学	Human and Social Sciences	14564	3887	22276
七、按项目（课题）服务的国民经济行业分组	**Grouped by Projects (topic) Served National Economic Iindustries**			
农、林、牧、渔业	Agriculture，Forestry，Animal，Husbandry and Fishery	692	1633	23114
采矿业	Mining	250	1559	48054
制造业	Manufacturing	6615	19577	664540
电力、燃气及水的生产和供应业	Production and Supply of Electricity，Gas and Water	59	330	4068
建筑业	Construction	150	688	3978
交通运输、仓储和邮政业	Transport，Storage and Post	12	66	422
信息传输、计算机服务和软件业	Information Transmission，Computer Services and Software	3	15	89
批发和零售业	Wholesale and Retail Trades			
住宿和餐饮业	Hotels and Catering Services			
金融业	Financial	4	17	840
房地产业	Real Estate			
租赁和商务服务业	Leasing and Business Services	1	1	20
科学研究、技术服务和地质勘查业	Scientific Research,Technical Service and Geologic Prospecting	994	2309	59998
水利、环境和公共设施管理业	Management of Water Conservation，Environment and Public Facilities	172	357	6688
居民服务和其他服务员	Resident Services and Other Services	2	8	60
教育	Education	31643	38468	787626
卫生、社会保障和社会福利业	Health，Social Security and Social Welfare	388	1233	3005
文化、体育和娱乐业	Culture，Sports and Entertainment	10	50	266
公共管理和社会组织	Public Management and Ssocial Organizations	12	23	164
国际组织	International Organizations			
八、按项目（课题）社会经济目标分组	**Grouped by Projects (topic) Society Economic Aids Target**			
环境保护、生态建设及污染防治	Environmental Protection, Ecological Construction and Pollution Prevention	1295	1982	32125
能源生产、分配和合理利用	Promote Energy Production, Distribution and Reasonable Use	1026	3629	80485
卫生事业的发展	Promote the Development of Public Health Undertakings	8783	4911	25094

17－21 续表 1 continued

项　　目	Item	项目(课题)数(项) Number of Project (topic) (item)	项目(课题)参加人员折合全时当量(人年) Project (topic) to Full-time Equivalent of Personnel (person-year)	项目（课题）经费内部支出（万元）Project (topic) Internal Expenditures (10000yuan)
教育事业的发展	Promote the Development of Education	2674	1624	2916
基础设施以及城市和农村规划	Urban and Rural Infrastructure and Planning	583	3527	157789
社会发展和社会服务	Social Development and Docial Services	2040	1919	10256
地球和大气层的探索与利用	The Earth and the Atmosphere of Exploration and Use	26	65	627
民用空间探测及开发	Civilian Space Exploration and Development	5	15	130
农林牧渔业发展	Promote the Development of Agriculture, Forestry, Animal, Husbandry and Fishery	2431	4840	50048
工商业发展	Promotion of Industrial and Commercial Development	9956	28247	890397
非定向研究	Non-oriented Research	11448	12654	246311
其他民用目标	Other Civilian Targets	64	134	5393
国防	National Defense	676	2786	101360
九、按隶属关系分组	**Group by Administration**			
中　央	National	24086	47507	930304
地　方	Local	16921	18826	672627
十、按行业分组	**Grouped by Industry**			
农、林、牧、渔业	Agriculture, Forestry, Animal, Husbandry and Fishery	3	14	10
采矿业	Mining	215	1406	44105
制造业	Manufacturing	6156	17601	602505
电力、燃气及水的生产和供应业	Production and Supply of Electricity, Gas and Water	50	271	3701
建筑业	Construction	16	620	3640
交通运输、仓储和邮政业	Transport, Storage and Post			
信息传输、计算机服务和软件业	Information Transmission, Computer Services and Software			
金融业	Financial	5	17	835
租赁和商务服务业	Leasing and Business Services			
科学研究、技术服务和地质勘查业	Scientific Research,Technical Service and Geologic Prospecting	2443	6673	158282
水利、环境和公共设施管理业	Management of Water Conservation, Environment and Public Facilities	3	9	12
教育	Education	31773	38524	787794
卫生、社会保障和社会福利业	Health, Social Security and Social Welfare	338	1164	1994
文化、体育和娱乐业	Culture, Sports and Entertainment	5	35	54
十一、按地区分组	**Grouped by Region**			
长　春	Changchun	36742	54936	1363135
吉　林	Jilin	2041	4931	111320
四　平	Siping	404	655	12367
辽　源	Liaoyuan	82	665	13522
通　化	Tonghua	473	1850	25561
白　山	Baishan	61	289	11647
松　原	Songyuan	219	1292	45462
白　城	Baicheng	230	381	4899
延　边	Yanbian	755	1335	15018

17－22　科技事业发展情况

Development of Science and Technology

指标	Item	单位 Unit	2007年	2008年	2009年	2010年	2011年	2012年	2013年
研究与实验发展(R&D)活动	**R&D Activities**								
研究与实验发展折合全时人员	Full-time Equivalent of R&D Personnel	人年 Person-year	32509	33624	56428	45314	44815	49961	44607
研究与实验发展经费支出	Expenditure on R&D	万元 10000 yuan	508658	632618	813602	758005	934767	1098010	1182863
研究与实验发展经费支出占地区生产总值比重	R&D Expenditure as GDP Proportion	%	0.96	0.87	1.12	0.87	0.88	0.92	0.91
技术成果	**Technological Achievement and Natioral Awards**								
科技成果总数	Number of Achievements in Science and Technology	项 Item	515	413	510	487	500	606	680
#应用技术成果	Application of Technology Results	项 Item	448	357	441	398	419	480	577
国家奖励	**Natioral awards**								
#国家自然科学奖	State Natural Science Award	项 Item	2	1	3	2	1	2	3
国家技术发明奖	State Technological Invention Award	项 Item		1	1	1		1	1
国家科技进步奖	Number of National Scientific and Technological Progress Prizes Awarded	项 Item	5	5	4	3	1	1	2
技术市场成交额	Technical Market	亿元 100 million yuan	17.5	19.8	19.8	18.8	26.3	25.1	34.7
科技服务	**Technology Services**								
气象观测站点(气象台站总数)	Meteorological Observation Site	个 unit	62	56	56	56	56	56	55
地震台站	Seismic Stations	个 unit	10	14	14	14	18	18	37
质量监督	**Quality Supervision**								
产品质量检验机构	Product Quality Inspection Agency	个 unit	694	670	685	709	723	750	807
监督抽查产品	Quality Checks of Products	种kind	56	50	58	37	28	35	35
监督抽查产品	Supervision and Checking of Products	批次Batch	804	892	1254	775	625	755	725
专利	**Patents**								
专利申请受理量	Number of Paterts Application Accepted	件 Piece	5251	5536	5934	6445	8196	9171	10751
专利申请授权量	Number of Patents Application Granted	件 Piece	2855	2984	3274	4343	4920	5923	6219

17－23 全部规模以上工业企业限额以上R&D项目情况（2013）
Industrial Enterprises R&D Projects Situation（2013）

项　　目	Item	全部科技项目数(项) All the Technology Projects(Item)	参加科技项目人员(人) Project Personnel for S&T(person)	本年度项目经费内部支出(万元) Annual Project Internal Expenditures（10000yuan）
总计	**Total**	**1508**	**18043**	**618256**
一、按项目来源分组	**Grouped by Projects (topic) Source**			
国家科技项目	National Science and Technology Project	40	964	65883
地方科技项目	Local Technology Projects	111	1503	23679
其他企业委托科技项目	Enterprises Entrust Technological Projects	104	562	45723
本企业自选科技项目	Optional Projects	1225	14597	476602
来自境外的科技项目	Projects from Foreign Technology	6	64	2434
其他科技项目	Other Technology Projects	22	353	3936
二、按项目合作形式分组	**Grouped by Projects (topic) Cooperating Types**			
与境外机构合作	Cooperation with Foreign Institutions	29	274	9837
与境内高校合作	Cooperation with Domestic Universities	163	1992	38687
与境内独立研究院所合作	Cooperate with Domestic Independent Research Institution	183	2052	69187
与境内注册的外商独资企业合作	Cooperate with Domestic Registed Foreign-owned Enterprises	3	24	997
与境内注册的其他企业合作	Cooperate with Other Domestic Registration Enterprises	44	526	10271
独立研究	Independently	1074	12984	467893
其他	Others	12	191	21385
三、按项目活动类型分组	**Grouped by Projects (topic) Activities Types**			
基础研究	Basic Research	1	3	15
应用研究	Applied Research	238	3217	148014
试验发展	Experimental Development	1269	14823	470227
四、按项目成果形式分组	Grouped by Projects Results			
论文或专著	Papers or Monographs	63	869	8983
自主研制的新产品原型或样机、样件、样品、配方、新装置	Independently Developed New Prodact Prototype, Sample,Recjpes,New Device	579	5373	145715
自主开发的新技术或新工艺、新工法	Indeperdently Developed of New Technology or New Techniques,New Constrution Method	787	10799	447924
发明专利	Patents for Inventions	76	839	15294
实用新型专利	Utility Model Patent			
外观设计专利	Design Patent			
带有技术、工艺参数的图纸、技术标准、操作规范	Technology、Drawing of the Prdess Parameters、Technical Standard、practices			
基础软件	Basic Software	3	163	340
应用软件	Application Software			
其他	Others			
五、按项目技术经济目标分组	**Grouped by Projects Technical and Economic Target**			
科学原理的探索、发现	Scientific Principles of Exploration、Discovery	10	258	4895
技术原理的研究	Technical Principles Research	338	4425	224169
开发全新产品	Development of New Products	661	6399	237613
增加产品功能或提高性能	Add Product Features or Improve Performance	295	3270	50420
提高劳动生产率	Increase Labor Productivity	26	325	27639
减少能源消耗或提高能源使用效率	Reduce Energy Consumption or Improve Energy Efficiency in the use	67	1636	50848
节约原材料	Conservation of Raw Materials	21	400	3192
减少环境污染	Reduce Environmental Pollution	15	185	2928
其他	Others	75	1145	16553

17－23 续表 continued

项　　目	Item	全部科技项目数(项) All the Technology Projects(Item)	参加科技项目人员(人) Project Personnel for S&T(person)	本年度项目经费内部支出(万元) Annual Project Internal Expenditures (10000yuan)
六、企业规模分组	**Group by Size of Enterprises**			
大 型	Large-sized Enterprise	813	12243	521890
中 型	Mdeium-sized Enterprise	384	3188	51742
小 型	Small-sized Enterprise	311	2612	44623
微 型	Mini-sized Enterprise			
七、隶属关系分组	**Group by Administration**			
中 央	National	512	7513	350292
省(自治区、直辖市)	Province	105	2065	25796
地(区、市、州、盟)	City	325	3020	128056
县(区、市、旗)	Country	112	1321	26124
街 道	Street			
镇	Town	2	19	30
乡	Township	4	32	240
(社区)居委会	Neighborhood			
村委会	Village Committee			
其 他	Others	448	4073	87718
八、登记注册类型分组	**Grouped by Status Registration**			
内资企业	Domestic Enterprises	1257	15441	530875
港、澳、台商投资企业	Enterprises with Funds Hong Kong,Macao and Taiwan	44	729	23120
外商投资企业	Foreign Funded Enterprises	207	1873	64261
九、按新国民经济行业大类分组	**Grouping by National Economy Industry**			
采矿业	Mining	26	1140	41920
制造业	Manufacturing	1432	16162	572634
电力、燃气及水的生产和供应业	Production and Supply of Electricity，Gas and Water	50	741	3701
十、企业控股情况分组	**Grouping by Enterprises Share Holding Situation**			
国有控股	State-owned Holding	710	10901	452179
集体控股	Collective Holding	75	851	9849
私人控股	Private Holding	419	3591	61379
港澳台商控股	Hong Kong, Macao and Taiwan Funded Holding	20	404	20490
外商控股	Foreign Holdings	98	638	37296
其 他	Others	186	1658	37062
十一、按地区分组	**Grouped by Region**			
长 春	Changchun	856	9549	408412
吉 林	Jilin	242	3155	95402
四 平	Siping	90	685	11481
辽 源	Liaoyuan	60	612	13012
通 化	Tonghua	136	1940	23113
白 山	Baishan	30	304	10353
松 原	Songyuan	39	1133	43407
白 城	Baicheng	11	90	4406
延 边	Yanbian	44	575	8669

17－24　工业企业R&D人员情况（2013）

项　　目	Item	研究与试验发展(R&D)人员（人）Research and Development (R&D) Personnel(person)
总计	**Total**	**32841**
一、按企业规模分组	**Group by Size of Enterprises**	
大　型	Large-sized Enterprise	23783
中　型	Mdeium-sized Enterprise	5278
小　型	Small-sized Enterprise	3780
微　型	Mini-sized Enterprise	
二、按隶属关系分组	**Group by Administration**	
中　央	National	16133
省(自治区、直辖市)	Province	2748
地(区、市、州、盟)	City	4777
县(区、市、旗)	Country	2239
街　道	Street	
镇	Town	130
乡	Township	48
(社区)居委会	Neighborhood	
村委会	Village Committee	
其　他	Others	6766
三、按登记注册类型分组	**Grouped by Status Registration**	
内资企业	Domestic Funded	29470
港、澳、台商投资企业	Enterprises with Funds Hong Kong,Macao and Taiwan	1211
外商投资企业	Foreign Funded Enterprises	2160
四、按新国民经济行业大类分组	**Grouping by National Economy Industry**	
采矿业	Mining	1950
制造业	Manufacturing	29796
电力、燃气及水的生产和供应业	Production and Supply of Electricity，Gas and Water	1095
五、按企业控股情况分组	**Grouping by Enterprises Share Holding Situation**	
国有控股	State-owned Holding	21517
集体控股	Collective Holding	1626
私人控股	Private Holding	5886
港澳台商控股	Hong Kong, Macao and Taiwan Funded Holding	797
外商控股	Foreign Holdings	767
其　他	Others	2248
六、按地区分组	**Grouped by Region**	
长　春	Changchun	19584
吉　林	Jilin	5053
四　平	Siping	1054
辽　源	Liaoyuan	1063
通　化	Tonghua	2653
白　山	Baishan	484
松　原	Songyuan	1760
白　城	Baicheng	165
延　边	Yanbian	1025

注：按企业规模分组包含部分规模以下小型工业企业数据（下同）
Note:Contains some small sized industrial enterprise date.

Industrial Enterprises R&D Human Resource Situation（2013）

其中：				其中
#本年度参加项目人员 Personnel Involved in the Project This Year	#科技管理和服务人员 S&T Management and Service Personnel	#女性 Female	#研究人员 Researchers	全时人员 Full-time Personnel
26812	**6029**	**9185**	**15416**	**15729**
19137	4646	6787	12199	10338
4387	891	1239	1689	3132
3288	492	1159	1528	2259
12081	4052	4746	8697	5851
2501	247	531	1528	1543
4368	409	1018	2014	2763
2031	208	916	644	1396
129	1	3	16	
46	2	16	8	27
5656	1110	1955	2509	4149
23675	5795	8309	13722	13330
1107	104	351	591	947
2030	130	525	1103	1452
1528	422	652	1730	762
24239	5557	8217	12861	14850
1045	50	316	825	117
16974	4543	5621	11380	8710
1419	207	751	485	981
4840	1046	1618	2120	3224
749	48	275	497	674
718	49	235	358	457
2112	136	685	576	1683
15498	4086	5339	8362	8441
4183	870	1118	2882	3102
958	96	346	437	695
923	140	239	407	485
2435	218	1080	1270	1701
443	41	96	123	216
1386	374	653	1635	759
148	17	35	78	28
838	187	279	222	302

项　　目	Item	非全时人员 Part-time Personnel
总计	**Total**	**17112**
一、按企业规模分组	**Group by Size of Enterprises**	
大 型	Large-sized Enterprise	13445
中 型	Mdeium-sized Enterprise	2146
小 型	Small-sized Enterprise	1521
微 型	Mini-sized Enterprise	
二、按隶属关系分组	**Group by Administration**	
中 央	National	10282
省(自治区、直辖市)	Province	1205
地(区、市、州、盟)	City	2014
县(区、市、旗)	Country	843
街 道	Street	
镇	Town	130
乡	Township	21
(社区)居委会	Neighborhood	
村委会	Village Committee	
其 他	Others	2617
三、按登记注册类型分组	**Grouped by Status Registration**	
内资企业	Domestic Funded	16140
港、澳、台商投资企业	Enterprises with Funds Hong Kong,Macao and Taiwan	264
外商投资企业	Foreign Funded Enterprises	708
四、按新国民经济行业大类分组	**Grouping by National Economy Industry**	
采矿业	Mining	1188
制造业	Manufacturing	14946
电力、燃气及水的生产和供应业	Production and Supply of Electricity, Gas and Water	978
五、按企业控股情况分组	**Grouping by Enterprises Share Holding Situation**	
国有控股	State-owned Holding	12807
集体控股	Collective Holding	645
私人控股	Private Holding	2662
港澳台商控股	Hong Kong, Macao and Taiwan Funded Holding	123
外商控股	Foreign Holdings	310
其 他	Others	565
六、按地区分组	**Grouped by Region**	
长 春	Changchun	11143
吉 林	Jilin	1951
四 平	Siping	359
辽 源	Liaoyuan	578
通 化	Tonghua	952
白 山	Baishan	268
松 原	Songyuan	1001
白 城	Baicheng	137
延 边	Yanbian	723

contiued

R&D人员折合全时当量（人年） Full-time Equivalent of R&D Personnel (person-year)	#研究人员 Researchers	其中 应用研究人员 Applied Researchers	试验发展人员 Personnel of Experimental Development
23709	**11473**	**2682**	**21026**
18388	9601	2638	15750
3116	1006	10	3106
2205	865	34	2171
13322	7348	2387	10935
1696	935	17	1679
3234	1344	194	3040
1459	454	57	1402
54	7		54
42	6		42
3903	1379	28	3874
21407	10346	2680	18727
681	315		681
1621	812	3	1618
1821	1683	17	1805
21604	9576		283
283	214	2666	18938
16928	9157	2597	14331
906	278	44	862
3241	1178	36	3205
382	250		382
434	168		434
1819	442	5	1814
14735	6267	2510	12224
3492	2148	73	3419
550	253		550
759	253	21	737
1722	665	44	1678
308	84	34	274
1657	1600		1657
84	41		84
402	162		402

17－25 工业企业R&D经费情况（2013）

单位：万元

项　　目	Item	R&D经费内部支出合计 R&D Internal Expenditures	应用研究支出 Applied Research Expenditures
总计	**Total**	**698136**	**154989**
一、按企业规模分组	**Group by Size of Enterprises**		
大 型	Large-sized Enterprise	571383	150553
中 型	Mdeium-sized Enterprise	70220	1977
小 型	Small-sized Enterprise	56534	2459
微 型	Mini-sized Enterprise		
二、按隶属关系分组	**Group by Administration**		
中 央	National	376026	146712
省(自治区、直辖市)	Province	29989	178
地(区、市、州、盟)	City	136549	4295
县(区、市、旗)	Country	33644	1547
街 道	Street		
镇	Town	1070	
乡	Township	240	
(社区)居委会	Neighborhood		
村委会	Village Committee		
其 他	Others	120619	2257
三、按登记注册类型分组	**Grouped by Status Registration**		
内资企业	Domestic Funded	588941	154548
港、澳、台商投资企业	Enterprises with Funds Hong Kong,Macao and Taiwan	39521	
外商投资企业	Foreign Funded Enterprises	69674	441
四、按新国民经济行业大类分组	**Grouping by National Economy Industry**		
采矿业	Mining	50985	178
制造业	Manufacturing	643450	154811
电力、燃气及水的生产和供应业	Production and Supply of Electricity，Gas and Water	3701	
五、按企业控股情况分组	**Grouping by Enterprises Share Holding Situation**		
国有控股	State-owned Holding	490594	151185
集体控股	Collective Holding	14226	658
私人控股	Private Holding	77035	2473
港澳台商控股	Hong Kong, Macao and Taiwan Funded Holding	35723	
外商控股	Foreign Holdings	39610	95
其 他	Others	40949	579
六、按地区分组	**Grouped by Region**		
长 春	Changchun	450119	147498
吉 林	Jilin	105031	3617
四 平	Siping	13905	
辽 源	Liaoyuan	15115	756
通 化	Tonghua	26914	657
白 山	Baishan	13336	2365
松 原	Songyuan	54396	
白 城	Baicheng	6002	
延 边	Yanbian	13318	95

Industrial Enterprises R&D Expenditure Situation（2013）

unit: 10000 yuan

试验发展支出 Experimental Development Expenditures	其中				
	经常费支出 Ordinary Expenditure	#劳务费 Labor Costs	资产性支出 Assets Expenditure	土建工程支出 Civil Works Expenditures	仪器设备 Equipment
543132	**617052**	**160186**	**81084**	**3158**	**77927**
420815	513007	133391	58376	2734	55642
68243	59189	15812	11030	167	10863
54075	44856	10983	11678	256	11422
229314	345596	100749	30430	2671	27760
29812	26409	5722	3581	11	3570
132239	109425	19496	27124	258	26866
32096	28477	6130	5167	15	5152
1070	1070	410			
240	240	87			
118362	105836	27594	14783	203	14580
434378	514083	138685	74859	3152	71706
39521	39182	2326	339	3	336
69233	63788	19176	5886	2	5884
50807	41662	23106	9323	2371	6952
488624	571689	134625	71761	786	70975
3701	3701	2456			
339409	431787	116055	58807	2776	56031
13568	12430	3582	1796	8	1788
74547	62160	17346	14875	325	14550
35723	35513	906	210		210
39515	37655	6240	1955	2	1953
40370	37507	16058	3441	47	3395
302621	420602	103074	29517	383	29135
101414	81689	16615	23343	50	23293
13905	12017	4324	1889	6	1882
14358	13359	1994	1756	47	1710
26257	22661	5026	4253	79	4175
10957	9644	2623	3692	79	3613
54396	43221	23615	11176	2383	8792
6002	4304	674	1697	20	1677
13223	9556	2243	3762	111	3650

单位：万元

17－25　续表

项　　目	Item	其中 政府资金 Government Funds	企业资金 Enterprise Funds
总计	**Total**	**31035**	**662707**
一、按企业规模分组	**Group by Size of Enterprises**		
大 型	Large-sized Enterprise	21277	548877
中 型	Mdeium-sized Enterprise	6338	61239
小 型	Small-sized Enterprise	3420	52592
微 型	Mini-sized Enterprise		
二、按隶属关系分组	**Group by Administration**		
中 央	National	13851	361784
省(自治区、直辖市)	Province	337	28566
地(区、市、州、盟)	City	7933	128047
县(区、市、旗)	Country	1243	31367
街 道	Street		
镇	Town		1070
乡	Township		240
(社区)居委会	Neighborhood		
村委会	Village Committee		
其 他	Others	7671	111634
三、按登记注册类型分组	**Grouped by Status Registration**		
内资企业	Domestic Funded	28794	556413
港、澳、台商投资企业	Enterprises with Funds Hong Kong,Macao and Taiwan	2131	37390
外商投资企业	Foreign Funded Enterprises	110	68904
四、按新国民经济行业大类分组	**Grouping by National Economy Industry**		
采矿业	Mining	7070	43915
制造业	Manufacturing	23965	615091
电力、燃气及水的生产和供应业	Production and Supply of Electricity，Gas and Water		3701
五、按企业控股情况分组	**Grouping by Enterprises Share Holding Situation**		
国有控股	State-owned Holding	19318	469229
集体控股	Collective Holding	682	13544
私人控股	Private Holding	6375	70054
港澳台商控股	Hong Kong, Macao and Taiwan Funded Holding	2106	33617
外商控股	Foreign Holdings	100	39510
其 他	Others	2454	36753
六、按地区分组	**Grouped by Region**		
长 春	Changchun	11993	435382
吉 林	Jilin	5809	98754
四 平	Siping	331	13549
辽 源	Liaoyuan	590	13470
通 化	Tonghua	1880	24979
白 山	Baishan	1209	12082
松 原	Songyuan	6890	47506
白 城	Baicheng	67	5934
延 边	Yanbian	2265	11053

contiued

unit: 10000 yuan

其中		R&D经费外部支出合计 R&D Exterior Expenditures	#对国内研究机构的支出 Expenditure on Domestic Research Institutions	#对国内高等学校支出 Expenditure on Domestic Higher Learning	#对境外支出 Expenditure on Overseas
国外资金 Foreign Funds	其他资金 Others				
1829	**2565**	**176660**	**91399**	**61380**	**5104**
660	569	164158	81565	59706	4869
1143	1500	9135	7234	1123	62
26	496	3367	2601	550	173
92	300	156318	76673	57025	4869
	1087	2667	2018	361	
	569	6560	4091	1750	43
1033		1471	975	481	
		300		300	
704	610	9344	7642	1463	192
1169	2565	167906	83287	61047	4972
660		8754	8113	333	132
		9561	7388	2073	
1829	2565	163880	81763	58336	5104
		3219	2249	970	
92	1955	158187	77391	57387	4869
		1757	880	877	
18	588	6407	3550	2735	61
		7540	7387	22	131
1719	22	2769	2191	359	43
751	1993	150705	73472	54342	5041
18	450	2448	587	1799	61
26		786	569	217	
1033	22	701	602	59	
	55	6418	6068	67	2
	46	2302	808	1489	
		9514	7333	2081	
		534	31	503	
		3251	1929	822	

17－26 工业企业办科技机构情况（2013）

项　　目	Item	国内机构数（个）Domestic Institutions (unit)	机构科技活动人员（人）S&T Activities Personnel(person)
总计	**Total**	**208**	**22112**
一、按企业规模分组	**Group by Size of Enterprises**		
大 型	Large-sized Enterprise	45	15650
中 型	Mdeium-sized Enterprise	63	3923
小 型	Small-sized Enterprise	100	2539
微 型	Mini-sized Enterprise		
二、按隶属关系分组	**Group by Administration**		
中 央	National	21	11685
省(自治区、直辖市)	Province	12	1752
地(区、市、州、盟)	City	42	3272
县(区、市、旗)	Country	27	1903
街 道	Street		
镇	Town	2	19
乡	Township	1	26
(社区)居委会	Neighborhood		
村委会	Village Committee		
其 他	Others	103	3455
三、按登记注册类型分组	**Grouped by Status Registration**		
内资企业	Domestic Funded	190	20336
港、澳、台商投资企业	Enterprises with Funds Hong Kong,Macao and Taiwan	6	416
外商投资企业	Foreign Funded Enterprises	12	1360
四、按新国民经济行业大类分组	**Grouping by National Economy Industry**		
采矿业	Mining	6	1962
制造业	Manufacturing	201	19894
电力、燃气及水的生产和供应业	Production and Supply of Electricity，Gas and Water	1	256
五、按企业控股情况分组	**Grouping by Enterprises Share Holding Situation**		
国有控股	State-owned Holding	45	14680
集体控股	Collective Holding	12	701
私人控股	Private Holding	114	4421
港澳台商控股	Hong Kong, Macao and Taiwan Funded Holding	4	332
外商控股	Foreign Holdings	6	288
其 他	Others	27	1690
六、按地区分组	**Grouped by Region**		
长 春	Changchun	54	10732
吉 林	Jilin	31	4063
四 平	Siping	15	1000
辽 源	Liaoyuan	13	417
通 化	Tonghua	39	2582
白 山	Baishan	19	489
松 原	Songyuan	12	2072
白 城	Baicheng	7	194
延 边	Yanbian	18	563

Industrial Enterprises Science and Technology Agency Situation (2013)

#博士毕业 PHD Graduate	#硕士毕业 Master Graduate	#本科毕业 University Graduate	机构内部开展科技活动经费支出(万元) Expenditure of Situation Inner Develop Technology Activities (10000yuan)	#仪器设备原价 Equipment	#进口 Import	企业在国外设立的科技机构个数(个) Number of Enterprises Setting Up Science and Technology Agency Situation in Foreign Countries (unit)
433	**2658**	**13160**	**450987**	**473808**	**118211**	**3**
240	2091	9550	380750	378603	114715	1
101	312	2434	37220	59551	1504	
92	255	1176	33017	35654	1992	2
181	1752	6808	266164	254109	108552	
21	196	1132	7247	19178	4701	
93	274	2298	92901	85501	1723	
45	133	1087	20087	20925	1855	1
1	4	14	219	39		
1	1	2	293	42		
91	298	1819	64078	94014	1380	2
418	2518	11948	409567	392424	118210	2
1	12	138	7129	4299		
14	128	1074	34291	77085		1
11	139	966	35367	12513	2503	
403	2472	12004	412176	457728	114858	3
19	47	190	3445	3567	850	
231	2126	8943	340349	324100	113233	
34	81	472	11045	12696	252	1
124	277	2338	45884	53276	2327	1
2	6	79	6447	1645		
4	7	229	10582	58652		
38	161	1099	36682	23438	2399	1
187	1816	6738	266251	233791	100636	2
61	346	2642	87423	106142	4347	
19	34	323	6455	8238	677	
12	25	252	7573	62401	381	
68	133	1436	26626	18632	4902	1
37	80	311	7683	7742	880	
20	143	1030	35762	13898	2503	
2	30	112	3130	11186	30	
27	51	316	10086	11780	3855	

17－27 工业企业全部R&D项目情况（2013）

Industrial Enterprises All R&D Projects Situations（2013）

项　　目	Item	全部科技项目数(项) All the Technology Projects(Item)	参加科技项目人员(人) Project Personnel for S&T(person)	参加项目人员折合全时当量(人年) Project Personnel in Full-time Equivalent (person-year)	本年度项目经费内部支出(万元) Annual Project Internal Expenditures (10000yuan)
总计	**Total**	**6421**	**26812**	**19277**	**650311**
一、按企业规模分组	**Group by Size of Enterprises**				
大 型	Large-sized Enterprise	1241	19137	14696	544144
中 型	Mdeium-sized Enterprise	643	4387	2646	58260
小 型	Small-sized Enterprise	4537	3288	1935	47907
微 型	Mini-sized Enterprise				
二、按隶属关系分组	**Group by Administration**				
中 央	National	793	12081	9982	356283
省(自治区、直辖市)	Province	283	2501	1544	28730
地(区、市、州、盟)	City	468	4368	3006	130348
县(区、市、旗)	Country	159	2031	1371	29092
街 道	Street				
镇	Town	5	129	53	799
乡	Township	4	46	40	240
(社区)居委会	Neighborhood				
村委会	Village Committee				
其 他	Others	4709	5656	3281	104820
三、按登记注册类型分组	**Grouped by Status Registration**				
内资企业	Domestic Funded	1907	23675	17118	546226
港、澳、台商投资企业	Enterprises with Funds Hong Kong,Macao and Taiwan	52	1107	623	38451
外商投资企业	Foreign Funded Enterprises	4462	2030	1536	65634
四、按新国民经济行业大类分组	**Grouping by National Economy Industry**				
采矿业	Mining	215	1528	1406	44105
制造业	Manufacturing	6156	24239	17601	602505
电力、燃气及水的生产和供应业	Production and Supply of Electricity，Gas and Water	50	1045	271	3701
五、按企业控股情况分组	**Grouping by Enterprises Share Holding Situation**				
国有控股	State-owned Holding	1176	16974	13304	462534
集体控股	Collective Holding	121	1419	861	11024
私人控股	Private Holding	594	4840	2641	66032
港澳台商控股	Hong Kong, Macao and Taiwan Funded Holding	21	749	348	34973
外商控股	Foreign Holdings	4231	718	413	37827
其 他	Others	278	2112	1710	37921
六、按地区分组	**Grouped by Region**				
长 春	Changchun	5389	15498	11630	429037
吉 林	Jilin	320	4183	2874	98701
四 平	Siping	122	958	486	12181
辽 源	Liaoyuan	78	923	652	13518
通 化	Tonghua	174	2435	1608	23751
白 山	Baishan	54	443	279	11604
松 原	Songyuan	219	1386	1292	45462
白 城	Baicheng	14	148	80	4664
延 边	Yanbian	51	838	378	11394

17－28　工业企业新产品开发和经费支出情况（2013）

Expenditures for new product development and fanding of industrial enterprises （2013）

单位：万元　　unit: 10000 yuan

项　　目	Item	新产品开发项目数 Number of New Products Development Pprojects	新产品开发经费支出 Expenditure on New Products Development
总计	**Total**	**6516**	**740849**
一、按企业规模分组	**Group by Size of Enterprises**		
大 型	Large-sized Enterprise	792	531634
中 型	Mdeium-sized Enterprise	960	125033
小 型	Small-sized Enterprise	4764	84182
微 型	Mini-sized Enterprise		
二、按隶属关系分组	**Group by Administration**		
中 央	National	271	157420
省(自治区、直辖市)	Province	314	37857
地(区、市、州、盟)	City	650	148878
县(区、市、旗)	Country	211	63812
街 道	Street		
镇	Town		
乡	Township	3	192
(社区)居委会	Neighborhood		
村委会	Village Committee		
其 他	Others	5067	332691
三、按登记注册类型分组	**Grouped by Status Registration**		
内资企业	Domestic Funded	1753	477650
港、澳、台商投资企业	Enterprises with Funds Hong Kong,Macao and Taiwan	177	176216
外商投资企业	Foreign Funded Enterprises	4586	86983
四、按新国民经济行业大类分组	**Grouping by National Economy Industry**		
采矿业	Mining	13	2419
制造业	Manufacturing	6502	738310
电力、燃气及水的生产和供应业	Production and Supply of Electricity，Gas and Water	1	120
五、按企业控股情况分组	**Grouping by Enterprises Share Holding Situation**		
国有控股	State-owned Holding	711	268581
集体控股	Collective Holding	156	18068
私人控股	Private Holding	916	143626
港澳台商控股	Hong Kong, Macao and Taiwan Funded Holding	29	169450
外商控股	Foreign Holdings	4290	54577
其 他	Others	414	86547
六、按地区分组	**Grouped by Region**		
长 春	Changchun	5403	466510
吉 林	Jilin	339	126825
四 平	Siping	137	15265
辽 源	Liaoyuan	83	16458
通 化	Tonghua	263	68526
白 山	Baishan	76	12590
松 原	Songyuan	37	4444
白 城	Baicheng	22	10916
延 边	Yanbian	156	19315

17－29 工业企业技术获取和技术改造情况（2013）

Industrial Enterprises Technology Acquiring and Technology Transforming Situation （2013）

单位：万元　　　　unit: 10000 yuan

项　目	Item	引进国外技术经费支出 Expenditure for Import Foreign Technology	引进技术的消化吸收经费支出 Expenditure for Absorb and Digest of Introduction Technology	购买国内技术经费支出 Expenditures for Inner Technology	技术改造经费支出 Expenditures for Technical Renovation
总计	**Total**	**8154**	**9141**	**6058**	**491323**
一、按企业规模分组	**Group by Size of Enterprises**				
大 型	Large-sized Enterprise	6810	7472	2647	418584
中 型	Mdeium-sized Enterprise	331	567	336	56517
小 型	Small-sized Enterprise	1014	1103	3075	16221
微 型	Mini-sized Enterprise				
二、按隶属关系分组	**Group by Administration**				
中 央	National	6810	4356	997	237955
省(自治区、直辖市)	Province			508	148570
地(区、市、州、盟)	City	5	2317	1274	52576
县(区、市、旗)	Country	130	385	724	29964
街 道	Street				
镇	Town				
乡	Township				
(社区)居委会	Neighborhood				
村委会	Village Committee				
其 他	Others	1209	2083	2555	22257
三、按登记注册类型分组	**Grouped by Status Registration**				
内资企业	Domestic Funded	7023	8016	6046	483886
港、澳、台商投资企业	Enterprises with Funds Hong Kong,Macao and Taiwan				
外商投资企业	Foreign Funded Enterprises	1131	1125	12	7437
四、按新国民经济行业大类分组	**Grouping by National Economy Industry**				
采矿业	Mining				
制造业	Manufacturing	8154	9141	5818	471331
电力、燃气及水的生产和供应业	Production and Supply of Electricity，Gas and Water			240	19332
五、按企业控股情况分组	**Grouping by Enterprises Share Holding Situation**				
国有控股	State-owned Holding	6810	4356	1542	411124
集体控股	Collective Holding	201	1068	1208	21053
私人控股	Private Holding	208	1502	3291	33145
港澳台商控股	Hong Kong, Macao and Taiwan Funded Holding				
外商控股	Foreign Holdings	93	498	12	2869
其 他	Others	843	1717	4	23133
六、按地区分组	**Grouped by Region**				
长 春	Changchun	7941	5481	1549	197605
吉 林	Jilin		1383	286	70323
四 平	Siping		45		1856
辽 源	Liaoyuan	130	41	8	1102
通 化	Tonghua	5	718	910	155569
白 山	Baishan			462	9189
松 原	Songyuan	78		2040	843
白 城	Baicheng		75	52	8663
延 边	Yanbian		1398	750	46173

17－30　工业企业政府相关政策落实情况（2013）

Industrial Enterprises Government Related Policies Committing Situations（2013）

单位：万元　　unit: 10000 yuan

项　　目	Item	政府资金 Government Funds	研究开发费用加计扣除减免税 Expenditure of Investigate and Ddevelopment Adding Deducting Tax Reduction	高新技术企业减免税 Tax Breaks for High-tech Enterprises
总计	**Total**	**46675**	**188041**	**50503**
一、按企业规模分组	**Group by Size of Enterprises**			
大　型	Large-sized Enterprise	30457	180341	29881
中　型	Mdeium-sized Enterprise	9458	3935	13290
小　型	Small-sized Enterprise	6760	3765	7332
微　型	Mini-sized Enterprise			
二、按隶属关系分组	**Group by Administration**			
中　央	National	19736	178151	20825
省(自治区、直辖市)	Province	346	98	707
地(区、市、州、盟)	City	10848	2646	7475
县(区、市、旗)	Country	2519	2256	6271
街　道	Street			
镇	Town	30		
乡	Township			209
(社区)居委会	Neighborhood			
村委会	Village Committee			
其　他	Others	13196	4889	15016
三、按登记注册类型分组	**Grouped by Status Registration**			
内资企业	Domestic Funded	43271	186885	45778
港、澳、台商投资企业	Enterprises with Funds Hong Kong,Macao and Taiwan	3290	706	1173
外商投资企业	Foreign Funded Enterprises	114	450	3552
四、按新国民经济行业大类分组	**Grouping by National Economy Industry**			
采矿业	Mining	7070		
制造业	Manufacturing	39605	188041	50060
电力、燃气及水的生产和供应业	Production and Supply of Electricity，Gas and Water			443
五、按企业控股情况分组	**Grouping by Enterprises Share Holding Situation**			
国有控股	State-owned Holding	25921	179454	21172
集体控股	Collective Holding	1657	1017	3071
私人控股	Private Holding	11094	3785	12128
港澳台商控股	Hong Kong, Macao and Taiwan Funded Holding	3221	548	1099
外商控股	Foreign Holdings	100		439
其　他	Others	4683	3238	12593
六、按地区分组	**Grouped by Region**			
长　春	Changchun	20509	183103	30535
吉　林	Jilin	6772	1316	6170
四　平	Siping	464	452	607
辽　源	Liaoyuan	646		80
通　化	Tonghua	4492	1159	10153
白　山	Baishan	1689	222	495
松　原	Songyuan	7120		
白　城	Baicheng	718	1368	200
延　边	Yanbian	4265	422	2264

17－31 工业企业自主知识产权保护情况（2013）

项　目	Item	专利申请数（件）Number of Patent Applications(piece)	#发明专利 Invention Patents
总计	**Total**	**2520**	**971**
一、按企业规模分组	**Group by Size of Enterprises**		
大 型	Large-sized Enterprise	1445	466
中 型	Mdeium-sized Enterprise	523	242
小 型	Small-sized Enterprise	552	263
微 型	Mini-sized Enterprise		
二、按隶属关系分组	**Group by Administration**		
中 央	National	983	300
省(自治区、直辖市)	Province	95	42
地(区、市、州、盟)	City	449	179
县(区、市、旗)	Country	255	131
街 道	Street		
镇	Town	4	1
乡	Township	1	1
(社区)居委会	Neighborhood		
村委会	Village Committee		
其 他	Others	733	317
三、按登记注册类型分组	**Grouped by Status Registration**		
内资企业	Domestic Funded	2315	892
港、澳、台商投资企业	Enterprises with Funds Hong Kong,Macao and Taiwan	48	27
外商投资企业	Foreign Funded Enterprises	157	52
四、按新国民经济行业大类分组	**Grouping by National Economy Industry**		
采矿业	Mining	36	6
制造业	Manufacturing	2257	853
电力、燃气及水的生产和供应业	Production and Supply of Electricity，Gas and Water	227	112
五、按企业控股情况分组	**Grouping by Enterprises Share Holding Situation**		
国有控股	State-owned Holding	1216	408
集体控股	Collective Holding	74	30
私人控股	Private Holding	693	345
港澳台商控股	Hong Kong, Macao and Taiwan Funded Holding	55	26
外商控股	Foreign Holdings	69	24
其 他	Others	413	138
六、按地区分组	**Grouped by Region**		
长 春	Changchun	1628	488
吉 林	Jilin	224	116
四 平	Siping	73	28
辽 源	Liaoyuan	30	13
通 化	Tonghua	236	151
白 山	Baishan	65	56
松 原	Songyuan	80	30
白 城	Baicheng	64	18
延 边	Yanbian	120	71

Industrial Interprise Independent Intellectual Property Rights Protection（2013）

拥有发明专利数（件）Inventive Patents Owned（piece）	#国外授权 Foreign Authorized	专利所有权转让及许可数(项) Patent Right of Ownership Transfer and the License Number(item)	专利所有权转让与许可收入(万元) Patent Right of Ownership Transfer and Licensing Revenue (10000yuan)	发表科技论文(篇) S&T Thesis Issued（piece）	拥有注册商标数(件) Number of Registered Trademarks (pieces)	#境外注册 Overseas Registration	形成国家或行业标准数(项) Formation of National or Industry Standard Digital (item）
2985	**25**	**30**	**289**	**10200**	**3677**	**761**	**621**
2159	8	14	214	1218	2136	727	119
382	6	1		8924	912	24	337
441	11	15	75	57	627	10	165
3				1	2		
1885	3	8		1088	1349	707	113
29				121	151	5	14
344	8	4	214	8896	914	15	46
194	1	1	75	14	433	1	198
					1		
7							
					1		
526	13	17		81	828	33	250
2779	22	29	289	1364	3536	752	540
53					106	9	53
153	3	1		8836	35		28
2				121	1		3
2959	25	22	289	9829	3676	761	614
24		8		250			4
1983	3	9		1238	1565	718	132
106	1			5	101		33
522	16	8		105	1221	34	373
9					2		1
94	1	1		8795	23		8
271	4	12	289	57	765	9	74
1972	17	8		9434	1614	715	194
438		16		372	209	7	20
78				65	380		26
47	3			52	72		1
264		5	214	66	1013	37	266
32	5			67	105		12
18			75	78	6		7
14				8	25		2
122		1		58	253	2	93

17－32 群众文化事业基本情况
Basic Statistics on Mass Culture

指　　标	Item	2012	2013
机构数（个）	**Number of Institutions(unit)**	**965**	**975**
群众艺术馆	Mass Art Centers	14	14
文化馆	Cultural Centers	63	64
文化站	Cultural Stations	888	897
从业人员数（人）	**Employment(person)**	**3869**	**4452**
文化活动情况	**Cultural Activities**		
举办展览（次）	Number of Exhibitions(time)	1261	1420
组织文艺活动（次）	Organization of Artistic Activities	11153	13421
举办训练班（班）	Training Courses(class)	5627	5498

17－33 公共图书馆、博物馆和文物保护单位基本情况
Basic Statistics on Public Libraries、Museums and Cultural Relic Agencies

指　　标	Item	单位 unit	2012	2013
公共图书馆	**Public Libraries**			
单位数	Institutions	个 unit	66	66
从业人员数	Number of Empolyed Persons	人 person	1652	1652
藏书	Collections	万册/件 10000volume/pcs	1710	1597
阅览室座席	Seating Capacity of Reading Rooms	千个 1000seats	16	16
建筑面积	Floor Space of Public Buildings	千平方米 1000sq.m	187	194
# 阅览室	Reading Room	千平方米 1000sq.m	53	56
书库	Stack Rooms	千平方米 1000sq.m	39	40
借阅人次	Total Number of Circulation	万人次 10000 person-times	691	540
借阅册次	Number of Books Borrowed by Reader	万册次 10000 volume-times	476	462
博物馆	**Museums**			
单位数	Institutions	个 unit	68	73
从业人员数	Number of Empolyed Persons	人 person	942	1214
文物藏品	Number of Collections	万件 10000pcs	29	36
举办展览	Number of Exhibitions	次 time	130	362
参观人次	Number of Visitors	千人次 1000 person-times	8600	7259
文物保护单位	**Agencies of Historical Relics Preservation**			
单位数	Institutions	个 unit	48	49
从业人员	Number of Person Empolyed	人 person	373	172
藏品	Number of Collections	万件 10000pcs	3	1

17－34 电影事业基本情况
Basic Statistics on Film

指　　标	Item	2012	2013
电影制片厂(个)	Number of Film Studios (unit)	1	1
电影发行放映管理机构(个)	Film Administrations(unit)	52	52
专业电影放映单位(个)	Film Projection Institutions(unit)	628	618
电影院	Cinemas	74	74
农村电影放映队	Rural Film Projection Teams	554	544
电影放映从业人员（人）	Personnel for Film(person)	3582	4000
放映场次合计（千场）	Number of Shows(1000 times)	380.1	506.8
观众人次（千人次）	Number of Spectators(1000 person/times)	14992	16570

17－35 图书出版
Books Published

指　　标	Item	种类（种） Number of Publications(kind)		总印数（万册） Total Printed Copies(10000 copies)	
		2012	2013	2012	2013
总计	**Total**	**26980**	**27010**	**40293**	**41306**
书籍	Books	26980	27010	40293	41306

17－36 期刊出版
Magazines Published

指　　标	Item	种类（种）Number of Publications(kind)		总印数（万册）Total Printed Copies (10000 copies)		总印张（万印张）Printed Sheets (10000 sheets)	
		2012	2013	2012	2013	2012	2013
总计	**Total**	**240**	**240**	**38000**	**38100**	**157519**	**157817**
综合	General Books	30	30	11620	11640	46554	46570
哲学、社会科学	Philosophy and Social Sciences	58	58	7333	7353	32068	32156
自然科学、技术	Natural Sciences and Technology	99	99	3144	3164	17984	18001
文化、教育	Culture and Education	30	30	10875	10895	38602	38802
文学、艺术	Literature and Arts	18	18	3903	3908	17277	17268
少年儿童读物	Children Books	4	4	1100	1115	4993	4980
画刊	Illustrated Periodical	1	1	25	25	41	40

17－37 报纸出版
Newspapers Published

指　　标	Item	种类（种）Number of Publications(kind)		总印数（万份）Total Printed Copies (10000 copies)		总印张（万印张）Printed Sheets (10000 sheets)	
		2012	2013	2012	2013	2012	2013
总计	**Total**	**81**	**81**	**180000**	**180002**	**899979**	**897131**
综合报	General Newspapers	49	49	107084	107001	598486	596129
专业报	Specialized Newspapers	32	32	72916	73001	301494	301002
省级报纸合计	Total Newspapers of Provincial Level	37	37	95402	93609	458989	457025
综合报	General Newspapers	16	16	26718	26001	192775	191024
专业报	Specialized Newspapers	21	21	68684	67608	266214	266001
市级报纸合计	Total Newspapers of Municipal Level	44	44	84598	84453	440990	440106
综合报	General Newspapers	33	33	80366	80312	405710	405103
专业报	Specialized Newspapers	11	11	4232	4141	35280	35003

17-38 工会基本情况
Basic Statistics on Trade Union

指　　标	Item	2012	2013
基层工会组织数（个）	Number of Grassroot Trade Unions (unit)	47518	40440
职工人数（万人）	Staff and Workers(10000 persons)	522	529
#女职工人数	Female	186	178
会员人数（万人）	Membership(10000 persons)	510	517
#女会员人数	Female	185	176
女职工工作委员会（个）	Female Worker's Committee(unit)	24621	25339
建立工会经费审查组织（个）	Investigating Expenses of Trade Union Organizations(unit)	12517	11233
建立职工代表大会制度的单位（个）	Staff and Worker's Congress Regulation (unit)	40012	43653
实行厂务公开的单位（个）	Opening Service Unit(unit)	37729	105797
建立工会劳动保护监督检查委员会（个）	Labor Protective Supervising and Investigating Committee(unit)	11848	14054
建立工会劳动法律监督组织（个）	Labor Law Supervising Organizations (unit)	7325	10006
建立劳动争议调解委员会的单位（个）	Labor Dispute Mediating Commission (unit)	13906	14844
建有职工技协组织（个）	Organization for Staff and Workers (unit)	848	1859

CHAPTER ▶ 18

第十八篇

体育、卫生和其他事业

SPORTS，PUBLIC HEALTH AND OTHERS

18－1　体委系统体育工作者
Personnel of Physical Culture and Sports Commissions

单位：人　　　　unit：person

项　　目	Item	2012	2013
合计	**Total**	**4912**	**4957**
专职教练员	Full-time Coaches	683	734
运动员	Athletes	613	761
管理干部	Administrative Cadre	1119	1587
文化教师	Full-time Teachers	928	652
科技人员	Scientific and Technical Personnel	50	94
医务人员	Medical Personnel	39	24
公务员	Civil Servants	373	570
公勤人员	Logistics Workers	561	244
其他	Others	546	291

18－2　运动员获奖情况（2013）
Players Awards （2013）

单位：枚　　　　（unit）

项　　目	Item	获得金牌 Gold	获得银牌 Silver	获得铜牌 Bronze
全国比赛	National Competitions	43	40	47
竞技体育在世界大赛中	Sports in the World Series	10	12	4

18－3 裁判员、运动员发展人数

Athletes and Referees in Grades by Type of Sports

单位：人 unit：person

指　标	Item	2012	2013
等级裁判员合计	**Number of Referees in Grades**	**1598**	**2659**
一级裁判员	First Grade Referees	486	1489
二级裁判员	Secondary Grade Referees	1094	1170
等级运动员合计	**Number of Athletes in Grades**	**1200**	**1250**
国际级运动健将	International Master of Sports	4	2
发展国家运动健将	National Master of Sports	29	38
一级运动员	First Grade Athletes	222	220
二级运动员	Second Grade Athletes	945	990

18－4 历年卫生事业基本情况

Basic Statistics on Health

年份 Year	卫生机构数（个） Number of Health Institutions (unit)	#医院、卫生院 Hospitals and Health Centers	卫生机构床位数（万张） Number of Beds in Health Institutions (10000 beds)	#医院、卫生院 Hospitals and Health Centers	卫生技术人员数（万人） Medical Technical Personnel (10000 persons)	执业（助理）医师 Certified (Assistant) Doctors	每万人口 Per10000persons 床位数（张） Number of Beds(bed)	每万人口 Per10000persons 医生数（人） Number of Doctors (person)
1949	204	54	0.20	0.19	1.01	0.78	2.0	7.7
1950	442	73	0.32	0.30	1.20	0.86	3.1	8.1
1951	1066	77	0.36	0.33	1.33	0.87	3.5	8.4
1952	1230	83	0.51	0.40	1.77	0.86	4.8	8.1
1953	1712	88	0.71	0.56	2.23	1.06	6.3	9.3
1954	1800	82	0.90	0.58	2.54	0.98	7.7	8.4
1955	2145	87	1.03	0.62	2.58	1.18	8.6	9.8
1956	2740	96	1.09	0.76	2.79	1.41	8.9	11.5
1957	3232	108	1.26	0.85	3.11	1.46	10.1	11.7
1958	9942	780	2.97	1.52	3.03	1.40	23.2	10.9
1959	7797	543	2.62	1.69	3.82	1.52	19.9	11.6
1960	13423	678	3.16	2.00	4.86	1.64	22.6	11.7
1961	10719	822	3.09	2.16	4.80	1.92	21.9	13.6
1962	6554	274	2.88	2.07	4.57	2.10	19.5	14.2
1963	6431	279	2.81	1.99	4.68	2.24	18.3	14.6
1964	6098	300	2.94	2.14	4.84	2.40	18.4	15.1
1965	5955	320	3.04	2.25	4.84	2.43	18.5	14.8
1966	5022	1061	3.20	2.78	4.54	2.15	19.1	12.8
1967	4994	1076	3.15	2.84	4.69	2.20	18.3	12.8
1968	5034	1079	3.20	2.89	4.76	2.26	18.1	12.8
1969	5141	1090	3.41	3.11	4.76	2.22	18.9	12.3
1970	4917	1150	3.96	3.89	4.15	2.01	21.3	10.8
1971	2251	1107	4.15	3.96	4.65	2.11	21.7	11.0
1972	2944	1144	4.67	4.28	5.15	2.09	23.8	10.7
1973	3302	1149	4.90	4.44	5.61	2.34	24.4	11.7
1974	3340	1159	5.13	4.65	5.91	2.43	25.2	12.0
1975	3418	1167	5.30	4.77	6.20	2.53	25.7	12.3
1976	3593	1175	5.63	5.06	6.56	2.65	26.7	12.7
1977	3620	1211	5.82	5.34	6.86	2.80	27.5	13.2
1978	3889	1220	6.27	5.80	7.36	3.03	29.2	14.1
1979	4263	1227	6.57	5.97	8.19	3.15	30.1	14.5
1980	4274	1249	6.71	6.06	8.57	3.45	30.4	15.6
1981	4565	1251	6.84	6.17	9.44	3.60	30.7	16.1
1982	4494	1268	7.20	6.49	9.70	3.66	31.9	16.2
1983	4540	1266	7.38	6.61	9.99	3.77	32.5	16.7
1984	4557	1275	7.69	6.83	10.35	3.90	33.6	17.1
1985	4568	1269	7.88	6.97	10.54	3.98	34.3	17.3
1986	4539	1268	8.23	7.30	10.79	4.01	35.5	17.3
1987	4566	1281	8.65	7.61	11.04	4.11	37.0	17.6
1988	4447	1272	8.93	7.82	11.34	4.60	37.9	19.5
1989	4425	1290	9.07	7.95	11.70	4.79	37.8	20.0
1990	4407	1299	9.21	8.06	12.00	5.03	37.8	20.6
1991	4369	1295	9.27	8.14	12.43	5.13	37.7	20.8
1992	4189	1290	9.49	8.40	12.77	5.15	38.3	20.8
1993	4006	1306	9.65	8.58	12.91	5.26	38.7	21.0
1994	3920	1341	9.47	8.45	13.23	5.39	37.7	21.3
1995	3891	1310	9.66	8.41	13.42	5.61	37.9	22.0
1996	3720	1327	9.49	8.41	13.42	5.56	36.8	21.6
1997	3663	1329	9.50	8.44	13.51	5.63	36.5	21.6
1998	3832	1324	9.32	8.33	13.56	5.89	35.8	22.6
1999	3912	1314	9.21	8.27	13.71	6.15	35.2	23.5
2000	3323	1293	8.93	8.05	13.20	5.97	34.0	22.7
2001	7417	1299	9.15	8.25	13.37	6.17	34.7	23.4
2002	2080	1432	8.51	7.97	11.63	4.21	32.1	19.3
2003	7695	1431	8.61	8.18	12.86	4.76	32.4	21.5
2004	8219	1425	8.64	8.11	12.87	5.83	32.5	21.9
2005	8755	1380	8.77	8.21	12.57	5.64	32.3	18.5
2006	9696	1386	9.09	8.55	12.85	5.91	33.4	21.7
2007	9683	1388	9.44	8.92	12.58	5.70	34.6	20.9
2008	9659	1370	9.93	9.35	12.79	5.75	36.3	21.1
2009	9565	1361	10.83	10.07	13.10	5.87	39.6	21.4
2010	9532	1346	11.51	10.65	13.84	6.21	41.9	22.6
2011	8178	1329	12.14	9.54	13.91	5.96	44.2	21.7
2012	19729	1345	12.81	11.87	14.41	6.15	46.6	22.4
2013	19913	1351	13.32	12.41	14.60	6.20	48.4	22.5

18－5　卫生技术人员情况（2013）

单位：人

项　　目	Item	合计 Total	执业（助理）医师 Certified (Assistant) Doctors	执业医师 Certified Doctors	注册护士 Registered Nurses
总　计	**Total**	**145952**	**62022**	**54464**	**52714**
一、医　院	Hospital	91878	35458	33267	38880
综合医院	General Hospital	65179	25383	23893	28260
中医医院	Traditional Chinese Medicine Hospital	12816	5143	4718	4357
中西医结合医院	Synthetical Hospital	1284	506	496	452
民族医院	National Hospital	137	62	60	43
专科医院	Specialized Hospital	12445	4360	4096	5759
口腔医院	Stomatological Hospital	858	492	453	229
眼科医院	Eye Hospital	465	131	114	231
耳鼻喉科医院	ENT Hospital	82	29	28	40
肿瘤医院	Tumour Hospital	1848	571	569	1068
心血管病医院	Cardivovascular Disease Hospital	253	92	88	113
胸科医院	Chest Hospital				
血液病医院	Blood Diseases Hospital				
妇产(科)医院	Maternity Hospital	2458	955	905	1132
儿童医院	Childrens Hospital	1035	348	345	538
精神病医院	Mental Disease Hospital	1922	549	492	916
传染病医院	Infections Disease Hospital	1335	421	408	644
皮肤病医院	Skin Disease Hospital	42	15	15	17
结核病医院	Tuberculosis Hospital	578	173	158	299
麻风病医院	Leprosy Hospital				
职业病医院	Occupation Diseases Hospital				
骨科医院	Orthopaedics Hospital	436	103	88	87
康复医院	Convalescent Hospital	247	130	123	84
整形外科医院	Plastic Surgery Hospital	34	10	9	11
美容医院	Beauty Hospital	124	64	57	46
其他专科医院	Others Specialized Hospital	728	277	244	304
护理院	Nursing Hospital	17	4	4	9
二、基层医疗卫生机构	Basic Medical Institutions	41242	21166	16476	11142
社区卫生服务中心(站)	Community Health Service Centers(stations)	6493	2702	2298	2316
社区卫生服务中心	Community Health Service Centers	5955	2501	2138	2155
社区卫生服务站	Community Health Service Stations	538	201	160	161
卫生院	Health Center	19275	8514	5880	4833
街道卫生院	Health Center of Urban				
乡镇卫生院	Health Center of Township	19275	8514	5880	4833
中心卫生院	Central Health Center	7957	3557	2532	2178
乡卫生院	Health Center of Township	11318	4957	3348	2655
村卫生室	Village Health Clinic	2148	1934	1090	214
门诊部	Clinics	2508	1472	1329	752
综合门诊部	General Hospital	1492	844	767	451
中医门诊部	Hospital Specialized in Traditional Chinese Medicine	89	56	54	20
中西医结合门诊部	Hospital in Traditional Chinese Medicine With Western Medicine	154	96	95	44
民族医门诊部	National Out Patient Department				
专科门诊部	Specialized Hospital	773	476	413	237
诊所.卫生所.医务室	Clinic、Medical Institute、Infirmary and Nursing Station	10818	6544	5879	3027
诊所	Clinic	10024	6124	5515	2733
卫生所、医务室	Medical Institute Infirmary	718	417	362	221
护理站	Nursing Station	76	3	2	73

Basic Statistics on Medical Technical Personnel（2013）

unit：person

药师（士）Pharmacists	技师（士）Technicians	检验师(士) Examiner	其他 Other	见习医师 Trainee Doctors	其他技术人员 Other Technical Personnel
7924	**8005**	**5307**	**15287**	**2857**	**7589**
5185	5285	3272	7070	2087	4756
3355	3738	2345	4443	1521	3042
1011	724	399	1581	293	676
173	71	45	82	26	91
22	4	4	6	6	
622	747	479	957	241	943
14	18	7	105	23	79
15	16	10	72	25	32
6	2	1	5	3	13
79	64	43	66	24	145
16	13	10	19	6	3
135	148	103	88	21	173
59	65	56	25	25	75
87	83	64	287	52	121
101	121	98	48	24	117
6	4	3			
30	36	30	40	12	65
18	101	7	127		25
11	14	8	8	2	13
1	3	2	9		
3	3	3	8	7	18
41	56	34	50	17	64
2	1		1		4
2278	1394	881	5262	532	1683
454	331	214	690	138	380
428	307	201	564	135	335
26	24	13	126	3	45
1344	934	575	3650	289	1303
1344	934	575	3650	289	1303
580	427	268	1215	111	460
764	507	307	2435	178	843
71	91	64	122	17	
47	72	52	78	2	
9	2	2	2	1	
4	2	1	8	2	
11	15	9	34	12	
409	38	28	800	88	
398	32	23	737	81	
11	6	5	63	7	

单位：人

18－5 续表

项　　目	Item	合计 Total	执业（助理）医师 Certified (Assistant) Doctors	执业医师 Certified Doctors	注册护士 Registered Nurses
三、专业公共卫生机构	Professional Public Health Institutions	11458	4865	4279	2275
疾病预防控制中心	Disease Precaution and Control Centre	3898	1936	1671	316
省属	Under Province Governed	108	69	69	6
省辖市(地区)属	Under Province Municipality Governed	676	359	337	41
地辖市属	Under City Governed	1815	892	761	163
县属	Under County Governed	1156	529	425	96
其他	Others	143	87	79	10
专科疾病防治院(所、站)	Special Disease Prevention and Cure Hospital	1192	577	501	301
专科疾病防治院	Special Disease Prevention and Cure Hospital	295	150	138	92
传染病防治院	Infections Disease Prevention Hospital	97	55	49	28
结核病防治院	Tubercalesis Disease Prevention Hospital				
职业病防治院	Occupational Disease Prevention and Cure Hospital	198	95	89	64
其他	Others				
专科疾病防治所(站、中心)	Special Disease Prevention andCare Institutions	897	427	363	209
口腔病防治所(站、中心)	Stomatosis Prevention Institute				
精神病防治所(站、中心)	Mental Prevention Institute				
皮肤病与性病防治所(中心)	Skin Disease and Venereal Disease Prevention Institute				
结核病防治所(站、中心)	Tuberculosis Prevention Institute	897	427	363	209
职业病防治所(站、中心)	Occupation Disease Prevention Institute				
地方病防治所(站、中心)	Endemic Disease Prevention Institute				
血吸虫病防治所(站、中心)	Schistosomiasis Prevention Institute				
药物戒毒所(中心)	Drug Rehabilitation Center				
其他	Others				
健康教育所(站、中心)	Health Education Center	31	5	5	2
妇幼保健院(所、站)	Mathernity and Child Health Care Centre	4322	2057	1863	1300
省属	Under Province Governed	138	79	79	45
省辖市(地区)属	Under Province Municipality Governed	782	360	350	272
地辖市属	Under City Governed	2267	982	889	687
县属	Under County Governed	1080	606	515	276
其他	Others	55	30	30	20
妇幼保健院	Mother and Child Health Care Hospital	3442	1598	1440	1077
妇幼保健所	Mother and Child Health Care Institute	429	212	196	96
妇幼保健站	Mother and Child Health Care Centre	429	238	218	116
生殖保健中心	Reproduction Health Center	22	9	9	11
急救中心(站)	Emergency Center	159	89	74	67
采供血机构	Blood Collection Agencies	709	160	130	276
卫生监督所(中心)	Health Supervision Stations	1084			
省属	Under Province Govened	62			
省辖市(地区)属	Under Province Municipality Governed	285			
地辖市属	Under City Governed	482			
县属	Under County Governed	255			
其他	Others				
计划生育技术服务机构	Family Planning Technical Service Institutions	63	41	35	13
四、其他卫生机构	Other Health Institutions	1374	533	442	417
疗养院	Sanatorium	532	208	185	237
卫生监督检验(监测、检测)所(站)	Health Supervision and Inspection	73	7	7	2
医学科学研究机构	Medical Scientific Research Institutions	282	123	120	75
医学在职培训机构	Medical Training Institutions	7	1	1	4
临床检验中心（所、站）	Clinical Laboratory Center				
其他	Others	480	194	129	99

continued

unit: person

药师(士) Pharmacists	技师(士) Technicians	检验师(士) Examiner	其他 Other	见习医师 Trainee Doctors	其他技术人员 Other Technical Personnel
376	1210	1050	2732	215	850
85	619	591	942	17	346
1	27	27	5		20
8	173	165	95		49
54	254	241	452	8	138
21	143	138	367	5	125
1	22	20	23	4	14
73	118	79	123	12	115
25	19	16	9	3	36
8	4	4	2		5
17	15	12	7	3	31
48	99	63	114	9	79
48	99	63	114	9	79
			24	0	15
193	298	212	474	171	195
3	7	7	4	0	20
35	82	54	33	12	27
103	155	102	340	153	83
51	50	45	97	6	61
1	4	4			4
159	226	149	382	138	145
23	38	37	60	26	17
11	32	24	32	7	33
	2	2			
1			2		24
22	170	166	81	13	80
			1084		63
			62		
			285		20
			482		22
			255		21
2	5	2	2	2	12
85	116	104	223	23	300
34	17	14	36	11	115
	47	47	17		15
18	36	30	30	8	34
	2	2			
33	14	11	140	4	136

18－6 卫生机构、床位、人员情况（2013）

Basic Statistic on Health Institutions、Bed and Personnel（2013）

项　　目	Item	卫生机构（个）Number of Health Institutions (unit)	卫生机构实有床位（张）Number of Bed in Health Institutions (Bed)	卫生人员（个）Medical Persons (person)
总　　计	**Total**	**19913**	**133245**	**200208**
一、医　　院	Hospital	576	106342	115229
综合医院	General Hospital	345	74739	80812
中医医院	Traditional Chinese Medicine Hospital	72	12492	15862
中西医结合医院	Synthetical Hospital	7	1486	1580
民族医院	National Hospital	2	82	155
专科医院	Specialized Hospital	148	17313	16788
口腔医院	Stomatological Hospital	20	254	1153
眼科医院	Eye Hospital	11	515	695
耳鼻喉科医院	ENT Hospital	2	140	97
肿瘤医院	Tumour Hospital	4	2712	2329
心血管病医院	Cardivovascular Disease Hospital	5	462	295
胸科医院	Chest Hospital			
血液病医院	Blood Diseases Hospital			
妇产(科)医院	Maternity Hospital	23	1898	3121
儿童医院	Childrens Hospital	2	722	1324
精神病医院	Mental Disease Hospital	14	5234	2752
传染病医院	Infections Disease Hospital	7	1857	1821
皮肤病医院	Skin Disease Hospital	2	21	51
结核病医院	Tuberculosis Hospital	4	847	904
麻风病医院	Leprosy Hospital			
职业病医院	Occupation Diseases Hospital			
骨科医院	Orthopaedics Hospital	12	582	546
康复医院	Convalescent Hospital	8	658	465
整形外科医院	Plastic Surgery Hospital	1	20	56
美容医院	Beauty Hospital	6	109	180
其他专科医院	Others Specialized Hospital	27	1282	999
护理院	Nursing Hospital	2	230	32
二、基层医疗卫生机构	Basic Medical Institutions	18968	21034	67646
社区卫生服务中心(站)	Community Health Service Centers(stations)	361	3074	7891
社区卫生服务中心	Community Health Service Centers	198	2825	7255
社区卫生服务站	Community Health Service Stations	163	249	636
卫生院	Health Center	775	17789	24634
街道卫生院	Health Center of Urban			
乡镇卫生院	Health Center of Township	775	17789	24634
中心卫生院	Central Health Center	203	7195	9982
乡卫生院	Health Center of Township	572	10594	14652
村卫生室	Village Health Clinic	11527		21466
门诊部	Clinics	393	162	2619
综合门诊部	General Hospital	187	93	1564
中医门诊部	Hospital Specialized in Traditional Chinese Medicine	21	5	93
中西医结合门诊部	Hospital in Traditional Chinese Medicine With Western Medicine	25	7	158
民族医门诊部	National Outpatient Department			
专科门诊部	Specialized Hospital	160	57	804
诊所.卫生所.医务室	Clinic、Medical Institute、Infirmary and Nursing Station	5912	9	11036
诊所	Clinic	5494		10201
卫生所、医务室	Medical Institute Infirmary	375		759
护理站	Nursing Station	43	9	76

注：此表医院床位数与18-8表床位数统计口径不一致。
Note:Forthis Form,the Number of hospital beds and 18-8 beds are statistical formatted inconsistent.

18－6 续表 continued

项　　目	Item	卫生机构（个）Number of Health Institutions (unit)	卫生机构实有床位（张）Number of Bed in Health Institutions (Bed)	卫生人员（个）Medical Persons (person)
三、专业公共卫生机构	Specialized Public Health Institution	268	3111	15099
疾病预防控制中心	Disease Precaution and Control Centre	69		5249
省属	Under Province Governed	1		164
省辖市(地区)属	Under Province Municipality Governed	9		881
地辖市属	Under City Governed	33		2397
县属	Under County Governed	22		1614
其他	Others	4		193
专科疾病防治院(所、站)	Special Disease Prevention and Cure Hospital	51	977	1670
专科疾病防治院	Special Disease Prevention and Cure Hospital	4	612	436
传染病防治院	Infections Disease Prevention Hospital	2	193	118
结核病防治院	Tubercalesis Disease Prevention Hospital			
职业病防治院	Occupational Disease Prevention and Cure Hospital	2	419	318
其他	Others			
专科疾病防治所(站、中心)	Special Disease Prevention andCare Institutions	47	365	1234
口腔病防治所(站、中心)	Stomatosis Prevention Institute			
精神病防治所(站、中心)	Mental Prevention Institute			
皮肤病与性病防治所(中心)	Skin Disease and Venereal Disease Prevention Institute			
结核病防治所(站、中心)	Tuberculosis Prevention Institute	47	365	1234
职业病防治所(站、中心)	Occupation Disease Prevention Institute			
地方病防治所(站、中心)	Endemic Disease Prevention Institute			
血吸虫病防治所(站、中心)	Schistosomiasis Prevention Institute			
药物戒毒所(中心)	Drug Rehabilitation Center			
其他	Others			
健康教育所(站、中心)	Health Education Center	3		63
妇幼保健院(所、站)	Mathernity and Child Health Care Centre	68	2134	5290
省属	Under Province Governed	1	102	178
省辖市(地区)属	Under Province Municipality Governed	9	272	983
地辖市属	Under City Governed	36	1177	2759
县属	Under County Governed	20	555	1308
其他	Others	2	28	62
妇幼保健院	Mother and Child Health Care Hospital	45	1839	4209
妇幼保健所	Mother and Child Health Care Institute	12	80	538
妇幼保健站	Mother and Child Health Care Centre	10	187	518
生殖保健中心	Reproduction Health Center	1	28	25
急救中心(站)	Emergency Center	6		313
采供血机构	Blood Collection Agencies	20		981
卫生监督所(中心)	Health Supervision Stations	36		1388
省属	Under Province Govened	1		69
省辖市(地区)属	Under Province Municipality Governed	7		415
地辖市属	Under City Governed	17		581
县属	Under County Governed	11		323
其他	Others			
计划生育技术服务机构	Family Planning Technical Service Institutions	15		145
四、其他卫生机构	Other Health Institutions	101	2758	2234
疗养院	Sanatorium	11	2758	868
卫生监督检验(监测、检测)所(站)	Health Supervision and Inspection	3		103
医学科学研究机构	Medical Scientific Research Institutions	4		417
医学在职培训机构	Medical Training Institutions	1		10
临床检验中心（所、站）	Clinical Laboratory Center			
其他	Others	82		836

18－7 各地区卫生机构情况（2013）
Basic Statistics on Health Institutions by Region（2013）

单位: 个　　　　（unit）

地　区	Region	卫生机构 Number of Health Institutions	医院 Hospital	卫生院 Health Center	妇幼机构 Maternity and Child Care Centers	疾病控制机构 Disease Control Center
全　省	**Total**	**19913**	**576**	**775**	**68**	**69**
长　春	Changchun	4225	164	135	11	14
吉　林	Jilin	3465	128	99	12	12
四　平	Siping	2129	56	93	7	4
辽　源	Liaoyuan	795	18	42	3	3
通　化	Tonghua	1911	39	91	8	6
白　山	Baishan	1114	33	62	6	6
松　原	Songyuan	2644	38	89	6	8
白　城	Baicheng	1578	34	92	6	6
延　边	Yanbian	2052	66	72	9	10

注：卫生机构包含乡卫生室。
Note:Health Institutions Inclaece Township Health.

18－8 各地区卫生床位、人员情况（2013）
Beds and Employed Personnel by Region（2013）

单位: 张、人　　　　unit：bed，person

地　区	Region	卫生机构床位 Health Institutions Beds	医院床位 Hospital Beds	卫生技术人员 Medical Technical Personnel	执业(助理)医师 Certified (Assistants) Physicians	注册护士 Registered Nurses
全　省	**Total**	**133245**	**105802**	**145952**	**62022**	**52714**
长　春	Changchun	44944	40035	43463	18464	16433
吉　林	Jilin	22825	18125	25587	10590	9803
四　平	Siping	14584	10148	15611	6498	5453
辽　源	Liaoyuan	5462	4081	6528	2656	2467
通　化	Tonghua	11593	8219	11537	5409	3772
白　山	Baishan	7936	5496	7870	3325	2780
松　原	Songyuan	7784	6151	11466	4743	3467
白　城	Baicheng	7248	4704	9149	4365	2851
延　边	Yanbian	10869	8843	14741	5972	5688

注：医院床位数为实际营业数。
Note:the number of hospital beds is actual sales.

18－9　民政预算资金支出情况
Civil Affairs Budget Expenditure

单位：万元　　　　unit：10000 yuan

项　　目	Item	2012	2013
总　计	**Total**	**765275**	**986246**
抚恤	Pension	95077	108104
退役安置	Retirment	54765	74542
社会救助	Social Assistance	515951	603658
自然灾害生活救助	Relief Life for Natural Disaster	21819	49321
社会福利	Social Welfare	33429	49132
民政管理事务	Civil Administration Affaivs	33773	45574
行政事业单位离退休	Retired Administrative Institutions	4338	9670
其他	Others	6122	46245

18－10　享受救济补助人员情况
Persons Receiving Subsidies or Relief Funds

项　　目	Item	单位 Unit	2012	2013
农村居民最低生活保障人数	Number of Persons Receiving Minimum Living Allowance in Rural Area	万人 10000 Persons	77	81
#农村五保户救济	Livelihood Guaranteed In Five Aspects Relief in Rural Area	万人 10000 Persons	14	12
城镇居住最低生活保障人数	Number of Persons Receiving Minimum Living Allowance in Urban Areas	万人 10000 Persons	92	85
城乡医疗救助人数	Number of Medical Assistance in Urban and Rural	万人次 10000 Persons /times	230	236

18－11　残疾人事业基本情况
Basic Information of Person with Disabilities

项　　目	Item	2012	2013
康　　复	**Rehabilitation**		
视力残疾康复	Rehabilitation of Persons with Sight Disability		
白内障复明手术（例）	Sight-restoring Cataract Surgeries(case)	15085	15441
贫困白内障患者免费手术（例）	Free Surgeries for Poor Cataract Patients(case)	2947	2812
低视力者配用助视器（人）	Vision-aids Provided for Persons of Low-vision(person)	7254	3756
盲人定向行走训练（人）	Blindman Trained with Direction Walking(person)	4493	4250
聋儿康复	Rehabilitation of Chindren with Hearing Disability		
年收训聋儿（人）	Hearing and Speech Training(person)	332	378
聋儿入普幼普小率（%）	Enrollment Rate of Trained Children to Ordinary Kindergartens and Primary Schools(%)	61.8	64.7
培训家长（人）	Parents Trained(person)	904	994
精神病防治康复	Prevention and Treatment of Psychiatric Diseases		
开展精神病防治康复工作市县数（个）	Counties Carried on the Works of Prevention and Treatment of Psychiatric Diseases(unit)	63	63
综合防治康复精神病人数（万人）	Prevention and Treatment Provided for Patients with Severe Psychiatric Diseases(10 000 persons)	15.91	16.00
监护率（%）	Guardianship Rate(%)	97.1	96.8
显好率（%）	Significant Improvement Rate(%)	71.1	66.7
社会参与率(%)	Social Involvement Rate(%)	58.7	55.6
肇事率（%）	Violent Events Rate(%)	0.04	0.03
孤独症儿童训练数（人）	Trained Persons with Infantile Autism(person)	354	612
肢体残疾康复	Rehabilitation of Persons with Physical Disability(person)		
肢体残疾人社区康复训练数（人）	Persons Rehabilitated at Community(person)	7207	4464
肢体残疾人儿童机构康复训练数（人）	Children Rehabilitated at Institutions(person)	376	473
智力残疾康复	Rehabilitation of Persons with Intellectual Disability		
智力残疾儿童康复训练数（人）	Children Rehabilitated(person)	3387	1880
辅助器具配置	The Distribution of Assistant Appliance		
辅助器具供应数量（件）	Quantity of Assistant Appliance Supply(supply)	25539	9978
免费发放辅助器具数量（件）	Quantity of Free Assistant Appliance Supply(supply)	18189	6654
教　　育	**Education**		
未入学适龄残疾儿童少年（人）	School-age Disabled Children without Schooling(person)	2710	2896
职业教育与培训机构数（个）	Vocational Education and Training(unit)	177	180
就　　业	**Employment**		
城镇残疾人就业状况	Employment of Urban Handicapped		

18－11 续表

项　　目	Item	2012	2013
当年安排就业（人）	Persons Employed in the Year(person)	157204	159153
按比例就业	Employed by Quota Scheme	25383	26019
集中就业	Employed at Welfare Enterprises	41019	39998
个体就业	Self-employed	88228	89893
未安排就业	Unemployed	39708	40209
农村残疾人就业状况	Employment of Rural Handicapped		
就业（人）	Employed(person)	305750	305285
未就业（人）	Unemployed(person)	62116	59033
盲人按摩	**Massage by Persons with Visual Disability**		
保健按摩员培训（人）	Massage Therapists Training(person)	843	1092
医疗按摩员培训（人）	Keep-fit Massager Training(preson)	598	321
扶　贫	**Poverty Alleviation**		
本年扶持贫困残疾人（人次）	Supports the impoverished Disable Person	22184	29548
本年实际脱贫人数（人）	Actual Escaping from Poverty Population in this Year	14176	21410
残联组织建设	**Organization of the Disabled Persons Federation**		
全省残疾人总数（万人）	Total Population of Disabled Persons in the Whole Province (10 000 persons)	193.28	193.28
残疾人工作者（人）	Works Working for the Disabled(person)	3109	2857
残疾人信访	**Disabled Persons' Letters and Visits from People**		
残疾人来信（件）	Disabled Persons Letters(piece)	826	672
残疾人来访	Disabled Persons Visitors		
个人访（人次）	Personal Visits(person-time)	4108	4923
集体访（批次）	Congregated Visits(batch)	49	42
集体访（人次）	Congregate Visits(person-time)	727	807

18－12 律师、调解工作基本情况
Basic Statistics on Lawyers and Mediation

项　目	Item	单位 Unit	2012	2013
律师工作	**Lawyers**			
律师机构	Law Offices	处 unit	586	599
# 律师	# Full-time Lawyers	人 person	3411	3610
聘请担任常年法律顾问单位	Number of Units with Permanent Legal Advisors	处 unit	3507	3596
民事代理	Agent of Civil Cases	件 case	17434	17078
刑事辩护、代理	Defender of Criminal Cases	件 case	4527	4367
非诉讼法律事务	Agent of Non-litigious Legal Affairs	件 case	1486	835
解答法律咨询	Agent of Legal Advisory Services	件 case	4155	1289
代写法律事务文书	Agent of Legal Documents Written on Behalf of Clients	件 case	368	507
人民调解工作	**People' s Mediation Work**			
专职司法助理员	Full-time Judical Assistants	人 person	1066	2673
人民调解委员会	People' s Mediation Committees	个 unit	15307	15421
调解人员	Mediators	人 person	76260	75873
调解民间纠纷	Civil Disputes Mediated	件 case	281361	223090

18－13 婚姻登记情况
Basic Statistics on Marriage Registrations and Divorces

项　目	Item	2012	2013
准予登记结婚（对）	Registered Marriages(couple)	229841	254091
初婚（人）	First Marriage (person)	426563	468339
再婚（人）	Re-marriages(person)	33119	39843
男 性	Male	16434	19676
女 性	Female	16685	20167
恢复结婚（人）	Resume Marriage(person)	18140	17425
准予离婚（对）	Divorces(couple)	92475	107921
涉外婚姻（对）	Foreign-related Marriages(couple)	1112	1073

18－14　公证工作基本情况
Basic Statistics on Notarization

项　　目	Item	2012	2013
公证机构和人员	**Institutions and Personnel**		
公证处（个）	**Nortarial Offices(unit)**	**70**	**70**
公证人员（人）	**Nortarial Personel(person)**	**695**	**628**
#公　证　员	# Notaries	382	371
助理公证员	Assistant Notaries	313	257
办理公证（项目）总计（件）	**Notarized Documents(piece)**	**331985**	**464713**
国内公证合计(件)	Domestic Justice Total (piece)	197330	258157
涉外公证合计(件)	International Justice Total	133513	205350
涉台、港、澳公证合计 (件)	Relate to Taiwan、Hongkong and Macao Notarization Summation(piece)	1142	1206
涉台公证合计(件)	Relate to Taiwan Notarization Summation	620	710
涉港澳公证合计(件)	Relate to Hongkong and Macao Notarization Summation	522	496

18－15　妇联组织情况
Basic Statistics for the Women' s Federation Organization

项　　目	Item	组织机构（个）Institutions (unit)		干部总数（人）Number of Cadres (person)	
		2012	2013	2012	2013
合　　计	**Total**	**977**	**976**	**1393**	**1404**
省　妇　联	Province Level	1	1	47	45
市（州）妇联	City Level	9	10	120	143
县（市、区）妇联	County Level	65	74	300	284
乡（镇）妇联	Township Level	640	620	652	645
街　道　妇　联	Street Level	262	271	274	287

18－16 火灾情况
Basic Statistics on Fire

项　　目	Item	单位 Unit	2012	2013
火　灾　数	**Number of Fire**	**起 case**	**5657**	**12489**
城　市	Urban Area	起 case	1944	3860
农　村	Rural Area	起 case	2476	6072
其　他	Others	起 case	1237	2557
死亡人数	**Number of Deaths**	**人 person**	**3**	**138**
城　市	Urban Area	人 person	2	128
农　村	Rural Area	人 person	1	10
受伤人数	**Number of Injuries**	**人 person**	**1**	**85**
城　市	Urban Area	人 person		84
农　村	Rural Area	人 person	1	1
损失金额	**Losses Converted into Cash**	**万元 10000 yuan**	**2725**	**24355**
城　市	Urban Area	万元 10000 yuan	899	2248
农　村	Rural Area	万元 10000 yuan	636	2144
其　他	Others	万元 10000 yuan	1190	19963

18－17 交通事故情况
Basic Statistics on Traffic Auidents

项　　目	Item	单位 Unit	2012	2013
交通事故数	**Traffic Accidents**	**起 case**	**2817**	**2456**
城　市	Urban Area	起 case	1309	1131
农　村	Rural Area	起 case	1508	1325
机 动 车	Vehicles	起 case	2761	2407
汽　车	Motor Vehicles	起 case	2134	1831
摩托车	Motorcycles	起 case	509	490
拖拉机	Tractors	起 case	42	36
其　他	Others	起 case	76	50
非机动车	Non-motor-driven Vehicles	起 case	40	38
# 自行车	# Bicycles	起 case	19	13
行人、乘车人	Pedestrians and Passengers	起 case	11	9
其　他	Others	起 case	5	1
死亡人数	**Number of Deaths**	**人 person**	**1388**	**1345**
城　市	Urban Area	人 person	450	422
农　村	Rural Area	人 person	938	923
受伤人数	**Number of Injuries**	**人 person**	**2764**	**2310**
城　市	Urban Area	人 person	1180	1088
农　村	Rural Area	人 person	1584	1222
损失金额	**Losses Converted into Cash**	**万元 10000yuan**	**3117**	**3118**
城　市	Urban Area	万元 10000yuan	1503	1585
农　村	Rural Area	万元 10000yuan	1614	1533

18－18 人民法院审理刑事一审案件收结案情况（2013）

First Trial Criminal Cases Accepted and Concluded by Courts（2013）

单位：件 （case）

项　　目	Item	收案 Cases Accepted	结案 Cases Concluded
合计	**Total**	**17857**	**17360**
危害公共安全罪	Crimes of Endangering Public Security	3629	3542
破坏社会主义市场经济秩序罪	Crimes of Disrupting the Order of the Socialist Market Economy	846	841
侵犯公民人身权利民主权利罪	Crimes of Infringing upon Citizens' Right of the Person and Democratic Rights	4011	3886
侵犯财产罪	Crimes of Property Violation	5351	5283
妨害社会管理秩序罪	Crimes of Obstructing Administration of Public Order	3059	2914
危害国防利益罪	Crimes of Impairing the Interests of National Defence	5	5
贪污贿赂罪	Crimes of Embezzlement and Bribery	729	698
渎职罪	Crimes of Dereliction of Duty	227	190
其他	Others		1
合计中含自诉案件	Private Prosecution of Total	290	313

注：结案中含上年旧存（以下各表同）。
Note: Data of cases settled include cases turned over from previous year.The same applies to the tables following.

18－19 人民法院审理婚姻家庭、继承一审案件收结案情况（2013）

First Trial Civil Cases of Marriages、Family Affairs and Inheritance Accepted and Concluded by Courts（2013）

单位：件 （case）

项目	Item	收案 Cases Accepted	结案 Cases Concluded	调解 Mediation	判决 Judgement	驳回 Reject	撤诉 Withdrawal	其他 Other
合计	**Total**	**37827**	**37805**	**17559**	**8974**	**328**	**10743**	**201**
婚姻家庭	Marriages and Family Affairs	35635	35608	16051	8625	309	10443	180
离婚	Divorce	29260	29219	12881	7124	238	8836	140
赡养纠纷	Support Disputes	908	902	355	253	9	274	11
抚养、扶养关系纠纷	Upbringing and Maintenance Relationship Disputes	1451	1458	996	210	5	245	2
抚养费纠纷	Upbringing Fee Disputes	198	223	119	53	1	50	
其他	Others	3818	3806	1700	985	56	1038	27
继承	Inheritance	2192	2197	1508	349	19	300	21
法定继承	Legal Inheritance	630	662	438	113	5	101	5
遗嘱继承	Testament Inheritance	133	179	108	34		37	
其他	Others	1429	1356	962	202	14	162	16

18－20 人民法院审理合同纠纷一审案件收结案情况（2013）

First Trial Cases of Contracts Disputes Accepted and Concluded by Courts（2013）

单位：件　　（case）

项目	Item	收案 Cases Accepted	结案 Cases Concluded	调解 Mediation	判决 Judgement	驳回 Reject	撤诉 Withdrawal	其他 Other
合计	**Total**	**87196**	**83638**	**28299**	**25306**	**2343**	**26314**	**1376**
借款合同	Loan Contracts	43102	41155	15134	12957	886	11764	414
买卖合同	Trade Contracts	11469	11259	3708	3635	272	3419	225
电信合同	Telecom Contracts	80	76	4	1		71	
租赁合同	Lease Contracts	2502	2478	630	797	50	972	29
劳动争议	Labour Disputes	4234	4074	1441	1402	249	889	93
房地产合同	Real Estate Contracts	1201	1245	410	375	28	418	14
供用动力合同	Labor Contracts	2382	2424	426	376	296	1320	6
建设工程合同	Construction Contracts	1926	1879	482	804	86	428	79
农村承包合同	Rural Contracts	1127	960	215	447	23	256	19
承揽合同	Contracts for Work	632	612	169	199	17	217	10
担保合同	Contract of Guaranty	2571	2585	1584	187	15	787	12
服务合同	Service Contract	4245	4176	969	463	113	2494	137
其他	Others	11725	10715	3127	3663	308	3279	338

18－21 人民法院审理权属、侵权纠纷及其他民事一审案件收结案情况（2013）

First Trial Cases of Disputes of Right、Infringement of Right and Other Civil Affairs Accepted and Concluded by Courts（2013）

单位：件　　（case）

项目	Item	收案 Cases Accepted	结案 Cases Concluded	调解 Mediation	判决 Judgement	驳回 Reject	撤诉 Withdrawal	其他 Other
合计	**Total**	**28531**	**27817**	**10277**	**8946**	**547**	**5894**	**2153**
所有权及其相关权利	Ownership and Related Rights	7593	7493	2709	2210	260	2194	120
特别程序	Special Proceedings	2480	2481	6	602	17	182	1674
人身权纠纷	Personal Rights Disputes	9304	9110	4530	2822	91	1580	87
特殊侵权纠纷	Disputes of Special Infringement	7150	6809	2578	2735	127	1182	187
不当得利	Unjustified Enrichment	523	488	74	185	18	184	27
票据、证券、股票纠纷	Disputes of Bills,Securities and Stocks	6	7		5		1	1
其他	Others	1475	1429	380	387	34	571	57

CHAPTER ▶ 19

第十九篇

市（州）和县（市）概况

GENERAL SURVEY OF CITY (STATE) AND COUNTY (CITY)

19－1　城市社会经济基本情况（2013）

指　　标	Item	单位 Unit
一、劳动力及土地面积	**Population,Employment and Territory**	
（一）从业人员	Employment	
从业人员期末人数（城镇）	Final number of Employees(urban)	万人 10000persons
第一产业（农、林、牧、渔业）	Primary Industry(Farming,Forestry、Animal Husbandry and Fishing)	万人 10000persons
第二产业	Secondary Industry	万人 10000persons
（1）采矿业	Mining	万人 10000persons
（2）制造业	Manufacturing	万人 10000persons
（3）电力、燃气及水的生产和供应业	Production and Supply of Electricity,Gas and Water	万人 10000persons
（4）建筑业	Construction	万人 10000persons
第三产业	Tertiary Industry	万人 10000persons
(1)批发和零售业	Wholesale and Retail Trade	万人 10000persons
(2)交通运输、仓储及邮政业	Transport ,Storage and Post	万人 10000persons
(3)住宿、餐饮业	Hotels and Catering Services	万人 10000persons
(4)信息传输、计算机服务和软件业	Information Transmission,Computer Services and Software	万人 10000persons
(5)金融业	Finamcial Intermediation	万人 10000persons
(6)房地产业	Real Estate	万人 10000persons
(7)租赁和商业服务业	Leasing and Business Services	万人 10000persons
(8)科学研究、技术服务	Scientific Research and Technical Services	万人 10000persons
(9)水利、环境和公共设施管理业	Management of Water Conservancy,Environment and Public Focilities	万人 10000persons
(10)居民服务和其他服务业	Services to Households and Other Services	万人 10000persons
(11)教育	Education	万人 10000persons
(12)卫生和社会工作	Health and Social Work	万人 10000persons
(13)文化、体育和娱乐业	Culture, Sports and Entertainment	万人 10000persons
(14)公共管理和社会组织	Public Management and Social Organizations	万人 10000persons
年末城镇登记失业人员数	Urban Unemployment Registered	人 person
（二）土地面积	Territory	
行政区域土地面积	Territory of Administrative Areas	平方公里 sq.km
公共设施用地面积	Areas of Public Facilities	平方公里 sq.km
工业用地面积	Areas of Industry	平方公里 sq.km
二、综合经济	**Macroeconomic Indicators**	
（一）财政	Government Finance	
#各项税收入	Revenue	万元 10000yuan
文化体育与传媒支出	Cultural, Sports and Media Expenditures	万元 10000yuan
城乡社区事务支出	Expenditure of Urban and Rural Community Affairs	万元 10000yuan
交通运输支出	Transportation Expenses	万元 10000yuan
（二）金融	Financial	
年末金融机构人民币各项存款余额	End of the Financial institutions of RMB Deposits Balance	万元 10000yuan
#居民人民币储蓄存款余额	Residents RMB Savings Deposits	万元 10000yuan

Basic Statistics on Urban Social And Economical Indicators（2013）

长春市 Changchun		吉林市 Jilin		四平市 Siping		辽源市 Liaoyuan	
全市 Total	市区 District	全市 Total	市区 District	全市 Total	市区 District	全市 Total	市区 District
126.20	109.20	44.30	29.21	21.82	7.88	13.67	9.60
1.16	0.21	1.02	0.10	0.91	0.16	0.29	0.02
63.16	58.63	21.04	15.15	6.29	2.75	8.05	6.70
0.58	0.32	1.32	0.01	0.13	0.08	2.33	2.29
40.25	37.77	13.23	10.33	3.43	1.65	3.68	3.13
6.88	6.25	1.76	1.12	0.83	0.39	0.46	0.38
15.45	14.29	4.73	3.69	1.90	0.63	1.58	0.90
61.88	50.36	22.24	13.96	14.62	4.97	5.33	2.88
4.62	4.17	1.66	0.96	1.97	0.37	0.30	0.22
3.73	3.51	0.60	1.23	0.56	0.26	0.18	0.15
5.60	4.95	1.32	0.14	0.09	0.06	0.27	0.16
1.98	1.95	0.17	0.56	0.53	0.35	0.04	0.03
4.19	3.55	1.28	0.99	0.86	0.38	0.48	0.33
2.96	2.78	0.79	0.54	0.28	0.11	0.23	0.12
3.05	2.94	0.79	0.25	0.06	0.04	0.03	0.03
4.20	3.92	0.70	0.48	0.54	0.21	0.15	0.10
2.82	2.18	1.18	0.75	0.76	0.38	0.21	0.11
0.65	0.63	0.04	0.03	0.04		0.01	0.01
12.73	8.25	5.43	2.87	3.85	1.01	1.30	0.48
5.56	4.27	2.60	1.49	2.06	0.8	0.70	0.34
1.77	1.61	0.30	0.23	0.23	0.04	0.09	0.06
8.02	5.65	5.38	3.44	2.79	0.96	1.34	0.74
82403	46452	30923	17722	21252	5685	9544	7271
20604	4789	27205	3695	14080	1075	5140	442
	26		15		3		1
	101		66		8		9
3091500	2704336	954963	583862	372131	182693	121677	73797
123701	108684	51948	36548	29211	8496	12231	6859
1010667	875264	300739	176658	91015	25403	36021	27199
172769	118938	75553	41084	43636	13679	24453	13436
78083098	71076037	19753122	14224520	8349487	3394041	3716775	2262517
31071578	25569503	12762400	8829915	6121568	2375017	2737372	1593983

19－1 续表 1

指　　标	Item	单位 Unit
年末金融机构各项贷款余额	The end of the Balance of Loans of Financial Institutions	万元 10000yuan
（三）保险	Insurance	
保费收入	Premiun Income	万元 10000yuan
#财产险	Property Insurance	万元 10000yuan
人身险	Life Insurance	万元 10000yuan
赔款、给付	Claim and Payment	万元 10000yuan
#财产险	Property Insaramce	万元 10000yuan
人身险	Life Insurance	万元 10000yuan
三、工业	**Industry**	
规模以上工业法人企业	Industrial- scale Corporate Enterprises	
（一）工业企业数	Industrial Enterprises	个 Uni
（1）内资企业	Domestic Funded	个 Uni
# 国有企业	State- owned Enterprises	个 Uni
私营企业	Private Enterprise	个 Uni
（2）港、澳、台商投资企业	HongKong,Macao,Taiwan Invested Enterprises	个 Uni
（3）外商投资企业	Foreign Funded Enterprises	个 Uni
（二）工业总产值（当年价）	Iotal industrial Output Value	万元 10000yuan
（1）内资企业（总产值）	Domestic Funded (GDP)	万元 10000yuan
# 国有企业	State- owned Enterprises	万元 10000yuan
私营企业	Private Enterprise	万元 10000yuan
（2）港、澳、台商投资企业	Enterprises With Funds HongKong, Macao,Taiwan	万元 10000yuan
（3）外商投资企业	Foreign Funded Enterprises	万元 10000yuan
四、交通运输、邮电通信、能源电力	**Transport, Post, Telecommunications and Power**	
（一）交通运输	Transport	
公路里程	Highway Mileage	公里
境内高速公路里程	Domestic Highway Mileage	公里

continued

长春市 Changchun		吉林市 Jilin		四平市 Siping		辽源市 Liaoyuan	
全市 Total	市区 District	全市 Total	市区 District	全市 Total	市区 District	全市 Total	市区 District
64533466	60038672	11271514	7887136	5457883	2231606	2769177	1710678
1066421		442931		192941		82859	
460599		125812		71525		23906	
605821		317118		121416		58953	
448402		169965		72027		37584	
264322		66647		39095		14987	
184079		103318		32932		22597	
1109	843	1097	488	503	204	313	144
951	693	1063	464	489	196	307	140
15	11	20	11	8	4	3	1
524	380	766	295	217	49	225	87
28	27	12	8	8	5	2	1
130	123	22	16	6	3	4	3
92280427	85390007	31401389	19596692	19442199	7521785	11813825	7048886
73806613	68126642	29559655	18393714	18179239	7006844	11449769	6734185
42780681	42537223	1090109	860419	182445	139211	105050	83291
8530233	5837001	14079841	5972169	6691284	1505853	7674908	3778629
7001860	6531193	786866	661850	613376	142560	189390	171016
11471954	10732172	1054868	541128	649584	372381	174666	143685
21905		14713		9000		4180	
382		360		265		136	

19－1 续表 2

指 标	Item	单位 Unit
民用航空货邮运量	Freight in Airway	吨 ton
民用航空客运量	Passenger in Airway	万人 10000persons
（二）邮电通讯	Post and Telecommunication	
年末邮电局（所）数	Post and Telecommunications Offices	处 unit
邮政业务收入	Revenue of Post	万元 10000yuan
电信业务收入	Revenue of Telecommunications	万元 10000yuan
固定电话年末用户数	Local Telephone Subscribers Offices	万户 10000sub
移动电话年末用户数	Mobile Telephone Subscribers	万户 10000sub
互联网宽带接入用户数	Intermet Broadband Access Users	万户 10000sub
（三）能源电力	Energy Consumption	
综合能源消费量	Volume of Energy Consumption	万吨/标准煤 10000tons/SCE
全社会用电量	Volume of Electrictity Consumption	万千瓦时 10000kw.h
#工业用电	Industrial Electricity	万千瓦时 10000kw.h
城乡居民生活用电	Residence Living Electricity	万千瓦时 10000kw.h
五、内外贸易、外经、旅游	**Trade,Economic Cooperation and Tourism**	
（一）商 业	usiness	
限额以上批发零售贸易业商品销售总额	Sales of Wholesale and Retail Trade Enterprises above Designate Size	万元 10000yuan
限额以上批发零售贸易企业数(法人数)	Number of Wholesale Retail Trade Enterprises above Designated (Legal person)	个 unit
#零售业	Retail Trade	个 unit
（二）外贸 外经	Foreign Trade	
货物进口额（海关数）	Imports	万美元 $ 10000
货物出口额（海关数）	Exports	万美元 $ 10000
当年实际使用外资金额	Amount of Foreign Capital Actually Used	万美元 $ 10000
六、教育科技体育文化	**Education and Health Care**	
（一）教育	Education	
普通高等学校数	Higher Education	所
普通高等学校教师数	Teachers in Higher Education	人 person
普通高等学校学生数	Students in Higher Education	人 person
高中阶段在校学生数	Students in High School	人 person
成人高等教育学校在校学生数	Student Enrollment of Adult Eduation Schools	人 person
（二）科 技	Science and Technology	
R&D内部经费支出	R&D Internal Expenditure	万元 10000yuan
（三）体 育	Sports	
体育场馆数	Number of Stadium	个 unit
（四）文 化	Culture	
剧场、影剧院数	Theatres and Music Halls	个 unit
公共图书馆图书总藏量	Number of Books in Public Libraty	千册、件 1000 volume,unit
七、人民生活、社会保障	**People´s Livelihood,Social Security**	
（一）城镇居民人均现金消费支出	Residents of Balance of Payments	元 yuan
（1）食品	Food	元 yuan
（2）衣着	Clothing	元 yuan

continued

长春市 Changchun		吉林市 Jilin		四平市 Siping		辽源市 Liaoyuan	
全市 Total	市区 District	全市 Total	市区 District	全市 Total	市区 District	全市 Total	市区 District
45408							
342.6							
202	84	141	55	108	19	51	13
56099		31730		24579		10275	
718732		283733		168375		69508	
183.4		91.45		48.21		24.96	
794.63		365.92		268		102.35	
121.48		66.86		33.45		14.54	
1230		1461		495		278	
1885731	1294022	1511685	1090432	611989	335238	268915	212521
1061479	801405	1195251	936783	396242	214694	202252	174083
296246	198141	157924	93526	105339	21918	39003	17771
15788957	15438692	7996982	7230831	2675572	1065968	958249	431278
340	297	353	177	119	39	72	58
215	188	215	127	86	35	60	51
1711793		58288		30250		10483	
329856		51909		4706		11536	
443995	414407	81491	49312	26700	1820	25000	15000
37		8		4		2	
25323	25323	5430	5430	2146	2146	420	420
401823	401823	101143	101143	35920	35920	6139	6139
202104	130512	111282	63322	84912	29500	26118	13596
100759	100759	32636	32636	16307	15139	5573	5573
915211		129625		14797		28986	
42	40	23	17	9	2	11	8
30	26	4	3	2	1	1	1
8149.9	7750.2	2131.47	1597.07	647.94	473.44	349.44	233.85
	21929		17660		14925		19791
	6093		5539		4843		5305
	2399		2119		2254		3243

指　　标	Item	单位 Unit
（3）居住	Residence	元 yuan
（4）家庭设备用品及服务	Houschold Facilities Articles and Services	元 yuan
（5）医疗保健	Medicine and Medical Service	元 yuan
（6）交通和通讯	Transportation and Communications	元 yuan
（7）教育文化娱乐服务	Education 、Cultural and Education Services	元 yuan
（二）城镇居民生活	People' s Livelihood	
每百户居民家庭拥有：	Owned per 100 Households	
（1）家用汽车	Civil Vehicles	辆 unit
（2）家用电脑	Civil Computer	台 unit
城镇居民人均住房建筑面积	Urban Residents Per Copita Housing Construction Area	平方米
居民消费价格指数（上年为100）	Cunsumer Price Index	%
（三）社会保障	Social Security	
城镇基本养老保险参保人数	Number of Pension Insurance for Urban Employees	人 person
城镇基本医疗保险参保人数	Number of Urban Employees Basic Physical Insurance	人 person
失业保险参保人数	Unemployment Insurance	人 person
城镇居民最低生活保障人数	Number of Minimum Living Guarantee for Urban Residents	人 person
八、公共管理	**Public Administration**	
（一）交 通	Transport	
交通事故死亡人数	Cases of Traffic Accidents	人 person
交通事故损失额	Death Traffic Accidents	万元 10000yuan
火灾事故死亡人数	Death of Fire	人 person
火灾事故损失额	Loss of Fire	万元 10000yuan
（二）社会治安	Public Security	
刑事案件立案数	Criminal Cases Registered	起
犯罪人数	Criminal Persons	人 person
#青少年人数（年龄14–25周岁）	Teenagers(below 18 year old)	人 person
九、市政公用事业	**Urban Public Utilities**	
（一）基础设施	Infrastructure	
城市维护建设资金支出	City Building Maintenance Capital Expenditure	万元 10000yuan
售水量	The Sale of Water	万吨 10000ton
（二）供气	Gas	
供气总量（人工、天然气）	Total Gas Supply	万立方米
#家庭用量	Residential Use	万立方米
用气人口	Population of Used	人 person
液化石油气供气总量	Liquefied Petrolum Cas	吨 ton
#家庭用量	Residential Use	吨 ton
用液化气人口	Population of Liquefied Petrolum Gas Used	人 person
十、环境保护	**Environment Protection**	
一般工业固体废物综合利用率	Rate of General Industrial Solid Waste Comprehensive Utilization	%
污水处理厂集中处理率	Rate of Treatment of Waste Water	%

continued

长春市 Changchun		吉林市 Jilin		四平市 Siping		辽源市 Liaoyuan	
全市 Total	市区 District	全市 Total	市区 District	全市 Total	市区 District	全市 Total	市区 District
	2526		1897		1531		1150
	1218		941		880		1188
	2095		1970		1133		1471
	3659		2151		2274		3679
	3095		2277		1631		2437
	24		16		22		8
	81		77		83		68
	30		29.86		29.52		25.38
	103.0		103.2		102.5		102.3
1883070	1581816	1064258	710759	536821	249257	244267	175731
4071672	3105373	2362388	1444101	1353725	503289	610651	418418
899867	747172	425858	298978	227705	111258	84082	56563
153836	74931	117627	52628	73952	28359	68850	47493
548	275	174	78	109	17	64	29
1772	1592	161	99	96	32	16	4
129		3		2			
19845		409		426		319	236
4750	2717	2950	1232	1920	359	638	294
4075	2431	3994	1482	2520	375	500	319
919	691	480	122	77	25	8	5
	562184		70000		6400		50000
	24384		17497		3489		2239
	49370		25399		3281		945
	18277		3292		1164		36
	3250300		812700		485000		56000
	32556		43337		9000		5506
	7524		16337		6000		2164
	301900		424900		98000		356000
99.79		81.88		92.05		95.78	
78.76		91.65		81.56		96.13	

19－1 续表 5

指 标	Item	单位 Unit
一、劳动力及土地面积	**Population,Employment and Territory**	
（一）从业人员	Employment	
从业人员期末人数（城镇）	Final number of Employees(urban)	万人 10000persons
第一产业（农、林、牧、渔业）	Primary Industry(Farming,Forestry、Animal Husbandry and Fishing)	万人 10000persons
第二产业	Secondary Industry	万人 10000persons
（1）采矿业	Mining	万人 10000persons
（2）制造业	Manufacturing	万人 10000persons
（3）电力、燃气及水的生产和供应业	Production and Supply of Electricity,Gas and Water	万人 10000persons
（4）建筑业	Construction	万人 10000persons
第三产业	Tertiary Industry	万人 10000persons
(1)批发和零售业	Wholesale and Retail Trade	万人 10000persons
(2)交通运输、仓储及邮政业	Transport ,Storage and Post	万人 10000persons
(3)住宿、餐饮业	Hotels and Catering Services	万人 10000persons
(4)信息传输、计算机服务和软件业	Information Transmission,Computer Services and Software	万人 10000persons
(5)金融业	Finamcial Intermediation	万人 10000persons
(6)房地产业	Real Estate	万人 10000persons
(7)租赁和商业服务业	Leasing and Business Services	万人 10000persons
(8)科学研究、技术服务	Scientific Research and Technical Services	万人 10000persons
(9)水利、环境和公共设施管理业	Management of Water Conservancy,Environment and Public Focilities	万人 10000persons
(10)居民服务和其他服务业	Services to Households and Other Services	万人 10000persons
(11)教育	Education	万人 10000persons
(12)卫生和社会工作	Health and Social Work	万人 10000persons
(13)文化、体育和娱乐业	Culture, Sports and Entertainment	万人 10000persons
(14)公共管理和社会组织	Public Management and Social Organizations	万人 10000persons
年末城镇登记失业人员数	Urban Unemployment Registered	人 person
（二）土地面积	Territory	
行政区域土地面积	Territory of Administrative Areas	平方公里 sq.km
公共设施用地面积	Areas of Public Facilities	平方公里 sq.km
工业用地面积	Areas of Industry	平方公里 sq.km
二、综合经济	**Macroeconomic Indicators**	
（一）财政	Government Finance	
#各项税收入	Revenue	万元 10000yuan
文化体育与传媒支出	Cultural, Sports and Media Expenditures	万元 10000yuan
城乡社区事务支出	Expenditure of Urban and Rural Community Affairs	万元 10000yuan
交通运输支出	Transportation Expenses	万元 10000yuan
（二）金融	Financial	
年末金融机构人民币各项存款余额	End of the Financial institutions of RMB Deposits Balance	万元 10000yuan
#居民人民币储蓄存款余额	Residents RMB Savings Deposits	万元 10000yuan

continued

通化市 Tonghua		白山市 Baishan		松原市 Songyuan		白城市 Baicheng		延边朝鲜族自治州 Yanbian	
全市 Total	市区 District	全市 Total	市区 District	全市 Total	市区 District	全市 Total	市区 District	全州 Total	延吉市 District
29.80	16.33	18.99	10.68	27.36	11.90	21.55	10.22	27.04	8.05
0.42	0.01	2.23	0.81	2.11	0.07	2.64	1.14	2.76	0.03
17.01	11.40	8.12	5.56	12.99	7.35	4.83	2.55	9.52	1.84
1.05	0.06	3.38	3.05	5.15	4.93	0.09	0.01	1.37	0.04
11.76	9.43	2.64	1.24	4.72	1.28	2.85	1.47	5.81	1.10
0.99	0.59	0.81	0.34	0.83	0.15	0.56	0.23	0.90	0.38
3.21	1.32	1.29	0.93	2.29	0.99	1.33	0.84	1.44	0.33
12.37	4.92	8.64	4.31	12.26	4.48	14.08	6.53	14.76	6.18
0.83	0.51	0.43	0.30	0.62	0.20	0.56	0.20	0.81	0.34
0.51	0.33	0.22	0.21	0.27	0.25	0.28	0.17	0.41	0.33
0.82	0.33	0.33	0.24	0.79	0.42	0.81	0.55	0.94	0.55
0.16	0.08	0.09	0.07	0.23	0.06	0.12	0.05	0.39	0.23
0.92	0.54	0.63	0.44	0.68	0.38	0.73	0.41	1.24	0.84
0.50	0.23	0.16	0.11	0.24	0.10	0.19	0.11	0.38	0.17
0.33	0.15	0.56	0.25	0.16	0.09	0.20	0.10	0.26	0.16
0.40	0.15	0.21	0.12	0.33	0.09	1.07	0.96	0.42	0.21
0.51	0.15	0.26	0.19	0.66	0.33	1.11	0.40	0.79	0.17
0.14	0.09	0.03	0.02	0.13	0.09	0.11	0.07	0.18	0.16
2.48	0.70	1.78	0.73	3.26	0.81	3.31	1.39	2.93	0.91
1.34	0.48	0.87	0.42	1.48	0.36	1.39	0.70	1.37	0.61
0.27	0.13	0.14	0.07	0.20	0.11	0.18	0.08	0.40	0.25
3.16	1.05	2.93	1.14	3.21	1.19	4.02	1.34	4.23	1.26
8872	1229	12267	6786	15004	5498	16350	5673	25433	6101
15608	745	17485	2736	21090	1325	25745	2525	43779	1748
	4		2		1		3		1
	3		6		6		12		4
535490	126282	291449	119004	388697	193449	223629	67471	496708	179484
31044	8870	18883	6488	19860	6758	25862	13967	69172	7012
124947	27399	109531	45555	168227	119931	76459	29392	180310	75042
64634	12927	47849	18969	59977	20576	55745	13087	83657	16848
8159619	2922001	5401058	2959443	7458035	3248190	5036416	2052723	11690906	5209314
5601101	1748498	3577964	1906712	4702842	2005327	3050871	1329413	7717271	3282423

指　　标	Item	单位 Unit
年末金融机构各项贷款余额	The end of the Balance of Loans of Financial Institutions	万元 10000yuan
（三）保险	Insurance	
保费收入	Premiun Income	万元 10000yuan
#财产险	Property Insurance	万元 10000yuan
人身险	Life Insurance	万元 10000yuan
赔款、给付	Claim and Payment	万元 10000yuan
#财产险	Property Insaramce	万元 10000yuan
人身险	Life Insurance	万元 10000yuan
三、工业	**Industry**	
规模以上工业法人企业	Industrial- scale Corporate Enterprises	
（一）工业企业数	Industrial Enterprises	个 Uni
（1）内资企业	Domestic Funded	个 Uni
#国有企业	State- owned Enterprises	个 Uni
私营企业	Private Enterprise	个 Uni
（2）港、澳、台商投资企业	HongKong,Macao,Taiwan Invested Enterprises	个 Uni
（3）外商投资企业	Foreign Funded Enterprises	个 Uni
（二）工业总产值（当年价）	Iotal industrial Output Value	万元 10000yuan
（1）内资企业（总产值）	Domestic Funded (GDP)	万元 10000yuan
#国有企业	State- owned Enterprises	万元 10000yuan
私营企业	Private Enterprise	万元 10000yuan
（2）港、澳、台商投资企业	Enterprises With Funds HongKong, Macao,Taiwan	万元 10000yuan
（3）外商投资企业	Foreign Funded Enterprises	万元 10000yuan
四、交通运输、邮电通信、能源电力	**Transport, Post, Telecommunications and Power**	
（一）交通运输	Transport	
公路里程	Highway Mileage	公里
境内高速公路里程	Domestic Highway Mileage	公里

continued

通化市 Tonghua		白山市 Baishan		松原市 Songyuan		白城市 Baicheng		延边朝鲜族自治州 Yanbian	
全市 Total	市区 District	全市 Total	市区 District	全市 Total	市区 District	全市 Total	市区 District	全州 Total	延吉市 District
4989685	2054193	3586741	2305203	4984282	1759394	3782415	1187942	5481584	2406422
184302		134827		168762		108360		283024	
43038		26863		65095		40403		53701	
141264		107964		103667		67957		229323	
66908		40580		58439		32213		79920	
25277		15151		32064		16597		29999	
41631		25429		26375		15615		49921	
552	130	412	181	604	158	308	94	472	67
529	125	393	176	597	153	292	88	416	49
6	2	3	1	10	2	3	2	9	
250	18	163	50	222	34	106	23	209	16
6	2	7	2	2	1	4	2	4	1
17	3	12	3	5	4	12	4	52	17
16526132	7852043	12189004	5880800	19759388	6129511	5672743	1682052	11227954	2790047
15096156	7687529	11346508	5691800	19443663	5859096	4965857	1140431	9210613	1973903
35842	8546	218749	190200	261889	27370	45634	40934	182154	
4496884	266065	4685830	1675000	6751376	1096343	1745184	232476	3521320	302273
338990	138340	365935	81500	21154	11815	59812	7479	86495	11283
1090986	26174	476561	107500	294571	258600	647074	534142	1930846	804862
6583		6414		12046		9985		9070	
212		55		366		212		316	

19－1 续表 7

指　　标	Item	单位 Unit
民用航空货邮运量	Freight in Airway	吨 ton
民用航空客运量	Passenger in Airway	万人 10000persons
（二）邮电通讯	Post and Telecommunication	
年末邮电局（所）数	Post and Telecommunications Offices	处 unit
邮政业务收入	Revenue of Post	万元 10000yuan
电信业务收入	Revenue of Telecommunications	万元 10000yuan
固定电话年末用户数	Local Telephone Subscribers Offices	万户 10000sub
移动电话年末用户数	Mobile Telephone Subscribers	万户 10000sub
互联网宽带接入用户数	Intermet Broadband Access Users	万户 10000sub
（三）能源电力	Energy Consumption	
综合能源消费量	Volume of Energy Consumption	万吨 / 标准煤 10000tons/SCE
全社会用电量	Volume of Electrictity Consumption	万千瓦时 10000kw.h
# 工业用电	Industrial Electricity	万千瓦时 10000kw.h
城乡居民生活用电	Residence Living Electricity	万千瓦时 10000kw.h
五、内外贸易、外经、旅游	**Trade,Economic Cooperation and Tourism**	
（一）商 业	usiness	
限额以上批发零售贸易业商品销售总额	Sales of Wholesale and Retail Trade Enterprises above Designate Size	万元 10000yuan
限额以上批发零售贸易企业数(法人数)	Number of Wholesale Retail Trade Enterprises above Designated (Legal person)	个 unit
# 零售业	Retail Trade	个 unit
（二）外贸 外经	Foreign Trade	
货物进口额（海关数）	Imports	万美元 $ 10000
货物出口额（海关数）	Exports	万美元 $ 10000
当年实际使用外资金额	Amount of Foreign Capital Actually Used	万美元 $ 10000
六、教育科技体育文化	**Education and Health Care**	
（一）教育	Education	
普通高等学校数	Higher Education	所
普通高等学校教师数	Teachers in Higher Education	人 person
普通高等学校学生数	Students in Higher Education	人 person
高中阶段在校学生数	Students in High School	人 person
成人高等教育学校在校学生数	Student Enrollment of Adult Eduation Schools	人 person
（二）科 技	Science and Technology	
R&D内部经费支出	R&D Internal Expenditure	万元 10000yuan
（三）体 育	Sports	
体育场馆数	Number of Stadium	个 unit
（四）文 化	Culture	
剧场、影剧院数	Theatres and Music Halls	个 unit
公共图书馆图书总藏量	Number of Books in Public Libraty	千册、件 1000 volume,unit
七、人民生活、社会保障	**People´s Livelihood,Social Security**	
（一）城镇居民人均现金消费支出	Residents of Balance of Payments	
（1）食品	Food	元 yuan
（2）衣着	Clothing	元 yuan

continued

通化市 Tonghua		白山市 Baishan		松原市 Songyuan		白城市 Baicheng		延边朝鲜族自治州 Yanbian	
全市 Total	市区 District	全市 Total	市区 District	全市 Total	市区 District	全市 Total	市区 District	全州 Total	延吉市 District
		76						9849.9	
		31.65						56.05	
110	18	61	16	94	37	87	20	135	15
21553		16343		16917		13726		33256	
128871		76758		142208		104964		157824	
51.22		37.74		37.26		36.75		67.91	
168.55		104.65		224.5		162.47		181.06	
30.93		18.12		24.35		25.21		44.71	
675		412		363		152		342.09	
538524	210617	313591	202011	480573	343116	330063	86191	459102	100767
399701	168830	217688	108779	314831	262878	196057	39244	260837	22746
77071	28033	51044	25462	83604	31498	71750	23605	101532	35082
2866936	2053157	477775	395178	2030702	857223	1066673	919431	1962916	1238420
182	68	31	16	63	21	34	15	157	93
133	50	28	15	47	15	18	13	118	82
40829		9582		228		2180		45922	
18243		19795		8782		10088		220787	
34006	9230	20935	1361	27680	17616	12484	4600	13616	6258
1		1		1		3		2	2
726	726	257	257	534	534	1099	1099	2197	2197
12086	12086	934	934	3291	3291	19213	19213	19500	19500
51970	13713	20049	9091	55123	25721	39253	14426	46509	16022
6498	6498	3201	2015	530	530	1429	1429	19035	19035
29359		13336		54396		15876		17844.8	
24	13	4	4	7	2	12	6	14	7
1	1	4	3	1	1	4	2	5	3
826.86	285.56	746.0	228.0	667.75	215.49	460.02	258.55	1970.64	172.663
	16240		15995		18268		17570		21951
	5429		5559		4592		4197		6059
	2174		2547		2380		2313		2698

指 标	Item	单位 Unit
（3）居住	Residence	元 yuan
（4）家庭设备用品及服务	Houschold Facilities Articles and Services	元 yuan
（5）医疗保健	Medicine and Medical Service	元 yuan
（6）交通和通讯	Transportation and Communications	元 yuan
（7）教育文化娱乐服务	Education 、Cultural and Education Services	元 yuan
（二）城镇居民生活	People' s Livelihood	
每百户居民家庭拥有：	Owned per 100 Households	
（1）家用汽车	Civil Vehicles	辆 unit
（2）家用电脑	Civil Computer	台 unit
城镇居民人均住房建筑面积	Urban Residents Per Copita Housing Construction Area	平方米
居民消费价格指数（上年为100）	Cunsumer Price Index	%
（三）社会保障	Social Security	
城镇基本养老保险参保人数	Number of Pension Insurance for Urban Employees	人 person
城镇基本医疗保险参保人数	Number of Urban Employees Basic Physical Insurance	人 person
失业保险参保人数	Unemployment Insurance	人 person
城镇居民最低生活保障人数	Number of Minimum Living Guarantee for Urban Residents	人 person
八、公共管理	**Public Administration**	
（一）交 通	Transport	
交通事故死亡人数	Cases of Traffic Accidents	人 person
交通事故损失额	Death Traffic Accidents	万元 10000yuan
火灾事故死亡人数	Death of Fire	人 person
火灾事故损失额	Loss of Fire	万元 10000yuan
（二）社会治安	Public Security	
刑事案件立案数	Criminal Cases Registered	起
犯罪人数	Criminal Persons	人 person
#青少年人数（年龄14–25周岁）	Teenagers(below 18 year old)	人 person
九、市政公用事业	**Urban Public Utilities**	
（一）基础设施	Infrastructure	
城市维护建设资金支出	City Building Maintenance Capital Expenditure	万元 10000yuan
售水量	The Sale of Water	万吨 10000ton
（二）供气	Gas	
供气总量（人工、天然气）	Total Gas Supply	万立方米
#家庭用量	Residential Use	万立方米
用气人口	Population of Used	人 person
液化石油气供气总量	Liquefied Petrolum Cas	吨 ton
#家庭用量	Residential Use	吨 ton
用液化气人口	Population of Liquefied Petrolum Gas Used	人 person
十、环境保护	**Environment Protection**	
一般工业固体废物综合利用率	Rate of General Industrial Solid Waste Comprehensive Utilization	%
污水处理厂集中处理率	Rate of Treatment of Waste Water	%

continued

通化市 Tonghua		白山市 Baishan		松原市 Songyuan		白城市 Baicheng		延边朝鲜族自治州 Yanbian	
全市 Total	市区 District	全市 Total	市区 District	全市 Total	市区 District	全市 Total	市区 District	全州 Total	延吉市 District
	2318		1471		1413		1934		2521
	1038		777		1043		1105		1340
	1521		1395		1809		1510		1855
	1523		1875		4249		3291		4010
	1566		1437		1941		2620		2488
	6		7		22		15		32
	62		59		83		74		82
	28.08		24.86		28.75		33.29		32.38
	102.3		102.4		102.5		102.31		102.8
514537	219039	377377	103738	321886	169005	315118	120228	649807	153773
1152833	430536	965706	514838	905466	421139	833109	291807	1510335	460058
191234	93731	135597	38371	153392	93766	141077	66047	322240	80592
93450	23032	105141	55304	64443	25551	77031	25977	94873	14410
89	23	77	46	63	17	37	10	97	44
113	20	46	28	50	17	22	6	46	13
1								1	
309	50	274	111	398	47	340	96	2012	258
1645	409	782	187	1590	576	881	254	2469	816
1514	487	1074	306	1689	513	861	124	1412	412
80		102	3	111		113		249	110
	28344		47280		12722		19047		69469
	1406		1222		4702		1459		2803
	3502		230		7350		1352		2637
	2448		171		2058				334
	390000		90000		296000		20900		151000
	2090		4895		11000		7525		19229
	1000		4290		11000		7525		18938
	45000		235000		171000		215100		339000
90.26		63.60		88.99		95.10		63.27	
92.41		67.44		95.79		76.45		78.84	

19－2 县（市）社会经济基本情况（2013）

指　　标	Item	农安县 Nongan	九台市 Jiutai
行政区域面积（平方公里）	The administrative area（sq.km）	5415	3375
财政收入：其中各项税收(万元)	Fiscal revenue: every tax revenue（10000yuan)	97832	128598
财政供养人员(人)	Fiscal supported personnel（person）	32980	30173
财政供养人员全年工资总额(万元)	Annual gross wages of fiscal supported personnel（10000yuan)	77801	92352
年末金融机构各项存款余额(万元)	Balance of deposits in financial institutions at end of the year（10000yuan)	19922027	1565882
居民储蓄存款余额(万元)	Balance of savings deposits for residents（10000yuan)	1526672	1207469
年末金融机构各项贷款余额(万元)	Balance of loans for financial institutions at end of the year（10000yuan)	1378936	798799
设施农业占地面积(公顷)	Facility agriculture area(ha）	426	485
地膜使用量(吨)	Used quantity of mulch（ton）	1140	630
机收面积(公顷)	Mechanical harvesting Area(ha）	188800	57900
粮食播种面积：其中良种播种面积(公顷)	The sown area of grain: the seeds sown area(ha）	360251	172195
水产品产量(吨)	Yield of aquatic products（ton）	5470	4795
奶类产量（吨）	Yield of Milk（ton）	3012	18121
建筑业企业单位数(个)	Number of construction enterprises units（unit）	12	14
公路里程(公里)	Highway mileage(km.)	3857	3950
民用汽车拥有量(辆)	Possession of civil automobile（coach）	58691	42545
年末公交车路数(路)	Number of bus at the end of the year（ road）	229	193
年末实有公共汽（电）车营运车辆数(辆)	Number of actual buses, (electric) vehicle, operations vehicle at the end of the year（coach）	539	455
年末实有出租汽车数(辆)	Number of actual taxi at the end of the year（coach）	1437	1575
固定电话用户(户)	The fixed telephone users(subscriber）	121426	187102
互联网宽带接入用户(户)	Broadband Internet access users(subscriber）	65764	61407
全社会用电量(万千瓦时)	Consumption of the whole society（10000kw.h)	96903	95244
其中：居民生活用电量(万千瓦时)	Of which: consumption of residents’ living（10000kw.h)	43628	30678
出口总额（万美元）	Total exports（$10000)	2074	2196
当年实际使用外资金额（万美元）	The amount of actually used foreign capital（$10000)	6727	8180
新增固定资产（万元）	Newly increased fixed assets（$10000)	1622576	1662996
房地产开发投资中住宅完成额（万元）	Investment in real estate development completed in residential（$10000)	82577	140094

Basic Statistics on Social and Economy by County (city) (2013)

榆树市 Yushu	德惠市 Dehui	永吉县 Yongji	蛟河市 Jiaohe	桦甸市 Huadian	舒兰市 Shulan	磐石市 Panshi	梨树县 Lishu	伊通满族自治县 Yitong	公主岭市 Gongzhuling	双辽市 Shuangliao	东丰县 Dongfeng
4712	3435	2625	6364	6625	4557	3867	3232	2524	4140	3121	2522
68273	92461	50637	61547	116166	47469	95282	29207	28739	97343	34149	30273
37637	30600	10156	15719	19493	15177	15593	25236	11326	29378	18770	16832
127880	76502	48607	51423	79468	58734	56594	81000	46584	113376	60221	71030
1650500	1868651	834359	1219600	1176897	1193783	1107499	1235516	827631	2204653	687656	828030
1280872	1489145	530576	809700	806411	889074	803545	914802	572721	1772377	487643	662335
1380475	936584	686059	745900	500153	592508	882939	696757	546119	1302081	681319	577174
2070	866	419	107	145	316	338	1416	76	1660	365	109
1445	959	453	388	410	314	250	446	76	1295	2831	414
180000	90000	32400	26300	14800	59700	38000	116200	32000	166600	70700	22690
378542	202652	73204	96230	101105	118242	103701		121320	292973	155326	117240
5015	5500	3500	6605	3862	7255	8960	723	1410	1810	272	1170
29657	2385	965	385	790	1759	1929	12309	650	30267	20972	770
6	15	53	5	12	27	13	5	6	15	14	16
5045	2038	1439	1934	3024	2621	2148	2435	2117	2416	1375	2471
33173	44812	20204	8746	21386	5923	20118	6104	33874	8923	5736	18283
53	185	233	104	184	274	149	195	88	177	20	89
548	489	340	280	413	643	364	369	275	468	102	176
1213	1373	490	1337	513	1040	513	1120	623	2862	2576	600
122016	130064	5465	137621	62417	77000	118131	76000	39902	235530	45306	67210
53786	56293	40716	11724	40276	27324	56308	51500	25477	49202	27836	37138
65212	99983	64411	56821	69254	48121	144689	55249	31749	99321	128974	27122
35464	23855	20397	9575	15809.8	6391	16773	25168	11614	9950	15600	10643
716	9954	2114	1020	1100	3221	1731			332		5769
6613	8068	5753	5750	5800	5755	5788					5000
1875520	875200	382729	1407380	1423298	1071450	1600531	1031231	508618	2518324	954372	858366
9324	107228	79761	99711	295670	64800	107986	28798	13482	129070	79105	65042

19－2 续表 1

指 标	Item	农安县 Nongan	九台市 Jiutai
住宅竣工面积(万平方米)	The completion of the residential area(10000square meters)	38.12	67.63
专业技术人员数(人)	Number of professional and technical personnel（person）	44830	45820
其中：农业技术人员(人)	Of which: agricultural technical personnel（person）	1960	2015
全年专利授权数（件）	Number of patents in whole year(case)		52
体育场馆数（个）	Number of stadium（unit）	2	1
剧场、影剧院数（个）	Theatres and music halls （unit）	3	1
公共图书馆图书总藏量（千册）	Number of books in public library(1000volume)	108	130
医院、卫生院床位数（床）	Hospitals, number of hospital beds(bed)	2493	3087
医院、卫生院卫生技术人员数（人）	Hospitals, number of medical technical personnel in health centers (person)	2216	3159
其中：执业(助理）医师	Of which: Licensed (assistant) physicians	2068	1190
城镇居民人均可支配收入(元)	Per capita distributed income of urban residents(yuan)	18110	18079
农村居民人均纯收入(元)	Per capita net income of rural residents(yuan)	10487	10492
各种社会福利收养性单位数（个）	Various number of social welfare units（unit）	31	24
各种社会福利收养性单位床位数（床）	Various number of social welfare beds (bed)	2859	3700
城镇基本养老保险参保人数（人）	Number of urban basic retirement insurance（person）	68020	80776
城镇基本医疗保险参保人数（人）	Number of urban basic medical insurance（person）	228762	58001
失业保险参保人数（人）	Number of Unemployment insurance（person）	39991	35063
城镇居民最低生活保障人数（人）	Number of minimum living guarantee for urban residents（person）	14000	18631
农村居民最低生活保障人数（人）	Number of minimum subsistence guarantee for rural residents(person)	36164	30725
森林面积（公顷）	Forest area(ha)	25800	51309
自然保护区面积（公顷）	Natural protection area(ha)		
工业二氧化硫排放量(吨)	Industrial sulfur dioxide emissions(ton)		3198
氮氧化物排放量(吨)	Nitrogen oxide emissions(ton)		8557
烟（粉）尘排放量(吨)	Smoke (powder) dust emissions(ton)		1592
城区空气质量优良以上天数（天）	Number of days for air better quality in urban area(day)	330	337
污水处理厂数（座）	Number of sewage disposal plants(unit)	2	1
污水处理厂集中处理率(%)	Rate of centralized sewage treatment(%)	98.0	91.0
垃圾处理站数（个）	Number of garbage disposal stations(unit)	1	1

continued

榆树市 Yushu	德惠市 Dehui	永吉县 Yongji	蛟河市 Jiaohe	桦甸市 Huadian	舒兰市 Shulan	磐石市 Panshi	梨树县 Lishu	伊通满族自治县 Yitong	公主岭市 Gongzhuling	双辽市 Shuangliao	东丰县 Dongfeng
1.70	66.25	20.60	45.00	105.80	11.00	6.30	19.59	4.31	14.18		13.60
19997	28926	7935	4924	20588	15012	23757	10975	6776	14138	9043	7840
294	986	390	293	1350	2722	2940	1935	860	1326	1123	1308
37	41	34		56	65	90		8		18	
	2	4	1	1	1	1	1	2	2	1	1
2	2	2		1	1	2	1	1	2	1	1
110	112.3	43	57	384	33	155	70	45	98	28	50.9
2841	3022	1138	1384	2738	2104	1426	1996	1467	3859	1546	2222
2147	1730	1286	791	4234	2106	2185	2106	1879	4235	1787	1263
1155	1166	595	632	795	898	882	973	695	1805	769	545
17852	20054	18242	17863	22680	17601	18219	17589	18199	23187	17856	20381
10854	10962	10404	10503	10636	10487	10495	10488	9353	10597	9404	10486
46	18	11	26	23	32	23	23	22	32	17	25
4420	1425	1297	1213	2191	1568	1642	1966	1740	3619	1561	1860
75636	76822	36376	51269	91881	55814	73838	43855	36628	63169	39753	38908
271412	65986	103328	81264	215323	222162	122381	79003	104000	84493	42523	66009
38937	38704	16280	1842	26832	23692	31822	36226	14592	34620	20321	17677
34142	12615	8662	59831	9466	29548	5291	14402	5988	22082	7229	11836
59415	23582	15887	15180	7643	22150	16000	22891	19674	44147	11770	29532
45202	18752	98312	456000	464775	153313	169596	27442	40981	25365	56897	85882
				3239	9406	2630		765			
2297	1028	420	247	6325	245	6865	5385	2087	7444	12579	5311
1471	330	1549	85	1332	277	6068	3858	1313	4803	22812	3094
1945	2200	459	15	2393	655	4475	5166	4637	3450	2500	3015
338	341	330	320	280	348	345	340	350	300	245	320
2	8	1	1	2	1	1	1	1	1	1	1
100.0	56.8	96.0	87.7	87.0	85.0	100.0	75.0	65.0	71.5	100.0	92.3
1	1	1	2	1	1	1		1	1	1	1

19－2 续表 2

指　　标	Item	东辽县 Dongliao	通化县 Tonghua
行政区域面积（平方公里）	The administrative area（sq.km）	2184	3726
财政收入：其中各项税收(万元)	Fiscal revenue: every tax revenue（10000yuan)	17607	71861
财政供养人员(人)	Fiscal supported personnel（person）	14077	10836
财政供养人员全年工资总额(万元)	Annual gross wages of fiscal supported personnel（10000yuan)	45750	44338
年末金融机构各项存款余额(万元)	Balance of deposits in financial institutions at end of the year（10000yuan)	626228	747413
居民储蓄存款余额(万元)	Balance of savings deposits for residents（10000yuan)	481467	579749
年末金融机构各项贷款余额(万元)	Balance of loans for financial institutions at end of the year（10000yuan)	481326	646586
设施农业占地面积(公顷)	Facility agriculture area(ha)	75	418
地膜使用量(吨)	Used quantity of mulch（ton）	672	203
机收面积(公顷)	Mechanical harvesting Area(ha)	16200	2800
粮食播种面积：其中良种播种面积(公顷)	The sown area of grain: the seeds sown area(ha)	95993	
水产品产量(吨)	Yield of aquatic products（ton）	1818	3498
奶类产量（吨）	Yield of Milk（ton）	595	3
建筑业企业单位数(个)	Number of construction enterprises units（unit）	4	11
公路里程(公里)	Highway mileage(km.)	1940	2000
民用汽车拥有量(辆)	Possession of civil automobile（coach）	12488	13600
年末公交车路数(路)	Number of bus at the end of the year（ road）	83	20
年末实有公共汽（电）车营运车辆数(辆)	Number of actual buses, (electric) vehicle, operations vehicle at the end of the year（coach）	107	71
年末实有出租汽车数(辆)	Number of actual taxi at the end of the year（coach）	112	461
固定电话用户(户)	The fixed telephone users(subscriber)	36134	52000
互联网宽带接入用户(户)	Broadband Internet access users(subscriber)	14620	55200
全社会用电量(万千瓦时)	Consumption of the whole society（10000kw.h)	29272	22881
其中：居民生活用电量(万千瓦时)	Of which: consumption of residents' living（10000kw.h)	8152	7426
出口总额（万美元）	Total exports （$10000)	962	3004
当年实际使用外资金额（万美元）	The amount of actually used foreign capital （$10000)	5000	5570
新增固定资产（万元）	Newly increased fixed assets（$10000)	808055	322862
房地产开发投资中住宅完成额（万元）	Investment in real estate development completed in residential（$10000)	84322	63085

continued

辉南县 Huinan	柳河县 Liuhe	梅河口市 Meihekou	集安市 Jian	抚松县 Fusong	靖宇县 Jingyu	长白朝鲜族自治县 Changbai	临江市 Linjiang	前郭尔罗斯蒙古族自治县 Qianguo	长岭县 Changling	乾安县 Qianan
2272	3346	2174	3342	6530	3094	2498	3008	6979	5728	3617
89582	63317	159627	56279	87031	21880	24747	38787	82755	30160	57580
14535	12884	24612	10219	15417	10067	4780	8978	25951	26996	18529
51812	37000	76245	37872	61000	35964	19879	35911	79000	94554	59017
934311	935295	1761393	871861	1085639	375833	384710	595915	1947420	790446	614456
654940	619283	1381947	640999	753503	241035	261275	421966	1019797	497462	393071
336607	617439	965157	369738	629400	196747	125777	329614	1663548	608428	364330
161	45	248	244	421	165	39	149	2900	3826	727
237	130	315	191	286	158	79	149	5740	969	491
14100	30300	33400	1100	200	1030	530	700	135800	147900	116000
	83240	90667	10547	16889	5064	4108	8216	313429	258260	140073
4006	1592	5407	5180	5060	17582	563	1395	16650	1103	2706
621	220	1597		104	300		198	42804	33308	7000
9	10	19	13	16	3	7	7	35	14	4
2237	2211	1395	1208	1528	1311	1269	1896	4122	1853	1525
18019	15507	35273	13129	14219	3970	1126	4288	31350	4468	17400
26	67	99	54	95	16	43	12	30	136	97
70	223	277	95	313	63	45	90	260	239	132
800	635	1300	800	1000	703	726	773		1912	582
45100	52170	94014	45221	63904	22655	27333	27000	235000	81459	41966
29878	36443	70733	24967	38326	16960	15235	17000	100000	25919	21471
27918	27216	52645	22520	49003	54363	9474	40747	200000	29816	24958
9431	10125	20422	9207	13034	4775	4409	11971	66000	15271	8388
5949	180	4066	2160	10300	1120.7	2126	2916	3449	413	117
4758	4620	5408	4420	3500	2900		2637	3817		3871
359190	319806	1550163	764064	2188729	396454	351850	768302	1720412	1468256	1262322
55917	13683	259044	26460	40687	44067	13089	25302	125126	33297	22231

19－2 续表 3

指　　标	Item	东辽县 Dongliao	通化县 Tonghua
住宅竣工面积(万平方米)	The completion of the residential area(10000square meters)	9.70	18.50
专业技术人员数(人)	Number of professional and technical personnel（person）	8739	16096
其中：农业技术人员(人)	Of which: agricultural technical personnel（person）	473	2072
全年专利授权数（件）	Number of patents in whole year(case)	26	35
体育场馆数（个）	Number of stadium（unit）	1	1
剧场、影剧院数（个）	Theatres and music halls （unit）	1	
公共图书馆图书总藏量（千册）	Number of books in public library(1000volume)	56	80
医院、卫生院床位数（床）	Hospitals, number of hospital beds(bed)	743	1512
医院、卫生院卫生技术人员数（人）	Hospitals, number of medical technical personnel in health centers (person)	1571	1203
其中：执业(助理）医师	Of which: Licensed (assistant) physicians	406	656
城镇居民人均可支配收入(元)	Per capita distributed income of urban residents(yuan)	18224	19290
农村居民人均纯收入(元)	Per capita net income of rural residents(yuan)	9887	9970
各种社会福利收养性单位数（个）	Various number of social welfare units（unit）	14	17
各种社会福利收养性单位床位数（床）	Various number of social welfare beds (bed)	1760	1050
城镇基本养老保险参保人数（人）	Number of urban basic retirement insurance（person）	18708	27968
城镇基本医疗保险参保人数（人）	Number of urban basic medical insurance（person）	48128	89659
失业保险参保人数（人）	Number of Unemployment insurance（person）	9842	18368
城镇居民最低生活保障人数（人）	Number of minimum living guarantee for urban residents（person）	9521	7326
农村居民最低生活保障人数（人）	Number of minimum subsistence guarantee for rural residents(person)	15857	9422
森林面积（公顷）	Forest area(ha)	69335	278005
自然保护区面积（公顷）	Natural protection area(ha)		1506
工业二氧化硫排放量(吨)	Industrial sulfur dioxide emissions(ton)	948	2991
氮氧化物排放量(吨)	Nitrogen oxide emissions(ton)	2762	681
烟（粉）尘排放量(吨)	Smoke (powder) dust emissions(ton)	1480	1438
城区空气质量优良以上天数（天）	Number of days for air better quality in urban area(day)	320	345
污水处理厂数（座）	Number of sewage disposal plants(unit)	1	1
污水处理厂集中处理率(%)	Rate of centralized sewage treatment(%)	80.0	98.0
垃圾处理站数（个）	Number of garbage disposal stations(unit)	5	1

continued

辉南县 Huinan	柳河县 Liuhe	梅河口市 Meihekou	集安市 Jian	抚松县 Fusong	靖宇县 Jingyu	长白朝鲜族自治县 Changbai	临江市 Linjiang	前郭尔罗斯蒙古族自治县 Qianguo	长岭县 Changling	乾安县 Qianan
6.00	6.20	121.81	12.85	9.70	10.60	10.10	14.10	105.00	14.00	14.00
21220	13025	39672	12550	6138	4382	3449	5035	17670	9788	11020
3525	703	3283	1253	256	288	508	103	5110	288	310
12	29	495	15	16	1	11	6	3	5	
1	1	2	1	3		1	1	9	1	1
2	1	5	1	3	1	3	1	4	1	1
69	180	118	58	35	61	78	12	285	138	75
1592	1462	2518	842	1990	531	312	1050	1677	1206	1250
1652	1809	3430	870	1615	735	419	1110	2176	1854	1773
583	804	1673	418	728	331	263	551	1235	1330	809
17824	19351	23149	18235	18049	15583	17317	18098	20053	17590	17711
10496	9596	11134	10457	10856	5474	9003	10010	9231	9149	9203
39	22	40	15	17	10	9	14	28	23	13
2479	1261	2497	841	822	373	297	450	1090	623	542
32531	55653	90554	41373	56971	11615	13959	32141	56629	22024	17289
141826	116668	285028	72000	207291	32764	20613	119000	136228	50301	66128
17730	13757	28381	15670	39106	6990	5359	19700	18089	11202	11321
9100	15460	15135	10003	19825	11155	9872	12211	7735	10354	7303
12947	12376	21401	9489	9893	7889	4893	6421	24876	34614	9438
63181	172625	64628	262254	389228	37747	218564	243648	113655	70311	34582
15061	29494		6658	190781	423250	16128		50684	30966	11000
1536	2625	1160	1348	2305	597	649	7179	15476	1117	3773
530	1264	5682	395	761	181	198	1675	11796	344	1764
1922	1185	991	688	1447	371	399	2355	17335	2167	1459
332	343	305	330		300		364	305	300	329
1	1	1	1	1	1	1	1	1	1	1
95.0	100.0	98.0	66.0	36.0		70.0	100.0	100.0	100.0	95.8
1	1	1	1	1	1	1	1	1	1	1

19－2 续表 4

指　　标	Item	扶余市 Fuyu	镇赉县 Zhenlai
行政区域面积（平方公里）	The administrative area（sq.km）	4654	4717
财政收入：其中各项税收(万元)	Fiscal revenue: every tax revenue（10000yuan)	24753	34345
财政供养人员(人)	Fiscal supported personnel（person）	19376	17586
财政供养人员全年工资总额(万元)	Annual gross wages of fiscal supported personnel（10000yuan)	70600	64900
年末金融机构各项存款余额(万元)	Balance of deposits in financial institutions at end of the year（10000yuan)	857579	750046
居民储蓄存款余额(万元)	Balance of savings deposits for residents（10000yuan)	608445	394075
年末金融机构各项贷款余额(万元)	Balance of loans for financial institutions at end of the year（10000yuan)	588581	870329
设施农业占地面积(公顷)	Facility agriculture area(ha）	956	1454
地膜使用量(吨)	Used quantity of mulch（ton）	2366	1005
机收面积(公顷)	Mechanical harvesting Area(ha）	135900	98700
粮食播种面积：其中良种播种面积(公顷)	The sown area of grain: the seeds sown area(ha）	285766	148081
水产品产量(吨)	Yield of aquatic products（ton）	13050	15500
奶类产量（吨）	Yield of Milk（ton）	33010	16591
建筑业企业单位数(个)	Number of construction enterprises units（unit）	9	11
公路里程(公里)	Highway mileage(km.)	2816	1524
民用汽车拥有量(辆)	Possession of civil automobile（coach）	31020	17982
年末公交车路数(路)	Number of bus at the end of the year（ road）	127	42
年末实有公共汽（电）车营运车辆数(辆)	Number of actual buses, (electric) vehicle, operations vehicle at the end of the year（coach）	328	136
年末实有出租汽车数(辆)	Number of actual taxi at the end of the year（coach）	547	450
固定电话用户(户)	The fixed telephone users(subscriber）	64442	29480
互联网宽带接入用户(户)	Broadband Internet access users(subscriber）	42815	16286
全社会用电量(万千瓦时)	Consumption of the whole society（10000kw.h)	39446	28505
其中：居民生活用电量(万千瓦时)	Of which: consumption of residents' living（10000kw.h)	17374	11372
出口总额（万美元）	Total exports（$10000)	19	205
当年实际使用外资金额（万美元）	The amount of actually used foreign capital（$10000)		2300
新增固定资产（万元）	Newly increased fixed assets（$10000)	1469299	952389
房地产开发投资中住宅完成额（万元）	Investment in real estate development completed in residential（$10000)	37394	27034

continued

通榆县 Tongyu	洮南市 Taonan	大安市 Daan	延吉市 Yanji	图们市 Tumen	敦化市 Dunhua	珲春市 Hunchun	龙井市 Longjing	和龙市 Helong	汪清县 Wangqing	安图县 Antu
8496	5031	4879	1748	1142	11957	5161	2208	5069	8918	7444
27783	26545	67458	179484	18256	87178	68996	20839	31367	40238	28901
20122	15630	22399	18014	7233	18280	13643	9782	5457	11708	10166
54000	4220	50900	76835	25838	86317	45701	33696	19579	45000	40680
573762	732996	927624	5348196	521868	2039329	1267055	640527	574260	827309	877757
317161	450313	566183	3402897	404710	1337030	833026	483237	403657	590416	570528
326563	704973	692607	2419815	166936	1023873	701510	236999	336772	337233	399552
660	345	264	351	53	289	271	95	63	278	94
1536	587	813	123	44	666	75	150	113	206	195
115000	69500	41000	8000	3400	97100	18500	11300	11700	25900	14500
161421	136557		16028	8566	136746	34870	18860	22775	57333	26730
4937	3154	6583	180	66	4300	1600	280	180	350	650
23036	80105	2346	154	147	10948	390	390	301		
2	4	10	100	11	22	17	6	9	8	9
1976	1868	2424	467	637	2067	860	734	1519	1374	1348
5985	4390	2987	60397	1354	72819	39371	6213	2454	6778	2560
68	68	76	63	17	62	45	27	20	31	22
172	167	261	796	137	549	231	112	210	216	138
857	841	1238	2500	450	1000	900	550	500	500	481
30010	31860	60728	211823	27976	78955	53000	35945	29676	28108	40200
20639	34960	15916	222530	21383	54890	41600	24732	18080	31787	28070
22532	62570	34700	100767	19461	66266	73192	20714	28116	21425	26192
12221	6598	10510	35082	5156	10628	12770	7629	5919	7945	8850
3024	2950.6	2608	20766	8324	16569	157013	4366	1932	2867	13346
750	2386	2561	7272	800	700	1060	502	206	103	2982
805000	861953	620508	1604585	283642	695158	820510	168367	366105	338507	122300
9800	15080	17698	153999	11537	91376	159076	30902	13410	7381	75369

指　标	Item	扶余市 Fuyu	镇赉县 Zhenlai
住宅竣工面积(万平方米)	The completion of the residential area(10000square meters)	6.05	13.12
专业技术人员数(人)	Number of professional and technical personnel（person）	20822	9212
其中：农业技术人员(人)	Of which: agricultural technical personnel（person）	445	273
全年专利授权数（件）	Number of patents in whole year(case)		
体育场馆数（个）	Number of stadium（unit）	1	1
剧场、影剧院数（个）	Theatres and music halls （unit）	1	1
公共图书馆图书总藏量（千册）	Number of books in public library(1000volume)		52
医院、卫生院床位数（床）	Hospitals, number of hospital beds(bed)	873	664
医院、卫生院卫生技术人员数（人）	Hospitals, number of medical technical personnel in health centers (person)	862	1143
其中：执业(助理）医师	Of which: Licensed (assistant) physicians	415	540
城镇居民人均可支配收入(元)	Per capita distributed income of urban residents(yuan)	17742	17374
农村居民人均纯收入(元)	Per capita net income of rural residents(yuan)	9982	5769
各种社会福利收养性单位数（个）	Various number of social welfare units（unit）	18	11
各种社会福利收养性单位床位数（床）	Various number of social welfare beds (bed)	1490	1464
城镇基本养老保险参保人数（人）	Number of urban basic retirement insurance（person）	17097	23969
城镇基本医疗保险参保人数（人）	Number of urban basic medical insurance（person）	70038	55368
失业保险参保人数（人）	Number of Unemployment insurance（person）	15425	21387
城镇居民最低生活保障人数（人）	Number of minimum living guarantee for urban residents（person）	8269	10248
农村居民最低生活保障人数（人）	Number of minimum subsistence guarantee for rural residents(person)	38239	20783
森林面积（公顷）	Forest area(ha)	48909	44973
自然保护区面积（公顷）	Natural protection area(ha)	61010	144000
工业二氧化硫排放量(吨)	Industrial sulfur dioxide emissions(ton)	1013	2284
氮氧化物排放量(吨)	Nitrogen oxide emissions(ton)	543	1292
烟（粉）尘排放量(吨)	Smoke (powder) dust emissions(ton)	1468	1203
城区空气质量优良以上天数（天）	Number of days for air better quality in urban area(day)	358	358
污水处理厂数（座）	Number of sewage disposal plants(unit)	1	1
污水处理厂集中处理率(%)	Rate of centralized sewage treatment(%)	100.0	97.0
垃圾处理站数（个）	Number of garbage disposal stations(unit)		1

continued

通榆县 Tongyu	洮南市 Taonan	大安市 Daan	延吉市 Yanji	图们市 Tumen	敦化市 Dunhua	珲春市 Hunchun	龙井市 Longjing	和龙市 Helong	汪清县 Wangqing	安图县 Antu
15.00	8.00	3.00	24.70	15.20	41.64	7.49		11.40	21.90	0.60
8954	9849	12847	25390	3084	28078	8612	4156	5774	8753	7600
516	432	1903	435	153	464	491	182	180	388	340
13	40	21	141	9	56		20	6	14	2
1	2	1	1	2	3	1	2	1	1	1
1	1	1	4	2	1	1	2	1	2	1
30	65	27	780	208	307.9	113	100	152	97	113
1222	1938	1500	3742	496	2249	708	545	765	924	937
1266	1520	1987	3763	420	3099	1156	548	745	1287	1246
625	660	1100	1360	173	1271	716	218	235	504	364
15864	18092	17218	25811	18288	18546	18772	15901	16343	15816	17004
5823	8927	5340	11147	9114	11121	9790	5680	5657	5673	5737
17	19	19	51	3	14	18	19	12	9	11
900	1056	1132	2822	232	1656	1013	867	590	383	957
21538	28545	34317	153800	43677	92210	38244	28634	66134	44160	25127
66355	94569	149352	460100	109883	163164	159105	121048	75046	87056	48679
16249	20129	17884	80600	25280	68684	26769	26611	25395	33638	22486
10240	15767	14783	14269	7265	14722	13210	8690	22013	15815	9438
17941	16250	24656	4107	3344	10253	16622	6298	9159	13699	10171
128430	99980	39322	81273	63877	216381	411629	150374	520868	847716	384626
105467					53940	108700	77317			196465
877	3639	741	5918	2071	3422	4149	1040	5478	1602	43
352	1974	442	10230	1664	1288	98	352	1065	2321	15
535	3124	743	4190	2936	2097	936	1975	2108	2771	77
357	350	359	336	341	292				256	
1	1	1	1	1	1	1	1	1	1	1
99.0	87.0	85.0	91.0	60.0	95.0	99.2	90.0		90.0	80.0
1	1	1	2	6	1	1	6	1	1	1

APPENDIX ▶

附　录

EXPLANATORY NOTES ON MAIN STATISTICAL INDICATORS

东北三省一区国民经济主要指标（2013）

Main National Economic and Social Development Indicators of Liaoning ,Jilin, Inner Mongolia and Heilongjiang Province（2013）

指标	Item	合计 Total	其中 There in 辽宁 Liaoning	内蒙古 Inner Mongolia	吉林 Jilin	黑龙江 Heilongjiang	吉林省相当于四省合计(%) Proportion of Jilin to Total (%)
国民经济核算	**National Accounting**						
地区生产总值(亿元)	Gross Domestic Product (100 million yuan)	71274.39	27077.7	16832.38	12981.46	14382.90	18.2
第一产业	Primary Industry	7904.58	2321.6	1599.41	1466.74	2516.80	18.6
第二产业	Secondary Industry	36127.94	14269.5	9084.19	6856.09	5918.20	19.0
第三产业	Tertiary Industry	27241.87	10486.6	6148.78	4658.63	5947.90	17.1
人均地区生产总值(元)	Per Capita GDP (yuan)		61686	67498	47192	37509	
地区生产总值指数(上年=100)	Indices of Gross Domestic Product (preceding year=100)		108.7	109.0	108.3	108.0	
第一产业	Primary Industry		104.8	105.2	104.0	105.1	
第二产业	Secondary Industry		108.9	110.7	108.8	106.6	
第三产业	Tertiary Industry		109.2	107.1	108.8	110.4	
人均地区生产总值	Per Capita GDP		108.6	108.7	108.3	107.9	
人　口	**Population**						
年底总人口(万人)	Population at the Year-end (10000 persons)	13321.89	4238.0	2497.61	2751.28	3835.00	20.7
城镇人口	Urban			1466.35	1491.20	2201.30	
乡村人口	Rural			1031.26	1260.08	1633.70	
自然增长率(‰)	Natural Growth Rate (‰)		-0.5	3.36	0.88	0.78	
就　业	**Employment**						
就业人员合计(万人)	Total Number of Employed Persons (10000 persons)	7402.90	2518.9	1408.20	1415.43	2060.39	19.1
城镇就业人员	Urban Employed Persons	3693.28	1301.8	665.40	658.50	1067.60	17.8
乡村就业人员	Rural Employed Persons	3709.58	1217.1	742.80	756.90	992.79	20.4
城镇非私营单位就业人员平均工资(元)	Average Wage of Employed Persons In Urban Non-private Units (yuan)	135052.07	689	50723	42846	40794	31.7
城镇登记失业人数(万人)	Registered Unemployed in Urban Areas (10000 persons)	127.38	39.6	23.80	22.61	41.37	17.8
城镇登记失业率(%)	Registered Unemployment Rate in Urban Areas (%)		3.40	3.66	3.70	4.43	
固定资产投资	**Investment in Fixed Assets**						
全社会固定资产投资总额(亿元)	Total Investment in Fixed Assets (100 million yuan)	62060.78	25107.7	15520.72	9979.30	11453.10	16.1
#房地产开发	#Real Estate Development	10786.96	6450.8	1479.01	1252.40	1604.80	11.6
#国有经济	#State-Owned Units	16381.42	5160.3	5337.50	2478.70	3404.90	15.1
集体经济	Collective-Owned Units	693.34	363.2	160.67	59.90	109.60	8.6
个体经济	Self-employed Individuals	20591.49	19584.2	224.92	382.40	400.00	1.9
财　政	**Government Finance**						
公共财政收入(亿元)	General Budgetary Financial Revenue (100 million yuan)	7499.15	3343.8	1720.98	1156.96	1277.40	15.4
公共财政支出(亿元)	General Budgetary Financial Expenditure (100 million yuan)	14693.54	4893.0	3686.52	2744.81	3369.18	18.7
物价总指数(上年＝100)	**Price Indices (preceding year=100)**						
商品零售价格指数	Retail Price Index		101.6	102.6	101.6	101.1	
居民消费价格指数	Consumer Price Index		102.4	103.2	102.9	102.2	
人民生活	**People´s Living Conditions**						
城镇居民人均可支配收入(元)	Per Capita Annual Disposable Income of Urban	92945.70	25578	25497	22274	19597	24.0
农村居民人均纯收入(元)	Per Capita Net Income of Rural Residents (yuan)	38374.14	10523	8596	9621	9634	25.1
城市人均住宅建筑面积(平方米)	Per Capita Gross Living Space in Cities (sq.m)		28.8	29.6	28.3	30.0	
农村人均住房面积(平方米)	Per Capita Net Floor Space of Rural Residents (sq.m)		30.8	26.0	23.5	23.7	
城市居民的恩格尔系数(%)	Engle Coefficient of Urban Households(%)		32.2	31.8	29.2	35.8	
农村居民的恩格尔系数(%)	Engle Coefficient of Rural Households(%)		32.9	35.5	33.0	35.2	

指　标	Item	合计 Total	其中 There in 辽宁 Liaoning	内蒙古 Inner Mongolia	吉林 Jilin	黑龙江 Heilongjiang	吉林省相当于四省合计(%) Proportion of Jilin to Total (%)
农　业	**Agriculture**						
农林牧渔业总产值(亿元)	Gross Output Value of Farming,Forestry, Animal Husbandryand Fishery(100 million yuan)	14353.07	4349.71	2699.50	2670.60	4633.26	18.6
播种面积(万公顷)	Sown Areas (10000 hectares)	3151.05	420.88	721.10	541.30	1467.78	17.2
粮食产量(万吨)	Output of Grain(10000 tons)	14523.69	2195.60	2773.00	3551.02	6004.07	24.4
规模以上工业企业主要指标	**Industrial Enterprises of bove Designated Size**						
工业总产值(亿元)	Gross Industrial Output Value(100 million yuan)	108771.08	52892.01	20098.40	22061.37	13719.30	20.3
#国有及国有控股	#State-owned and State-holding	33350.87	12437.74	6505.30	7937.04	6470.79	23.8
利润总额(亿元)	Total Profits(100 million yuan)	7281.73	2976.15	1841.70	1278.39	1185.49	17.6
#国有及国有控股	#State-owned and State-holding	2097.91	240.11	549.60	550.79	757.41	26.3
税金总额(亿元)	Total Tax (100 million yuan)		2396.47	1454.80		1276.34	
#国有及国有控股	#State-owned and State-holding		919.20	610.70		1024.84	
产品销售率(%)	Proportion of Products Sold(%)		97.81	98.50	98.32	97.79	
#国有及国有控股	#State-owned and State-holding	392.67	98.76	96.20	99.00	98.71	25.2
原油产量(万吨)	Crude Oil(10000 tons)	5814.99	1001.00	192.70	620.29	4001.00	10.7
天然气(亿立方米)	Natural Gas(100 million cu.m)	336.30	7.20	270.60	23.70	34.80	7.0
发电量(亿千瓦小时)	Electricity(100 million kwh)	6614.54	1516.03	3520.80	751.31	826.40	11.4
钢产量(万吨)	Rolled Steel(10000 tons)	10801.81	6863.00	1797.70	1510.11	631.00	14.0
水泥产量(万吨)	Cement(10000 tons)	21095.72	6066.30	6498.00	4502.92	4028.50	21.3
汽车产量(万辆)	Motor Vehicles(10000 units)	356.29	108.01	1.80	234.23	12.25	65.7
交通运输业	**Transportation**						
货运量(万吨)	Total Freight Traffic (10000 tons)	484024.60	212305.60	157932.00	49470.00	64317.00	10.2
货物周转量(亿吨公里)	Total Freight Ton-kilometers (100 million ton-km)	20204.96	12014.70	4424.00	1813.56	1952.70	9.0
客运量(万人)	Total Passenger Traffic (10000 persons)	195674.00	92629.00	21722.00	34562.00	46761.00	17.7
旅客周转量(亿人公里)	Total Passenger-Kilometers (100 million passenger-km)	2578.26	1072.90	371.00	455.16	679.20	17.7
邮电通信业	**Post and Telecommunication**						
邮电业务总量(亿元)	Business Volume of Postal and Telecommunication Services(100 million yuan)	1535.74	579.64	311.20	277.20	367.70	18.0
本地固定电话用户数(万户)	Number of Fixed Telephone Subscribers at Year-end (10000 subscribers)	2926.41	1222.41	377.20	579.00	747.80	19.8
移动电话用户数(万户)	Number of Mobile Telephone Subscribers at Year-end(10000 subscribers)	12666.70	4583.60	2690.60	2372.10	3020.40	18.7
互联网用户数(万户)	Subscribers of Internet Service (10000 subscribers)	3408.40	726.90	1832.20	379.60	469.70	11.1
国内商业	**Domestic Trade**						
社会消费品零售总额(亿元)	Total Retail Sales of Consumer Goods (100 million yuan)	27316.27	10524.44	5114.20	5426.43	6251.20	19.9
对外贸易	**Foreign Trade**						
进出口总额(亿美元)	Total Exports and Imports (USD 100 million)	1910.03	1142.80	119.90	258.53	388.80	13.5
出口总额	Total Exports	916.10	645.40	40.90	67.50	162.30	7.4
进口总额	Total Imports	993.86	497.40	79.00	190.96	226.50	19.2
利用外资	**Utilization of Foreign Capital**						
实际利用外商直接投资(亿美元)	Foreign Direct Investments Actually Utilized(USD 100 million)			46.40	18.19	46.10	
旅　游	**Tourism**						
国际旅游人数(万人次)	Number of International Tourists (10000 person-times)	945.00	503.10	161.60	127.40	152.90	13.5
#外国人	#Foreigners	812.50	401.70	155.30	110.50	145.00	13.6
国际旅游收入(亿美元)	Foreign Exchange Earnings from International Tourism (100 million USD)		34.80	9.62	5.71		
金　融	**Finance**						
金融机构人民币存款余额(亿元)	Deposits of National Banking System (100 million yuan)	87536.96	39418.02	15205.70	14781.42	18131.83	16.9
#储蓄存款余额	#Saving Deposit	45117.05	19857.92	7455.20	7745.33	10058.60	17.2
金融机构人民币贷款余额(亿元)	Loans of National Banking System (100 million yuan)	64722.19	29722.04	12944.20	10696.52	11359.43	16.5

附录2：

企业“一套表”

什么是企业“一套表”

“企业一套表”是指以统计调查对象为核心，整合现行报表制度，消除不同统计调查制度对同一调查单位的重复布置和重复统计，充分运用现代信息技术，实现数据采集方式的统一组织管理和统计资源共享的一种新的统计调查制度。“企业一套表”制度下，统计部门只向企业布置一套统计报表，由企业通过网络直接向国家统计局数据中心报送数据，各级统计部门在线审核、查询及汇总处理统计数据。

整合现行报表制度，就是改革统计生产方式，将对企业（单位）分散实施的各项调查整合统一到一起，统一布置报表，统一采集原生性指标数据，统一不同专业报表中相同指标的涵义、计算方法、分类标准和统计编码，推进统计调查业务一体化。运用现代信息技术，实现数据采集方式的统一组织管理和统计资源共享，就是充分利用计算机和网络技术，采用统一数据采集系统（或软件）采集数据，由基层企业采取网上在线填报方式向国家统计局网络数据平台提供统计报表。纳入一套表的企业通过网络载体只需向统计部门报送一套报表，即可满足各级统计部门各专业的需求。这样极大地减轻了企业的负担，各级统计部门也从层层上报统计报表中解脱出来，把工作的主要精力放在在线审核、查询及汇总处理统计数据上。

企业“一套表”统计调查内容和范围

“企业一套表”分为通用表和行业表两部分。通用表是指将对各行业调查对象都要调查的内容，如单位基本情况、各行业财务状况指标、劳动情况、能源消费情况、水消费情况、信息化情况等报表作为通用表，统一设置。行业表是指将反映各行业特性内容的报表作为行业表，分行业设置。其分为：规模以上工业企业一套表、资质内建筑业企业一套表、限额以上批发和零售业企业一套表、限额以上住宿和餐饮业企业一套表、房地产开发经营业企业一套表、部分第三产业企业一套表。

目前企业“一套表”的统计范围：是三上企业和房地产开发经营企业(即规模以上工业、有资质的建筑业、限额以上批发和零售业、限额以上住宿和餐饮业、房地产开发经营业)5个主体专业，实行统一的“企业一套表”制度，此外，将劳资和能源两个专业报表也归并到“企业一套表”制度中。

确定各行业及重点耗能单位的标准为：

（1）规模以上工业：年主营业务收入2000万元及以上的工业法人单位。

（2）有资质的建筑业：有总承包、专业承包和劳务分包资质的建筑法人单位。

（3）限额以上批发和零售业：年主营业务收入2000万元及以上的批发业、年主营业务收入500万元及以上的零售业法人单位。

（4）限额以上住宿和餐饮业：年主营业务收入200万元及以上住宿和餐饮业法人单位。

（5）房地产开发经营业：全部房地产开发经营业法人单位。

（6）能源消费：除以上规定的调查单位外，还包括年综合能源消费量1万吨标准煤及以上的其他第三产业法人单位（不包括批发和零售业、住宿和餐饮业、房地产开发经营业）。

实施企业一套表的意义

长期以来，我国实行的统计调查制度，就是统计部门按国民经济各行业分别向企业布置统计报表，再层层上报统计数据。在这种工作模式下，各专业独立采集原始数据，自成体系地完成各环节统计业务，客观上导致了各统计专业之间互补性不强，统计制度方法及数据处理软件标准化程度不高，不仅制约了现代信息技术在统计工作中的应用，增加了基层统计部门和调查对象的工作负担，也影响了统计工作整体水平和各级、各专业统计数据的衔接及匹配性。“企业一套表”制度对统计调查流程和数据产生系统进行了再造，有利于减少中间环节，提高统计生产过程的透明度与可控性，保证统计数据的客观真实；有利于避免统计任务的多头布置、调查单位重复填报，减轻调查单位统计负担；有利于统一规范数据采集、处理、汇总工作流程，提升政府统计科学化、信息化水平。这既能解决当前统计工作中存在的制度设计缺陷、统计手段落后、口径不统一和标准不规范等问题，又能保证数据质量，避免重复上报，节省企业的人力财力。

“企业一套表”改革的主要目的是整合统计资源，统一设计和布置统计调查报表，统一采集原生性指标数据，统一不同专业报表中相同指标的涵义、计算方法、分类标准和统计编码，统一数据处理软件及平台，推进统计工作一体化，从而实现由各专业独立设计转变为统一设计，由各专业分散布置转变为统一布置，由各专业自行确定调查单位转变为统一确定调查单位，由间接采集数据转变为直接采集，建立与市场经济体制和宏观调控需要相适应的新型统计制度和工作机制。所以说，实施“企业一套表”改革工作，是提高统计数据的权威性和政府的公信力的重大举措，是适应社会主义市场经济发展的客观需要，是服务科学决策的需要，对于推动统计建设和发展、有效发挥政府统计在宏观调控和社会管理中的基础性作用具有极为重要的意义。

“企业一套表”的实施，是利用计算机和网络技术优势，采用统一数据处理平台，集中统一对企业采集数据，避免统计机构多头向企业布置报表收集数据的重复劳动；实现数据在线审核，提高源头数据质量；实现统计机构专业间、上下级间数据的共享，保证统计数据的完整性和一致性，提高统计工作能力和工作效率。

推行企业“一套表”要坚持的“四条红线”

1、坚持“先进库、再有数”，“不在库、不出数”；

2、坚持由企业独立报送真实的统计数据，绝不干预企业独立报送真实数据；

3、坚持由企业自己上报联网直报数据，绝不代填代报企业数据；

4、坚持由企业修改差错或补填不完整报表的原始数据，绝不自行修改企业任何数据。

The enterprise table

The Enterprise Table

“The enterprise table" refers to the statistical investigation objects as the core, the integration of the current reporting system, the elimination of different statistical survey system on the same survey of the repeat units arranged and repetitive statistics, making full use of modern information technology, to realize the data acquisition mode of unified management and statistics resource sharing a new statistical survey system. Under "The enterprise of list" system, the statistical department only need to layout a set of statistics the enterprise, enterprises directly submit data to the National Bureau of Statistics Data Center through the network, the statistical departments at various levels could review□examine and summarize statistics data online.

The integration of the current report system, is reforming the statistical mode of production, gathering the dispersion of implementation of the survey integration, unified arrangement of statements, unified collect primary data, unify the different professional statements the same index calculation method, meaning, classification and statistical coding, promoting business integration of statistical survey. using modern information technology to realize the data acquisition mode of unified management and statistics resource sharing, is the full use of computer and network technology, using unified data acquisition system (or software) collect data, via basic level enterprise take online reporting methods to the National Bureau of statistics of network data platform statistics report. Included in a set of tables of enterprise through the network only needs to submit a set of statements to statistical departments, which can satisfied the professional needs of various statistic branch. This greatly reduced the burden of the enterprise, the statistical departments at various levels, from layers of reporting statistics out, put working focus in the online review, inquiries and summary statistics data.

Content and Scope of Table

"The enterprise table" is divided into universal table and professional table two parts. Universal table refers to the industry survey object to investigate the content, such as the basic unit of each industry situation, financial status indicators, labor, energy consumption, water consumption, information etc as common table, unified setting. Professional table refers to reflect the characteristics of various sectors the statements as the industry scale, industries setting. It is divided into : Industrial Enterprises above Designated Size of a table, qualified enterprises in the construction industry in a table, above Designated Size in wholesale and retail enterprises above designated size table set, accommodation and catering enterprises a set of tables, real estate development business enterprise a table, part of the tertiary industry enterprises a set of table.

At present the enterprise" a table" statistical range: three business and real estate development enterprises (namely the dimensions above industry, quality of the construction industry, enterprises above Designated Size in wholesale and retail trade above Designated Size, accommodation and catering industry, the real estate development business)5 main professional," a unified enterprise set table" system, in addition, the labor and energy in two major statements also merge into" enterprise a table" system.

Determination of various industries and key energy-consuming unit standard:

(1)Industry of above dimensions :main business income of 20000000 Yuan a year and above the industrial corporation.

(2) Qualified construction industry: a general contract, major contracts and labor subcontractor qualification of

building corporate units.

(3) Wholesale and retail trade above Designated Size: in the main business income of 20000000yuan and above the wholesale industry, in the main business income of 5000000yuan and above the retail corporation.

(4) Above Designated Size in hotel and catering industry: in the main business income of 2000000yuan and above accommodation and catering industry corporate units.

(5) The real estate development business: the entire real estate development business legal person unit.

(6) the energy consumption: in addition to the above provisions investigation unit, also includes the comprehensive energy consumption of 10000 tons of standard coal one above the other and the tertiary industry corporate units (not including the wholesale and retail trade, accommodation and catering industry, the real estate development business).

significance of implementing Table for enterprise

Long-term since, the statistical investigation system in our country, is statistics departments according to national economy each industry separately to the enterprise layout statistics, again layer upon layer reporting statistics. In this mode, the professional independence of collecting original data, since the system to complete each link of statistical business, objectively has led to various statistics between complementary sex is not strong, the statistical system method and data processing software, the degree of standardization is not high, not only the constraints of modern information technology in the application of statistical, increased base statistics and survey work burden, also affect the overall level of statistical work and various, each professional statistic data convergence and matching. "The enterprise of a list" system on the survey procedure and data generation system for reconstruction, to reduce intermediate links, improve statistical process transparency and controllable, guarantee the objectivity of statistics data; to avoid statistical task bull layout, survey unit repeated reporting, reduce survey statistical units burden; beneficial standardization of data acquisition, processing, summarizing the work flow, enhance the government statistical science, informatization level. It can not only solve the current existing in the statistical work system design flaws, statistical method is backward, caliber is not unified and standard non-standard wait for a problem, but also can ensure the data quality, avoid duplication of reporting, save the enterprise human resources.

the main purpose of "The enterprise a table" is to integrate statistical resources, uniform design and layout survey report, unified collection of original data, the uniformity of different professional statements the same index calculation method, meaning, classification and statistical coding, unified data processing software and platform, promote the integration of statistical work, so as to realize by the professional design into a unified design, by the professional dispersed into the uniform arrangement, by the professional to determine survey units into unified investigation unit, by the indirect acquisition data are transformed into direct acquisition, establishment of market economy system and the macro-control needs to adapt to the new statistical system and working mechanism. Therefore, the implementation of " enterprise table" reform work, is to improve the statistical data on the authority and credibility of the government 's major move, be used to development of socialist market economy is the objective need of service, scientific decision-making needs, to promote the construction and development of effective statistics, play government statistics in macroscopical adjusting control and social management the fundamental role of has extremely important significance.

The implement of "The enterprise table" , is the use of computer and network technology, using unified data processing platform, unified to enterprise data collection, avoid the statistical institutions longs to enterprise layout report data collection duplication; realize data online audit, improve the source data quality; statistical agencies specializing in between, between superiors and subordinates the sharing of data, to ensure data integrity and consistency, improve statistical work ability and work efficiency.

" Four Red Lines" for Enterprise Table Implementing

1、Adhere to the "Enterprise data in Table is valid ";

2、adhere to submitted by enterprises real statistical data independently , not intervene the enterprise independently submit real data;

3、Stick by the enterprises themselves report data to the network directly , not acting out substitute for enterprise data on behalf;

4、insisted that the enterprise to revise the error or fill incomplete reporting of raw data, does not modify any data.

附录3：

主 要 统 计 指 标 解 释

行政区划　指国家对行政区域的划分。根据宪法规定，我国的行政区域划分如下：(1)全国分为省、自治区、直辖市；(2)省、自治区分为自治州、县、自治县、市；(3)自治州分为县、自治县、市；(4)县、自治县分为乡、民族乡、镇；(5)直辖市和较大的市分为区、县；(6)国家在必要时设立的特别行政区。

气候　指地球与大气之间长期能量交换与质量交换所形成的一种自然环境状态，它是多种因素综合作用的结果。气候既是人类生活和生产的环境要素之一，又是供给人类生活和生产的重要资源。气温、降水、湿度等气象要素的多年平均值是用来描述一个地区气候状况的主要参数，而各种气象要素某年、某月的平均值(或总量)则可以反映出该时期天气气候状况的重要特征。

自然资源　指人类可以直接从自然界获得，并用于生产和生活的物质资源。自然资源一般可以分成可再生资源和非再生资源两大类。可再生资源指在较短时间内可以再生、可以循环利用的资源，包括土地资源、水资源、气候资源、生物资源和海洋资源等。非再生资源指在使用后不能再生的资源，包括矿产资源和地热能源。

土地资源　土地指陆地的表层部分，它主要由岩石、岩石的风化物和土壤构成。土地资源按利用类型可以分为农用地、建筑用地和未利用地。农用地包括耕地、园地、林地、牧草地和水面。建筑用地包括居民点及工矿用地、交通用地和水利设施用地。未利用地指农用地和建筑用地以外的土地，包括滩涂、荒漠、戈壁、冰川和石山等。

耕地面积　指经过开垦用以种植农作物并经常进行耕耘的土地面积。包括种有作物的土地面积、休闲地、新开荒地和抛荒未满三年的土地面积。

林业用地面积　指生长乔木、竹类、灌木、沿海红树林等林木的土地面积，包括有林地、灌木林、疏林地、未成林造林地、迹地、苗圃等。

草地面积　指牧区和农区用于放牧牲畜或割草，植被盖度在5%以上的草原、草坡、草山等面积。包括天然的和人工种植或改良的草地面积。

森林资源　指森林、林木、林地以及依托森林、林木、林地生存的野生动物、植物和微生物。林木指树木和竹子。森林指以乔木为主体的植物群落，是集生的乔木及与共同作用的植物、动物、微生物和土壤、气候等的总体。

活立木总蓄积量　指一定范围内土地上全部树木蓄积的总量，包括森林蓄积、疏林蓄积、散生木蓄积和四旁树蓄积。

森林面积　指由乔木树种构成，郁闭度0.2以上(含0.2)的林地或冠幅宽度10米以上的林带的面积，即有林地面积。森林面积包括天然起源和人工起源的针叶林面积、阔叶林面积、针阔混交林面积和竹林面积，不包括灌木林地面积和疏林地面积。

森林蓄积量　指一定森林面积上存在着的林木树干部分的总材积。它是反映一个国家或地区森林资源总规模和水平的基本指标之一，也是反映森林资源的丰富程度、衡量森林生态环境优劣的重要依据。

森林覆盖率　指一个国家或地区森林面积占土地总面积的百分比。森林覆盖率是反映森林资源的丰富程度和生态平衡状况的重要指标。在计算森林覆盖率时，森林面积包括郁闭度0.2以上的乔木林地面积和竹林地面积，国家特别规定的灌木林地面积、农田林网以及四旁(村旁、路旁、水旁、宅旁)林木的覆盖面积。计算公式为：

$$森林覆盖率（\%）=森林面积/土地总面积\times 100\%$$

水资源　水在自然界中以固体、液体和气态三种聚集状态存在，分布于海洋、陆地(包括土壤)以及大气之中，通过水循环形成水资源。水资源包括经人类控制并直接可供灌溉、发电、给水、航运、养殖等用途的地表水和地下水，以及江河、湖泊、井、泉、潮汐、港湾和养殖水域等。水资源是发展国民经济不可缺少的重要自然资源。

地表水和地下水　陆地上的水因空间分布不同，分为地表水和地下水。地表水指分别存在于河流、湖泊、沼泽、冰川和冰盖等水体中水分的总称，又称陆地水。地下水指储存在地面以下饱和岩土孔隙、裂隙及溶洞中的水。

径流　指陆地上接受降水后扣除损耗外，从地表和地下向流域出口断面汇集的水流。径流可分为地表径流、地下径流和壤中流。地表径流指沿地表向河流、湖泊、沼泽、海洋等汇集的水流；地下径流指沿潜水层或隔水层间的含水层，向河流、湖泊、沼泽、海洋等汇集的地下水水流。

径流量　指在一定时段内通过河流某一过水断面的水量，用以反映一个国家或地区水资源的丰歉程度。计算公式为：

$$径流量=降水量-蒸发量$$

矿产资源　矿产指由地质作用形成，富集于地壳中或出露于地表达到工农业利用要求的有用矿物。矿产是一种重要的自然资源，是社会发展的重要物质基础。

矿产基础储量　基础储量是查明矿产资源的一部分。它能满足现行采矿和生产所需的指标要求，是控制的、探明的并通过可行性或预可行性研究认为属于经济的、边界经济的部分，用未扣除设计、采矿损失的数量表示。

流域　每条河流都有自己的干流和支流，干支流共同组成这条河流的水系。每条河流都有自己的集水区域，这个集水区域就称为该河流的流域。

气温　指空气的温度，我国一般以摄氏度(℃)为单位表示。气象观测的温度表是放在离地面约1.5米处通风良好的百叶箱里测量的，因此，通常说的气温指的是离地面1.5米处百叶箱中的温度。其统计计算方法为：

月平均气温是将全月各日的平均气温相加，除以该月的天数而得。

年平均气温是将12个月的月平均气温累加后除以12而得。

相对湿度　指空气中实际所含水蒸气密度和同温度下饱和水蒸气密度的百分比值。其统计方法与气温相同。

降水量　指从天空降落到地面的液态或固态(经融化后)水，未经蒸发、渗透、流失而在地面上积聚的深度。其统计计算方法为：

月降水量是将全月各日的降水量累加而得。

年降水量是将12个月的月降水量累加而得。

日照时数　指太阳实际照射地面的时间。其统计方法与降水量相同

水资源总量　一定区域内的水资源总量指当地降水形成的地表和地下产水量，即地表径流量与降水入渗补给量之和，不包括过境水量。

地表水资源量　指河流、湖泊、冰川等地表水体中由当地降水形成的、可以逐年更新的动态水量，即天然河川径流量。

地下水资源量　指当地降水和地表水对饱水岩土层的补给量。

地表水与地下水资源重复计算量　指地表水和地下水相互转化的部分，即在河川径流量中包括一部分地下水排泄量，地下水补给量中包括一部分来源于地表水的入渗量。

可比价格　指计算各种总量指标所采用的扣除了价格变动因素的价格，可进行不同时期总量指标的对比。按可比价格计算总量指标有两种方法：一种是直接用产品产量乘某一年的不变价格计算；另一种是用价格指数

进行缩减。

不变价格 指以同类产品某年的平均价格作为固定价格，用于计算各年的产品价值。按不变价格计算的产品价值消除了价格变动因素，不同时期对比可以反映生产的发展速度。新中国成立后，随着工农业产品价格水平的变化，国家统计局先后五次制定了全国统一的工业产品不变价格和农业产品不变价格。从1952年到1957年使用1952年工(农)业产品不变价格，从1957年到1970年使用1957年不变价格，从1971年到1980年使用1970年不变价格，从1981年到1990年使用1980年不变价格，从1991年开始使用1990年不变价格。

平均增长速度 我国计算平均增长速度有两种方法：一种是习惯上经常使用的“水平法”，又称几何平均法，是以间隔期最后一年的水平同基期水平对比来计算平均每年增长(或下降)速度；另一种是“累计法”，又称代数平均法或方程法，是以间隔期内各年水平的总和同基期水平对比来计算平均每年增长(或下降)速度。在一般正常情况下，两种方法计算的平均每年增长速度比较接近；但在经济发展不平衡、出现大起大落时，两种方法计算的结果差别较大。

国民经济行业分类 自2003年定期报表开始使用新的《国民经济行业分类》（GB/T4754-2002）该分类是由国家统计局组织修订，经国家质量监督检验检疫总局批准，于2002年5月10日发布实施。这次修订是在1994年分类标准的基础上，参照联合国《全部经济活动的国际标准产业分类》（ISIC/Rev.3）进行的。修订后的《国民经济行业分类》（GB/T4754-2002）共有门类20个，大类95个，中类396个，小类913个。新增门类4个，大类增加3个，中类增加28个，小类增加67个。

企业(单位)登记注册类型 是以在工商行政管理机关登记注册的各类企业为划分对象，以工商行政管理部门对企业登记注册的类型为依据，将企业登记注册类型分为内资企业、港澳台商投资企业和外商投资企业三大类。内资企业包括国有企业、集体企业、股份合作企业、联营企业、有限责任公司、股份有限公司、私营公司和其他企业；港澳台商投资企业和外商投资企业分别包括合资经营企业、合作经营企业、独资经营企业和股份有限公司。对不在工商行政管理部门进行登记注册的行政机关、事业单位和社会团体，主要按其经费来源和管理方式进行划分。

国有企业 指企业全部资产归国家所有，并按《中华人民共和国企业法人登记管理条例》规定登记注册的非公司制的经济组织。不包括有限责任公司中的国有独资公司。

集体企业 指企业资产归集体所有，并按《中华人民共和国企业法人登记管理条例》规定登记注册的经济组织。

股份合作企业 指以合作制为基础，由企业职工共同出资入股，吸收一定比例的社会资产投资组建，实行自主经营，自负盈亏，共同劳动，民主管理，按劳分配与按股分红相结合的一种集体经济组织。

联营企业 指两个及两个以上相同或不同所有制性质的企业法人或事业单位法人，按自愿、平等、互利的原则，共同投资组成的经济组织。联营企业包括国有联营企业、集体联营企业、国有与集体联营企业和其他联营企业。

有限责任公司 指根据《中华人民共和国公司登记管理条例》规定登记注册，由两个以上、五十个以下的股东共同出资，每个股东以其所认缴的出资额对公司承担有限责任，公司以其全部资产对其债务承担责任的经济组织。有限责任公司包括国有独资公司以及其他有限责任公司。

股份有限公司 指根据《中华人民共和国公司登记管理条例》规定登记注册，其全部注册资本由等额股份构成并通过发行股票筹集资本，股东以其认购的股份对公司承担有限责任，公司以其全部资产对其债务承担责任的经济组织。

私营企业 指由自然人投资设立或由自然人控股，以雇佣劳动为基础的营利性经济组织。包括按照《公司法》、《合伙企业法》、《私营企业暂行条例》规定登记注册的私营有限责任公司、私营股份有限公司、私营合伙企业和私营独资企业。

其他企业 指上述企业之外的其他内资经济组织。

与港澳台商合资经营企业 指港澳台地区投资者与内地企业依照《中华人民共和国中外合资经营企业法》及有关法律的规定，按合同规定的比例投资设立、分享利润和分担风险的企业。

与港澳台商合作经营企业 指港澳台地区投资者与内地企业依照《中华人民共和国中外合作经营企业法》及有关法律的规定，依照合作合同的约定进行投资或提供条件设立、分配利润和分担风险的企业。

港澳台商独资经营企业 指依照《中华人民共和国外资企业法》及有关法律的规定，在内地由港澳台地区投资者全额投资设立的企业。

港澳台商投资股份有限公司 指根据国家有关规定，经原外经贸部依法批准设立，其中港、澳、台商的股本占公司注册资本的比例达25%以上的股份有限公司。凡其中港、澳、台商的股本占公司注册资本的比例小于25%的，属于内资企业中的股份有限公司。

中外合资经营企业 指外国企业或外国人与中国内地企业依照《中华人民共和国中外合资经营企业法》及有关法律的规定，按合同规定的比例投资设立、分享利润和分担风险的企业。

中外合作经营企业 指外国企业或外国人与中国内地企业依照《中华人民共和国中外合作经营企业法》及有关法律的规定，依照合作合同的约定进行投资或提供条件设立、分配利润和分担风险的企业。

外资企业 指依照《中华人民共和国外资企业法》及有关法律的规定，在中国内地由外国投资者全额投资设立的企业。

外商投资股份有限公司 指根据国家有关规定，经原外经贸部依法批准设立，其中外资的股本占公司注册资本的比例达25%以上的股份有限公司。凡其中外资股本占公司注册资本的比例小于25%的，属于内资企业中的股份有限公司。

行政机关、事业单位和社会团体 参照企业登记注册类型，主要按其经费来源和管理方式划分。具体规定如下：

⑴行政机关：包括国家机关和政党机关，原则上均列为“国有”。但有特殊规定的，如供销社等，则列为“集体”。

⑵事业单位：包括经国家机构编制部门和有关业务主管部门批准成立的各类事业单位，不包括实行企业化管理的事业单位。事业单位的划分办法如下：

①由国家财政预算拨款或列入财政预算外资金管理以及经费主要来源于国有主管部门或国有上级单位的事业单位，列为“国有”。

②经费主要来源于集体单位的事业单位，列为“集体”。

③公民个人(或个人合伙)开办的事业单位，列为“私营”。

④上述以外的其他事业单位，如果其经费来源不明确，按管理方式进行归类。

⑶社会团体：包括经民政部门批准成立以及未纳入社会团体管理条例范围的工会、妇联等各类社会团体。社会团体的划分办法如下：

①未纳入民政部社会团体管理条例范围的工会、妇联、共青团、青联、工商联、科协、侨联等社会团体，国家拨款设立的基金会或基金管理组织以及经费主要来源于国有业务主管部门或国有上级单位的社会团体，列为“国有”。

②经费主要来源于集体单位的社会团体，列为“集体”。

③公民个人(或个人合伙)开办的社会团体，划为“私营”。

④上述以外的其他社会团体，如果其经费来源不明确，改按管理方式进行归类。

地区生产总值(GDP) 指按市场价格计算的一个国家(或地区)所有常住单位在一定时期内生产活动的最终成果。地区生产总值有三种表现形态，即价值形态、收入形态和产品形态。

从价值形态看，它是所有常住单位在一定时期内生产的全部货物和服务价值超过同期投入的全部非固定资产货物和服务价值的差额，即所有常住单位的增加值之和；从收入形态看，它是所有常住单位在一定时期内创造并分配给常住单位和非常住单位的初次收入之和；从产品形态看，它是所有常住单位在一定时期内最终使用的货物和服务价值减去货物和服务进口价值。在实际核算中，地区生产总值有三种计算方法，即生产法、收入法和支出法。三种方法分别从不同的方面反映地区生产总值及其构成。

三次产业　三产业的划分是世界上较为常用的产业结构分类，但各国的划分不尽一致。我国的三次产业划分是：

第一产业是指农、林、牧、渔业。

第二产业是指采矿业，制造业，电力、煤气及水的生产和供应业，建筑业。

第三产业是指除第一、二产业以外的其他行业。

支出法地区生产总值　是从最终使用的角度反映一个国家(或地区)一定时期内生产活动最终成果的一种方法，包括最终消费、资本形成总额及货物和服务净出口三部分。计算公式为：

支出法地区生产总值=最终消费+资本形成总额+货物和服务净出口

最终消费　指常住单位为满足物质、文化和精神生活的需要，从本国经济领土和国外购买的货物和服务的支出。它不包括非常住单位在本国经济领土内的消费支出。最终消费分为居民消费和政府消费。

居民消费　指常住住户在一定时期内对于货物和服务的全部最终消费支出。居民消费除了直接以货币形式购买的货物和服务的消费支出外，还包括以其他方式获得的货物和服务的消费支出，即所谓的虚拟消费支出。居民虚拟消费支出包括如下几种类型：单位以实物报酬及实物转移的形式提供给劳动者的货物和服务；住户生产并由本住户消费了的货物和服务，其中的服务仅指住户的自有住房服务和付酬的家庭雇员提供的家庭和个人服务；金融机构提供的金融媒介服务；保险公司提供的保险服务。

政府消费　指政府部门为全社会提供的公共服务的消费支出和免费或以较低的价格向居民住户提供的货物和服务的净支出，前者等于政府服务的产出价值减去政府单位所获得的经营收入的价值，后者等于政府部门免费或以较低价格向居民住户提供的货物和服务的市场价值减去向住户收取的价值。

资本形成总额　指常住单位在一定时期内获得减去处置的固定资产和存货的净额，包括固定资本形成总额和存货增加两部分。

固定资本形成总额　指生产者在一定时期内获得的固定资产减处置的固定资产的价值总额。固定资产是通过生产活动生产出来的，且其使用年限在一年以上、单位价值在规定标准以上的资产，不包括自然资产。可分为有形固定资本形成总额和无形固定资本形成总额。有形固定资本形成总额包括一定时期内完成的建筑工程、安装工程和设备工器具购置(减处置)价值，以及土地改良、新增役、种、奶、毛、娱乐用牲畜和新增经济林木价值。无形固定资本形成总额包括矿藏的勘探、计算机软件等获得减处置。

存货增加　指常住单位在一定时期内存货实物量变动的市场价值，即期末价值减期初价值的差额，再扣除当期由于价格变动而产生的持有收益。存货增加可以是正值，也可以是负值，正值表示存货上升，负值表示存货下降。存货包括生产单位购进的原材料、燃料和储备物资等存货，以及生产单位生产的产成品、在制品和半成品等存货。

货物和服务净出口　指货物和服务出口减货物和服务进口的差额。出口包括常住单位向非常住单位出售或无偿转让的各种货物和服务的价值；进口包括常住单位从非常住单位购买或无偿得到的各种货物和服务的价值。由于服务活动的提供与使用同时发生，一般把常住单位从非常住单位得到的服务作为进口，非常住单位从常住单位得到的服务作为出口。货物的出口和进口都按离岸价格计算。

人口数　指一定时点、一定地区范围内有生命的个人总和。

城镇人口和乡村人口的划分　城镇人口是指居住在城镇范围内的全部人口；乡村人口是除上述人口以外的

全部人口。

历年城乡人口数据是按照当时国家《关于统计上划分城乡的规定》计算的。

三次普查之间年份的城乡人口根据1990年和2000年人口普查数据进行了调整。

出生率(又称粗出生率) 指在一定时期内(通常为一年)一定地区的出生人数与同期内平均人数(或期中人数)之比，用千分率表示。本资料中的出生率指年出生率，其计算公式为：

$$出生率=年出生人数/年平均人数\times 1000‰$$

式中：出生人数指活产婴儿，即胎儿脱离母体时(不管怀孕月数)，有过呼吸或其他生命现象。年平均人数指年初、年底人口数的平均数，也可用年中人口数代替。

死亡率(又称粗死亡率) 指在一定时期内(通常为一年)一定地区的死亡人数与同期内平均人数(或期中人数)之比，用千分率表示。本资料中的死亡率指年死亡率，其计算公式为：

$$死亡率=年死亡人数/年平均人数\times 1000‰$$

人口自然增长率 指在一定时期内(通常为一年)人口自然增加数(出生人数减死亡人数)与该时期内平均人数(或期中人数)之比，用千分率表示。计算公式为：

人口自然增长率=(本年出生人数-本年死亡人数)/年平均人数 × 1000‰=人口出生率-人口死亡率

总负担系数 指人口总体中非劳动年龄人口数与劳动年龄人口数之比。通常用百分比表示。说明每100名劳动年龄人口大致要负担多少名非劳动年龄人口。用于从人口角度反映人口与经济发展的基本关系。计算公式为：

$$GDR=(P_{0\sim14}+P_{65+})/P15\sim64\times 100\%$$

其中：GDP为总抚养比；

$P_{0\sim14}$为0～14岁少年儿童人口数；

P_{65+}为65岁及65岁以上的老年人口数；

$P_{15\sim64}$为15～64岁劳动年龄人口数。

老年人口抚养比 也称老年人口抚养系数。指某一人口中老年人口数与劳动年龄人口数之比。通常用百分比表示。用以表明每100名劳动年龄人口要负担多少名老年人。老年人口抚养比是从经济角度反映人口老化社会后果的指标之一。计算公式为：

$$ODR=P_{65}+/P_{15\sim64}\times 100\%$$

其中：ODR为老年人口抚养比；

P_{65}+为65岁及65岁以上的老年人口数；

$P_{15\sim64}$为15～64岁的劳动年龄人口数。

少年儿童抚养比 也称少年儿童抚养系数。指某一人口中少年儿童人口数与劳动年龄人口数之比。通常用百分比表示。以反映每100名劳动年龄人口要负担多少名少年儿童。计算公式为：

$$CDR=P_{0\sim14}/P_{15\sim64}\times 100\%$$

其中：CDR为少年儿童抚养比；

$P_{0\sim14}$为0～14岁少年儿童人口数；

$P_{15\sim64}$为15～64岁劳动年龄人口数。

经济活动人口 指在16岁以上，有劳动能力，参加或要求参加社会经济活动的人口。包括就业人员和失业人员。

就业人员 指从事一定社会劳动并取得劳动报酬或经营收入的人员，包括在岗职工、再就业的离退休人员、私营业主、个体户主、私营和个体就业人员、乡镇企业就业人员、农村就业人员、其他就业人员(包括民办教师、宗教职业者、现役军人等)。这一指标反映了一定时期内全部劳动力资源的实际利用情况，是研究我国基本国情国力的重要指标。

各单位的就业人员 指在各级国家机关、政党机关、社会团体及企业、事业单位中工作，取得工资或其他形式的劳动报酬的全部人员。包括在岗职工、再就业的离退休人员、民办教师以及在各单位中工作的外方人员和港澳台方人员、兼职人员、借用的外单位人员和第二职业者。不包括离开本单位仍保留劳动关系的职工。各单位的就业人员反映了各单位实际参加生产或工作的全部劳动力。

城镇私营和个体就业人员 城镇私营就业人员指在工商管理部门注册登记，其经营地址设在县城关镇(含县城关镇)以上的私营企业就业人员，包括私营企业投资者和雇工。城镇个体就业人员指在工商管理部门注册登记，并持有城镇户口或在城镇长期居住，经批准从事个体工商经营的就业人员，包括个体经营者和在个体工商户劳动的家庭帮工和雇工。

城镇登记失业人员 指有非农业户口，在一定的劳动年龄内(16岁以上及男50岁以下、女45岁以下)，有劳动能力，无业而要求就业，并在当地就业服务机构进行求职登记的人员。

城镇登记失业率 城镇登记失业人员与城镇单位就业人员(扣除使用的农村劳动力、聘用的离退休人员、港澳台及外方人员)、城镇单位中的不在岗职工、城镇私营业主、个体户主、城镇私营企业和个体就业人员、城镇登记失业人员之和的比。计算公式为：

城镇登记失业率=城镇登记失业人数/［（城镇单位就业人员-使用的农村劳动力-聘用的离退休人员-聘用的港澳台及外方人员）+不在岗职工+城镇私营业主+城镇个体户主+城镇私营企业及个体就业人员+城镇登记失业人数］×100%

职工 指在国有、城镇集体、联营、股份制、外商和港、澳、台投资、其他单位及其附属机构工作，并由其支付工资的各类人员。不包括下列人员：(1)乡镇企业就业人员；(2)私营企业就业人员；(3)城镇个体劳动者；(4)离休、退休、退职人员；(5)再就业的离、退休人员；(6)民办教师；(7)在城镇单位中工作的外方及港、澳、台人员；(8)其他按有关规定不列入职工统计范围的人员。(1998年及以后的数据均为在岗职工数据，其他相关指标如职工工资总额，职工平均工资等指标也从1998年按此口径进行了相应调整)。

国有单位 指资产归国家所有的经济组织。包括按《中华人民共和国企业法人登记管理条例》规定登记注册的非公司制的经济组织，以及中央、地方各级国家机关、事业单位和社会团体。

集体单位 指生产资料归集体所有，并按《中华人民共和国企业法人登记管理条例》规定登记注册的经济组织。

其他单位 包括股份合作单位、联营单位、有限责任公司、股份有限公司、港澳台商投资单位以及外商投资单位等其他登记注册类型单位。

在岗职工 指在本单位工作并由单位支付工资的人员，以及有工作岗位，但由于学习、病伤产假等原因暂未工作，仍由单位支付工资的人员。

工资总额 指各单位在一定时期内直接支付给本单位全部职工的劳动报酬总额。工资总额的计算原则应以直接支付给职工的全部劳动报酬为根据。各单位支付给职工的劳动报酬以及其他根据有关规定支付的工资，不论是计入成本的还是不计入成本的，不论是按国家规定列入计征奖金税项目的，还是未列入计征奖金税项目的，不论是以货币形式支付的还是以实物形式支付的，均包括在工资总额内。

平均工资 指企业、事业、机关单位的职工在一定时期内平均每人所得的货币工资额。它表明一定时期职工工资收入的高低程度，是反映职工工资水平的主要指标。计算公式为:

平均工资=报告期实际支付的全部职工工资总额/报告期全部职工平均人数

平均工资指数 指报告期职工平均工资与基期职工平均工资的比率，是反映不同时期职工货币工资水平变动情况的相对数。计算公式为:

平均工资指数=报告期职工平均工资/基期职工平均工资×100%

平均实际工资指数　职工平均实际工资指扣除物价变动因素后的职工平均工资。职工平均实际工资指数是反映实际工资变动情况的相对数，表明职工实际工资水平提高或降低的程度。计算公式为:

平均实际工资指数=报告期职工平均工资指数/报告期城镇居民消费价格指数×100%

全社会固定资产投资　以货币形式表现的在一定时期内全社会建造和购置固定资产的工作量以及与此有关的费用的总称。该指标是反映固定资产投资规模、结构和发展速度的综合性指标,又是观察工程进度和考核投资效果的重要依据。全社会固定资产投资按登记注册类型可分为国有、集体、个体、联营、股份制、外商、港澳台商、其他等。

房地产开发投资　指各种登记注册类型的房地产开发公司、商品房建设公司及其他房地产开发法人单位和附属于其他法人单位实际从事房地产开发或经营活动的单位统一开发的包括统代建、拆迁还建的住宅、厂房、仓库、饭店、宾馆、度假村、写字楼、办公楼等房屋建筑物和配套的服务设施，土地开发工程（如道路、给水、排水、供电、供热、通讯、平整场地等基础设施工程）的投资；不包括单纯的土地交易活动。

其他固定资产投资　指全社会固定资产投资中未列入基本建设、更新改造和房地产开发投资的总投资在50万元以上的城镇范围内建造和购置固定资产的活动，以及城镇私人建房和农村企业、事业、行政单位和农村个人固定资产投资活动。具体包括：

(1)国有单位未纳入基本建设计划和更新改造计划管理，计划总投资（或实际需要总投资）在50万元以上的以下工程：①用油田维护费和石油开发基金进行的油田维护和开发工程；②煤炭、铁矿、森工等采掘采伐业用维简费进行的开拓延伸工程；③交通部门用公路养路费对原有公路、桥梁进行改建的工程；④商业部门用简易建筑费建造的仓库工程。

(2)城镇集体固定资产投资：指所有隶属直辖市、省辖市、县级市和县城所在地城关镇区域范围内的集体经济单位（乡镇企业局管理的除外）建造和购置固定资产其计划总投资（或实际需要总投资）在50万元及50万元以上，未列入基本建设和更新改造计划的单位(项目)投资。

(3)除上述以外的其他各种登记注册类型的企、事业单位(包括城镇私营企、事业单位和个体户)建造和购置固定资产总投资在50万元及50万元以上、未列入基本建设计划和更新改造计划的单位(项目)。其中个体经营户只统计50万元以上非建房投资。

(4)城镇和工矿区私人建房投资：包括市、县城、城关镇、工矿区所辖范围内的全部私人建房，不论其房主是否系本地的常住户口均应包括。

(5)农村投资：包括农村区域范围内进行固定资产投资活动的企业、事业、行政单位及农村个人投资。

固定资产投资的资金来源　根据固定资产投资的资金来源不同，分为国家预算内资金、国内贷款、利用外资、自筹资金和其他资金来源。

(1)国家预算内资金：分为财政拨款和财政安排的贷款两部分。包括中央财政的基本建设基金(分经营性基金和非经营性基金两部分)、专项支出(如煤代油专项等)、收回再贷、贴息资金，财政安排的挖潜改造和新产品试制支出、城建支出、商业部门简易建筑支出、不发达地区发展基金等资金中用于固定资产投资的资金；地方财政中由国家统筹安排的资金等。

(2)国内贷款：指报告期固定资产投资单位向银行及非银行金融机构借入的用于固定资产投资的各种国内借款，包括银行利用自有资金及吸收的存款发放的贷款、上级主管部门拨入的国内贷款、国家专项贷款(包括煤代油贷款、劳改煤矿专项贷款等)、地方财政专项资金安排的贷款、国内储备贷款、周转贷款等。

(3)利用外资：指报告期收到的用于固定资产建造和购置的国外资金(包括设备、材料、技术在内)。包括对外借款(外国政府、国际金融组织贷款、出口信贷、外国银行商业贷款、对外发行债券和股票)、外商直接投资及外商其他投资。不包括我国自有外汇资金(国家外汇、地方外汇、留成外汇、调剂外汇和中国银行自有资金发行的外汇贷款等)。计算利用外资时，需要折算成人民币，折算中所使用的外汇汇率按现汇计算，即按使用外汇时的汇率计算。

(4)自筹资金：指固定资产投资单位报告期收到的，由各地区、各部门及企、事业单位筹集用于固定资产投资的预算外资金，包括中央各部门、各级地方和企、事业单位的自筹资金。

(5)其他资金来源：指在报告期收到的除以上各种资金之外其他用于固定资产投资的资金，包括企业或金融机构通过发行各种债券筹集到的资金、群众集资、个人资金、无偿捐赠的资金及其他单位拨入的资金等。

固定资产投资按国民经济行业分 建设项目归哪个行业，按其建成投产后的主要产品或主要用途及社会经济活动性质来确定。基本建设按建设项目划分国民经济行业，更新改造、其他固定资产投资根据整个企业、事业单位所属的行业来划分。一般情况下，一个建设项目或一个企业、事业单位只能属于一种国民经济行业。为了更准确地反映国民经济各行业之间的比例关系，联合企业(总厂)所属分厂属于不同行业的，原则上按分厂划分行业。

固定资产投资按建设性质分 建设项目的性质一般分为新建、扩建、改建、迁建、恢复。房地产开发单位、农村投资、城镇工矿区私人建房投资不划分建设性质。基本建设按建设项目划分建设性质，更新改造、国有经济中其他固定资产投资及城镇集体投资等按整个企业、事业单位的建设情况确定建设性质。

(1)新建：一般指从无到有“平地起家”开始建设的企业、事业和行政单位或独立的工程。现有企业、事业、行政单位一般不属于新建。但如有的单位原有基础很小，经过建设后新增的固定资产价值超过该企、事业、行政单位原有固定资产价值(原值)三倍以上的也应作为新建。

(2)扩建：指在厂内或其他地点，为扩大原有产品的生产能力(或效益)或增加新的产品生产能力，而增建主要的生产车间(或主要工程)、分厂、独立的生产线。行政、事业单位在原单位增建业务用房(如学校增建教学用房、医院增建门诊部、病房等)也作为扩建。现有企、事业单位为扩大原有主要产品生产能力或增加新的产品生产能力，增建一个或几个主要生产车间(或主要工程)、分厂，同时进行一些更新改造工程的，也应作为扩建。

(3)改建：指对原有设施进行技术改造或更新(包括相应配套的辅助性生产、生活福利设施)，没有增建主要生产车间、分厂等。现有企、事业单位为适应市场变化的需要，而改变企业的主要产品种类(如军工企业转产民品等)，或原有产品生产作业线由于各工序(车间)之间能力不平衡，为填平补齐充分发挥原有生产能力而增建不增加本企业主要产品设计能力的车间，也应作为改建。

固定资产投资按构成分 固定资产投资活动按其工作内容和实现方式分为建筑安装工程，设备、工具、器具购置，其他费用三个部分。

(1)建筑安装工程(建筑安装工作量)：指各种房屋、建筑物的建造工程和各种设备、装置的安装工程。包括各种房屋建造工程，各种用途设备基础和各种工业窑炉的砌筑工程及金属结构工程；为施工而进行的各种准备工作和临时工程以及完工后的清理工作等；铁路、道路的铺设，矿井的开凿及石油管道的架设等；水利工程；防空地下建筑等特殊工程；列入房屋工程预算内的暖气、卫生、通风、照明、煤气等设备的价值及装设油饰工程；列入建筑工程预算内的各种管道(蒸汽、压缩空气、石油、给排水等管道)、电力、电讯电缆导线等的敷设工程；以及各种机械设备的安装工程；为测定安装工程质量，对设备进行的试运工作；房地产开发单位进行的商品房屋开发建设工程、土地开发工程。在安装工程中，不包括被安装设备本身的价值。

(2)设备、工具、器具购置：指建设单位或企、事业单位购置或自制的，达到固定资产标准的设备、工具、器具的价值。新建单位及扩建单位的新建车间，按照设计或计划要求购置或自制的全部设备、工具、器具，不论是否达到固定资产标准均计入“设备、工具、器具购置”中。

(3)其他费用：指在固定资产建造和购置过程中发生的，除上述几项内容以外的各种应分摊计入固定资产的费用。

基本建设项目按大中小型划分 基本建设划分大中小型项目原则上应按照上级批准的设计任务书或初步设计所确定的总规模或总投资划分，没有正式批准设计任务书或初步设计的，按国家或省、自治区、直辖市年度基本建设投资计划中所列的总规模或总投资划分。上述两条均不具备的，按本年计划施工工程的建设总规模或总投资划分。生产单一产品的工业项目，按产品的设计能力划分；生产多种产品的工业项目，按其主要产品的设计能力划分。品种繁多，难以按生产能力划分的，按全部计划总投资划分。划分标准以国家颁发的《大中小型建设项目划分标准》为依据。国家曾在1953年、1962年、1972年、1977年和1979年先后五次修订《大中小型建设项目划分标准》，因此各历史时期的大中型项目数不完全可比。

施工项目　指报告期内进行过建筑或安装施工活动的项目。凡是报告期内施过工的建设项目，不论施工时间长短，均作为施工项目统计。施工项目个数可以反映一定时期固定资产投资的实际规模，与同期建成投产的建设项目个数相比，可以从建设速度的角度反映固定资产投资的效果。根据建设项目施工活动的不同性质，施工项目又分为：本年正式施工项目、本年收尾项目和以前年度全部停缓建项目。

全部建成投产项目　工业项目指设计文件规定形成生产能力的主体工程及其相应配套的辅助设施全部建成，经负荷试运转，证明具备生产设计规定合格产品的条件，并经过验收鉴定合格或达到竣工验收标准，与生产性工程配套的生活福利设施可以满足近期正常生产的需要，正式移交生产的建设项目。非工业项目指设计文件规定的主体工程和相应的配套工程全部建成，能够发挥设计规定的全部效益，经验收鉴定合格或达到竣工验收标准，正式移交使用的建设项目。

新增生产能力(或工程效益)　指通过固定资产投资活动而增加的设计能力(或工程效益)，该指标是以实物形态表现的反映固定资产投资成果的指标，也是考核投资经济效果的重要依据之一。

新增生产能力(或工程效益)一般有以下几种表现形式：

(1)用产品数量表示，以工程在单位时间内(一般是一年)所能生产的产品数量(即年产量)表示。如原煤开采用万吨／年表示，化学农药用吨／年表示，拖拉机制造用台／年表示等。某些化工产品由于含量差别较大，按其设计含量计算折合量表示，如硫酸、纯碱、烧碱等。

(2)用单位时间内所能处理的原料数量表示，以工程每天(或小时)所能处理原料的数量表示。如机制糖工程日处理原料吨，食用植物油日处理原料吨，城市污水处理能力用万吨／日表示等。

(3)用新增加的主要设备的数量或容量表示，如新增棉布织机、丝织机等台数，毛纺锭等锭数，发电厂新增发电机组容量用千瓦表示等。

(4)以节约的原材料、燃料、动力实物量表示，适用于反映更新改造节约项目的效益。

(5)用建筑物容积、容量、面积、长度表示，是非工业项目或工程新增效益的一种表现形式。如铁路里程、公路里程、水库容量、仓库容量、房屋建筑面积、学校学生席位、医院病床、灌区灌溉面积等。

根据工程的特点，有时需要用两种或两种以上的复合计量单位表示新增生产能力(或工程效益)，如新增内燃机生产能力同时用年产台数、千瓦数表示等。

为了规范新增生产能力(或工程效益)的名称和计算单位，国家统计局制订了《新增生产能力(或工程效益)目录》和《节约原材料、燃料、动力目录》，各固定资产投资单位在统计新增生产能力(或工程效益)时，必须按目录中规定的名称和计量单位填报。

房屋建筑面积　指房屋建筑物勒脚以上外墙外围的水平截面面积，包括房屋建筑物的有效面积和结构面积。该指标是从实物形态上反映建设规模和建设成果的重要指标之一，也是检查工程形象进度、计算工程造价、分析投资效果、研究施工任务和建筑材料之间平衡情况的重要依据。

住宅建筑面积　指施工和竣工房屋建筑面积中供居住用的房屋建筑面积。

施工面积　指报告期内施工的全部房屋建筑面积。包括本期新开工的面积和上期开工跨入本期继续施工的房屋面积，以及上期已停建在本期恢复施工的房屋面积。本期竣工和本期施工后又停缓建的房屋，其建筑面积仍计入本期房屋施工面积中。

竣工面积　指在报告期内房屋建筑按照设计要求已经全部完工，达到住人和使用条件，经验收鉴定合格(或达到竣工验收标准)，正式移交使用单位的各栋房屋建筑面积的总和。

房屋建筑面积竣工率 指一定时期内房屋竣工面积占同期房屋施工面积的比率。该指标从房屋建筑施工速度的角度反映投资效果的指标。

新增固定资产 指报告期内已经完成建造和购置过程，并已交付生产或使用单位的固定资产价值。该指标是表示固定资产投资成果的价值指标，也是反映建设进度，计算固定资产投资效果的重要指标。

建设项目投产率 指一定时期内全部建成投产项目个数与同期施工项目个数的比率。该指标是从建设单位建设速度的角度反映投资效果的指标。

固定资产交付使用率 指一定时期新增固定资产与同期完成投资额的比率。该指标是反映固定资产动用速度，衡量建设过程中宏观投资效果的综合指标。由于新增固定资产是较长时期内形成的结果，而投资额则是当年完成的，因此，该指标一般适宜于反映较长时期内固定资产的动用情况。

经济适用房 指根据国家经济适用房计划安排建设的政策性住宅。经济是指房屋建筑造价和销售价格低于一般商品住宅；适用是指适合中低收入家庭购买使用。经济适用房主要是由国家统一下达投资计划，房地产公司开发，对外销售；用地一般采用行政划拨或招标投标方式，免收土地出让金；对各种经批准的收费减半征收，开发利润不超过3%；销售价格实行政府指导价。该指标可以分析房地产投资结构，反映中低收入家庭商品住宅的供求平衡情况。

能源生产总量 指一定时期内全国一次能源生产量的总和，是观察全国能源生产水平、规模、构成和发展速度的总量指标。一次能源生产量包括原煤，原油，天然气，水电、核能及其他动力能(如风能、地热能等)发电量，不包括低热值燃料生产量、生物质能、太阳能等的利用和由一次能源加工转换而成的二次能源产量。

能源消费总量 指一定时期内全国物质生产部门、非物质生产部门和生活消费的各种能源的总和，是观察能源消费水平、构成和增长速度的总量指标。能源消费总量包括原煤和原油及其制品、天然气、电力，不包括低热值燃料、生物质能和太阳能等的利用。能源消费总量分为终端能源消费量、能源加工转换损失量和损失量三部分。

(1)终端能源消费量:指一定时期内全国生产和生活消费的各种能源在扣除了用于加工转换二次能源消费量和损失量以后的数量。

(2)能源加工转换损失量:指一定时期内全国投入加工转换的各种能源数量之和与产出各种能源产品之和的差额，是观察能源在加工转换过程中损失量变化的指标。

(3)能源损失量:指一定时期内能源在输送、分配、储存过程中发生的损失和由客观原因造成的各种损失量，不包括各种气体能源放空、放散量。

能源生产弹性系数 是研究能源生产增长速度与国民经济增长速度之间关系的指标。计算公式为:

能源生产弹性系数＝能源生产总量年平均增长速度／国民经济年平均增长速度

国民经济年平均增长速度，可根据不同的目的或需要，用国民生产总值、国内生产总值等指标来计算，本年鉴是采用国内生产总值指标计算的。

能源消费弹性系数 是反映能源消费增长速度与国民经济增长速度之间比例关系的指标。计算公式为:

能源消费弹性系数＝能源消费量年平均增长速度／国民经济年平均增长速度

财政收入 指国家财政参与社会产品分配所取得的收入，是实现国家职能的财力保证。财政收入所包括的内容几经变化，目前主要包括:

(1)各项税收：包括增值税、营业税、消费税、土地增值税、城市维护建设税、资源税、城市土地使用税、企业所得税、个人所得税、关税、证券交易印花税、车辆购置税、农牧业税和耕地占用税等。

(2)专项收入：包括排污费收入、城市水资源费收入、矿产资源补偿费收入、教育费附加收入等。

(3)其他收入：包括利息收入、基本建设贷款归还收入、基本建设收入、捐赠收入等。

(4)国有企业亏损补贴：此项为负收入，冲减财政收入。主要包括对工业企业、商业企业、粮食企业的补贴。

财政支出 国家财政将筹集起来的资金进行分配使用，以满足经济建设和各项事业的需要，主要包括：

(1)基本建设支出：指按国家有关规定，属于基本建设范围内的基本建设有偿使用、拨款、资本金支出以及经国家批准对专项和政策性基建投资贷款，在部门的基建投资额中统筹支付的贴息支出。

(2)企业挖潜改造资金：指国家预算内拨给的用于企业挖潜、革新和改造方面的资金。包括各部门企业挖潜改造资金和企业挖潜改造贷款资金，为农业服务的县办“五小”企业技术改造补助，挖潜改造贷款贴息资金。

(3)地质勘探费用：指国家预算用于地质勘探单位的勘探工作费用，包括地质勘探管理机构及其事业单位经费、地质勘探经费。

(4)科技三项费用：指国家预算用于科技支出的费用，包括新产品试制费、中间试验费、重要科学研究补助费。

(5)支援农村生产支出：指国家财政支援农村集体(户)各项生产的支出。包括对农村举办的小型农田水利和打井、喷灌等的补助费，对农村水土保持措施的补助费，对农村举办的小水电站的补助费，特大抗旱的补助费，农村开荒补助费，扶持乡镇企业资金，支援农村合作生产组织资金、农村农技推广和植保补助费，农村草场和畜禽保护补助费，农村造林和林木保护补助费，农村水产补助费，发展粮食生产专项资金。

(6)农林水利气象等部门的事业费用：指国家财政用于农垦、农场、农业、畜牧、农机、林业、森工、水利、水产、气象、乡镇企业的技术推广、良种推广(示范)、动植物(畜禽、森林)保护、水质监测、勘探设计、资源调查、干部训练等项费用，园艺特产场补助费，中等专业学校经费，飞播牧草试验补助费，营林机构、气象机构经费，渔政费以及农业管理事业费等。

(7)工业交通商业等部门的事业费：指国家预算支付给工交商各部门用于事业发展的人员和公用经费支出，包括勘探设计费、中等专业学校经费、技术学校经费、干部训练费。

(8)文教科学卫生事业费：指国家预算用于文化、出版、文物、教育、卫生、中医、公费医疗、体育、档案、地震、海洋、通讯、电影电视、计划生育、党政群干部训练、自然科学、社会科学、科协等项事业的人员和公用经费支出以及高技术研究专项经费。主要包括工资、补助工资、福利费、离退休费、助学金、公务费、设备购置费、修缮费、业务费、差额补助费。

(9)抚恤和社会福利救济费：指国家预算用于抚恤和社会福利救济事业的经费。包括由民政部门开支的烈士家属和牺牲病残人员家属的一次性、定期抚恤金，革命伤残人员的抚恤金，各种伤残补助费，烈军属、复员退伍军人生活补助费，退伍军人安置费，优抚事业单位经费，烈士纪念建筑物管理、维修费，自然灾害救济事业费和特大自然灾害灾后重建补助费等。

(10)行政事业单位离退休支出：指实行归口管理的行政事业单位离退休经费。

(11)社会保障补助支出：指国家预算用于社会保障的补助支出，包括对社会保险基金的补助、促进就业补助、国有企业下岗职工补助、补充全国社会保障基金等。

(12)国防支出：指国家预算用于国防建设和保卫国家安全的支出，包括国防费、国防科研事业费、民兵建设以及专项工程支出等。

(13)行政管理费：包括行政管理支出，党派团体补助支出，外交支出，公安安全支出，司法支出，法院支出，检察院支出和公检法办案费用补助。

(14)政策性补贴支出：指经国家批准，由国家财政拨给用于粮棉油等产品的价格补贴支出。主要包括粮、棉、油差价补贴，平抑物价和储备糖补贴，农业生产资料价差补贴，粮食风险基金，副食品风险基金，地方煤炭风险基金等。

(15)债务利息支出：指国家预算中用于偿还国内外债务利息的支出。

中央财政收入和地方财政收入 指按现行分税制财政体制划分的中央本级收入和地方本级收入。1994年实行分税制财政体制以后，属于中央财政的收入包括关税、海关代征消费税和增值税，消费税，中央企业所得税，地方银行和外资银行及非银行金融企业所得税，铁道部门、各银行总行、各保险总公司等集中缴纳的营业税、利润和城市维护建设税，车辆购置税，船舶吨税，增值税的75%部分，证券交易税(印花税)94%部分，个人所得税中的利息所得税，利息所得税之外的个人所得税中央分享的部分，海洋石油资源税。属于地方财政的收入包括营业税，地方企业所得税，利息所得税之外的个人所得税地方分享的部分，城镇土地使用税，固定资产投资方向调节税，城镇维护建设税，房产税，车船使用税，印花税，屠宰税，农牧业税，农业特产税，耕地占用税，契税，土地增值税、国有土地有偿使用收入，增值税25%部分，证券交易税(印花税)6%部分和除海洋石油资源税以外的其他资源税。

中央财政支出和地方财政支出 指根据政府在经济和社会活动中的不同职责，划分中央和地方政府的责权，按照政府的责权划分确定的支出。中央财政支出包括国防支出，武装警察部队支出，中央级行政管理费和各项事业费，重点建设支出以及中央政府调整国民经济结构、协调地区发展、实施宏观调控的支出。地方财政支出主要包括地方行政管理和各项事业费，地方统筹的基本建设、技术改造支出，支援农村生产支出，城市维护和建设经费，价格补贴支出等。

预算外资金收支 预算外资金指国家机关、事业单位和社会团体为履行或代行政府职能，依据国家法律、法规和具有法律效力的规章而收取、提取和安排使用的未纳入国家预算管理的各种财政性资金。其范围主要包括：法律、法规规定的行政事业性收费、政府性基金和附加收入等；国务院或省级人民政府及其财政、计划（物价）部门审批的行政事业性收费；国务院及财政部审批建立的政府性基金、附加收入等；主管部门所属单位集中上缴资金；用于乡镇政府开支的乡自筹和乡统筹资金；其他未纳入预算管理的财政性资金。社会保障基金在国家财政尚未建立社会保障预算制度以前，先按预算外资金管理制度进行管理，专款专用。财政部门在银行开设统一的专户，用于预算外资金收入和支出管理。部门和单位的预算外收入必须上缴同级财政专户，支出由同级财政按预算外资金收支计划和单位财务收支计划统筹安排，从财政专户中拨付，实行收支两条线管理。

信贷资金 指金融机构以信用方式积聚和分配的货币资金。金融机构信贷资金的来源有各项存款、金融债券发行、应付及暂收款、对国际金融机构负债、流通中货币、各项准备、所有者权益和其他项目等；信贷资金的运用有各项贷款、有价证券及投资、应收及预付款、委托投资、金银占款、外汇占款、库存现金、财政借款及在国际金融机构中的资产等。

存款 指企业、机关、团体或居民根据资金必须收回的原则，把货币资金存入银行或其他信贷机构保管并取得一定利息的一种信用活动形式。根据存款对象或性质的不同可划分为企业存款、财政存款、机关团体存款、基本建设存款、储蓄存款、农村存款、委托存款、其他存款等科目。它是银行信贷资金的主要来源。

贷款 指银行或其他信贷机构根据资金必须归还的原则，按一定利率，为企业、个人等提供资金的一种信用活动形式。我国银行贷款分为短期贷款、中期流动资金贷款、中长期贷款、信托贷款、融资租赁、委托贷款、票据融资、各项垫款等。

保险公司 在中国境内的、经过保险监督管理部门批准设立，并依法登记注册的各类商业保险公司。

保险金额 指保险人承担赔偿或者给付保险金责任的最高限额。

保费 指投保人为取得保险人在约定范围内所承担赔偿责任而支付给保险人的费用。

赔款 指保险人根据保险合同的规定，向被保险人支付的赔偿保险责任损失的金额。

给付 包括死伤医疗给付和满期给付。死伤医疗给付是指保险人根据人寿保险及长期健康保险合同的规定，因被保险人在保险期内发生保险责任范围内的保险事故支付给被保险人(或受益人)的金额。满期给付是指被保险人生存期满，保险人按人寿保险合同规定支付给被保险人的满期保险金额。

居民消费价格指数 是反映一定时期内城乡居民所购买的生活消费品价格和服务项目价格变动趋势和程度

的相对数，是对城市居民消费价格指数和农村居民消费价格指数进行综合汇总计算的结果。该指数可以观察和分析消费品的零售价格和服务价格变动对城乡居民实际生活费支出的影响程度。

城市居民消费价格指数 是反映一定时期内城市居民家庭所购买的生活消费品价格和服务项目价格变动趋势和程度的相对数。该指数可以观察和分析消费品的零售价格和服务项目价格变动对职工货币工资的影响，作为研究职工生活和确定工资政策的依据。

农村居民消费价格指数 是反映一定时期内农村居民家庭所购买的生活消费品价格和服务项目价格变动趋势和程度的相对数。该指数可以观察农村消费品的零售价格和服务项目价格变动对农村居民生活消费支出的影响，直接反映农民生活水平的实际变化情况，为分析和研究农村居民生活问题提供依据。

商品零售价格指数 是反映一定时期内城乡商品零售价格变动趋势和程度的相对数。商品零售物价的变动直接影响到城乡居民的生活支出和国家的财政收入，影响居民购买力和市场供需的平衡，影响到消费与积累的比例关系。因此，该指数可以从一个侧面对上述经济活动进行观察和分析。

农业生产资料价格指数 指反映一定时期内农业生产资料价格变动趋势和程度的相对数。农业生产资料价格指数分为小农具、饲料、幼禽家畜、半机械化农具、机械化农具、化学肥料、农药及农药械、农机用油等八大类。其编制目的是了解农业生产中物质资料投入价格的变动状况，服务于国民经济核算。1994年以前，农业生产资料价格指数仅仅是商品零售价格指数的一个类别，此后，从商品零售价格指数中分离出来，单独编制。

农产品生产价格指数 是反映一定时期内，农产品生产者出售农产品价格水平变动趋势及幅度的相对数。该指数可以客观反映全国农产品生产价格水平和结构变动情况，满足农业与国民经济核算需要。其中某代表品生产价格指数是通过对全部有出售该产品行为的调查单位的个体指数进行几何平均求得的，类价格指数是通过对其所属的类（或代表品）的价格指数进行加权平均求得的。季度累计价格指数的计算方法与分季指数的计算方法相同。

工业品出厂价格指数 是反映一定时期内全部工业产品出厂价格总水平的变动趋势和程度的相对数，包括工业企业售给本企业以外所有单位的各种产品和直接售给居民用于生活消费的产品。该指数可以观察出厂价格变动对工业总产值及增加值的影响。

原材料、燃料和动力购进价格指数 是反映工业企业作为生产投入，而从物资交易市场和能源、原材料生产企业购买原材料、燃料和动力产品时，所支付的价格水平变动趋势和程度的统计指标，是扣除工业企业物质消耗成本中的价格变动影响的重要依据。

目前，我国编制的原材料、燃料和动力购进价格指数所调查的产品包括燃料动力、黑色金属、有色金属、化工、建材等九大类的900多种产品。

固定资产投资价格指数 是反映一定时期内固定资产投资品及项目的价格变动趋势和程度的相对数。固定资产投资额是由建筑安装工程投资完成额、设备工器具购置投资完成额和其他费用投资完成额三部分组成的。编制固定资产投资价格指数应首先分别编制上述三部分投资的价格指数，然后采用加权算术平均法求出固定资产投资价格总指数。

该指数可以准确地反映固定资产投资中涉及的各类投资品和取费项目价格变动趋势和变动幅度，消除按现价计算的固定资产投资指标中的价格变动因素，真实地反映固定资产投资的规模、速度、结构和效益，为国家科学地制定、检查固定资产投资计划并提高宏观调控水平，为完善国民经济核算体系提供科学的、可靠的依据。

城镇家庭人口 指居住在一起，经济上合在一起共同生活的家庭成员。凡计算为家庭人口的成员其全部收支都包括在本家庭中。

城镇就业面 指就业人口占家庭人口的百分比。

城镇就业者负担人数 指家庭人口与就业人口之比。

城市居民家庭总收入 指调查户中生活在一起的所有家庭成员在调查期得到的工薪收入、经营净收入、财产性收入、转移性收入的总和，不包括出售财物和借贷收入。收入的统计标准以实际发生的数额为准，无论收入是补发还是预发，只要是调查期得到的都应如实计算，不作分摊。

城市居民家庭可支配收入 指调查户可用于最终消费支出和其它非义务性支出以及储蓄的总和，即居民家庭可以用来自由支配的收入。它是家庭总收入扣除个人所得税、个人交纳的社会保障费以及调查户的记帐补贴后的收入。计算公式为：

可支配收入=家庭总收入-个人所得税-个人交纳的社会保障支出-记帐补贴

城市居民家庭总支出 指家庭除借贷支出以外的全部实际支出。包括消费性支出、购房建房支出、转移性支出、财产性支出、社会保障支出。支出统计是以实际购得的商品或服务的总价值填报，不论其付款方式是一次付清、分期付款，还是赊购，只要商品或服务已被消费就要按其总价值计量。如果采用分期付款或赊购形式，则要在借贷收入类相应的项目填入实付款与总的应付款的差额。

城市居民家庭消费支出 指调查户用于本家庭日常生活的全部支出，包括食品、衣着、家庭设备用品及服务、医疗保健、交通和通讯、娱乐教育文化服务、居住、杂项商品和服务八大类等。不包括用于赠送的商品或服务。消费支出按商品（服务）的用途分类。

城镇家庭服务性消费支出 指家庭用于支付社会提供的各种非商品性服务费用。

城镇家庭收入分组方法 将所有调查户依户人均可支配收入由低到高排队，按10%，10%，20%，20%，20%，10%，10%的比例依次分成：最低收入户、低收入户、中等偏下收入户、中等收入户、中等偏上收入户、高收入户、最高收入户等七组。总体中最低5%的户为困难户。

恩格尔系数 指食物支出金额在生活消费总支出金额中所占的比例。计算公式为：

恩格尔系数=食品支出金额/生活消费总支出金额×100%

农村住户 指农村常住户。农村常住户指长期(一年以上)居住在乡镇(不包括城关镇)行政管理区域内的住户，以及长期居住在城关镇所辖行政村范围内的农村住户。户口不在本地而在本地居住一年及以上的住户也包括在本地农村常住户范围内；有本地户口，但举家外出谋生一年以上的住户，无论是否保留承包耕地都不包括在本地农村住户范围内。

常住人口 指全年经常在家或在家居住6个月以上，而且经济和生活与本户连成一体的人口。外出从业人员在外居住时间虽然在6个月以上，但收入主要带回家中，经济与本户连为一体，仍视为家庭常住人口；在家居住，生活和本户连成一体的国家职工、退休人员也为家庭常住人口。但是现役军人、中专及以上(走读生除外)的在校学生、以及常年在外(不包括探亲、看病等)且已有稳定的职业与居住场所的外出从业人员，不算家庭常住人口。家庭常住人口主要作为计算农村住户平均每人收入、消费和积累水平及分析家庭人口状况的依据。

整、半劳动力 整劳动力指男子18周岁到50周岁，女子18周岁到45周岁；半劳动力指男子16周岁到17周岁，51周岁到60周岁；女子16周岁到17周岁，46周岁到55周岁，同时具有劳动能力的人。虽然在劳动年龄之内，但已丧失劳动能力的人，不应算为劳动力；超过劳动年龄，但能经常参加劳动，计入半劳动力数内。常住人口中的职工，若这些职工为劳动力，就包括在本户的整半劳动力中。

总收入 指调查期内农村住户和住户成员从各种来源渠道得到的收入总和。按收入的性质划分为工资性收入、家庭经营收入、财产性收入和转移性收入。

工资性收入 指农村住户成员受雇于单位或个人，靠出卖劳动而获得的收入。家庭经营收入 指农村住户以家庭为生产经营单位进行生产筹划和管理而获得的收入。农村住户家庭经营活动按行业划分为农业、林业、牧业、渔业、工业、建筑业、交通运输业邮电业、批发和零售贸易餐饮业、社会服务业、文教卫生业和其他家庭经营。

财产性收入 指金融资产或有形非生产性资产的所有者向其他机构单位提供资金或将有形非生产性资产供

其支配，作为回报而从中获得的收入。

转移性收入 指农村住户和住户成员无须付出任何对应物而获得的货物、服务、资金或资产所有权等，不包括无偿提供的用于固定资本形成的资金。一般情况下，是指农村住户在二次分配中的所有收入。

现金收入 指农村住户和住户成员在调查期内得到以现金形态表现的收入。按来源分成工资性收入、家庭经营现金收入、财产性收入、转移性收入。

纯收入 指农村住户当年从各个来源得到的总收入相应地扣除所发生的费用后的收入总和。计算方法：

纯收入=总收入-税费支出-家庭经营费用支出-生产性固定资产折旧-调查补贴-赠送农村外部亲友支出

纯收入主要用于再生产投入和当年生活消费支出，也可用于储蓄和各种非义务性支出。“农民人均纯收入”按人口平均的纯收入水平，反映的是一个地区或一个农户农村居民的平均收入水平。

总支出 指农村住户用于生产、生活和再分配的全部支出。家庭经营费用支出、购置生产性固定资产支出、生产性固定资产折旧、税费支出、生活消费支出、财产性支出和转移性支出。

供水综合生产能力 指按供水设施取水、净化、送水、出厂输水干管等环节设计能力计算的综合生产能力。包括在原设计能力的基础上，经挖、革、改增加的生产能力。计算时，以四个环节中最薄弱的环节为主确定能力。

年末供水管道长度 指从送水泵至用户水表之间所有管道的长度。不包括新安装尚未使用的管道。

全年供水总量 指报告期供水企业(单位)供出的全部水量。包括有效供水量和漏损水量。

生活用水量 包括公共服务用水和居民家庭用水。公共服务用水指为城市社会公共生活服务的用水。包括行政事业单位、部队营区和公共设施服务、社会服务业、批发零售贸易业、旅馆饮食业以及其他公共服务业等单位的用水。居民家庭用水指城市范围内所有居民家庭的日常生活用水。包括城市居民、农民家庭、公共供水站用水。

用水普及率 指城市用水人口数与城市人口总数的比率。计算公式：

用水普及率=城市用水人口数/城市人口总数×100%

人工煤气生产能力 指报告期末人工煤气生产厂制气、净化、输送等环节的综合生产能力，不包括备用设备能力。一般按设计能力计算，如果实际生产能力大于设计能力时，应按实际测定的生产能力计算。测定时应以制气、净化、输送三个环节中最薄弱的环节为主。

供气管道长度 指报告期末从气源厂压缩机的出口或门站出口至各类用户引入管之间的全部已经通气投入使用的管道长度。不包括煤气生产厂、输配站、液化气储存站、灌瓶站、储配站、气化站、混气站、供应站等厂(站)内的管道。

全年供气总量 指全年燃气企业(单位)向用户供应的燃气数量。包括销售量和损失量。

用气普及率 指报告期末使用燃气的城市人口数与城市人口总数的比率。计算公式为：

用气普及率=城市用气人口数/城市人口总数×100%

城市供热能力 指供热企业(单位)向城市热用户输送热能的设计能力。

城市供热总量 指在报告期供热企业(单位)向城市热用户输送全部蒸汽和热水的总热量。

城市供热管道长度 指从各类热源到热用户建筑物接入口之间的全部蒸汽和热水的管道长度。不包括各类热源厂内部的管道长度。

年末道路长度 指年末道路长度和与道路相通的广场、桥梁、隧道的长度，按车行道中心线计算。在统计时只统计路面宽度在3.5米(含3.5米)以上的各种铺装道路，包括开放型工业区和住宅区道路在内。

城市桥梁 指为跨越天然或人工障碍物而修建的构筑物。包括跨河桥、立交桥、人行天桥以及人行地下通道等。包括永久性桥和半永久性桥。

城市排水管道长度 指所有排水总管、干管、支管、检查井及连接井进出口等长度之和。

城市污水日处理能力 指污水处理厂(或处理装置)每昼夜处理污水量的设计能力。

年末运营车数 指年末公交企业(单位)用于运营业务的全部车辆数。以企业(单位)固定资产台帐中已投入运营的车辆数为准。

城市园林绿地面积 指报告期末用作园林和绿化的各种绿地面积。包括公共绿地、居住区绿地、单位附属绿地、防护绿地、生产绿地、道路绿地和风景林地面积。

不包括：

1.屋顶绿化、垂直绿化、阳台绿化和室内绿化。

2.以物质生产为主的林地、耕地、牧草地、果园和竹园等。

3.城市总体规划中不列入绿地的水域。

公共绿地 指向公众开放的市级、区级、居住区级各类公园、街旁游园，包括其范围内的水域。其中居住区级公园应不小于1万平方米，街旁游园的宽度不小于8米，面积不小于400平方米。

农林牧渔业总产值 指以货币表现的农、林、牧、渔业全部产品和对农林牧渔业生产活动进行的各种支持性服务活动的价值总量，它反映一定时期内农林牧渔业生产总规模和总成果。1957年以前的农林牧渔业总产值中包括了厩肥和农民自给性手工业(如农民自制衣服、鞋、袜，自己从事粮食初步加工等)。1958年及以后，林业中增加了村及村以下竹木采伐产值；牧业中取消了厩肥产值；副业中取消了农民自给性手工业产值，增加了村及村以下办的工业产值；渔业中增加了海洋捕捞水产品产值。1980年及以后，在副业中增加了农民家庭兼营工业商品部分的产值。从1984年起村及村以下工业产值划归工业。从1993年起取消副业，将野生动物的捕猎划入牧业、野生植物采集和农民家庭兼营商品性工业划归农业。从2003年起，执行新的国民经济行业分类标准，农林牧渔业总产值中包括了农林牧渔服务业产值。林业中增加了森林采运业产值。农业中取消了家庭兼营商品性工业产值，将野生林产品的采集划归林业。第一次农业普查以后，由于畜牧业产品年报数据与普查数据之间存在一定的差距，国家统计局农调总队对畜牧业年报数据与普查数据进行衔接，相应的畜牧业产值进行调整。

农林牧渔业总产值的计算方法通常是按农、林、牧、渔业产品及其副产品的产量分别乘以各自单位产品价格求得；少数生产周期较长，当年没有产品或产品产量不易统计的，则采用间接方法匡算其产值；然后将四业产品产值相加即为农林牧渔业总产值。

粮食产量 指全社会的产量。包括国有经济经营的、集体统一经营的和农民家庭经营的粮食产量，还包括工矿企业办的农场和其他生产单位的产量。粮食除包括稻谷、小麦、玉米、高粱、谷子及其他杂粮外，还包括薯类和豆类。其产量计算方法，豆类按去豆荚后的干豆计算；薯类(包括甘薯和马铃薯，不包括芋头和木薯)1963年以前按每4公斤鲜薯折1公斤粮食计算，从1964年开始改为按5公斤鲜薯折1公斤粮食计算。城市郊区作为蔬菜的薯类(如马铃薯等)按鲜品计算，并且不作粮食统计。其他粮食一律按脱粒后的原粮计算。棉花产量 指全社会的产量。包括春播棉和夏播棉。产量按皮棉计算。3公斤籽棉折1公斤皮棉，不包括木棉。

油料产量 指全部油料作物的生产量。包括花生、油菜籽、芝麻、向日葵籽、胡麻籽（亚麻籽）和其他油料。不包括大豆、木本油料和野生油料。花生以带壳干花生计算。

水产品产量 指人工养殖的水产品和天然生长的水产品的捕捞量。包括海水的鱼类、虾蟹类、贝类和藻类以及内陆水域的鱼类、虾蟹类和贝类，不包括淡水生植物。

猪、牛、羊肉产量 指当年出栏并已屠宰、除去头蹄下水后带骨肉(即胴体重)的重量。期初(末)畜禽存栏头(只)数 指报告期初(末)农村各种合作经济组织和国营农场、农民个人、机关、团体、学校、工矿企业、部队等单位以及城镇居民饲养的大牲畜、猪、羊、家禽等畜禽的存栏数。数据上报方式及数据调整情况同猪、牛、羊肉产量。

常用耕地 是指耕地总资源中专门种植农作物并经常进行耕种、能够正常收获的土地。包括当年实际耕种的熟地；弃耕、休闲不满三年，随时可以复耕的地；开荒利用三年以上的土地。在统计口径上包括南方小于1

米、北方小于2米宽的沟、渠、路和田埸。不包括临时种植农作物的坡度在25度以上的陡坡地；在河套、湖畔、库区临时开发的成片或零星土地；也不包括已列为国家和省（区、市）退耕计划但临时耕种的土地。常用耕地是国家需要重点保护的耕地，是反映我国农业综合生产能力的一个重要指标。

农作物播种面积 指实际播种或移植有农作物面积。凡是实际种植有农作物的面积，不论种植在耕地上还是种植在非耕地上，均包括在农作物播种面积中。在播种季节基本结束后，因遭灾而重新改种和补种的农作物面积，也包括在内。

有效灌溉面积 指具有一定的水源，地块比较平整，灌溉工程或设备已经配套，在一般年景下当年能够进行正常灌溉的耕地面积。在一般情况下，有效灌溉面积应等于灌溉工程或设备已经配备，能够进行正常灌溉的水田和水浇地面积之和。它是反映我国耕地抗旱能力的一个重要指标。

农用化肥施用量 指本年内实际用于农业生产的化肥数量，包括氮肥、磷肥、钾肥和复合肥。化肥施用量要求按折纯量计算数量。折纯量是指把氮肥、磷肥、钾肥分别按含氮、含五氧化二磷、含氧化钾的百分之百成份进行折算后的数量。复合肥按其所含主要成分折算。公式为：

折纯量=实物量×某种化肥有效成份含量的百分比

农业机械总动力 指主要用于农、林、牧、渔业的各种动力机械的动力总和。包括耕作机械、排灌机械、收获机械、农用运输机械、植物保护机械、牧业机械、林业机械、渔业机械和其他农业机械〔内燃机按引擎马力折成瓦(特)计算、电动机按功率折成瓦(特)计算〕。不包括专门用于乡、镇、村、组办工业、基本建设、非农业运输、科学试验和教学等非农业生产方面用的动力机械与作业机械。这个指标的统计数据主要来源于农机部门。

乡村从业人员 指乡村人口中劳动年龄在16周岁以上实际参加生产经营活动并取得实物或货币收入的人员，包括劳动年龄内经常参加劳动的人员，也包括超过劳动年龄但经常参加劳动的人员，但不包括户口在家的在外学生、现役军人和丧失劳动能力的人，也不包括待业人员和家务劳动者。从业人员按从事主业时间最长（时间相同按收入）分为农业从业人员、工业从业人员、建筑业从业人员、交运仓储及邮电业从业人员、批零贸易及餐饮业从业人员、其它从业人员。

工业 指从事自然资源的开采，对采掘品和农产品进行加工和再加工的物质生产部门。具体包括：(1)对自然资源的开采，如采矿、晒盐等(但不包括禽兽捕猎和水产捕捞)；(2)对农副产品的加工、再加工，如粮油加工、食品加工、缫丝、纺织、制革等；(3)对采掘品的加工、再加工，如炼铁、炼钢、化工生产、石油加工、机器制造、木材加工等，以及电力、自来水、煤气的生产和供应等；(4)对工业品的修理、翻新，如机器设备的修理、交通运输工具(包括小卧车)的修理等。

1984年以前农村的村及村以下办工业归属农业，1984年以后划归工业。

工业统计调查单位为独立核算法人工业企业。

独立核算法人工业企业指从事工业生产经营活动的单位。独立核算法人工业企业应同时具备以下条件：①依法成立，有自己的名称、组织机构和场所，能够承担民事责任；②独立拥有和使用资产，承担负债，有权与其他单位签订合同；③独立核算盈亏，并能够编制资产负债表。本年鉴中涉及的企业登记注册类型：

国有及国有控股企业 指国有企业加上国有控股企业。国有企业(即原全民所有制工业或国营工业)指企业全部资产归国家所有，并按《中华人民共和国企业法人登记管理条例》规定登记注册的非公司制的经济组织。包括国有企业、国有独资公司和国有联营企业。1957年以前的公私合营和私营工业，后均改造为国营工业，1992年改为国有工业，这部分工业的资料不单独分列时，均包括在国有企业内。国有控股企业是对混合所有制经济的企业进行的“国有控股”分类。它是指这些企业的全部资产中国有资产(股份)相对其他所有者中的任何一个所有者占资(股)最多的企业。该分组反映了国有经济控股情况。

集体企业 指企业资产归集体所有，并按《中华人民共和国企业法人登记管理条例》规定登记注册的经济组织。是社会主义公有制经济的组成部分。包括城乡所有使用集体投资举办的企业，以及部分个人通过集资自愿放弃所有权并依法经工商行政管理机关认定为集体所有制的企业。

股份合作企业 指以合作制为基础，由企业职工共同出资入股，吸收一定比例的社会资产投资组建，实行自主经营，自负盈亏，共同劳动，民主管理，按劳分配与按股分红相结合的一种集体经济组织。

联营企业 指两个及两个以上相同或不同所有制性质的企业法人或事业单位法人，按自愿、平等、互利的原则，共同投资组成的经济组织。联营企业包括：

国有联营企业指国有企业与国有企业间的联营；

集体联营企业指集体企业与集体企业间的联营；

国有与集体联营企业指国有企业与集体企业间的联营。

有限责任公司 指根据《中华人民共和国公司登记管理条例》规定登记注册，由两个以上，五十个以下的股东共同出资，每个股东以其所认缴的出资额对公司承担有限责任，公司以其全部资产对其债务承担责任的经济组织。

有限责任公司包括国有独资公司以及其他有限责任公司。

股份有限公司 指根据《中华人民共和国企业法人登记管理条例》规定登记注册，其全部注册资本由等额股份构成并通过发行股票筹集资本，股东以其认购的股份对公司承担有限责任，公司以其全部资产对其债务承担责任的经济组织。

私营企业 指由自然人投资设立或由自然人控股，以雇佣劳动为基础的营利性经济组织。包括按照《公司法》、《合伙企业法》、《私营企业暂行条例》规定登记注册的私营有限责任公司、私营股份有限公司、私营合伙企业和私营独资企业。

港、澳、台商投资企业 指企业注册登记类型中的港、澳、台资合资、合作、独资经营企业和股份有限公司之和。

外商投资企业 指企业注册登记类型中的中外合资、合作经营企业、外资企业和外商投资股份有限公司之和。

“三资”企业系指港、澳、台商投资企业和外资企业的简称。

轻工业 指主要提供生活消费品和制作手工工具的工业。按其所使用的原料不同，可分为两大类：(1)以农产品为原料的轻工业，是指直接或间接以农产品为基本原料的轻工业。主要包括食品制造、饮料制造、烟草加工、纺织、缝纫、皮革和毛皮制作、造纸以及印刷等工业；(2)以非农产品为原料的轻工业，是指以工业品为原料的轻工业。主要包括文教体育用品、化学药品制造、合成纤维制造、日用化学制品、日用玻璃制品、日用金属制品、手工工具制造、医疗器械制造、文化和办公用机械制造等工业。

重工业 指为国民经济各部门提供物质技术基础的主要生产资料的工业。按其生产性质和产品用途，可以分为下列三类：(1)采掘(伐)工业，是指对自然资源的开采，包括石油开采、煤炭开采、金属矿开采、非金属矿开采等工业；(2)原材料工业，指向国民经济各部门提供基本材料、动力和燃料的工业。包括金属冶炼及加工、炼焦及焦炭、化学、化工原料、水泥、人造板以及电力、石油和煤炭加工等工业；(3)加工工业，是指对工业原材料进行再加工制造的工业。包括装备国民经济各部门的机械设备制造工业、金属结构、水泥制品等工业，以及为农业提供的生产资料如化肥、农药等工业。

根据上述划分原则，修理业中以重工业产品为修理作业对象的划为重工业，反之划为轻工业。

工业总产值

(1)定义：工业总产值是以货币形式表现的，工业企业在一定时期内生产的工业最终产品或提供工业性劳务活动的总价值量。它反映一定时间内工业生产的总规模和总水平。

(2)计算原则：

工业生产的原则，即凡是企业在报告期生产的经检验合格的产品，不管是否在报告期销售，均包括在内。

最终产品的原则，即凡是计入工业总产值的产品，必须是本企业生产的经检验合格的，不需要再进行任何加工的最终产品。如果企业有中间产品(半成品)对外销售，则对外销售的中间产品应视为企业的最终产品。

工厂法原则，即工业总产值是以工业企业作为基本计算(核算)单位，即按企业的最终产品计算工业总产值。按这种方法计算的工业总产值，不允许同一产品价值在企业内部重复计算，不能把企业内部各个车间(分厂)生产的成果相加，但允许企业间的重复计算。

(3)内容及计算方法：1995年全国工业普查对工业总产值(原规定)的内容及计算原则和方法做了某些修订，修订后的工业总产值(新规定)包括三项内容：即本期生产成品价值、对外加工费收入、在制品半成品期末期初差额价值三部分。本期生产成品价值：指企业本期生产，并在报告期内不再进行加工，经检验、包装入库的全部工业成品(半产品)价值合计，包括企业生产的自制设备及提供给本企业在建工程、其他非工业部门和福利部门等单位使用的成品价值。

本期生产成品价值为按自备原材料生产的产品的数量乘以本期不含增值税(销项税额)的产品实际销售平均单价计算；会计核算中按成本价格转帐的自制设备和自产自用的成品，按成本价格计算生产成品价值。生产成品价值中不包括用定货者来料加工的成品(半产品)价值。

对外加工费收入：指企业在报告期内完成的对外承接的工业品加工(包括用定货者来料加工产品)的加工费收入和对外工业修理作业所取得的加工费收入。对外加工费收入按不含增值税(销项税额)的价格计算，可根据会计“产品销售收入”科目的有关资料取得。

对于本企业对内非工业部门提供的加工修理、设备安装的劳务收入，如果企业会计核算基础较好，能取得这部分资料，而且这部分价值所占比重较大，应包括在对外加工费收入中。

自制半成品在制品期末期初差额价值：指企业报告期在制品期末减期初的差额价值，本指标一般可以从会计核算资料中取得。如果会计产品成本核算中不计算半成品、在制品的成本，则总产值中也不包括这部分价值，反之则包括。

(4)工业总产值统计范围变化和计算方法修订情况：

1984年以前工业总产值不包括村办工业，村办工业总产值划归农业。1984年以后工业总产值包括村办工业。

1995年工业普查对工业总产值计算方法做了修订，即从1995年始按新修订(新规定)方法计算工业总产值。新规定与原规定的区别如下：

全价与加工费的计算原则不同：新规定为凡自备原材料，不论其生产繁简程度如何，一律按全价计算工业总产值；凡来料加工，允许按加工费计算工业总产值。原规定则视生产加工的繁简程度不同，规定哪些行业按全价，哪些行业按加工费计算工业总产值。

自制半成品、在产品期末期初差额价值的计算原则不同：新规定要求，凡会计产品成本核算时计算了成本的差额价值，总产值中就应包括，否则可不包括；原规定则按生产周期六个月的界限区分，凡生产周期六个月以上的企业，总产值计算中应包括这部分差额价值，否则可不包括。

计算价格不同：新规定按不含增值税(销项税额)的价格计算；原规定则按含增值税(销项税额)的价格计算。

工业增加值　指工业企业在报告期内以货币表现的工业生产活动的最终成果。工业增加值有两种计算方法：一是生产法，即工业总产出减去工业中间投入加上应交增值税；二是收入法，即从收入的角度出发，根据生产要素在生产过程中应得到的收入份额计算，具体构成项目有固定资产折旧、劳动者报酬、生产税净额、营业盈余，这种方法也称要素分配法。本年鉴中的工业增加值是以生产法计算的。

生产法工业增加值的计算方法为：

工业增加值=工业总产出-工业中间投入+应交增值税

(1)工业总产出：指工业企业在一定时期内工业生产活动的总成果。工业总产出包括：成品生产价值，对外加工费收入，自制半成品、在产品期末期初差额价值。1995年后用新规定计算的工业总产值代替。

(2)工业中间投入：指工业企业在工业生产活动中消耗的外购物质产品和对外支付的服务费用。服务费用包括支付给物质生产部门(工业、农业、批发零售贸易业、建筑业、运输邮电业)的服务费用和支付给非物质生产部门(如保险、金融、文化教育、科学研究、医疗卫生、行政管理等)的服务费用。工业中间投入的确定须遵循以下原则：必须从外部购入的，并已计入工业总产出的产品和服务价值；必须是本期投入生产，并一次性消耗掉(包括本期摊销的低值易耗品等)的产品和服务价值。

工业中间投入包括直接材料费用、制造费用中的工业中间投入、管理费用中的工业中间投入、销售费用中的工业中间投入和利息支出五部分。

实收资本：指企业实际收到投资者的可作为长期周转使用的经营资金。根据现行会计制度规定，实收资本按投资主体分为：国家资本、集体资本、法人资本、个人资本、港澳台资本和外商资本。

国家资本：指有权代表国家投资的政府部门或者机构以国有资产投入企业形成的资本。

集体资本：指有权代表国家投资的集体部门或者机构以国有资产投入企业形成的资本。

法人资本：指其他法人单位以其依法可以支配的资产投入企业形成的资本。

个人资本：指社会个人或者本企业内部职工以个人合法财产投放到企业形成的资本。

港澳台资本：指我国香港、澳门和台湾地区投资者以各种形式的资产进行投资形成的资本。

外商资本：指外国投资者对企业投资形成的资本。

资产总计　指企业拥有或控制的能以货币计量的经济资源，包括各种财产、债权和其他权利。资产按流动性分为流动资产、长期投资、固定资产、无形资产、递延资产和其他资产。该指标根据企业会计“资产负债表”中“资产总计”项目的期末数增列。

流动资产合计　指可以在一年或者超过一年的一个营业周期内变现或者耗用的资产，包括现金及各种存款、短期投资、应收及预付货款、存款等。

流动资产平均余额　指企业在报告期内全部流动资产的平均余额。

固定资产原价　指企业在建造、购置、安装、改建、扩建、技术改造某项固定资产时所支出的全部货币总额。它一般包括买价、包装费、运杂费和安装费等。

固定资产净值年平均余额　指固定资产净值在报告期内余额的平均数。计算公式为：

固定资产净值年平均余额=1至12月各月月初、月末固定资产净值之和/24

该指标根据“资产负债表”中“固定资产原价”、“累计折旧”指标的期初、期末数计算填列。

固定资产净值指固定资产原价减去历年已提折旧额后的净额。计算公式为：

固定资产净值=固定资产原价-累计折旧

流动负债合计　指将在一年或超过一年的一个营业周期内偿还的债务。流动负债包括短期负债、应付票据、应付帐款、预收帐款、应付工资、应付福利费、应交税金、应付利润、其他应付款、预提费用等。

流动负债具有偿还期限短，在债权人提出要求时即期偿付，或在一年内必须偿还的特点。

长期负债合计　指偿还期在一年或超过一年的一个营业周期以上的债务，它是除了投资人投入企业的资本以外，企业向债权人筹集、可供企业长期使用的资金，是企业必须以资产或劳务偿还的经济责任，包括长期借款、应付债款、长期应付款、其他长期负债等。与流动负债相比，长期负债具有为数较大、偿还期限较长的特点，且对投资者来说可带来更大的利益。

所有者权益　指企业投资人对企业净资产的所有权。企业净资产等于企业全部资产减去全部负债后的余额，包括企业投资人对企业的最初投入的实际到位的资产及资本公积金、盈余公积金和未分配利润。所有者权益合计数小于零，表示企业资不抵债。

产品销售收入　指企业在报告期内生产的成品、自制半成品和工业性劳务取得的收入。

产品销售成本　指企业在报告期内销售本企业生产的成品、自制半成品和工业性劳务等的实际成本。

产品销售税金及附加　指企业在报告期内销售产品、提供的劳务等主要经营业务应负担的城市维护建设税、消费税、资源税和教育费附加等。

利润总额　指企业生产经营活动的最终成果，是企业在一定时期内实现的盈亏相抵后的利润总额(亏损以"–"号表示)，它等于营业利润加上补贴收入加上投资收益加上营业外净收入再加上以前年度损益调整。

本年应交增值税　指企业在报告期内应交纳的增值税额。它等于本年销项税额加上出口退税加上进项税额转出数减去本年进项税额。小规模纳税企业直接按全年计税销售额乘以征收率计算取得。

年末从业人员平均人数　从业人员是指在企业工作并取得劳动报酬的全部人员数。包括在岗职工、再就业的离退休人员、民办教师及在企业工作的外方人员和港澳台方人员、兼职人员、借用的外单位人员和第二职业者。不包括离开本单位但仍保留劳动关系的职工。

从业人员平均人数是指报告期内每天拥有的从业人员人数。其计算公式为：

月平均人数=报告月内每天实有人数之和/报告月日历日数

季平均人数=季内各月平均人数之和/3

年平均人数=年内各月平均人数之和/12

总资产贡献率　反映企业全部资产的获利能力，是企业经营业绩和管理水平的集中体现，是评价和考核企业盈利能力的核心指标。计算公式为：

总资产贡献率（%）=利润总额+税金总额+利息支出/平均资金总额×100%

公式中：税金总额为产品销售税金及附加与应交增值税之和；平均资产总额为期初期末资产之和的算术平均值。

资产负债率　该指标既反映企业经营风险的大小，也反映企业利用债权人提供的资金从事经营活动的能力。计算公式为：

资产负债率（%）=负债总额/资产总额×100%

资产与负债均为报告期期末数。

流动资产周转次数　指一定时期内流动资产完成的周转次数，反映投入工业企业流动资金的周转速度。计算公式为：

流动资产周转次数=产品销售收入/全部流动资产平均余额

公式中：全部流动资产平均余额为期初和期末的流动资产之和的算术平均值。

成本费用利润率　反映企业投入的生产成本及费用的经济效益，同时也反映企业降低成本所取得的经济效益。计算公式为：

成本费用利润（%）=利润总额/成本费用总额×100%

公式中：成本费用总额为产品销售成本、销售费用、管理费用、财务费用之和。

全员劳动生产率　该指标反映企业的生产效率和劳动投入的经济效益。计算公式为：

全员劳动生产率（元/人）=工业增加值/全部从业人员平均人数

产品销售率　该指标反映工业产品已实现销售的程度，是分析工业产销衔接情况、研究工业产品满足社会需求的指标。计算公式为：

产品销售率（%）=工业销售产值/工业总产值（现价）×100%

建筑业统计单位　指从事房屋、构筑物建造和设备安装活动的法人企业。建筑业法人企业应具有建筑业资质并能够独立核算；同时应具备以下条件：①依法成立，有自己的名称、组织机构和场所，能够承担民事责任；②独立拥有和使用资产，承担负债，有权与其他单位签订合同；③独立核算盈亏，能够编制资产负债表。

建筑业总产值 是以货币形式表现的建筑业企业在一定时期内生产的建筑业产品和提供的服务的总和。建筑业总产值包括：

⑴建筑工程产值：指列入建筑工程预算内的各种工程价值。

⑵安装工程产值：指设备安装工程价值，不包括被安装设备本身的价值。

⑶其他产值：建筑业总产值中除建筑工程、安装工程以外的产值。包括房屋构筑物修理产值、非标准设备制造产值、总包企业向分包企业收取的管理费以及不能明确划分的施工活动所完成的产值。

a.房屋构筑物修理产值：指房屋和构筑物修理所完成的产值，但不包括被修理房屋、构筑物本身价值和生产设备的修理产值。

b.非标准设备制造产值：指加工制造没有定型的非标准生产设备的加工费和原材料价值(如化工厂、炼油厂用的各种罐、槽，矿井生产统一使用的各种漏斗、三角槽、阀门等)以及附属加工厂为本企业承建工程制作的非标准设备的价值。

建筑业增加值 指建筑业企业在报告期内以货币形式表现的建筑业生产经营活动的最终成果。目前建筑业增加值采用分配法(收入法)计算，即从收入的角度出发，根据生产要素在生产过程中应得的收入份额计算。具体计算公式为：

建筑业增加值=本年提取的固定资产折旧+应付工资+应付福利费+管理费用中的劳动待业保险费、税金+工程结算税金及附加+营业利润

房屋建筑施工面积 指在报告期内施过工的全部房屋建筑面积，包括本期新开工的房屋面积、上期施工跨入本期继续施工的房屋面积、上期停缓建在本期恢复施工的房屋面积、本期竣工的房屋面积及本期施工后又停缓建的房屋面积。

房屋建筑竣工面积 指在报告期内房屋建筑按照设计要求全部完工，达到了使用条件，经验收鉴定合格，正式移交使用单位的房屋建筑面积。

自有机械设备年末总台数 指归本企业所有，属于本企业固定资产的生产性机械设备年末总台数。包括施工机械、生产设备、运输设备以及其他设备。

自有机械设备年末总功率 指本企业自有施工机械、生产设备、运输设备以及其他设备等列为在册固定资产的生产性机械设备年末总功率，按设定能力或查定能力计算。包括机械本身的动力和为该机械服务的单独动力设备，如电动机等。计算单位用千瓦，动力换算可按1马力＝0.735千瓦折合成千瓦数。电焊机、变压器、锅炉不计算动力。

工程结算收入 指企业承包工程实现的工程价款结算收入，以及向发包单位收取的除工程价款以外的按规定列作营业收入的各种款项，如临时设施费、劳动保险费、施工机械调迁费等以及向发包单位收取的各种索赔款。

工程结算利润 指已结算工程实现的利润，如亏损以“–”号表示。计算公式为：

工程结算利润=工程结算收入–工程结算成本–工税结算税金及附加

企业总收入 指与企业生产经营直接有关的各项收入，包括工程结算收入和其他业务收入。计算公式为：

企业总收入=工程结算收入+其他业务收入

铁路营业里程 又称营业长度(包括正式营业和临时营业里程)，指办理客货运输业务的铁路正线总长度。凡是全线或部分建成双线及以上的线路，以第一线的实际长度计算；复线、站线、段管线、岔线和特殊用途线以及不计算运费的联络线都不计算营业里程。该指标可以反映铁路运输业基础设施的发展水平，也是计算客货周转量、运输密度和机车车辆运用效率等指标的基础资料。

铁路电气化里程 指在全部铁路营业里程中已安装了供电线路及设备，可以供电力机车牵引列车运行的区段的总里程。

铁路自动、半自动闭塞里程　指装有列车自动或人工完成闭塞状态的铁路设备里程。为保证列车安全运行，在一个区间、同一时间内，一般只允许一列列车运行，这种保证列车在这个区间安全间隔运行的技术方法称为“闭塞”。自动或半自动闭塞里程占铁路营业里程的比重是反映铁路现代化的重要标志之一。

公路里程　指在一定时期内实际达到《公路工程[WTBZ]技术标准JTJ01-88》规定的等级公路，并经公路主管部门正式验收交付使用的公路里程数。包括大中城市的郊区公路以及通过小城镇街道部分的公路里程和桥梁、渡口的长度，不包括大中城市的街道、厂矿、林区生产用道和农业生产用道的里程。两条或多条公路共同经由同一路段，只计算一次，不得重复计算里程长度。该指标可以反映公路建设的发展规模，也是计算运输网密度等指标的基础资料。

内河航道里程　也称内河通航里程，指在一定时期内，能通航运输船舶及排筏的天然河流、

湖泊水库、运河及通航渠道的长度。包括全年季节性通航累计三个月以上的航道，不包括仅供零散流放竹、木排的河道。该指标可以反映内河水运网的规模、水平和发展情况。

民用航空航线里程　指民航运输定期班机飞行的航线长度的总和。航线长度按机场之间的距离计算，通常有两种计算方法：一是将每条航线长度相加称为重复计算航线里程；一是将两线或两条以上航线经过同一区段里程，只计算一次航线长度称为不重复计算航线里程。一般常用的是后者，该指标可以确切反映民航运输网的规模，是表明民航事业为国民经济服务和方便人民生活程度的主要指标。

输油(气)管道长度　也称输油(气)里程，指油品(或天然气)的实际输送距离，一般按输油(气)管道的单线长度计算。若包括复线和备用线长度则称为输油(气)管道延展长度，是指管道铺设的实际长度。我们通常使用的是不包括复线的“输油(气)管道里程”，该指标可以反映管道运输的发展规模和水平。

货(客)运量　指在一定时期内，各种运输工具实际运送的货物(旅客)数量。该指标是反映运输业为国民经济和人民生活服务的数量指标，也是制定和检查运输生产计划、研究运输发展规模和速度的重要指标。货运按吨计算，客运按人计算。货物不论运输距离长短、货物类别，均按实际重量统计。旅客不论行程远近或票价多少，均按一人一次客运量统计；半价票、小孩票也按一人统计。

货(客)运密度　指在一定时期内某种运输方式在营运线路的某一区段平均每公里线路通过的货物(旅客)运输周转量。计算公式为：

货（客）运密度=货物（旅客）周转量/营业线路长度

该指标可以反映交通运输线路上的货物(旅客)运输量运输繁忙程度，是平衡运输线路运输能力和通过能力，规划线路建设及改造、配备技术设备，研究运输网布局的重要依据。

货物(旅客)周转量　指在一定时期内，由各种运输工具运送的货物(旅客)数量与其相应运输距离的乘积之总和。该指标可以反映运输业生产的总成果，也是编制和检查运输生产计划，计算运输效率、劳动生产率以及核算运输单位成本的主要基础资料。计算货物周转量通常按发出站与到达站之间的最短距离，也就是计费距离计算。计算公式为：

货物（旅客）周转量=∑货物（旅客）运输量×运输距离

铁路货车平均静载重　指铁路货车在始发站静止状态下平均每车装载的货物重量，用以分析货车完成装车时车辆载重力的利用情况。计算公式为：

货车平均静载量=货物发送吨数/装车数

静载重的多少取决于运送货物的性质、种类、车辆的类型和装载技术的高低。根据货车的平均标记载重与静载重进行对比，可以反映货车载重能力的利用程度。计算公式为：

货车载重力利用率（%）=货车平均静载重/货车平均标记载重×100%

铁路货运机车日产量　指在一定时期内，平均每台货运机车在一昼夜内所完成的总重吨公里数，包括载运货物的重量和车辆本身的自重。该指标从时间和牵引能力两方面反映了机车运用效率。计算公式为：

货运机车平均日产量=货运总重吨公里数/货运机车台日数

沿海主要港口货物吞吐量 指经水运进出沿海主要港区范围，并经过装卸的货物数量，包括邮件及办理托运手续的行李、包裹以及补给运输船舶的燃、物料和淡水。货物吞吐量按货物流向分为进口、出口吞吐量，按货物交流性质分为外贸货物吞吐量和国内贸易货物吞吐量。货物吞吐量的货类构成及其流向，是衡量港口生产能力大小的重要指标。

民用汽车拥有量 指报告期末，在公安交通管理部门按照《机动车注册登记工作规范》，已注册登记领有民用车辆牌照的全部汽车数量。汽车拥有量统计的主要分类：根据汽车结构分为载客汽车、载货汽车及其他汽车；根据汽车所有者不同分为个人(私人)汽车、单位汽车；根据汽车的使用性质分为营运汽车、非营运汽车和特种汽车；根据汽车大小规格不同载客汽车分为大型、中型、小型和微型，载货汽车分为重型、中型、轻型和微型。

邮电业务总量 指以价值量形式表现的邮电通信企业为社会提供各类邮电通信服务的总数量。邮电业务量按专业分类包括函件、包件、汇票、报刊发行、邮政快件、特快专递、邮政储蓄、集邮、公众电报、用户电报、传真、长途电话、出租电路、无线寻呼、移动电话、分组交换数据通信、出租代维等。计算方法为各类产品乘以相应的平均单价(不变价)之和，再加上出租电路和设备、代用户维护电话交换机和线路等的服务收入。该指标综合反映了一定时期邮电业务发展的总成果，是研究邮电业务量构成和发展趋势的重要指标。计算公式为：

邮电业务总量=Σ（各类邮电业务量×不变单价）+出租代维及其他业务收入=邮电业务总量+电信业务总量

无线寻呼用户 无线寻呼是指电话用户通过无线寻呼中心，在规定范围内向携带小型寻呼机的用户发出声音、数字或文字显示信息。在寻呼台办理登记手续携带小型寻呼机的用户，称为无线寻呼用户。

移动电话用户 指通过移动电话交换机进入移动电话网、占用移动电话号码的各类电话用户。包括签约用户和智能网预付费用户。一个移动电话号码统计为一户。

互联网上网人数 指平均每周使用互联网至少1小时的中国公民人数。

本地电话用户 指接入本地电信运营商固定电话网上的电话用户。包括：住宅用户、单位用户、公用电话用户等。按电话用户位置又分为市内电话用户和农村电话用户。1997年以前，“市内电话用户”是指接入县城及县以上城市的电话网上的电话用户；“农村电话用户”是指接入县邮电局农话台及县以下农村电话交换点，以县城为中心(除市话用户外)联通县、乡(镇)、行政村、村民小组的用户。从1997年起，电话用户数分组调整为以用户所在区域划分为“城市电话用户”和“乡村电话用户”，与过去的按市内电话和农村电话划分方法不同。而电话用户总数、电话机总部数统计范围不变。

城市电话用户 指直辖市、省辖市、地级市、县级市的市区、市郊区及县城(包括县人民政府所在地的县城关区或行政建制相当于县人民政府所在地的镇)范围内接入局用交换机的电话用户数，包括分布在农村地区的独立工矿区、林区、驻军等电话用户数。

乡村电话用户 指按行政区划属于城市范围以外的乡(镇)、村的电话用户数。

住宅电话用户 指安装在居民住宅或农民家里并按照住宅电话用户登记注册和收费的电话用户。包括私人付费、单位付费和按规定免费安装的住宅电话用户。

长途电话交换机容量 指用于接入长途电话网的电话交换机设备的额定容量，包括国际电话交换机容量。

局用交换机容量 指安装在电信运营企业内用于接续本地固定电话的电话交换机容量，包括现用和备用的人工或自动交换机的全部容量。不包括用户交换机容量。

移动电话交换机容量 指移动电话交换机根据一定话务模型和交换机处理能力计算出来的最大同时服务用户的数量。

社会消费品零售总额 批发和零售业、餐饮业、新闻出版业、邮政业和其他服务业等，售予城乡居民用于生活消费的商品和社会集团用于公共消费的商品之总量。社会消费品零售总额包括：

一、批发和零售业企业（单位）：

1.售予城乡居民的各种生活消费品；

2.售予入境旅游的外国人、华侨、港澳台同胞的各类商品；

3.售予行政事业单位、社会团体、军队和武警等机构的商品，以及以零售方式售予各类企业的商品。具体包括：用于非生产和社会交往的办公用品，如通讯设备、计算器具和设备、电讯网络设备、文印设备、音像视听器材和设备、纸张、本册、文具及装订文印材料、家具、日用电器、针纺织品、清洁卫生用品、文体用品、奖品、纪念品、礼品等；供内部人员乘坐的交通工具和燃料；用于办公设施修缮的各类配件、材料、工具等；用于取暖和防暑降温的设备、燃料、材料及食品等；专用于教学的用品和设备；非营利医疗机构的中、西药品、中药材和医疗设备器材；非专用的劳动保护用品；不对外营业的内部食堂用的餐具、炊具、设备、清洁卫生工具和食品、燃料等；军队、武警用于其人员生活的衣着品和个人用品；其他各类非生产性设备和用品。

二、餐饮业出售的主食、菜肴、烟酒饮料和其他商品。

三、新闻出版业、邮政业售予城乡居民、企事业单位、军队和武警等机构的书报杂志、音像制品、邮品等。

四、其他服务业出售的食品、烟酒饮料、服装鞋帽、日常生活用品、医药保健用品、艺术品、工艺美术品、玩具、殡葬用品以及其他消费品。

批发零售贸易业商品购、销、存总额 指各种登记注册类型的批发、零售业企业(单位)以本企业(单位)为总体的，从国内、国外市场购进的商品总量，销售和出口的商品总量、库存商品总量等情况。该指标可以反映商品流转过程中商品的购进、销售、库存之间的比例关系和存在的问题。

商品购进总额 指从本企业(单位)以外的单位和个人购进(包括从境外直接进口)作为转卖或加工后转卖的商品总额。它反映批发零售贸易业从国内、国外市场上购进商品的总量。商品购进总额包括：(1)从工农业生产者购进的商品；(2)从出版社、报社的出版发行部门购进的图书、杂志和报纸；(3)从各种登记注册类型的批发零售贸易企业(单位)购进的商品；(4)从其他单位购进的商品，如从机关、团体、企业等单位购进的剩余物资，从餐饮业、服务业购进的商品，从海关、市场管理部门购进的缉私和没收的商品，从居民手中收购的废旧商品等；(5)从国(境)外直接进口的商品。不包括企业(单位)为自身经营用和未通过买卖行为而收入的商品以及销售退回、商品升溢等。

商品销售总额 指对本企业(单位)以外的单位和个人出售(包括对境外直接出口)的商品总额。它反映批发零售贸易业在国内市场上销售商品以及出口商品的总量。商品销售总额包括：(1)售给城乡居民和社会集团消费用的商品；(2)售给工业、农业、建筑业、运输邮电业、批发零售贸易业、餐饮业、服务业等作为生产、经营使用的商品；(3)售给批发零售贸易业作为转卖或加工后转卖的商品；(4)对国(境)外直接出口的商品。不包括出售本企业(单位)自用的废旧包装用品；未通过买卖行为付出的商品；经本单位介绍，由买卖双方直接结算，本单位只收取手续费的业务；购货退出的商品以及商品损耗和损失等。

批发零售贸易业库存 指报告期末各种登记注册类型的批发零售贸易企业(单位)已取得所有权的商品。它反映批发零售贸易企业(单位)的商品库存情况和对市场商品供应的保证程度。期末库存包括：(1)存放在批发零售贸易业经营单位(如门市部、批发站、经营处)仓库、货场、货柜和货架中的商品；(2)挑选、整理、包装中的商品；(3)已记入购进而尚未运到本单位的商品，即发货单或银行承兑凭证已到而货未到的部分；(4)寄放他处的商品，如因购货方拒绝承付而暂时存放在购货方的商品和已办完加工成品收回手续而未提回的商品；(5)委托其他单位代销(未作销售或调出)尚未售出的商品；(6)代其他单位购进尚未交付的商品。不包括所有权不属于本单位的商品、拨付除批发零售贸易业以外的其他行业所属独立核算加工厂等加工生产尚未收回成品的商品、代国家物资储备部门保管的商品等。

库存总额采用的计算价格是：农副产品采购单位按购进价计算；批发单位按进货价计算；零售单位按核算价格计算，即按什么价格核算就按什么价格计算。

餐饮业营业收入 指餐饮企业、产业活动单位或个体户的全部营业额，包括商品零售额和其他服务性收入。其主要反映餐饮企业、活动单位或个体户的经营情况及发展变化趋势。

餐饮业商品零售额 指餐饮企业、产业活动单位或个体户直接对居民和社会集团零售的各种商品。包括：(1)经烹饪、调制加工后出售的各种食品，如主食、炒菜、凉拌菜等；(2)不经加工直接转卖的各种外购商品，如卷烟、酒、饮料、熟食、水果等；(3)附设非独立核算的专门销售商品的小卖部出售的各种食品及其他商品。

消费品市场成交额 指在全国消费品交易市场成交的全部商品金额。消费品市场包括农副产品市场和工业消费品市场。

亿元商品交易市场成交额 指年销售额达到亿元以上，经工商部门批准、专门从事商品批发、零售业务活动的市场。其市场所有摊位销售总额称为商品交易市场成交额。

连锁企业（或称连锁店、连锁公司） 指在核心企业或总店的领导下，由分散的、经营同类商品或服务的企业或活动单位，采取共同方针，实行集中采购和分散销售的有机结合，通过规范化经营，实现规模效益的经济联合组织形式。一般连锁店应由若干个分店组成。其经营特征：(1)经营同类商品；(2)使用统一商号；(3)统一采购配送，采购与销售相分离（部分商品可根据物流合理和保质保鲜原则，由供应商直接送货到门店，其余均由总部统一配送）。

连锁门店包括下列两种形式：

直营连锁：指正规连锁。连锁门店均由总部独资或控股开设，在总部的直接领导下统一经营。

加盟连锁：指特许连锁。各连锁门店（被特许人）通过合同形式，取得使用总部（特许人）商标、商号、经营技术和销售总部开发的商品的特许权，各加盟连锁门店为独立法人，在总部指导下统一经营。

进出口总额 指实际进出我国国境的货物总金额。包括对外贸易实际进出口货物，来料加工装配进出口货物，国家间、联合国及国际组织无偿援助物资和赠送品，华侨、港澳台同胞和外籍华人捐赠品，租赁期满归承租人所有的租赁货物，进料加工进出口货物，边境地方贸易及边境地区小额贸易进出口货物(边民互市贸易除外)，中外合资企业、中外合作经营企业、外商独资经营企业进出口货物和公用物品，到、离岸价格在规定限额以上的进出口货样和广告品(无商业价值、无使用价值和免费提供出口的除外)，从保税仓库提取在中国境内销售的进口货物，以及其他进出口货物。该指标可以观察一个国家在对外贸易方面的总规模。我国规定出口货物按离岸价格统计，进口货物按到岸价格统计。

商品经营单位所在地进、出口额 指所在地海关注册登记的有进出口经营权的企业实际进、出口额。

商品目的地进口额和商品货源地出口额 目的地进口额指进口货物的消费、使用或最终抵运地的实际进口额，货源地出口额指出口货物的产地或原始发货地的实际出口额。

利用外资 指我国各级政府、部门、企业和其他经济组织通过对外借款、吸收外商直接投资以及用其他方式筹措的境外现汇、设备、技术等。

对外借款 指通过对外正式签订借款协议，从境外筹措的资金，包括外国政府贷款、国际金融组织贷款、外国银行商业贷款、出口信贷以及对外发行债券等。1996年及以前还包括对外发行股票。该指标是我国利用外资的重要部分。

外商直接投资 指外国企业和经济组织或个人(包括华侨、港澳台胞以及我国在境外注册的企业)按我国有关政策、法规，用现汇、实物、技术等在我国境内开办外商独资企业、与我国境内的企业或经济组织共同举办中外合资经营企业、合作经营企业或合作开发资源的投资(包括外商投资收益的再投资)，以及经政府有关部门批准的项目投资总额内企业从境外借入的资金。

外商其他投资 指除对外借款和外商直接投资以外的各种利用外资的形式。包括企业在境内外股票市场公开发行的以外币计价的股票（目前主要是在香港证券市场发行的H股和在境内证券市场发行的B股）发行价总额，国际租赁进口设备的应付款，补偿贸易中外商提供的进口设备、技术、物料的价款，加工装配贸易中外商提供的进口设备、物料的价款。

对外承包工程 指各对外承包公司以招标议标承包方式承揽的下列业务：(1)承包国外工程建设项目；(2)承包我国对外经援项目；(3)承包我国驻外机构的工程建设项目；(4)承包我国境内利用外资进行建设的工程项目；(5)与外国承包公司合营或联合承包工程项目时我国公司分包部分；(6)对外承包兼营的房屋开发业务。对外承包工程的营业额是以货币表现的本期内完成的对外承包工程的工作量，包括以前年度签订的合同和本年度新签订的合同在报告期内完成的工作量。

对外劳务合作 指以收取工资的形式向业主或承包商提供技术和劳动服务的活动。我国对外承包公司在境外开办的合营企业，中国公司同时又提供劳务的，其劳务部分也纳入劳务合作统计。劳务合作营业额按报告期内向雇主提交的结算数(包括工资、加班费和奖金等)统计。

对外设计咨询 指以服务成果向业主收费的技术服务项目。包括承担地形地貌测绘，地质资源勘探与普查，建设区域规划，提供设计文件、图纸、生产工艺技术资料和工程技术经济咨询，工程项目的可行性考察、研究和评估，进行技术指导和培训人员等；也包括承担国(境)内利用外资建设工程项目中的设计咨询项目内收取外币部分。

旅游者人数

(1)入境国际旅游者人数：指来中国参观、访问、旅行、探亲、访友、休养、考察、参加会议和从事经济、科技、文化、教育、宗教等活动的外国人、华侨、港澳同胞和台湾同胞的人数。不包括外国在我国的常驻机构，如使领馆、通讯社、企业办事处的工作人员;来我国常住的外国专家、留学生以及在岸逗留不过夜人员。

(2)出境居民人数：指大陆居民因公务活动或私人事务短期出境的人数。公务活动出境居民人数包括在国际交通工具上的中国服务员工，因私出境居民人数不包括在国际交通工具上的中国服务员工。

(3)国内旅游者人数：指我国大陆居民和在我国常住1年以上的外国人、华侨、港澳台同胞离开常住地在境内其他地方的旅游设施内至少停留一夜，最长不超过6个月的人数。

国际旅游(外汇)收入 指入境旅游的外国人、华侨、港澳同胞和台湾同胞在中国大陆旅游过程中发生的一切旅游支出，对于国家来说就是国际旅游(外汇)收入。

国际旅行社 指经营对外招徕并接待外国人、华侨、港澳同胞和台湾同胞来中国、归国或回内地旅游业务的旅行社。

国内旅行社 指负责经营招徕、组团、接待国内旅客的旅游业务，以及不对外招徕，负责经营接待国际旅行社或其它涉外部门组织的外国人、华侨、港澳同胞和台湾同胞来中国、归国或回内地的旅游业务的旅行社。

星级饭店 指已评定星级的饭店。

普通高等学校 指按照国家规定的设置标准和审批程序批准举办的，通过全国普通高等学校统一招生考试，招收高中毕业生为主要培养对象，实施高等教育的全日制大学、独立设置的学院和高等专科学校、高等职业学校和其他机构。

大学、独立设置的学院主要实施本科层次以上教育，高等专科学校、高等职业学校实施专科层次教育，其他机构是承担国家普通招生计划任务不计校数的机构。包括普通高等学校分校和批准筹建的普通高等学校等。

成人高等学校 指按照国家规定的设置标准和审批程序批准举办的，通过全国成人高等学校统一招生考试，招收具有高中毕业或同等学历的在职从业人员为主要培养对象，利用函授、业余、脱产等多种形式对其实施高等学历教育的学校。包括职工高等学校、农民高等学校、管理干部学院、教育学院、独立函授学院、广播电视大学、其他机构等。其他机构是承担国家成人招生计划任务不计校数的机构。

小学学龄儿童入学率 指调查范围内已入小学学习的学龄儿童占校内外学龄儿童总数(包括弱智儿童，不包括盲聋哑儿童)的比重。计算公式为：

小学学龄儿童入学率=已入学的小学学龄儿童数/校内外小学学龄儿童总数×100%

科技活动 指在自然科学、农业科学、医药科学、工程与技术科学、人文与社会科学领域(简称科学技术领域)中，与科技知识的产生、发展、传播和应用密切相关的有组织的活动。

可分为研究与试验发展(R&D)、研究与试验发展成果应用及相关的科技服务三类活动。该定义是联合国教科文组织考虑成员国特别是发展中国家开展科技统计工作的需要，而对科技活动所作的统计界定。

科技活动人员 指直接从事科技活动、以及专门从事科技活动管理和为科技活动提供直接服务，累计的实际工作时间占全年制度工作时间10%及以上的人员。(1)直接从事科技活动的人员包括：在独立核算的科学研究与技术开发机构、高等学校、各类企业及其他事业单位内设的研究室、实验室、技术开发中心及中试车间(基地)等机构中从事科技活动的研究人员、工程技术人员、技术工人及其它人员；虽不在上述机构工作，但编入科技活动项目(课题)组的人员；科技信息与文献机构中的专业技术人员；从事论文设计的研究生等。(2)专门从事科技活动管理和为科技活动提供直接服务的人员，包括：独立核算的科学研究与技术开发机构、科技信息与文献机构、高等学校、各类企业及其他事业单位主管科技工作的负责人，专门从事科技活动的计划、行政、人事、财务、物资供应、设备维护、图书资料管理等工作的各类人员，但不包括保卫、医疗保健人员、司机、食堂人员、茶炉工、水暖工、清洁工等为科技活动提供间接服务的人员。该指标用来反映投入科技活动人力的规模。

科学家与工程师 指科技活动人员中具有高、中级技术职称(职务)的人员和不具有高、中级技术职称(职务)的大学本科及以上学历人员。该指标用来反映投入科技活动人力的素质。

研究与试验发展(R&D) 指在科学技术领域，为增加知识总量、以及运用这些知识去创造新的应用进行的系统的创造性的活动，包括基础研究、应用研究、试验发展三类活动。国际上通常采用R&D活动的规模和强度指标反映一国的科技实力和核心竞争力。

基础研究 指为了获得关于现象和可观察事实的基本原理的新知识(揭示客观事物的本质、运动规律，获得新发现、新学说)而进行的实验性或理论性研究，它不以任何专门或特定的应用或使用为目的。其成果以科学论文和科学著作为主要形式。用来反映知识的原始创新能力。

应用研究 指为获得新知识而进行的创造性研究，主要针对某一特定的目的或目标。应用研究是为了确定基础研究成果可能的用途，或是为达到预定的目标探索应采取的新方法(原理性)或新途径。其成果形式以科学论文、专著、原理性模型或发明专利为主。用来反映对基础研究成果应用途径的探索。

试验发展 指利用从基础研究、应用研究和实际经验所获得的现有知识，为产生新的产品、材料和装置，建立新的工艺、系统和服务，以及对已产生和建立的上述各项作实质性的改进而进行的系统性工作。其成果形式主要是专利、专有技术、具有新产品基本特征的产品原型或具有新装置基本特征的原始样机等。在社会科学领域，试验发展是指把通过基础研究、应用研究获得的知识转变成可以实施的计划(包括为进行检验和评估实施示范项目)的过程。人文科学领域没有对应的试验发展活动。主要反映将科研成果转化为技术和产品的能力，是科技推动经济社会发展的物化成果。

研究与试验发展人员 指参与研究与试验发展项目研究、管理和辅助工作的人员，包括项目(课题)组人员，企业科技行政管理人员和直接为项目(课题)活动提供服务的辅助人员。反映投入从事拥有自主知识产权的研究开发活动的人力规模。

专业技术人员 指从事专业技术工作和专业技术管理工作的人员，即企事业单位中已经聘任专业技术职务从事专业技术工作和专业技术管理工作的人员，以及未聘任专业技术职务，现在专业技术岗位上工作的人员。包括工程技术人员，农业技术人员，科学研究人员，卫生技术人员，教学人员，经济人员，会计人员，统计人员，翻译人员，图书资料、档案、文博人员，新闻出版人员，律师、公证人员，广播电视播音人员，工艺美术人员，体育人员，艺术人员及企业政治思想工作人员，共十七个专业技术职务类别。用来反映科技人力资源情况。

科技活动经费筹集指从各种渠道筹集到的计划用于科技活动的经费，包括政府资金、企业资金、事业单位资金、金融机构贷款、国外资金和其他资金等。反映各社会经济主体对促进科技进步所做的努力。

政府资金 指从各级政府部门获得的计划用于科技活动的经费，包括科学事业费、科技三项费、科研基建费、科学基金、教育等部门事业费中计划用于科技活动的经费以及政府部门预算外资金中计划用于科技活动的经费等。

企业资金 指从自有资金中提取或接受其他企业委托的、科研院所和高校等事业单位接受企业委托获得的，计划用于科研和技术开发的经费。不包括来自政府、金融机构及国外的计划用于科技活动的资金。

金融机构贷款 指从各类金融机构获得的用于科技活动的贷款。

科技活动经费内部支出 指报告年内用于科技活动的实际支出，包括劳务费、科研业务费、科研管理费，非基建投资购建的固定资产、科研基建支出以及其他用于科技活动的支出。不包括生产性活动支出、归还贷款支出及转拨外单位支出。反映科技投入实际完成情况。

劳务费 指以货币或实物形式直接或间接支付给从事科技活动人员的劳动报酬及各种费用。包括各种形式的工资、津贴、奖金、福利、离退休人员费用、人民助学金等。反映改善科技人员待遇情况。

固定资产购建费 指报告年内使用非基建投资购建的固定资产和用于科研基建投资的实际支出额，即固定资产实际支出和科研基建投资实际完成额之和。固定资产是指长期使用而不改变原有实物形态的主要物资设备、图书资料、实验材料和标本以及其他设备和家具、房屋、建筑物。反映用于改善科研条件和科研手段方面的投入情况。

新产品 指采用新技术原理、新设计构思研制、生产的全新产品，或在结构、材质、工艺等某一方面比原有产品有明显改进，从而显著提高了产品性能或扩大了使用功能的产品。既包括政府有关部门认定并在有效期内的新产品，也包括企业自行研制开发，未经政府有关部门认定，从投产之日起一年之内的新产品。用来反映科技产出及对经济增长的直接贡献。

专利 是专利权的简称，是对发明人的发明创造经审查合格后，由专利局依据专利法授予发明人和设计人对该项发明创造享有的专有权。包括发明、实用新型和外观设计。反映拥有自主知识产权的科技和设计成果情况。

发明 指对产品、方法或者其改进所提出的新的技术方案。是国际通行的反映拥有自主知识产权技术的核心指标。

实用新型 指对产品的形状、构造或者其结合所提出的适于实用的新的技术方案。反映具有一定技术含量的技术成果情况。

外观设计 指对产品的形状、图案、色彩或者其结合所作出的富有美感并适于工业上应用的新设计。反映拥有自主知识产权的外观设计成果情况。

文化事业机构 指从事专业文化工作和为专业文化工作服务的独立建制的单位。不包括这些单位另外举办独立核算的其他机构和各部门的业余文化组织。该指标主要反映文化事业机构发展规模水平。

艺术表演团体 指从事戏曲、音乐、舞蹈、杂技等专业艺术表演，有独立帐户的单位，不包括半工半艺、半农半艺和民间职业剧团。

艺术表演观众人数(人次) 指售票、包场演出或民族地区免费演出的艺术表演观众人次数，不包括彩排审查和内部观摩演出的观看人次数。

等级运动员人数 指经考核正式批准授予等级运动员称号的人数。运动员等级分为国际级运动健将、运动健将、一级运动员、二级运动员、三级运动员、少年级运动员。该指标主要反映运动员队伍的技术质量水平。

等级裁判员人数 指经考核正式批准授予等级裁判员称号的人数。裁判员等级分为国际裁判、国家级裁判、一级裁判、二级裁判、三级裁判。该指标主要反映裁判员队伍的技术质量水平。

体育场 指有400米跑道(中心含足球场)，有固定道牙，跑道6条以上，并有固定看台的室外田径场地。体育场按看台容纳观众人数分为：甲级25000人以上，乙级15000–25000人，丙级5000–15000人，丁级5000人以下。该指标主要反映大中型体育场数量水平。

体育馆 指有固定看台，可供篮球、排球、羽毛球、乒乓球、体操等项目训练比赛活动用的室内运动场地。体育馆按看台容纳观众人数分为：甲级6000人以上，乙级4000–6000人，丙级2000–4000人，丁级2000人以下。该指标主要反映大中型体育馆数量水平。

卫生机构 包括医疗机构、疾病预防控制中心(防疫站)、采供血机构、卫生监督及监测(检验)机构、医学科研和在职培训机构、健康教育所等。

医疗机构 包括医院、社区卫生服务中心(站)、疗养院、卫生院、门诊部、诊所(卫生所、医务室)、妇幼保健院(所、站)、专科疾病防治院(所、站)、急救中心(站)和临床检验中心。医疗机构分为非赢利性医疗机构和赢利性医疗机构。

医院 包括综合医院、中医医院、中西医结合医院、民族医院、各类专科医院和护理院。

卫生技术人员 指卫生机构中医生、护理人员、药剂人员、检验人员等卫生技术人员。

医生 指在医疗、预防保健机构工作且取得《执业医师证书》的执业医师和执业助理医师。

社会福利事业单位 指集中收养社会孤老、残、幼的机构，包括由民政部门管理的社会福利院、儿童福利院、精神病人福利院和城镇集体举办的福利院及农村集体举办的敬老院以及优抚医院和具有收养能力的社区服务中心等。该指标主要反映我国在社会福利性单位投入的水平。

社会福利事业单位收养人数 包括民政部门管理和城镇、农村集体举办的社会福利事业单位中收养的老人、少年儿童、缺乏生活自理能力的残疾人员和精神病人。该指标主要反映收养性社会福利单位的收养能力。

社会福利企业单位 指以安置城镇有一定劳动能力的盲、聋、哑和肢体残疾人员就业为目的，享受国家减免税待遇的国有或集体企业。包括福利工厂、福利商业和服务业、假肢厂和安置农场等单位。该指标主要反映我国对残疾人照顾的特殊政策。

农村五保户 指农村中既无劳动能力，又无经济来源的老、弱、孤、残的农民，其生活由集体供养，实行保吃、保穿、保住、保医、保葬(孤儿保教)，简称“五保”，享受五保待遇的家庭叫五保户。该指标主要反映农村弱势群体的人员数量。

律师 指依法取得律师执业证书，担任法律顾问，民事(刑事、行政)案件代理人、刑事案件辩护人、办理非诉讼业务，解答法律询问，代写法律事务文书等，为社会提供法律服务的人员。

公证人员 指在公证处工作的人员总称，包括公证处主任、副主任、公证员、公证员助理(助理公证员)和其他从事辅助性工作的人员。

公证文书 指公证处根据当事人申请，依照事实和法律，按照法定程序制作的，具有法律效力的司法证明文书。根据公证书用途和使用地，公证书分为国内公证书、国内经济公证书、涉外民事公证书、涉外经济公证书四类。

调解员 指在人民调解委员会担负调解民间纠纷工作的人员，包括调解委员会的委员和调解小组的调解员。该指标主要反映从事人民调解工作的人员数量。

调解民间纠纷 指调解委员会按照法律规定，根据自愿原则，用说服教育的方法调解民间发生的有关民事权利和义务争执的件数，包括调解成功数和调解未成功数。该指标主要反映人民调解委员会的工作量。

受理劳动争议案件数 指劳动争议仲裁委员会根据国家有关规定，对劳动争议当事人的申请予以审查，符合受理条件而正式立案、准备处理的劳动争议案件数。

基本养老保险

1.参加保险人数：指报告期末按照国家法律、法规和有关政策规定参加基本养老保险的职工人数。包括不能正常缴费、已中断缴费但未终止保险关系的职工人数。

2.社会统筹基金收入：指根据国家规定，由纳入基本养老保险范围的单位，按照国家规定的缴费基数和缴费比例缴纳的社会统筹基金，以及通过其他方式取得的形成基金来源的收入，包括：单位缴纳的社会统筹基金收入、财政补贴收入、利息收入、其他收入。

3.社会统筹基金支出：指按照国家政策规定的开支范围和开支标准从社会统筹基金中支付给参加基本养老保险的离休、退休、退职人员个人的养老金、丧葬抚恤补助，以及由于保险关系转移、上下级之间调剂资金等原因而发生的支出。包括：基础性养老金、过渡性养老金、离休金、退休金、退职金、补贴、丧葬抚恤补助、其他支出。

4.社会统筹基金结余：指截止报告期末基本养老保险的社会统筹基金结余金额。包括银行存款、财政专户、债券投资和其他。

离休、退休、退职人员　指正式办理了离休、退休、退职手续，并享受相应的离休、退休、退职待遇的人员。

保险福利费用总额　指各单位在工资以外支付给职工和离休、退休、退职人员个人和用于集体的保险福利费用，不包括用于职工的劳动保护费用，由保险福利费用开支的医务人员工资，集体福利机构工作人员和病伤休息期满6个月以上人员的工资。

离休、退休、退职人员保险福利费用包括：

1.离休金：指发给离休干部的工资和按1982年国务院《关于老干部离职休养制度的几项规定的通知》发给符合规定的离休干部相当于一至两个月标准工资的生活补贴及1988年增发的生活补贴。

2.退休金：指按照国家有关规定发给退休职工的退休费和1988年增发的生活补贴。

3.退职生活费：指按照1978年国务院《关于工人退休、退职的暂行办法》发给退职人员的生活费用和1988年增发的生活补贴。以上离退休、退职人员的离退休金、退职生活费还应包括发给离退休、退职人员的生活补贴和物价补贴。

4.医疗卫生费：指离休、退休、退职人员的医疗费、住院费以及住院伙食补助等费用。

5.其他：指上述费用以外的其他保险福利费用，如丧葬抚恤救济费、交通费补贴、冬季取暖补贴等。

工业废水排放量　指经过企业厂区所有排放口排到企业外部的工业废水量。包括生产废水、外排的直接冷却水、超标排放的矿井地下水和与工业废水混排的厂区生活污水，不包括外排的间接冷却水(清污不分流的间接冷却水应计算在内)。

工业废水排放达标量　指报告期内废水中各项污染物指标都达到国家或地方排放标准的外排工业废水量，包括未经处理外排达标的，经废水处理设施处理后达标排放的，以及经污水处理厂处理后达标排放的。

工业废水排放达标率　指工业废水排放达标量占工业废水排放量的百分率，计算公式为：

$$工业废水排放达标率=工业废水排放达标量/工业废水排放量\times 100\%$$

工业废气排放量　指报告期内企业厂区内燃料燃烧和生产工艺过程中产生的各种排入大气的含有污染物的气体的总量，以标准状态(273K，101325Pa)计算。测算公式为：

$$工业废气排放量=燃料燃烧过程中废气排放量+生产工艺过程中废气排放量$$

工业SO_2排放量　指报告期内企业在燃料燃烧和生产工艺过程中排入大气的SO_2总量，计算公式为：

$$工业SO_2排放量=燃料燃烧过程中SO_2排放量+生产工艺过程中SO_2排放量$$

工业烟尘排放量　指企业厂区内燃料燃烧过程中产生的烟气中夹带的颗粒物排放量。

工业粉尘排放量　指企业在生产工艺过程中排放的能在空气中悬浮一定时间的固体颗粒物排放量。如钢铁企业的耐火材料粉尘、焦化企业的筛焦系统粉尘、烧结机的粉尘、石灰窑的粉尘、建材企业的水泥粉尘等。不包括电厂排入大气的烟尘。

工业固体废物产生量 指报告期内企业在生产过程中产生的固体状、半固体状和高浓度液体状废弃物的总量，包括危险废物、冶炼废渣、粉煤灰、炉渣、煤矸石、尾矿、放射性废物和其他废物等；不包括矿山开采的剥离废石和掘进废石(煤矸石和呈酸性或碱性的废石除外)。酸性或碱性废石指采掘的废石其流经水、雨淋水的pH值小于4或pH值大于10.5者。

工业固体废物综合利用量 指报告期内企业通过回收、加工、循环、交换等方式，从固体废物中提取或者使其转化为可以利用的资源、能源和其他原材料的固体废物量(包括当年利用往年的工业固体废物贮存量)，如用作农业肥料、生产建筑材料、筑路等。综合利用量由原产生固体废物的单位统计。

工业固体废物综合利用率 指工业固体废物综合利用量占工业固体废物产生量(包括综合利用往年贮存量)的百分率。计算公式为：

工业固体废物综合利用率=工业固体废物综合利用量/工业固体废物产生量+综合利用往年贮存量×100%

工业固体废物贮存量 指报告期内企业以综合利用或处置为目的，将固体废物暂时贮存或堆存在专设的贮存设施或专设的集中堆存场所内的数量。专设的固体废物贮存场所或贮存设施必须有防扩散、防流失、防渗漏、防止污染大气、水体的措施。

工业固体废物处置量 指报告期内企业将固体废物焚烧或者最终置于符合环境保护规定要求的场所，并不再回取的工业固体废物量(包括当年处置往年的工业固体废物贮存量)。处置方式有填埋(其中危险废物应安全填埋)、焚烧、专业贮存场(库)封场处理、深层灌注、回填矿井及海洋处置(经海洋管理部门同意投海处置)等。

工业固体废物排放量 指报告期内企业将所产生的固体废物排到固体废物污染防治设施、场所以外的数量，不包括矿山开采的剥离废石和掘进废石(煤矸石和呈酸性或碱性的废石除外)。

“三废”综合利用产品产值 指报告期内利用“三废”作为主要原料生产的产品价值(现行价)；已经销售或准备销售的应计算产品价值，留作生产自用的不应计算产品价值。

边境经济合作区 经省政府或国务院批准设立的，在边境地区一定范围内集中建设并享有一定优惠政策和配套设施的开发区。边境经济合作区以与毗邻国家对外贸易、经济技术合作为主。经省政府批准的即为省级开发区，经国务院批准设立的为国家级开发区。

经济技术开发区 经省政府或国务院批准设立的，设在内陆地区依托中心城市集中在一定地域建设，享有一定优惠政策和配套设施的开发区。经济技术开发区以招商引资、建立出口加工基地为主，成为本地招商引资，扩大开放的窗口和基地。

高新技术产业开发区 经省政府或国务院批准设立的，依托具有一定经济实力和科技力量的中心城市，享有一定优惠政策和配套设施，通过招商引资，扩大开放，发展高新技术产业开发区。

民营经济 登记注册类型为股份合作企业、其他联营企业、非国有控股的其他责任公司和股份有限公司、私营企业、内资其他企业的企业法人和有固定经营场所并持有工商营业执照，或有固定经营场所但暂时没有领取工商营业执照的个体经营户。

EXPLANATORY NOTES ON MAIN STATISTICAL INDICATORS

Administrative Division refers to the division of a dministr ative areas by the state. The Constitution of the People's Republic of China stipulates that the ad ministrative areas in China are divided as: 1) The whole country is divided into provinces, autonomous regions and municipalities directly under the central gov ernment; 2) Provinces and autonomous regions are divided into autonomous prefect ures, counties, autonomous counties and cities; 3) Autonomous prefectures are di vided into counties, autonomous counties and cities; 4) Counties and autonomous counties are divided into townships, nationality townships and towns; 5) Municip alities and large cities are divided into districts and counties, 6) The state s hall, when necessary, establish special administrative regions.

Climate refers to the natural environmental status formed by the long-term exc hange of energy and mass between the earth and the air, and is the results of in teraction of many factors. Climate is both one of the environment factors and t he important resources for the living and production activities of the human bei ng. The average values across several years of meteorological factors such as te mperature, rainfall and humidity are used as important parameters to describe th e climate of a region, while the average values (or total values) of a given yea r or month of meteorological factors reflect the key characteristics of climate for that period of time.

Natural Resources refer to material resources that could be obtained from the nature by human being and used for production and living. Natural resources in g eneral can be classified as renewable resources and non-renewable resources. Ren ewable resources refer to resources that could be renewed and recycled during a relatively short period of time, including land resource, water resource, climat e resource, biology resource and marine resource. Non-renewable resources includ e resources that could not be renewed, such as minerals and geothermal resource. Land Resource Land refers to the surface of the earth, consisting of mainly rock s and its whethering and earth. Land resource can be classified, by its utilizat ion, as land for agriculture, land for construction and unused land. Land for ag riculture includes cultivated land, plantation land, forestland, grassland and w aters. Land for construction includes land for residential purpose, for manufact uring and mining, for transportation and for water-conservancy projects. Unused land refers to land other than land for agriculture and construction, including beaches, deserts, Gobi, glaciers and rock mountains.

Area of Cultivated Land refers to area of land recl aimed for the regular cult ivation of various farm crops, including crop-cover land, fallow, newly reclaime d land and land laid idle for less than 3 years.

Area of Afforested Land refer to land for trees bam boo, bushes and mangrove, i ncluding forest-cover land, bush-covered land, sparse forest land, land planned for afforestation and nurseries of young trees.

Area of Grassland refers to areas of grassland, gra ss-slopes and grass-covered hills with a vegetation-covering rate of over 5% that are used for animal husba ndry or harvesting of grass. It includes natural, cultivated and improved grassl and areas.

Forest Resource refers to forests, trees, forestlan d and wild animals, plants and microorganism that live on forest and trees. Trees include trees and bamboo. Forest refers to the population of clusters of trees and other plants, animals and microorganism as well as the earth and climate that have interactions with t he trees.

Total Standing Stock Volume refers to the total sto ck volume of trees growing in land, including trees in forest, tress in sparse forest, scattered trees and trees planted by the side of villages, farm houses and along roads and rivers. Forest Area refers to the area of forest where trees and bamboo grow with cano py density above 0.2, including land of natural woods and planted woods, but exc luding bush land and thin forest land. It reflects the total areas of afforestat ion.

Stock Volume of Forest refers to total stock volume of wood growing in forest area, which shows the total size and level of forest resources of a country or a r egion.It is also an important indicator illustrating the richness of forest res ource and the status of forest ecological environment.

Forest Coverage Rate refers to the ratio of area of afforested land to total land area. It is a very important indicator that reflects the status of abundanc e of forest resource and ecosystem balance. Forest area includes the area of tre es and bamboo grow with canopy density above 0.2, the area of shrubby tree accor ding to regulations of the government, the area of forest land inside farm land and the area of trees planted by the side of villages, farm houses and along roa ds and rivers. The formula for calculating forest coverage rate is as follows:

Forestry coverage rate (%)= (Area of Afforested Land/Area of Total Land) x 100%

Water Resource Water exists in the nature in solid, liquid and gaseous states, is distributed in the ocean, land (including earth) and air, and constitutes th e water resource through the circulation of water. Water resource includes the s urface water and underground water that is controlled by the human being for irr igation, power-generation, water supply, navigation and cultivation. It also inc ludes rivers, lakes, wells, springs, tides, gulf and water area for cultivation. Water resource as an important natural resource is indispensable for the develo pment of the national economy.

Surface Water and Underground Water Water on earth can be divided into surface water and underground water according to its distribution. Surface water refers to moisture exists in rivers, lakes, swamps, glaciers, icecaps and so on. It is also called land water. The underground water refers to water deposited undergr ound in the cranny and the hole of saturated rock soil and in the water-eroded c ave.

Runoff refers to the water gathered at the way out of t he cross section of drai nage area either from the surface or underground after deducting the wastage of the precipitation on the land. Runoff can be divided into surface runoff, under ground runoff and within soil runoff. Surface runoff refers to water flow to the rivers, lakes, swamps, and seas on the surface of the earth. Underground runoff refers to water flow to rivers, lakes, swamps, and seas through the water-beari ng stratum of confined layer or unconfined layer.

Volume of Runoff refers to the total volume of water ru nning through a certain cross section of a river during a certain period of time, reflecting the water resource condition in a country or a region. The formula for calculating volume or runoff is as follows:

Runoff =Precipitation – Evaporation

Mineral Resources refer to useful minerals that can be used for industrial or agricultural purposes enriched in lithosphere or on earth due to the geological process. Minerals are important natural resources, and important material base f or social development.

Ensured Mineral Reserves refer to the actual mineral re serves, which equal to the proven mineral reserves (including industrial reserves and prospective reser ves) minus extracted parts and underground losses.

Drainage Area Each river has its own main stream and branches to form the water system of the river. Each river has its own catchment area, which is also calle d as the drainage area of the river.

Temperature refers to the air temperature. China uses c entigrade as the unit.

The thermometry used for weather observation is put in a breezy shutter, which i s 1.5 meters high from the ground. Therefore, the commonly used temperature refe rs to the temperature in the breezy shutter 1.5 meters away from the ground. The calculation method is as follows:

Monthly average temperature is the summation of average daily temperature of one month divided by the actual days of that particular month.

Annual average temperature is the summation of monthly average of a year divided by 12 months.

Relative Humidity refers to the ratio of actual water v apor pressure to the sa turation water vapor density under the current temperature. The statistical meth od is the same as that of temperature.

Volume of Precipitation refers to the deepness of liqu id state or solid state (thawed) water falling from the sky to the ground that has not been evaporated, infiltrated or run off. The calculation method is as follows:

Monthly precipitation is the summation of daily precipitation of a month.

Annual precipitation is the summation of 12 months precipitation of a year.

Sunshine Hours refer to the actual hours of sun irradia ting the earth. The calculation method is the same as that of the precipitation.

Total Water Resources refers to total volume of water resourc es measured as run- off for surface water from rainfall and recharge for groundwater in a given area , excluding transit water.

Surface Water Resources refers to total renewable resources w hich exist in river s, lakes, glaciers and other collectors from rainfall and are measured as run-of f of rivers.

Groundwater Resources refers to replenishment of aquifers with rainfall and surface water.

Duplicated Measurement Between Surface Water and Groundwater refers to mutual exchange between surface water and groundwater, i.e. run-off of rivers includes so me depletion with groundwater while groundwater includes some replenishment with surface water.

Comparable Prices refer to pr ices that are used to remove the factors of price change in calculating economic aggregates, so as to facilitate comparison of aggregates over time. Two methods are used for calculating economic aggregates at comparable prices: 1) Multiplyi ng the output of products by their constant prices of certain year; 2) Deflating data at current prices by relevant price indices.

Constant Price refers to the average price of a given p roduct in certain year, which is used for comparison of output value over time. As the output value at constant prices removes the factor of price changes, it reflects the trend of pr oduction development over time. Since 1949, with the changes in general price le vel, National Bureau of Statistics has issued nationally unified constant prices five times: the 1952 constant prices for 1949-1957; the 1957 constant prices fo r 1957-1971; the 1970 constant prices for 1971-1981; the 1980 constant prices fo r 1981-1990; and the 1990 constant prices have been used since 1991.

Average Annual Growth Rate Two methods for calculating average annual growth rate are applied in China, one is often called level approach, or the method of c alculating geometric average, which is derived by comparing the level of the las t year of the interval with that of the beginning year; the other is called accu mulative approach or algebraic average or equation method, which is derived by t he summation of the actual figure of each year in the interval divided by the fi gure in the base year.

Usually the results calculated by the two methods are fairly close, but they dif fered sharply when uneven economic development occurred with striking fluctuatio ns in growth.

Industrial Classification of the National Economy The new Indu strial Classifica tion of the National Economy (GB/T 4754-2002) is introduced starting from the co mpilation of 2003 annual statistics. The revision of the 1994 classification was organized by the National Bureau of Statistics taking into consideration of the International Standards of the Industrial Classification of All Economic Activi ties (ISIC/Rev.3) of the United Nations, and the new Classification was promulga ted by the National Administration of Quality Supervision, Inspection and Quaran tine on May 10, 2002. The revised version of the Industrial Classification of th e National Economy (GB/T 4754-2002) is composed of 20 major divisions, 95 divisi ons, 396 major groups and 913 groups, including 4 new major divisions, 3 new div isions, 28 major groups and 67 groups.

Registration Status of Enterprises Enterprises are clas sified into 3 categories, namely domestic-funded enterprises, enterprises with investment from Hong Ko ng, Macau and Taiwan, and enterprises with foreign investment, in the light of t he registration status of an enterprise in industrial and commercial administrat ion agencies. Domestic-funded enterprises include state-owned enterprises, colle ctive-owned enterprises, cooperative enterprises, joint ownership enterprises, limited liability corporations, share-holding corporations Ltd., private enterpr ises and other enterprises. Included in the enterprises with investment from Hon g Kong, Macau and Taiwan and enterprises with foreign investment are joint-ventu re enterprises, cooperative enterprises, sole investment enterprises and share-h olding corporations Ltd. For government agencies, institutions and social organi zations which are not requested to be registered in industrial and commercial ad ministration agencies, they are classified mainly by their sources of funds and way of management.

State-owned Enterprises refer to non-corporation econom ic units where the entire assets are owned by the state and which have registered in accordance with th e Regulation of the People's Republic of China on the Management of Registration of Corporate Enterprises. Excluded from this category are sole state-funded cor porations in the limited liability corporations.

Collective-owned Enterprises refer to economic units where the assets are owne d collectively and which have registered in accordance with the Regulation of th e People's Republic of China on the Management of Registration of Corporate Ente rprises.

Cooperative Enterprises refer to a form of collective e conomic units (enterpri ses) where capitals come mainly from employees as their shares, with certain pro portion of capital from the outside, where production is organized on the basis of independent operation, independent accounting for profits and losses, joint w ork, democratic management, and a distribution system that integrates remunerati on according to work with dividend according to capital share.

Joint Ownership Enterprises refer to economic units est ablished by two or more corporate enterprises or corporate institutions of the same or different owners hip, through joint investment on the basis of equality, voluntary participation and mutual benefits. They include state joint ownership enterprises, collective joint ownership enterprises, joint state-collective enterprises, other joint own ership enterprises.

Limited Liability Corporations refer to economic units established with invest ment from 2-50 investors and registered in accordance with the Regulation of the People's Republic of China on the Management of Registration of Corporations, e ach investor bearing limited liability to the corporation depending on its share of investment, and the corporation bearing liability to its debt to the maximum of its total assets. Limited liability corporations include exclusive state-fun ded limited liability corporations and other limited liability corporations.

Share-holding Corporations Ltd. refer to economic units registered in a ccordanc e with the Regulation of the People's Republic of China on the Management of Reg istration of Corporations, with total registered capitals divided into equal sha res and raised through issuing stocks. Each investor bears limited liability to the corporation depending on the holding of shares, and the corporation bears li ability to its debt to the maximum of its total assets.

Private Enterprises refer to profit-making economic uni ts invested and establis hed by natural persons, or controlled by natural persons using employed labour. Included in this category are private limited liability corporations, private sh are-holding corporations Ltd., private partnership enterprises and private-funde d enterprises registered in accordance with the Corporation Law, Partnership Ent erprises Law and Interim Regulations on Private Enterprises .

Other Domestic-funded Enterprises refer to domestic-fun ded economic units other than those mentioned above.

Cooperative Enterprises with Funds from Hong Kong Macau and Taiwan established by investors from Hong Kong, Macau and Taiwan with enterprises in the mainland of China in accordance with the Law of the People's Republic of China on Sino-fo reign Cooperative Enterprises and other relevant laws, where the investment or p rovision of facilities, and the share of profits and risks is stipulated in the cooperative contract.

Enterprises with Sole (exclusive) Investment from Hong Kong, Macau and Taiwan refer to enterprises established in the mainland of China with exclusive investm ent from investors from Hong Kong, Macau and Taiwan in accordance with the Law o f the People's Republic of China on Foreign-Funded Enterprises and other relevan t laws.

Share-holding Corporations Ltd. with Investment from Hong Kong, Macau and Taiwan refer to share-holding corporations Ltd. established with the approval from t he former Ministry of Foreign Trade and Economic Relations in line with relevant state regulations, where the share of investment from Hong Kong, Macau or Taiwa n businessmen exceeds 25% of the total registered capital of the corporation. In case the share of investment from Hong Kong, Macau or Taiwan is less than 25% o f the total registered capital, the enterprise is to be classified as domestic-f unded share-holding corporation Ltd.

Joint-venture Enterprises with Foreign Investment refer to enterprises jointly established by foreign enterprises or foreigners with enterprises in the mainla nd of China in accordance with the Law of the People's Republic of China on Sin o-foreign Joint Venture Enterprises and other relevant laws, where the share of investment, profits and risks is stipulated in the contract.

Cooperation Enterprises with Foreign Investment refer t o enterprises jointly e stablished by foreign enterprises or foreigners with enterprises in the mainland of China in accordance with the Law of the People's Republic of China on Sino-f oreign Cooperative Enterprises and other relevant laws, where the investment or provision of facilities, and the share of profits and risks is stipulated in the cooperative contract.

Enterprises with Sole (exclusive) Foreign Investment refer to enterprises esta blished in the mainland of China with exclusive investment from foreign investor s in accordance with the Law of the People's Republic of China on Foreign-Funded Enterprises and other relevant laws.

Share–holding Corporations Ltd. with Foreign Investment refer t o share-holding corporations Ltd. established with the approval from the Ministry of Foreign Tra de and Economic Relations in line with relevant state regulations, where the sha re of investment from foreign investors exceeds 25% of the total registered capi tal of the corporation. In case the share of foreign investment is less than 25% of the total registered capital, the enterprise is to be classified as domestic -funded share-holding corporation Ltd.

Government Agencies, Institutions and Social Organizations are classified into following categories by source of funds and way of management taking reference o f the registration status of enterprises:

(1) Government agencies: include state and party agencies, classified in princip le as state-owned. There are exceptions, such as supply and marketing cooperativ es which are classified as collective-owned.

(2) Institutions: include institutions of various types established with the app roval by organization and staffing departments of the government, but exclude in stitutions where enterprise management system is introduced. Institutions are fu rther classified as follows:

(a) Institutions whose main budget is listed in the government budget appropriat ions or extra-budget funds, or allocated from the budget of their competent gove rnment agencies. Such institutions are classified as state-owned.

(b) Institutions whose budget mainly comes from collective units. Such instituti ons are classified as collective-owned.

(c) Institutions other than those mentioned above whose source of budget is not clear. Such institutions are classified by way of management.

(3) Social organizations: include social organizations established with the appr oval from the Ministry of Civil Affairs, and organizations that are not covered by social organization management regulations such as trade unions, womens feder ations etc.. Social organizations are further classified as follows:

(a) Social organizations that are not covered by social organization management regulations of the Ministry of Civil Affairs such as trade unions, womens federa tions, communist youth leagues, youth associations, industrial and commerce asso ciations, scientists associations, overseas Chinese associations, etc., foundati ons and fund management organizations established with funds from the state, and social organizations whose funds mainly come from the budget of their competent government agencies. Such institutions are classified as state-owned.

(b) Social organizations whose budget mainly comes from collective units. Such i nstitutions are classified as collective-owned.

(c) Social organizations established by individual or a group of citizens, which are classified as private.

(d) Social organizations other than those mentioned above whose source of budget is not clear. Such organizations are classified by way of management

Gross Domestic Product (GDP) refers to the final products at ma rket prices produced by a ll resident units in a country (or a region) during a certain period of time. Gr oss domestic product is expressed in three different forms, i.e. value , income, and products respectively. GDP in its value form refers to the total v alue of all goods and services produced by all resident units during a certain p eriod of time, minus the total value of input of goods and services of the natur e of non-fixed assets; in order term, it is the sum of the value-added of all re sident units. GDP in the form of income includes the income created by all resid ent units and distributed to resident and non-resident units. GDP in the form of products refers to the value of all goods and services for final consumption by all resident units minus the net exports of goods and services during a given p eriod of time. In the practice of national accounting, gross domestic product is calculated with three approaches, i.e. production approach, income approach and expenditure approach, which reflect gross domestic product and its composition from different aspects.

Three Industries Classification of economic activities into three branches of industries is a common practice in the world, although the grouping varies to so me extent form country to country. In China economic activities are categorized into following industries:

Primary industry: refers to agriculture, forestry, animal husbandry and fishery. Secondary industry: refers to mining and quarrying, manufacturing, production an d supply of electricity, water and gas, and construction. Tertiary industry: refers to all other economic activities not included in prima ry or secondary industry.

GDP by Expenditure Approach refers to the method of mea suring the final result s of production activities of a country (region) during a given period from the perspective of final use. It includes final consumption, total capital formation and net export of goods and services, i.e.:GDP by expenditure approach = final consumption + total capital formation + net export of goods and services Final Consumption refers to the total expenditure of resident units for purcha ses of goods and services from domestic economic territory and abroad to meet th e requirements of material, cultural and spiritual life. It excludes the expendi ture of non-resident units on consumption in the economic territory of the count ry. The final consumption is broken down into household consumption and governme nt consumption.

Households Consumption refers to the total expenditure of resident households on the final consumption of goods and services. In addition to the consumption o f goods and services bought by the households directly with money, the household s consumption also includes expenditure on goods and services obtained by the ho useholds in other ways, i.e. the so-called imputed consumption expenditure, whic h includes the following: (a) the goods and services provided to the households by the employer in the form of payment in kind and transfer in kind; (b) goods a nd services produced and consumed by the households themselves, in which the ser vices refer only to the owner-occupied housing and domestic and individual servi ces provided by the paid household workers; (c) financial intermediate services provided by financial institutions; (d) insurance services provided by insurance companies.

Government Consumption refers to the expenditure on the consumption of the pub lic services provided by the government to the whole society and the net expendi ture on the goods and services provided by the government to the households free of charge or at low prices. The former equals to the output value of the govern ment services minus the value of operating income obtained by the government dep artments. The latter equals to the market value of the goods and services provid ed by the government free of charge or at low prices to the households minus the value received by the government from the households.

Total Capital Formation refers to the fixed assets acqu ired minus those dispos ed of and the net value of inventory, including the total fixed capital formatio n and the increase in inventory.

Total Fixed Capital Formation refers to the value of fi xed assets acquired min us those disposed of during a given period. Fixed assets are the assets produced through production activities with specified unit value which could be used for over one year, excluding natural assets. Total fixed capital formation can be categorized into total tangible capital formation and total intangible capital f ormation. The total tangible capital formation include the value of the construc tion projects, installation projects completed and the equipment, apparatus and instruments purchased as well as the value of land improved, the value of draugh t animals, breeding stock, animals for milk, wool and for recreational purpose, and the newly increased forest with economic value during a given period. The to tal intangible capital formation includes the prospecting of minerals, the acqui sition of computer software minus the disposal of them.

Increase in Inventory refers to the market value of the change in inventory of resident units during a given period, i.e. the difference of value between the beginning and the end of the period minus the current gains due to the change in prices. The increase in inventory can be positive or negative. A positive value indicates the increase in inventory while a negative value indicates the decrea se in stock. The inventory includes the raw materials, fuels and reserve materia ls purchased by the production units as well as the inventory of finished produc ts, semi-finished products, work-in-progress, etc.

Net Export of Goods and Services refers to the differen ce of the exports of go ods and services minus the imports of goods and services. The imports include t he value of various goods and services sold or gratuitously transferred by the r esident units to the non-resident units. The imports include the value of variou s goods and services purchased or gratuitously acquired by the resident units fr om the non-resident units. Because the provision of services and the use of them happen simultaneously, the acquisition of services by the resident units from a broad is usually treated as import while the acquisition of services by non-resi dent units in this country is usually treated as export. The export and import o f goods are calculated at FOB.

Total Population refers to the total number of peop le alive at a certain point of time within a given area.

Urban Population and Rural Population Urban population refer to all people resi ding in cities and towns, while rural population refer to population other than urban population.

Statistics on urban and rural population over the years are compiled in line wit h the regulations of statistical classification on urban and rural population st ipulated by the government, which were in effect at different times. Figures on urban/rural population for the years between the 3 censuses are adjusted in accordance with the 1990 and 2000 population census data.

Birth Rate or (Crude Birth Rate) refers to the ratio of the number of births to the average population (or mid-period population) during a certain period of tim e (usually a year), expressed in ‰. Birth rate in the chapter refers to annual birth rate. The following formula is used:

Birth Rate = (Number of Births/Average Number of Population) × 1000‰

Number of births in the formula refers to live births, i.e. when a baby has brea thed or showed any vital phenomena regardless of the length of pregnancy.

Annual average number of population is the average of the number of population a t the beginning of the year and that at the end of the year. Sometimes it is sub stituted by the mid-year population.

Death Rate (or Crude Death Rate) refers to the ratio of the number of deaths to the average population (or mid-period population) during a certain period of tim e (usually a year), expressed in ‰. Death rate in the chapter refers to annual death rate. The following formula is used: Death Rate= (Number of Deaths/Annual Average Number of Population)×1000‰

Natural Growth Rate of Population refers to the ratio o f natural increase in pop ulation (number of births minus number of deaths) in a certain period of time (u sually a year) to the average population (or mid-period population) of the same period, expressed in ‰. The following formula is applied:

Natural Growth Rate of Population = [(Number of Births-Number of Deaths)/Average Number of Population] ×1000‰

Natural Growth Rate of Population = Birth Rate-Death Rate

Gross Dependency Ratio also called gross dependency c oefficient, refers to the ratio of non-working-age population to the working-age population, express in %. Describing in general the number of non-working-age population that every 100 p eople at working ages will take care of, this indicator reflects the basic relat ion between population and economic development from the demographic perspective . The gross dependency ratio is calculated with the following formula:

$$GDR = (P_{0-14}+P_{65}+)/P_{15-64} \times 100\%$$

Where: GDR is the gross dependency ratio

P_{0-14} is the population of children aged 0-14

P_{65+} is the elderly population aged 65 and over, and

P_{15-64} is the working-age population aged 15-64

Old Dependency Ratio also called old dependency coeffic ient, refers to the rati o of the elderly population to the working-age population, express in %. It desc ribes the number of the elderly population that every 100 people at working ages will take care of. Old dependency ratio is one of the indicators reflecting the social implication of population aging from the economic perspective. The old d ependency ratio is calculated with the following formula:

$$ODR=P_{65+}/P_{15-64} \times 100\%$$

Where: ODR is the old dependency ratio

P_{65+} is the elderly population aged 65 and over, and

P_{15-64} is the working-age population aged 15-64

Children Dependency Ratio also called children dependency coefficient, refers to the ratio of the children population to the working-age population, express in %. It describes the number of children population that every 100 people at worki ng ages will take care of. The children dependency ratio is calculated with the following formula:

$CDR=P_{0-14}/P_{15-64} \times 100\%$

Where:CDR is the children dependency ratio

P_{0-14} is the children population aged 0-14, and

$P_{15-64}$is the working-age population aged 15-64

Economically Active Population refers to the population aged 16 and over who ar e capable to work, are participating in or willing to participate in economic ac tivities, including employed persons and unemployed persons.

Employed Persons refer to the persons who are engaged i n social working and rece ive remuneration payment or earn business income, including total staff and work ers, re-employed retirees, employers of private enterprises, self-employed worke rs, employees in private enterprises and individual economy, employees in townsh ip enterprises, employed persons in the rural areas, and other employed persons (including teachers in the schools run by the local people, people engaged in re ligious profession and the servicemen, etc.). This indicator reflects the actual utilization of total labour force during a certain period of time and is often used for the research on China's economic situation and national power.

Persons Employed in Various Units refer to all the per sons working in governme nt agencies of various levels, political and party organizations, social organiz ations, enterprises and institutions, and receiving wages or other forms of paym ent. They include fully-employed staff and workers, re-employed retirees, teache rs in schools run by the local people, foreigners and Chinese compatriots from H ong Kong, Macao, and Taiwan working in various units, part-time employees, emplo yees of other units working temporarily at current posts, and employees holding the second job, but exclude staff and workers who have left their working units while keeping their labour contract (employment relation) unchanged. This indica tor reflects the total number of laborers actually engaged in production or othe r operations in various units.

Persons Employed in Private Enterprises and Self-Employed Individuals in Urban A reas Persons employed in private enterprises refer to the persons employed in the private enterprises which have been registered at the departments of industr ial and commercial administration and are situated at a county town (i.e. a town where the county government is located) for business operation or at urban area s with the level higher than a county town. The self-employed individuals in urb an areas refer to persons who hold the certificates of residence in urban areas or have resided in the urban areas for a long time and have been registered at t he departments of industrial and commercial administration and approved to be en gaged in individual industrial or commercial business, including self-employed p ersons as well as helpers and hired labourers who work in the individual househo lds engaged in industrial or commercial business.

Registered Urban Unemployed Persons refer to the person s with non-agricultural household registration at certain working ages (16-50 years for male and 16-45 years for females), who are capable of work, unemployed and willing to work, and have been registered at the local employment service agencies to apply for a jo b.

Registered Urban Unemployment Rate refers to the ratio of the number of the re gistered unemployed persons to the sum of the number of persons employed in vari ous units (minus the rural labour force, retirees, and Hong Kong, Macao, Taiwan or foreign employees they employ) laid-off workers in urban units, owners and em ployees in urban private enterprises, urban self-employed individuals and the re gistered urban unemployed persons. The formula is as follows:

Registered urban unemployment rate = number of registered urban unemployed perso ns÷(number of persons employed in urban units - rural labour force employed - r etirees employed - Hong Kong, Macao, Taiwan or foreign employees employ + laid-o ff workers + owners and employees in urban private enterprises + self-employed i ndividuals in urban areas + registered urban unemployed persons) × 100%.

Staff and Workers refer to persons working in, and rece ive payment from units o f state ownership, collective ownership, joint ownership, share holding ownershi p, foreign ownership, and ownership by entrepreneurs from Hong Kong, Macao, and Taiwan, and other types of ownership and their affiliated units. They do not inc lude 1) persons employed in township enterprises, 2) persons employed in private enterprises, 3) urban self-employed persons, 4) retirees, 5) re-employed retire es, 6) teachers in the schools run by the local people, 7) foreigners and person s from Hong Kong, Macao and Taiwan who work in urban units, and 8) other persons not to be included by relevant regulations. (Data of 1998 and afterward refer t o fully employed staff and workers. Other related statistics such as total wage bill and average wage are adjusted since 1998 accordingly).

State–owned Units refer to economic units whose assets are owne d by the state. Included are non-corporation units registered according to Regulation of the Peo ple's Republic of China on the Registration of Enterprises and Corporations, sta te organs, institutions and social organizations at the central and local levels .

Collective Units refer to economic units registered acc ording to Regulation of the People's Republic of China on the Registration of Enterprises and Corporatio ns where the means of production are collectively owned.

Units of Other Types of Ownership refer to units regist ered with other types of ownership, including cooperative units, joint ownership units, limited companie s, share holding corporations, units invested by entrepreneurs from Hong Kong, M acao, and Taiwan, and foreign-invested units.

Fully Employed Staff and Workers refer to persons who w ork in, and receive wag es from their working units, as well as persons who have their work posts, but a re temporarily absent from work for reasons of study or on sick, injury or mater nal leave and still receive wages from their working units.

Total Wages Bill refer to the total remuneration paymen t to staff and workers i n various units during a certain period of time. The calculation of total wages is based on the total remuneration payment to the staff and workers. Therefore, all the wages and salaries and other payments to staff and workers are included in the total wages regardless of their sources, category, and forms (in kind or cash). (Total wages of staff and workers in this yearbook include only total wag es of fully employed staff and workers, excluding the living allowances distribu ted to those who have left their working units while keeping their labour contra ct/employment relation unchanged).

Average Wage refers to the average wage in money terms per person during a cert ain period of time for staff and workers in enterprises, institutions, and gover nment agencies, which reflects the general level of wage income during a certain period of time and is calculated as follows:

Average Wage = Total Wages of Staff and Workers at Reference Time /Average Numbe r of Staff and Workers at Reference Time.

Average Wage Indices refers to the ratio of average wag e of staff and workers i n the report period to that in the base period, which reflects the change of wag e of staff and workers at the different period. It is calculated as follows:

Average Wage Indices = Average Wage of Staff and Workers at Reference Time / Average Wage of Staff and Workers at Base Period x 100%

Average Real Wage Indices average real wage of staff and workers refers to the average wage of staff and workers after removing the effects of the price change s and average real wage indices of staff and workers refers to the change of rea l wage, which reflects the relative increasing or decreasing level of real wage of staff and workers, which is calculated as follows:

Average Real Wage Indices = Average Wage Indices of Staff and Workers at the Ref erence Time / Urban Consumer Price Indices at Reference Time x 100%

Total Investment in Fixed Assets in the Whole Country refers to the volume of activities in construction and purchases of fixed assets and related fees, expre ssed in monetary terms. It is a comprehensive indicator which shows the size, st ructure and growth of the investment in fixed assets, providing basis for observ ing the progress of construction projects and evaluating results of investment. Total investment in fixed assets in the whole country includes, by type of owner ship, the investment by the state-owned units, collective units, individuals, jo int ownership units, share-holding units, as well as investment by businessmen f rom foreign countries and from Hong Kong, Macau and Taiwan, and by other units.

Investment in Real Estate Development It includes the investment by the real estate development companies, commercial buildings construction companies and othe r real estate development units of various types of ownership in the constructio n of house buildings, such as residential buildings, factory buildings, warehous es, hotels, guesthouses, holiday villages, office buildings, and the complementa ry service facilities and land development projects, such as roads, water supply , water drainage, power supply, heating, telecommunications, land leveling and o ther projects of infrastructure. It excludes the activities in simple land trans actions.

Other Investment in Fixed Assets refers to the construc tion and purchases of fi xed assets with an investment of over 500,000 yuan which are not listed in the i nvestment in capital construction, investment in innovation and investment in re al estate development, as well as urban private housing projects and investment in fixed assets by enterprises, institutions and individuals in rural areas. It includes:

1) The following projects of the state-owned units with the total planned (or ac tually needed) investment of over 500,000 yuan, which are not included in the pl an of capital construction and the plan of innovation: (1) projects of oil field s maintenance and exploitation with the oil fields maintenance funds and petrole um development funds; (2) opening and extending projects with the maintenance fu nds in coal, ore and other mining enterprises and logging enterprises; (3) proje ct of reconstruction of the original highways and bridges with the highway maint enance funds in the department of communication; (4) projects of construction of warehouses with the funds of simple construction in the commercial department.

2) The investment in fixed assets by urban collective units: refer to projects o f construction and purchases of fixed assets with the planned total investment o f 500,000 yuan and over by all collective units in areas under the jurisdiction of cities and county towns (excluding investment by collective units under towns hip enterprise administration offices).

3) The projects of construction and purchases of fixed assets by the enterprises , institutions (including urban private enterprises or institutions) or individu als other than those mentioned above with total investment of 500,000 yuan and o ver, which are not included in the plan of capital construction and the plan of innovation. For individual investment, only the investment in non-housing projec ts is to be included.

4) The private investment in housing construction in the urban areas and in indu strial and mining areas: including all private housing construction under the ju risdiction of cities, county towns and industrial and mining areas, no matter wh ether the owner of the house is registered as the permanent resident in the loca lity or not.

5) The investment in rural areas: including investment in fixed assets by enterp rises, institutions and individuals in the rural areas.

Sources of Funds for Investment in Fixed Assets include fund fr om state budget, domestic loans, foreign investment, self-raised funds, and others depending on the source of investment.

(1) Fund from state budget consists of budgetary appropriation and loans from st ate budget. More specifically, it includes, from the budget of the central gover nment, capital construction fund (operation fund and non-operational fund), spec ial expenses (e.g. expenses on substituting petroleum with coal), loans from rep ayment, discount fund, expenses on innovation and trial production of new produc ts, expenses on urban construction, expenses on temporary construction by trade departments, development fund for less developed areas, as well as local budgeta ry fund transferred from the central budget.

(2) Domestic loans refer to loans of various forms borrowed by investing units f rom banks and non-bank financial

institutions during the reference period for th e purpose of investment in fixed assets, including loans issued by banks from th eir self-owned funds and deposit, loans appropriated by higher responsible autho rities, special loans by government (including loan for substituting petroleum w ith coal, special loan for reform-through-labour coal mines), loans arranged by local government from special funds, domestic reserve loan, and working loan, etc..

(3) Foreign Investment refers to foreign funds received during the reference per iod for the construction and purchase of investment in fixed assets (covering eq uipment, materials and technology), including foreign borrowings (loans from for eign governments and international financial institutions, export credit, commer cial loans from foreign banks, issue of bonds and stocks overseas), foreign dire ct investment and other foreign investment. Excluded in this category are capita ls in foreign exchanges owned by China (foreign exchanges owned by the central a nd local governments, foreign exchanges retained by enterprises, foreign exchang es by enterprises through regulating mechanism, loans in foreign exchanges issue d by the Bank of China with its own fund, etc.). In calculating the utilization of foreign capitals, foreign currencies are converted into Chinese Renminbi appl ying the current exchange rate when the foreign capitals are actually used.

(4) Self-raised funds refer to extra-budgetary funds for investment in fixed ass ets received by investing units from central government ministries, local govern ments, enterprises and institutions, including their self-raised funds.

(5) Others refer to funds for investment in fixed assets received from the sourc es other than those listed above, including capitals raised through issuing bond s by enterprises or financial institutions, funds raised from individuals and th rough donations, and funds transferred from other units.

Investment in Fixed Assets by Sector The classification of construction project s by sector is determined by the major products or the purpose of the projects w hen they are put into production or use, and by the nature of their social econo mic activities. The investment in capital construction is classified into differ ent sectors of the national economy by the nature of construction projects, whil e investment in innovation and other investment are classified according to the sector to which the whole enterprise or institution belongs. In general, one pro ject or one enterprise or institution can only be classified into one sector. In order to reflect more accurately the relation among various sectors, the branch factories of an integrated complex are classified into different sectors accord ing to the economic activities of the branch factories.

Investment in Fixed Assets by Type of Construction The construction projects in general can be classified, by the type of construction, into new construction, expansion, reconstruction, moving and restoration. However, investment by type o f construction is not applied to investment by real-estate development units, in vestment in rural areas and investment in housing by urban individuals. In capit al construction, the type of construction is determined by the nature of the pro ject. In investment in innovation, in other investment by state-owned units and investment by collective-owned units, the type of construction is determined by the condition of the whole enterprise or institutions.

(1) New construction in general refers to newly constructed enterprises, institu tions, administrative agencies or independent projects from scratch. Constructio n in the existing enterprises, institutions or agencies is not considered as new construction. In case the assets of the existing unit is quite small, and the v alue of newly added fixed assets exceeds the original value of assets by three t imes, the expansion will be considered as new construction.

(2) Expansion refers to construction of new major production workshop, branch fa ctory or independent production line within a factory or in other locations, for the purpose of increasing the production capacity (or improving efficiency) of the original products. Newly constructed houses for the operation of institution s and administrative organizations (such as the newly constructed buildings for teaching in schools, buildings for clinics or wards in hospitals, etc.) are also classified as expansion. Also included in the expansion are investments by existing enterprises or instit utions in building major production line(s) or branch factory(ies) along with so me work on innovation, for the purpose of expending the production capacity of o riginal products or producing new products.

(3) Reconstruction refers to innovation or technical transformation of the exist ing facilities (including auxiliary production equipment and welfare facilities) , without building major new workshops or branch factories. Also considered

as reconstruction is the construction of new workshops by the existing enterprises or institutions for improving the existing production capacity (improving or cha nging the variety of products to meet the market demand), rather than increasing the designed capacity of the main products.

Investment in Fixed Assets by Structure By their contents investment activitie s are classified into 3 categories, i.e. construction and installation, purchase of equipment and instrument, and other expenses.

(1) Construction and installation (work volume of construction and installation) refers to the construction of various houses and buildings and installation of various kinds of equipment and instruments. They include construction of various houses; equipment foundations, industrial kilns and stoves, and metal structure work; preparation works for project construction, and clearing up works post pr oject construction; pavement of railways and roads, drilling of mines and puttin g up of oil pipes; construction of projects of water conservancy; construction o f underground air-raid shelters and construction of other special projects; valu e of equipment for heating, sanitation, ventilation, lighting, gas, painting, et c. that are covered by the budget of housing projects; laying out of various pip elines (for steam, compressed air, petroleum, tap water and sewage) and lines fo r electric power and for communications; installation of various machinery equip ment, testing operation for pre-testing the quality of installation projects, an d land and other development work conducted by real estate developers for commer cial housing. The value of equipment installed is not included in the value of i nstallation projects.

(2) Purchase of equipment and instruments refers to the total value of equipment , tools, and instruments purchased or self-produced which come up to standards f or fixed assets by the construction units or investing enterprises or institutio ns. Equipment, tools and instruments purchased or self-produced for new workshop s by newly established or expanded units are categorized as "purchase of equipme nt and instruments" no matter whether they come up to the standards for fixed as sets.

(3) Other expenses refer to expenses occurring during the construction or purcha se of fixed assets other than those mentioned above.

Capital Construction Projects by Size The classification of size of capital con struction projects should be determined according to the total scale or total in vestment set in the approved construction plan by higher responsible authorities or in the tentative design, otherwise according to the total scale or total inv estment set in the current capital construction plan of the state, provinces, au tonomous regions, and municipalities directly under central government. Industri al projects which produce unitary products are classified according to its desig n capacity of products; projects which produce multi-products are classified by the design capacity of the major product or by the total planned investment. Sta ndards for the Classification of Construction Projects into large, medium-sized and small ones issued by the government are the base for size division of constr uction projects, which was revised five times in 1958, 1962, 1972, 1977, and 197 9 respectively and therefore, data on projects by size are not entirely comparab le from year to year.

Projects under Construction refer to projects with construction and installation activities undertaken in the reference period. All projects that have construc tion activities undertaken during the reference period are reported as projects under construction irrespective of the length of construction work. The number o f projects under construction can reflect the actual size of investment in fixed assets during a given period, and when compared with the number of projects com pleted and put into use during the same period, it demonstrates the results of i nvestment in fixed assets. Depending on the nature of construction activities, p rojects under construction can also be classified into projects under constructi on in current year, winding-up projects in current year and stopped or suspended projects in previous years (with preservation work in current year).

Projects Completed and Put into Use Industrial projects refer to the major proj ects and accessory facilities completed which result in forming production capac ity and have been checked and accepted while the living and welfare facilities h ave been completed and can ensure normal production and formally put into produc tion. Non-industrial projects refer to the major projects and accessory faciliti es completed which possess the designed capacity and have been checked, accepted and formally put into production.

Newly Increased Production Capacity (or Project Efficiency) refers to the increa se of designed capacity (or project efficiency) through investment in fixed asse ts, which reflects the accomplishment of investment in fixed assets in kind and serves as important basis for evaluating the economic efficiency of investment. The newly increased production capacity (project efficiency) are usually express ed in one of the following forms:

(1) output of products, i.e. the output that the project can produce during a gi ven period (usually a year). For instance, the capacity in coal mining is expres sed in 10,000 tons/year, the capacity in producing chemical pesticides expressed in ton/year, the capacity in producing tractors in tractor/year, etc. For some chemical products where the effective contents differ significantly, the product ion capacity is expressed as the designed effective content equivalent, such as in the case of sulphuric acid, soda ash, caustic soda, etc;

(2) raw materials processing capacity, i.e. the volume of raw materials that cou ld be processed by the project per day (or per hour), such as tons of materials processed per day by a sugar refining project or edible vegetable oil project, o r tons of urban sewage processed per day;

(3) number or capacity of major equipment increased, such as number of cotton or silk looms increased, wool spindles increased, or capacity (in kilowatts) of po wer generators increased;

(4) saved raw materials, fuels or power, which are mainly used for the efficienc y of innovation and transformation projects; and

(5) physical measures (volume, capacity, area, and length) of construction, whic h is typical for non-industrial projects, for instance, the length of new railwa ys or highways, the capacity of reservoirs, the floor space of housing projects, capacity for new students in schools or beds in hospitals, areas under new irri gation project, etc.

Features of projects sometimes call for combined use of two or more measurement to reflect the increased production capacity (or project efficiency), for instan ce, the new capacity for the production of internal combustion engines are expre ssed in sets per year and kilowatts per year simultaneously.

To standardize the nomenclature and unit of measurement for new production capac ity (or project efficiency), the National Bureau of Statistics has developed Nom enclature for New Production Capacity (Project Efficiency) and Nomenclature for Saving Raw Materials, Fuels and Power. All reporting units with investment activ ities are required to follow these two nomenclatures in reporting statistics on new production capacity (project efficiency).

Floor Space of Buildings under Construction and Completed refers to total floor space of the horizontal section of outer walls above the plinth of the building , including the effective area and the area occupied by the structure. This indi cator is one of the important indicators in physical terms to reflect the scale and accomplishment of the construction industry, and important basis for monitor ing the progress, calculating the cost, analyzing the efficiency and studying th e supply of building materials in relation with the construction projects.

Floor Space of Residential Buildings refers to the floo r space of the residenti al buildings among the total space of buildings under construction or completed. Floor Space under Construction refers to total floor space of all buildings un der construction during the reference period, including floor space of newly sta rted buildings during the reference period, floor space of construction extended from the previous period to the current period, and floor space of construction suspended during the previous period and resumed in the current period. Floor s pace of construction completed in the current period, and floor space of constru ction started and then suspended in the current period are also included in the floor space under construction of the current year.

Floor Space of Buildings Completed refers to the floor space of all buildings c ompleted in the reference period, which have been appraised and accepted (or com e up to the designed standards) and have been transferred to the owners for use. Completion Rate of Floor Space of Buildings refers to the ratio of the floor sp ace of buildings completed in certain period of time to the floor space of build ings under construction in the same period. This indicator reflects the investme nt result from the perspective of the speed of construction.

Newly Increased Fixed Assets refer to the newly increas ed value of fixed assets , constructed or purchased, that have been transferred to the investors. This is an indicator that demonstrates the results of investment in fixed assets in mon etary terms, and an important indicator to reflect the speed of construction and to calculate the efficiency of investment.

Rate of Construction Projects Completed and Put into Use refers to the ratio of the number of construction projects completed and put into use in certain perio d of time to the number of projects under construction in the same period. This reflects the investment efficiency from the perspective of the speed of projects construction.

Rate of Projects of Fixed Assets Completed and Put into Operation refers to the ratio of the newly increased fixed assets to the total investment made in the s ame period. This is a comprehensive indicator reflecting the speed of the employ ment of fixed assets and the investment efficiency at the macro-level. As the ne wly increase fixed assets is the result of a long period while the investment is completed in the current year, this indicator is expected to be used to reflect the employment of fixed assets over a long period of time.

Economically Affordable Housing refers to housing const ructed according t o the state plan for economically affordable housing. Houses of this category fe atured in low cost in construction and low prices, and therefore are affordable to mid-income or low income households. Economically affordable housing projects are developed by real estate companies under the state investment plan, with th e land provided through government allocation or tendering procedures. Developer s are exempted from land utilization fees and enjoy another 50% exemption of all other legitimate fees, while their profits are limited to less than 3%, and the completed houses are sold under the government-guided prices. This indicator he lps to analyze the investment structure of the real estate industry and the dema nd and supply of housing for mid or low income households.

Total Energy Production refers to the total production of primary energ y by all energy producing enterprises in the country in a given period of time. It is a c omprehensive indicator to show the capacity, scale, composition and development of energy production of the country. The production of primary energy includes t hat of coal, crude oil, natural gas, hydropower and electricity generated by nuc lear energy and other means such as wind power and geothermal power. However, it excludes the production of fuels of low calorific value, bio-energy, solar ener gy and the secondary energy converted from the primary energy.

Total Domestic Energy Consumption refers to the total c onsumption of energy of v arious kinds by material production sectors, non-material production sectors and households in the country in a given period of time. It is a comprehensive indi cator to show the scale, composition and development of energy consumption. The total energy consumption includes that of coal, crude oil and their products, na tural gas and electricity. However, it excludes the consumption of fuel of low c alorific value, bio-energy and solar energy. Total domestic energy consumption c an be divided into three parts:

(1)Final Energy Consumption: It refers to the total energy consumption by materi al production sectors, non-material production sectors and households in the cou ntry (region) in a given period of time, but excludes the consumption in convers ion of the primary energy into the secondary energy and the loss in the process of energy conversion.

(2)Loss During the Process of Energy Conversion: It refers to the total input of various kinds of energy for conversion, minus the total output of various kinds of energy in the country in a given period of time. It is an indicator to show the loss that occurs during the process of energy conversion.

(3)Loss: It refers to the total of the loss of energy during the course of energ y transport, distribution and storage and the loss caused by any objective reaso n in a given period of time. The loss of various kinds of gas due to gas dischar ges and stocktaking is excluded.

Elasticity Ratio of Energy Production is an indicator to show the relationship between the growth rate of energy production and the growth rate of the national economy. The formula is:

Elasticity Ratio of Energy Production = Average Annual Growth Rate of Energy Pro duction / Average Annual Growth Rate of National Economy

The average annual growth rate of the national economy can be shown by the gross national product, gross domestic product and other indicators, depending upon t he purposes or needs. The gross domestic product is used in calculation of the r atio in this chapter.

Government Revenue refers to the revenue of the gov ernment finance by mea ns of participating in the distribution of the social products, which is the financial resources for ensuring the government to function. The contents of government r evenue have been changed several times. Now it includes the following main items :

(1) Various tax revenues, including value added tax, business tax, consumption t ax, land value added tax, tax on city maintenance and construction, resources ta x, tax on use of urban land, enterprise income tax, personal income tax, tariff, stamp tax on security transactions, tax on purchase of motor vehicles, tax on a griculture and animal husbandry and tax on occupancy of cultivated land, etc.

(2) Special revenues, including revenues from the fee on sewage treatment, fee o n urban water resources, fee for the compensation of mineral resources and extra -charges for education, etc.

(3) Other revenues, including revenue from interest, revenue from the repayment of capital construction loan, revenue from capital construction projects, and do nations and grants.

(4) Subsidies for the losses of the state-owned enterprises. This is an item of negative revenue, consisting of subsidies to industrial, commercial and grain pu rchasing and supply enterprises.

Government Expenditure refers to the distribution and use of th e funds the gove rnment finance has raised, so as to meet the needs of economic construction and various causes. It includes the following main items:

(1) Expenditure for capital construction: It refers to the non-gratuitous use an d appropriation of funds for capital construction in the range of capital constr uction, outlay of capital as well as the loans on capital construction approved by the government for special purpose or policy purpose and the expenditure with discount paid in an overall way within the amount of the funds appropriated to the departments for capital construction.

(2) Innovation funds of the enterprises: They refer to the funds appropriated fr om the government budget for the enterprises to tap the latent power, upgrade th e technology and carry out innovation, including the innovation fund of the depa rtments, loan of the enterprises for innovation, subsidies on the innovation of the small fertilizer plant, small cement plant, small coal mines, small machiner y plant and small steel plant, the expenditure of interest for the loan for inno vation.

(3) Geological prospecting expenses: They refer to the expenses appropriated fro m the government budget to the geological prospecting units for the expenditure of the prospecting work, including the expenditures of the administrative agenci es for geological prospecting and their institutional units as well as the geolo gical prospecting expenditure.

(4) expenditures for science and technology promotion: They refer to the expens es appropriated from the government budget for the scientific and technological expenditure, including new products development expenditure, expenditure for int ermediate trial and subsidies on important scientific researches.

(5) Expenditure for supporting rural production: It refers to the expenditures a ppropriated from the government budget for supporting the various expenditures o f the rural collective units or households for production, including the subsidi es to the small water conservancy projects and well drilling, sprinkling irrigat ion projects run by the villages; subsidies on the rural water and soil conservi ng measures; subsidies to the small power stations run by the villages; subsidie s to the expenditure for fighting against particularly severe draughts; subsidie s on the rural waste land exclamation; fund for supporting the township enterpri ses; fund for supporting rural cooperative production organizations, subsidies t o the expenditure for popularization of the agricultural technologies and plant protection in the rural areas; subsidies to the expenditure for the protection o f grasslands and cattle and fowls; subsidies on afforestation and forest protect ion in rural areas; subsidies on the rural aquatic products industry; special fu nd for developing grain production.

(6) Operating expenses of the departments of farming, forestry, water conservanc y and meteorology etc.: They refer to the expenses appropriated from the governm ent budget for the expenditures of agricultural exclamation, farms, agriculture, animal husbandry, agricultural machinery, forestry, timber industry, water cons ervancy, aquatic products industry, meteorology, technology popularization in to wnship enterprises, popularization (demonstration) of improved

varieties, plant (cattle and fowls, forest) protection, water quality monitoring, prospecting and designing, resources investigation, cadres training, subsidies to horticulture gardens, expenditure of specialized secondary schools, subsidies on the experime nts of sowing herbage seeds by flights, expenditures of afforestation agencies a nd meteorology agencies, expenses for fishery administration and operating expen ses for agricultural administration, etc.

(7) Operating expenses of the departments of industry, transport and commerce: T hey refer to the expenses appropriated from the government budget to cover the e xpenditure on salaries and operational expenditure of the departments of industr y, transport and commerce for the expenditure of business development, including expenses for prospecting and designing, expenditures of specialized secondary s chools, expenditures of the technical training schools and expenditures for cadr es training, etc.

(8) Operating expenses of the departments of culture, education, science and pu blic health: They refer to the expenses appropriated from the government budget for the expenditures on salaries and operational expenditure of the causes of cu lture, publication, cultural relics, education, public health, traditional Chine se medical science, free medical services, sports, archives, earthquake, ocean, communications, broadcasting, film and television, family planning; expenditure for training of cadres of government, party and mass organization; expenditures for natural sciences, social sciences, associations for science and technology a nd the special expenditure for the high-tech researches. They include mainly wag es, extra wages, welfare funds, pension for the retirees, stipend, expenses for official business, expenses for equipment purchases, expenses for repairs, busin ess expenses and subsidies to the units which are unable to support their expend itures by their own earnings.

(9) Pension for the disabled or for the families of the bereaved and relief fund s for social welfare: They refer to the funds appropriated from the government b udget for the expenditures of pension for the disabled or for the families of th e bereaved and relief funds for social welfare, including the lump-sum or regula r pension paid by the departments of civil affairs to the members of martyrs fam ilies and families of those who died for the public interest, pension to the rev olutionary disabled, subsidies for permanent disability of various kinds, subsid ies to the military martyrs dependents and the demobilized servicemen, expenditu re for settling down the demobilized servicemen, operating expenses of the conso ling institutions, expenses for management and repair of the commemorative build ings for the martyrs, the expenses managed by the departments of civil affairs f or the retirees and those who have quitted their work, expenses for social relie f in rural and urban areas, operating expenses for providing relief to the areas of natural calamity and subsidies on the reconstruction after the particularly severe natural calamities, etc.

(10) Expenditure on retirees: It refers to the expenditure on retirees of govern ment agencies and institutions that are covered by the state budget.

(11) Expenses on subsidies to social security system: It refers to expenditure f rom the state budget for subsidies to social security system, including subsidie s to the social insurance fund, subsidies to promoting employment, subsidies to laid-off workers of state-owned enterprises, supplement to national social secur ity funds, etc.

(12) Expenditures for national defence: They refer to the funds appropriated fro m the government budget for the expenditures for building up national defence an d safeguarding national security, including expenses of national defence, expens es of scientific researches on national defence, expenses for building up people s militia and expenditure for special projects, etc.

(13) Administrative expenses: They include expenditure for administration, subsi dies to the parties and mass organizations, diplomatic expenditure, expenditure for public security, judicial expenditure, law court expenditure, procuratorial expenditure and subsidies to the expenses for treating the cases by the public s ecurity departments, procuratorial organs and law courts.

(14) Expenditure on policy-related subsidies: It refers to the expenditure appro priated, with the approval of the government, from the state budget for price su bsidies on such products as grain, cotton and edible oil. More specifically, it includes subsidies to the difference between the selling prices and purchasing p rices of grains, cotton and edible oil, subsidies for curtaining prices and for sugar reserve, subsidies to the difference between the selling prices and purcha

sing prices of means pf agricultural production, risk fund for grains, risk fund for non-staple food, risk fund for local production of coal, etc.

(15) Expenditure on interest of debts: It refers to expenses from the state budg et on paying interest of domestic and foreign debts.

Revenue of the central government and revenue of the local governments: refers to the revenue of the central government and that of the local governments as de fined by the decentralized taxation system starting from 1994. In accordance wit h this system, the revenue of the central government includes tariff, consumptio n tax and value added tax levied by the customs, consumption tax, income tax of the enterprises subordinate to the central government, income taxes of the local banks, foreign-funded banks and non-bank financial institutions, business tax a nd profits of railways, head offices of banks, head office of insurance company , which are handed over to the government in a centralized way, tax on city main tenance and construction, tax on purchasing motor vehicles, tonnage tax of ships , 75% of the value added tax, 94% of the tax on stock dealing (stamp tax), inter est income tax in the personal income tax, proportion of the personal income tax (other that interest income tax) to be shared by the central government, and ta x on ocean petroleum resources,. The revenue of the local governments includes b usiness tax, income tax of the enterprises subordinate to the local government, proportion of the personal income tax (other that interest income tax) to be sha red by the central government, tax on the use of urban land, tax on the adjustme nt of the investment in fixed assets, tax on town maintenance and construction, tax on real estates, tax on the use of vehicles and ships, stamp tax, slaughter tax, tax on agriculture and animal husbandry, tax on special agricultural produc ts, tax on the occupancy of cultivated land, contract tax, value-added tax on la nd, income from charges on use of state-owned land, 25% of the value added tax, 6% of the tax on stock dealing (stamp tax) and tax on resources other than the o cean petroleum resources.

Expenditure of the central government and expenditure of the local governments: according to the different functions of the central g overnment and local govern ments in the economic and social activities, the rights of affairs administratio n are classified between the central government and local governments; and the c lassification of the expenditure between the central government and local govern ments are made on the basis of the classification of the rights of affairs admin istration between them. The expenditure of the central government includes the e xpenditure for national defence, expenditure for armed police forces, the admini strative expenses and various operating expenses at the level of central governm ent, expenditure for key projects and the expenditure of the central government for adjusting the national economic structure, coordinating the development amon g different regions and exercising the macro-economic regulation and control. Th e expenditure of the local governments includes mainly the administrative expens es and various operating expenses at the level of local governments, the expendi ture for capital construction and technological innovation with the funds raised by the local government, expenditure for supporting rural production, expenditu re for city maintenance and construction and expenditure for price subsidies, etc.

Extra–budgetary revenue and expenditure Extra-budgetary fund refers to financia l fund of various types not covered by the regular government budgetary manageme nt, which is collected, allocated or arranged by government agencies, institutio ns and social organizations while performing duties delegated to them or on beha lf of the government in accordance with laws, rules and regulations. It mainly c overs following items: administrative and institutional fees, governmental funds and extra charges that are stipulated by laws and regulations; administrative a nd institutional fees approved by the State Council and provincial governments a nd their financial and planning (price management) departments; governmental fun ds and extra charges established by the State Council and the Ministry of Financ e; funds turned over to competent departments by their subordinate institutions; self-raised and collected funds by township governments for their own expenditu re; and other financial funds that are not covered in budgetary management. Soci al security funds are treated as extra-budget fund and managed for its exclusive use, given the circumstance that separate government budgetary system for socia l security is yet to be designed. Special accounts are opened by the financial d epartments in banks for the management of revenue and expenditure of extra-budge tary fund. Extra-budgetary revenue and expenditure is managed separately, namely , revenue of institutions and departments must enter into the special accounts o f the financial departments at the same administrative level, and their extra-bu dgetary expenditure is arranged in line with the extra-budget plans and appropri ated from these accounts.

Credit Funds refer to the funds issued as loans by bank ing institutions. The sources of credit funds of the banking institutions included deposits, issue of financial bonds, account-payable and temporary gathering, liabilities to int ernational financial institutions, currency in circulation, various reserves, ow ners' rights and interests and other items. The credit funds can be used in form s of loans, securities and investment, account receivable and advance payment, e ntrusted investment, gold, foreign exchange, cash on hand, government debt and a ssets in the international financial institutions.

Deposit is a form of credit by which enterprises, insti tutions, organizations or households can put money into banks and other credit institutions for safekee ping and interest earning under the principle of free withdrawal. According to d ifferent depositors, deposits are divided into enterprise deposits, treasury dep osits, deposits of government agencies and organizations, capital construction d eposits, savings deposits, rural saving deposits, entrusted deposits and other d eposits. Deposits are major sources of the credit funds of banks.

Loan is a form of credit by which banks and other credi t institutions provide funds at certain interest rate to enterprises and individuals in the light of th e principle of unconditional repayment. Loans from Chinese banks include circula ting capital loans, fixed assets loans, loans to urban and rural individuals eng aged in industrial and commercial business and agricultural loans.

Insurance Companies refer to commercial insurance compa nies of various forms re gistered by law and established in China with the approval of insurance regulato ry agencies.

Amount Insured refers to the maximum that the insurant will get for the claim of the case insured.

Premium is the fee paid by the insurant to the insurer to obta in the obligation of compensation from the insurance within the agreed terms. Settled Claim is the compensation paid by the insurer to the insurant in accor dance with the insurance contract.

Payment includes payment for death, injury or medical t reatment and mature pay ment. Payment for death, injury or medical treatment refers to the money paid to the insurant (or the beneficiary) in accordance with the life or health insuran ce contract when the insurant encounters accidents within the insured period cov ered in the contract. Mature payment refers to the mature payment to the insuran t in accordance with the life insurance contract at the end of the insured period.

Consumer Price Indices reflect the trend and degr ee of changes in prices of con sumer goods and services purchased by urban and rural residents, and is a compos ite indices derived from the urban consumer price indices and the rural consumer price indices. Consumer price indices can be used to analyze the impact of cons umer price change on actual expenditure for living cost of urban and rural residents.

Urban Consumer Price Indices reflect the trend and degr ee of changes in prices of consumer goods and services purchased by urban households during a given peri od. It can be used to observe and analyze the impact of price changes in consume r goods and services on wages (in monetary terms) of staff and workers, and prov ide basis for policy-making concerning the living cost and wages of staff and workers.

Rural Consumer Price Indices reflect the trend and degr ee of changes in prices of consumer goods and services purchased by rural households during a given peri od. It can be used to observe the impact of change in retail prices of consumer goods and service prices in rural areas on living expenditure of rural household s, and to show the changes in the living standard of peasants. It provides basis for analysis and research on condition of life in rural areas.

Retail Price Indices reflect the trend and degree o f change in retail p rices of commodities during a given period. The change in retail prices of commodities d irectly affect the living expenditure of urban and rural residents, government r evenue, purchasing power of residents and the equilibrium of market supply and d emand, and the ratio of consumption to accumulation. Therefore, the retail price indices are useful to analyze the changes of the above economic activities.

Price Indices of Means of Agricultural Production reflect the trend and degree of changes in prices of means of agricultural production during a given period. Price indices of means of agricultural production are composed of 8 categories i ncluding small farm tools, feeds, young domestic animals and poultries, semi-mec hanized farm machinery, mechanized farm machinery, chemical fertilizers, pestici des and spraying machinery, fuels for farm machinery. Compilation of these indic es help to understand the changes in prices of input into agricultural productio n and facilitate the compilation of national account statistics. Before 1994, pr ice indices of means of agricultural production was a sub-category in the in the retail price indices of commodities, and it has been compiled separately since 1994.

Indices of Producers´ Prices for Farm Products reflect the trend and degree of changes in producers' prices received by farmers when they sell farm products du ring a given period. These indices depict the change in the level and structure of producers' prices of farm products of the country and meet the needs of agric ulture statistics and national account statistics. The producers' price index of a given product is calculated through geometrical mean of individual indices of all surveyed units who sell such product, and the indices of a product category is obtained through weighted mean of price indices of all products in the categ ory. Method for calculating accumulative quarterly indices is the same as for ca lculating the distinctive quarterly indices.

Ex–factory Price Indices of Industrial Products reflect the trend and degree of changes in general ex-factory prices of all industrial products during a given period, including sales of industrial products by an industrial enterprise to al l units outside the enterprise, as well as sales of consumer goods to residents. It can be used to analyze the impact of ex-factory prices on gross output value and value-added of the industrial sector.

Indices of Purchasing Prices of Raw Materials, Fuels and Power reflect changes in the level and degree of prices paid by industrial enterprises when they purch ase production input such as raw materials, fuels and power from the market or f rom other energy or raw materials producing enterprises. These indices provide i mportant basis for measuring the material consumption of industrial enterprises after removing influence of price changes.

At present, over 900 products in 9 categories, including fuels a nd power, ferrou s metals, non-ferrous metals, chemicals, building materials, are covered in Chin a for the survey to produce indices of purchasing prices of raw materials, fuels and power.

Price Indices of Investment in Fixed Assets reflect the trend and degree of cha nges in prices of investment goods and projects in fixed assets during a given p eriod. The investment in fixed assets consists of three components, namely the i nvestment in construction and installation, the investment in purchases of equip ment and instrument, and the investment in other items. Price indices of investm ent in fixed assets are calculated as the weighted arithmetic mean of the price indices of the three components of investment in fixed assets.

Removing the factor of price change in the aggregates of investment at current p rices, this indicator shows the changes in the prices of commodities and fees in volved in the investment of fixed assets, and can be used to observe the actual size, growth, structure, and efficiency of investment in fixed assets and provid es reliable and scientific data for government planning, management, decision-ma king, and further improving the current national accounting system.

I. Urban Households

Population of urban households refer to members of the household living and sh aring economically together. All income and expenditure of the population of the household are included in the income and expenditure of the household.

Proportion of urban employment refer to the proportion of employed population to the population of urban households.

Number of dependents per urban employee refers to the ratio between number of p ersons in urban households and the number of dependents.

Total Income of Urban Households refers to the sum of w age and salary, net busi ness income, income from properties, and income from transfers of members of the households, excluding income from selling of properties and income from borrowings.

Disposable Income of Urban Households refers to the act ual income at the dispos al of members of the households which can be used for final consumption, other non-compulsory expenditure and savings. This equals to total income minus income tax, personal contribution to social security and sample household subsidy for k eeping dairies. Following formula is used:

Disposable income = total household income - income tax - personal contribution to social security - sample household subsidy for keeping dairies

Total expenditure of Urban Households refer to all expe nditure of the household s except expenditure on leading. It includes expenditure on consumption, on purc hasing or building houses, on transfers, on properties and on social security.

Consumption Expenditure of Urban Households refers to t otal expenditure of the sample households for consumption in daily life, including expenditure on eight categories such as food, clothing, household appliances and services, health ca re and medical services, transport and communications, recreation, education and cultural services, housing, miscellaneous goods and services.

Expenditure of Urban Households on Consumption of Services refers to expenditure of households on services of various kinds provided by the society.

Urban Households by Income Group All households in the sample are grouped, by per capita disposable income of the household, into groups of lowest income, low income, lower middle income, middle income, upper middle income, high income and highest income, each group consisting of 10%, 10%, 20%, 20%, 20%, 10% and 10% o f all households respectively. The lowest 5% of households are also referred to as poor households.

Engel Coefficient refers to the percentage of expenditu re on food in the total consumption expenditure, using the following formula:

Engel Coefficient = (expenditure on food / total consumption expenditure) x 100%

II. Rural Households

Rural Households refer to resident households in rural areas. Resident househol ds in rural areas are the households residing for more than one year in the area s under the jurisdiction of administration of township governments (excluding co unty towns), and in the areas under the jurisdiction of administration of villag es in county towns. Migrated households residing in the current addresses for ov er one year with their household registration in other places are included in th e resident households of their current addresses. For households with their hous ehold registration in one place but all members of the households moving away fo r living in another place for over one year, they will not be included in the ru ral households of the area where they are registered, irrespective of whether th ey still keep their contracted land.

Resident Population refers to population staying at hom e permanently or for ove r 6 months during a year and sharing life economically with the household. Membe rs of the household staying away from the household for over 6 months but keepin g a close economic relation with the household by sending the majority of income to the household are regarded as resident population of the household. Governme nt staff and workers or retirees living as close members of the household are al so considered as resident population. However, servicemen, students of secondary technical schools or schools of higher education and persons with stable jobs a nd residence outside the household (excluding those visiting relatives or seekin g medical service) are not included as resident population of the household. Res ident population is used in calculating income, consumption, accumulation on per capita basis of rural households and in analyzing composition of rural households.

Full/Semi Labour Force Full labour force refers to pers ons capable of work, age d 18-50 for males and 18-45 for females. Semi labour force refers to persons cap able of work, aged 16-17 and 51-60 for males and 16-17 and 46-55 for females. Pe rsons at their working ages but not capable of work are not to be included as la bour force. Persons not at working ages but participating regularly in work are included in semi labour force. For staff and workers as resident population of t he household, they are included as full or semi labour force of the household if they are in the labour force.

Total Income refers to the sum of income earned from various so urces by the rur al households and their members during the reference period, and is classified a s income from wages and salaries, income from household operations, income from properties and income from transfers.

Income from Wages and Salaries refers to income from la bour ear ned by the members of rural households employed by other units or individuals.

Income from Household Operations refers to income by the rural househol ds as un its of production and operations. Operations by rural households are classified by economic activities as agriculture, forestry, animal husbandry, fishery, manu facturing, construction, transportation, post and telecommunications, wholesale, retail and catering, social service, culture, education, health, and other hous ehold operations.

Income from Properties refers to the income received as returns by owners of fi nancial assets or tangible non-productive assets by providing capitals or tangib le non-productive assets to other institutional units.

Income from Transfers refers to the receipt by rural ho useholds and their membe rs of goods, services, capitals or rights of assets without giving or repaying a ccordingly, excluding capitals provided to them for the formation of fixed asset s. In general, it refers to all income received by rural households through redi stribution.

Cash Income refers to income received by rural househol ds and their members in the form of cash during the reference period. It is classified, by source of inc ome, into income from wages and salaries, cash income from household operations , income from properties and income from transfers

Net Income refers to the total income of rural househol ds from all sources minu s all corresponding expenses. The formula for calculation is as follows:

Net income = total income - household operation expenses - taxes and fees - depr eciation of fixed assets for production - subsidy for participating in household survey - gifts to non-rural relatives Net income is mainly used as input for re production and as consumption expenditure of the year, and also used for savings and non-compulsory expenses of various forms. "Per capita net income of farmer s" is the level of net income averaged b y population which reflects the average income level of rural households in a gi ven area.

Production Capacity of Water Supply refers to the d esigned comprehensive produc tion capacity of water facilities, covering the 4 links of water collection, pur ification, conveyance, and outflow through trunk pipelines. Increase capacity th rough transformation and innovation projects are included as well. The capacity is determined mainly on the weakest of the above-mentioned 4 links.

Length of Water Supply Pipelines at the Year–end refers to the total length of all the pipelines between the water pumps and the user's water meters, excluding pipelines newly installed but not used yet.

Annual Volume of Water Supply refers to the total volum e of water supplied by w ater-works (units) during the reference period, including both the effective wat er supply and loss during the water supply.

Consumption of Water for Residential Use refers to the water consumption of hou seholds for daily life and the water consumption of public service facilities. T he latter refers to water consumption for urban public services, including the c onsumption of government agencies and public institutions, military barracks, pu blic facilities, wholesale and retail outlets, restaurants, hotels, and other un its providing public services. Household water consumption refers to consumption of water for daily life of all households in the boundary of cities, including households of urban residents and farmers, and public water supply stations.

Percentage of Urban Population with Access to Tap Water refers to the ratio of t he urban population with access to tap water to the total urban population. The formula is:

Percentage of population with access to tap water= (Urban population with access to tap water) / (Urban population)×100%

Production Capacity of Gaswork Gas refers to the comprehensive production capac ity of the urban gasworks in gas generation, purification and delivery at the en d of the reference period, excluding capacity of the reserved facilities. In gen eral, it is determined by the designed capacity, and when actual production capa city is larger than the designed capacity, the capacity is determined by the act ual measurement on the weakest link in the production, purification and delivery .

Length of Gas Pipelines refers to the total length of p ipelines in use between the outlet of the compressor of gas-work or outlet of gas stations and the leadi ng pipe of users, excluding pipelines within gasworks, delivery stations, LPG st orage stations, refilling stations, gas-mixing stations and supply stations.

Volume of Gas Supply refers to the total volume of gas provided to users by gas -producing enterprises (units) in a year, including the volume sold and the volu me lost.

Percentage of Urban Population with Access to Gas refers to the ratio of the urban population with access to gas to the total urban population at the end of th e reference period. The formula is:

Percentage of population with access to gas = (Urban population with access to g as / Urban population) x 100%

Heating Capacity in Urban Area refers to the designed c apacity of heating enter prises (units) in supplying heating energy to urban users during the reference period.

Quantity of Heat Supplied in Urban Area refers to the t otal quantity of heat fr om steam and hot water supplied to urban users by heating enterprises (units) du ring the reference period.

Length of Heating Pipelines refers to the total length of steam or hot water pi pelines for sources of heat to the leading pipelines of the buildings of the use rs, excluding internal pipelines in heat generating enterprises.

Length of Paved Roads at the Year–end refers to the len gth of roads with paved surface including squares bridges and tunnels connected with roads by the end of the year. Length of the roads is measured by the central lines for vehicles fo r paved roads with a width of 3.5 meters and over, including roads in open-ended factory compounds and residential quarters.

Urban Bridges refer to bridges built to cross over natu ral or man-made barriers , including bridges over rivers, overpasses for traffic and for pedestrian, unde rpasses for pedestrian, etc. Both permanent and semi-permanent bridges are included.

Length of Urban Sewage Pipes refers to the total length of general drainage, tr unks. branch and inspection wells, connection wells, inlets and outlets, etc.

Daily Disposal Capacity of Urban Sewage refers to the d esigned 24 hour capacity of sewage disposal by the sewage treatment works or facilities.

Number of Vehicles under Operation at the Year–end refers to the total number o f vehicles under operation by public transport enterprises (units) at the end of the year, based on the records of operational vehicles by the enterprises (units).

Area of Urban Gardens and Green Areas refers to the tot al area occupied for gre en projects at the end of the reference period, including public green land, gre en land in residential quarters, green land attached to institutions, protection green land, production green land, roadside green land and forest in scenic spo ts. It does not include the following:

(1) Greenery and plants on roofs, balconies, indoors and vertical green areas;

(2) Forest, cultivated land, grassland, orchards and bamboo grooves that are for production purpose; and

(3) Water areas that are not included in urban master plan as green land.

Public Green Area refers to green areas open to the pub lic such as municipal, community and neighborhood parks and roadside parks, including waters within park s. Neighborhood parks should occupy an area larger than 10,000 square meters, an d the width of roadside parks should occupy an area larger than 400 square meter s, with a width of more that 8 meters.

Gross Output Value of Farming, Forestry, Animal Husbandry and Fishery refers to the total value of products of farming, forestry, animal husbandry and fishery, and total value of services rendered to support farming, forestry, animal husba ndry and fishery activities. It reflects the total scale and results of agricult ural production during a given period. Prior to 1957, Chinas gross agricultural output value included barnyard manure and handicraft products for self-consumpti on (clothes, shoes, stockings, and initial grain processing undertaken by peasan ts). Since 1958, cutting and felling of bamboo and trees by villages and other c ooperative organizations under villages have been included in forestry; value of barnyard manure has been excluded from animal husbandry; self consumed handicra fts has been excluded from sideline occupations, while the output value of indus tries run by villages and cooperative organizations under village had been incl uded in sideline occupations and the output value of fish catches by motor fishi ng boats has been added to fishery. Since 1980, the value of handicraft products made for sale by individuals in households had been added to sideline occupatio ns. Since 1984, industries run by villages and under villages have been included in the sector of industry. Since 1993, the subdivision of sideline occupations has been canceled, and the hunting of wild animals has been classified into anim al husbandry, and the gathering of wild plants and commodity industry run by rur al household have been included in farming. A new industrial classification of e conomic activities was introduced in 2003. Under the new classification, value o f services to farming, forestry, animal husbandry and fishery is included in the gross output value of agriculture, value of wood felling and transport is inclu ded in forestry, value of industrial output by rural households is not included in agriculture, and the collection of wild forest products is taken from agricul ture and included in the forestry. The first agriculture census of China reveale d some discrepancy between the production of animal products from the annual rep orts and that from the census. Efforts were made by the Rural Socio-economic Sur vey Organization of NBS to adjust the output value of animal husbandry to make t he figures from the annual reports consistent with the census data.

Gross output value of agriculture is obtained by first multiplying the output of each product or by product by its price, resulting in the output value of each single item. For a small number of products, annual output of which is not avail able or difficult to get due to the long production (growing) process involved, the output value is estimated through an indirect approach. The sum of output va lue of all products of farming, forestry, animal husbandry and fishery is then e qual to the gross output value of agriculture.

Grain Output refers to the total output in the whole coun try including grains p roduced by state farms, collective units, rural households, as well as by farms affiliated to industrial and mining enterprises and other production units. Grai n includes rice, wheat, corn, sorghum, millet and other miscellaneous grains as well as tubers and bean. Output of beans refers to dry beans without pods. The o utput of tubers (sweet potatoes and potatoes, not including taros and cassava) w as converted into that of grain at the ratio 4:1, i.e. 4 kilograms of fresh tube rs was equivalent to 1 kilogram of grain up to 1963. Since 1964 the ratio for co nversion has been 5:1. Tubers supplied as vegetables (such as potatoes) in citie s and suburbs are calculated as fresh vegetables and their output is not include d in the output of grain. Output of all other grains refers to husked grain.

Output of Oil–bearing Crops refers to the total product ion of oil-bearing crops of various kinds, including peanuts, (dry, in shell) rapeseeds, sesame, sunflow er seeds, flax seeds, and other oil-bearing crops. Soybeans, oil-bearing woody p lants, and wild oil-bearing crops are not included.

Output of Aquatic Products refers to catches of both ar tificially cultured and naturally grown aquatic products, including fish, shrimps, crabs and shellfish i n sea and inland water as well as seaweed. Freshwater plants are not included. Output of Pork, Beef, and Mutton refers to the meat of slaughtered hogs, cattl e, sheep and goats with head, feet, and offal taken away.

Number of Livestock or Poultry in Stock at Beginning (or End) refers to the tota l number of large animals, pigs, sheep, fowls, etc. raised by rural cooperative organizations, state farms, rural individuals, government agencies, schools, ind ustrial and mining enterprises, army, and urban residents at the beginning (or e nd) of the reference period. Data reporting system and data adjustment are the s ame as that in the output of pork, beef and mutton.

Regularly Cultivated Land refers to farmland among the total land resources, whi ch is exclusively used for farming and is under regular cultivation with harvest in normal years. Included are currently cultivated land, land that has been aba ndoned or put in idle for less than 3 years and could be re-used for cultivation at any time, and new-claimed land that has been put into cultivation for more t han 3 years. According to statistical coverage, it includes the gouges, dykes, r oads and ridges of field with 1 meter wide in Southern areas and 2 meters wide i n Northern areas. Excluded under this category are steep slope land over 25 degr ees under temporary cultivation, land (large or small plots) that is claimed alo ng river bends, lake sides or banks of reservoirs, as well as land that has been designated under the "Green for Grain" programmes of the state and provincial g overnments but is still temporarily under cultivation. The regularly cultivated land is the key protection land of the nation, an important indicator reflecting the comprehensive productivity of agriculture of China.

Sown Area of Crops refers to area of land sown or trans planted with crops regar dless of being in cultivated area or non-cultivated area. Area of land re-sown d ue to natural disasters is also included. This is an important indicator that ca n reflect the utilization condition of the cultivated land in China.

Irrigated Area refers to areas that are effectively irr igated, i.e. level land, which has water source and complete sets of irrigation facilities to lift and m ove adequate water for irrigation purpose under normal conditions. Under normal conditions, irrigated area is the sum of watered fields and irrigated fields whe re irrigation systems or equipment have been installed for regular irrigation pu rpose. This important indicator reflects drought resistance capacity of the cult ivated land in China.

Consumption of Chemical Fertilizers in Agriculture refers to the quantity of che mical fertilizers applied in agriculture in the year, including nitrogenous fert ilizer, phosphate fertilizer, potash fertilizer, and compound fertilizer. The co nsumption of chemical fertilizers is required in calculation to convert the gros s weight into weight containing 100% effective component (e.g. 100% nitrogen con tent in nitrogenous fertilizer, 100% phosphorous pent oxide contents in phosphat e fertilizer, 100% potassium oxide contents in potash fertilizer). Compound fert ilizer is converted with its major component. The formula is :

Volume of effective component= physical quantity x effective com ponent of certain chemical fertilizer (%)

Total Power of Farm Machinery refers to total mechanica l power of machinery us ed in farming, forestry, animal husbandry, and fishery, including ploughing, irr igation and drainage, harvesting, transport, plant protection, stock breeding, f orestry and fishery. The power of internal combustion engines is required to con vert horsepower into watts and the power of electric motors is required to be co nverted into watts. Machinery employed for non-agricultural purposes, such as th e machines used in township run and village-run industry, construction, non-agri cultural transport, scientific experiments and teaching, is excluded. Data are m ainly from agricultural machinery agencies.

Rural Employed Persons refer to rural labor forces aged over 16 years old who a re engaged in real production and management activities and receive payment in k ind or wages, including those covered within the age frame and regularly partici pating in production activities, and those who are out of the range of age frame and also participating in production activities regularly. Excluding students s tudying in other places with their permanent residence registered in local areas , servicemen and persons incapable of working; also excluding those who are wait ing for jobs and those engaged in household work. Persons employed are classifie d as rural employed persons; industrial employed persons; construction industry employed persons; transport, storage and telecommunications industries employed persons; whole sales and retail sales trade and catering industry employed perso ns and others according to the longest period of employment in major activities (or using income indicator when period of employment is the same).

Industry refers to the material production sector w hich is engaged in extraction of natural resources and processing and reprocessing of minerals and agricultur al products, including (1) extraction of natural resources, such as mining, salt production (but not including hunting and fishing); (2) processing and reproces sing of farm and sideline produces, such as rice husking, flour milling, wine ma king, oil pressing, silk reeling, spinning and weaving, and leather making; (3) manufacture of industrial products, such as steel making, iron smelting, chemica ls manufacturing, petroleum processing, machine building, timber processing; wat er and gas production and electricity generation and supply; (4) repairing of ind ustrial products such as the repairing of machinery and means of transport (incl uding cars).

Prior to 1984, the rural industry run by villages and cooperative organizations under village was classified into agriculture. Since 1984, it has been grouped into industry.

Units of industrial statistics survey corporate industrial enterprises with inde pendent accounting system.

Corporate industrial enterprises with independent accounting system refer to ent erprises engaging in industrial production activities, which meet the following requirements: ①They are established legally, having their own names, organizati ons, location, able to take civil liability; ②They possess and use their assets independently, assume liabilities, and are entitled to sign contracts with othe r units; ③They are financially independent and compile their own balance sheets . Enterprises covered in the industrial statistics in the Yearbook include followi ng categories by their registration:

State-owned Enterprises refer to industrial enterprises where the means of produ ction or income are owned by the state. Joint state-private industries and priva te industries, which existed before 1957, have been transformed into state indus tries. Statistics on these enterprises has been included in the state-owned indu stries since 1957 when separation of data was no longer necessary.

Collective-owned Enterprises refer to industrial enterp rises where the means of production are owned collectively, including urban and rural enterprises investe d by collectives and some enterprises which were formerly owned privately but ha ve been registered in industrial and commercial administration agency as collect ive units through raising fund from the public.

Share-holding Cooperative Enterprises refer to economic units set up on co operative basis, with funding partly from members of the enterprise and partly f rom outside investment, where the operation and management is decided by the mem bers who also participate in the production, and the distribution of income is b ased both on work (labour input) and on shares (capital input).

Joint-operation enterprises refer to economic units that are established by join t investment by two or more corporate enterprises or institutions of the same or different types of ownership on voluntary, equal and mutual-beneficial basis. T hey include:

a) state-owned joint-operation enterprises (joint operation between state- owned enterprises);

b) collective joint-operation enterprises (joint operation between collect ive enterprises; and

c) state-collective joint-operation enterprises (joint operation between s tate and collective enterprises).

Limited Liability Corporations refer to economic units registered in accordance with the Regulation of the People's Republic of China on the Management of Regis tration of Corporations, with capitals from 2 to 49 investors, each investor bea rs limited liability to the corporation depending on his/her holding of shares, and the corporation bears liability to its debt to the maximum of its total assets.

Share-holding Corporations Ltd. refer to economic units registered in accordance with the Regulation of the People's Republic of China on the Management of Regi stration of Corporate Enterprises, with total registered capitals divided into e qual shares and raised through issuing stocks. Each investor bears limited liabi lity to the corporation depending on the holding of shares, and the corporation bears liability to its debt to the maximum of its total assets.

Private Enterprises refer to economic units invested or controlled (by hol ding the majority of the shares) by natural persons who hire labours for profit- making activities. Included in this category are private limited liability corpo rations, private share-holding corporations Ltd., private partnership enterprise s and private sole investment enterprises registered in accordance with the Corp oration Law, Partnership Enterprise Law and Tentative Regulation on Private Ente rprises.

Enterprises with Funds form Hong Kong, Macao and Taiwan refers to all industrial enterprises registered as the joint-venture, cooperative, sole (exclusive) inve stment industrial enterprises and limited liability corporations with funds from Hong Kong, Macao and Taiwan.

Foreign Funded Enterprises refers to all industrial ent erprises registered as the joint-venture, cooperative, sole (exclusive) investment industrial enterpris es and limited liability corporations with foreign funds.

Light Industry refers to the industry that produces con sumer goods and hand too ls. It consists of two categories, depending on the materials used:

(1) Industries using farm products as raw materials. These are branches of light industry which directly or indirectly

use farm products as basic raw materials, including the manufacture of food and beverages, tobacco processing, textile, c lothing, fur and leather manufacturing, paper making, printing, etc.

(2) Industries using non farm products as raw materials. These are branches of l ight industry which use manufactured goods as raw materials, including the manuf acture of cultural, educational articles and sports goods, chemicals, synthetic fiber, chemical products for daily use, glass products for daily use, metal prod ucts for daily use, hand tools, medical apparatus and instruments, and the manuf acture of cultural and clerical machinery.

Heavy Industry refers to the industry which produces ca pital goods, and provide s various sectors of the national economy with necessary material and technical basis. It consists of the following three branches according to the purpose of p roduction or the use of products:

(1) Mining, quarrying and logging industry refers to the industry that extracts natural resources, including extraction of petroleum, coal, metal and non-metal ores.

(2) Raw materials industry refers to the industry that provides various sectors of the national economy with raw materials, fuels and power. It includes smeltin g and processing of metals, coking and coke chemistry, chemical materials and bu ilding materials such as cement, plywood, and power, petroleum refining and coal dressing.

(3) Manufacturing industry refers to the industry that processes raw materials. It includes machine building industry which equips sectors of the national econo my, industries of metal structure and cement products, industries producing mean s of agricultural production, such as chemical fertilizers and pesticides. Accor ding to the above principle of classification, the repairing trades which are en gaged primarily in repairing products of heavy industry are classified into heav y industry while these engaged in repairing products of light industry are class ified into light industry.

Gross Industrial Output Value

(1) Definition: Gross industrial output value is the total volume of final indus trial products produced and industrial services provided during a given period. It reflects the total achievements and overall scale of industrial production du ring a given period.

(2) Principles for calculation:

Statistics on industrial production follow the principle that all products produ ced by the enterprises and accepted during the reference period are to be includ ed no matter whether they are sold or not during the reference period.

Determination of final products follow the principle that all products that are included in the calculation of grow industrial output value are the final produc ts of the enterprise which have been accepted through quality check and require no further processing. If an enterprise has intermediate (semi-finished) product s to sell, these intermediate products are considered as the final products of t he enterprise.

Gross industrial output value is calculated following the principle of factory a pproach, i.e. industrial enterprise is used as the basic accounting unit in calc ulating the gross industrial output value. By this approach, value of the same p roduct is not to be double counted, and the output value of different workshops (branch factories) should not be added. However, this approach does not exclude the possibility of double counting between enterprises.

(3) Content and calculation method: The old definition of gross industrial outpu t value was modified during the national industrial census in 1995. The revised (new) definition of gross industrial output value consists of 3 components: valu e of the finished products during the reference period, income from external pro cessing, and value of change in semi-finished products at the end and at the beg inning of the reference period.

Value of the finished products during the reference period: refers to the value of all finished (semi-finished) industrial products that are produced during the reference period without the need for further processing, checked for acceptance, packed and put into the warehouse of the enterprise, including the value of o wn-produced equipment and the value of products provided to the projects under c onstruction of the enterprise, and to other non-industrial or welfare units. Val ue of finished products during the reference period is calculated by the quantit y of products produced using own materials multiplied by the average unit prices at which products are sold (excluding value-added tax). Own-produced equipment and products produced for own use are value at cost prices as in the case of ent erprise accounting. Value of finished products does not include the value of fin ished products (semi-finished products) that are produced using the materials fr om the clients who make the orders.

Income from external processing: refers to income from contracted external proce ssing of industrial products (including processing of industrial products using materials from the clients), and the income from industrial repairing work provi ded to other units. Income from external processing is calculated using informat ion from the item "products sales income" in the enterprise accounting at the pr ices excluding value-added tax.

For income from services such as processing, repairing and installation of equip ment provided to non-industrial units within the enterprise, if the accounting work of the enterprise is good enough to separate it from other records, and the share of such services is significant, it should also be included in the income from external processing.

Value of change in semi-finished products at the end and at the beginning of the reference period: refers to the value of change in semi-finished products at th e end and at the beginning of the reference period, which generally can be obtai ned from accounting records of enterprises. If the enterprise accounting exclude s the cost of semi-finished products, then it should not be included in the gros s industrial output value, and vice versa.

(4) Changes in the coverage and method of calculation of gross industrial output value Prior to 1984, the value of rural industry run by villages was classified into a griculture instead of industry. Since 1984, it has been included in the gross in dustrial output value.

Method of calculation for the gross industrial output value was modified in the industrial census in 1995. The difference in the new method as compared with the old one is outlined below:

Principle in using full value vs. processing fee: The new method stipulates that all products produced using own materials are to be calculated with full value in reporting the gross industrial output value irrespective of sophistication of production, and for external processing, it allows calculation using processing fee. In the old method, however, the use of full value or processing fee was de termined by the degree of sophistication of production in different branches of industries.

Principle in determining the value of change in semi-finished products: The new method requires that value of the change in semi-finished products should be inc luded in the gross industrial output value if it is included in the accounting r ecord of the enterprise, otherwise it should not be included. By the old method, it is determined by the type of enterprises in terms of production cycle. If th e production cycle is over 6 months, the value of change in semi-finished produc ts is included in the gross industrial output value, otherwise it is excluded.

Difference in prices: The new method uses prices excluding value-added tax in th e calculation of gross industrial output value, while the old method used prices including value-added tax.

Value–added of Industry refers to the final results of industrial production of industrial enterprises in money terms during the reference period.

Industrial value-added can be calculated by two approaches: the production appro ach, i.e. gross industrial output value minus intermediate input plus value-added tax, and the income approach, i.e. income for various factors used in the cour se of production, including depreciation of fixed assets, remuneration of labourers, net of production tax, and operating surplus. Value-added of industry in th e Yearbook is calculated by production approach as following:

Value-added of industry = gross industrial output - industrial intermediate inpu t + value-added tax

(1) Gross industrial output: refers to the total achievements of industrial prod uction during a given period. Gross industrial output includes value of finished products, income from external processing, and value of change in semi-finished products at the end and at the beginning of the reference period. Since 1995, i t was substituted by the gross industrial output value by new method.

(2) Industrial intermediate input: refers to purchased goods and paid services c onsumed during the industrial production of enterprises. Fees paid for services include fees paid for the services provided by material production sectors (indu stry, agriculture, wholesale and retail trade, construction, transport, post and telecommunications) and by non-material production sectors (insurance, banking, culture, education, scientific research, health and medical care, public

admini stration, etc.). The determination of industrial intermediate input follows the principle that the goods and services must be purchased from outside and include d in the gross industrial output, and that the goods and services are inputted i nto production and consumed (include low-value consumables) during the reference period.

Industrial intermediate input includes 5 components, namely direct consumption o f materials, industrial intermediate input in manufacturing cost, industrial int ermediate input in management cost, industrial intermediate input in marketing c ost and expenditure on interest.

Capitals Obtained refers to capital actually received b y the enterprise from in vestors that could be used as operational capitals for a long period. According to the current accounting system, capitals obtained can be classified by investo rs as state capital, collective capital, corporate capital, individual capital, capital from Hong Kong, Macau and Taiwan and foreign capital.

State capital:refers to capital which is formed through state-o wned investment into the enterprise by government agencies or institutions that could represent the state in the investment.

Collective capital: refers to capital which is formed through state-owned invest ment into the enterprise by collective institutions or units that could represen t the state in the investment.

Corporate capital: refers to capital which is formed through investment by other corporate units using assets which is at their disposal by law.

Individual capital: refers to capital which is formed through investment by indi viduals outside the enterprise or employees of the enterprise using their person al legal properties.

Capital from Hong Kong, Macau and Taiwan: refers to cap ital which is formed thro ugh investment by investors from Hong Kong, Macau and Taiwan of China using thei r assets of various forms.

Foreign capital: refers to capital which is formed through investment by foreign investors.

Total Assets refer to all economic resources, in moneta ry terms, that is owned or controlled by enterprises, including properties, creditors equity and other e conomic rights of all forms. Classified by the degree of equitability, total ass ets include circulating assets, long-term investment, fixed assets, intangible a ssets and deferred assets, and other assets. Data on this indicator can be obtai ned by the year-end figures of total assets in the Assets and Liability Table of accounting records of enterprises.

Total Working Capitals refer to capitals which can be cashed in or spent or consumed in an operating cycle of one year or over one year, including cash, all kinds of deposits, short term investment, receivable and payable payment for go ods or deposits.

Average Value of Working Capitals refers to the average value of all working capitals of the enterprise during the reference period. Original Value of Fixed Assets refers to the value of payment by the enterprise in building, purchasing installing reconstructing, expending or transforming a particular item of fixed assets. In general, it includes value of purchase, cost for packaging, transportation, installation, etc.

Annual Average of Net Value of Fixed Assets refer to av erage of the net value o f fixed assets during the reference period, calculated with the following formula:

Annual Average of Net Value of Fixed Assets = sum of net value of fixed assets at the beginning and at the end of each month from January to December / 24.

Information on this indicator can be obtained from the beginning and ending figu res of the original value of fixed assets and cumulative depreciation from the A ssets and Liability Table of enterprises.

Net value of fixed assets refers to the original value of fixed assets minus dep reciation over the years, i.e.:

Net value of fixed assets = original value of fixed assets - cumulative deprecia tion

Total Liquid Liabilities refer to enterprises' total de bt payable within an op erating cycle of one year or over one year, including short-term loans, notes an d accounts payable, advance payments received, wages and welfare funds payable, taxes and profit payable, other payables, fees received by advance payment, etc. Liquid liabilities feature in the short term of payment, immediate payment at th e request of creditors, or payable within one year.

Total Long-term Liabilities refers to the debt payable within an operating cycl e of one year or over one year. It is the capital that enterprises raised from c reditors for the long-term use of enterprises in addition to capitals put into t he enterprise by investors, and constitutes the economic liabilities that enterp rises have to repay by assets or labour services, including long-term loans, pay able liabilities, long-term payable, other long-term liabilities, etc. Compared with the liquid liabilities, the long-term liabilities feature in large volume, longer term for repayment, and larger benefits for investors.

Creditors′ Equity refers to investors ownership of net assets of the enterprise , which is equal to the total assets of the enterprise minus its total liabiliti es, including the primary input actually received at the enterprise from investo rs, capital accumulation fund, surplus accumulation fund and undistributed profi t. When the total of creditors' equity is less than zero, that indicates the lia bility of the enterprise is larger that its assets.

Sales Revenue of Industrial Products refers to the reve nue from the sales of fi nished and semi-finished products and from rendering of industrial services by industrial enterprises during the reference period.

Cost of Industrial Products Sold refers to the actual c ost of finished and semi- finished products sold and industrial services rendered by industrial enterprise s during the reference period.

Tax and Extra Charges on Sales of Products refer to the tax on city maintenance and construction, consumption tax, resources tax and extra charges for education, which should be borne by the enterprises in selling products and providing in dustrial services during the reference period.

Total Profits refer to the final achievements of produc tion and operation of th e enterprises, represented by the total profits after deducting losses (loss is expressed by the negative figure). It is the sum of profits from operation, inco me from subsidies, investment earnings, net income from activities other than op eration, and adjustment of profits and losses of previous years.

Value-added Tax Payable refers to the amount of the val ue-added tax which shoul d be paid by the enterprises during the reference period. It is the sum of tax o n sales, export rebate, and transferred tax on purchases of the current year, mi nus the tax on purchases of the current year. Value-added tax payable of small-s ize enterprises is determined by the taxable sales of the year multiplied by the tax rate.

Average Annual Number of Employed Persons Employed persons refer to all those who are employed in enterprises and receive remunerations therefrom, including c urrently working employees, retirees who are re-employed, teachers of local-run schools, as well as foreigners, staff from Hong Kong, Macau and Taiwan, part-tim e employees and persons with second job who are employed by the enterprise, and employees of other units temporarily working in the enterprises, but excluding f ormer employees who left the enterprise with their employment records still kept by the enterprises.

Average number of employed persons refers to the number of employees everyday du ring the reference period, calculated with the following fomula:

Monthly average number = sum of actual employees everyday in reference month/number of calendar dates in reference month

Quarterly average number = sum of monthly average number in reference quarter/3

Annual average number = sum of monthly average number in reference year/12

Ratio of Profits, Taxes and Interests to Average Assets reflects the profit-mak ing capability of all assets of the enterprise and is a key indicator manifestin g the performance and management and evaluating the profit-making potential of t he enterprise. It is calculated as follows:

Ratio of Profits, Taxes and Interests to Average Assets (%) = [(total profits + total taxes + interest payment) / average assets] ×100%

In the above formula, total taxes is the sum of tax and extra charges on the sal es of products and value-added tax payable; and average assets is the arithmetic mean of the sum of beginning assets and ending assets.

Ratio of Debts to Assets reflect both the operation ris k and the capability of the enterprise in making use of the capital from the creditors. It is calculated as follows:

Ratio of Debts to Assets (%) = (total debts / total assets)×100%

Both assets and debts are figures at the end of the reference period.

Turnover of Working Capital refers to the number of tim es of turnover of workin g capital in a given period of time, which reflects the speed of the turnover of working capital of industrial enterprises, and is calculated as follows:

Turnover of Working Capital=(sales revenue of products) / (average balance of to tal working capital)

In the above formula, average balance of total working capital refers to the ari thmetic mean of the sum of working capital at the beginning and at the end of th e reference period.

Ratio of Profits to Total Industrial Costs refers to th e ratio of profits reali zed in a given period to the total costs in the same period, which reflects the economic efficiency of input cost and is calculated as follows:

Ratio of Profits to Total Industrial Cost(%)=(total profits/ total costs)×100%

Total costs in the above formula is the sum of cost of products sold, marketing cost, management cost and financial cost.

Overall Labour Productivity of Industrial Enterprises reflects efficiency of pro duction and economic results of labour input of enterprises. The formula used is :

Overall Labour Productivity=(value added of industry) / (average number of staff and workers)

Ratio of Sales to Gross Output Value reflects the degre e at which industrial pr oducts are sold. It helps to analyze the linkage between production and sales an d the extent of the needs of the society that has been met by the supply of indu strial products. It is calculated as follows:

Ratio of Sales to Gross Output Value=(Industrial sales / Gross industrial output value at current prices) ×100%

Statistical Unit in Construction refers to corporat e enterprise engaged in the c onstruction of buildings and structures and in the installation of equipment. A corporate construction enterprise should have qualification certificates with in dependent accounting system, and should meet the following 3 requirements: ① be ing set up in line with relevant legal basis, having its full name, organization and location, and capable of taking civil liabilities; ② independently possess ing and using its assets and assuming its liabilities, and entitled to sign cont racts with other institutions; and ③ making independent accounts of its profits and losses, and capable of compiling its own balance sheet.

Gross Output Value of Construction refers to total of c onstruction products and services, expressed in money terms, produced or rendered by construction and ins tallation enterprises during a given period of time. It includes:

(1) Output value of construction projects, that is the value of projects covered by the project budgets;

(2) Output value of installation projects, that is the value of the installation of equipment, (excluding the value of the equipment to be installed);

(3) Output value of others, that is the output value of construction industry ex cluding that of construction projects and installation projects. It includes: ou tput value of repair of buildings and structures; output value of non-standard e quipment manufacturing; overhead expenses received by contracted enterprises to the sub-contracted enterprises and the completed output value of construction ac tivities that have no clear definition.

a. Output value of repair of buildings and structures, that is the value created through the repairs of buildings or structures, but does not include the value of buildings or structures being repaired and the value of the repair of product ion equipment;

b. Output value of manufactured non-standard equipment, that is the value of non -standard production equipment including raw materials and manufacturing cost ma de for the construction project (i.e., chemical plant; kettles or tanks used by refineries; various fillers, triangle tanks, valves used by mines), and the outp ut value of equipment manufactured by subsidiary workshops.

Value-added of Construction refers to the final result of the activities of prod uction and management of construction industry in monetary terms in the referenc e period. At present, the value-added of construction is calculated with the inc ome approach, that is to say, it is the sum of income of various production fact ors in the production process. The formula is as follows:

Value-added of Construction=depreciation of fixed assets in the year + wages pay able + welfare expenses payable + insurance premium and tax for waiting for empl oyment in the administrative expenses + taxes and surcharges on project settleme nt + profit.

Floor Space of Buildings Under Construction refers to f loor space of buildings u nder construction during the reference period, including newly started buildings , buildings started earlier and continued during the reference period, and build ings suspended earlier but restarted during the reference period, buildings comp leted during the reference period, and buildings under construction and then sus pended during the reference period.

Floor Space of Buildings Completed refers to the floor space of buildings that a re completed in the reference period in accordance with the requirements of the design, up to the standard for putting them into use, and have been checked and accepted by concerned departments as qualified ones.

Total Number of Machinery and Equipment Owned by the End of Year refers to the n umber of machines and equipment owned by the enterprises, and listed as the fixe d assets of the enterprises by the end of the year, including machinery and equi pment for construction, production and transportation and other equipment.

Total Power of Machinery and Equipment Owned by the End of Year refers to the to tal power of machinery and equipment owned by the enterprises, and listed as the fixed assets of the enterprises by the end of the year, including machinery and equipment for construction, production and transportation and other equipment.

The power of the machinery is calculated on basis of the designed or verified ca pacity, covering the power of the machinery/equipment and the separate power equ ipment serving the machinery/equipment (such as electric motors), but excluding welders, transformers and boilers. The unit used for the calculation of power is kilowatt, with horsepower converted to kilowatt by 1 horsepower=0.735 kilowatt.

Income from Settlement of Projects refers to the income receive d by the construc tion enterprise from the contracted project through settlement procedures, and o ther charges to the contractee as operational costs in addition to the value of the project, such as temporary facility fee, labour insurance premium, moving co st of construction equipment, as well as various types of claims to the contract ee.

Profit from Settlement of Projects refers to profit rea lized through settled projects. It is calculated with the following formula:

Profit from Settlement of Projects=Income from Settlement of Pro jects - Settled Cost - Settled Taxes and Other Cost

Total Revenue of Enterprises refers to the sum of incom e from production and operation of enterprises, including income from settlement of projects and other operational income, namely:

Total Revenue of Enterprises=Income from Settlement of Projects + Other Operatio nal Income

Length of Railways in Operation refers to the total length of the trunk line und er passenger and freight transportation (including both full operation and temp orary operation). The calculation is based on the actual length of the first lin e even if this line has a full or partial double track or more tracks, excluding double tracks, station sidings, tracks under the charge of stations, branch lin es, special-purpose lines and the non-payable connecting lines. The length of ra ilways in operation is an important indicator to show the development of the inf rastructure for the railway transport, and also the essential data to calculate volume of passenger freight transport, traffic density and utilization efficienc y of the locomotives and carriages.

Length of Electrified Railways refers to the length of the section of railways in operation in which the power supply lines and other equipment are installed fo r the running of electrified locomotives. The proportion of the length of electr ified railways to the total length of railways in operation is an important indicator to show the modernization of railways.

Automatic-blocking and Semi-automatic-blocking Length of Railways refer to length of railways installed with equipment to perform automatic or manual blocking o f trains. Blocking is a spacing technique by which a section of the railway only allows one train to pass at a time in the aim of ensuring the traffic safety. t he proportion of automatic/semi-automatic blocking length to the total length of railways in operation is an important indicator to show the modernization of railways.

Length of Highways refers to the length of highways whi ch are built in conformity with the grades specified by the highway engineering standard formulated by th e Ministry of Communications, and have been formally checked and accepted by the departments of highways and put into use. The length of highways includes th at of the suburb highways at large and medium-sized cities, highways passing thr ough streets at small cities and towns, and also the length of bridges and ferri es. It does not include the length of streets in big and medium-sized cities and highways built for the production purpose at factories, mines, forest areas and agricultural areas. If two or more highways go the same section of the way, the length of the section is only calculated for once and no duplication is allowed . The length of highways is an important indicator to show the development of th e highway construction and to provide essential information to calculate the tra nsport network density.

Length of Navigable Inland Waterways it is an indicator reflecting the size and development of inland water network, it refers to the length of the natural rive rs, lakes, reservoirs, canals, and ditches open to navigation during a given per iod, which enables the transport by ships and rafts. It includes the channels op en to navigation for over an accumulative 3 months in a year, yet this does not include the river courses, which are only used to float odd logs and bamboo raft s. This indicator can reflect the scale, level and development situation of the inland waterway network.

Length of Civil Aviation Routes refers to the length of all routes for regular civilaviation flights. There are usually two ways to calculate the distance betw een airports connected by the route length: One is to put the length of all air routes together, called duplicated calculation of the length of the routes; the other is not to allow the duplication in calculation when two or more routes pas sing the same section of aviation routes. The latter is usually used, as it can precisely show the size of the civil aviation network and indicate the extent of civil aviation serving the national economy and the people.

Length of Oil (Gas) Pipelines used as an indicator to show the development, scale and level of the pipeline transportation, it refers to the actual transport distance of oil (or gas) products, and is in general calculated in the length of single pipeline. If the length of the double pipelines and alternate pipeline a re included, it is called the extension length of the oil (gas) pipelines, which indicates the actual length of the pipelines built, excluding double pipelines. Freight (Passenger) Traffic refers to the volume of freight (passenger) transpor ted with various means. Freight transport is calculated in tons and passenger tr affic is calculated in the number of persons. Despite the type of freight and tr aveling distance, the freight transport is calculated in the actual weight of th e goods: and despite the traveling distance and ticket price, the passenger traf fic is calculated by the principle that one person can be counted only once in o ne travel. The passengers who travel with a half price ticket or a child ticket is also calculated as one person. The freight (passenger) traffic provides a qua ntitative measure to show how the transport industry serves the national economy and people, and is also an important indicator for planning the transport indus try and for studying the development scale and speed of the transport industry.

Freight (Passenger) Traffic Density refers to the freig ht (passenger) traffic vo lume carried by a particular means of transportation during a given period throu gh one kilometer of a specific section of transportation route. The formula is a s follows:

Freight (Passenger) traffic density= [freight ton-kilometers (passenger-kilomet ers)] / (length of route in operation)

Freight (passenger) traffic density reflects the degree of business of freight (passenger) traffic on transportation routes, and therefore provides important in formation for balancing transport capability, planning construction and upgradin g of transport routes and studying the distribution of transport network.

Freight Ton-kilometers (Passenger-kilometers) refer to the sum of the products o f the volume of transported cargo (passengers) multiplying by the transport dist ance. It is an important indicator to reflect the achievement of transportation industry. Normally, the shortest distance between the departure station and the destination station (i.e., the payable distance) is the basis to calculate the f reight ton-kilometers. This is an important indicator to show the total results of the transport industry, to prepare and examine the transport plan and to meas ure the efficiency, the labour productivity and the unit cost of transport.

The formula is as follows:

Freight ton-kilometers (passenger-kilometers) =∑{freight (passenger) traffic x distance of transportation}

Static Load of Freight Cars refers to the average cargo weight as loaded by eac h freight car under the static condition at the departure station. It is used to show the utilization extent of the loading capacity of the freight cars. The fo rmula is:

Static load (ton) of freight car=(tonnage of goods dispatched) / (number of frei ght cars loaded)

The static load of freight cars is determined by the nature and type of goods lo aded, the type of vehicles, and the technique of loading. The difference between the average marked load and the static load of freight cars reflects the utiliz ation of loading capacity of freight cars. For its calculation the following for mula is applied:

Utilization rate of capacity of freight cars(%)= [(Average static load) / (Avera ge marked load)] ×100%

Average Daily Haul of Freight Locomotives refers to the average total ton-kilometers accomplished by each freight transport locomotive over day and night during a given period of time. It includes both the weight of the goods carried and th e dead weight of the train itself. It is a comprehensive indicator reflecting th e locomotive efficiency in terms of both time and the pulling force.

Average daily haul of freight transport locomotive (ton-kilometer)=(Total ton/ki lometers of freight) / (Daily number of freight transport locomotive)

Volume of Freight Handled in Major Coastal Ports refers to the volume of cargo p assing in and out the harbor area of the major coastal ports and having been loa ded and unloaded. The volume includes that of the postal matters, registered lug gage and fuels, materials and fresh water as supplies of the ships. The volume o f freight handled may be classified by direction of flow as freight for import a nd freight for export, or by nature of cargo as freight for domestic trade and f reight for foreign trade. As an important indicator, the volume of freight handl ed by type of cargo and by main flow direction reflects the production capacity of ports.

Possession of Civil Motor Vehicles: refer to the total numbers of vehicles that are registered and received vehicles' license tags according to the Work Standar d for Motor Vehicles Registration formulated by transport management office unde r department of public security at the end of reference period. They are divided into following categories according to the structure of motor vehicles: passeng er vehicles, trucks and others; and private vehicles and vehicles for units use according to ownerships; working vehicles, non-working vehicles and special moto r vehicles according to kind of usage; large passenger vehicles, medium passenge r vehicles and small passenger vehicles, heavy trucks, light-heavy trucks and li ght trucks according to sizes of vehicles.

Business Volume of Post and Telecommunications refers t o the total amount of pos t and telecommunication services, expressed in value terms, provided by the post and telecommunications departments for the society. Post and telecommunication services can be classified as letters, parcels, remittance, issue of newspapers and magazines, fast mail service, express mail service, savings deposits, stamps for collection, public and individual telegraph service, facsimiles, long-dista nce telephone service, leasing of telephone lines, urban paging service, mobile telephone service, data transfer and transmission, etc. The accounting approach is to multiply the service products of all types with their average unit price (constant price) to get sum of business value, plus income from other services su ch as leasing of telephone lines and equipment, maintenance of telephone switchb oards and lines on behalf of customers. This indicator reflects the overall resu lts of post and telecommunications service during a given period, and is importa nt to study the composition of business service and the development of post and telecommunications service.

The formula is as follows:

Business volume of post and telecommunications=∑(Transaction of post and teleco mmunication service x constant price) + Income from leasing, maintenance and other services

Subscribers of Wireless Paging Services Wireless paging service refers the servi ce by which telephone users send audio, digital or character signals to persons carrying small-size pagers within the designated areas through wireless paging c enters. The page carriers who have registered in paging centers are counted as p aging subscribers.

Mobile Telephone Subscribers refer to the persons who o wn mobile telephone numbe rs and are connected with the mobile telephone communication network through the mobile telephone switchboards, including contracted subscribers and pre-paid su bscribers for intelligent network. One mobile telephone is taken as a subscriber .

Internet Users refer to the number of Chinese citizens who use Internet at least for one hour each week.

Local Telephone Subscribers refer to subscribers that a re connected to the local telecommunication service provider through fix line network, including househol d subscribers, institutional subscribers and public telephones. They are also cl assified as city subscribers and rural subscribers according to locations. Befor e 1997, city subscribers referred to those connected to city telephone networks in county towns and cities, while village subscribers referred to those connecte d to village telephone stations at and below counties. Since 1997, the classific ation of telephone subscribers was modified on the basis of physical location of the subscribers as urban telephone subscribers and rural telephone subscribers, which is different from the previous classification of categorizing local telep hones and rural telephones, while the definition of total subscribers and total number of telephones remain unchanged.

Urban Telephone Subscribers refer to number of telephon e subscribers, located at municipalities, cities under the jurisdiction of province, cities at prefecture level, downtown and suburb of city at county level town and county towns (inclu ding country towns where county government located, and towns of county level ac cording to the administrative organizational system), that are connected to the public line telephone network, including rural mineral area, forest area, military area.

Rural Telephone Subscribers refer to telephone subscrib ers, located at counties (towns) and villages outside the range of cities according to administrative jur isdiction.

Household Telephone Subscribers refer to telephone sets installed in the dwellin g units of urban or rural residents, and registered as residence subscribers for payment, including 3 types of payment for the service: private payment, public payment and free service.

Capacity of Long Distance Telephone Exchanges refers t o the rated capacity of t elephone exchanges to connect long distance telephone network, including capacity of international telephone exchanges.

Capacity of Office Telephone Exchanges refers to the ca pacity (measured in gate) of telephone exchanges installed in the offices of telecommunication service pr oviders for communication between fixed telephones. It includes the capacity of both manual and automatic exchanges in use and for stand-by purpose, excluding t he capacity of subscribers' exchanges.

Capacity of Mobile Telephone Exchanges: refers to the capacity of the maximum se rvices provided to subscribers at one time basing on a certain model and transacting capacity of the mobile telephone exchanges.

Total Retail Sales of Consumer Goods refer to the sum of retail sales of commod ities sold by wholesale, retail, catering, publishing, post and telecommunicatio ns and other service industries to urban and rural households for private consum ption and to social institutions for public consumption. Retail sales of consumer goods include:

A、Sales by wholesale and retail units:

1. of consumer goods sold to urban and rural households

2. of commodities sold to foreigners, overseas Chinese and Chinese compatriots f rom Hong Kong, Macau and Taiwan visiting in China

3. of commodities sold to government agencies, institutions, social organizatio n s, military and armed police units, and commodities sold to enterprises in the f orm of retail sales. More specifically, they include: office facilities and arti cles for non-production purposes such as communications equipment, computing equ ipment and instruments, TV and network equipment, printing and copying equipment , audio-visual equipment and instruments, paper, notebooks,

stationeries, furnit ure, electric appliances, knitwear, sanitation and cleaning articles, cultural a nd sport articles, articles for prizes, souvenirs, etc.; transport vehicles and fuels for employees; materials, spare parts and tools for the maintenance of off ice facilities; equipment, fuels, materials and food for winter heating or summe r cooling purposes; articles and equipment for teaching purpose; Chinese and wes tern medicines and medical equipment and facilities purchased by non profit-maki ng medical institutes; non-specialized work safety articles; cooking utensils, t ableware, equipment, cleaning articles, food and fuels purchased by internal caf eterias; clothes and personal articles purchased by military or armed police uni ts for their officials and soldiers; and other equipment and articles for non-pr oduction purposes.

B、Sales of stable food, cooked dishes, beverages, tobaccos and other articles by catering units.

C、 Sales of books, newspapers, magazines, audio-visual products and post produ ct s by publishing, post and telecommunications departments to urban and rural hous eholds and to enterprises, institutions, military and armed police units.

D、 Sales of food, beverages, tobaccos, clothing, hats, footwear, articles for da ily use, medicines, medical and health articles, work of art, handicrafts, toys, funeral articles and other articles by other service industries.

Purchase, Sales and Stock of Commodities by Wholesale and Retail Trades refer to the total volume of commodities purchased, total volume of sales and exports, a nd the stock of commodities by wholesale and retail enterprises (establishments) of different status of registration from domestic and overseas markets. This in dictor reflects the relationship among purchase, sales and stock of commodities in the circulation of goods and reveals the existing problems.

Total Purchases of Commodities refer to the total value of purchases of commodit ies by the enterprises (establishments) from other establishments or individuals (including direct import from abroad) for the purpose of re-selling, either wit h or without further processing of the commodities purchased. This indicator is used to show the total value of purchases of commodities by wholesale and retail establishments from domestic and overseas markets. The total purchases include: (1) agricultural and industrial products purchased from producers; (2) books, m agazines and newspapers purchased from distribution departments of the publisher s; (3) commodities purchased from wholesale and retail establishments of differe nt status of registration; (4) commodities purchased from other units, such as s urplus materials purchased from government agencies, enterprises or institutions , commodities purchased from catering and service establishments, confiscated go ods purchased from customs authorities or market management agencies, second-han d goods and wastes purchased from residents; and (5) commodities directly import ed from abroad. Excluded are commodities purchased by enterprises (establishment s) for use in their own business operation, commodities obtained without buying or selling procedures, rejected commodities, etc.

Total Sales of Commodities refer to value of commoditie s sold by the establishme nts to other establishments and individuals (including direct export). This indi cator is used to show the total value of sales of commodities at domestic market s and export. The total sales include: (1) commodities sold to urban and rural r esidents and social groups for their consumption; (2) commodities sold to establ ishments in industry, agriculture, construction, transportation, post and teleco mmunications, wholesale and retail trades, catering trade and public utility for their production and operation; (3) commodities sold to wholesale and retail es tablishments for re selling, with or without further processing; and (4)commodi ties for direct export to other countries. Excluded are selling of waste packagi ng materials used by the establishments (units) themselves, commodities transfer red without buying or selling procedures, commission income from brokerage in tr ansactions whose settlement is directly handled by buyers and sellers, rejected commodities in the purchase, loss in commodities, etc.

Commodity Stock of Wholesale and Retail Enterprises refers to total commodities possessed by wholesale and retail enterprises (units) of various types of regist ration status at the end of the reference period, which reflects the commodity s tock level of various wholesale and retail enterprises and the potential for mar ket supply. It includes: (1) commodities located in storage, garages, counters, and shelves of operating units (such as sale stores, wholesale centers, and oper ating offices) of wholesale and retail enterprises; (2) commodities in the proce ss of selecting, sorting, and packing; (3) commodities not arrived but recorded as purchase in the account, i.e. commodities not arrived but payment receipts fo r the commodities from the sellers or the banks arrived; (4) commodities deposit ed in other places rather than places mentioned above, for instance: commodities in the hold of purchasers temporarily due to the refusal of payment and commodi ties not taken back after going through the formalities; (5) commodities entrust ed to other units to sell but not sold yet; (6) commodities purchased for other units but not delivered yet. Commodities not included as stock are those not own ed by the enterprises (units), those allocated to financially independent factor ies rather than wholesale and retail enterprises for processing but not taken back yet, and finally those put in stock by wholesale and retail enterprises on be half of the state material reserves units.

For the calculation of the value of commodities stock, the value is calculated at purchasing prices in agricultural goods purchasing units and wholesale units, and at the accounting prices in retail units.

Business Income of Catering Industry: refer to the total turnover of catering bu sinesses, establishments or individuals, including retail sales and other servic es income. It reflects the operational and managerial conditions and development trend of catering businesses, establishments and individuals in this sector.

Retail Sales of Commodities in Catering Industry: refer to retail sales to resid ents and social groups by catering enterprises, establishments and individual, i ncluding: (1) various food sold after cooking and processing, such as: staple fo od, cooked dishes, cold and dressed dishes and so on. (2) re-selling commodities without further processing, such as beverages, tobaccos, cooked food, fruits an d so on. (3) food and other commodities sold in affiliated shops without indepen dent accounting system.

Volume of Transaction at Consumer Goods Markets refers to the value of transacti on of all goods at consumer goods markets in the country, including both markets for farm and sideline products and for industrial consumption goods.

Volume of Transaction at Large Commodity Markets (with transacti on value over 100 million yuan) refers to markets approved by the industrial and commer cial admi nistration departments, which specialize in wholesale and retail of commodities with an annual sales of over 100 million yuan. The sum of sales of all sellers i n the markets makes up the transaction value of the markets.

Chain Enterprises (also called chain stores or chain corporations) refer to a fo rm of joint economic entities under which scattered enterprises or establishment s engaged in providing homogeneous commodities or services, with the central lea dership of core enterprise or headquarters and guided by common policies, conduc t centralized purchase and distributed selling of commodities, in order to gain better efficiency through standardized operation. Consisting of a number of bran ch stores, the chain stores have in general following features: 1) homogeneous c ommodities, 2) unique name of stores, 3) centralized purchase and delivery which is separated from distributed selling operation (most commodities are delivered from the headquarters except some items which, from logistics, quality or fresh ness considerations, might be delivered by the suppliers directly).

Chain stores have two categories:

a) Chain stores under direct management: These are formal chain stores invested or controlled by the headquarters. They operate under the direct and unified man agement from the headquarters.

b) Chain stores through license arrangement: Through contracts, chain stores (th eir owners) obtain licenses from the headquarters to use designated trade marks, names, operation know-how, and to sell the commodity developed by the headquart ers. Under this arrangement, each store in the chain is an independent legal ent ity and operates under the guidance from the headquarters.

Total Imports and Exports at Customs refer to the r eal value of commodities impo rted into and exported from the boundary of China. They include the actual impor ts and exports through foreign trade, imported and exported goods under the proc essing and assembling trades and materials, supplies and gifts as aid given grat is between governments and by the United Nations and other international organiz ations, and contributions donated by overseas Chinese, compatriots in Hong Kong and Macao and Chinese with foreign citizenship, leasing commodities owned by ten ant at the expiration of leasing period, the imported and exported commodities p rocessed with imported materials, commodities trading in border areas (excluding mutual exchange goods), the imported and exported commodities and articles for public use of the Sino-foreign joint ventures, cooperative enterprises and ventu res exclusively with foreign own investment. Also included are import or export of samples and advertising goods for whose CIF or FOB value are beyond the permi tted ceiling (excluding goods of no trading or use value and free commodities fo r export), imported goods sold in China from bonded warehouses and other importe d or exported goods. The indicator of the total imports and exports at customs c an be used to observe the total size of external trade in a country. In accordan ce with the stipulation of the Chinese government, imports are calculated at CIF , while exports are calculated at FOB

Import Export Value by Location of Chinas Foreign Trade Managing Units refers to actual value of imports and exports carried out by corporations which have bee n registered by the local customhouse and are vested with right to run import ex port business.

Import Value of Commodities by the Places of their Destination and Export Value of Commodities by the Places of their Origin in China: The former indic ator ref ers to the value of import commodities of the places of their consumption, utili zation or the places of their final destination. The latter indicator refers to the value of export commodities of the places of their origin or the places of t he commodities dispatched.

Utilization of Foreign Capitals refers to remittance, e quipment and technology f inanced from abroad, by loans, foreign direct investment and other forms underta ken by the Chinese governments at all levels, by various departments, enterprise s and other economic units.

Foreign Borrowings refer to funds borrowed from abroad through formal signing of borrowing agreements with foreign institutions, including loans of foreign gove rnments, loans of international financial institutions, commercial loans of fore ign banks, export credit, and funds raised by Chinese bonds (and shares before 1 996) issued abroad. It is an important part of China's utilization of foreign ca pitals.

Foreign Direct Investment refers to the investments ins ide China by foreign ente rprises and economic organizations or individuals (including overseas Chinese, c ompatriots from Hong Kong, Macao and Taiwan, and Chinese enterprises registered abroad), following the relevant policies and laws of China, for the establishmen t of ventures exclusively with foreign own investment, Sino-foreign joint ventur es and cooperative enterprises or for co-operative exploration of resources with enterprises or economic organizations in China. It includes the re investment o f the foreign entrepreneurs with the profits gained from the investment and the funds that enterprises borrow from abroad in the total investment of projects which are approved by the relevant department of the government.

Other Investment by Foreign Entrepreneurs refers to all forms of utilization of foreign capitals other than foreign borrowings and foreign direct investment. It includes the total value of stock shares in foreign currencies issued by enterp rises at domestic or foreign stock exchanges (now mainly consisting of H shares issued at Hong Kong Security Market and B shares issued at domestic security mar kets), rent payable for the imported equipment through international leasing arr angement, cost of imported equipment, technology and materials provided by forei gn counterparts in compensation trade and processing and assembly trade.

Contracted Projects with Foreign Countries refer to projects undertaken by Chine se contractors (project contracting companies) through bidding process. They include: (1) overseas civil engineering construction projects financed by foreign investors; (2) overseas projects financed by the Chinese government through its foreign aid programs; (3) construction projects of Chinese diplomatic missions, trade offices and other institutions stationed abroad; (4)construction projects in China financed by foreign investment; (5) sub-contracted projects to be taken by Chinese contractors through a joint umbrella project with foreign contractor (s); (6) housing development projects. The business income from international co ntracted projects is the work volume of contracted projects completed during the reference period, expressed in monetary terms, including completed work on proj ects signed in previous years.

Service Cooperation with Foreign Countries refers to the activities of providin g technology and labour services to employers or contractors in the forms of receiving salaries and wages. Labour services providing by contractual joint ventur es of Chinese international contracting corporations should be included in the s tatistics of service co-operation with foreign countries. The business income of labour service cooperation is the income in the form of wages and salaries, ove rtime pay, bonuses and other remuneration received from the employers during the reference period.

Overseas Design and Consultation Service refers to projects with charges for tec hnical services from overseas operators. It includes geographic and topographic mapping, geological resource prospecting and survey, planning of construction ar eas, provision of design documents, blueprints, materials on production process and techniques, as well as engineering, technical and economic consultation, and feasibility study, research and evaluation of projects. Also included under thi s category are the above-mentioned services of foreign-financed projects in Chin a that are paid in foreign currencies.

Number of Tourists

(1) International tourists refer to foreigners, overseas Chinese, Chinese compat riots from Hong Kong, Macao and Taiwan coming to China for sight-seeing, visits, tours, family reunions, vacations, study tours, conferences and other activitie s of a business, scientific and technological, cultural, educational and religio us nature. It does not include representatives and employees of resident institu tions of foreign countries in China such as embassies, consulates, news agencies and offices of foreign companies and organizations, nor does it include long-te rm foreign experts or students residing in China, or persons in transition witho ut spending a night in China.

(2) Chinese residents going abroad refer to Chinese residents going abroad for s hort terms for either public business or private purposes. Chinese employees wor king on international transport carriers are included in those going abroad for public business purpose, not in those for private purpose.

(3) Domestic tourists refer to residents of the mainland of China who stay for o ne night at least but no more than 6 months at tourist facilities in other place s than their permanent residence within the territory of the mainland China, inc luding foreigners, overseas Chinese and Chinese compatriots from Hong Kong, Maca o and Taiwan who have resided in China for over one year.

Foreign Exchange Earnings from International Tourism refer to the total expend itures of foreigners, overseas Chinese, Chinese compatriots from Hong Kong, Maca o and Taiwan during their stay in the mainland of China, which are earnings of f oreign exchange from international tourism from the point of view from China.

International Travel Agencies refer to travel agencies engaged in the promotio n, solicitation, organization and reception of tours to the mainland of China by foreigners, overseas Chinese, Chinese compatriots from Hong Kong, Macao and Tai wan.

Domestic Travel Agencies refer to travel agencies engag ed in the promotion, so licitation, organization and reception of domestic tourists, and in the receptio n of foreigners, overseas Chinese, Chinese compatriots from Hong Kong, Macao and Taiwan organized by international travel agencies or other departments concerne d, without their own promotion and solicitation programmes.

Star–Hotels refer to hotels rated with stars

Regular Institutions of Higher Learning refer to educational establishments set up according to the government evaluation and approval procedures, enrolling gra duates from senior secondary schools and providing higher education courses and training for senior professionals. They include full-time universities, colleges , high professional schools, high professional vocational schools and others.

Universities and colleges are mainly providing undergraduate courses; those high professional schools and high professional vocational schools are mainly provid ing professional trainings; and others refer to educational establishments, whic h are responsible for enrolling students but not covered in the total number of schools, including: branch schools of universities and colleges, and universitie s and colleges that have been proved and prepared to construct.

Institutions of Higher Learning for Adults refer to edu cational establishments, set up in line with relevant rules approved by the government, enrolling staff a nd workers with senior secondary school or equivalent education, and providing h igher education courses in many forms of correspondence, spare time, or full tim e for adults. Professionals thus trained receive a qualification equivalent to g raduates studying regular courses at regular universities, colleges and professi onal colleges. Institutions of higher learning for adults include schools of hig h education for staff and workers, schools of high education for peasants, colle ges for management cadres, pedagogical colleges, independent correspondence coll eges, Radio and TV universities and other educational establishments. Other educ ational establishments are responsible for enrolling adult students but not cove red in the number of schools.

Enrollment Rate of Primary School Age Children refers t o the proportion of schoo l age children enrolled at schools to the total number of school age children bo th in and outside schools (including retarded children, but excluding blind, dea f and mute children). The formula is:

Enrollment Rate of Primary School-age Children = (Total Primary School-age Child ren at Schools)/(Total Primary School age Children Both at and Outside Schools) x 100%

Scientific and Technological Activities (S&T Activities) refer to organized acti vities which are closely related with the creation, development, dissemination a nd application of the scientific and technical knowledge in the fields of natura l sciences, agricultural science, medical science, engineering and technological science, humanities and social sciences (referred to as scientific and technolo gical fields). S&T activities can be classified in to 3 categories: research and development (R&D) activities, application of R&D results, and related S&T servi ces. This statistical definition is made by UNICHIEF for scientific and technolo gical activities to meet the need of carrying out statistical work in this field for its member countries in particular those developing countries.

Personnel Engaged in S&T Activities refer to personnel directly engaged in S&T a ctivities, in the management of S&T activities, and in providing direct service to S&T activities, who spend over 10% of the total working hours in a year in S& T activities. (1) Personnel directly engaged in S&T activities include researche rs, engineers, technicians and other related personnel engaged in S&T activities in independent-accounting R&D institutions, institutions of higher learning, an d in research institutes, laboratories, technology development centers and centr al experiment workshops under enterprises and institutions. Also included are pe ople working in S&T research project teams, professional and technical personnel working in S&T information archiving institutes, and graduate students working on the design of their thesis. (2) Personnel engaged in the management of S&T ac tivities and in providing direct service to S&T activities include senior manage ment people responsible for S&T activities in independent-accounting R&D institu tions, S&T information archiving institutes, institutions of higher learning, an d in enterprises and institutions where S&T activities are undertaken. Also incl uded are people responsible for the planning, administration, personnel manageme nt, financial management, logistics supply, equipment maintenance, information a nd library management that are related with S&T activities. People providing indirect services are excluded, such as security, medical service, drivers, plumber s, cleaners and those providing catering and related service. This indicator ref lects the size of personnel engaged in S&T activities.

Scientists and Engineers refer to persons engaged in S& T activities who have obt ained titles of senior and middle level professional positions, and those withou t such position but have completed university or higher education. This indicator reflects the quality of personnel engaged in S&T activities.

Research and Development (R&D) refers to systematic and creative activities in t he field of science and technology aiming at increasing the knowledge and using the knowledge for new application. R&D includes 3 categories of activities: basi c research, applied research and experiments and development. The scale and inte nsity of R&D are widely used internationally to reflect the strength of S&T and the core competitiveness of a country in the world.

Basic Research refers to empirical or theoretical researchaiming at obtaining new knowledge on the fundamental principles of phenomena of observable facts to r eveal the nature and law of movement of objects and to acquire new discoveries o r new theories. Basic research takes no specific or designated application as th e aim of the research. Results of basic research are mainly released or dissemin ated in the form of scientific papers or monographs. This indicator reflects the original innovation capacity of knowledge.

Applied Research refers to creative research aiming at obtaining new knowledge o n a specific objective or target. Purpose of the applied research is to identify the possible use of results from basic research, or to explore new (fundamental) methods or new approaches. Results of applied research are expressed in the fo rm of scientific papers, monographs, fundamental models or invention patents. Th is indicator reflects the exploration of ways to apply the results of basic research.

Experiments and Development refer to systematic activit ies aiming at using the k nowledge from basic and applied researches or from practical experience to devel op new products, materials and equipment, to establish new production process, s ystems and services, or to make substantial improvement on the existing products , process or services. Results of experiment and development activities are embo died in patents, exclusive technology, and monotype of new products or equipment . In social sciences, experiment and development activities refer to the process of converting the knowledge from basic or applied researches into feasible prog rammes (including conduct of demonstration projects for assessment and evaluatio n). There are no experiment and development activities in the science of humanit ies. This indicator reflects the capability of transferring the results of S&T into technique and products, which is the materialized measurement of S&T pushing forward the economic and social development.

R&D Personnel refer to persons engaged in research, man agement and supporting ac tivities of R&D, including persons in the project teams, persons engaged in the management of S&T activities of enterprises and supporting staff providing direc t service to the research projects. This indicator reflects the size of personne l engaged in R&D activities with independent intellectual property.

Professional and Technical Personnel refer to persons engaged in professional and technical work or in the management of professional and technical activities, i.e., people with professional or technical positions who are engaged in profess ional and technical work or in the management of professional and technical acti vities, and people without professional or technical positions but are working o n professional or technical posts. They include professionals and technicians wo rking in 17 categories of technical occupations including engineering, agricultu re, scientific researches, medical service, teaching, economic research and appl ication, accounting, statistics, translation, libraries, archives, cultural and museum service, journalism and publication, lawyers, notarization service, radio and television broadcasting, handicraft and fine arts, sports, performing art, and political workers in enterprises. This indicator reflects the condition of human resources in S&T.

Funding for S&T Activities refers to funds obtained fro m various sources for S&T activities, including government funds, self-raised funds by enterprises, self- raised funds by institutions, loans from financial institutions, foreign funds a nd other funds. This indicator reflects the efforts made by various social econo mic entities in promoting the development of S&T.

Government Funds refer to funds obtained from governmen t agencies at all levels to be used for S&T activities, including fund for scientific undertakings, 3 kin ds of fund for S&T activities, fund for capital construction for scientific rese arches, science fund, funds from education expenditures by education departments for S&T activities, and extra-budget fund from government agencies for S&T acti vities.

Self-raised Funds by Enterprises refers to self-raised funds by enterprises from their own expenditure or from other enterprises and funds received by universit ies or research institutions from enterprises for scientific research or technic al development projects. Excluded in this category are funds from government age ncies, financial institutions or from foreign institutions.

Loans from Financial Institutions refer to loans from v arious financial institutions for S&T activities.

Internal Expenditures on S&T activities refer to the actual expenditures on S&T activities during the reference year, including service fees, expenditure on research activities, expenditure on research management, purchase or construction o f fixed assets not included in the investment for capital construction, expendit ure on capital construction for scientific researches, and other expenditures on S&T activities. Not included are expenditure on production activities, repaymen t of loans and transfer expenditure. This indicator reflects the real accomplish ment of input in S&T.

Service Fees refer to direct or indirect payment, in ca sh or in kind, made to pe rsonnel engaged in S&T activities as remuneration and other fees. They include, in various forms, salaries, subsidies, bonus, benefits, retirement pension, stip end, etc. This indicator reflects the improvement of treatment toward S&T person nel.

Purchase or Construction of Fixed Assets refers to the fixed assets purchased or constructed using funds other than the investment in capital construction, and the actual expenditure on capital construction for scientific researches. In oth er words, it is the sum of the actual expenditure on fixed assets and the accomp lished investment in capital construction for scientific researches. Fixed asset s refer to main materials and equipment, literatures and documents in libraries, materials for experiments, specimen, instruments, furniture, buildings and cons tructions that can be used for a long time without changing the form and shape o f those articles or constructions. This indictor reflects the input in improving the condition of S&T and the means of scientific research.

New Products refer to new products produced with new tech nology and new design, or products that represent noticeable improvement in terms of structure, materia l, or production process so as to improve significantly the character or functio n of the older versions. They include new products certified by relevant governm ent agencies within the period of certification, as well as new products designe d and produced by enterprises within a year without certification by government agencies. This indictor reflects the direct contribution of S&T output to econom ic growth.

Patent is an abbreviation for the patent right and refers to the exclusive right of ownership by the inventors or designers for the creation or inventions, give n from the patent offices after due process of assessment and approval in accord ance with the Patent Law. Patents are granted for inventions, utility models and designs. This indicator reflects the achievements of S&T and design with indepe ndent intellectual property.

Inventions refer to the new technical proposals to the products or methods or th eir modifications. This is universal core indicator reflecting the technologies with independent intellectual property.

Utility Models refer to the practical and new technical proposals on the shape a nd structure of the product or the combination of both. This indicator reflects the condition of technological results with certain technical content.

Designs refer to the aesthetics and industrially applic able new designs for the shape, pattern and color of the product, or their combinations. This indicator reflects the appearance design achievements with independent intellectual property.

Cultural Institutions refer to units, which have their own organizational system and independent accounting system and specialize in or serve cultural developme nt. They exclude other establishments run by these cultural institutions and ama teur cultural groups established by various departments. This indicator reflects the development of cultural units.

Art Troupe refers to the troupe which is engaged in dra ma, opera, music, dance, acrobatics or other art performance, opens independent accounts with banks and h as self-supporting accounting system; excluding the troupes which are engaged pa rtly in industrial or agricultural activities, partly in art performance and the professional troupes organized by the people.

Number of Audience at Art Performance refers to the num ber of attendants at comm ercial shows, completely booked shows or free shows given in minority national a reas, and does not include the number of spectators at rehearsals for examinatio n and internal shows for study.

Number of Athletes in Grades refers to the number o f athletes who have been give n titles through examination. The titles of athletes include international maste rs of sports, masters of sports, first-grade, second-grade and third-grade sport smen and young athletes. This indicator reflects skill of the athletes.

Number of Referees in Grades refers to the number of re ferees who have been give n titles after examination. They are classified as international referees, natio nal referees and referees of the first, second and third grades. This indicator reflects the skill of referees.

Stadiums refer to stadiums for track and field events with six lane 400-meter tracks around soccer fields, permanent track marks and permanent bleachers. Stadiu ms are classified according to seating capacity. They include:

Class A stadiums have the capacity of seating 25000 people each. Class B stadiums have the capaci ty of seating 15000 to 25000 people each. Class C stadiums have the capacity of seating 5000 to 15000 people each, and Class D stadiums have the capacity of sea ting fewer than 5000 people. This indicator reflects numbers of large and medium -sized stadiums.

Gymnasiums refer to indoor sports grounds with permanen t seats in which basketball, volleyball. badminton, table tennis and gymnastics competitions can be held. Gymnasiums are classified according to seating capacity. They include: Class A gymnasiums with seating over 6000 people. Class B gymnasiums with seating 4000 t o 6000 people. Class C gymnasiums with seating 2000 to 4000 people, and Class D gymnasiums with eating fewer than 2000 people. This indicator reflects the total number of large and medium-sized gymnasiums.

Health Care Institutions include: medical institutions, disease preven tion and c ontrol centers (epidemic prevention stations), blood gathering and supplying ins titutions, health supervision and inspection (check up) institutions, medicinal scientific research and on-job training institutions, health education and so on .

Medical Organizations include: hospitals, health service center s (stations) of c ommunities, nursing homes, health centers, clinics, clinics (health stations and infirmaries), maternity and child care agencies (centers and stations), special disease prevention and curing agencies (centers and stations), first aid center s (stations) and clinical inspection centers. Medical organizations are grouped by two types: profit-making and non-profit-making medical organizations.

Hospitals include: polyclinics, traditional Chinese medical hos pitals, hospitals integrated with traditional Chinese therapeutics and western therapeutics, ethi cal hospitals, various specialties hospitals and nursing hospitals.

Medical Technical Personnel refers to doctors, assistan t nurses, pharmacists, and laboratory technicians working in medical institutions.

Doctors refer to certified physicians and certified as sistant physicians with ce rtifications working in medical and health care and prevention agencies.

Social Welfare Institutions refer to institutions takin g care of old people with out children, handicapped people and orphans. They include social welfare instit utions run by civil affairs departments, children welfare institutions, social w elfare institutions for mental patients, collective-owned old peoples homes in r ural areas, convalescent homes and community service centers with the capacity o f receiving those people. This indicator reflects the input in social welfare in stitutions.

Number of People Taken in by Social Welfare Institutions refers to the number of old people, children, totally dependent handicapped people and mental patients taken in by social welfare institutions run by civil affairs departments and tho se run by collective units in urban and rural areas. This indicator reflects the capacity of social welfare institutions.

Social Welfare Enterprises are collective owned enterprises whi ch employ the bli nd, deaf-mute, and other handicapped people who are able to work in cities and t owns and enjoy exemption from state taxes, including welfare plants, welfare com mercial services, artificial limb plants and farms, etc. This indicator reflects the preferential policies toward disabled persons.

Rural Households with Livelihood Guaranteed in Five Aspects refer to the househo lds in which there are old people without child, orphans and handicapped people who are unable to work and without financial resources in rural areas. They are taken care of by the collective units and their food, clothing, housing, medical care, funeral expenses (or schooling for orphans) are guaranteed to be provided for. This indicator reflects the total number of disadvantageous groups of rura l population.

Lawyers are certified legal workers according to law, and who a re employed by le gal counseling firms to act as legal advisers, agents in criminal or civil lawsu its, or defenders in criminal lawsuits, or to handle non-litigious legal affairs , to advise on matters of law or to write legal papers for others, and provide s ervice to the public.

Notary Personnel refers to people working for notary of fices including: director s, deputy director, notaries, assistant notaries, and other people providing ass istance.

Notary Documents refer to the judicatory notary documen ts drawn up by the reques t of the party and are in accordance with facts and laws and following certain l egal proceedings. According to usage and locality, the notary documents are divi ded into following 4 types: domestic notary documents, domestic economic notary documents, foreign-related civil notary documents and foreign-related economic notary documents.

Mediators refer to workers on peoples mediation committ ees responsible for media ting in civil disputes and cases of slight infraction of the law. They include m embers of the mediation committees and mediators of mediation groups. This indic ator reflects the number of people engaged in meditation.

Mediation of Civil Disputes refers to number of cases m ade by mediation committe es in mediating in civil disputes concerning civil rights and duties through per suasion and education in accordance with the provisions of law on a voluntary ba sis, so as to solve disputes by helping the parties involved come to an agreemen t and understanding, including those unsuccessful ones. This indicator reflects the workload of the mediation committees.

Acceptance of Case refers to the decision made by the p eople's procuratorate off ice on reported cases, prosecution, impeachment, surrender, self-found criminal clues or suspects after initial investigation to confirm the act of crime and to start legal proceedings of the case as criminal case.

Number of Labour Dispute Cases Accepted refers to the n umber of cases of labour dispute submitted that, after being reviewed by the lab our dispute arbitration c ommittees in line with the relevant state regulations, are accepted and registered for treatment.

Retired or Resigned Personnel refers to people who have formally gone through th e formalities for their retirement or quitting work and enjoy the corresponding treatments.

Insurance and Welfare Funds refers to labour insurance and welfare fund paid by enterprises, organizations and institutions to their staff and workers as well a s retired and resigned persons in addition to their wages and salaries, excludi ng labour protection fees, wages paid to medical workers from insurance and welf are fund and wages paid to staff members working in collective welfare agencies and to people with over 6 months of sick-leave.

Insurance and Welfare Funds for Retired and Resigned Staff and W orkers covers:

1. Pensions for retired veteran cadres: They refer to pensions, other subsidies, and additional allowances paid to retired in line with relevant government docu ments.

2. Pensions for Retirement: They refer to living allowance; other subsidies and additional allowances paid to retired staff and workers in line with the relevan t government documents.

1. Resignation Allowances for Living Expenses: They refer to living allowance, a nd additional allowances subsidies paid to resigned staff and workers in line wi th relevant government instructions.

It also includes living subsidies and prices subsidies paid to retired and resig ned staff and workers.

2. Medical Care Allowance: refer to fee-for-service, cost of medical care and pe r diem subsidies during hospitalizations of retired and resigned staff and worke rs.

3. Others: They refer to other expenses, including other types of insurance and welfare fund, fees for funerals, traveling subsidies and heating subsidies durin g the winter time.

Waste Water Discharged by Industry refers to the volume of waste water discharge d by industrial enterprises through all their outlets, including waste water fro m production process, directly cooled water, groundwater from mining wells which does not meet discharge standards and sewage from households mixed with waste w ater produced by industrial activities, but excluding indirectly cooled water di scharged (It should be included if the discharge is not separated with waste wat er). Industrial Waste Water Meeting Discharge Standards refers to volume of industria l waste water discharge which, with or without treatment, reaches national or lo cal standards.

Ratio of Industrial Waste Water Meeting Discharge Standards refers to percentage of industrial waste water meeting discharge standards over total industrial was te water discharge. Its calculation formula is:

Industrial Waste Air Emission refers to discharge into atmosphere of waste air c ontaining pollutants generated from fuel burning and production process in enter prises within a given period of time. It is converted into standard (273K, 10132 5Pa) with the following formula:

Industrial SO_2 Emission refers to volume of sulphur dio xide emission from fuel b urning and production process in premises of enterprises for a given period of time.

Industrial Soot Emission refers to volume of soot in sm oke emitted in process of fuel burning in premises of enterprises.

Industrial Dust Emission refers to volume of dust emitt ed by production process of enterprises and suspended in the air for a given period of time, including du st from refractory material of iron and steel works, dust from coke-screening sy stems and sintering machines of coke plants, dust from lime kilns and dust from cement production in building material enterprises, but excluding soot and dust emitted from power plants.

Industrial Solid Wastes Produced refers to total volume of solid, semi-solid and high concentration liquid residues produced by industrial enterprises from prod uction process in a given period of time, including hazardous wastes, slag, coal ash, gangue, tailings, radioactive residues and other wastes, but excluding sto nes stripped or dug out in mining (gangue and acid or alkaline stones not includ ed). A stone is acid or alkaline depending on the pH value of the water below 4 or above 10.5 when the stone is in, or soaked by, the water.

Industrial Solid Wastes Utilized refers to volume of so lid wastes from which use ful materials can be extracted or which can be converted into usable resources, energy or other materials by means of reclamation, processing, recycling and exc hange (including utilizing in the year the stocks of industrial solid wastes of the previous year). Examples of such utilizations include fertilizers, building materials and road materials. The information shall be collected by the producing units of the wastes.

Ratio of Industrial Solid Wastes Utilized refers to the percentage of industrial solid wastes utilized over industrial solid wastes produced (including stocks o f the previous year). Its calculation formula is:

Stocks of Industrial Solid Wastes refers to volume of s olid wastes placed in spe cial facilities or special sites for purposes of utilization or disposal. The sites or facilities should take measures against dispersion, loss, seepage, and air and water contamination.

Industrial Solid Wastes Disposed refers to quantity of industrial solid wastes w hich are burnt or placed ultimately in the sites meeting the requirements for en vironmental protection and not salvaged or recycled (including disposition in th e year of those wastes of previous years). The disposition includes landfill (Sa fe landfills should be conducted for hazardous wastes), incineration, containmen t spaces, deep underground disposal, backfill in mining pits and disposal at sea .

Industrial Solid Wastes Discharged refers to volume of industrial solid wastes d ischarged by producing enterprises to disposal facilities or to other sites. The wastes exclude stones stripped or dug from mining (gangue and acid or alkaline waste stones not included).

Output Value of Products Made from Waste Gas, Waste Water and So lid Wastes refers current value of products with waste gas, waste water and solid wastes as main materials of production. Products sold and ready to sell shall be included whil e those produced for own use shall not be included.

Border Economic Cooperation Zone Border economic cooperation zone is authorized by provincial government or the State Council, being concentrating constructed o n the border, enjoying some preferential policies and corresponding establishment. Abutted countries are major foreign trade, economic and technology cooperati on partners of the Border Economic Cooperation Zone . A border economic cooperat ion zone authorized by provincial government is a province-level development zone, authorized by the State Council is a state-level development zone. New high technology industry development district.

Economic and Technology Cooperation Development Zone Economic and technology cooperation development zone is authorized by provincial government or the State C ouncil, locating in inland central city and being concentrating constructed, enj oying some preferential policies and corresponding establishment. The economic and technology cooperation development zone becomes local window and base of inve stment promotion & extended opening through promoting investment and establishin g export-processing bases.

New High Technology Industry Development Zone New high technology industry deve lopment zone is authorized by provincial government or the State Council, locating in central city possessing stronger economic and technological capability, en joying some preferential policies and corresponding establishment. New high tech nology industry development zone develop new high technology industry through in vestment promotion & extended opening.

Civilian Batlalion Economic Type of Registration for the joint -stock cooperative Enterprises,other joint venture Enterprise,Non-state holding other liability company and limited by shave Ltd.Private Enterprise,Domestic other enterprise legal person and has the fixed operating sites and holding the business license or has fixed management field,but do not recive business license of the self-employed households.

中国统计出版社最新图书简目

（仅供参考，以最后出书为准）

统计资料

综合类：中国统计年鉴　中国统计摘要　中国发展报告

国际资料类：国际统计年鉴　金砖国家联合统计手册　世界能源资源年鉴

区域资料类：中国区域经济统计年鉴　中国县域统计年鉴　中国城市统计年鉴　中国农村统计年鉴　中国地区经济监测报告

经贸与投资类：中国贸易外经统计年鉴　中国对外直接投资统计公报　中国商品交易市场统计年鉴　大中型批发零售和住宿餐饮企业统计年鉴　中国零售和餐饮连锁企业统计年鉴

住户与物价类：中国住户调查年鉴　中国价格统计年鉴　中国农产品价格调查年鉴　全国农产品成本收益资料汇编

资源与环境类：中国环境统计年鉴　中国能源统计年鉴

产业类：中国工业统计年鉴　中国建筑业统计年鉴　中国房地产统计年鉴　中国第三产业统计年鉴　中国证券期货统计年鉴

科技类：中国科技统计年鉴　中国高技术产业统计年鉴　工业企业科技活动资料

人口与就业类：中国劳动统计年鉴　中国人口和就业统计年鉴　中国人才资源统计报告

社会与文化类：中国社会统计年鉴　中国文化及相关产业统计年鉴

公共管理类：中国民政统计年鉴　中国民族统计年鉴　中国乡镇街道行政区域简册

省级综合统计年鉴系列

北京 天津 河北 山西 内蒙古 辽宁 吉林 黑龙江 上海 江苏 浙江 安徽 福建 江西 山东 河南 湖北 湖南 广东 广西 海南 重庆 四川 贵州 云南 西藏 陕西 甘肃 青海 宁夏 新疆 新疆生产建设兵团

市(县)级综合统计年鉴系列

天津滨海新区 石家庄 唐山 邯郸 太原 大同 阳泉 长治 晋城 朔州 晋中 运城 忻州 临汾 呼和浩特 鄂尔多斯 包头 沈阳 大连 长春 吉林市 四平 哈尔滨 黑龙江垦区 上海浦东新区 南京 无锡 徐州 常州 苏州 南通 连云港 淮安 盐城 扬州 镇江 泰州 宿迁 江阴 丹阳 杭州 宁波 温州 嘉兴 绍兴 金华 衢州 舟山 台州 丽水 合肥 福州 厦门 宁德 福州经济技术开发区 南昌 济南 青岛 郑州 洛阳 平顶山 三门峡 南阳 武汉 十堰 荆州 宜昌 荆门 咸宁 长沙 广州 深圳 惠州 东莞 南宁 柳州 桂林 来宾 海口 三亚 成都 贵阳 昆明 西安 兰州 庆阳 银川 乌鲁木齐 兵团一师 兵团十师

调查年鉴系列

山西 内蒙古 吉林 辽宁 上海 福建 湖北 广西 重庆 四川 云南 甘肃 宁夏 新疆 南宁 桂林

“十二五”规划教材

统计学（经济管理类专业本科适用，单薇 等）　抽样调查理论与方法（冯士雍 等）

贝叶斯统计（茆诗松 等）　统计学（黄良文 等）　试验设计（茆诗松 等）

统计学：从数据到结论（吴喜之）　医学统计学（于浩）　统计学（经济、管理类专业基础教材，张小斐）

概率论与数理统计三十三讲（魏振军）　概率论与数理统计三十三：学习指导与习题解答（魏振军）

非参数统计（吴喜之 等）　统计学：经济与管理中的数据分析（李慧云 等）

卫生管理统计学（新编医学院校基础课教材，尚磊）医院统计学（新编医学院校基础课教材，徐天和 等）

社会统计学（蒋萍 等）　现代金融投资统计分析（李腊生 等）

国民经济核算初级教程（经济类、统计类、管理类专业适用，蒋萍 等）

重点图书

新中国65年　新编英汉汉英统计大词典　中华医学统计百科全书

挑大学选专业2014—考研择校指南　挑大学选专业2014—高考志愿填报指南

中国统计出版社发行部电话：（010）63376907, 63376908　同楫行书店电话：68783171, 68783172

通讯地址：北京市西城区三里河月坛南街57号　邮政编码：100826

网址：http://csp.stats.gov.cn

吉林2014统计年鉴

JILIN STATISTICAL YEARBOOK 2014

吉林省统计局 国家统计局吉林调查总队 编

COMPILED BY JILIN STATISTICAL BUREAU

SURVEY OFFICE OF THE NATIONAL BUREAU OF STATISTICS IN JILIN